纪念中国社会科学院法学研究所建所50周年（1958-2008）

A COLLECTION OF ABSTRACTS OF CHINESE JOURNAL OF LAW OVER PAST 30 YEARS

法学研究之路
《法学研究》三十年内容摘要汇编

张广兴 / 主编

中国社会科学出版社

图书在版编目（CIP）数据

法学研究之路：《法学研究》三十年内容摘要汇编／张广兴主编．—北京：中国社会科学出版社，2008.11
ISBN 978－7－5004－7371－8

Ⅰ．法… Ⅱ．张… Ⅲ．法学－文集 Ⅳ．D90－53

中国版本图书馆 CIP 数据核字（2008）第 171647 号

出版策划	任　明
特邀编辑	孟宪明
责任校对	林福国
技术编辑	李　建

出版发行　中国社会科学出版社
社　　址　北京鼓楼西大街甲158号　　邮　编　100720
电　　话　010－84029450（邮购）
网　　址　http：//www.csspw.cn
经　　销　新华书店
印　　刷　北京奥隆印刷厂　　　　　　装　订　广增装订厂
版　　次　2008年11月第1版　　　　　印　次　2008年11月第1次印刷
开　　本　710×980　1/16
印　　张　40.25　　　　　　　　　　 插　页　2
字　　数　832千字
定　　价　68.00元

凡购买中国社会科学出版社图书，如有质量问题请与本社发行部联系调换
版权所有　侵权必究

前　言

　　《法学研究》自 1978 年试刊、1979 年正式复刊至今，已经出版了三十周年。

　　这个三十年，在共和国的历史、尤其是在共和国的法制建设以及法学研究的学术史上，其重要不言而喻。

　　在某种意义上，《法学研究》三十年来刊发的文章见证了共和国法治的进步史，反映着共和国法学的发达史。

　　在某种意义上，《法学研究》三十年来刊发的文章就像是一部刚刚翻开的学术长卷，我们读到的已经很精彩，我们将要读到的会更精彩。

　　在《法学研究》复刊三十周年的时候，我们编写整理了这本内容提要，以求用这几十万字展示《法学研究》的学术历程，从每篇二三百字中映出作者的学术智慧和胆识。

　　我们诚挚地感谢《法学研究》的作者。他们中有的已然作古，有的系为学界中坚，有的则是初露才华。他们的文章大多代表了那个阶段最新和最高的学术水平，其中的许多主张已经在社会生活中得到践行。正是他们的惠稿成就了《法学研究》的不断发展。

　　我们由衷地感谢《法学研究》编辑部的前辈。他们开辟了刊物的学术之路，确立了刊物的学术品格，奠定了刊物在学界的地位。他们的学术眼光、学术鉴赏力和他们的职业道德，早已口碑载道，成为我们永远的楷模。

《法学研究》编辑部
二〇〇八年八月

目 录

1978 年试刊 …………………………………………… (1)
1979 年试刊 …………………………………………… (4)
1979 年第 1 期 ………………………………………… (7)
1979 年第 2 期 ………………………………………… (9)
1979 年第 3 期 ………………………………………… (12)
1979 年第 4 期 ………………………………………… (15)
1979 年第 5 期 ………………………………………… (17)
1980 年第 1 期 ………………………………………… (19)
1980 年第 2 期 ………………………………………… (22)
1980 年第 3 期 ………………………………………… (26)
1980 年第 4 期 ………………………………………… (30)
1980 年第 5 期 ………………………………………… (34)
1980 年第 6 期 ………………………………………… (38)
1981 年第 1 期 ………………………………………… (41)
1981 年第 2 期 ………………………………………… (44)
1981 年第 3 期 ………………………………………… (48)
1981 年第 4 期 ………………………………………… (51)
1981 年第 5 期 ………………………………………… (55)
1981 年第 6 期 ………………………………………… (58)
1982 年第 1 期 ………………………………………… (61)
1982 年第 2 期 ………………………………………… (64)
1982 年第 3 期 ………………………………………… (68)
1982 年第 4 期 ………………………………………… (71)
1982 年第 5 期 ………………………………………… (75)
1982 年第 6 期 ………………………………………… (78)
1983 年第 1 期 ………………………………………… (81)
1983 年第 2 期 ………………………………………… (85)
1983 年第 3 期 ………………………………………… (88)
1983 年第 4 期 ………………………………………… (92)

1983 年第 5 期	(96)
1983 年第 6 期	(100)
1984 年第 1 期	(104)
1984 年第 2 期	(108)
1984 年第 3 期	(113)
1984 年第 4 期	(118)
1984 年第 5 期	(122)
1984 年第 6 期	(126)
1985 年第 1 期	(130)
1985 年第 2 期	(135)
1985 年第 3 期	(140)
1985 年第 4 期	(144)
1985 年第 5 期	(148)
1985 年第 6 期	(153)
1986 年第 1 期	(156)
1986 年第 2 期	(160)
1986 年第 3 期	(164)
1986 年第 4 期	(168)
1986 年第 5 期	(172)
1986 年第 6 期	(176)
1987 年第 1 期	(180)
1987 年第 2 期	(185)
1987 年第 3 期	(189)
1987 年第 4 期	(194)
1987 年第 5 期	(199)
1987 年第 6 期	(204)
1988 年第 1 期	(208)
1988 年第 2 期	(212)
1988 年第 3 期	(216)
1988 年第 4 期	(220)
1988 年第 5 期	(224)
1988 年第 6 期	(228)
1989 年第 1 期	(232)
1989 年第 2 期	(236)

1989 年第 3 期	(239)
1989 年第 4 期	(243)
1989 年第 5 期	(248)
1989 年第 6 期	(252)
1990 年第 1 期	(256)
1990 年第 2 期	(261)
1990 年第 3 期	(265)
1990 年第 4 期	(269)
1990 年第 5 期	(273)
1990 年第 6 期	(277)
1991 年第 1 期	(281)
1991 年第 2 期	(285)
1991 年第 3 期	(289)
1991 年第 4 期	(293)
1991 年第 5 期	(297)
1991 年第 6 期	(301)
1992 年第 1 期	(305)
1992 年第 2 期	(309)
1992 年第 3 期	(313)
1992 年第 4 期	(317)
1992 年第 5 期	(321)
1992 年第 6 期	(325)
1993 年第 1 期	(328)
1993 年第 2 期	(332)
1993 年第 3 期	(335)
1993 年第 4 期	(339)
1993 年第 5 期	(343)
1993 年第 6 期	(347)
1994 年第 1 期	(350)
1994 年第 2 期	(354)
1994 年第 3 期	(358)
1994 年第 4 期	(362)
1994 年第 5 期	(366)
1994 年第 6 期	(370)

1995 年第 1 期 …………………………………………………………（374）
1995 年第 2 期 …………………………………………………………（377）
1995 年第 3 期 …………………………………………………………（381）
1995 年第 4 期 …………………………………………………………（384）
1995 年第 5 期 …………………………………………………………（388）
1995 年第 6 期 …………………………………………………………（391）
1996 年第 1 期 …………………………………………………………（394）
1996 年第 2 期 …………………………………………………………（397）
1996 年第 3 期 …………………………………………………………（401）
1996 年第 4 期 …………………………………………………………（404）
1996 年第 5 期 …………………………………………………………（408）
1996 年第 6 期 …………………………………………………………（411）
1997 年第 1 期 …………………………………………………………（416）
1997 年第 2 期 …………………………………………………………（418）
1997 年第 3 期 …………………………………………………………（422）
1997 年第 4 期 …………………………………………………………（425）
1997 年第 5 期 …………………………………………………………（428）
1997 年第 6 期 …………………………………………………………（431）
1998 年第 1 期 …………………………………………………………（435）
1998 年第 2 期 …………………………………………………………（438）
1998 年第 3 期 …………………………………………………………（442）
1998 年第 4 期 …………………………………………………………（446）
1998 年第 5 期 …………………………………………………………（449）
1998 年第 6 期 …………………………………………………………（452）
1999 年第 1 期 …………………………………………………………（455）
1999 年第 2 期 …………………………………………………………（458）
1999 年第 3 期 …………………………………………………………（462）
1999 年第 4 期 …………………………………………………………（466）
1999 年第 5 期 …………………………………………………………（470）
1999 年第 6 期 …………………………………………………………（474）
2000 年第 1 期 …………………………………………………………（478）
2000 年第 2 期 …………………………………………………………（481）
2000 年第 3 期 …………………………………………………………（484）
2000 年第 4 期 …………………………………………………………（487）

2000 年第 5 期 ………………………………………………………（490）
2000 年第 6 期 ………………………………………………………（492）
2001 年第 1 期 ………………………………………………………（494）
2001 年第 2 期 ………………………………………………………（497）
2001 年第 3 期 ………………………………………………………（500）
2001 年第 4 期 ………………………………………………………（503）
2001 年第 5 期 ………………………………………………………（506）
2001 年第 6 期 ………………………………………………………（509）
2002 年第 1 期 ………………………………………………………（511）
2002 年第 2 期 ………………………………………………………（513）
2002 年第 3 期 ………………………………………………………（516）
2002 年第 4 期 ………………………………………………………（519）
2002 年第 5 期 ………………………………………………………（522）
2002 年第 6 期 ………………………………………………………（525）
2003 年第 1 期 ………………………………………………………（528）
2003 年第 2 期 ………………………………………………………（531）
2003 年第 3 期 ………………………………………………………（534）
2003 年第 4 期 ………………………………………………………（537）
2003 年第 5 期 ………………………………………………………（540）
2003 年第 6 期 ………………………………………………………（543）
2004 年第 1 期 ………………………………………………………（546）
2004 年第 2 期 ………………………………………………………（549）
2004 年第 3 期 ………………………………………………………（552）
2004 年第 4 期 ………………………………………………………（555）
2004 年第 5 期 ………………………………………………………（558）
2004 年第 6 期 ………………………………………………………（561）
2005 年第 1 期 ………………………………………………………（564）
2005 年第 2 期 ………………………………………………………（567）
2005 年第 3 期 ………………………………………………………（570）
2005 年第 4 期 ………………………………………………………（573）
2005 年第 5 期 ………………………………………………………（576）
2005 年第 6 期 ………………………………………………………（579）
2006 年第 1 期 ………………………………………………………（582）
2006 年第 2 期 ………………………………………………………（585）

2006 年第 3 期 ………………………………………………………… (588)
2006 年第 4 期 ………………………………………………………… (592)
2006 年第 5 期 ………………………………………………………… (595)
2006 年第 6 期 ………………………………………………………… (598)
2007 年第 1 期 ………………………………………………………… (601)
2007 年第 2 期 ………………………………………………………… (604)
2007 年第 3 期 ………………………………………………………… (607)
2007 年第 4 期 ………………………………………………………… (610)
2007 年第 5 期 ………………………………………………………… (613)
2007 年第 6 期 ………………………………………………………… (616)
2008 年第 1 期 ………………………………………………………… (619)
2008 年第 2 期 ………………………………………………………… (622)
2008 年第 3 期 ………………………………………………………… (625)
2008 年第 4 期 ………………………………………………………… (628)
2008 年第 5 期 ………………………………………………………… (631)

后记 …………………………………………………………………… (635)

1978 年试刊

必须加强政治法律工作
——1955 年 4 月 5 日在中国共产党全国代表会议上的发言
董必武

关于社会主义立法和法制的几个问题
——在北京"关于社会主义立法和法制问题座谈会"上的发言（摘要）
于光远

要加强社会主义立法和加强社会主义法制，需要研究一些实质性问题，如争取民主、保卫民主的问题。要加快实现四个现代化的步伐，就要发扬民主，发扬民主就需要法。我国现在的立法工作和法制生活比较差，比如宪法不够完善，还没有刑法、民法、诉讼法等等。要把规定立法程序的法、人民代表大会组织法等先定下来，要把与广大人民切身利益关系密切的刑法、民法、诉讼法、劳动法、婚姻法等先定下来。法学研究要关注世界各国经验，要重视立法、执法、司法、守法方面的基本理论。

社会主义历史阶段必须加强法制
——学习马克思、列宁关于法律的理论
韩铭立

从马克思、列宁关于社会主义经济关系与革命法制的辩证关系原理，关于无产阶级专政国家学说，以及我们实践的正反两方面经验出发，必须承认社会主义经济关系需要法律，无产阶级专政的国家政权需要法律，必须在调查研究基础上制定出符合客观经济规律的法律，必须维护革命法制的威严，不仅人民群众要守法，国家机关和公职人员尤其要守法。

学习毛主席的革命法制思想
陈守一　肖永清　赵震江

毛主席的法制思想是毛泽东思想理论宝库中的重要组成部分，是我们进行法制建设的指导思想。毛主席历来十分重视革命法制工作，指出革命和建设中没有法律不行，强调一定要守法。毛主席从社会主义经济基础和上层建筑关系原理出发，阐述了革命法制对于社会主义经济基础、革命秩序和劳动人民利益的重要性。关于守法问题，毛主席强调执法机关要带头守法，司法机关要加强党的领导，走群众路线。

实践是检验法学理论的唯一标准
郑理文

社会主义法制和法学，必须以马列主义、毛泽东思想的基本原则，以马克思主义国家和法的理论为指导，但马列主义、毛泽东思想的普遍真理和马克思主义国家和法的理论，只能为社会主义法制和法学研究提供科学的方法和原则指导，而不能提供解决一切问题的现成答案，检验社会主义法制和法学的唯一标准，只能是社会实践。坚持实践是检验法学理论的唯一标准，要求解放思想，从具体实际出发，理论联系实际，解决实际问题。

解放思想，突破禁区
于浩成

为了加速实现四个现代化，必须加强法制建设，充分保障人民民主权利。而加强社会主义法制，首先要解放思想，冲破禁区。当前，我们迫切需要立法，加强法制建设，使法律完备起来，根据宪法的原则规定，制定具体的法律、法令、规章、制度。

党的政策与法律的关系
孙国华

党的政策不是法，不能替代法。法律具有国家意志性、国家强制性、相对的稳定性、规范性，这是法律不同于党的政策的专有特征。党要通过国家机关把自己经过实践检验已经成熟的政策制定为国家的法律，取得具有国家强制力保证的法律效力。

从天安门事件看加强法制的重要意义
马荣杰

天安门事件给我们的一条重要经验或教训，就是必须保障人民的民主权利，健全和加强社会主义法制。加强社会主义法制的当务之急是立法，对不适应形势需要的法律、法令作出修改。制定法律后，必须人人守法，有法必依，切实保障公民的各项民主权利，保障公民的人身自由，保障公民的申诉权、被告人的辩护权。

英明的决策，重大的胜利
最高人民检察院法制宣传组

粉碎"四人帮"是社会主义对资本主义的胜利，马列主义对修正主义的胜利，法制对专横的胜利，文明对野蛮的胜利。建国之初，我国的检察机关根据马列主义无产阶级专政的理论和社会主义法制的原则，从我国实际情况出发，逐步制定了社会主义检察工作路线，为维护社会主义法制，保护人民的民主权利和合法权益，作出了重要贡献。五届人大关于重建检察机关的决定，是英明的决策。检察机关在当前的迫切任务是克服违法乱纪现象，消除"四人帮"破坏法制的严重后果，根本任务是打击反革命和刑事犯罪活动，巩固无产阶级专政。

肃清林彪、"四人帮"在政法战线的流毒
吴　澄

彻底肃清林彪、"四人帮"假左真右

的反革命修正主义路线的流毒和影响,是拨乱反正,实现党和国家在新时期总任务的重大关键。林彪、"四人帮"在政法战线上大力推行其假左真右的修正主义路线,散布各种似是而非的反动谬论,歪曲毛主席关于专政与民主、党的领导与群众路线以及做好专业工作的指示,制造混乱。我们必须解放思想,肃清林彪、"四人帮"的流毒,拨乱反正,为促进和保卫社会主义现代化建设作出应有的贡献。

"四人帮"的法西斯专政与资产阶级的实用主义法学

韩延龙　常兆儒

实用主义法学是垄断资产阶级强化法西斯专政的御用工具,是垄断资产阶级反动法律观的集中体现,"无法的司法论"、"预防刑法论"和"自由心证论"是其重要构成部分。林彪、"四人帮"把实用主义法学当作破坏我国社会主义法制、对人民实行法西斯专政的武器,鼓吹法制原则过时论,运用预防刑法论、自由心证论,一切从他们自己的需要出发,针对劳动人民以无罪为有罪,对自己则以有罪为无罪。我们要以马列主义、毛泽东思想为指导,深入揭批"四人帮"的罪行和反动谬论,为加强社会主义法制而奋斗。

《古案选注》强项令

1979 年试刊

关于党在政治法律方面的思想工作
——一九五四年五月十八日在中国共产党第二次全国宣传工作会议上的讲话（摘要）
董必武

学习周总理关于法制建设的教导
金默生　齐　珊　宗　灵

周总理在法律的制定、执行和遵守，以及加强法制过程中坚持民主集中制等重大问题上，作出了精辟的论述，为政法实践和法学研究指明了方向。在社会主义法制建设方向及我国立法工作的指导思想方面，周总理提出要广泛听取群众的意见，从实际出发，深入调查研究，从群众中来到群众中去。在立法、执法、守法问题上，周总理一贯强调要坚持民主集中制，贯彻群众路线。

典范犹存
——怀念董必武同志
聂菊荪　陈守一　吴大羽
郭　纶　金默生

伟大的历史转变和法学研究的新课题
李约博

十一届三中全会决定把全党的工作重点转移到社会主义现代化建设上来，这给法学研究提出了任务，指明了方向。法学研究必须以马列主义、毛泽东思想为指导，把社会主义民主和法制理论同实现现代化建设的伟大实践结合起来，面向生产力发展和变革生产关系的实际，面向发扬民主和加强法制的实际，面向巩固和发展安定团结局面的实际，提出有利于发扬社会主义民主、加强社会主义法制的理论和建议，为加强社会主义法制建设，实现四个现代化服务。

加强民事立法为实现四个现代化服务
苏　庆

民法是调整社会经济关系的基本准则，社会主义民法是无产阶级和广大人民意志的体现。加强我国民事立法的根本目的就是用法律手段保证社会主义现代化建设的实现。我国民事立法的基本原则主要有：保护社会主义公共财产不可侵犯，保证完成国民经济计划，实行经济核算，坚持国家、集体和个人利益相结合。规定的具体内容包括：参与经济活动的单位和个人的法律地位，对所有权的具体保护措施，合同制度，按劳分配制度。

略论两类矛盾的相互转化
李步云

两类矛盾可以相互转化的原理告诉我们,应当充分估计矛盾转化的可能性,因而在矛盾转化以后,能够正确及时地认定这种转化,并相应地改变处理方法,使已经转化了的矛盾得到正确处理。在革命和法制建设过程中,我们应该充分发挥主观能动性,防止人民内部矛盾向敌我矛盾转化,促使敌我矛盾向人民内部矛盾转化。

坚决维护公民的申诉权
陈乐邺

维护公民的申诉权,是审判工作应该遵循的基本法律程序,是保护公民权利、保证办案质量,做到打击敌人、保护人民、不枉不纵的法律保证。剥夺公民的法定上诉权、申诉权,取消必要的法律审判程序,是造成冤假错案以及使冤假错案得不到平反纠正的重要原因。辩护、上诉、申诉使法律赋予当事人的权利,任意阻止、压制这种权利是违法行为。我们要坚持维护公民的申诉权,充分发扬社会主义民主。

论新宪法规定的审判制度
闻国良

新宪法规定了公开审判、群众陪审、被告人有权获得辩护等审判制度。实施法定的审判制度,有利于正确执行党的政策和国家法律,提高办案质量,打击敌人,保护人民;有利于广泛宣传社会主义法制,教育群众遵纪守法,提高同违法犯罪分子作斗争的积极性,预防和减少犯罪;有利于发扬审判工作严肃谨慎、实事求是、群众路线、调查研究的优良传统和作风。

论婚姻基础
郝双禄　徐五林

婚姻是两性的结合。在以生产资料公有制为基础的社会主义社会里,婚姻的结合应该排除金钱和物质的考虑,以两性之间的感情为基础。婚姻的存废应当以男女双方是否具有这种两性之间的感情为前提。坚持婚姻以双方感情为基础的观点,不仅有重要的理论意义,对于司法工作中正确处理婚姻家庭纠纷也有重要意义。

学习马锡五同志的审判方式
张希波

马锡五审判方式的主要特点有:第一,实事求是,调查研究,反对主观主义的审判作风;第二,贯彻群众路线,紧密依靠群众,发动群众,实行审判与调解相结合的审判方式;第三,坚持原则,忠于事实,执法必严,违法必究。马锡五审判方式的产生不是偶然的,而是有其深刻的社会基础和历史根源。在党的十一届三中全会精神鼓舞下,广大司法干部必将在继承人民司法工作的优良传统的基础上,使马锡五审判方式在新的历史条件下更加发扬光大。

公民的人身权利不容侵犯
陈一云　吴磊　孔庆云

公民的生命财产、身心健康、行动自由、人格和名誉,以及同公民人身密切相关的住宅，都受到国家的保护，任何机关、团体或个人都不得非法侵犯。这是由我国无产阶级专政的社会主义国家性质、无产阶级肩负的历史使命决定的。公民的人身权利是公民从事各种社会政治活动的前提，只有保障公民的人身权利不受侵犯，才有利于公民享有和行使宪法规定的其他基本权利。当前，我们应该广泛宣传、动员人民群众为保卫人身权利斗争，打击的重点应针对人民的敌人，要严肃处理干部违法乱纪，司法工作人员要严明执法、严格守法。

1979 年第 1 期

五四精神与法学研究
赵震江

五四运动反对封建主义和保守思想，提倡民主自由和学习外国；反对旧道德旧文化，提倡新道德新文化；五四运动中的先进分子，在马克思主义指导下把资产阶级革命的思想武器改造成为无产阶级革命时代的思想武器。法学研究应该继承和发扬五四运动所提倡的民主科学精神、爱国主义和共产主义思想，把马列主义、毛泽东思想的普遍真理，与我国四个现代化建设实践中的法制建设密切结合起来，研究新问题，解决新问题。

论选举
王叔文

民主与选举密不可分。只有认真实行民主选举，才能保证人民真正当家作主；只有认真实行民主选举，才能加强政权建设。认真实行民主选举，有利于调动广大干部和群众的社会主义积极性，加快四个现代化的步伐。必须进一步健全选举制度；保证宪法和选举法规定的选举原则的彻底实施；搞好基层单位的民主选举；使人民群众充分享有对人民代表、干部的罢免权和监督权；深入揭批林彪、"四人帮"推行反人民、反民主的封建法西斯专政主义，践踏社会主义民主，破坏我国选举制度的罪行。

略谈法律的继承性
林榕年

继承性是相互联系的新旧事物在其交替过程中，新事物在否定旧事物的前提下，肯定并吸收、利用旧事物的一部分内容作为自己的组成部分。按照马克思主义经典作家，尤其是列宁的阐述，不仅资产阶级法律的某些形式，而且资产阶级法律中包含的某些内容，即某些具体规范有保护劳动人民利益的东西，都可以批判继承。我们应当根据马列主义的原则，结合我国具体实践，敢于批判地继承中外历史上有价值的法学和法律遗产。

列宁关于法制建设的理论永放光辉
关怀

列宁关于法制建设的理论和实践是马克思列宁主义宝库中的珍贵遗产。列宁在法制建设和加强苏维埃立法方面作出一系列重要指示，在制定和完善苏维埃立法方面进行了大量工作。苏维埃俄国正是正确贯彻执行了列宁关于社会主义法制建设的光辉理论，认真贯彻执行了列宁关于法制建设的一系列方针、政策，才在法制建设方面取得了巨大成就。我们要认真学习列宁的法律理论，从列宁健全法制、加强立法的理论和实践中提高对社会主义法制的认识，加强立法工作。

保障人民权利是革命法制的光荣传统
刘海年　常兆儒

通过法律形式确认人民的民主权利、人身自由和经济利益，是革命法制的优良传统。加强对党政军全体人员的教育和监督，是实施各项保障人民权利的法律的保证。我们应当继承和发扬革命法制保障人民权利的优良传统，巩固和发展安定团结的政治局面，为加快现代化建设作出应有的贡献。

清律初探
张晋藩

大清律的主要特点有：以严刑峻法推行政治、思想高压政策；确保以皇帝为枢纽的庞大国家机器的运转；维护满族居于优越地位的封建等级制度；人身依附关系有所削弱；对少数民族地区司法管辖的深入和加强；发展了引律比附和依例断案的传统；要求官吏知法执法，百姓知法守法，严禁书吏窃权弄法；维护封建的伦理道德和家族主义的统治。

略论封建法制
陈光中

中国古代统治者对于法律的重要性有较深刻的认识，重视法律的制定和法律的宣传，在立法时注意法律条文的简明，以便于人民知晓，在保持法的相对稳定性的同时强调因时制宜。封建国家在压迫农民守法的同时，还要求官吏守法，一些头脑清醒的皇帝意识到自身守法与否对法律执行好坏的重大影响，在一定程度上接受法律的约束。这些对当代法制建设都有积极作用。

论商鞅"法治"的主要矛头
——兼评《论商鞅》
王礼明

梁效发表于《红旗》杂志1974年第6期的《论商鞅》一文中认为，商鞅"法治"的主要矛头是没落的奴隶主阶级。这不仅在理论上极其荒谬的，违背马克思主义的国家学说，也违背历史事实。商鞅的法治针对的是广大劳动人民，四人帮之所以要如此瞒天过海，是为攻击老一辈革命家制造舆论。

坚持"公检法"的互相配合和互相制约
曾龙跃

公安机关、检察机关和人民法院互相配合、互相制约制度的确立，是无产阶级专政的本质决定的。实践表明，坚持"公检法"三机关的互相制约和互相配合，有利于防止办案的主观随意性，有利于准确地打击敌人，保护人民。为正确理解和贯彻该制度，必须消除"支持第一，制约第二"、"重复劳动"、"挑毛病、找岔子"、"束缚对敌斗争手脚"、"平时可以遵守制度，运动来了可以不顾"五种不正确思想的影响。

1979 年第 2 期

解放思想　面向实际　繁荣法学
努力为四个现代化服务
——在全国法学规划会上的讲话
王仲方

对法学研究工作的一些意见
——在全国法学规划会上的
讲话（摘要）
于光远

坚持无产阶级专政的光辉思想
——纪念《论人民民主专政》
发表三十周年
刘　瀚　吴大英

人民民主专政的本质是无产阶级专政。人民民主专政包括民主和专政两个不可分割的方面。人民民主即社会主义民主，是工人、农民、知识分子和其他劳动人民及爱国人士所共同享受的民主，是历史上最充分的民主。民主离不开专政和集中，民主集中制是我党的根本组织原则，也是我国的根本组织原则。在人民内部，民主是自我教育的方法，以充分发扬人民民主、加强无产阶级专政为目标。无产阶级专政同社会主义制度相偕行、共始终。无产阶级专政离不开党的领导。

坚持四项基本原则　继续解放思想
王桂五

四项基本原则是一切工作的根本前提。解放思想，发扬民主，不能离开四项基本原则，否则就会偏离方向，成为资产阶级自由化。把解放思想和坚持四项基本原则对立起来，是错误的。当前，我国的四化建设、发扬民主、健全法制等事业都需要解放思想。

冲破阻力　进一步解放思想
于浩成

左倾思潮是我国当前的主要危险，是阻碍社会主义现代化建设的主要障碍。为实现社会主义现代化建设的伟大任务，必须坚持四项基本原则，冲破阻力，进一步解放思想，切切实实地搞好法学研究和法制建设工作。

批判法律虚无主义　加强法学研究
罗世英

当前，党的工作重点已经转移到社会主义现代化建设上来。健全社会主义法制以保障人民民主，使民主制度化、法律化，是全国人民的迫切要求。要健全法制，必须批判法律虚无主义，加强法学研究。法律虚无主义将革命与法制对立起来，有法不依，是无政府主义在法制问题上的反映。马克思主义法学与法律虚无主义是根本对立的。法学研究要为法制建设服务，必须根据实践是检验真理的唯一标准，澄清理论和实践上的是非问题；科学区分资产阶级民主和无产阶级民主，建立科学完整的法学体系。

谈刑法的阶级本质
傅宽芝

刑法与其他部门法一样，具有强烈的阶级性。根据阶级属性的不同，刑法分为剥削阶级刑法与社会主义刑法。剥削阶级刑法以维护剥削阶级经济、政治的统治地位为己任。相反，社会主义刑法具有区别于剥削阶级刑法的鲜明特征，即人民性、实行社会主义法制原则、社会主义财产的不可侵犯性、公民民主权利的不可侵犯性以及革命的人道主义。我国当前正进入大规模的现代化建设的重要历史时期，阶级和阶级斗争还存在，刑法无疑起着重要的作用。

略论我国的审判程序和制度
邓崇范

审判程序和制度属于程序法的内容，对于切实贯彻执行实体法、有效打击敌人、保护人民具有重要意义。审判程序和制度可以分为剥削阶级的审判程序和制度以及社会主义的审判程序和制度。刑讯逼供、不重证据、不重调查研究是一切剥削阶级审判程序和制度的共同特征。社会主义审判程序和制度的鲜明特点在于：它建立在辩证唯物主义基础上；贯彻党委领导、群众路线的原则，反对孤立主义和神秘主义；贯彻民主集中制原则。

环境保护法浅论
马骧聪

零星的环境保护法律规定，古代国家就有。但环境保护法作为一个独立的法律部门，是在二十世纪六十年代后逐渐形成的。目前在我国制定环境保护法，对于满足经济发展需要，保护人民健康，以及保持生态平衡有重要作用。环境保护立法涉及范围广泛，除制定综合性环境保护法外，还要完善专门性法规，以及相关的实体法与程序法。在我国环境立法中，应注重将环境保护纳入国民经济计划，规定各机构的相关权利和义务，对违反环境保护法的行为予以法律制裁，并建立相关监督措施。

必须肯定法的继承性
栗 劲

法的同质继承是在基本理论体系一致基础上的继承，法的异质继承是批判地借鉴和批判地吸收其中有用的东西作为养料，是法的继承性的另一种表现。马克思在广泛研究和深入批判的基础上确立了无产阶级科学的法学体系，是对剥削阶级法的批判继承。在国家和法的制度方面，主要是批判的借鉴；在法的理论思想方面，主要是批判的吸收。

对"无罪推定"原则的看法
王兆生 魏若萍

有罪推定和无罪推定都是剥削阶级统

治广大人民群众的工具,具有不可克服的阶级局限性和法律上的偏私性。这两个原则的内容是反动的,形式是不科学的。完全按照无罪推定原则办案会造成放纵犯罪的后果,完全按照有罪推定办案会造成刑讯逼供成风、冤假错案泛滥的后果。我国刑事诉讼法应当坚持"实事求是,调查研究,重证据不轻信口供,证据口供都必须经过查对,反对逼供信,禁止肉刑"的原则。

1979 年第 3 期

一部闪耀着毛泽东思想光辉的刑法
高铭暄

我国刑法服务于保卫无产阶级专政制度，服务于社会主义经济基础，切实保护广大人民的人身权利、民主权利和其他权利，注意维护社会秩序、生产秩序、工作秩序、教学科研秩序和人民群众生活秩序。刑法不仅要区分两类性质不同的矛盾，而且根据自己的斗争任务，特别重要的是要分清罪与非罪、反革命罪与非反革命罪的界限。刑法坚持"惩办与宽大相结合"的刑事政策，其中一个重要内容是坚持"少杀、慎杀"的死刑政策。

健全选举制度　保障人民当家作主
王德祥

新选举法把直接选举的范围扩大到县一级；进一步发展了 1953 年选举法中已经实行的普遍、平等的原则；在选举程序、投票方式上废止了某些不能充分体现民主原则的规定；从制度上加强了选民对代表的监督，保障选民对代表的罢免权。选举法的有效执行有赖于制裁破坏选举的活动；有赖于开展有效的宣传教育。新选举法改进了我国选举制度中的一些不完善之处，加强了我国的政权机构，加强了人民代表大会制度，是保障人民当家作主的重要武器。

论我国地方政权制度的新发展
王向明

我国新选举法、地方组织法健全了人民代表大会代表的选举制度，保证并实现选民对代表的选举权、被选举权、监督权和罢免权。新地方组织法赋予省级人民代表大会及其常设机关制定在本地区具有约束力的地方性法规的权力，是社会主义法制的新发展。新地方组织法规定县级以上的人民代表大会设立常务委员会，作为常设机关，对本级人民代表大会负责并报告工作。新地方组织法还规定把地方各级国家行政机关的名称改为地方各级人民政府，取消革命委员会。改组后的地方各级人民政府要坚决机构精简、职权明确，使工作效率显著提高；实行集体领导与个人分工负责相结合的领导制度。

认真贯彻人民检察院组织法
最高人民检察院法制宣传组

论刑事诉讼法的指导思想
张子培

我国刑事诉讼法是以马克思、列宁主义、毛泽东思想为指针，以宪法为根据，结合我国各族人民实行无产阶级领导的、以工农联盟为基础的人民民主专政的具体经验和打击敌人、保护人民的实际需要制定的。具体体现在：刑事诉讼法是准确地打击敌人、惩罚犯罪分子和保护人民的武器；公检法三机关进行刑事诉讼，应当在党的领导下，实行分工负责，互相配合，互相制约；刑事诉讼法贯穿着依靠群众、便利群众、听取群众意见、接受群众监督的原则；以事实为依据，忠于事实真相；以法律为准绳，严格遵守社会主义法制。

中外合资经济企业法初探
王家福　苏　庆

五届人大二次会议制定了《中华人民共和国中外合资经营企业法》，是适应四个现代化需要，扩大国际经济合作，发展国与国之间技术交流的重要法律措施。该法确定了合营企业的法律地位，以法律形式肯定我国政府保护外资的政策，规定中外合营者平等互利的关系，确定有利于技术现代化和扩大出口的原则。它必将促进中外合资企业的发展，加快我国社会主义现代化建设。但有些具体问题还需进一步加以研究，有关的其他法规也应尽早制定或修订。

略论反革命罪的构成
陈春龙　刘海年

反革命罪侵犯的客体是无产阶级专政的国家政权和社会主义制度。对马列主义、毛泽东思想有不同的理解，不能作为反革命对待；反对党和国家领导人，也不可作为反革命罪，不能以个人作为反革命罪的客体。反革命罪的客观方面是以推翻无产阶级专政的政权和社会主义制度为目的的各种行为。不应当把思想问题、认识问题、包括思想反动但无反革命行为，当作犯罪来处理。反革命罪的成立，要求行为人在主观方面具有反革命的直接故意。该罪的主体是一般主体即达到刑事责任年龄具有刑事责任能力的自然人。

人民法院独立审判　只服从法律
刘广明

法院独立审判，不会削弱党的领导。法院与公安机关、检察机关遵循分工负责、互相制约的原则，是法院保持应有独立性的一个重要保障。法院审判独立，还必须处理好上下级法院之间监督与被监督的关系。法院独立审判只服从法律，这就要求司法者应当严格依法办事。我国的"独立审判"与资本主义的"司法独立"有不同的阶级内容，体现了不同阶级的民主，二者有本质的区别。"独立审判"是社会主义法制原则。

健全人民代表大会制度
许崇德

人民代表大会制度鲜明地体现着四项基本原则，同时也是保证四项基本原则实现的有力武器，不断地健全人民代表大会制度是我国当前不可忽视的紧要任务。人民代表大会是由直接或间接选举产生的，具有最广泛的代表性和民主性。它是人民行使国家权力的机关，对本级和下级的其他国家机关起着监督作用。它是代表全国人民群众的组织，能够调动广大人民的积极性。

加强民主和法制是实现四化的重要保证

马荣杰

要把我国建设成为社会主义强国,必须加强社会主义民主,健全社会主义法制。没有人民的民主,就不可能实现四个现代化,没有健全的社会主义法制,就不可能实现真正的人民民主。加强民主和法制,要认真学习、掌握和宣传刑法、刑事诉讼法、人民法院组织法、中外合资经营企业法等法律,做到有法必依、执法必严、违法必究。

南斯拉夫和罗马尼亚的经济立法与经济司法情况简介

孙亚明

南斯拉夫、罗马尼亚两国在社会主义建设中,基于社会经济基础的客观需要,都制定了一套比较完备的经济法规;同时两国执法都很严格,有比较严密的司法制度。南、罗两国用健全社会主义法制,加强经济立法与经济司法,保障了生产部门之间的适当比例关系,巩固社会主义的社会经济秩序,促进了社会主义经济的高速度发展。

对旧法不能批判地继承只能借鉴

李昌道

批判地继承是指对旧事物的"合理的内核"取其精华,而不是什么旧事物都可以批判地继承,都可使其"失去原来的属性"。由旧法的阶级性和旧法的实践所决定,旧的法律对社会主义不是什么积极因素、合理内核,更没有可取其精华之处。借鉴,主要是指参考。对于旧法的法律形式、规范内容、法律原则、体例结构、概念术语等可以借鉴。

对"无罪推定"原则的理解

赵 虹 窦继祥

无罪推定是指在审判机关没有用发生法律效力的判决来确定被告有罪之前,应当推定被告是无罪的。无罪推定原则体现了社会主义法制的民主原则,有利于保障公民的人身权利和民主权利,准确地打击敌人。无罪推定原则在理论上是科学的,在内容上也是可取的。因此,应当将该原则作为我国刑事诉讼活动的一个基本原则。

我国法制建设三十年
陈守一 刘升平 赵震江

我国社会主义法制经历了创建—发展—停滞—破坏—恢复和发展几个阶段。三十年法制建设的实践表明，社会主义革命和建设不能忽视法律、只重视政策，无产阶级专政条件下只讲人治不讲法治是错误的，搞群众运动不讲法制是有害的，法律虚无主义是一种反动思潮，对社会主义法制建设有极大破坏性。在新的历史条件下，必须认清我国现阶段的阶级状况和阶级斗争形势，有法必依，党员、领导干部尤其要带头守法，发动群众，由广大人民群众监督法律的实施。

对人权要作历史的具体的分析
吴大英 刘瀚

对人权要作历史的具体的分析，不能笼统地加以反对。人权是作为神权和君主权的对立物、作为反封建的口号而提出来的。在资产阶级社会里，人权保障只是保障资产阶级的特权。无产阶级也使用人权口号，通过革命夺取政权，解放生产力、发展生产力，实现真正的自由、平等，是无产阶级人权的内容。在我国当前，保障人权仍有必要。我们要采取措施同侵犯人权的现象进行坚决的斗争，切实保障公民的人身权利、民主权利和其他权利。

关于民法、经济法的学术座谈

试论刑法管辖中的几组矛盾
肖贤富 周叶谦

刑法管辖原则中存在着属地原则与属人原则的矛盾、所属国与所在国的矛盾、行为地与结果地的矛盾以及属地原则与保护原则的矛盾。针对这些矛盾，我国刑法分别坚持以属地原则为主、以属人原则为补充；在我国的船舶、航空器内犯罪的，由我国行使刑事管辖权；犯罪的行为或结果有一项发生在我国境内，我国就可以行使属地管辖权；外国人在我国领域外对我国或我国公民犯罪，根据我国刑法之规定最低刑为三年以上有期徒刑的，我国可以行使刑事管辖权，但是行为根据犯罪地的法律不受处罚的除外。坚持上述立场，有利于维护我国司法主权的独立和完整，也符合国际公认的准则和实践。

谈谈认定犯罪的几个基本问题
樊凤林

要正确地认定犯罪，首先必须搞清楚犯罪的概念。犯罪具有两个特征：一是一切犯罪都必须具有危害社会的行为；二是依照法律的规定，这种行为是应受刑罚处罚的。凡是不具有社会危害性或者情节显著轻微社会危害性不大，尚未达到需要用刑罚方法加以处罚的行为，都不能认为是犯罪。构成犯罪的基本规格、标准包括：犯罪行为必须是对社会有危害性的行为；必须是侵犯我国刑法所保护的客体的行为；必须是出于故意或过失的行为；犯罪的行为人必须是达到刑事责任年龄具有刑事责任能力的人。

人民司法工作的好章程
常 工

人民法院是无产阶级专政的工具，是国家的审判机关，它的根本职能是打击敌人，惩罚犯罪，保护人民，保障社会主义革命和建设事业的顺利进行。加强经济司法工作是人民法院面临的一项新的重要任务。人民法院还要开展法制宣传教育工作。国家的审判权由人民法院统一行使。人民法院独立进行审判，只服从法律，包括实体法与程序法。任何机关、团体和个人都不得采取非法手段干涉人民法院的审判活动。依法独立进行审判同加强党对司法工作的领导是一致的。一切公民在适用法律上一律平等，须注意同特权思想作斗争。人民法院坚持发扬民主，依靠人民，实行民主集中制，是保证审判案件正确、尽量避免冤假错案的关键。人民法院组织法是人民法院做好工作的可靠保证。

论婚姻自由
李勇极　陈明侠

婚姻自由是我国婚姻法的第一个基本原则，包括结婚自由和离婚自由两个方面，二者互相结合，缺一不可。坚持婚姻自由原则，是社会主义婚姻制度对剥削阶级婚姻制度的彻底否定。社会主义制度的建立，为婚姻自由的真正实现创造了良好的社会条件，提供了切实的保障。当事人要正确理解和认识婚姻自由问题，勇于同干涉婚姻自由的行为作斗争，严肃对待婚姻问题，以正确行使婚姻自由这一权利。

浅论太平天国的法律
张晋藩　邱远猷

太平天国法律的产生和发展分为初创、发展和松弛三个阶段。太平天国的法律虽然有封建迷信的因素，但总的来说仍然是反映农民阶级意志的法律。它以法的形式宣布废除地主的土地所有制；严厉镇压反革命犯和刑事犯；在一定程度上和范围内废除封建婚姻制度，确认男女平等和婚姻自由；试图建立一套具有民主精神的诉讼制度；严禁鸦片，反对外国资本主义的鸦片侵略。但太平天国的法律仍掺杂封建主义的因素，充斥宗教迷信的色彩，不能从阶级关系上划清敌我界限，正确处理两类不同性质的矛盾。

1979 年第 5 期

学习刑法中的几个问题
陶希晋

刑法既对敌人专政又保护人民民主权利。一切危害社会的行为，依照法律应当受刑罚处罚的，都是犯罪。社会主义社会也存在犯罪现象，但是随着社会主义社会的发展，犯罪现象会越来越少。随着法律的逐步完备，实现法律面前人人平等的阻力会逐步减弱和得到克服。法与政策密切相关，都是人民民主专政的工具。严格依法办事的同时也要注意党的政策。立法与司法过程均应贯彻惩罚与教育相结合的原则。刑法没有明文规定的犯罪，原则上应坚持罪刑法定主义。例外情况下情节严重必须追诉的可以类推，但必须报请最高人民法院核准。

我国阶级状况的根本变化和法学研究的新课题
孙亚明

在我国，剥削阶级已经不再存在，社会主义国家的职能和法制的作用也相应地发生了变化，对敌专政降到次要地位，保障人民民主、组织经济文化建设上升到主要地位。但是，社会主义国家和法制仍然是无产阶级专政的工具，仍然具有阶级性。法学研究需要在把握社会主义国家和法制这一本质基础上，进一步探讨如何发扬社会主义民主、保障人民民主权利，如何把按客观经济规律办事落实到依法办事，如何根据两类矛盾学说同各种犯罪进行有效斗争，如何在法制建设中借鉴中外有益经验等新课题。

关于法制史研究对象和方法的讨论发言摘要

"贞观之治"和当时的社会安定政策
饶鑫贤

"贞观之治"的出现，与李世民统治集团的政治法律思想有关。当时所制定并实行的社会安定政策的思想基础是杂冶儒道两家思想于一炉：一方面极力崇儒，以实行"德政"、弘广"教化"相标榜；另一方面又大讲道家的"君人南面之术"，提倡"清静无为"，宣扬"无为而治"。当时社会安定政策的基本内容，首要的是采取一系列经济和社会政策以发展农业生产为重点，创造社会安定的基本条件和奠定全面发展的物质基础；其次是加强封建法制，从立法、司法与守法各个方面采取措施，树立典则，有效地安定社会生活，维护社会秩序。

论人治和法治
谷春德　吕世伦　刘新

作为统治方法的主张，法治论比人治

论有较多的民主性，虽然科学社会主义的法治论同剥削阶级的法治论有本质区别，但却有历史的联系和批判的继承的关系。人治论用抽象的人治掩盖了阶级统治，把国家和法律割裂开来，否认法律的阶级性，是建立在历史唯心主义基础上的。我国无产阶级专政的历史经验表明，社会主义中国只能搞法治，不能搞人治。

人治与法治的历史剖析
张晋藩　曾宪义

人治与法治作为对某种社会思潮的概括，最先发生于春秋战国社会大变动时期，其后在漫长的封建社会虽有任人任法的议论，但已失去原有的意义。从1911年辛亥革命前后到1919年"五四"运动前后，先进思想家提倡的法治和反对的人治，已赋予它以新的内容，具有明显的时代烙印。人治与法治的概念不是超历史的，要进行具体分析。用发生于先秦的人治法治概念很难概括我国现实丰富的政治生活，反而造成一种误解：历史上的人治与法治斗争一直绵延于今天。至于说儒家只讲人治，法家只讲法治，二者双峰对峙，泾渭分明，也值得商榷。

在实施刑法中区分两类不同性质矛盾的问题
杨敦先

在犯罪这一社会现象中，存在敌我和人民内部两类不同性质的矛盾。如何正确对待刑事犯罪中的两类矛盾，是司法工作中一个重要的问题。在刑事审判工作中，必须将敌我和人民内部两类不同性质的犯罪严格地区别开来。人们对待社会主义革命和建设所抱的态度和所采取的行动，即赞成、拥护和参加，还是反抗和敌视、破坏，这是区分人民和敌人的客观标准，也是我们区分刑事犯罪中两类矛盾的客观标准。敌我矛盾性质的犯罪分子与人民内部矛盾性质的犯罪分子之间可以互相转化。在处理问题上也应当坚持区别对待的原则。

美国与西欧的"经济法"和"国际经济法"
申徒

"经济法"是一个历史概念，是在特定历史条件下发展起来，为加强公、私权利对社会经济的干预、组织和管理而出现的法律，反映了西方国家社会经济制度的某些重大变化。近期西方国家社会制度中，垄断资本公司的权力体系日益强大，国家参与和干预经济的加强，这些变化使法律概念和法律体系出现相应发展。我国在经济立法时，应分析"经济法"的产生历史和发展现状，广泛了解各国立法情况，深入研究和解决经济法及相关领域的理论问题。

1980 年第 1 期

新中国法学三十年一回顾
陈守一

三十年来，我国法学发展经历了坎坷曲折的道路，法学落后的状况未发生根本的变化。当前的迫切任务，是进一步解放思想，彻底抛弃法律虚无主义，排除来自"左"或"右"的方面的干扰，促进法学的发展，以适应新时期政治和经济发展的客观要求。我们要根据实践是检验真理的唯一标准的观点，认真澄清因思想混乱而引起的一些法学争论，如法学研究对象问题、人治与法治问题、党的领导与业务部门的关系问题、政策与法律问题等等。

我们应该制定什么样的民法
王家福　苏　庆　夏淑华

制定民法是巩固社会主义所有制，发展社会主义商品生产的需要；是社会主义经济规律的客观要求；是改革经济体制，促进现代化建设事业高速发展的需要。民法的主要内容包括民法的任务和基本原则、民事权利的主体、民法的适用范围和时效、财产的所有、财产的流转、劳动报酬和福利、财产继承和民事责任。制定民法要坚持民法是公法的原则；坚持既制定民法典又制定单行经济法规两条腿走路的原则；坚持从中国实际出发，借鉴国外民事立法的有益经验；坚持具体明确，解决问题的原则；坚持民主立法的原则。

我国刑法的适用范围与国家主权
王可菊

我国刑法在适用范围上的规定，有利于保卫我国无产阶级专政制度，保护公民人身权利、民主权利和其他权利，保障我国社会主义建设事业的顺利进行；从国际法角度看，也符合国家主权原则和国际实践。根据属地优越权，我国对发生在我国领域内的犯罪，包括在我国船舶或飞机内的犯罪，享有属地管辖权。当然，对享有外交特权和豁免权的犯罪外国人的管辖权问题通过外交途径解决。根据属人优越权，我国刑法对本国公民在境内和境外的犯罪行使刑事管辖权。但对本国公民在国外犯罪的，根据罪行性质及其严重程度而定，国家认为有必要审判和处罚的，可以通过引渡解决。

略论我国的环境保护法
文伯屏

环境保护法是随着工业的发展在20世纪60年代以后逐渐形成的一个法律部门。我国环境保护法的主要内容包括环境保护的范围，环境保护法的任务、指导思想和基本原则；对环境和自然资源的保护；对工业污染和其他公害的防治；对环境保护机构和职责、奖励和惩罚等的规定。环境保护法是环境保护的基本法，需要其他单行法规保证其贯彻执行，环境立法任务还很艰巨。环境立法应坚持国民经济和环境保护统筹兼顾、协调发展；以预防为主；人人有责，人人有权；奖励与惩罚相结合等原则。

犯罪构成理论由来浅说
宁汉林

犯罪构成理论总结了犯罪活动的规律，是惩罚犯罪的锐利理论武器。资产阶级犯罪构成理论具有鲜明的阶级性，其规定的犯罪构成条件不具有纯粹的客观规律性，是在服务资产阶级利益和适应其统治需要过程中形成的。我国刑法科学中的犯罪构成理论，是以中华人民共和国刑法为依据，通过对刑事审判实践经验总结得出的理论。同时，它也是研究犯罪活动规律的理论，对刑事审判实践具有指导意义。

谈死刑
葛 平 王洪谷

死刑同其他刑罚方法一样，产生于一定历史时期的社会阶级斗争。一个国家保留或者废除死刑，由该国的具体政治、历史情况决定，应当适应该国同犯罪作斗争的客观需要。我国当前阶级斗争的形势和犯罪状况决定了我国刑法应当有限地保留死刑。刑法和刑事诉讼法规定了死刑适用的具体限制性条件，将死刑减少到最低的必要限度，充分体现了减少死刑的政策精神。

法在社会主义现代化建设中的作用
孙国华

党的十一届三中全会作出了把全党全国工作的着重点转移到社会主义现代化建设上来的重大决策。在社会主义现代化建设中，社会主义法是直接实现国家按客观经济规律组织社会主义经济的必要手段。这就要求我们正确地制定法律、法令等规范性文件，并严格依法办事。

加强法制　保障安定团结
陈为典　周新铭

安定团结的政治局面是我国进行社会主义现代化建设的重要前提和基本条件，而社会主义法制则是保障和发展安定团结的政治局面的必不可少的有力武器。建国三十年来的实践表明，社会主义法制越得到加强，它的作用越得到发挥，安定团结的政治局面也就越有保障，反之，社会主义法制受到践踏，安定团结的政治局面也就必然遭到破坏。

法单纯是阶级斗争工具吗？
——兼论法的社会性
周凤举

长期以来，人们都把法看作是阶级斗争的工具，并同国家联结在一起，认为法是随着国家的产生而产生，也将随着国家的消亡而消亡。然而，这种观点既不符合人类社会发展的历史事实，不符合我国社会主义法的现实情况，而且在理论上存在漏洞，给我们带来诸多混乱。法是人类社会生活客观规律的反映,是调整人与人之间关系的各种行为规范,既有阶级性也有社会性。社会主义法的阶级性、科学性和社会性高度统一。法不会随着阶级消亡而消亡。

社会主义法是工人阶级意志的体现
唐琮瑶

法的本质就是法的阶级性。我国社会主义法的阶级性,体现在它是工人阶级意志的体现。这是由我国经济基础的性质、无产阶级专政政权的性质以及我国法的历史使命决定的。说我国社会主义法是广大人民群众意志的体现,或者说我国社会主义法不具有阶级性,都是不科学、不确切甚至错误的。社会主义法的阶级性,在无产阶级专政任务全部实现以前,绝不会因为阶级状况的变化而改变。

奥地利司法制度简介

中华法系特点初探
陈朝璧

某国固有的法律同某些从外国接受过来的法律,或者同本国历史上长期积累起来的法律接合起来,形成一种独特的体系,即法系。在世界十大法系中,自始至终独树一帜而不与其他法系相混同的,只有中华法系。中华法系经历了由简单到复杂、由低级到高级的发展历程。其特点包括:重视成文法典;以天理作为法的理论依据,并以合乎天理作为立法的指导思想;礼法并重。

秦汉诉讼中的"爱书"
刘海年

中国古代的"爱书"远非仅指"录囚辞的文书",而是战国的秦国和秦汉时司法机关通行的一种文书形式,其内容是关于诉讼案件的诉辞、口供、证词、现场勘查、法医检验的记录以及其他有关诉讼的情况报告。"爱书"和"传爱书"是当时重要的诉讼制度。这一制度的实行,是封建诉讼制度日益发达和趋于完备的证明。根据发现的爱书资料,秦汉时的诉讼在判决前要经过下列程序:原告人向官府提出对被告人的诉辞;传讯被告;搜集旁证;按规定的审判权对案件作出判决。爱书制度提高了封建国家司法机关的效率,是战国到秦汉封建国家机器和司法制度日臻完备的产物和表现。

也谈法律的继承性
苏 谦

李昌道同志在《对旧法不能批判地继承,只能借鉴》一文中,将法律摒于文化遗产之外,将法律和法律思想、法律科学截然分开,认为法具有阶级性从而不能继承,只能借鉴。"法律的继承性"之"法律",是从广义上来说的,将法律与法学思想、法律科学截然分开来探讨其继承性,是不科学的。法律形式的相同并不意味着内容的相同,同一形式的法律规范在不同的社会经济、政治条件下,可以为不同的阶级服务,表现出不同的阶级性,因而阶级性不是否认继承性的理由。继承意味着扬弃和吸收。承认法律的继承性,更符合客观实际。

1980 年第 2 期

为社会主义民主和法制建设呕心沥血
——纪念董必武同志
吴大羽　曹为　谭玉轩

董必武同志是我国政权建设和法制建设的杰出领导人之一。他不仅从理论上探讨、阐述了人民代表大会制度、党和政权的关系、法律的性质和作用、司法制度、法制宣传等对于政权建设、法制建设来说极为重要的理论问题，在人民代表大会制度建设、司法制度建设、法制宣传教育、法学研究等实践活动中也作出了重要贡献。

关于加强我国国际法研究工作的几点意见(摘要)
——在中国国际法学会成立大会上的讲话
宦乡

浅谈新选举法的基本精神和实行县级直接选举的重要意义
李在藻　陈金罗

新选举法的基本精神是进一步发扬社会主义民主，体现人民是国家的主人，用法律的形式保障人民享有管理国家的最高权力，有效地监督国家机关的工作，鞭策国家工作人员忠实为人民服务。新选举法将直接选举的范围扩大到县一级，改等额选举制为差额选举制，完善产生代表候选人的程序，规定对提名推荐的代表候选人可以采用多种形式宣传介绍，按生产单位、事业单位、工作单位和居住状况相结合的办法划分选区，一律实行无记名投票的方法，规定了代表当选的法定人数，进一步保证少数民族的选举权利，还专章规定了对代表的监督权、罢免权和罢免代表的法律程序。县级实行直接选举，是从民主制度方面强化县级政权和更好地发挥县级政权领导作用的一个重要措施。解放思想是顺利开展选举工作的关键。

论权利和义务的辩证统一
许启贤

权利和义务的关系，反映了人们在社会中的地位及其相互关系，是法学研究的重要问题之一。在阶级社会里，权利和义务的配置表现出不平衡。社会主义制度的确立，使人类历史上出现了权利和义务的统一，这是建立在社会主义公有制和社会生产力发展基础上的统一。但是，由于旧的思想残余和法制不健全，社会主义制度下权利和义务也出现了暂时的脱节。实现权利和义务的辩证统一，必须坚持和发扬社会主义民主，加强社会主义法制，树立正确的权利义务观念，进行民主与集中、自由与纪律辩证统一的教育，集中全力搞好现代化建设。

试论适用法律一律平等
袁小凡

适用法律一律平等是我国社会主义司法制度的一项重要原则，它是指凡中华人民共和国公民，我国司法机关在适用法律上，都必须一律平等，不得使任何人享有法律规定以外的特权，也不得使任何人受到法律规定以外的惩罚或者承担法律规定以外的义务。适用法律平等原则具有鲜明的阶级性，区别于一切剥削阶级的司法平等。这一原则，是反对个人特权的有力法律武器。坚持适用法律平等原则，必须切实保证人民法院的独立审判权和人民检察院的独立检察权，建立一支高素质的司法队伍，并依靠人民的监督。

独立审判与党的领导
张晋清　谢邦宇

独立审判原则是国家审判机关实现无产阶级专政任务所固有的要求，是无产阶级民主制不可缺少的一个组成部分。党的领导是人民法院做好审判工作的根本保证，也是坚持独立审判的根本保证。党对司法的领导，应该直接表现为切实保障司法机关行使国家宪法和法律规定的职权，充分发挥司法机关的作用，主要是方针政策的领导，是政治领导、组织领导和国家法制的领导，而不是直接插手具体审判事务。

论犯罪的阶级本质和社会根源
李光灿

犯罪是一个阶级和历史的范畴。无论在奴隶社会、封建社会或资本主义社会，犯罪都是社会的统治阶级根据其统治利益加以认定的行为，因此具有明显的阶级性。社会主义制度本身不产生犯罪，但是在社会主义阶段，还有一定犯罪现象的存在。这一看似矛盾的社会现象，是由一定的社会历史条件所决定，也反映了从资本主义向共产主义的历史过渡性。

试析买卖婚姻
李志敏　王志建　童兆洪　何勤华

买卖婚姻是随着私有制而产生的，是剥削阶级通过联姻维护家世利益和等级制度，在政治上巩固统治，在经济上剥削劳动人民的工具和手段。劳动人民获得解放之后在改造旧世界、创造新生活的斗争中必然要废除买卖、变相买卖婚姻。买卖和变相买卖婚姻的存在和抬头，有历史原因和当前社会条件的原因，但不是社会主义制度本身造成的。抵制和破除买卖婚姻需要努力实现四个现代化，加强社会主义法制，开展经常性的宣传和思想教育工作。

人治和法治能互相结合吗？
李步云　王礼明

在历史上，人治与法治，作为治国方法、法律和政治制度方面的理论，虽然在不同社会制度下具体内容和阶级实质有很大不同，但它们自身都有相对确定的含义，是相对立而存在、相斗争而发展的。人治把国家的兴亡治乱系于国君是否贤明，或者由国家主要领导人来决定国家的命运，而法治则强调要以法治国，要有完备的法律，法律要有极大的权威，任何人都必须依法办事。我们主张实行法治，就是要在我国使民主制度化、法律化，真正做到有法可依、有法必依、执法必严、违法必究。

略论春秋战国时期的"法治"与"人治"
张国华

春秋战国时期的法家所主张的"法治"指"以法治国"、"垂法而治"或"缘法而治"，它不但反对人治，还反对礼治、德治。法家的法治思想在整体上是进步的。但历史上不可能有完全摒弃法律的人治，也不可能有不依赖于人的法治，因此不宜采用法治和人治的概念。

两类不同性质矛盾的犯罪与剥夺政治权利
李 黎　凌楚瑞

剥夺政治权利适用于两类不同性质矛盾的犯罪。这与宪法规定的精神并不矛盾。从《中华人民共和国刑法》和历来的刑事法律的具体规定看，剥夺政治权利适用于两类不同性质犯罪，包括所有的反革命罪、判处无期徒刑以上的普通刑事犯罪分子和判处有期徒刑以下的某些普通刑事犯罪分子。后两种情况的犯罪就不属于敌我矛盾性质的犯罪。人民法院对犯罪分子适用刑罚的目的是预防犯罪、消灭犯罪，以保护国家和人民利益，因此把某一刑种固定适用于某种性质的犯罪并不恰当。

关于扩大企业自主权与加强经济立法的调查报告
杨紫烜　田建华　寇孟良

四川省的实践证明，从扩大企业经营管理自主权入手改革经济管理体制是可行的。扩大企业自主权带来了工业企业相互之间、工业企业与商业企业之间、农工商联合企业与商业企业、工商企业与主管部门、工业企业与当地政府、工业企业内部关系的变化，需要制定经济法规加以调整，以巩固扩大企业自主权的成果，促进经济体制改革的进行，加速四化建设的步伐。加强经济立法和经济司法，是实现社会主义现代化的迫切需要。

关于重庆市推行合同制的调查报告
梁慧星　王金浓

重庆市推行合同制的工作说明实行合同制有利于保障企业和社队的经营管理自主权，促进改善经营管理，有利于实行计划调节与市场调节相结合，以销定产，产销衔接，促进商品流通，满足人民需要。重庆市推行合同制的工作经验有：注重协商和签订合同应注意的原则，实行合同的鉴证管理，实行"二级调解，三级仲裁"的合同纠纷处理程序，落实合同的财产责任。重庆市在推行合同制和开展合同管理工作中，也有些问题值得进一步探讨。

日本法学家介绍日本民法、经济法和环境保护法

日本的民法起到了促进本国生产发展的作用。现在的日本民法包括财产法和家庭法，财产法包括总则、物权法和债权法；家庭法包括亲属法和继承法。财物交易需遵循法律上人格平等、所有权不可侵犯、契约自由、故意和过失责任原则。日本商法由总则、公司法、商行为法、海商法以

及票据法和支票法组成。日本经济法主要包括反垄断法、银行法、经济统制法、消费者保障法和百货店法等。日本的民法研究以个别的、现实的问题为主流。日本二战后家庭的民法化是重要趋势，另一重大改革是土地的解放。日本的环境保护法主要包括公害防止法、自然环境保护法和环境变更限制法，其中公害防止法是基本法。日本环保法是以居民的意志为出发点而制定的。

《中国宪法史略》简介
邱远猷

1980 年第 3 期

回忆刘少奇同志对检察工作的关怀
李建宾

民主是一种国家制度
——兼谈民主与法制的关系
韩铭立　郭宇昭

民主是一种国家制度。没有民主的国家制度，就没有民主权利和民主方法可言。作为国家制度的社会主义民主，是民主与专政的统一，又是民主与集中的统一。社会主义民主是社会主义法制的内容和根据，如果法制不能体现社会主义民主的要求，也就没有社会主义法制。社会主义法制是社会主义民主的形式，没有社会主义法制，社会主义民主无法得以体现和保障。

也谈法的阶级性
——与周凤举、唐琮瑶二同志商榷
刘　瀚　吴大英

人类历史证明，法和国家同时产生，二者产生于同一根源，即私有制的出现和阶级的产生，建筑于同一基础之上，即经济基础，将法和国家割裂开来是错误的。从任何意义上，都不能简单地把习惯与习惯法等同起来，更不能把习惯与法等同起来。将法分为有阶级性和无阶级性两部分，承认有超阶级的法律，不符合历史事实，是不科学的。法的阶级性不应仅从法律本身去理解，而应从法律制定的根据、立法机关和实施机关的性质等方面综合考察。从经济基础和上层建制的关系、国家政权和法的关系以及我国法的历史使命来看，我国社会主义法是工人阶级和广大人民意志的体现。

法律怎样表现统治阶级的意志
孔庆明

通过法律所表现的统治阶级意志，首先是迫使被统治阶级绝对服从现存的政治经济关系和整个社会秩序，其次是统治阶级内部权利义务关系的调整，以及基于统治阶级的整体利益对其个别成员或集团私欲的限制，最后还包括执行具有全社会意义的公共职能。由于法律所表现的统治阶级意志的这些特点，形成了法律本身的规律性，即法律必须保持它的公道性和法律具有特殊继承性。

谈谈如何正确区分杀人罪和伤害罪
欧阳涛　袁作喜

划清杀人罪与伤害罪的界限，对于正确实施我国刑法、保证办案质量以及维护社会主义法制，都具有重要意义。首先，必须正确理解杀人罪和伤害罪的概念，这是正确认定和区分这两种罪的基础和前提。其次，还必须对杀人罪和伤害罪的构成条件进行调查研究、分析判断，划清故意杀人既遂和故意伤害致死的界限、故意杀人未遂和故意伤害的界限、故意重伤致死和过失杀人的界限。同时，在司法实践中坚持主、客观相统一的原则，全面分析犯罪人与被害人的关系，犯罪起因，行为与结果之间的因果关系，犯罪工具的性质，犯罪的手段、方式，伤害的部位等，综合判断杀人罪与伤害罪的区分界限。

检察机关在刑事诉讼中的法律地位和作用
曾龙跃

国家赋予检察机关广泛的职权。在刑事诉讼的侦查程序阶段，检察机关的代表以侦查人员和法律监督者的双重身份参与诉讼活动；在刑事审判程序阶段，除了被告人罪行较轻，经人民法院同意，检察机关可以不出席法庭外，对其他案件都应当派员出席法庭。在裁判执行阶段，检察机关监督刑事判决和裁定的执行情况，发现违法情形提出纠正，并有权对看守所、监狱和劳动改造机关的活动是否合法实行法律监督。

"无罪推定"原则剖析
张子培

我国刑事诉讼对被告人既不能采用"无罪推定"，更不能采用"有罪推定"原则。"无罪推定"是资产阶级刑事诉讼原则之一，是掩盖资产阶级专政的遮羞布。因此，"无罪推定"原则对保障我国公民的人身权利和民主权利，没有任何实际意义。如果把"无罪推定"原则作为我国刑事诉讼原则，只能造成思想混乱，无助于防止错案。所以，我国刑事诉讼法没有采用资产阶级的"无罪推定"原则，是完全正确的。

关于实行和推广合同制的问题
魏振瀛　余能斌

要使现代化建设按照经济规律的要求迅速发展，必须实行合同制。经济合同是法人之间建立、变更、撤销民事法律关系的协议，其特征是等价、有偿、自愿协商、地位平等。合同一经签订就具有法律效力。实行合同制本身就是改革经济体制的一个组成部分。合同制可以在国民经济的某些部门、某些单位先实行。实行和推广合同制要加强领导，逐步推广；要加强监督，逐步提高；要健全合同法律制度，加强合同的严肃性；要抓住经济责任制这个关键环节；要健全仲裁和司法机构。

谈谈我国商标法的形成与发展
沈关生

封建朝廷对商标管理没有法令规定，有的由商人行会负责商标的日常管理工作，官府对商标不告不理。旧中国由政府来管理商标是由帝国主义强加的。国民党政府的商标管理制度充分暴露了半封建半殖民地的性质，实际上剥夺了我国民族工业的商标权利。1963年国务院公布的《商标管理条例》是一部社会主义类型的、适合我国实际情况的商标法规。我国将商标用来为我国社会主义的生产、流通、分配、消费服务，与资本主义社会不同。保护商标专用权、管理商标是促进生产企业加强对商品质量的责任心,保证和提高商品质量。应加强商标的法制观念,认真依法办事。

关于上海城市集体工业企业所有权和自主权问题的调查

黄卓著 李勇极 蒋济 李铸国

上海的城市集体工业企业作出了重大的贡献,有着强大的生命力。长期以来,由于极左路线的影响,在对待集体企业的政策上、管理上存在不少问题,其财产所有权得不到保护;经营自主权很小,经营管理多方受到限制;缺乏应有的社会地位,处处被歧视。有必要在民法、工业企业法中对集体所有制工业企业作出原则性规定,并单独制定集体工业企业法。应明确城市集体工业企业的性质和法人地位,发给正式的营业执照;确认城市集体工业企业的所有权、自主权;坚持民主办社、民主办企业的方针。

略论我国的公证工作

赵光裕

公证是国家设立专门机关,根据当事人的请求,依照法定程序证明法律行为、各种有法律意义的文件和非争议性的法律事实,使之具有法律上的可靠性。公证证明的事项包括法律行为、法律行为以外的合法行为、不违背法律并有法律意义的各种文件、非争议性法律事实等。办理公证应审查请求公证事实的真实性、合法性、合理性、明确性、完备性,应注意完成公证行为的及时性。公证机关是法律证明机关,监督和指导当事人建立正当的权利义务关系,使之符合法律规定的行为规范。公证机关不负责裁判纠纷和实施强制执行。

啬夫辨正
——谈云梦秦简札记

高恒

对于史籍中常见的"啬夫"一词,注释者常常只做一些具体的解释。根据云梦秦简,这个词在秦时还不作为某一种官职的专门称谓,到汉代时称呼某些中下级官署中的主管官吏,一是县、乡行政主管官吏,二是都官和县下属的某些官署的主管官吏,但并不存在一个单独的啬夫行政系统。

论国际私法的对象和规范

姚壮 任继圣

国际私法的对象是具有涉外因素的民事法律关系,即在民法关系主体、客体、内容这三个要素中有一个或一个以上为外国的因素。国际私法规范包括传统的冲突规范、国际民事诉讼规范、规定外国人民法地位的规范以及直接规定涉外民法关系中当事人权利义务的实体规范。国际私法学科的任务之一就是研究这些日益发展的规范,阐明它的作用和意义,使之有效地调整涉外民法关系。

南斯拉夫是以法治国的社会主义国家

略论历史法学派

沈宗灵

历史法学派是十九世纪初在德国首先

兴起的与古典自然法学派相对抗的一个思想派别。它在当时的德国,代表封建统治者利益。后来传播到其他国家,演变成十九世纪资产阶级法学中的一个重要派别。以萨维尼为代表的历史法学派,反对古典自然法学派理性主义立法观,认为法律是民族精神的体现,是民族的共同意识,主要表现为习惯法,不是立法者有意识地、任意地创造出来的。历史法学派是以唯心史观为指导的,并且代表着一种历史复古主义的反动思潮。

人民代表大会制度是
我们国家的基本制度
——重温刘少奇同志在北京市第三届
人民代表会议上的讲话

郑 林

刘少奇同志在《讲话》中明确指出，人民代表大会制度是适用我国情况的政治制度，建国近30年的实践也证明了此点。刘少奇同志在《讲话》中着重谈到了选举问题，从原则上阐明并肯定了"普遍、平等、直接和秘密投票"的选举制度，同时指出实行这种制度须采取实事求是、逐步前进的方针。刘少奇同志关于民主选举的基本理论仍在有效地指导着我国的选举工作。刘少奇同志在《讲话》中着重谈到了定期召开各级人民代表大会的重要性和必要性，这是在全国范围内自下而上建设好人民代表大会制度的重要环节。刘少奇同志还强调了人民民主政权的建设同经济建设不能分离，这一精神目前正在得到恢复和发扬。

国家和国营企业之间的财产关系
应是所有者和占有者的关系

江 平 康德琯 田建华

关于国家与企业之间财产关系的代理权说、部分所有权说、租赁说、独立所有权说、经营管理权说都有缺陷。国家与企业之间存在双重财产权关系，即国家对生产资料的所有权和企业对生产资料的占有权。占有权是从所有权派生出来的、独立的物权。国家所有权是国家对生产资料能最终支配的物质基础，企业的占有权是企业能进行相对独立经营并享有自己独自利益的直接依据。国家所有制中国家所有权和企业占有权的双重存在，是社会主义这种新型商品生产关系决定的。

正确认识我国继承制度的性质
及其继续存在的必要性

陈嘉梁 张佩霖

我国的继承权是在社会主义公有制基础上派生出来的生活资料的继承权；继承的主体主要是工人阶级及其他劳动人民；继承的客体基本上是生活资料，继承权就是继承人依法从被继承人那里获得生活资料的权利。生活资料继承权有利于保护公民个人的合法财产权益；有利于促进家庭成员之间的互相扶助、和睦团结，促进社会主义家庭关系的巩固和发展；有利于勤俭节约风气的形成，有利于增加社会的物质财富，有利于提高人民的物质和文化生活水平；有利于促进社会的安定团结，调动人民群众建设四化的积极性。继承遗产不是"不劳而获"。

法人制度对我国实行四化的现实意义

高树异

法人是指依照法定程序组成，有完备

的组织和管理机构，有独立的财产和独立的财产责任，能够独立进行民事或经济活动，并能以自己的名义在法院进行诉讼的各种组织。确定和完备法人制度对于我国加强和外国的经济技术交往，发展各种形式的合作，包括引进外国的资金、技术或管理手段很必要。实行法人制度有助于企业扩大自主权，改进经营管理，培养管理人才，明确法律责任。

试论保护城镇集体经济所有权

王保树

城镇集体所有制促进了生产的发展，能为国营企业配套、能满足人民需要、扩大城镇劳动就业率，具有优越性。城镇集体经济所有权的产生主要是通过个体劳动者生产资料的公共化和社员缴纳股金。城镇集体经济所有权的主体是集体经济组织，该所有权具有独立性。保护城镇集体经济所有权，应坚持城镇集体经济所有权不受侵犯的原则；城镇集体经济所有权的转移必须坚持有偿的原则；应正确理解和贯彻宪法规定的保护社会主义公有制的原则；应给城镇集体经济提供财政支持。

试论我国刑法的民主原则

何秉松

民主原则作为刑法的基本原则之一，贯穿于刑法的各个方面和条文之中，是刑法的内在生命，是刑法的立法精神。我国刑法一方面通过打击敌人、惩罚犯罪，来保护人民的权利和利益，另一方面保护人民不受某些国家政权机关和工作人员的非法侵犯。我国刑法由人民代表机关制定，定罪量刑严格以刑法条文为依据。刑法的民主原则，要求处罚的合理性和合法性，即要求无罪者不罚和罚当其罪，要求法律面前人人平等和刑罚的人道主义。

论刑事诉讼证据的判断

王净

证据是正确处理案件的基础。作为证据，不取决于办案人员是否认定，而是决定于它是否能够证明案件的真实情况。在决断证据时必须坚持实践第一的观点，全面、本质地看问题，运用证据的共性、研究证据的特性。应当确立内心确信原则，在辩证唯物主义思想基础上，把实践看作是检验真理的唯一标准。根据占有的充分证据材料，经过全面综合分析，从本质上找事物间的内在联系，判明案件证据实质真实的前提下，形成内心确信。

应当批判地继承无罪推定原则

陈光中

有罪推定原则是封建专制、野蛮统治在诉讼上的表现，是人民没有人身权利保障在法律上的反映，是主观唯心主义的东西，必须彻底予以摒弃。无罪推定原则主张，被告人在被法院确定有罪之前，应推定为无罪的人。这在实践上或法律上存在矛盾，并不科学。因此，应当认为"任何人在被法院宣判有罪以前，不能被认为是犯罪的人；被告人在被证明有罪之前，应当推定为无罪"。只有批判地吸收无罪推定原则，才能加强社会主义民主和法制建设，才能使冤假错案减少到最低限度，使其危害减轻到最小程度。

也谈实施刑法和区分
两类不同性质的矛盾
崔南山

在我国社会主义社会中，敌我矛盾和人民内部矛盾是客观存在的，必须予以承认。在司法实践中，为了体现严格区分两类矛盾的原则，一方面我国严格按照刑法的规定认定反革命罪，做到够"规格"的不放纵，不够"规格"的不冤枉。另一方面，我国刑法对一些严重的刑事犯罪作了判处死刑、无期徒刑或其他重刑，并剥夺政治权利的规定。对实施刑法和区分两类不同性质的矛盾，应该有一个正确的认识，不能用政策精神去代替法律。

历史上定罪和处刑的分工
蔡枢衡

从历史上看，实际是先有裁判，然后才有为裁判规定标准的刑法，最后才有正确适用刑法服务的司法制度。刑事程序包含审理事实和适用法律两个因素，因此确认犯罪事实和依法处理罪犯，成了两个步骤和两种职务。于是设官分职，各掌其一，便形成刑事诉讼的古老原则。中国古代的刑事审判情形不同，一是唐虞时代审理事实的程序，二是夏代的五审三级，三是商代裁判的特殊程序，四是周代的定罪处刑程序，五是春秋秦汉审判程序的变化，六是唐宋审判程序的发展，七是明清审判程序的创制。

关于政策和法律相互关系的几个问题
林景仁

政策决定法律的观点，表面上看，似乎是重视党的政策，强调政策对于法律的重要意义，其实，不适当地夸大政策的作用，忽视了法律对政策的作用，尤其是忽视了政策与法律背后的经济基础，在实践上会导致用政策取代法律。法律绝不是可有可无的，不能把法律仅仅看作政策的具体化、条文化，法律有着政策不可能具有的特殊作用。我国当前应该把按政策办事和按法律办事统一起来，维护法律的稳定性、连续性和极大的权威。

中华法系特点探源
张晋藩

中华法系有这样几个基本特点：一是法自君出，二是受儒家伦理道德观念的强烈影响，三是家族法在整个法律体系中占有重要地位，四是民刑不分与诸法合体，五是律外有法。其形成的社会历史根源：首先是与中国所处的自然地理环境有关，其次与生产方式的特点有关，最后与宗法制度的长期统治有关。

德意志联邦共和国法律
制度的考察报告

法治为无产阶级专政所必需
杨满松

建国以来，特别是文化大革命以来，无产阶级专政正反两方面实践表明，离开严格依法办事就必然走向封建法西斯独裁，对坚持四项基本原则有损无益。法治为无产阶级专政所必需。

实行法治就要摒弃人治
何华辉　马克昌　张泉林

法治与人治是两种治国方式。划分法治与人治的最根本标志，应该是在法律与个人意志发生矛盾冲突的时候，是法律权威高于个人意志，还是个人意志凌驾于法律之上。因此，法治与人治是互相对立的，实行法治就要摒弃人治，实行人治就会废弃法治。

法治与人治没有绝对界限
廖竞叶

作为学术派别，历史上确有侧重于人治或法治的两种主张，但从来没有过纯粹的人治或法治。对于统治阶级来说，人治或法治都是一种统治方法，它们之间并没有什么绝对的界限。

我们应该抛弃法治和人治的提法
范明辛

对法治的说法，要做具体的历史的分析，不能笼统地说法治比人治好。法是人制定的，又是靠人执行的。因此，要治理好国家，不能笼统地反对一切人的治理，只讲法治。我们应该抛弃人治、法治、以法治国的提法，用我们国家已经惯用的人民民主或社会主义民主和社会主义法制的提法。

论马克思主义法学的科学性
余先予　夏吉先

马克思主义法学是在对资产阶级以及资产阶级前的各种法学进行科学批判的基础上确立的无产阶级的科学的法学体系。法学研究的内容是各个时代的法律规范及其所确定的法律关系。法律关系是由法定权利和法定义务联系起来的人们之间的关系，不同于一般社会关系，它为被奉为法律的统治阶级意志所确定，只能在设有国家组织的社会里存在。阶级性和科学性的统一是马克思主义法学独具的特点。法学工作者要把自己的工作建立在科学基础之上。

再谈社会主义法的阶级性
——答刘瀚、吴大英二同志
唐琮瑶

不同阶级的阶级意志是不同的，同样，工人阶级的阶级意志代表着广大人民群众的根本利益，并不等于代表者与被代表者的等同。从本质上讲，法的产生、存在和发挥作用，同阶级斗争的存在是密不可分的。每个阶级具有独立的阶级意志是一码事，根本利益一致的各阶级有一个代表是另一码事。社会主义法的阶级性和人民性是统一的，我国社会主义法是工人阶级意志的体现，同时代表着工人阶级领导下的广大人民群众的根本利益和革命意志。

法的阶级性与法的作用
张居芳

法的作用是法的功能属性的一种质的反映，突出表现在对经济基础的巩固、加强、保护、发展和作为统治阶级进行阶级斗争的工具。法的阶级性是法的阶级属性的一种质的反映。法的作用和法的阶级性是法的两种不同属性的反映，法的作用表现形式是可变的，法的阶级性是不变的，法的作用形式的变化并不影响和改变法的阶级性。

试论社会主义法律的阶级性和客观性
武步云

社会主义法律是无产阶级和广大劳动人民的利益和意志的表现，具有明显的阶级性，又具有客观性、社会性，是阶级性、社会性的统一。这种统一主要表现在：它是社会主义社会的物质生活条件决定的，它的作用已经根本区别于剥削阶级法律的作用；它与客观规律相一致，能做到对客观规律的如实反映；它具有真理性。只看到社会主义法律的阶级性，不顾及其社会性、客观性，或者把二者人为对立起来的做法，不利于社会主义法律在现代化建设中发挥其积极作用。

我国刑法中的管制
马克昌

作为我国刑法的创造,管制在建国以前就已经产生。作为一种刑罚方法,管制在同犯罪特别是反革命罪作斗争中,确实发挥了重要的作用。我国刑法保留了管制这一刑种,并对其作了新的规定。对犯罪分子不予关押,劳动改造在公安机关管束和群众监督下进行,经人民法院依法判处,是目前管制刑的三个特点。在适用对象、附加剥夺政治权利、管制期限长短、刑期折抵和解除手续方面,现行管制刑与过去刑事立法规定和司法实践适用的管制刑存在着区别。这在司法实践中有必要引起注意,以免适用管制和执行管制时发生错误。

罪刑法定和类推
李由义

从罪刑擅断主义发展到罪刑法定主义,是刑法发展的必然趋势,也是人类文明从较低程度向较高程度发展的一个标志。从当前情况出发,我国不能完全实行罪刑法定主义。因此,为使司法工作人员在坚持社会主义法制的前提下,及时同那些刑法没有明文规定的犯罪作斗争,同时为保证类推发挥其积极作用、防止其消极作用,必须以严格控制的类推作为补充。当司法工作经验更加丰富,刑事立法更加完备,在刑法分则的条文上都可找到定罪判刑的依据时,类推就完成其历史任务。届时应当彻底实行罪刑法定。

罪刑法定还是法律类推
周 密

罪刑法定主义实际上行不通的根本原因在于:其不能适应同"犯罪"作斗争的客观需要。因此,我国刑法规定了有控制的"类推"原则。"罪刑法定"和"法律类推"是根本对立的,互不相容的。认为我国刑法采取在罪刑法定基础上实行有控制"类推"的观点,从理论上是说不通的。我国刑法所采取的"法律类推"的侧重点在于强调"依法办事",即法有明文规定者,不准"类推"处理;法无明文规定者,必须比照最相类似的法律条文定罪判刑,并报请最高人民法院核准。因此,依理、依法、有控制的"法律类推",才是应当明确和坚持的法制原则。

对无罪推定原则的几点看法
廖增昀

无罪推定原则是刑事诉讼制度上的一大改革和进步,它包含有"被告不等于罪犯"的正确前提,使起诉方负担证明被告犯罪的义务,有利于保障被告的人身权利和在刑事诉讼中的辩护权等。但是无罪推定原则从一个极端走到另一个极端,具有片面性。在法律和政策上要鼓励被告提供真实情况而不是相反,要充分保障被告的诉讼权利但不得无限夸大。应该认真汲取无罪推定原则提出的有益内容和合理成分,但不能把它作为我国刑事诉讼的指导原则。

论审判公开

庄惠辰

司法实践中，对审判公开制度的执行，大体偏重于通过审判宣传教育群众，而忽视将审判宣传教育活动置于人民监督之下。除法律规定不应当公开的案件以外，审判过程应当公之于众，接受人民的监督。这有助于提高司法工作质量，也便于人民群众接受法制的宣传教育。根据立法精神解释，审判公开应当提前公布案件审理情况，而且不能拒绝公众进入法庭旁听。刑事诉讼法全面实施后，审判公开的规定对人民法院审判程序具有拘束力，同时也为司法机关提供了一种经常联络群众的制度化场合。司法机关应当模范地执行法律，取信于民。

合同鉴证工作中的几个问题

徐 杰 戚天常

合同的鉴证是由合同管理机关对合同进行审查、鉴定，符合国家政策法律和有关签订合同的规定的，予以证明；反之则予以否定或者指出应予改正。合同的鉴定应审查合同双方的法律资格、法人的法律行为是否与其权利能力相适应、合同是否贯彻了自愿、平等、互利的原则、合同基本条款、合同的手续等。合同鉴证工作是合同管理的把关环节，不断总结工作经验，搞好合同鉴证工作，将对推行经济合同制起积极作用。

试论抗日根据地的调解制度

韩延龙

调解制度发轫于第二次国内革命战争时期，到抗战时期得到了进一步的完善与发展。这主要表现在：一是调解工作的制度化和法律化，二是调解组织的多样化，三是在总结实践经验的基础上，逐渐明确，完成了规范化的过程，四是调解程序的一体化，各地在调解程序上做法大体相同。调解发挥了积极而重要的作用，但也有过于强调调解的偏向，这在后来的实践中有所纠正。

试论秦汉之际法律思想的变化

段秋关

秦汉之际在法律思想上发生了重大变化，一是从"事统上法"到"德刑并重"，二是从"法令烦僭"到"法宜省约"，三是从"深督轻罪"到"刑宜宽平"。总体而言，汉初的法律思想具有明显的过渡性，它既保持了黄老所具有的道家形式，又更多吸收了儒法等家的思想内容，成为以后儒法道三家合流的先导。

法家李"悝"之类的正音小议

邹身城

访问法国比较法学会

日本的现代水法
李龙云

日本现代水法建立了比较完整的水法体系。有关水资源开发的法律在水法中占有重要位置。水资源和水环境保护法是日本现代水法的重要组成部分。日本现代水法注意了水利关系的协调原则。70年代进入水资源高度开发阶段之后，日本水法还存在需要解决的一些课题，如关于水源地域的法律关系问题、关于水利用合理化的法规问题、关于地下水利用的法规问题。

南斯拉夫的法学教育
——萨拉热窝大学法律系简介

1980 年第 6 期

论审判林彪、江青反革命集团案的
几个法律问题
吴建璠　欧阳涛

　　林彪、江青反革命集团案是我国建国以来发生的一起最大的反革命案件，其性质特别严重、案情极其复杂、牵连面广且持续时间长、造成的危害后果特别大。此案的审理，坚持做到了严格区分罪行与错误，对社会主义民主和法制产生了深远的影响。由各民主党派代表和科学工作者担任审判员的特别法庭，虽无人民陪审员参加，但并不违背人民陪审员参加刑事案件审判的原则，同样发挥了人民群众监督刑事审判的作用。在法律适用上，因为案件的性质是现行反革命案件，并不是历史上遗留的案件，因此应当按照刑法处理，体现了从轻精神。

论我国《婚姻法》中
关于离婚问题的规定
刘孟　马原　唐德华

　　在婚姻家庭关系中继续反对封建婚姻家庭制度的残余，是贯彻离婚原则的重要前提。正确对待离婚自由的问题，是贯彻离婚原则的关键。夫妻感情已破裂，是离婚的原则界限。坚持调解为主，是贯彻离婚原则，解决婚姻纠纷的重要方法和程序。做好离婚纠纷的调解工作，必须坚持自愿和合法的原则。

计划生育是一项
利国利民的重要法律措施
王家桢

　　计划生育是我党的一项重要政策，根据宪法的规定，也成为新的婚姻法的基本原则之一。计划生育的法律化、制度化对于利用国家强制力量保证切实控制人口的增长、加速四个现代化建设具有重要意义。计划生育原则也有利于婚姻法其他基本原则的贯彻执行，如有利于实现真正的婚姻自由，有利于巩固社会主义的一夫一妻制，有利于实现男女平等，有利于保护妇女、子女和老人的合法权益。

浅论我国法定结婚年龄的依据
李勇极

　　五届人大三次会议颁布的婚姻法把法定结婚年龄提高到男 22 周岁、女 20 周岁，照顾了广大青年的生理发育的要求，有利于改革早婚的陈规陋习，有利于提倡计划生育，控制人口的过快增长，并参照了世界大多数国家的规定。

专利法简论
王家福　夏叔华

　　专利法是国家为了鼓励和保护发明创

造，促使科学技术进步，加速经济发展，规定确认某项科学技术成果为发明，保护发明人及发明的合法受让人对该发明享有专利权的法规。专利法确认的专利权具有鲜明的专有性质。专利权包括人身权利和财产权利两个方面。专利权具有极严的地域性。专利权具有应用性质。专利法的基本内容包括专利权的主体、客体、保护形式、审批制度、有效期限、专利费的缴纳、对专利权的法律保护、专利律师和代理人等。专利法可以促进本国经济的发展，促进本国科学技术的发展，有利于引进外国先进技术。专利法制度已经国际化。

试论我国建立专利制度的必要性
郑成思

专利权是绝对权利，而专有技术所附带的权利为相对权利。专有技术仅在购买它的一定企业内凭保密受到保护；专利则在一切参加了国际专利组织的国家内部可以受到保护。我国需要建立专利制度，让国际上通行的专利制度为我所用，而不是躲开它。应善于研究和借鉴外国各种不同类型专利制度的经验，并从我国的实际出发，逐步建立起具有我国特点的专利制度。

关于正确运用间接证据的问题
郝双禄　王永臣　赵定华
宋鑫春　邵牧冈　薛书尧

间接证据在刑事诉讼中占有十分重要的地位，必须充分认识间接证据的重要性。依靠和运用间接证据所作的结论，具有很大说服力。在无直接证据情况下，必须坚决依靠和运用间接证据解决案件问题。在没有充分的理论指导证明案件之前，不轻信和依赖被告口供，必须作艰苦细致的调查研究工作，搜集充分的间接证据。在运用间接证据时应当慎重，注意间接证据的联系性、全面性、真实性、客观性、广泛性和及时性。

关于刑事诉讼中鉴定工作的几个问题
朱军　黄峰

刑事鉴定工作是有效地揭露和打击敌人，惩罚犯罪分子，保护公民权利的一种重要手段。鉴定的原则应当包括：第一，供给鉴定用的检验材料必须符合刑事诉讼法的要求；第二，供给鉴定用的检验材料和样本应是第一手材料；第三，鉴定人员必须亲自参加整个鉴定过程，全面、清楚地记录整个检验过程。在组织鉴定工作时，侦查人员、审判人员应当向鉴定人提出明确的鉴定要求。鉴定人享有与鉴定有关的必要权利，并履行自己应有的职责，提供正确科学的鉴定结论。对此，侦查、检察、审判人员有不同意见的，可以指定补充鉴定或指定补充检验材料。

法律·意志·规律
严存生

法律反映和规定着人们在一定经济关系下的活动规律，也在一定程度上反映着自然界的规律，法律的制定必须建立在对一定事物的规律的认识基础上。联系规律和法律的中介是意志，法律是统治阶级在认识客观规律的基础上对人们行为所作的规定。因此，虽然法律反映着客观规律，但由于它是以统治阶级意志的形式出现的，要受到许多因素的影响，而有不同的形式。承认法律与规律的联系，也就是承认法律的科学性。加强社会主义法制，必须认清法律与规律的关系，必须把法律置于客观和科学的基础上。

论我国的选举制度
张庆福

1953年选举法奠定了我国社会主义选举制度的初步基础。它明确规定了我国选举权的普遍原则和平等原则；规定在基层实行直接选举，县以上实行间接选举；在基层采用举手表决的方法，在县以上采用无记名投票方法；还规定了实现上述原则的制度和程序。新选举法继承了1953年选举法的基本原则和制度并加以发展。新选举法把直接选举的范围扩大到县一级；改变了关于无记名投票和举手表决并用的方法，一律采用无记名投票方法；民主地提出和确定代表候选人；将等额选举制度改为差额选举制；新选举法在选区划分、投票选举、确定代表当选和对人大代表的监督权和罢免权等方面也作了进一步改革。

《中华人民共和国国籍法》浅论
张汇文　卢莹辉

国籍法是区别谁是本国人、谁是外国人的法律依据，各个国家制定国籍法，以确定谁是它的国民，直接关系着国家的存在和利益。制定国籍法属于一国的主权范围，但国籍法也应符合国际法的一般原则和惯例并在实施中得到有关国家的承认。我国国籍法既总结了解放以来处理国籍问题的实践经验，又参考了世界主要国家的国籍法和一般法律原则。我国国籍法体现了法律的延续性，在解决国籍的积极抵触和消极抵触问题上所作的规定既符合国际社会的趋向，又有所前进和创造。

核法初论
盛　愉

核法是一门发展中的新学科。核法包括军用核法和民用核法。在核武器库已对人类构成严重威胁之今日，国际法律应该明确禁止使用核武器，规定切实措施停止研制并销毁核武器。民用核法的立法原则是以法律保证和促进核能的研究和使用。保证安全是民用核法的主要内容。核法关于事故责任和赔偿制度是根据核能特点而制订的一种"特有的法律制度"。核判例是核法的重要组成部分和来源，直接关系到核法和核能的发展。核法的发展趋势包括制订军用核法准则，进一步完善核法并统一标准，加强国际核合作，加强核法的研究与交流。

中国古代的检验制度
贾静涛

中国古代有关检验的规定，涉及检验人员、检验官的职责、检验的实施、检尸文件、致命部位与致命伤、《律例馆校正洗冤录》、保辜等。根据尸体外表检查下结论，并作为证据在法律上生效，是我国古代检验制度的特征。为加强社会主义法制，保证刑法和刑事诉讼法的实施，应当早日制定一个好的检验制度。

1981 年第 1 期

论宪法的最高法律效力
王叔文

宪法是国家的根本大法，具有最高的法律效力。它不仅是一般立法的基础，还是一切国家机关和公民所必须遵守的最高行为准则。以社会为基础是宪法发挥最高效力的根本前提，宪法的内容必须以社会为基础，反映客观的需要。这就要求在制定或者修改宪法中，要使宪法的各项规定具有严格的法律形式，同时，还要保证宪法的实施，以充分发挥其最高效力。

论审判独立与监督审判
熊先觉

法院的审判独立应当是指每个法院都独立进行审判。法院院长、庭长审批案件的做法，有悖于合议制、审判委员会制，缺乏法律依据，不利于贯彻人民陪审员制度，无法保证办案质量，因此应该改变这种做法。审判独立有利于保证法制的统一性、裁判的公正性。审判工作应当接受党的监督、人民的监督、上级法院的监督、检察机关的监督以及司法行政机关的监督。

试论正当防卫与防卫过当的界限
金 凯

防卫行为是否具有罪过性，防卫行为的强度与不法侵害的强度之间是否具有成比例性，防卫行为本身是否具有合法性，是判断正当防卫行为是否超过必要限度、构成防卫过当的三个关键因素。是否为了制止不法侵害、对所实施的行为是否有所节制，是区分防卫过当与防卫挑拨的两个标准。行为人进行防卫时，应当预见并且能够预见危害结果而没有预见的，构成防卫过当。反之，构成意外事件。

浅谈犯罪的目的和动机
江英杰

犯罪动机和犯罪目的只存在于直接故意犯罪中。有犯罪目的，必然有犯罪动机；有犯罪动机，就会促使行为人追求犯罪目的。犯罪动机是促使犯意形成的重要因素，属于犯意形成以前的思想活动，犯罪目的是实施犯罪行为所追求的结果，属于犯意形成以后的思想活动。在司法实践中应当注意区分犯罪动机和犯罪目的。坚持辩证唯物主义的"可知论"，认定行为人的犯罪目的，并非总是困难的。

关于"无罪推定"原则的理解与适用
赵光裕

推定是一种法律拟制，可以反证。无罪推定是刑事诉讼原则之一，在诉讼法上所要解决的是举证责任问题，只适用于最终定罪之前,与强制措施的适用并不矛盾。刑事诉讼的选择要么是无罪推定要么是有罪推定,没有其他选择。在刑事诉讼中采取无罪推定原则能够保证无辜者不受非法追诉,符合辩证唯物主义认识论的要求,也能强化追诉机关的办案质量。学理应当严格区分无罪推定与实体法上的无罪认定。

论企业法人与企业法人所有权

梁慧星

企业是现代社会中人们进行生产活动的一种组织形式或经营方式。企业法人是商品生产高度发展的产物,即法律赋予企业独立的法律资格——法人,使其不再依赖于参加者而成为独立的民事主体,对企业全部财产享有所有权,并在此基础上享受权利和承担义务。企业的股东则由原来意义上的企业主转化为企业股票的持有人,只在所投入的股金范围内承担有限责任。在我国社会主义制度下,赋予企业以法人地位,并承认企业法人相对所有权,并不会损害社会主义公有制或导致生产无政府状态;相反,它有助于实现政企分离,符合经济体制改革和发展社会主义商品经济的需要。国家可以通过税收、信贷、计划和法律等有效手段保持与企业的联系,以保证企业经营的社会主义轨道,从而促进国民经济的健康高速发展。

略论我国的婚姻登记制度

刘 凡

婚姻登记是我国社会主义婚姻制度的重要组成部分,也是区别新旧婚姻制度的显著标志之一。我国婚姻法所规定的婚姻登记,包括结婚登记、男女双方自愿的离婚登记和恢复结婚登记。其目的在于保障合法婚姻的确立,防止违法婚姻关系的发生。正确认识和实行婚姻登记,有利于婚姻法基本原则的实现,有助于建立美满和睦家庭,并促进国家建设。因此,应做好相应的宣传教育工作,同时规范婚姻登记工作。

发展保险事业 健全保险法规

余能斌 赵中孚

保险是一种由保险公司向投保单位或个人收取保费,以集中起来的保险费建立保险基金,对被保险财产因自然灾害或意外事故造成的损失给予经济补偿,或对被保险人的死亡或丧失工作能力给予物质保证的制度。保险制度是资本主义商业经济发展的产物。社会主义保险制度是建立在社会主义公有制基础上的一种新型保险制度。当前新的形势下,恢复和发展保险事业,对于发展国民经济、实现经济管理体制改革、保护公民生命财产利益都有重要意义。为此,除提高对保险事业意义的认识之外,更重要的是健全保险法规。

试论人民检察院参加民事诉讼

刘家兴 江 伟

检察机关参加民事诉讼始于法国,我国是社会主义国家,检察机关为了维护国家、集体和人民的利益,应当参加民事诉讼,对民事法律关系进行干预。人民检察院有权提起或参与的范围,限于关系国家、集体和人民重大利益的民事诉讼。人民检察院提起诉讼时处于原告地位，但与一般原告不同，并且同时仍具有法律监督者的地位；人民检察院参与民事诉讼的情况下，其地位只能是法律监督者，但仍应被赋予广泛的诉讼权利。

关于海洋法的几个问题
卢绳祖

由于参加联合国第三次海洋法会议的发展中国家占了与会国的绝大多数，一两个超级大国不得不考虑这些国家的意见和影响，从而为重订海洋法提供了一些有利条件。会间围绕领海和领海宽度问题斗争激烈，原来的三海里原则已经遭到绝大多数国家的反对；尽管美苏两国有内在矛盾，但对于海洋问题所持的观点态度及其在海洋地理上所处的地位有不少相同或相似之处；关于在沿海国领海内的海峡的法律地位和通过制度，一直是海洋大国与有关国家斗争的焦点；从涉及领海宽度问题的一些地区性宣言和国际会议的文件来看，扩大领海宽度已成为不可阻挡的历史潮流；关于国际海床、洋底的开发问题，妥协的方案是实行"平行开发制"。

"礼不下庶人，刑不上大夫"辨
陈一石

周代的礼和刑是封建领主制经济基础的上层建筑。礼制体现牧师的职能，它在政治思想上调整统治阶级内部等级秩序的同时，也是欺骗、麻痹庶人、工商的工具，因而礼制要强加于庶人，刑制体现剑子手的职能，它对庶人、奴隶是暴力统治的工具，对违背周王朝利益的统治阶级的成员，也要用加以制裁，所谓礼不下庶人、刑不上大夫只是反映了春秋战国时期部分贵族的政治要求。

试论罗马法的可继承性
陈朝璧

不论从法的发展历史或其广泛影响观察，罗马法的可继承性都不容忽视。从历史上看，罗马法对后代影响最大的主要是民法，其次是诉讼法的某些部分。对我国来说，可以继承罗马法的主要是民法和经济法的部分，在关于社会主义公共财产的维护、保障公有企业的法人地位、公民个人合法权益等方面，都有许多可以值得借鉴的地方。

西方国家的司法审查制度
龚祥瑞　罗豪才　吴撷英

司法审查亦称违宪审查，它是西方国家通过司法程序来审查、裁决立法和行政是否违宪的一种基本制度。这种制度的理论依据是：宪法是根本法，具有最高的法律效力；作为司法机关的最高法院或宪法法院被认为是保障宪法的机关，因而一旦产生法律和法令是否违宪的问题，它们就可以宣告该项法律和法令因违宪而无效。为此，有必要了解西方国家这一司法制度的由来、司法审查的具体形式及其本质和作用。

1981 年第 2 期

试论法的概念
郭宇昭

法是国家依据统治阶级的意志制定或认可的,并由国家强制力保证其实施的行为规则总和,旨在确立和维护有利于统治阶级的社会关系和社会秩序。而且,法所反映的统治阶级意志具有一般性、客观性和统一性,法也就因此具有公开性、权威性和国家强制性,因而它能成为人们之间关系的调整器,用确定人们之间权利、义务的办法来调整人们之间的关系。

公民自由和法律
李茂管

公民自由指的是公民在法律许可的范围和限度内,依个人意愿支配自己行动的一种基本政治权利。它作为公民民主权利的构成部分,是法律的重要内容之一。公民自由必须由法律保障,而在社会主义制度下,公民享有的自由权利不仅要用法律加以保障使其得以实现,而且法律也要规定公民行使自己的自由权利的范围和限度。建国以来,党和国家在运用法律手段保障公民的自由权利,并引导人们正确地行使这一权利,维护正常的社会秩序、生产秩序、工作秩序,曾经做了大量的工作,取得了大量成绩,但仍然有大量艰苦的工作要做。

论法的阶级性
张光博

法的本质是统治阶级意志的反映,任何法都不反映被统治阶级的意志,也不是统治阶级的一部分和被统治阶级的联合意志的反映。由于法反映统治阶级的意志,这个本质决定着法的质的规定性,表现在法的一切方面和一切过程的始终,因此法与国家同时产生,相伴发展,同时消亡。有一种看法认为法有一部分是统治阶级意志的体现,有一部分反映社会的共同意志,这是不对的。

刑法中的因果关系
夏起经

因果关系是客观存在的,相当因果关系说是不妥当的。考察社会危害行为与危害结果之间的因果关系,是处理刑事案件时考察因果关系的重要内容。在一果多因的情况下,条件说也是不妥当的,应当将原因区分为直接原因与间接原因。间接因果关系也可以作为犯罪构成客观方面的内容。主张将因果关系区分为"必然因果关系"与"偶然因果关系"的观点,在理论上是不能成立的,在实践上是有害的。

论缓刑

金子桐

缓刑是附条件不执行原判刑罚的一种刑罚执行方法，区别于假释、监外执行和免刑。宣告缓刑的条件有二个：第一，犯罪人被判处三年以下有期徒刑、拘役；第二，适用缓刑不致再危害社会。缓刑考验期的长短，主要考虑犯罪人是否初犯、悔罪表现好坏等因素。缓刑考验期应当从判决确定之日起算。缓刑考验期内再犯新罪是撤销缓刑的条件。缓刑的适用范围在符合法定条件的前提下，可以结合具体情况，适当扩大。但有须严格掌握撤销缓刑的条件，以防止少数被宣告缓刑的罪犯，拒不悔改，继续危害社会。更重要的还要善于考察，这是对罪犯能否做到既不关押，又能促其改造的关键所在。

自由心证原则与判断证据的标准

徐益初

在刑事诉讼历史上，判断证据的标准大致有神明裁判、法定证据、自由心证等标准。这些判断标准均有失科学性。实践是判断证据的唯一标准。自由心证原则的本质是唯心主义的，与我国证据制度所强调的调查研究、实事求是的精神不符，且不能使裁判者正确发挥其在判断证据中的作用。因此，自由心证原则不能为我所用。审判人员应当加强马克思主义认识论的学习，掌握辩证唯物主义的立场、观点、方法去判断证据，才能从根本上保证判断证据的正确进行。

关于我国痕迹学研究对象的探讨

苏尔古冷　张玉镶

步法检验技术的运用与研究，为研究我国痕迹学的对象开创了新的领域。我国痕迹学的研究对象是：由犯罪行为引起的这一有形客体上反映的另一有形客体的外部结构特征、动力特征和物质分离特征，亦即痕迹体内存在的形象痕迹元、动力痕迹元和物质痕迹元。哲学上的"单样性与多样性"、"特殊性与普遍性"、"相对静止性与显著变动性"的对立统一为痕迹学研究对象的研究提供了科学根据。

试论加强经济司法工作

刘忠亚

建立和加强经济司法工作的必要性在于及时处理经济纠纷、维护经济秩序、保护公共财产、调整经济关系、改善经营管理、推动生产发展。我国经济审判工作还处于初创阶段，为加强经济司法工作需要进一步研究以下问题：首先要明确经济审判庭任务是负责审理经济纠纷、经济犯罪和涉外经济案件，还应在基层人民法院设立经济审判庭；其次应恢复和建立经济专门法院和经济检察机构；再次是协调经济审判和经济仲裁之间的关系。

试论侵权行为法

梁慧星

侵权行为法是现代民法的一个重要组成部分。侵权法的历史大致可分为习惯法时期、古代成文法时期和现代法时期。现代侵权法的发展表现为：其地位和作用日益增强；侵权责任范围从以对人身伤害和财产损失为限，扩大到精神损害；在过失责任原则之外产生了原因责任原则和公平责任原则；行政侵权行为与民事侵权行为逐渐分离。在我国，为切实保护宪法和其他法律赋予公民的各种权利，应尽快制定侵权行为法。具体制定过程中，应改变传统上把侵权法规定在民法债篇中的编纂方式，将其分离出来单独作为民法典的一篇；增加规定对精神损害及其他非财产上损害进行赔偿；规定"公平原则"等原则条款，以弥补法律条文不足之缺陷；对行政侵权进行规定；完善侵权诉讼程序。

公证制度在法制建设中的地位和作用
史凤仪

公证制度是一种先进的"良好制度"，其职能不能由私证制度代替，因为后者只能证明事情的客观存在，但不能证明该事情是否合法、合理和公平。公证机关不同于仲裁机关或审判机关，有其自身的特殊职能，亦不能由其他机关代替。公证是调整民事法律关系的一个重要环节，对于预防纠纷、减少诉讼起重要作用。公证工作的细致复杂性和政策性要求公证人员应该是法律专业人员，应注重公证员的配备和培训。

我国人民调解工作的三十年
韩延龙

建国后的人民调解是社会主义法制建设的组成部分，在性质和作用上有别于根据地的人民调解，其服务于实现党在社会主义时期的总路线和总任务。这一重大变化对于人民调解制度本身产生深刻影响，决定着它的发展方向和必然趋势。三十年来，人民调解吸取了民主革命时期根据地调解工作积累的丰富经验，继承和发扬了其光荣革命传统，适应社会主义法制建设的客观需要，不断发展和完善，并克服种种阻力和困难，显示出强大的生命力。

中国封建刑律中的八议
曾炳钧

八议制度在明清两朝虽载其条而实未尝实行，其用意有二：一是保留这一条款，借以笼络群臣，而从未实行；二是则要求权贵们率先遵守法律，进一步抬高皇帝的权威，削弱权贵的私家势力。

现代海洋法中的大陆架问题
吴云琪

大陆架本为地理和地质概念，但在此基础上逐渐形成了一个法律概念。1958年第一次海洋法会议通过的《大陆架公约》规定的2500公尺等深线的大陆架标准早已不能适用了。联合国第三次海洋法会议的综合案文，规定沿海国的大陆架包括从其领海以外的陆地领土的全部自然延伸所扩展到的海床和底土，会议案文还调和了公平原则和等距离中间线原则的分歧，主张根据国际法协议划界，以求公平地解决问题。按大陆架是陆地领土在水下的自然延伸的原则，东海大陆架是中国陆地领土的自然延伸，属于中国。

战后日本的经济立法

金明善

战后日本经济的发展过程,大致分为三个时期:战后经济恢复时期(1945—1955年),经济高速发展时期(1956—1973年)和经济低速增长时期(1974年至现在)。各个时期的经济立法都提出了明确的目标及实现目标的方法;通过规定鼓励措施和限制措施来引导企业发展;并规定相应的执行机构和审议组织。日本政府通过立法途径,运用法律手段和财政力量,发挥国家垄断资本主义干预经济的重要作用,有力促进日本经济迅速发展。

1981 年第 3 期

坚持四项基本原则是法学工作者的战斗任务
王 群

四项基本原则，是我国立国之本。法学研究要坚持四项基本原则，就必须坚定不移地贯彻执行党的三中全会以来的路线、方针、政策，牢牢地确立四项基本原则对法学研究的指导地位，全面正确地理解人民民主专政的理论，坚持历史唯物主义的基本观点，正确总结历史经验和维护国家形象的关系问题，处理好反倾向斗争的问题，解放思想，贯彻百家争鸣的方针。

略论保护公民个人所有权
何士英 潘祜周

社会主义制度下公民个人所有权的产生和发展，是社会主义所有制和经济规律发生作用的必然结果，其对于保证公有制，实现基本经济规律和按劳分配原则都有重要意义。我国公民个人所有权通过公民劳动和其他合法方式取得，属于社会主义性质。保护公民个人所有权是由社会主义国家性质所决定，是实现社会主义现代化的需要和加强社会主义法制的重要内容。国家运用法律保护公民个人所有权，刑法和民法起到尤为重要的作用。

论律师的民事代理
林国定

律师接受民事案件当事人的委托，担任代理人参加诉讼是其主要业务之一，并对及时解决纠纷、发展法制宣传有重要意义。律师担任民事案件代理人应遵循一定步骤。对于当事人明显无理的请求应予拒绝；律师可以代理离婚案件，但当事人仍应出席；在符合一定条件下，律师可以在庭外与对方当事人达成和解；在执行程序中，在遇有重大、复杂案件或当事人不能出庭情况时，律师也可代理。目前律师应重点代理经济案件。必要条件下，一个法律顾问处可同时接受双方当事人的代理委托，但要指定两个承办律师分别代理，严格分清职责。

环境法是一个独立的法律部门
——论环境法的特点
蔡守秋

环境法发展的内在动因是人类自然环境质量的变化或人类的环境问题，随着人类环境问题日益严重，环境法已走上与其他法律部门平行的发展道路。与其他法律部门相比较，环境法调整特定的社会关系，具有独特的保护和防治对象，决定了其作为独立法律部门的资格。环境法在许多国家作为新兴部门法，由专门环境保护机构行使保护环境职能；环境法具有很强的科学技术性；以保护人类环境和人类健康为目标从而具有社会公益性。环境法的以上特征也决定其应独立法律部门的地位。

正确认识专利制度
董立坤

专利形式的垄断是受到法律保护的垄断，原因在于专利性质上是通过有期限的垄断来打破永久的垄断。历史表明，专利制度并非资本主义的产物，从其原理上看，它在一定意义上体现了按劳分配原则。专利制度是保护发明、促进发明和使用发明的一种科学方法，在我国社会主义制度下，应充分考虑国家、集体和个人三者关系。专利制度对于发展中国家也有重要意义，但世界上现有的专利制度以及专利国际保护制度并不能有效保护发展中国家的利益。我国应借鉴各国专利制度，尤其是发展中国家的经验，建立适合我国特点的专利制度。

法的适用平等性探讨
王冰泉

法的适用平等性形成的司法原则，在我国社会主义法制中是一项具有普遍性的原则。法的适用平等性，有其自身的规律性，值得探讨。法的适用平等性是法在实施中的一种客观需求性，因此就不能不反映在某些法制或先驱者思想中。法的适用平等性，在一切私有制社会中，其适用的范围和承担总是有限的，只有在社会主义条件下，它才可能形成普遍性原则。

论独立行使检察权
金默生

检察机关实行法律监督、独立行使检察权与资产阶级的司法独立具有本质区别。检察机关依法独立行使检察权，不受其他行政机关、团体和个人的干涉。检察机关依法独立行使检察权必须坚持法律面前人人平等原则。独立行使检察权的关键在于加强和改善党对检察工作的领导。独立行使检察权，不仅是检察机关本身的事情，而且是有关法制建设、有关国家体制改革的重大问题。

论惩办与宽大相结合的基本刑事政策
崔庆森　袁作喜

惩办与宽大相结合是党和国家一贯坚持的基本刑事政策，是制定和实施刑法的重要依据。惩办与宽大相结合的政策是打击敌人、惩罚犯罪的基本的刑事政策，它决定了刑法重轻相济的刑罚体系。严、宽相结合是贯彻惩办与宽大相结合政策的核心问题。刑法的适用必须配合形势，才能宽严得当。贯彻惩办与宽大相结合的刑事政策不能超越法律规定的底线，必须贯彻"坦白从宽、抗拒从严"的政策。

青少年犯罪原因及其特点的探讨
翟步高

青少年的犯罪行为是在外部环境消极因素的影响下，通过青少年的一定心理活动形成的。客观消极原因和青少年主观的心理因素相互影响构成了青少年犯罪的原因。形成青少年犯罪的客观原因包括剥削阶级的残余及其影响、坏人的教唆、不良的家庭影响或者违法犯罪的青少年之间的互相影响和教唆。形成青少年犯罪的心理因素包括年龄特征和个性特征。偶发性大、胆大妄为、灭绝人性是目前青少年犯罪区别于成年人犯罪的主要特点。

一门关于改造人的新学科——劳改学
刘　智　何为民

社会主义劳改工作的独创之处在于用正义和真理的力量去摒弃和改造人的最坏成分，创造一种新的"改造质"。劳改学实际上是法学、社会学、犯罪学、教育学、心理学、伦理学等多门学科的集合和综合运用，具体包括：罪犯管理学、罪犯心理学、罪犯教育学、劳动改造学以及罪犯行为学等。此外，还要开展劳改工作史的研究，积极搜集古今中外监狱、劳改工作的资料，进行比较研究，批判地借鉴和吸收对我们有用的文化遗产。

谈谈国际法的定义问题
朱奇武

当前在国际法法学中流行的定义主要有三种：一是奥本海给国际法下的定义，二是苏联有的学者给国际法下的定义；三是我国有的学者给国际法下的定义。这些定义都有可取之处，也都有不足之处。在以上三种定义的基础上，文章提出了一个新定义：国际法是国际交往中协议产生的，表示这些国家的统治阶级的协调的意志，由国家单独或集体采取强制措施保证执行，各国公认的调整国家之间的斗争与合作的关系的具有法律拘束力的行为规范的总和。

"贞观法治"浅谈
徐汉炎

贞观法治的启示有四：一是法者乃天下之法；二是兼听则明，偏信则暗；三是有一批不避权贵、刚正不阿、执法如山的法官；四是提出审案应该"求实"，不应该"饰实"。

议会司法专员制度
——瑞典"翁巴其曼"（Ombudsman）制度的发展概况
龚祥瑞

议会司法专员制度是人民代表机关控制行政官员的新制度。继在瑞典建立之后，议会司法专员制度在世界范围内得到推行。对行政权加以控制的必要性是该制度出现的基础。司法专员的职能是使行政活动合法化。瑞典议会司法专员制度的经验有：专员由代表机关选举产生，能代表申诉人切实监督法律、法令的执行情况；专员人选多系法律专家，能胜任护法的专业；管辖范围遍及一切国家管理机构；专员有权获得政府一切情报资料，询问一切有关人员，进到一切有关单位进行调查、视察；向议会提交的"年度报告"公开印发，使违法失职行为和行政弊端受到舆论的监督。

1981 年第 4 期

关于经济立法坚持
社会主义道路的问题
孙亚明

我国的社会主义经济立法，是巩固和发展我国社会主义制度的重要手段。经济立法必须坚持社会主义道路。评价我国的经济法规是否属于社会主义性质，前提是明确社会主义社会的基本特征，以及社会主义在社会发展过程中的阶段性。坚持社会主义道路，经济立法必须维护社会主义公有制；既保障国家对国民经济及其他各项事业的计划指导，又要保障基层经济组织的自主权和职工、社员的经济民主权利；必须贯彻"各尽所能，按劳分配"的社会主义原则；必须坚持党的领导，反映社会主义客观经济规律的要求。

关于经济纠纷案件的审理
张笃志

经济纠纷是法人之间的纠纷，往往涉及面广，情况复杂，争执标的种类多、价额大。审理经济纠纷案件的工作有较强的专业性，办案人员除熟悉法律外，还要懂得一定的经济知识。审理经济纠纷案件，从程序上说，同审理一般民事案件一样，包括立案、审理、执行三个阶段。但各个阶段的工作步骤和方法，又有其本身许多特点。北京市中级人民法院经济审判庭在审判实践中，初步摸索了一些经验，大体形成了一套程序和方法。

处理经济纠纷案件应着重调解
梁钦汉

审判实践表明，以调解方式结案有利于消除双方对立情绪，及时解决纠纷，减少财产损失。经济纠纷中的双方法人具有建设社会主义的共同目标，在当前我国经济立法还不完备的情况下，通过调解方式处理经济纠纷不但能弥补立法不足，而且有利于双方团结，使案件的执行更加顺畅，并在一定程度上促进企业管理的改善。调解工作应以查清事实、分清责任为基础，以法律为依据，兼顾原则性与灵活性，既做好纠纷双方的工作，又要争取有关部门和双方上级单位的支持配合。

试论合同鉴证
黎晓宽

合同鉴证在我国产生于五十年代，是指由合同管理机关对合同主体、内容、合法性进行审查、鉴定和证明。合同鉴证是合同管理的一种行政手段，与合同公证在性质、启动原则、发生纠纷时的处理程序和监督方式方面存在根本区别。在目前各地大力推行经济合同制度的情况下，有必要通过合同鉴证制度加强合同管理，预防和制止违法活动。具体实施中，应区别不同情况，综合考虑合同金额、标的以及合同双方的所有制性质，规定需要鉴证的合同范围，由合同管理机关统一进行鉴证。

略论专利制度的利与弊
吕润程

专利制度是伴随着资本主义经济发展而产生的一种法律制度，对资本主义国家的发明创造和经济发展曾起过推动作用。但在当今资本主义制度下，专利制度却成为导致当代世界上发明专利实施率低的重要原因之一。事实证明，专利制度同样能为发展中国家带来一定利益。中国作为发展中的社会主义国家，应在深入比较专利制度的利与弊的基础上，吸收其中的合理因素，建立具有我国特点的专利制度，以促进我国经济和科学技术的发展。

民事诉讼中的"社会干预人"
刘家兴

为了使应该诉诸法院而不提起诉讼的民事事件也能诉诸法院，从而更好地维护社会主义法制，保障国家、集体和人民的利益，应突破民事诉讼只能由利害关系人提起的规定，创建一项为他人民事权益提起诉讼的制度。这种以自己的名义为他人民事权益提起诉讼的人即为社会干预人。任何主体都可以担任社会干预人，干预的范围包括所有违反实体法律而侵犯他人民事权益的行为，干预方式是按照法律规定提起民事诉讼。社会干预人在诉讼中处于原告地位，但不承担被告提出的反诉请求。若实体权利人参加诉讼担任原告后，社会干预人应退出诉讼。

保障婚姻自由的一个重要方面
张春生　宋大涵

婚姻自由是社会主义婚姻制度的基本原则，既包括结婚自由，也包括离婚自由。社会主义婚姻是以感情为基础的结合，因此婚姻关系存续与否也应以感情是否存在为依据。在执行婚姻法有关离婚规定时，应正确掌握"感情确已破裂，调解无效"这一界限，不应规定离婚还需"正当理由"，也不能要求双方"再无和好可能"时才准予离婚。

防卫过当与报复侵害的界限
崔永星　李健夫

防卫是否适时与防卫是否超过必要限度是不同的问题，不应混为一谈。行为人在不法侵害不存在的情况下实施的行为不构成防卫行为，属于报复侵害行为，构成犯罪的应当承担刑事责任，而且不能从轻或减轻处罚，而防卫过当可以从轻或减轻处罚。按照我国的立法精神，不论由于什么原因，只要不法侵害停止以后，被害人都要终止自己的防卫行为。对于不法侵害行为需要给予惩罚的，应由司法机关给予制裁，包括追究刑事责任和判令赔偿经济损失。

谈谈刑法中的数罪并罚
郑　林

数罪并罚有别于累犯和共同犯罪。想象的数罪、牵连犯、连续犯、接续犯、持续犯、继续犯、集合犯和结合犯等一般被认为是一罪，而不是数罪。有关一罪与数罪的区分标准，大致有行为标准说、结果标准说、犯意标准说和折衷说。前面三种学说具有片面性，折衷说是妥当的。有关数罪并罚的原则，我国刑法采取了以限制加重原则为主，以合并原则、吸收原则为辅的折衷原则。

如何认定贪污罪和盗窃罪
雷 鹰

贪污罪侵犯的客体是国家、劳动群众集体对公共财产的所有权，而盗窃罪侵犯的客体是国家、劳动群众集体以及公民对公私财产的所有权。行为人是否利用职务之便实施犯罪，是贪污罪和盗窃罪在犯罪手段方面的区别。贪污罪的主体是特殊主体，即国家工作人员。盗窃罪的主体是一般主体，即达到刑事责任年龄具有刑事责任能力的自然人。贪污罪在主观方面具有把公共财产转为非法所有的目的，而盗窃罪具有把公私财产转为非法所有的目的。

免予起诉初探
应后俊

免予起诉制度是我国刑事诉讼中一项比较年轻的制度。免予起诉是检察机关对犯了罪但依法不需要判处刑罚或可免除刑罚的被告人所作出的一种决定。适用免予起诉必须具备三个条件：第一，案件事实清楚、证据确实充分；第二，被告人的行为已经构成犯罪、应负刑事责任；第三，被告人具有法定的免刑情节。免予起诉有别于法院的免予刑事处分，也有别于劳动教养、行政拘留等措施。

沈家本的法律思想
张晋藩

清末历时近十年的修律是在沈家本主持下进行的。沈家本对修订法律的必要性有较全面的阐述。他根据慈禧"务期中外通行"的修律方针，提出了"参考古今，博辑中外"、"折冲樽俎，模范列强"的修订宗旨。为贯彻修律宗旨，采取了翻译外国法律、奏请设立法律学堂、聘请外国法学家为顾问等措施。在具体修律过程中，甄采中外的修律内容，删改大清律，制定新刑律；改革诸法合体的旧法律结构，实施司法独立，改良监狱。从上述考察看，沈家本的整个思想体系应该归属于资产阶级法学范畴，但在政治上则表现出改良主义立场，显示了其思想深处的封建主义因素。

论国际私法的发展趋势
任继圣

十九世纪中叶以后，国际私法的发展趋势主要表现为：第一，涉外民事法律关系的范围不断扩大，国际私法所适用的范围也随之扩大。这两种扩大必然引起国际私法规范在数量、种类、形式和内容上的变化和发展。第二，国际私法规范的种类逐渐增加，作为国际私法渊源的统一实体法的作用逐步增长，国际条约数量增加很快，发挥了重大作用。第三，在国际私法规范发展的基础上，逐渐形成新的法律部门，二十世纪六十年代国际贸易法的出现。

美国国家豁免的理论和实践

周小林

美国在很长一段时期一直是绝对豁免说的支持者,到 20 世纪 50 年代以后才转向有限豁免,其间经历了三个历史阶段。1812—1952 年,美国奉行绝对豁免。1952 年"泰特公函"至 1976 年是从绝对豁免向有限豁免的转变阶段。1976 年《外国国家豁免法》的生效标志着第三个阶段的开始。该法把外国国家豁免问题的决定权从美国外交部门转移到了法院,并为私人诉外国国家提供了新的法律途径,还废弃了外国国家历来享有的执行判决的豁免。

关于法制史研究的几个问题
张友渔

加强法制史研究有重大的现实意义，可以为社会主义现代化建设服务。研究法制史要正确解决对法治遗产的批判继承问题，不应把阶级性和继承性绝对对立起来，用阶级性来否定继承性。历史上的法律都有其合理成分，都是建设革命法治所需要和有益的，关键在于具体分析，为我所用。对革命法制要做具体分析，虽然其总体上是先进的是好的，但也有不完善的地方，或者和现代的生活不适应的地方，这更要具体分析。这些工作都需要以马克思主义为指导。要扎扎实实开展法制史研究工作。首先要搜集尽可能丰富的资料，其次要对资料做鉴别、核实和辨异的工作。在这个问题上要充分重视传统考据的作用。还要对法制史做比较研究，要研究法制的时代背景。法制史作品的写作不宜以论代史。

人民民主专政的理论和实践
吴大英　刘瀚

我们党和全国人民坚持的四项基本原则之一，是人民民主专政及无产阶级专政，它是历史上从来没有过的人民当家作主的新型政权，是建设社会主义的富强民主文明的现代化国家的根本保证。人民民主专政理论是无产阶级专政学说的继承和发展，是无产阶级专政在我国的最好形式。我国的人民民主专政有其深刻的历史渊源，是历史发展的必然结果。因此我们要坚持人民民主专政，建设社会主义现代化强国。

论犯罪的因果关系
龚明礼

因果关系是客观方面犯罪构成的核心，是行为人为其行为负刑事责任的客观基础。犯罪的因果关系是危害行为与危害结果间的客观联系，可分为必然因果关系与偶然因果关系。犯罪的因果关系是相对的、运动的。与危害结果无因果关系的行为不负刑事责任（绝对无刑事责任），与危害结果有必然因果关系的危害行为不一定负刑事责任（可能有刑事责任），与危害结果具有偶然因果关系的危害行为不一定无刑事责任（相对无刑事责任）。

论口供
赵定华

被告人的口供是刑事诉讼中使用最普遍、最多的一种证据。口供包括供述与辩解，不包括检举。口供的真假必须用证据加以甄别。有供无证不能定案，有证无供可以定案，供证矛盾时定案要慎重。对待翻供问题应当慎重。对被告人的辩解必须认真对待，不能一律视为抵赖。共同被告人的口供仍需补强。正确对待被告人的口供，应当坚持"重证据、重调查研究，不轻信口供"的原则。

律师的刑事辩护工作
林国定

律师的刑事辩护工作一般要经历四个阶段：准备阶段、辩护意见形成阶段、出庭辩护阶段和总结阶段。被告人拒绝律师为其辩护时，律师可以不辩护。判决后，律师应当根据案情需要会见被告人。被告人的辩护意见可以与律师的辩护意见不同。一个律师是否可以同时接受同一刑事案件的几个被告人的委托进行辩护，应当看这些被告人相互间有没有利害冲突。两个以上律师为两个以上被告人辩护时，彼此可以互相辩论。

附带民事诉讼试探
汪纲翔

附带民事诉讼是一种特殊的民事诉讼，是刑事诉讼不可分割的一部分。附带民事诉讼的提起以被告人的行为构成犯罪为前提，以犯罪行为所造成的直接物质损失为条件。提起附带民事诉讼所要求赔偿的只能是物质损失。附带民事诉讼原告人应当包括被害人本人以及与被害人有关的遭受物质损失的其他诉讼参与人。附带民事诉讼被告人应当包括被告人本人、未成年被告人的法定代理人、雇佣被告人的单位等。附带民事诉讼原告人与被告人依法享有当事人的诉讼权利，负有相应的诉讼义务。

试论专利法的制定
王家福

在我国制定专利法，是以法治国的重要一环，其根本目的在于把科学技术纳入法治轨道，以法律鼓励和保护创造发明，促进国家发展。通过法律把发明作为资产加以保护，有利于保护发明产权，兼顾国家、集体和个人利益，以及消除该领域法制不健全的局面。通过专利法促进技术革新，符合我国大力发展科学技术的需要。专利法起到的促进技术公开作用，也有利于打破技术垄断，提高整个国家的科学技术水平。制定专利法还是用法律促进国际技术交流的重要手段。

违反环境保护法规的法律责任
马骧聪　程正康

违反环境保护法规的法律责任是环境保护法的重要内容，其产生的依据是实施了危害环境的违法行为，该行为主体可以是组织或个人。违反环境保护法规的法律责任包括民事责任、纪律责任、行政责任和刑事责任。随着对污染和破坏环境行为认识的深入，各国对其法律责任的追究日趋严格。我国现有的环境保护法规，也都对违法行为的责任作出了规定。

试论我国民事诉讼中的调解
李荣棣　唐德华

我国民事诉讼中的调解，又称法院调解或诉讼上的调解，是人民法院审理和终结民事案件的基本方法。调解达成的协议所制发的调解书,与判决书具有同等的法律效力。长期以来的审判实践经验证明,其对于人民法院顺利解决案件,消除和减少当事人之间的矛盾,起着重要作用。认真总结民事诉讼中调解的经验,结合理论与实践进行研究探索,对于我国民事审判工作实践和民事诉讼理论研究,都有重要意义。

这起经济纠纷是如何调解的
梁钦汉

沈阳水泥机械修配厂诉北京铁路局北京混凝土构件厂拒收订货蒸压釜一案,双方及其上级单位曾多次协商处理,未获结果。在审理过程中,审判人员分析认为本案关键在于确定双方合同关系是否成立,并就此进行查证和分析。随后依据调查结果,在分清双方责任的基础上,又力争被告上级单位的支持,通过耐心调解,促使双方最终达成协议,使本案得到圆满解决。

对云梦秦简中诉讼制度的探索
黄贤俊

秦代的诉讼制度和监狱管理制度散见于《司空律》及《法律答问》和《封诊式》中。根据这些秦简,可以看出,皇帝掌握生杀予夺的最后决定权,中央和地方的司法机关均隶属于行政机构,审判不独立。秦朝的诉讼方法有两种,一是当事人向郡守法庭提出控告,一种是当事人或里正向县都官或啬夫提出诉讼。地方上一般案件由地方行政长官审理,重大案件则送给国家最高司法长官廷尉审理。在具体审讯中,不反对拷问,但不提倡完全靠刑讯逼供,有一定的唯物主义思想。犯人如果不服,可以请求复审。司法官员要严格依法办事。秦朝也有较完备的检验制度。

论对危害国际民用航空安全罪的刑事管辖权
林 欣

《东京公约》、《海牙公约》和《蒙特利尔公约》共同确立了有关危害国际民用航空器安全罪刑事管辖权的五个原则:领土原则、国籍原则、当事人永久居所地或营业地所在国原则、安全原则以及根据国际条约享有刑事管辖权原则。关于危害国际民用航空器安全罪的刑事管辖权问题,在实践中经常发生争议,一般通过谈判、斡旋或者调停加以解决。确定刑事管辖权之后通常需要解决罪犯引渡的问题。缺乏对违反公约者的制裁措施是上述三个公约的共同缺陷。

1981 年第 6 期

适用刑罚与适应形势
王传生

形势的不同造成了行为社会危害性的不同。因此，刑罚的适用应当顺应形势的需要。顺应形势的需要进行刑罚适用，必须以严格依法办案为前提，因此不会破坏社会主义法制原则。刑法的稳定性不排斥刑法的适应性。实践证明，根据形势需要，在合法的前提下，灵活地运用刑罚武器的措施是得力的、有效的，应该坚持执行。

也论正当防卫与防卫过当的界限
——与金凯同志商榷
郑德豹

正当防卫的特征在于"正当"，"正当"表现在两个方面：即行为人的出发点正当；行为的实施正当。所谓出发点正当，是指行为人的动机是制止和免除不法侵害，目的是保护公共利益、本人或者他人的人身和其他权利；所谓行为实施正当，是指行为在必要限度内进行。正当防卫与防卫过当的相同点在于防卫目的的正当性，即为了保护合法利益。两者的区别在于所实施的行为是否超过了必要限度。在防卫过当中，行为人的主观方面只能是过失，不能是故意。

谈剥夺政治权利
张令杰

我国法律中的剥夺政治权利有两种：第一是宪法规定的作为对敌对阶级分子专政措施的剥夺政治权利；第二是刑法规定的剥夺政治权利。剥夺政治权利的适用范围在我国的刑事立法和司法实践中经历了一个演变过程。随着社会主义法制的完善，剥夺政治权利的内容逐步得到完善，剥夺政治权利的程序越来越规范。被剥夺政治权利的人，只是被剥夺了刑法条文中规定的政治权利，不能认为是剥夺了宪法中规定的一切公民权利。

论证据的主观性与客观性
吴家麟

证据体现了主观性和客观性的统一。证据的主观性是指证据是客观事实在人的意识中的反映，离不开人的主观意识。证据的客观性是指证据是已经过去的客观事实在思维中的再现，以客观事实为基础。强调证据的主观性，符合认识论的要求和法律的规定，不是主观主义、主观臆断的表现，不会造成办案的主观随意性。相反，仅仅强调证据的客观性恰恰为办案的主观随意性开了方便之门。

健全法制和建设精神文明
王礼明

文明是指社会发展进步的状态，它包括两个方面，一是物质文明，一是精神文明，而法律乃是精神文明的一项重要内容。随着我国社会主义现代化建设的不断发展，需要用法制来调整的社会关系也将日益增多，法制在整个社会生活中所起作用也会越来越大，但社会生活是极其复杂的，因此还需要共产主义道德。法律多是治患于"已然"，而道德可以预防于"未然"，健全社会主义法制和进行以共产主义道德为重要内容的精神文明教育，在内容上是相互渗透的。

关于处理民事损害赔偿案件的几个问题
杨立新　韩海东　王士琦

损害赔偿发生的原因包括侵权行为和债务不履行，本文仅讨论前一种损害赔偿案件的问题。构成损害赔偿的民事责任一般应具备四个要件：行为的违法性，违法行为人主观上的过错，损害事实真实存在，违法行为与损害之间有因果关系。损害赔偿责任是一种财产责任，如果对人身的侵害没有引起财产上的损失，行为人不负民事责任。对财产损失的赔偿范围应以全部直接损失为限。在共同致人损害的案件中，行为人之间要依具体情况承担按份责任或连带责任。混合过错的责任范围要依各自过错程度来确定。确定责任范围时还应考虑当事人经济状况，以及坚持以调解为主的方针。

法定继承初探
朱平山

法定继承是遗嘱继承的对称，其语源出自罗马法，但该制度的萌发可追溯至汉谟拉比法典。各国立法都有法定继承的规定，内容主要包括法定继承人的范围和法定继承的程序。我国的法定继承是社会主义法制的组成部分，但目前没有专门的继承法，有关法定继承的规定散见于一系列民事法律法规中。我国法定继承除规定上述主要内容外，还实行权利与义务相一致原则和男女平等原则。

论大气污染控制的立法
文伯平　宋殿棠

世界范围内大气污染控制的立法大致可分为四个阶段。从目前外国已颁布的防止大气污染法律来看，都以防治为主要方针，体现出若干值得关注的特点。我国在大气污染控制方面，虽已颁布环境保护法（试行），但大多是原则规定，还需制定专门的大气污染控制法。具体立法中应完善相关标准，实行分区分级控制，重点控制污染源头，建设监测网，并实行收取排污费制度，以及对违法行为及时予以制裁。

关于公证书效力问题的探讨
陈六书

在法律的证明力上，公证书效力强于一般私证文书。其作为特定书证，并不排除对其他证据的搜集以及当事人对其提出异议。公证机关对某些无疑义的债权文书，给予准许强制执行的证明，债权人可依此直接申请人民法院强制执行。但公证机关办理此类证明时，应符合一定条件。在公证作为某些法律行为生效要件的问题上，除规定某些重大经济合同需经公证才能生效外，还可考虑将遗嘱、委托等五类法律行为和法律事实，纳入经公证才生效的范围。

中国古代法医学初探
纪清漪

从周朝到秦汉为初步掌握、逐步发展法医学科学知识时期。《秦简》、《吕氏春秋》"十二纪"中的记述以及《四库全书》总编纪昀所说："刑名之学起于周季，其术为圣世所不取"，都是对我国古代法医学的起始时期的确切阐述。宋朝为法医学的研究与发展比较成熟的时期，以总结多年实践经验写成的《洗冤集录》为代表。到了清朝，则在《洗冤集录》的基础上又作了核实、修正与补充的工作。以王又槐《洗冤录集证》、瞿中溶《洗冤录辨正》以及许梿《洗冤录详义》为代表作。

略论联合国国际货物多式联运公约
魏家驹

联合国国际货物多式联运公约吸收了海运、航空等各项单式运输公约迄今以来所取得的最新成就，对国际运输法的发展作出了新的贡献。公约在适用范围、强制适用、责任期限、赔偿责任基础、赔偿责任限制、诉讼时效、管辖等方面与其他单式运输有着类似的规定。公约根据联运本身的特点，在联运的法律概念和法律关系以及协调法律冲突、确定不同阶段的货损赔偿方面作出了新的规定。公约打破了公法与私法的区分，按照实际情况订入必要的公法规范，是对国际运输法的新发展。

日本的法制史研究概况

论哈特的新分析法学
沈宗灵

新分析法学是二十世纪六十年代所形成的现代西方法学派别之一，其首创人是英国牛津大学法理学教授赫伯特·哈特。哈特的新分析法学有向自然法学靠拢的特征并以逻辑实证主义的概念与语言分析法作为自己的哲学基础。哈特将这种哲学运用到法学中来，反对法律概念传统的下定义方法，主张采用根据具体情况进行逻辑分析的方法，其主要的代表著作是《法律的概念》。

1982 年第 1 期

社会主义民主的制度化与法律化
王景荣

社会主义制度民主制度化法律化概念，主要是根据马克思主义关于民主与法制的基本原理而来的，是根据人民民主专政即无产阶级专政的历史经验提出来的，也是根据新的历史发展时期的需要提出来的。它是指统治阶级通过创制和立法活动，把适合于自己阶级利益的民主原则提升为国家意志，使之转化为国家制度和法律，从而保证其实现的社会过程，简而言之，就是民主的法制化。

法治概念的科学性
李步云

法治这一概念不是非阶级或超阶级的观点，也不是不科学的，只要对法治的概念及其作用进行科学的分析，做出符合客观实际的理论说明，法治这一概念的阶级性是可以阐述清楚的。而且，实行法治与坚持四项基本原则不矛盾，它不能与法制等同，也不是法制所能代替的。两者虽然存在着相互联系，但也存在区别，它们有其各自特定的科学含义，也有其各自特定的社会作用。

略谈共犯中的几个问题
吴文翰

共犯是对个犯而言的。共犯无论在社会危害性、犯罪能量、犯罪方法、手段以及逃避制裁等方面，都比较严重。共犯分为事先有通谋的共犯与事先无通谋的共犯。事先有通谋的共犯应当分为一般有通谋的共犯与犯罪集团。在处理共犯案件中，应当注意划清主犯、从犯、胁从犯、教唆犯之间的界限，并根据他们各自所犯罪行的性质、情节、危害程度和他们在共同犯罪中所起作用的大小，确定刑事责任的大小。

试论教唆犯的二重性
伍柳村

由于教唆犯在共同犯罪中所处的特殊地位，决定了教唆犯所具有的特殊性。就教唆犯与被教唆犯的关系来讲，教唆犯处于从属地位，教唆犯具有从属性，因为教唆犯的犯罪意图必须通过被教唆人的决意，并且去实施他所教唆的犯罪行为，才能发生危害后果或者达到犯罪目的。无论被教唆人是否去实行犯罪，教唆行为本身都应该认为犯罪，教唆犯在共犯中处于相对的独立地位，教唆犯又具有相对的独立性。我国刑法第 26 条的规定反映了教唆犯的二重性，即从属性和相对的独立性。

正确对待被告人的口供
铭 山

口供具有刑事证据的客观性和证明性。口供的证明力一般不如其他刑事证据的证明力。取得口供必须坚持客观、全面、合法的原则。核实口供的方法因案而异,但基本的方法是用其他证据核对口供。只有在严格的条件下使用,口供才能成为定案的根据。在刑事诉讼实践中,一直存在着重证据和重口供这两种对立的证据思想。克服重口供思想,正确对待被告人的口供,对于刑事诉讼的正常进行,具有重要的意义。

关于共同造成他人损害的问题
夏国强

共同造成他人损害,是民法上损失赔偿制度的一种特殊形式。研究这一问题,是为了从理论上阐述审判实践中认识和处理不一的某些问题,从而更有效地保护受害人权益。正确理解和适用共同造成他人损害之债,首先必须考虑其构成要件的特点,以确定是否构成此类损害之债。在确定责任范围时,应重点考虑主体问题,以及加害人之间的赔偿原则问题。

论合同
史探径

法律是上层建筑,建立在一定的社会经济基础之上。合同这一法律形式的产生和发展,即是由于社会经济发展的客观需要。文章对合同产生的历史、我国经济合同的性质和作用以及推行合同制度与国民经济调整的关系等问题,进行初步探讨。

浅谈我国的收养制度
任国钧

收养是一种拟制血亲,必须依法定程序和条件产生和消灭,属于一种变更法律关系的行为。我国社会主义制度下的收养制度,对保护公民合法权益,巩固和发展婚姻家庭关系有现实意义。我国婚姻法对收养成立的效力作了原则规定,对收养成立条件和程序,收养解除与后果的规定则分散于其他法律规范和行政文件中。当前收养工作中,应进一步健全收养制度,正确处理事实收养和有子女能否收养的问题,以及理解收养与户口管理的关系。

也谈民事诉讼中的"社会干预人"
——与刘家兴同志商榷
刘 涌

《法学研究》1981年第四期刊登了刘家兴同志《民事诉讼中的"社会干预人"》一文,文中对"社会干预人"的意义、作用的论述是必要的,但有几处似有不妥。社会干预是一项特殊的诉讼程序,干预方式和干预内容等问题都需要认真研究。即使今后民事诉讼法对此加以规定,也还要在实践中不断发展和完善。

关于我国民事执行中的几个问题
成 城 刘家兴 程延陵

"执行"是民事诉讼法的重要组成部分。社会主义的执行制度不是单纯的强制执行程序。根据法院组织法的规定，执行工作应由执行员负责，实行"审执分立"的原则。民事执行必须在具备一定条件的基础上，以法定的法律文书为根据进行。我国民事执行体现了一定的社会主义原则，包括全面保护当事人利益原则，申请执行与移交执行相结合的原则，执行有限原则，以及法院执行与有关单位、个人协助执行相结合原则。

论太平天国法治并未超脱封建主义范畴

邹身城

《天朝田亩制度》只是设计者的一个平等天国的政治理想罢了，算不得什么法律，更不可能具有根本法的性质。《资政新篇》对天国法制并无多大实际意义。天国的法制很不完备，在性质上也未摆脱封建主义的范畴。

云梦秦简的发现与秦律研究

刘海年

云梦秦简的法律、文书的制作经历了一个较长的过程，应该是商鞅变法后至秦始皇执政和称帝时期制定和颁行的。将秦简和有关记载综合起来，可以看出，秦律除具有一般封建法制的共同特征，还有一些本身的特点：一是法的形式多样，条目复杂；二是在经济领域广泛适用法律；三是刑罚种类繁多，手段残酷；四是秦律鼓励奴隶解放，又肯定大量奴隶制残余。

谈谈英国版权法

郑成思

英国是第一个颁布版权法的国家，也是《保护文学艺术作品伯尔尼公约》和《世界版权公约》的参与国，总体来看，英国的版权制度与世界上多数国家现行的版权制度之间不存在很大差异。此外，英国属于英美法系国家，在版权制度理论上，英美法系国家一般奉行"商业版权"说，即版权的实质是为商业目的而复制作品的权利。这使得英国版权制度不仅从法律条文上，而且从司法实践上，都具有其自身特点。

1982 年第 2 期

犯罪与物质文明、精神文明
周 路

仅仅依靠发展生产不能自然消灭犯罪，这并不是否认物质生产在抑制犯罪方面的终极作用。认为"发展生产可以自然而然解决犯罪问题"的观点，曲解了生产力和生产关系、经济基础与上层建筑、意识形态之间的复杂关系。在生产力和生产关系关系上，该观点仅仅看到发展生产、提高个人物质生活水平的一定作用，却看不到生产关系、经济制度的积极作用；在经济基础与上层建筑、意识形态方面，又看不到上层建筑和意识形态对此的积极作用。发展生产和加强教育，改善生活与提高觉悟，都是解决犯罪问题的必不可少的根本性措施。

研究刑法中的因果关系要以马克思主义哲学为指导
周伯森

刑法中的因果关系具有客观性、相对性以及严格的时间先后顺序的限定性。因果关系是原因和结果之间的一种内在的必然联系，只有在总的趋势上是必然性的东西已经变成现实性的时候，才能谈到有因果关系的存在。将因果关系分为必然因果关系与偶然因果关系的观点，是没有说服力的。作为某种原因的行为必须具有造成危害社会结果发生的实在可能性，这仅仅说明该行为与危害社会结果之间具有因果关系的必要前提，而不等于认为二者存在因果关系。

试论过失犯罪负刑事责任的理论根据
张智辉

过失犯罪行为通过疏忽大意和过于自信两种形式表现出来。行为人严重不负责任的态度导致了认识上的错误，在错误认识的支配下实施了违反规章制度或社会公共生活准则的行为，造成了危害结果的发生，因此行为人在主观上具有罪过性。此外，过失犯罪在客观上还具有严重的社会危害性，这是过失犯罪负刑事责任的理论依据。要求过失犯罪负刑事责任时，不仅要考虑行为在客观上的危害，而且要考虑行为人在主观上有无罪过，严格区分罪与非罪的界限，以达到教育和改造犯罪分子，预防、减少和消灭过失犯罪的目的。

谈谈同反革命宣传煽动罪作斗争的几个问题
欧阳涛 袁作喜

我国刑法有关反革命宣传煽动罪的规定是保卫无产阶级专政的有力武器。反革命宣传煽动罪的成立，必须具备两个条件：第一，行为人在主观上必须具有反革命目的；第二，行为人在客观上必须具有面向群众进行反革命宣传煽动、危害中华人民共和国的行为。认定反革命宣传煽动罪时必须实事求是地区分该罪与落后言论、政治错误等行为之间的界限，区分该罪与诬告陷害罪、侮辱诽谤罪等之间的界限。

略论反革命罪的主观要件
—— 犯罪动机与犯罪目的新探
张 弘 童志红

反革命罪的构成，必须以反革命为目的，即必须以推翻无产阶级专政和社会主义为目的，这是区分反革命罪与其他刑事犯罪的本质特征。反革命罪的主观方面只能是直接故意，而直接故意犯罪的心理活动又包括犯罪目的与犯罪动机这两个因素。在一定条件下，犯罪动机就是犯罪目的，或曰犯罪动机可以转化为犯罪目的。不能笼统地说反革命罪的构成只取决于犯罪目的而不取决于犯罪动机。

刑事诉讼中间接证据的作用和特性
黄 道

按照证据与案件主要事实之间的关系，证据可以分为直接证据与间接证据。直接证据与间接证据的证明力不能简单地比较。间接证据具有发现直接证据、加强直接证据、查明某些案件事实以及帮助形成证据锁链的重要作用。所有间接证据之间彼此联系，形成证据锁链，确立起与案件主要事实的关联性，从而强有力地证明案件主要事实，是间接证据的特性所在。

法庭上的辩论应有据有理有节
史凤仪

法庭辩论是对法庭辩论检察起诉和律师辩护工作质量的检验，也是对出庭检察员和律师政治水平和业务水平的检验。法庭辩论应当坚持如下三个原则：第一，有据原则，即有事实根据，该事实必须是有确凿证据，并经法庭当庭查证的事实；第二，有理原则，即遵循法理和符合社会主义道德规范；第三，有节原则，即以理服人，有所节制。有据有理有节是以事实为根据、以法律为准绳的司法指导原则在法庭辩论中的具体化。

浅论男女平等与婚姻自由
王昭仪

男女平等与婚姻自由是新婚姻法中规定的两项基本原则。要实现婚姻自由，必须以真正做到男女平等为前提。我国的婚姻自由原则以感情为基础，以一夫一妻、男女平等为前提条件，具有中国特色，符合我国国情。婚姻自由不但包括结婚自由，还意味着离婚自由。

国营企业财产权性质探讨
李开国

学界对于国营企业财产权性质的观点，主要有代理说、租赁说、占有说，以及国营企业应享有企业财产所有权。但这些观点在理论上和实践上都存在一定问题，不能全面概括国营企业财产权的性质。对此问题的讨论，应从马克思所阐明的财产经营权与财产所有权相分离的观点出发，将国营企业财产经营权在性质上看作财产用益权在社会主义制度下发展的一种形式，由此承认国营企业财产经营权是区别于国家所有权的类独立物权，从而确立国营企业在财产上的独立地位，同时继续维护国营企业的全民所有制性质。

加强劳动保护立法
严格执行劳动保护法规
王昌硕　陈文渊　郎铭锡

劳动保护法规是保障劳动者在生产中的安全和健康的各种法律规范的总和。建国三十年来，劳动保护工作经历了曲折发展过程，获得不少经验和教训。目前在劳动保护立法和执法方面还存在一些问题，为了切实保障劳动者的安全和健康，提高社会劳动生产力，需要在总结过去经验的基础上，进一步加强劳动保护立法，严格执行劳动保护法规。

唐律"婚书"考
胡曰武

唐代以"婚书"作为法律依据替代过去的习惯法，在我国的婚姻发展史上是一个重要变化。从这一发展过程中，我们也清楚地看到，正是基于社会生产、交换和分配关系日益复杂，社会上由婚姻引起的财产纠纷增多，促使历代婚姻法制度逐步完善。

《大清新刑律》与
《大清现行刑律》辨正
李贵连

《大清新刑律》与《大清现行刑律》是两部不同的法律。清末制定的《大清新刑律》是由沈家本主持、经过多次修改而成的近代中国的第一部刑法。冈田朝太郎参与了这部刑法的起草和修改，但没有重新起草另一部《大清新刑律》。经过修正最后颁发的《钦定大清刑律》正文是411条，另附暂行章程5条。

论国际私法的范围
董立坤

法律反映各国统治阶级的意志，体现各个民族的传统和习惯，因而解决涉外民事法律关系中不同法律体系的冲突问题，冲突规范具有实体规范所不能具备的优点。国际私法统一运动主要谋求的是冲突规范的统一，而不是以建立统一的实体规范为主要任务，更不是以实体规范取代冲突规范。国际私法与国际经济法虽然都调整涉外经济法律关系，但两者有区别，国际经济法主要通过国际统一实体规范进行调整，在实体法达不到的领域内借助国际私法的冲突规范。国际私法应该定义为：对于涉外的民事法律关系适用法律及如何适用法律的法。

国际环境法的现状
蔡守秋

目前，国际环境法的发展已经具备了

充分的条件,这主要表现在各国对环境污染的危害已有了充分的认识以及国际社会对环境保护取得了广泛共识。国际环境法律体系已初具规模,主要表现在河流及湖泊保护、海洋保护、大气及空间保护、自然资源保护的国际环境法方面。可以说,国际环境法正处于蓬勃发展并进而形成为一个独立的国际法部门的阶段。密切关注国际环境法的动向,加强对国际环境法的动向的分析研究,对于建立新的国际环境法学,促进我国与全世界的环境保护,具有十分重要的现实作用和历史意义。

法》为中心,逐步建立和完善起来的。为实现基本法所提出的各种措施,相应的法律制度基本建立,并且其中许多制度由于反映了日本的特殊情况,因而在某些领域具有鲜明的特点。随着经济和公害实际问题的发展变化,公害法出现新的发展趋势,如摆脱公害法观念,而将环境作为基本观念;对基本法规定的典型公害重新评价,并将环境影响评价制度化。

日本的《公害对策基本法》
康树华

日本的公害法是以《公害对策基本

1982 年第 3 期

关于修改宪法的几个问题
张友渔

修改宪法应该从实际出发，而不能从空想出发，应该坚持四项基本原则，坚持人民民主专政。修改草案在"序言"里肯定了中国人民政治协商会议的性质、地位和作用，但在宪法条文里不能将政协规定为权力机关。关于加强人民民主问题，要特别注意公民的权利与义务不可分离，罢工自由，宗教信仰，劳动的权利和义务以及受教育问题，宪法不规定罢工自由是应该的。此外，在修改宪法时，还应关注人大常委会的权力问题，恢复国家主席问题，国务院的职权问题，设立中央军事委员会的问题以及关于地方政权和民族区域自治制度的问题。

人民代表大会制度的新发展
王叔文　周廷瑞

举世瞩目的中华人民共和国宪法修改草案公布交付全面讨论，这是我国政治生活的一件大事。草案为了加强和发展人民代表大会制度，十分重视加强最高权力机关和地方各级国家权力机关的建设。草案首先加强了全国人民代表大会及其常务委员会的建设，同时还规定了设置国家主席，规定国务院实行总理负责制，设立中央军事委员会等，这些新规定体现了我国国家体制的重要改革和新的发展，对于根据民主集中制的原则加强中央的国家机构的建设，坚强人民代表大会制度，具有十分重要的意义。

论国家元首问题
许崇德

元首问题是国家制度中的重要问题，也是我国这次修宪中十分引人关注的问题。现代国家元首是阶级和历史的范畴，他对外代表国家，根据宪法行使元首权，其地位载于宪法。对于元首，可以从产生的方法、组成的形式、任期、实际行使职权的状况来进行种类划分。就我国而言，作为一个大国，必须有一个作为国家的象征和代表者的国家主席。同时，根据长期的政治历史经验，又必须在制度上保证不使任何人据有决定国是的实权，以避免种种不良现象的发生。

论宪法实施保障
肖蔚云

宪法实施的保障是宪法的重要内容，它是关系到宪法能否真正得到贯彻实施，国家制度和社会制度是否能够得到巩固，人民的权利是否能够真正得到保障的重大问题。因此，最近公布的中华人民共和国宪法修改草案从三个方面给予宪法实施以有力的保障。第一，宪法序言规定，本宪法"具有最高的法律效力";第二,宪法修改草案规定了严格的修改程序;第三,规定了全国人大常委会监督宪法实施,处理违反宪法的问题,向全国人民和一切国家机关、团体提出了遵守宪法和监督宪法实施的严格要求。

略论综合治理
浩 如

综合治理的工作应当由全社会来承担。党中央和各级党组织是综合治理的统一领导者和组织者。国家权力机关、行政机关和司法机关具体组织、领导综合治理工作。企事业单位以及其他社会团体是大量具体的综合治理工作的承担者。家庭在综合治理中居于举足轻重的地位。综合治理的开展,应当主要从加强教育、解决实际社会问题以及采取必要的强制措施等方面入手。

运用刑法武器严惩经济犯罪
郑 林

《关于严惩严重破坏经济的罪犯的决定》补充、修改了刑法第118、152、171、173条的一些罪名和量刑幅度,扩大了涉及经济犯罪的国家工作人员应负刑事责任的范围,按照惩办与宽大相结合的刑事政策对当前几种严重经济犯罪规定了从宽、从严处理的期限,规定了国家机关及有关单位宣传解释《关于严惩严重破坏经济的罪犯的决定》的义务。应当认真执行《关于严惩严重破坏经济的罪犯的决定》的各项规定,胜利完成打击经济犯罪的任务。

试论惩罚与教育改造
廖增昀

我国的刑罚既是制止犯罪的强有力手段,又以教育改造犯罪分子,实现预防犯罪、减少犯罪以至最终消灭犯罪为归宿。刑罚的惩罚方面,重在罪刑相当,打击准确,并使犯罪者难逃法网;刑罚的教育改造方面,重在采取正确的政策和方法,并立足于教育改造挽救。无论从刑罚的适用方面,还是从刑罚的执行方面看,我国的刑罚都是与"重刑主义"风马牛不相及的。

关于"依法从重从快"的几个问题
陈宝树

综合治理是争取社会治安根本好转的基本方针。依法从重从快严惩严重危害社会的犯罪分子,必须以严格执行刑法、刑事诉讼法为前提,因此不等于封建重刑主义,也不是法律虚无主义的延续。依法从重从快的适用范围是特定、有限的,不能被无限地扩张。要全面地理解和正确地执行中央关于社会治安要实行综合治理的基本方针,要坚定不移地依法从重从快惩处严重危害社会的刑事犯罪分子。

关于制定和准备实施
经济合同法的几个问题
刘忠亚 苏 阳

即将实施的经济合同法,是在总结历史经验教训和借鉴国外经验的基础上,根据当前经济发展的需要,结合调整和改革的要求而制定的。该法具体贯彻了从实际出发；正确反映客观规律，坚持社会主义经营方向；有利生产；抓住主要矛盾，解决关键问题四项原则。执行经济合同法过程中，应充分认识其重要性，并从组织上和立法上做好准备。

论违反合同的民事责任

初 思 大 榜

违反合同的民事责任包括赔偿损失和支付违约金两种形式，二者在适用上相互补充。违约民事责任的构成要件包括：客观上有违约行为，主观上存在过错，对于损害赔偿责任而言，还包括有损害事实的发生，即财产上实际的直接损失和间接损失。规定违约民事责任，是维护合同双方当事人正当权利的需要，也体现了维护社会经济秩序的要求。

论我国民事诉讼法的基本原则和特点

张友渔

我国民事诉讼法是以宪法为根据，结合民事审判工作的经验和实际情况制定的。整部法典的各项具体规定中，均体现了总则所规定的基本原则，主要包括：既便于人民法院办案，又便于人民进行诉讼的原则；有利于社会安定和人民团结的原则；实事求是，从我国当前实际出发的原则。此外，该法还呈现出三大特色，即审理案件着重进行调解；明确人民调解委员会的法律地位和作用；以及对派出法庭，巡回审理和就地办案传统的沿袭。

奥地利刑事立法的理论与实践

曾庆敏

奥地利新刑法典在制定过程中始终存在着主观主义学说与客观主义学说的争论。此种学派之争造成了新刑法典某些重大问题上产生了分歧。新刑法典明确规定了罪刑法定主义，规定了应受刑罚惩罚的行为的分类，保留了刑罚与保安处分二元并立的体系，废除了死刑，只保留自由刑和罚金刑，放宽了对缓刑和假释的适用范围。新刑法典施行八年来，没有多大修改。最近奥地利在考虑对公务人员贪污、贿赂罪的从严处罚。

论加强农村基层政权
李金德

中华人民共和国宪法修改草案对我国农村基层政权作出了新的规定，这些规定是逐步建设高度民主的社会主义政治制度的一项重大措施，是我国农村基层政权体制的一项重大改革。基层政权是国家政权的基础组织，是实现人民直接民主的重要环节，也是国家各项工作的一个重要落脚点和联系群众的纽带。修正草案将人民公社政社分开，建立乡政权，是为了适应我国农村生产力发展的水平；有利于改进和加强政权工作；有利于农村社会主义经济的发展。

论企业民主管理
齐 平

宪法修改草案中第一次明确规定了劳动者直接管理企业的权利，这一管理权是劳动者最根本的权利，体现了同资本主义企业管理的根本区别。组织职工民主管理企业也是我党的一贯方针，是群众路线在经济建设中的生动体现，并将成为企业领导制度的重要组成部分。职工代表大会是职工民主管理企业的基本形式，当前应在推广和完善职工代表大会制度的基础上，深入开展企业民主管理工作。

一项意义深远的重大改革
王礼明 崔敏

建国以来，我国颁布的三部宪法都没有对国家主要领导职务连续任职的届数加以限制，结果，在实际上形成了领导职务终身制。总结历史经验，党中央提出了必须废除实际存在的领导职务终身制，这次公布的宪法修改草案，对国家主要领导职务连续任职的届数作了规定，对于我国国家制度的改革来说，其影响将是非常深远的，它有利于彻底消除个人集权，真正实现集体领导；有利于发扬民主，实行群众监督；有利于经常进行政策调整，避免造成严重失误；有利于选贤任能，选拔接班人；有利于保持政治稳定，实现国家的长治久安。

加强社会主义法制的重要保证
罗耀培

宪法修改草案以党的十一届六中全会决议为指导，坚持四项基本原则，全面总结了我国法制建设的经验，记录了中国革命和建设的成果，规定了我国的根本制度和任务，确定了一条适合我国情况的社会主义现代化建设的正确道路。它有力地确立和维护了我国社会主义法制的基本原则，规定了社会主义原则、民主原则、平等原则、法制统一原则、维护法制权威原则。它的审议和施行,将为我国的社会主义法制的加强打下良好的基础,为我国社会主义现代化建设提供有力的宪法保证。

对社会主义法的特征的探讨
甘绩华

研究和揭示社会主义法的特征,对于认识社会主义法的本质,正确地实施社会主义法律和加强社会主义法制都有重要意义。社会主义法的本质决定了,社会主义法的特征应该有以下四点:鲜明的阶级性和广泛的人民性的统一;国家强制力保证和人民自觉遵守的统一;主观意志和客观规律性的统一以及相对稳定和适时变化的统一。

试论法的阶级性和社会性
孙国华　朱景文

阶级性是法的重要属性,但不是法的唯一属性。因此,不应把法的属性简单地归结为一个阶级性,也不应把法看做单纯是阶级斗争的工具。法有多方面的属性和功能,法的社会性就是法的属性的另一重要方面。法的社会性是指法是社会发展的某些阶段的社会关系的反映,它的存在和发展,归根到底取决于这些历史阶段社会的生产关系,同时法又是这些社会的社会关系的调整器。研究法不能脱离它所反映并维护的社会关系,法的社会性也反映法的阶级性。

试论我国刑罚的改造作用
刘　智

新中国所实施的刑罚是惩罚犯罪和改造罪犯,达到对犯罪的一般性预防和特殊预防的目的。从特殊预防的角度看,我国刑罚是国家以强制力惩罚犯罪的手段,但其实质是教育人,惩罚和强迫劳动仅仅是"治病救人"的手段。从历史的观点来看,刑罚包括我国的刑罚在内,逃脱不了"在残酷中生、在人道中死"的客观规律。

对犯罪因果关系的几点看法
曾宪信

犯罪因果关系是危害行为与危害结果之间的客观联系,这是一种科学上的暂时假设。犯罪因果关系都是必然因果关系,不存在偶然因果关系。辩证唯物主义关于一果多因的观点区别于资产阶级的条件说。在一因多果案件中,行为人的责任可以按照重罪吸收轻罪的原则处理。研究因果关系的目的首先是满足定罪的需要,其次才是满足量刑的需要。单凭因果关系的有无,无法判断一个行为是否构成犯罪。

论证据的性质
——与吴家麟同志商榷
宋　峻

"证明案件真实情况的一切事实,都是证据",这个法律定义是正确的。因为它真实地反映了证据的本质特征,一是客观性,二是证明性,二者缺一不可。证据本身不存在主观性。我国刑事诉讼法规定的六种证据均不具有主观性。就总体说,证据属于客观范畴,不属于主观范畴,根本没有必要强调它自身不具有的所谓"主观性"。

律师充当辩护人的庄严立场
宋占生

正确地理解律师参加诉讼活动充当辩护人时应持的庄严立场,是正确地了解律师所负职能的实质及其特点,充分地发挥辩护人作用,消除对辩护人进行辩护活动的某些误解,恰当地处理好审判、检察和辩护人在诉讼过程中关系的关键所在。辩护人必须根据事实和法律从有利于被告的角度进行辩护活动,这不等于"丧失立场"或"替罪犯说话"。但是,辩护人不是也不能站在被告的立场上,而是站在国家和人民的立场上。我国的辩护制度与资本主义的辩护制度有着本质的区别。

论我国合同法律制度的计划原则与合同自由原则
梁慧星

社会主义合同法律制度中的计划原则和合同自由原则之间,是一种既统一又矛盾的关系,实际上反映了我国社会主义经济生活中,国家、集体和个人之间在物质利益上既统一又矛盾的关系。在社会主义生产资料公有制度下,计划原则和合同自由原则不能不居于一种指导地位。因此整个合同法律制度应该保证在计划原则指导之下发挥合同自由原则的作用。这也应当是我国合同法律制度变革与发展的出发点和归宿。

审理经济纠纷案件要认真执行政策和依法办事
——鞍山市中级人民法院审理经济纠纷案件的情况调查
薛恩勤 陈彰明

鞍山市中级人民法院经济审判庭在1980年和1981年共受理经济纠纷案件241件,经济纠纷案件的审理,有力维护了合同法律制度的严肃性,保护了企业事业单位的正当权益。该审判庭坚持调解为主,在审结的212件纠纷中,仅有两件经过判决结案。通过总结不同类型纠纷案件的审理经验,处理经济纠纷案件,必须正确执行现行经济政策,严格依照经济法规办事,积极听取专家意见,并坚持调解以促进团结协作。

遗嘱继承的法律效力
程颖

遗嘱继承更充分、更直接体现被继承人的意愿和权利。承认和保护遗嘱继承,具有理论和实践双重意义。判定遗嘱效力涉及的方面包括:遗嘱人的行为能力,被继承财产以及遗嘱继承人的范围,特定继承人继承份额的保留,遗嘱内容的合法性和真实性,被继承人债务的承担,以及法定形式和手续的履行。

略论公民的民事行为能力
卓之干

公民的民事行为能力,不仅直接影响法律行为的效力,而且涉及侵权行为的民事责任承担问题。为保证公民权利能力的实现，保护无行为能力的公民自身和他人的合法权益，保障民事流转的正常进行和社会主义经济秩序的稳定，减少民事纠纷，我国将公民的民事行为能力规定为一项重要的民事法律制度。研究公民的行为能力，对我国民事立法、司法实践和社会经济、文化生活都具有重要意义。

西周"三事"考
钱大群

法制史著作中经常提到"三事"和"三事大夫"的问题，一般认为"三事"是政务官、事务官和地方官三种职官的总称，另一种说法是指管理民政、人事和司法的官员。根据《尚书·立政》的文献解读，"三事"应是事天、事地、事民之意，"三事大夫"主要是指三公六卿。

论健全社会主义法制
王叔文　李步云　徐　炳

中国共产党第十二次全国代表大会强调了要健全社会主义法制,并为此制定了一系列的方针政策,给我国法制建设指明了方向和道路。健全社会主义法制是实现新时期总任务的重要保证,完善宪法和法律是健全社会主义法制的根本前提,维护社会主义法制的统一和尊严是健全社会主义法制的中心环节。因而,要维护国家立法的统一,维护宪法和法律的尊严;人民检察院、人民法院要依照法律规定独立行使职权,一切组织和公民都要毫无例外地遵守宪法和法律。

发挥人民调解的第一道防线作用
石太有

人民调解组织是我国解决民事纠纷的一个创造,对于公民自己解决纠纷,预防矛盾激化,开展法制宣传教育起到重要作用。为解决目前人民调解工作发展不平衡的问题,真正发挥其作用,必须正确认识、重视与支持人民调解工作,进一步健全人民调解组织。

对经济法基本原则的探讨
谢次昌　卞耀武

并非任何处理经济关系的原则都是经济法的基本原则,作为经济法的基本原则必须是经济法本质和特点的具体体现,是实现经济法任务的基本途径,并适用于一切经济法规并始终起指导作用。按照这种标准,我国的经济法包括巩固和发展社会主义所有制,保护多种经济成分不受侵犯等六条基本原则。

试论民事责任的过错推定
王卫国

过错推定是用过错原则确定民事责任的一项基本制度或方法。罗马法过错原则的根本训条中已经包含了过错推定的萌芽,并随着近代民法的发展,形成了比较系统的过错推定制度。认定过错并非再现行为人实施行为当时的心理活动,而是对若干关键事实的综合评断。过错推定的基本方法,是首先确认加害事实的存在和加害人义务的存在,然后推定加害人有过错,如果其没有反驳理由或理由不充分,则确认其有过错。在我国民事立法中有必要建立过错推定制度。

论打击经济领域中严重犯罪的几个问题
欧阳涛　崔庆森　雷　云

当前少数地区走私、投机倒把、贪污受贿、盗窃公物等严重经济犯罪相当猖獗,比解放初"三反"时期还要严重,不但破坏了社会主义经济基础，还严重地妨碍社会主义精神文明建设。在社会主义新的历史条件下，经济领域中出现严重的犯罪活动，与我国在一定范围内仍然存在阶级斗争的深刻社会根源紧密关联。开展打击经济犯罪的斗争，应当注意有重点地打击严重经济犯罪，严格区分罪与非罪的界限，坚决制止"以罚代刑"的错误做法。

谈谈受贿罪
雷 鹰

受贿罪的犯罪主体是国家工作人员，主观方面是故意，客观上具有利用职务上的便利索取、收受贿赂的行为，所侵犯的客体是国家机关等正常的活动。在认定受贿罪时应当注意划清该罪与馈赠的界限。对待收受回扣问题应当具体分析区别对待。惩治受贿罪，应当明确打击的重点，严格依法惩治贿赂罪犯，注意追缴赃款赃物，同时注意惩治行贿罪和介绍贿赂罪。

试论强奸罪
刘光显

强奸罪具有三个特征：第一是行为人的行为违背妇女意志；第二是行为人的行为迫使妇女不能抗拒；第三是行为人主观上具有奸淫目的。奸淫幼女罪和轮奸罪是两种特殊形式的强奸罪。对先强奸后通奸的，应当具体分析，不能一概地否定构成强奸罪。对先通奸后强奸的，应当认定为强奸罪。不能将强奸后发生的被害妇女的任何伤亡一律认定为强奸"致人重伤、死亡"。轮奸妇女的罪名应当是轮奸罪，而非强奸罪。

"青少年犯罪"不是法律概念
丛文辉

青少年犯罪是青年人犯罪和少年人犯罪的统称。青少年犯罪是一种社会现象，在研究这种社会现象时必然要使用"青少年犯罪"这一用语。但是"青少年犯罪"不是一个法律概念，在法律的范畴之内不应使用。由刑事责任年龄划分的具有法律意义的成年人犯罪和未成年人犯罪，不能与所谓青少年犯罪相混淆。在刑事诉讼活动中，如果使用青少年犯罪这一概念，很容易造成脱离法律规定而量刑不当的后果。

论犯罪心理形成的原因
方 波

一个人犯罪的原因是多方面的，犯罪心理是多种因素形成的。犯罪心理形成的原因是多方面的。环境的不良影响，家庭的不良影响和教育不力，学校教育的缺陷，居住环境和工作场所的消极影响是犯罪心理形成的四个重要外在原因。其中哪一种因素是造成犯罪的主要原因，则因人而异，必须具体分析。

家庭环境与青少年的违法犯罪
易荣华

青少年违法犯罪的原因是多方面的，是错综复杂的。青少年处于身心尚未成熟时期，易于接受不良家庭环境的影响，走上违法犯罪道路，但青少年的秉性未定，陶冶不难，可塑性强，只要进行正确的指导和教育，改过自新的可能性是非常大的，而这种可能性与早期发现是成正比例的。对青少年违法犯罪的处理，要贯彻教育、挽救、改造的方针。

论国际法与反霸权原则
盛 愉

在当今国际生活中，反对霸权主义已成为维护世界和平、推动历史前进的一个决定因素。反霸权既是一个政治概念，也是一个法律概念。从霸权概念的起源来看，霸权下的国家关系在实质上是不平等的关系；从近代霸权政治与国际法来看，近代霸权以领土兼并、干涉内政、发动侵略战争、攫取特权为主要特征；从现代霸权主义与世界反霸格局来看，尽管现代霸权采取变化多端的形式，但因霸权与国际法冲突，违背世界人民的意愿，由此产生了反霸原则，并在较短时间内得到了广泛承认；反霸原则在国际法基本原则体系中具有重要地位，它产生于国际实践而又起指导实践的作用，使国际法沿着进步方向发展，促进国际法律新秩序的建立、完善和巩固。

从我国历史上的三次变法谈法在改革中的作用
王强华

变法与改革有内在联系，法在改革中具有独特的重要作用，而法的作用离不开具体的历史条件，说明了法的局限性。

新时期的新宪法
张友渔

我们的国家正在进入全面开创社会主义现代化建设的新局面的新的历史时期，最近新制定的中华人民共和国宪法是继党的十二大以后我国政治生活中的又一件大事。新宪法从我国的实际情况出发，将党和国家在新时期的路线、方针、总任务、总政策确定下来。制定新宪法是必要的，新宪法的指导思想是坚持以党的领导为中心的四项基本原则。新宪法的基本特点有三：第一，它是一部完全的社会主义的宪法；第二，新宪法是具有中国特色的社会主义宪法；第三，新宪法是适应我国现阶段情况和新时期需要的社会主义新宪法。新宪法的实施，具有国内和国际双重的重大意义。

社会主义民主和法制建设的新阶段
——学习《中华人民共和国宪法》的体会
王叔文 王德祥 张庆福

五届人大五次会议通过和颁布了新宪法，这是我国政治生活中的一件大事。新宪法顺乎民心，合乎国情，代表全国人民的根本利益，适应我国社会主义现代化建设的需要。新宪法的一个主要特点，就是在发展社会主义民主和社会主义法制方面，做了许多重要规定。新宪法是我国民主和法制建设的经验总结，对社会主义民主有新的发展，对健全社会主义法制做了新的规定。因此，新宪法在规定建设高度的社会主义民主的同时，也加强了社会主义法制建设。不仅如此，新宪法的突出特点还在于，它把两者紧密地结合起来，既是社会主义民主制度化、法律化的基础，也是坚强社会主义法制的法律基础。

对累犯的比较研究
金 凯

普通累犯制、特别累犯制和混合累犯制是各国刑法关于累犯的主要立法模式。普通累犯的构成要件一般有：第一，前后所犯之罪必须是故意犯罪；第二，一般而言前罪是轻罪，后罪是重罪；第三，两罪之间间隔了法定的时间距离。特别累犯是指曾犯一定之罪再犯此一定之罪或同类之罪的累犯。常习累犯是指在法定时间距离内再（三次以上）犯罪质同一的犯罪而成立的累犯。对累犯施以重刑的根据是累犯具有较大的人身危险性。我国规定对累犯从重处罚，是罪刑相适应原则的体现。

论自首
陈宝树

自首应当具备三个条件：第一，自动投案；第二，主动交代罪行；第三，愿意接受法律制裁。自首的一般可以从轻处罚。具体量刑时应当考虑罪行轻重、自首的具体情节等因素。自首是一种自动投案,坦白是一种被动投案。犯罪分子被采取强制措施后,交代未被发觉的同种罪行,一般按坦白处理;交代未被发觉的非同种罪行,一般按自首论。

谈谈公诉案件中被害人的诉讼地位
武延平　陶髦

在我国,公诉案件中的被害人具有独立的诉讼地位。既不是和检察机关一起追诉犯罪的一方当事人,也不是证人,更不是"和证人相近又不相同"的诉讼参与人。在刑事诉讼中,被害人既享有法律赋予的必要的诉讼权利,又承担一定的义务。这些权利和义务,与其他任何诉讼参与人都不相同,这是由于被害人在案件中特殊的诉讼地位所决定的。

加强民事法律关系客体物的法律保护
李静堂

物是民事法律关系中最普遍的客体,在民法上往往用财产一词表示。物的范围不断扩大,除有形物和无形物之外,知识产权和各种票证等也可以成为民事法律关系客体。通过对物进行分类,加强对各种物的法律保护,尤其是对限制流转物的保护,对于维护社会主义社会整体利益和公民的物质利益、精神利益具有重要意义。

禁止近亲结婚的依据
河山

禁止近亲通婚,是人类长期生活经验的总结。国家产生后,之前积累的禁婚习惯被法律加以确认。禁止近亲结婚具有现代科学依据,并为遗传学所证明。我国新婚姻法对婚姻习惯进行改革,将中表婚列入被禁止的近亲婚姻范围,这对于提高民族的健康水平,加快现代化建设,都有重要意义。

论遗嘱继承
朱平山

遗嘱继承是取得与转让遗产的一种重要方式,始终存在着"遗嘱自由"与"限制遗嘱自由"两种倾向。遗嘱本身是一种法律行为,属于单方法律行为和要式法律行为,只能在遗嘱人死后生效,其必须是遗嘱人的真实意思,遗嘱人必须具有行为能力。遗嘱自由必须得到承认,但也应予以限制。

略论噪声控制的立法
文伯平

噪声控制立法始于二十世纪初期,并在二十世纪六十年代末逐渐完备。外国噪声立法所控制内容主要包括:交通噪声、工业噪声和社会生活噪声。我国目前急需制定和颁布噪声控制法等有关法令,对环境噪声、交通噪声、工业噪声、建筑施工噪声和社会生活噪声进行控制,并规范管理机构,对违法行为进行法律制裁。

陕甘宁边区的简政与行政立法
常兆儒

在二十世纪四十年代初,为克服当时

面临的严重困难，陕甘宁边区和其他抗日根据地开展了一场普遍的简政工作，当时实施的组织机构精简、明确职责范围，调整干部队伍，健全干部制度建设、整饬政纪、严明奖惩等措施对当时加速抗日战争的历史进程起到了重要作用，对于我国当前的政权建设也有借鉴价值。

谈谈英美商事法上若干基本法则
刘朗泉

法则是英美法律中一些基本性的原理原则，被认为是各种法律的精髓所在。虽然法则之外都有例外，但并不影响其法则的地位。随着国际金融往来的增加，迫切需要研究英美商事法，并将其与我国相关法律进行比较。对此，文章主要介绍英美商事法中的契约自由法则，对价法则，契约的排他性法则，受让人的权利不得优于其前手的法则，禁止翻供法则，不揭露法则，有关逾越权限的法则，不得使用蓝铅笔法则，以及契约破裂法则。

新宪法是建设社会主义
精神文明的强大武器
许崇德

新宪法把建设社会主义精神文明作为一项重要内容，并清楚地作出规定，这是科学社会主义理论的新发展，也是马克思主义宪法学说的新发展。为了加强社会主义文化建设，新宪法增写了关于发展社会主义教育事业、科学事业、卫生事业和体育事业、文化事业的条文；在宪法的具体条文中，也有多处关于加强思想建设方面的规定，如培养有理想、有道德、有文化、守纪律的公民，在人民中进行共产主义思想道德教育等。新宪法对社会主义精神文明建设具有巨大的作用。

新宪法对民主集中制原则的发展
肖蔚云

民主集中制是我国的政治制度，是实现广大人民当家做主的制度。新宪法在继承1954年宪法原则的基础上，总结了三十多年来正反两个方面的经验，对我国的民主集中制原则又作了一些新的规定和发展，包括：规定国家机构实行民主集中制的原则；对民主集中制原则作了进一步具体化的规定；对实行民主集中制的程序作了更加完备的新规定；规定国家行政机关内部实行首长负责制。

论人民代表的权利与义务
李步云

新宪法对全国人民代表大会代表的权利与义务作了比较全面的规定，这是对1978年宪法的一个重大修改，具有重要意义。新宪法关于全国人大代表的权利的规定，包括质询权、人身特殊保障和言论不受追究三个方面的内容。新宪法关于全国人大代表的义务的规定，包括两个方面的内容：模范地遵守宪法和法律，和人民保持密切联系；接受选举单位的监督。

公民的人格尊严不受侵犯
陈云生

新宪法规定公民的人格尊严不受侵犯，这是关于公民基本权利的一项具有重要意义的规定。它有利于巩固安定团结的政治局面，调动亿万群众建设社会主义的积极性和创造性；有利于建设高度的社会主义精神文明；有利于健全和发展社会主义法制建设；也是顺乎目前世界各国宪法的发展趋势。为了保障该规定的实施，应该认真执行有法必依的方针，必须大力加强法制和道德教育。

论加强社会主义经济法制建设
王家福　王保树

法律属于上层建筑，反映经济基础并

依存于经济基础。加强经济领域法制建设是发展社会主义经济建设事业，开创经济建设新局面的客观要求。完善经济立法是加强经济领域法制建设的基础。维护经济法规的尊严，使其得到充分遵守和执行，是健全经济领域法制的关键。加强经济法理论研究是健全经济领域法制的重要条件。

经济法调整对象初探
郭 锐

随着国家对经济干预的加强，经济立法在世界范围内广泛展开，随之经济法调整对象受到经济法理论的重视。确定经济法调整对象，对于经济法作为独立法律部门的地位，以及建立经济法科学体系有重要意义。我国法学界近几年来，对此问题展开了激烈探讨，并形成多种观点。在对这些观点进行分析，并结合历史经验和实践需要来看，经济法的调整对象应该是宏观经济关系和微观经济关系。

略论国有自然资源的法律保护
吕润程

在我国社会主义所有制下，自然资源属于国家所有，即全民所有。公民和法人未经国家允许，不得实行挖掘矿藏，砍伐森林等行为；同时对于破坏自然资源的违法行为，任何公民均有义务予以阻止，有权告发；法律对侵占、破坏自然资源的行为给予制裁。保护国有自然资源，应当在研究我国现状的基础上，借鉴历史经验，参考国外立法，加紧制定有关自然资源法规。自然资源法具有多种部门法属性，形成自己独特的体系。

生产关系·经济关系·财产关系
——有关民法调整对象的一些问题
杨志淮

民法的调整对象主要是财产关系或经济关系，对此一般民法书籍中经常会提到生产关系、经济关系、财产关系三个基本概念。但长期以来，对三者概念的区别和联系界定不清，有必要予以分析。首先，三者都属于社会关系。经济关系是社会关系中的一部分，专指通过物而发生的人与人之间的关系。经济关系分为两类，其中在生产过程中通过物而发生的人与人之间的关系，即为生产关系。而财产关系是把通过物而发生的人与人之间的关系中的物，作为财产来看待。因此，经济关系与财产关系内容一致，只不过是看问题角度不同，而导致的名称不同。

依法实事求是地判明责任
——北京市中级人民法院经济审判庭处理一起铁路运输赔偿纠纷案件的调查
北中经

北京市中级人民法院经济审判庭在1981年10月受理了一起不服一审法院判决的上诉案件。一审原告是江苏省武进县南夏墅公社养蜂场五分场，被告是北京铁路分局三家店车务段，案由是铁路运输中造成蜜蜂死亡要求赔偿经济损失。一审法院北京市门头沟人民法院经济审判庭判决被告赔偿经济损失，被告不服上诉。中级经济庭严格依法办事，同诉讼双方当事人一起学习铁路运输规章,了解有关蜜蜂管理知识,实事求是,分析事故原因,判明是非责任,统一认识,最后通过调解,基本维持一审判决,案件得到圆满解决。

关于适用数罪并罚的几个问题
周道鸾　张泗汉

两次以上符合犯罪构成条件的行为,构成数罪。数罪应指不同种数罪。限制加重原则不等于相加原则。在实际适用并罚时既不能把数个无期徒刑合并升格为一个死刑或死缓,也不能把数个长期徒刑合并升格为一个无期徒刑。数罪中同时判处有期徒刑、管制或拘役等不同种类刑罚的,应当采取重刑吸收轻刑原则决定执行有期徒刑。对数罪中有附加刑的,应当先分别量刑后按照数罪并罚原则决定执行的刑期。对判处数罪的,应当在判决书中逐个确定罪名,逐个判处刑罚,然后按照数罪并罚原则决定应当执行的刑期。在押犯犯脱逃罪的刑期计算也应当受到数罪并罚原则的限制。

谈谈未成年人犯罪的刑事责任
冯　锐

从刑法史的角度看,在早期未成年人犯罪一直受到与成年人犯罪同样的处罚。对待未成年人犯罪,我国历来坚持教育、挽救、感化的方针。刑法第14条第2款中的"其他严重破坏社会秩序罪"应当是指与杀人、重伤、抢劫、放火、惯窃等五种犯罪类似、具有很大社会危害性、造成重大危害后果的"其他"严重犯罪。该款中的"杀人"仅仅指故意杀人。依法追究未成年人犯罪的刑事责任与教育、挽救、感化方针并不矛盾。

运用刑法武器保护祖国文物古迹
孙　飞

在我国刑法中,据以保护文物古迹的罪名有盗窃罪,盗运珍贵文物出口罪,破坏珍贵文物,名胜古迹罪,文物走私罪,文物投机倒把罪,贪污罪等。目前文物犯罪比较猖獗的原因是多方面的,其中非常重要的一个原因是文物部门少数工作人员的渎职行为为文物犯罪提供了便利条件。因此,加大对文物部门工作人员渎职犯罪的打击力度对于预防文物犯罪具有重要作用。

以辩证唯物主义为指导
研究证据理论问题
徐益初

在回答什么是证据的问题上,必须坚持唯物主义观点,即证据是客观存在的事实,不是主观范畴。在判断证据的问题上,应当坚持辩证唯物主义认识论的观点,认识证据是一个从感性认识到理性认识的辩证发展过程,认识依赖于实践,证据必须查证属实,判断结论必须与客观真实相一致,不能以主观"心证"为准。

当前投机倒把罪的几个问题
——"汽车大王"陈希海等人
投机倒把案分析
铭　山

陈希海等人未经工商管理部门批准,

长期无证经营汽车买卖，构成投机倒把罪。本案属于一般共同犯罪案件，不构成犯罪集团案件。对投机倒把罪犯量刑时，既要根据个人所得数额，还要根据投机倒把经营物资的价额，此外还要考虑共同犯罪的非法所得总数额。

论我国国家公证制度的基本原则

陈六书

公证职能由国家专设的公证处统一行使。公证机关办理公证事务应遵守"以事实为依据，以法律为准绳"的原则，审查公证事项的合法性与真实性。公证申请的提出遵循当事人自愿的原则，不以公证作为法律行为成立的要式条件。当事人申请公证和公证人员办理公证事务，必须遵守直接原则，同时后者还受回避原则和保密原则的约束，以及体现便民原则。

论国际航空法中的刑事管辖权

刘伟民

国际航空法中的刑事管辖权，离不开适用国际法的一般性原则，但航空活动的特殊性决定了航空法必然有其自身的特殊规则。关于刑事管辖权的国际法原则，即属地原则、属人原则、保护原则和普遍原则，在航空法的刑事管辖权中无不得到了具体运用；领空主权原则和航空器的法律地位对航空法中的刑事管辖权具有重要意义；在国际公约关于刑事管辖权的规定中，《东京公约》和《海牙公约》都承认航空器登记国的管辖权，并采取竞合管辖制度，在管辖权冲突的情况下只有通过事实上的优先权或通过有关国家协商解决；在国内法关于空中刑事管辖权的规定中，一般是属地原则和登记国原则并行，尽管各国的着重点有所不同。

秦律刑罚的适用原则

刘海年

秦律刑罚的适用原则有：区分犯罪人的身份和地位，实行连坐，区分共同犯罪和非共同犯罪，区分故意和过失，对某些行为还考虑有无犯罪意识，区分犯罪行为的危害程度。秦律刑罚的适用原则还包括：考虑行为人对待罪行的态度，规定了刑事犯罪的责任年龄，数罪并罚，不追究赦前罪，适用比、附。秦律刑罚的适用原则，既有对历史上统治阶级适用刑罚经验的继承，也有对自己统治经验的总结，所以就较秦以前的各代更加具体、系统和完整。

1983 年第 2 期

马克思的无产阶级专政理论和中国的实践
——纪念马克思逝世一百周年

张友渔

从资本主义到共产主义的革命转变时期，必须有无产阶级专政。无产阶级专政的内容，在初期是镇压被推翻的剥削阶级的反抗，在社会主义建设时期主要是专政的和平工作、组织工作、文化工作、革命法制等。我国的人民民主专政实质就是无产阶级专政，它是马克思主义普遍真理与中国革命和建设实践相结合的典型，是对马克思主义的创造性发展。人民民主专政必须有无产阶级先锋队共产党的领导。

论人民民主专政理论的形成和发展

李用兵

人民民主专政理论在中国的形成，经历了从建党初期的"建立农民武装和农民革命政权"、新民主主义的工农民主专政，至抗日战争初期以"人民共和国"为形式的、无产阶级领导下各革命阶级的联合专政，至抗日战争结束时的人民民主专政的理论演进过程。建国以后，人民民主专政理论又经历了社会主义过渡时期和社会主义建设时期两个阶段的发展。实践证明，人民民主专政理论适合我国国情。

论间接故意与犯罪动机

江任天

无所谓的间接故意犯罪是不存在的。任何间接故意犯罪，与直接故意犯罪一样，都离不开意欲——内心起因的推动。因此，间接故意犯罪也存在犯罪动机。承认这一点，有助于使犯罪动机的概念名副其实，达到内涵与外延统一，并体现一切故意犯罪都是行为人基于一定意欲的自觉行为这一科学原理的一致性。

试论抢劫罪的几个问题

杨敦先

我国刑法中的抢劫罪既有结合犯的形态，也有非结合犯的形态。对不属于结合犯的抢劫罪，应当以行为人是否取得财物作为区分既遂与未遂的标准。对属于结合犯的抢劫罪，不论行为人是否取得财物，均成立抢劫罪的既遂。行为人以故意杀人作为夺取财物的手段，应当认定为抢劫罪，不适用数罪并罚。行为人抢得财物后为了灭口或报仇等，另起犯意杀死被害人的，应当以故意杀人罪和抢劫罪数罪并罚。

论收集证据

王 净

收集证据主要应当收集与案件具有相

关性的证据,包括犯罪案件是否存在的情况、有罪证据、无罪证据、犯罪情节轻重的证据以及其他根据具体案件需要证明的情况。收集证据应当贯彻专门工作与群众路线相结合的原则。为确保收集到可靠的证据,应当注意证据收集的及时性、合法性、准确性、连贯性、完备性以及策略性。

浅谈不起诉
许晓麓

不起诉分为两种:被告人的行为不构成犯罪情况下的不起诉;被告人的行为构成犯罪但依照法律规定不追究刑事责任情况下的不起诉。不起诉与免予起诉有着本质的区别:不起诉的前提是被告人的行为不构成犯罪或者虽构成犯罪但法律另有规定不追究刑事责任,而免予起诉的前提是被告人的行为已经构成犯罪,依法本应当追究刑事责任,但被告人确有悔改、立功表现等原因,依照刑法规定又不需要判处刑罚或免除刑罚。

公平责任原则探讨
刘新熙

公平责任原则的产生并非加害原则的再现,而是基于人与人之间共同生活规则的需要,在适用过错原则和客观原则之外,由法官根据公平需要,斟酌加害人和受害人双方的财产状况以及其他具体情况,作出合情合理的裁决。其产生和确立弥补了侵权法理论中的缺陷,从我国司法实践和完善侵权法理论的需要出发,需要确立这一原则,将社会主义的公平观念上升为民事法律规范。

试论法人组织内部责任的划分
马俊驹

法人与法人机关成员之间,应以后者行为是否超越法人的权利能力,或是否执行法人职务来划分责任。法人与法人代理人之间责任划分的关键在于,代理人是否在其代理权的权限内行事。具体则分为代理人在授权范围内实施法律行为,代理人超越代理权限实施法律行为,以及法人机关的授权超越其自身权利能力时,代理人按其授权实施法律行为三种不同情况。法人与法人成员之间是整体与部分的关系,只有在法人破产时,后者才以自己出资额为限,间接承担有限责任。法人与其工作人员之间是劳动关系,后者对因过错导致的前者财产损害应承担赔偿责任。

经济案件中的律师活动
赵光裕

经济案件标的金额较大,所涉面宽,当事人应诉能力强。律师在办理经济案件过程中,应从国民经济整体利益出发,充分保护委托人利益;全面考虑纠纷情况,既解决当前矛盾也要照顾实际经济效益;判明纠纷实质,抓住要害,善于说服当事人,充分掌握领导权。对此,在具体工作中应贯彻"五个为主"的精神,促进纠纷正确解决。

论保护著作权
黄勤南

著作权也称版权,其内容包括作者应

享有的合法创作和自由出版的政治权利，以及获得合理物质报酬的经济权利两个方面。在我国完善和健全著作权保护制度具有重要意义。在保护著作权的具体措施中，有必要由法律列举对著作权的侵权行为类型和处理方式，限定著作权保护的作品范围，并通过推行合同制度，保障公民个人和创作单位的著作权得以实现。

论海洋环境保护法
马骥聪　陈振国

我国制定的海洋环境保护法是充分合理利用海洋资源，控制海洋环境污染的重要手段，并对维护我国的海洋权益和履行保护世界大洋的国际义务有重要意义。海洋环境保护法是我国海洋环境保护方面的综合性法律，明确规定了适用范围和对象。其依据我国实际情况制定，既考虑到保护海洋环境的需要，又考虑到我国当前社会经济和科学技术现状，以保证其各项规定能够切实执行。此外，该法在与有关国际公约的规定上，保持协调一致。

红色区域司法体系简论
韩延龙

红色区域人民司法体系的确立，是人民革命战争的产物，是中国共产党领导下的人民群众集体智慧的创造。在第二次国内革命战争时期，作为红色区域人民司法体系萌芽的是各级肃反委员会，它是人民司法机关的过渡形式，依靠党和临时革命政权的领导，广泛吸收人民群众参加，采取群众路线的工作方法，对根据地的巩固和发展起了促进作用，并为苏维埃正式政权的建立创造了必要条件。各级政府保卫局和裁判部，是第二次国内革命战争时期红色区域司法体系的主要内容，它起过积极作用，同时也曾造成严重损害。中华苏维埃第一次全国代表大会以后设立的临时最高法庭和裁判部是红色区域司法体系的另一重要组成部分。红色区域司法体系的确立，其积累的经验和教训，为革命根据地人民司法体系的发展奠定了可靠的基础，并昭示了进一步完善的正确途径。

论海洋法中国家间的权利冲突
王献枢

《联合国海洋法公约》中的国家间的权利冲突主要包括：航行权的冲突，主要是沿海国的领海主权与外国军用船舶无害通过权的冲突；资源开发权的冲突，主要是专属经济区和国际海底区域资源开发权的冲突；管辖权的冲突，主要是沿海国在专属经济区和大陆架上的管辖权与其他国家的管辖权的冲突。海洋法中的这些国家间的权利冲突，是海洋大国和其他国家、沿海国和内陆国等国家之间海洋利益矛盾在法律上的反映。通过协商修改《联合国海洋法公约》或者达成解决权利冲突国际协议，是解决有关冲突的途径。

1983 年第 3 期

论法律与科学技术
童振华

由于现代科学技术的飞速发展，法律与科学技术的关系日益密切，并成为现代法学面临的新课题之一。法律规范分为社会规范和技术规范两大类。当前，我国应当加强和完善科学技术立法，开展科学技术法的理论研究，将培养既懂法律又懂科技的科技—法律类双重学位人才提到议事日程上来。

乡规民约刍议
筇 竹

乡规民约是一村一乡的群众遵纪守法，维持和发扬社会公德的文明公约，是一村一乡的群众共同约定的自我管理、自我约束的行为规范。作为一村一乡的行为规则，乡规民约与党的政策和国家法律、与社会公德和社会主义道德、与传统的风俗习惯等社会规范，同是人们的行为规范，同为维护社会公共秩序起作用，是相互一致的，但在表现形式、产生程序、适用范围、强制程度和实施办法等方面，有时互相区别。乡规民约的制定和执行应以合法、民主为前提。

谈谈经济领域中严重犯罪案件的定罪和量刑问题
单长宗 欧阳涛 张泗汉 周道鸾

打击经济领域中的严重犯罪活动，必须准确地确定罪名，必须严格地区分走私罪与投机倒把罪、贪污罪与受贿罪、投机倒把罪与诈骗罪的界限。个体经济、长途贩运不构成犯罪。科技人员兼职或从事业余科技劳动取得劳动报酬的行为是合法行为。国家机关和企事业单位工作人员个人或合伙经营工商业，情节严重可构成投机倒把罪。其他个人经批准并办理工商登记从事经营活动，属于合法行为。在购销活动中收受回扣、提成费等行为应区别对待。国家工作人员工作失误不等于渎职犯罪。对经济犯罪的量刑应当综合考虑数额大小、退赃多少、悔罪态度好坏等因素。

略论贪污罪
董 鑫 赵长青

贪污罪的本质特征在于国家工作人员利用职务之便，侵吞、盗窃、骗取公共财物。确定贪污罪的数额标准，应参照国民经济状况，国家工作人员和城乡人民的收入和生活水平，同时还应当与其他经济犯罪的数额大致相协调。强调贪污罪定罪量刑应当有一个数额界限，但并不否认其他情节的作用。贪污罪与挪用罪的区别点在于行为人是否具有侵吞公共财物的目的。擅自挪用公共财物的行为应当具体分析、区别对待。

对投机倒把罪几个问题的探讨
解士民　杨克佃　汤鸿沛

从刑法理论和司法实践上看，构成投机倒把罪应具备以下三个主要特征：侵犯的客体应当是国家的金融、外汇、金银、物质、工商管理活动；在客观方面表现为非法从事工商活动，严重扰乱市场的行为；在主观方面必须具有牟取非法利润为目的的直接故意。定投机倒把罪时应当注意划清投机倒把罪与正当经营交易、违法行为、工作失误以及不正之风之间的界限。投机倒把罪与诈骗罪的区别在于：前者确实以实际存在的"工商业交易"为前提，而诈骗罪中根本不存在实际的工商业交易。

论走私罪
金子桐

贩私行为一般应定投机倒把罪。走私分子自己贩私的应定走私罪。作为走私罪构成要件的"情节严重"的判断，除主要考虑走私物品价额和获利数额外，还要考虑走私手段、损害结果、走私时间、走私地点等因素。作为走私罪定罪情节的"情节严重"不应再视为法定从重处罚情节。单位从事走私活动的，除对单位进行罚款外，还必须追究其主管人员和直接责任人员的刑事责任。刑法关于犯罪的追诉时效与暂行海关法关于一般走私行为的追诉时效不同。

试谈强奸案中的妇女抗拒问题
曹奇辰

强奸罪是指以暴力、胁迫或者其他手段强行与妇女发生性交的行为。认为"妇女不能抗拒"与"违背妇女意志"是强奸罪的两个并列特征的观点，有失妥当。妇女能否抗拒，是否抗拒，抗拒的程度如何，应当予以考虑，但"妇女不能抗拒"不宜作为强奸罪的一个基本特征。"违背妇女意志"是构成强奸罪的本质特征，"采用暴力、胁迫或者其他手段"是构成强奸罪的基本特征。

刑事诉讼证据的属性中不具有合法性
戴福康

刑事诉讼证据的属性或构成要素应是刑事诉讼证据本质所决定的，而不能是外加的其他条件。证据的属性除客观性和相关性外，所谓"合法性"或"法律性"这个属性就是外加的，不是构成刑事诉讼证据必不可少的因素。我国刑事诉讼法并没有规定合法性是证据的构成要素。证据可以作为定案根据，但不等于定案根据。不能将合法采集证据与证据的属性混为一谈。作为刑事诉讼证据的客观事实与其他客观外界事物的区别在于相关性而非合法性。

同案犯口供可以作为定案的证据
——从一起轮奸案谈起
陈建国　方成志

同案犯可以互为证人，其口供可以作

为定案的根据，这完全符合我国刑事诉讼法的相关规定，而且是我国司法实践中由来已久并行之有效的成功经验。同案被告人兼具被告人与证人的身份，决定了其口供的复杂性。因此，采信同案犯口供定案时，应当严格审查判断同案被告人虚假供述的可能性，分别逐个对同案被告人进行审理，排除串供、逼供、诱供的可能性，并尽可能地收集被告人口供以外的证据。

试论经济法
史探径

经济法主要是对民法所调整的"一定范围"以外的经济关系进行调整。经济法的概念出现于资本主义国家，是资本主义发展到垄断化阶段的干预经济的产物。我国社会主义制度下的经济法所调整的对象大体可分为三个方面。关于经济法能否成为一个独立的法律部门的问题，需考虑其有独立的调整对象和特殊的调整方法，及其规范中综合包括了几个部门的法律规范和某些独特行为规则这一最大特点，进一步深入研究。此外，我国经济立法和经济法研究必须立足我国实践，不能照搬国外经验。

论经济流转
梁慧星

狭义的经济流转概念与经济学上所谓商品流通的范围大致相符，反映了整个社会经济生活的运动状态。经济流转是商品经济的必然结果，就其基本领域而言，是联结国民经济各部门，联结社会生产和消费的枢纽。我国的经济流转具有三个基本特征，由此决定了经济流转必然采取债作为自己的法律形式。在建立和维护经济流转领域的法律秩序过程中，需着重解决四个方面的问题。

浅论经济法的"经济制裁"
杨一凡

经济制裁是追究经济责任的实际强制措施。经济制裁应与民事制裁、行政制裁、刑事制裁相并列，成为一种独立的法律制裁。人们在理解法律责任和法律制裁时，应列此四种，并应给经济制裁以独立明确的定义。经济制裁概念的确立，也是健全社会主义经济法律制度的必需。经济制裁是社会主义经济法所特有的一种法律制裁。

试论法人的特征及由来
白有忠

法人是具有民事主体资格的社会组织，必须依法定程序成立并具有一定的组织机构，依法拥有归其自身所有或经营管理且能支配的财产，能够以其自身名义进行民事活动，享受民事权利和承担民事义务。法人是商品生产发展到一定阶段的产物，是社会经济发展客观需要的必然结果。法人制度虽然产生于私有制和商品经济，但对生产发展、科技进步有起到重要作用。依据我国国情，建立与社会主义经济制度相适应的法人制度，同样有重要意义。

论婚姻与优生的法律制度
罗承智

我国婚姻法中有优生性质条款，如对

于婚龄、禁止近亲结婚、禁止遗传病患者结婚和结婚登记的规定。这些规定的立法精神在于严格依照科学规律，遵循自然选择优生的规律，体现了我国婚姻法的科学性。我国婚姻法中有关优生的这些制度，对于提高我国人口素质，促进民族兴旺发达，加快社会主义现代化建设，实现祖国繁荣富强，以及对公民家庭和个人幸福，都具有重要意义。

清《崇德会典》试析
张晋藩　郭成康

《崇德会典》把清开国史上极关重要的天聪时期的零散谕令法典化，作为崇德时期中央各部院的行政法规，其历史作用不容忽视。《崇德会典》的产生绝非偶然，皇权的初步确定使其制定成为可能，六部逐渐正规化的需要和《大明会典》的借鉴作用共同促进了其产生。其构成和来源有：天聪朝颁布过的政令，天聪朝旧谕的基础上新增定的谕令，皇太极登基后议定的政令。《崇德会典》承《大明会典》余绪，开清王朝纂修《会典》的先河，具有如下特色：不是钦定，而是议定的，内容粗疏简陋，儒家伦理观念与早期满族政权的法制相融合，有抑制诸王贝勒、加强皇权的效果。

关于中国古代婚姻立法的质疑
陶　毅

在中国古代，调整婚姻关系的法律，自奴隶制社会便以成文法的形式出现，并不是长期地单纯沿用习惯法。这些法律包括婚姻确立的法律形式。《秦律》中的规定表明，婚姻关系的确立已开始受到国家干预。《唐律》中的"婚书"制度，只是自奴隶社会开始的关于结婚的法律制度的延续和发展，并非划阶段的"重要变化"。

谈谈《保护工业产权巴黎公约》的几个问题
郑成思

《保护工业产权巴黎公约》是为解决工业产权地域性与国际市场发展要求的矛盾而产生，它使得一个国家工业产权法保护的对象，在其他国家也可以通过一定程序得到承认和保护。公约条文包括行政和实体两大部分，其中实体部分涉及的共十二个条文，是对所有参加国的国内法提出的起码要求。因此，公约留给成员国在国内的立法自由是有限度的，即任何立法不得超过公约最低要求。但公约的最低要求本身只在理论上是绝对的，成员国国内法对其遵循只是"大体上"的。

1983 年第 4 期

大包干合同制的产生和发展
——凤阳县农村调查报告
史探径

大包干合同制是在大包干责任制的基础上产生的。凤阳县的大包干合同经历了由农民群众自发订立到县政府统一制定的过程，此外经济合同法的相关规定进一步为其提供了合法依据。大包干合同的主要内容与一般经济合同不同，具体条款仍需研究改进。除了对集体提留条款，合同的订立和履行，以及合同管理和公证等方面的经验进行总结外，还需进一步探讨大包干合同的作用、性质，以及大包干合同与农商合同的关系等问题。

试论经济合同的担保
张宇霖

经济合同的担保，是指按照国家法律规定或者当事人协议，以确保经济合同切实履行为目的的保证行为。其具有主从性、预防性、法定性的法律特征。依照经济合同法和其他有关经济法规的规定，目前适用的担保形式有违约金、赔偿金、定金、保证、留置权和抵押等几种类型。

我国民事诉讼中的反诉制度
陶秉权

关于反诉概念的不同见解，大多与对反诉条件的不同理解有关。提起反诉的条件除一般起诉应具备的条件外，还有其自身的特殊条件，即是在诉讼过程中由原诉的被告向原诉的原告提出的一种独立请求，并且反诉与原诉存在联系能达到合并审理的目的。一审中，反诉的提出时间应在起诉后审理前，最迟在评议前。二审中也应允许提起反诉并对其进行审理，其提出的时间与一审中相同。此外，对反诉再提起反诉也应被许可。

略论民事执行问题
黄双全

民事执行是民事审判程序的最后一个阶段，是在当事人拒绝履行法院生效判决中的财产部分时，法院用强制方法使其履行有关义务的程序。它是使法院判决或裁定得以实现的保障。我国民事诉讼法（试行）对执行措施进行了明确规定，但民事执行中的强制措施，必须在一定前提下才能实行。司法实践中，应坚持"十六字"法制要求，切实做好民事执行工作。

法不是从来就有的
——学习恩格斯:《家庭、私有制和国家的起源》的一点体会
郭宇昭

法是随着私有制的产生、社会分裂为阶级产生的,而不是从来就有的。但是,并非私有制和阶级一出现,法就立即产生了。法与原始氏族习惯不同,是掌握公共权力的统治者为了维护自己的统治地位建立的,是以统治者掌握的公共权力为后盾的。在马克思、恩格斯的著作中,都是把法看作是历史发展一定阶段上的社会现象,是阶级斗争的产物和表现。马克思、恩格斯历来认为国家和法是不可分割地联系在一起的。

法学体系初论
陈春龙

法学体系是在一定的法学思想和原则的指导下,由各部门法学组成的一个科学的、有机联系的统一整体。它与法系、法律体系等概念既有联系也有质的不同。法系是根据法的传统和历史渊源对各国法律制度的分类。法律体系则是以一个国家的宪法为基础,对所有现行法律分门别类而组成的一个有机的统一整体。建立我国马克思主义法学体系,包括阐明我国法学研究的对象、方法、基本原则和具体内容,规定我国法学的分类,阐明各部门法学之间的联系和区别。

也谈刑法中的因果关系
顾肖荣

将因果关系分为必然因果关系与偶然因果关系的学说("二分说"),缺乏理论根据,潜伏着扩大刑事责任范围的危险。认为判断因果关系的有无应以行为人对危害结果能否预见为标准的学说("预见说")也有扩大刑事责任范围的危险。因果关系只有必然因果关系这一形式,不存在所谓的偶然因果关系。

谈谈刑事诉讼中的证人证言
付宽芝

只要能够分辨是非,有正确表达能力,而且又了解案件情况的人,不论其性别、年龄、民族、职业、文化程度、财产状况如何,也不论其与案件当事人或案件有无利害关系,都可以作为证人。在收集证言过程中,必须遵循法律规定的诉讼程序,全面、客观、充分地研究案件的具体情况,确定询问的方法和策略。对证言的鉴别,应当着重审查收集证言的程序是否合法,证人是否受到外界干扰,证人与诉讼当事人有无利害关系,同一证人证言是否一致,证言与其他证据能否相互印证等等。

论新中国的劳动改造罪犯制度
刘 智

社会主义刑法区别于其他刑法之处在于其着重将绝大多数罪犯改造成新人。只有强迫罪犯在改造客观世界的同时才能真正地改造他们自己的主观世界。新中国劳动改造制度的主要目的是改造、教育和挽救犯罪人。罪犯在社会主义制度下的被强迫"无偿"劳动,有别于任何剥削制度下具有惩罚性质的一切"劳役"、"劳作"

等。劳动改造罪犯是一门消除犯罪的科学。

论太平天国法制的性质
曹三明

太平天国的法制尽管不完善、不系统，但毕竟具有《天朝田亩制度》为代表的一批法律性文件及其确立的制度；其土地制度的主要精神是反对封建土地所有制和维护农民阶级的利益；"四权"的规定，虽有封建色彩，但其主流是冲击封建的社会关系及其意识形态的。太平天国法制根本不同于封建地主阶级的法制，它是农民阶级及其他劳动人民的意志的表现，是镇压封建官僚、地主恶霸、土豪劣绅和一切反革命分子的有力武器，是农民革命政权实现其专政的工具。

国际私法范围问题的再探讨
——兼与董立坤同志商榷
余先予 胡若虚

早期的国际私法主要是冲突规范，而现在，间接调整和直接调整两种方法，冲突规范和实体规范两种形式，在调整涉外民事法律关系中均有着重要的作用。从我国当前情况来看，仅以冲突规范调整我国对外交往中产生的各种复杂的涉外民事法律关系，无疑是不可能的。目前固然不应忽视冲突规范的研究，但更重要的是加强实体规范的研究和立法工作。

论国际经济领域中的法律对抗
魏家驹 盛愉

第二次世界大战以后，随着经济的国际化，国际经济领域中法律冲突和对立的现象日益普遍，其中既有传统的法律传统，也出现了新的法律对抗。法律对抗是指在某种特定情况下，由于国家间的利益发生冲突，有关国家为了保护本国主权和经济利益，有意识地采取有针对性的、甚至报复性的司法措施或立法措施。法律对抗已经是当代国际经济领域中频繁发生的事实。深入研究这一客观现实，将给我们以有益的启示。

西德、法国、英国经济法考察
王家福 杨洪 王保树 王金中

三国家作为资本主义法治国家，具有比较牢固的法治观念，比较完备的经济立法和健全的法制机构，并注重对法制人才的培养和使用，对其经济发展起到极大作用。面对各种复杂的经济关系，三国除制定国家直接干预经济的法规外，还对经济生活进行综合法律调整，主要包括民事法律、经济行政法律、劳动法律、社会法律、专利法律和刑事法律六种形式。三国家在管理国有企业方面，逐步建立和完善一系列法律制度，值得我国关注和研究。除通过经济立法明确规定经济活动准则之外，三国还有比较健全的经济执法制度，对经济活动进行严格的法律监督。

略论国外青少年法规的类型及其特征
康树华

自从1899年美国伊利诺斯州颁布的《少年法庭法》问世以来，世界上绝大多数国家都已先后制定了自己的青少年法规。国外青少年法规，按其内容大致可以分为三类：关于处理青少年违法犯罪的法规、关于保护青少年的法规、关于国家对青少年的政策以及规定青少年权利与义务的法规。如果以一般刑法与狭义青少年法规相比，青少年法规的主要特征，可以综合为审理的对象不同、调查的方法不同、审理机关不同、审理方式不同和处罚的方法不同。

1983 年第 5 期

新时期社会主义民主和法制建设指南
——学习《邓小平文选》关于民主与法制的论述

刘　瀚　陈世荣

邓小平同志从理论和实践两个方面，深刻总结了我国发展社会主义民主、健全社会主义法制的经验教训，提出了使民主制度化、法律化的任务，指出了完成这一任务的重要意义、作用和具体措施。这些论述是新时期我国社会主义民主和法制建设的指南。认真学习和领会这些论述的精神实质，并在实际工作中切实贯彻执行，对于开创我国社会主义民主和法制建设的新局面，有着重要意义。

坚决打击经济犯罪活动是实现四个现代化的一个重要保证
——学习《邓小平文选》的体会

崔庆森

打击经济犯罪活动是实现四个现代化建设的重要保证。为了加深对打击经济犯罪活动的认识，必须深入研究经济领域中出现的新情况、新问题，高度重视和足够估量经济犯罪活动的严重情况。除此之外，还必须学会善于运用法律武器，从重从快地惩办经济犯罪分子，同时应当根据犯罪的具体情况，正确地贯彻"坦白从宽、抗拒从严"的政策。

严厉打击刑事犯罪活动

郑　林

《关于严惩严重危害社会治安的犯罪分子的决定》突破了刑法的限制，对六类严重危害社会治安的犯罪分子作出了加重处罚的规定，增设了"传授犯罪方法罪"。《关于迅速审判严重危害社会治安的犯罪分子的程序的决定》规定了对杀人、强奸、抢劫、爆炸和其他严重危害公共安全应当判处死刑的犯罪分子的审判，可以不受刑事诉讼法第 110 条规定的起诉书副本送达期限和各项通知书、传票送达期限的限制，此类犯罪分子的上诉期限和检察机关的抗诉期限由 10 日改为 3 日。《关于修改〈中华人民共和国人民法院组织法〉的决定》规定最高人民法院在必要时可以授权高级人民法院核准被告人因杀人、强奸、抢劫、爆炸以及其他严重危害公共安全等被判处死刑的案件。

试论我国的缓刑制度

廖增昀

一方面，对偶犯，未成年犯，具有坦白、自首、立功情节的人等，具备缓刑条件的，应当尽量适用缓刑；另一方面，不能任意无限制地扩大缓刑的适用范围。从实践的角度看，加强缓刑的考察教育工作或根据需要规定一些被缓刑人应当遵守的事项有利于被缓刑人的改造。缓刑期满、缓刑之宣告尚未撤销的，原判刑罚的执行予以免除但原有罪判决仍然有效。缓刑制度不能脱离刑罚的强制性而独立存在，它不是单纯的感化，而是在保留原判刑罚效力的影响下使犯罪人得到教育改造。适用缓刑以犯罪人的社会危险性程度为标准。缓刑与管制有严格的界限。

"加处"新议
肖常纶

"加处"是指在原应判处的刑罚或原判刑罚的基础上加刑，而非分别根据刑法第64条或第66条的规定，按照数罪并罚原则决定应执行的刑期。实然地看，加处后的刑期不能超过二十年。应然地看，在某些情况下加处后的刑期不能超过二十年，不利于制裁脱逃罪。对脱逃罪加处后的刑期，应当可以不受有期徒刑最高二十年的限制。

论共同被告人的供述
曹盛林

共同被告人不具有"双重身份"，不能互为证人。共同被告人的供述是证据的一种，也同样要受到刑事诉讼法第35条（被告人口供补强法则）的约束。仅凭共同被告人的供述虽不能定案，但可以作为定案的基本证据。运用共同被告人供述认定案件事实时必须具备三个条件：第一，共同被告人的供述必须基本一致，在共同实施的具体行为、具体情节上必须完全一致；第二，有确实充分的证据证明各共同被告人没有串供也未能事前了解案情；第三，有确实充分的证据证明在诉讼的各阶段均无诱供、指供等现象发生。

经济法调整对象若干问题探讨
李时荣　王利明

经济法的调整对象是属于客观范畴内的一定范围的经济关系。意志或意志关系在经济法调整过程中起中介作用，绝不意味着是经济法调整对象本身。经济法是实现国家干预经济和管理经济的工具，但国家干预不能产生作为经济法调整对象的经济关系。经济法调整对象是根据特定社会的经济关系确立的。经济法只能调整一定范围内的经济关系，承认经济法是一个独立的法律部门不能否定民法部门。经济法的调整对象是确立经济法能否成为一个法律部门的重要标志，但不是唯一标志。

试论承包合同的法律性质
王乃荣

目前出现的承包合同大致分为四类，从合同关系构成诸要素的情况来看，各自具有不同的法律性质。第一类是单位与所属成员之间订立的承包合同，属于兼具劳动法性质和民法或经济法性质的混合性合同。第二类是非本单位的成员或别单位与本单位签订的承包合同，属于民法或经济法中承揽包工合同中的一种。第三类是本单位的成员与非本单位成员联合起来共同与本单位签订的承包合同，其实质上是前两类合同的混合体，因此属于混合性质的合同。第四类是城镇国营小商店、饮食服务店和小型企业与其主管部门之间订立的承包合同，是一种具有经济法性质的合同。

谈谈我国商标法对注册商标专用权的保护

王 捷

基于商标具有的多种效能，法律对注册商标专用权的保护宗旨是兼顾诸多利益，包括注册商标所有人利益、消费者利益、其他商品生产者和经销者利益、社会公众利益和社会经济秩序。侵犯注册商标专用权的行为中，比较常见的是"以假乱真"，认定的关键是对"使用"的理解。侵权行为可分为特殊侵权行为和没有触犯刑法的一般侵权行为。对侵权行为的处罚措施包括"两罚制"与"并罚制"。侵权行为的主管机关包括工商行政管理部门、人民法院和检察机关。侵权行为主体以及法律适用方面，应通过立法或司法解释，衔接刑法与商标法的规定。

论怎样认定"感情确已破裂"

李 诚

夫妻感情是否确已破裂作为一种客观事物，有一定的客观标准。在认定上，主要从婚姻基础、婚后感情、离婚原因、发生纠纷的是非责任、夫妻关系现状、子女利益等方面综合进行考虑。一方坚持离婚，调解无效不直接得出感情已破裂的结论；但如果一方有新欢而坚持离婚的，调解无效则应认为感情确已破裂。此外，感情破裂取决于双方，只要一方对另一方还有感情，就不能认为感情确已破裂。

论我国的家庭结构及发展趋势

李 实

人类历史上，家庭结构所发生的变化反映了家庭制度演变的历史，因此在法学理论上不宜摒弃家庭结构而仅从家庭制度以及家庭成员的权利、义务关系等方面研究家庭问题。总体来说，家庭结构的变化是人类生产方式和法律制度变革的社会"印迹"。家庭结构的变化趋势应与社会的整体生活和经济发展相适应，也应与一国长期形成的生活传统习惯和民族道德不相背离。我国目前应保持家庭结构的相对稳定，避免其剧烈变动给社会带来不稳定因素。因此，需要通过法律对我国家庭结构的稳定性进行积极保护。

谈"隶臣妾"与秦代的刑罚制度

钱大群

秦代虽然已是封建社会确立的时期，但在刑罚制度上还残存着很多早期奴隶制的特点，如种类繁多而又十分残忍、诸刑并加等。《秦简》中的隶臣妾从历史的角度说，那就是因犯罪而被判为奴隶，同时还有一定期限的徒刑，一旦被定罪，一般终身有奴隶身份。秦朝终身罪隶身份刑复合使用的情况一般是隶臣妾等级以上的刑罚，受刑罚而不给予终身罪隶身份刑的情况主要有：处单独的耻辱刑的人，隶臣妾等级之下的徒刑，某些有特权的人物如"葆子"，还有那些被处赎刑和因赎抵债务而服鬼薪、城旦舂等苦役的人。

格老秀斯——近代国际法的奠基人

李家善

格老秀斯的国际法定义，即"国际法从所有国家或者从许多国家的共同意志得到它的拘束力"，最能表现他在国际法史上的卓越地位,也最能体现他的历史局限性。格氏对国际法的贡献还在于他对罗马教皇"世界霸权"的抨击。"战争法"是格氏巨著的主要部分,对说服当权者结束"三十年战争",恢复政治与和平发挥了巨大作用。格氏为解决"私战"问题而提出的"主权"概念不可能解决他要解决的问题。总的来看,泛称格氏为"国际法之父",是昧于历史发展,但称他为近代国际法的奠基人,则是恰如其分的。

略论黑格尔的刑罚学说
吕世伦

刑罚是对犯罪这一不法或非法行为所实施的强制。刑罚是国家对犯罪的等质报复。报复首先是一种国家实施的正义的复仇,个人的复仇往往难以保证正义性。但报复绝不能归结为复仇,尤其不能把复仇作为刑罚的形式。刑罚的标准应当法定,刑罚的尺度应当根据犯罪在当时的社会危险性程度加以确定。社会越发达,刑罚越趋于轻缓。此外,黑格尔基于自己建构的刑罚论体系对克莱因的"祸害"论、费尔巴哈的"威吓"论、贝卡利亚的反对死刑论以及卡尔迈尔关于监禁制度的议论提出了批判。批判的同时也暴露了其刑罚理论的问题。

佩雷尔曼的"新修辞学"法律思想
沈宗灵

佩雷尔曼的新修辞学研究的是商讨技术,即说服手段或提出问题的技术,它建立在价值判断多元论的基础上。对正义概念的分析是佩雷尔曼新修辞学在法学等学科中的重要体现之一。法律与新修辞学的关系是佩雷尔曼新修辞学法律思想的主要内容。佩雷尔曼认为,新修辞学的方法已被法学家长期运用,是供法官完成其任务的方法论工具和智力手段;对它们的运用,法官为法律带来了正义、衡平、社会效果等价值。

1983 年第 6 期

民主与专政的辩论关系
——纪念毛泽东同志诞辰九十周年

李步云

毛泽东同志对无产阶级专政的概念作了高度的理论概括，提出了两类矛盾学说，并把民主与专政的原理、原则，同正确区别与处理人民内部矛盾与敌我矛盾结合在一起。毛泽东同志十分强调民主与专政"不可分"，两者必须互相结合，并且全面地阐述了民主与专政之间既相对立又相统一的辩证关系。人民民主专政理论是毛泽东同志创造性地运用马列主义基本原理，从我国国情出发，科学总结我国革命和政权建设的实践经验而提出的，对我国不同历史时期的革命和建设起到了正确指导的作用。

关键是要健全各项制度
——学习《党和国家领导制度的改革》一文的体会

张庆福　王德祥

《党和国家领导制度的改革》提出了我国实行改革的基本纲领，强调指出制度问题的决定性作用，并通过明确衡量制度好坏的标准，为健全党和国家各项制度指明了方向。具体来说，改革制度在经济上要有利于迅速发展社会生产力，逐步改善人民的物质文化生活；在政治上要有利于充分发扬人民民主，保障人民当作作主；在组织上必须有利于大量培养、发现、提拔、使用较年轻、有专业知识的现代化人才。改革党和国家的各项制度，不能削弱党的领导，必须加强党的领导。

严厉打击严重的刑事犯罪是综合治理的首要一条
——学习《邓小平文选》的体会

张令杰　张永明

搞好综合治理，首先必须严厉打击严重的刑事犯罪。理由有六：第一，仅仅靠感化、教育工作会助长犯罪分子的嚣张气焰；第二，只有犯罪分子受到应有惩罚后才可能接受强迫教育；第三，对罪行严重的犯罪分子依法从重从快惩处，才能以儆效尤；第四，严厉打击严重刑事犯罪，才能净化社会风气；第五，严厉打击严重刑事犯罪才能保障公民的人身权利和民主权利；第六，严厉打击严重刑事犯罪是对人民的最好法制教育。

运用法律武器打击严重刑事犯罪活动
——学习《邓小平文选》关于阶级斗争的论述

苏尚智　曾榕

社会主义社会的阶级斗争是客观存在的。严重刑事犯罪是阶级斗争的重要表现，严重刑事犯罪分子与广大人民群众的矛盾是敌我矛盾。打击严重刑事犯罪活动,必须以法律为武器,而不应采取政治运动的办法。《邓小平文选》中关于阶级斗争的论述,关于严重刑事犯罪分子是敌我矛盾,必须对之实行专政等的论述,是毛泽东思想的坚持与发展,是抵制和清除精神污染的锐利武器。

犯罪动机与犯罪目的的心理学意义

邱国梁

犯罪动机是激发犯罪行为的内心起因,而犯罪目的是犯罪行为所追求的结果。犯罪动机产生在前,犯罪目的形成在后。犯罪动机是可以意识到的,也可以说是未被意识到的,而犯罪目的必须是自觉意识到的。犯罪动机是犯罪目的产生的原因。犯罪动机与犯罪目的有时一致,有时不一致,两者的不一致是普遍的,两者的一致是特殊的。同一犯罪动机可以体现在不同犯罪目的中,而同一犯罪目的也可以反映出不同的犯罪动机。

试论证明力强的证据与证明力弱的证据

周国均

根据证明作用的大小,证据分为证明力强的证据和证明力弱的证据。证明力强的证据能大大地缩小侦破范围,有利于确定重大犯罪嫌疑人,在一定条件下可作为定案的重要根据。证明力弱的证据也有自身的优点:第一,能够与证明力强的证据一起定案;第二,经过司法人员的努力可以转化为证明力强的证据;第三,可用来发现证明力强的证据。证明力强的证据与证明力弱的证据之划分,是相对的,而非绝对的。将证据划分为证明力强与证明力弱的证据不等于实行法定证据制度。证明力的强弱,与一个证据属于直接证据还是间接证据没有必然联系。

论民事责任的特征

李志敏　郭明瑞

民事责任制度伴随法律产生,并随社会发展而不断发展。民事责任是一种法律责任,是违反民事法律的后果,不是"职责"意义上的责任。民事责任的基础是民事义务,除由法律直接规定外,还可由当事人自行约定。民事责任是不履行民事义务的结果。民事责任具有强制性,属于一种强制措施,但一般不具有惩罚性质。民事责任一般以财产责任为特征,但其责任形式不限于赔偿损失。

论农业承包合同

王克衷　黎晓宽

农业承包合同是伴随农村经济体制改革和农业联产承包责任制的实行而产生和发展起来的。它是农业联产承包责任制的法律形式,是调整和保护集体经济组织和劳动者之间生产经营以及分配关系的法律手段,属于一种新型合同。必须对农业承包合同遵循一定的基本原则。为规范合同内容,减少纠纷,必须对农业承包合同有关条款作出明确规定。此外,为进一步完善农业承包合同制,需制定相关法规,加强对其的管理,并及时处理合同纠纷。

遗嘱继承的几个问题初探
王作堂　朱启超

遗嘱继承的继承人与遗赠的受赠人范围不同，前者范围限于法定继承人，但不受法定继承顺序、继承份额的约束；而后者范围恰在法定继承人范围之外，其中包括国家、企事业单位、社会团体等在内。在特定条件下，只要能真正体现遗嘱人的意愿，遗嘱继承制度中也可适用代位继承。遗嘱继承制度必须对遗嘱人处分其财产的权利予以限制，但其中的特留份制度在我国目前并不适合。接受遗嘱继承的人，仍享有法定继承人的身份，因此对于遗嘱未处分的财产部分，仍可按法定继承参与分配。

关于遗腹子女、养子女和继子女继承的几个问题
张佩霖

遗腹子女法定继承权确定的前提是，被继承人死亡和遗产分配时，胎儿在母体中是"活的"。禁止养子女继承双份遗产的原则不应绝对化，如果养子女在赡养养父母的同时，亦对生父母尽有生养死葬义务的，应承认其对生父母遗产的继承权。继子女继承双份遗产的权利应得到认可，只有其不接受继父母抚养教育时，才只能继承生父母那份遗产。关于有双份继承权的继子女应继承的份额，应依据劳动能力状况，对被继承人所尽扶养义务的多少以及经济状况等条件予以确定。

略论国际经济软法与建立国际经济新秩序的斗争
李泽锐

软法是一种过渡性、暂时性的规则，是当前客观存在的国际法律现象。战后国际社会的发展，引发了制定新的国际经济法规则的问题，由此开始了国际经济法发展的新阶段——制定软法的过渡阶段。制定软法是工业发达国家安抚第三世界国家的方法之一，也正是第三世界国家在争取制定新的国际经济法方面至今未能改变旧国际经济秩序的原因之一。软法规则的执行一般由制定该规则的国际组织机构负责。软法在一定情况下可转变为硬法，在建立国际经济新秩序过程中，第三世界国家应该研究软法，利用软法规则为自身争取更大利益。

革命根据地的基层政权和群众性自治组织
张希坡

大革命时期，中国共产党在领导农民运动中，建立了农民协会和乡自治机关，这是我党领导人民最早创建的基层革命政权和民众自治组织，它与从前封建性的旧式"都、团、牌甲"制度，具有本质的区别。土地革命时期的乡苏维埃和乡、村的各种专门委员会，抗日战争时期建立的陕甘宁边区乡政权组织和乡规民约，解放战争时期的乡（村）人民代表会议和大城市的基层政权对我国现代的多种制度建设都具有重要的借鉴意义。

从云梦秦简看秦代的经济立法
刘序传

在云梦秦简有名称的二十九种法律中，调整经济关系的有十余种。其内容涉及封建土地所有制、农业、手工业、商业以及徭戍赋税、自然环境保护等领域，有的法律条文还与现代国家的经济法相类似。这些法规对秦代经济关系起了调整作用。虽然其中有些法律界限不清，内容重复，但作为早在公元前二三百年中国封建社会初期的经济法规，已算较为完备。它是秦代统治阶级运用国家权力保护其封建所有制和发展封建经济的一个重要手段。从现有历史资料来看，是我国法制史上最早的比较完备的关于调整经济关系的立法，值得研究。

秦律中的刑徒及刑期问题
高 恒

刑徒是因犯罪而被剥夺自由，强制服劳役者。在我国古代，统治者强制罪犯服劳役，一是为了侮辱罪犯，二是迫使其无偿劳动，进行残酷剥削。秦律的刑徒有终身服役的刑徒如城旦舂、鬼薪、白粲、隶臣妾、司寇、候等和有服劳役期限的刑徒如资徭、资居边、"居资、赎、债"等，而城旦舂、鬼薪、白粲等是无期徒刑。徒刑制度是随着社会政治、经济制度的变化逐渐向前发展的，但其作为上层建筑的一部分，并不必然随经济基础的变化而立即发生根本性变化，因此在封建社会初期的秦代，仍将部分犯罪定为终身服劳役的官奴隶，是可以理解的。

《七国考》《法经》引文真伪析疑
张 警

明末董说《七国考》中关于《法经》的一段论述，虽然只是一鳞半爪，多少填补了《法经》不见于汉人记载的这一缺陷，在中国法制史的史料上，有重要意义。董说是有操守、有民族气节的人，并且其生前并不想急于使《七国考》问世，因此伪造之说，似不足信。应当说，《七国考》的这段"法经"条引文，是有来历的，其中所引的原始资料，是战国时文体，而且也深切当时魏国的法制掌故，绝非董说所伪造，也绝非董说所能伪造，其价值如何值得深入探索。

1984 年第 1 期

进一步实施宪法　严格按照宪法办事
——彭真委员长在新宪法
颁布一周年时的谈话

法律与科学技术
赵震江　季卫东

法律与科学技术互相联系、互相渗透。科学技术对法律的影响，主要表现为物质影响、观念影响和方法论方面的影响。法律不仅通过调整社会关系为科学技术的进步创造良好的社会环境，而且在组织管理科技活动以及决定其发展方向等方面也都发挥着重要的作用。探讨法律如何协调科学技术、经济建设和整个社会发展的关系等一系列法学理论方面的课题，制定比较完备的科技方面的法律，以适应我国社会主义现代化建设的需要，是我们面临的任务。

制定《中华人民共和国劳动法》的必要性和可能性
王乃荣　李景森

基于劳动关系所涉问题的重要性，国家应重视对劳动关系的法律调整。因此有必要制定一个综合性、内容比较完整、法典式的《中华人民共和国劳动法》，以完备我国劳动法律体系。虽然我国处于经济体制改革的过程中，劳动法中某些重要制度正处在变动中，但其并不影响制定劳动法的现实可能性。目前在我国制定劳动法已具备成熟的时机和条件。

试论我国劳动法的调整对象
龚建礼

我国劳动法调整的对象，是整个社会关系中的一个特定部分，即劳动关系以及与劳动关系密切联系的其他一些社会关系。与此相适应，我国将要建立的劳动法也是由总则和分则构成，内容包括劳动合同、劳动报酬等一系列制度在内的完整体系，使劳动法在整个社会主义法律体系中成为一个重要的独立法律部门，并由此与其他法律部门相区别。

试论我国民法的调整对象及其客观依据
史际春

确定我国民法的调整对象的客观依据，是现阶段我国社会各种经济关系的性质和特点。由此，民法只能调整与价值规律的直接作用相联系，具有当事人双方自主平等以及等价有偿特点的商品经济关系；而基于国家组织经济的职能所产生的经济关系，包括计划管理和经济合同关系等，应该由经济法调整；社会主义新型劳动关系则由劳动法调整。公民个人生活资料的继承关系和某些人身关系也属民法调整的范围。

试论我国国营工业企业的"法人"资格
黄卓著

法人是社会组织在法律上的人格化,在不同历史阶段,"法人"制度的主要形式不尽相同。《国营工业企业暂行条例》明确确认了我国国营工业企业的"法人"资格,这是对建国以来工业管理体制改革的经验总结,通过确认国营工业企业在经济中的独立地位,扩大其经营自主权。从我国国营工业企业的法律特点来看,其完全具备法人的法律地位,并且其建立在我国经济发展实际情况的基础之上,也必将有利于我国的经济管理体制改革。

关于收养的几个问题
任国钧

我国规定收养人年龄界限为三十五岁,但鉴于实践中的特殊情况,应作适当灵活的规定降低此标准。计划生育国策决定了我国收养的重要条件之一是婚后无子女,但在例外情况下允许突破,有利于公私两方面的利益。收养弃婴问题上,必须在无法查找弃婴人时,才能依法收养。收养养孙除名称外,应适用收养子女的相关规定,且不能在直系亲属范围内发生。

对法院调解若干问题的探讨
陈钦一

法院调解是法院进行民事诉讼的基本形式之一,我国民事诉讼法对其作了明确规定。体现我国审判经验的"十六字方针"精神贯穿于民事诉讼法中,是对"着重调解"原则的肯定。重视调解不能制定过高指标要求,而应对审判给予同样重视,并在调解无效时及时判决。此外,法院调解要遵循合法与自愿两项原则。关于调解无效的认定,应从调解工作是否已达到某些具体标准为依据,来确认调解是否无效。

论刑事损害赔偿制度
高格

古今中外的法律均规定了刑事损害赔偿制度。在我国,弥补被害人因犯罪所受损害,惩罚、教育和改造犯罪分子,是刑事损害赔偿制度的立法宗旨。不能简单地将刑事损害赔偿等同于"以钱赎刑"。行为人故意或过失地实施了犯罪行为,同时造成被害人的经济损失,是刑事损害赔偿的前提条件。赔偿的范围应仅限于因犯罪造成的被害人的直接经济损失。刑事损害赔偿必须坚持"有惩有赔"、"赔偿与损害相适应"、"个人负责与连带责任相结合"和"一并考虑与一次处结相结合"四个原则。所适用的程序是附带民事诉讼程序。

论不作为犯罪的因果关系
陈忠槐

不作为犯罪的因果关系是客观存在的,具有潜在性和隐蔽性。不作为犯罪的因果关系同不作为犯罪的其他理论一样,是以"特定作为义务"为其核心内容的。不作为犯罪的原因力在于行为人负有特定作为义务、有能力履行该义务,而且履行义务后能确保损害结果不发生,而没有履行。"行为人能够防止危害结果的发生而不防止",不是不作为犯罪的原因力。

谈谈区别杀人罪与伤害罪的标准
黄泽林

学理上关于杀人罪与伤害罪的区分标准,主要存在着"后果论"、"行为论"、"目的论"和"犯意论"之争。前三种区分标准均具有片面性。"犯意论"是妥当的,即杀人罪与伤害罪的根本区别在于行为人有无杀人的故意,而杀人的故意,可以通过犯罪时间、地点、环境、手段、动机、侵害对象、伤害部位、伤害后果等主客观因素综合判断。

简论刑事诉讼的立案
王希仁

立案是刑事诉讼活动开始进行的法律标志,在刑事诉讼中具有举足轻重的地位。立案是事实条件与法律条件的统一,是司法机关的职权活动与人民群众自觉与犯罪作斗争的群众性活动的统一。立案必须坚持客观性、法律性和群众性的有机统一。立案可以分为:公诉案件的立案、自诉案件的立案以及审判监督程序的立案。

试论第二审程序的审理方式
徐益初

一般而言,各国第二审程序的审理方式有:直接审理方式,书面审理方式以及直接审理与书面审理相结合的方式。在我国,直接审理、书面审理和调查讯问三种审理方式并存,并各有优缺点。所有二审案件实行直接审理并无必要,书面审理不宜成为二审的主要审理方式,调查讯问的审理方式需要加以完善。我国应当维持三种审理方式并存的格局,并根据案件的具体情况确定合适的审理方式。

论生效判决、裁定的再审
樊崇义

再审理由的全面性和申诉权利的广泛性是我国再审程序的特点。再审程序不是法定必经程序。再审的启动以生效裁判确有错误为前提。对申诉的审查是再审的预备阶段。决定再审的案件无需裁定撤销原判后再审。对检察机关提起的抗诉必须进行再审。再审案件应当按照一审程序审理。再审应当另行组成合议庭审理。特殊案件的再审应当按照刑事诉讼法生效前的有关政策、法律办理。

红色区域婚姻立法简论
韩延龙

红色区域的婚姻立法可以 1931 年 11 月中华苏维埃临时中央政府成立为分界,大体划分为两个时期。在不同时期内,婚姻立法的基本原则、法律形式、具体制度内容不尽相同,反映了当时具体历史环境下的特殊要求。尤其是后一时期的婚姻立法,由于吸收了各革命根据地制定和贯彻婚姻法所积累的经验,内容更加充实,形式日益完善,为以后的婚姻制度改革提供了重要经验。

从秦简看社会变革时期
经济生活的法律规范
王传生

云梦秦简的法律摘抄,反映了社会变革时期新的统治阶层运用法律手段巩固新的生产关系,维护新的经济秩序等方面所作的重要努力。其中秦律对封建地主土地占有制的保护,在促进社会生产力的发展、保障商品流通以及加强经济行政管理等方面具有重要地位和作用,体现出一定的科学性和合理性。这对于研究中华法系的沿革、特点以及社会变革时期经济法律规范的地位与作用,以古鉴今,都有一定裨益。

𫊣匜铭文及其所反映的西周刑制
刘海年

1975年在陕西岐山县发现的𫊣匜铭文是研究西周法律制度的珍贵史料,反映了当时诉讼案件的审判情况。铭文记载中的被告人因为同自己的长官争讼,被定罪量刑。这是与西周奴隶制国家实行奴隶主贵族等级特权统治分不开的。这种反抗上司的行为在当时并非孤立的个别现象,而是当时社会上已经出现的对奴隶主反抗的一例。在这个案例中,"誓"的地位很突出,根据相关文献分析,誓作为中国古代法律的一种形式,在西周和春秋的司法实践中具有重要作用。废除官职也是当时的一种刑罚。在这个案例中还反映出西周诉讼制度的某些侧面,如国家设专职掌管刑狱、原被告双方到场、重要案件的处理要国君在场或向国君报告、开始建立司法档案制度等。

西方经济法与国家干预经济
梁慧星

经济法无论作为一个整体,或仅指某一具体经济法规而言,都是国家借以实现经济政策的法律手段。而某一历史时期国家所制定和执行的经济政策,又总是以某一种经济理论作为依据。西方国家先后以重商主义、亚当·斯密的自由主义和凯恩斯主义作为制定经济政策的理论依据,因此西方国家的经济法,也相应经历了三个阶段。当代资本主义世界对经济理论的重新评价和各国经济政策的调整,也必将对西方经济法的发展前途产生重大影响。

1984 年第 2 期

论宪法与精神文明
王叔文

新宪法的一个重要特点就是对建设社会主义精神文明作了全面的、科学的规定。根据马列主义的宪法理论，宪法和精神文明存在着密切的关系，表现在：宪法是人类文明的产物，是人类文明的一个重要标志；宪法需要具有精神文明的内容。新宪法关于建设社会主义精神文明的规定，主要有以下方面：规定了努力建设社会主义精神文明的根本任务和伟大目标；规定了大力发展文化建设；规定了大力加强思想建设；公民的基本权利和义务的许多条款包含着建设社会主义精神文明的内容和要求，规定了建设社会主义精神文明的经济的和政治的保证。

加强行政立法，为进一步健全社会主义法制而奋斗
——学习《邓小平文选》的体会
郑 林

邓小平同志关于党和国家领导制度改革的论断，是加强行政立法、进一步健全社会主义法制的重要指导思想。我国是人民当家作主的社会主义国家，社会主义民主要制度化、法律化。行政法是各级人民政府进行行政管理的法律依据，国家行政管理的各个方面都需要加强立法，从而使整个国家行政管理纳入依法办事的轨道。学会运用法律武器来管理国家，在行政法领域开创依法办事的新局面，这是健全、完善我国社会主义法制建设的必要之举。

从经济法的形成看我国经济法
谢怀栻

世界各国经济法，都是在社会经济发展的基础上，适应社会经济发展的需要而形成的。从我国国民经济法律调整的需要和我国经济法规情况来看，我国需要在已有各法律部门之外，建立一个作为调整国民经济中计划经济关系的新的法律部门，即经济法。我国的经济法是调整我国社会主义经济关系中建立在计划经济基础上，不通过商品货币关系，直接通过计划关系而形成的各种经济关系的法律规范的总和。

我国经济法与民法、行政法关系刍议
张宿海 焦廉成

我国的经济法、民法、行政法有其各自的原则和调整对象，在调整社会关系的过程中各有自己的作用，但又相互配合和制约，形成稳定的社会主义法制整体结构。三者之间不可混合、不可替代。社会关系是一个互相关联的整体，调整社会关系的法律也应是一个完整的法律体系，因此法制建设总体设计的研究应当引起法学界的重视。

浅谈经济法的几个问题
徐杰 黄欣

1979年以来，我国经济法制建设和经济法学研究的发展不断深入，是我国经济发展和经济政治制度不断完善的需要。在我国经济法的产生和发展过程中，显示出体现我国国情的突出特点。经济法作为调整经济关系的部门法之一，相对于其他法律部门而言，其调整的是大量的、基本的和重要的经济关系，其调整的出发点总是着眼于国民经济的整体利益，并结合多种手段直接调整经济关系。因此在经济关系的调整中，经济法处于重要地位并发挥着重要作用。

试论我国民法调整的经济关系
邓大榜

民法调整的经济关系，不仅仅只是调整消费领域的经济关系和公民之间的财产关系。所有制关系是一种完整的、统一的经济关系，应由民法统一加以调整，才能适应这种统一性和完整性。社会主义的商品交换关系应由民法统一调整，认为民法只调整非计划商品交换关系，而计划商品交换关系由其他法律部门调整的观点，值得商榷。

我国农户法律地位初探
高宽众

农户法律地位的问题，实质上是其能否成为民法、经济法上权利义务主体的问题，这取决于其在社会经济生活中的地位。在我国农户实际上已成为经济活动的基本单位，具有独立的地位和经济利益，是独立的经济实体。从而客观要求法律确认其主体资格，保障其独立权益，以创造和保证其进行经济活动的必要条件。

略谈民事诉讼中的反诉问题
王力生

反诉的定义只能根据其特征来表述，不宜将反诉的条件当作特征囊括在其定义中，更不能把一般条件同反诉的特定条件相混淆，进而扩大反诉条件的范围，造成概念上的混乱。从概念上分清反诉的含义、特征及其条件，有助于加深理解我国民事诉讼中的反诉制度。

也谈民事诉讼中的反诉
田平安

反诉是特殊情况下的起诉制度，只能在一审中提出。允许在二审中提出反诉，既与反诉的性质不符，也与法律的规定相矛盾，并与我国的审级制度不相统一。不宜允许对反诉的再反诉，因为这不符合反诉制度节约诉讼资源的目的，也与我国的审判力量和群众法律知识水平不相适应，并且在现有法律中无依据可循。

论无诉讼行为能力人的民事诉讼
李诚 富志敏 宿迟

有无诉讼行为能力的认定，与精神病的医学诊断、精神病患者有无行为能力的司法鉴定含义不同，它是法院从法律上的标准和意义进行的认定。诉讼行为能力与民事行为能力也有区别,法院在审理中可依职权对当事人的诉讼行为能力进行认定。无诉讼行为能力人的一切诉讼行为原则上应属无效,故其起诉也应无效,但仍需根据实践中具体情况,具体进行考虑。无诉讼行为能力人的诉讼代理,尤其是法定代理和指定代理的具体问题,需加以研究。

试论有关再审的几个问题
刘家兴

再审程序中宜分别确定审判监督程序和申诉程序,对前者不规定时间限制,后者则受事实、理由、期限等条件限制。经调解结案的,如果调解书确有错误,不宜通过再调解以新的调解协议变更原来达成的协议,而应通过审判监督程序进行再审,以特别程序审结的案件,不宜适用审判监督程序进行再审,也不宜将特别程序中的某些条款,等同于再审程序中的具体条款或再审程序的组成部分。

正当防卫必须以保护合法权益为首要条件
张景明

正当防卫是法律规定公民享有的一项防卫权利,即为了保护合法权益(包括公共利益、本人或他人的人身和其他权利),对于正在进行的不法侵害,公民有权实施防卫行为,予以制止。防卫人保护合法权益的行为有益于社会,是正当防卫行为不负刑事责任的重要根据之一。互殴等不法行为,不能认定为正当防卫行为。

论教唆犯的未遂
陈兴良

在实行犯没有实行教唆犯所教唆的犯罪的情况下,教唆犯所处的犯罪阶段问题,刑法理论上存在三种观点:预备说、未遂说和既遂说,其中未遂说具有合理性。从教唆犯是独立性和从属性的统一出发,必然得出在实行犯没有实行教唆犯所教唆的犯罪的情况下,教唆犯是犯罪未遂的结论。实行犯没有实行教唆犯所教唆的犯罪时,教唆犯处于犯罪发展的未遂阶段,应负犯罪未遂的刑事责任。

试论拐卖人口罪
邓又天 邱兴隆 倪瑞

认定拐卖人口罪时,应当注意区分拐卖人口罪与介绍婚姻谋利行为、买卖婚姻行为的界限,注意区分拐卖人口罪与拐骗儿童罪、诈骗罪的界限。在拐卖人口过程中,行为人实施非法拘禁罪、故意伤害罪、重婚罪的,属于牵连犯,应择一重罪处断。在拐卖人口过程中,行为人实施强奸、抢劫、诈骗、盗窃、敲诈勒索、流氓、强迫卖淫等犯罪的,应当实行数罪并罚。在认定拐卖人口罪的基础上,应当根据不同情况确定行为人刑事责任的大小。

论新中国劳改工作的主要矛盾及其规律性
刘智

改造和反改造是劳改工作的主要矛盾。这决定了劳改工作必须遵循下列规律:在惩罚罪犯的同时，用社会主义的正义政策、工作作风等外因，不断地作用于罪犯的恶习等内因，促使罪犯从被迫改造走向自愿接受改造，最后走向自觉改恶、重新做人。基于上述规律，劳改工作必须正确处理"强迫与自愿"的辩证关系，充分重视教育在劳改中的重要作用。

试论刑事证据必须具有合法性
崔 敏

凡是不具有合法性的证明材料，都不能作为刑事诉讼中的证据。我国刑事诉讼法规定的六种证据来源，均存在合法性问题。凡不是合法途径所取得的证明材料，没有任何法律效力，不能被采纳为刑事证据。认为刑事证据可以不具备合法性要件的观点，违背了我国刑事诉讼法的相关规定。明确刑事证据必须具有合法性，具有重要的现实意义。

谈谈刑事附带民事诉讼
武延平

刑事附带民事诉讼是指被告因为被告的犯罪行为而遭受物质损失，在刑事诉讼过程中提起的特殊民事诉讼。被害人和人民检察院有权提起附带民事诉讼。被害人应当提起附带民事诉讼而没有提起的，人民检察院不宜代替被害人提起。国家、集体财产遭受损失的单位，不能直接提起附带民事诉讼，而应由人民检察院提起附带民事诉讼。

我国古代的年龄制度
李 龙

年龄是法律中的重要问题，不仅直接涉及宪法中的选举权和刑法中的责任能力，而且直接涉及民法中的行为能力和婚姻法的结婚条件。我国古代在长期的实践中就已形成了成年制度、有关刑事责任年龄制度、丁年制度、婚年制度等具体年龄制度。

和平共处五项原则和当代国际法
潘抱存

和平共处五项原则在调整国际关系、反对帝国主义、霸权主义和维护世界和平具有重要作用。首先，这五项原则是总结当代国际关系实践的结晶，并符合当今时代的特征和要求，推动着新的国际法律秩序的建立和发展。其次，这五项原则的内容比其他国际法原则体系更集中、更科学、更合乎逻辑，并且在一些重要内容上有所发展。再次，这五项原则是当代国际法的基本原则，是当代国际秩序的支柱，是当代国际法的核心。因此，要维护世界和平，反对霸权主义，促进人类进步，就必须坚持和平共处五项原则。

试论涉外民事关系中适用外国法的理论根据
王晓晔

国际私法学说史上西方学者关于适用外国法的理论和学说，影响较大的主要有国际礼让说、既得权说和法律关系本座说。这三种学说都从某一侧面解释了适用外国法的原因,具有某种合理因素,但都未能正确指出适用外国法的本质和根本原因。内国在处理某些涉外民事法律关系时,适用外国法的原因主要有:承认外国法的效力并在一定场合下适用外国法,是进行国际经济、文化和民事交往的前提;是尊重国家主权和主权平等原则的要求;有利于公平合理地审理案件,保障各方当事人的正当权益。

保护版权始于何时何国
邹身城

通常认为版权制度是从西方传入我国,属于西欧文艺复兴以后的产物,流行于第一产业革命时期。但我国古代文献记载表明,我国是世界上最早实行版权制度的国家。

1984 年第 3 期

人民民主专政是毛泽东思想法学理论的基石
——纪念《论人民民主专政》发表三十五周年
欧阳振

人民民主专政在我国的历史发展，正是毛泽东思想法学理论不断发展和完善的过程。社会主义国家既需要高度的民主又需要完备的法制，是人民民主专政的本质要求。社会主义民主和法制建设的实践，不断地丰富和发展着毛泽东思想的法学理论，而毛泽东思想的法学理论又进一步指引着我国社会主义民主和法制建设的发展。

论我国的行政首长负责制
吴新平

我国的行政首长负责制是指国务院实行总理负责制，地方各级人民政府实行省长、市长、县长、区长、乡长、镇长负责制的行政领导制度。这种制度具有责任确定、事权集中、指挥灵敏、行动迅速、易守机密等优点，是马列主义关于国家行政管理的理论的一个重要组成部分。首长负责制的确立，有利于克服官僚主义，克服国家机关中"吃大锅饭"的现象，提高行政效率。从宪法的民主集中制原则出发，首长负责制是国家行政机关同国家权力机关相互间关系的具体化，是民主集中制原则与行政活动特殊性的统一，是行政机关系统自下而上的工作责任制。

关于间接故意犯罪中几个问题的研讨
力康泰

不宜简单地将直接故意等同于确定故意，将间接故意等同于不确定故意。以特定目的为犯罪构成要件的犯罪，由"明知"构成但行为人希望结果发生的犯罪，刑法虽然没有明确规定犯罪目的但该犯罪行为明显以追求某种目的为目标的犯罪，过失犯罪，均不存在间接故意犯罪的形态。刑法分则条文中标明由"故意"构成的犯罪，或虽然没有标明由故意构成但实际上只能由故意构成的犯罪，既存在直接故意犯罪的形态，又存在间接故意犯罪的形态。间接故意犯罪不具有犯罪目的，不存在犯罪未遂形态。

我国刑法没有规定结合犯
张明楷

结合犯是指数个独立的犯罪行为，根据刑法的规定，结合而成为另一个独立的犯罪。在我国，抢劫罪只存在一个罪过、一个行为，具备一个犯罪构成，是一个独立犯罪，不构成结合犯。邮电工作人员私拆邮件窃取财物的行为，属于牵连犯，应当以贪污罪从重处罚。因此，我国刑法并没有规定结合犯。

铁路货盗案件的犯罪客体问题
蔡 炯

盗窃处于铁路运输过程中的货物,应以盗窃公共财产罪论处。铁路货盗行为侵犯的客体是铁路运输部门的公有制财产关系。不能以找不到被盗货物的主人为由,否认货盗行为犯罪客体的存在,从而宣告被告人无罪。铁路货盗案件在经过努力仍然找不到被盗货主的情况下,只要基本证据确凿,就应该认定被告人有罪并处以刑罚。

试析流氓犯罪类型
陈泽宪

暴力型流氓犯罪、淫亵型流氓犯罪和滋扰型流氓犯罪是流氓犯罪的三种形态。在实施流氓过程中伤人或杀人的行为,属于牵连犯,应当分别以流氓罪或故意杀人罪处断。淫亵型流氓犯罪包括流氓淫乱犯罪和流氓猥亵犯罪。在认定流氓淫乱犯罪时,应当注意区分本罪与强奸罪、通奸行为的界限。认定流氓猥亵犯罪时,应当注意区分本罪与强奸未遂、侮辱罪的界限。认定滋扰型流氓犯罪时,应当注意区分本罪与扰乱社会秩序罪、聚众扰乱公共场所秩序或交通秩序罪的界限。

军职罪主体认定问题的探讨
张建田 金桦楚

现役军人的资格应当始于应征公民被批准入伍之日,终于被宣布批准退出现役之日。被军队除名或被开除军籍的人以及预备役人员,不是军职罪的犯罪主体。军内在编职工,属于军职罪的犯罪主体。非军职人员不能单独构成军职罪的犯罪主体,但可以构成军职罪的共犯,可以适用《惩治军人违反职责罪暂行条例》定罪量刑。

刑事诉讼证明论
王希仁

刑事诉讼证明除了以事实为依据、以法律为准绳外,仍需符合特殊要求。诉讼证明过程包括收集证据、审查判断证据、运用证据三个阶段。诉讼证明的直接目的是查清事实真相、查明行为人。证明的对象是案件的主要事实以及案件的基本证据。证明的范围包括必须证明、无须证明和不许证明的事项。诉讼证明必须坚持取证的法制原则、认证的实事求是原则。因运用证据的种类不同,刑事诉讼证明的方法通常采用直接证据和间接证据相结合的综合证明方法;因诉讼阶段不同,刑事诉讼证明的具体方法也不尽相同。

浅论刑事诉讼中的抗诉
应后俊

原裁判确有错误是检察机关提起抗诉的前提条件。抗诉分为上诉程序的抗诉和审判监督程序的抗诉。检察机关的抗诉适用于所有确有错误的判决和裁定。"确有错误"包括事实认定失实或失据、适用法律失误、量刑明显失当以及违反诉讼程序而影响实体公正。抗诉的意义在于确保刑法适用的准确性、有效惩罚犯罪和保护人民。抗诉应当制作抗诉书。

简论时间在民法中的作用

祁秀山

时间是民法中一个重要的法律事实，它在民法中的作用主要体现在：确定民事主体权利能力和行为能力的始期和终期；确定某些民事权利的存续期间；确定履行义务的期日或期间；确定某些法律行为生效或失效的期限；确定某些权利取得或消灭的时效期间。司法实践中，民事纠纷在时间方面也表现得相当突出。

论合同的强制实际履行

王卫国

强制实际履行是我国社会主义法制中合同的首要补救方法，这是基于我国社会主义经济制度下，合同目的和性质的特点以及强制实际履行的实际效果。我国合同的强制实际履行方法主要有限期履行、强行给付、消除缺陷、另行给付、减少价金五种。强制实际履行在立法上主要表现为授权性规范，一定条件下当事人可排除或限制适用。其基本出发点和归宿，是维护合同的严肃性、可靠性，促进合同目的的实现，阻止合同被破毁。

论专利制度和专利法

黄勤南

在我国四化建设中，专利制度较之现行的发明奖励办法和科技合同制度，更有利于鼓励和调动人们发明创造的积极性，更有利于发明创造的推广应用。同时，专利制度与实行对外开放政策，与精神文明和法制建设之间都存在密切关系。我国新颁布的专利法立足实践，体现了我国所有制关系和分配关系，反映了计划经济为主、市场调节为辅的方针和经济体制改革的方向，在坚持原则的前提下借鉴外国经验，维护外国人在我国的正当权益，是一部具有中国特色的社会主义类型的专利法。

略论我国的环境立法和环境司法

吴景城

基于我国当前经济发展形势和经济改革需要，解决我国环境立法中的突出问题，必须迅速建立起一个符合我国国情的具有中国特色的环境法规体系。在加强环境立法的同时，还必须建立环境司法，需要解决的问题包括：尽快建立环境保护的仲裁机构，设置环境法庭，加速环境法律人才的培养。

论公害的民事责任

米 健

公害是环境立法中的重要内容，公害的民事责任是不能忽视的一个方面。首先，公害的法律关系主体十分广泛而复杂，其中最重要的是共同侵权行为问题。其次，公害的因果关系往往错综复杂，给证明公害的因果关系带来困难，为此可采取举证责任转移的原则。再次，公害的过失责任原则已不能恰当处理有关侵权行为，应同时采用无过失责任。最后，除对公害行为追究赔偿责任外，更重要的是预防和控制公害的发生。

浅谈民事诉讼中的撤诉问题
唐德华

撤诉可分为两种情况,一种是申请撤诉,另一种是按撤诉处理。在第一审程序中有原告撤回起诉,在第二审程序中有上诉人撤回上诉,这统称为撤诉。撤诉必须按法定程序进行。撤诉是原告处分其诉讼权利,放弃诉讼请求,从而引起诉讼程序的终结,使诉讼法律关系归于消灭。原告撤诉并未否定其民事权利主体地位,因而仍然享有诉权,可再行起诉。

秦律和罪刑法定主义
栗 劲

我国古代罪刑法定主义是伴随春秋战国时期公开颁行成文法运动而产生并发展成为系统的理论的。先秦法家对罪刑法定主义的基本内容和精神实质的理解和阐述,同西方资产阶级现代法学家的理解相差无几。先秦法家和秦律开创的罪刑法定主义传统,为汉律继承,并在此后得到新的发展。不过,在整个封建社会,我国都未曾在司法实践中彻底排斥比附。

亦谈"隶臣妾"秦代的刑罚制度
李 力

《秦简》中的"隶臣妾"有两意:一是刑徒名称,一是官奴隶名称,因本人犯罪而成为"隶臣妾"者是刑徒,由于其他原因而成为"隶臣妾"者则是官奴隶。

"隶臣妾"是带有奴隶残余属性的刑徒
王占通 栗 劲

隶臣妾基本上是刑徒,但保留有某些官奴婢的残余属性。它是由奴隶社会的"罪隶"演化而来的,具有很大的过渡性。在秦律中,隶臣妾作为主要的刑徒而大量存过。汉文帝改制,剔除了隶臣妾的官奴婢的残余属性,使之成为完全意义上的刑徒。而在汉武帝以后,作为徒刑的隶臣妾就基本上废除了。

从《诗经·召南·行露》一诗看周代的诉讼
王元明

《诗经·召南》中《行露》一诗是一个被欺凌、被诬告的劳动女子在法庭上的申诉之词,有学者认为这首诗反映的诉讼是夫妇之间的纠纷,而且对诗中的女性不无微词。但根据当时的法律史料和诗歌的文本分析,事实并非如此。在当时的社会妇女地位极其低下,这位女性遭到侵犯,奋起抗争,但得不到国家的支持,反遭冤屈。为这位女性鸣屈正是此诗创作的根本原因。

国际航空运输责任规则的发展与现状
赵维田

1929 年华沙公约的创制,虽直接受到海商法 1924 年 "海牙规则" 的启示与推动,但不论从其法律渊源上还是责任体制上,却与海牙规则不大相同。后者主要依据英美海商法的规则,而前者则是以大陆法系的合同法为蓝本,更多地仿照了欧洲国际铁路运输规则。目前已签订了一批进一步修订华沙公约的文件,但尚未生效。今后有三个问题值得注意:在保持华沙公约责任限制原则的条件下,责任限额问题仍然是一个争议与变更责任规则的关键因素;用完全责任制取代过失责任制是大势所趋;由统一责任规则解体为多元性规则的趋势。

读李达的《法理学大纲》

徐 痴

1984 年第 4 期

论民族区域自治法
张友渔

民族区域自治制度是适合我国国情的具有中国特色的政治制度。现在制定民族区域自治法这个基本法律是必要、适时的，也具有可能性。在民族区域自治法中，不写消除历史上遗留下来的民族间事实上的不平等，并不是否认这一事实，而是要采取更有效的办法；不规定由实行区域自治的民族行使自治权，并不妨碍处于主要地位的民族行使自治权；对于少数民族干部规定"尽量配备"原则，比硬性规定一定比例更为妥当；不硬性规定少数民族考生在录取总额中的比例可以从实际上解决问题，更有实际意义。

论加强农村基层政权建设
张庆福

进行基层政权体制改革，实行政社分开，建立乡政权，对农村基层政权建设及发展农村集体经济有极为重要的意义。加强农村基层政权建设，要健全农村基层政权组织，正确行使农村基层政权的职权，健全村民委员会组织，充分发挥基层群众性自治组织的作用。党的领导是加强农村基层政权建设的关键，而加强党的领导，必须克服党、政、企不分，以党代政、以政代企、党不管党、政不管政的现象。

试论我国的行政诉讼
朱维究

行政诉讼应作广义理解，是指国家行政机关之间，国家行政机关与社会团体、企业事业单位间，国家行政机关与公民之间，因行政纠纷依法进行的诉讼活动。建立健全行政诉讼活动，是实施宪法的需要，是保证社会安定团结、促进社会主义现代化建设的需要，也是保障人民民主和公民合法权益、实现对行政机关监督的需要。根据我国有关行政诉讼法律制度的现状，参考各国经验，应该用行政立法明确责任以减少行政纠纷，按行政管理的性质、内容或部门，分别建立仲裁或裁决制度，制定行政诉讼法，建立具有中国特色的社会主义行政诉讼制度。

试论结果加重犯
顾肖荣

关于结果加重犯的概念，学说上存在广义说和狭义说之争。狭义说是妥当的，即结果加重犯是指因基本的故意行为而发生了超过行为人犯罪故意的加重结果时，刑法规定了加重行为人法定刑的情况。在我国刑法中，属于结果加重犯的犯罪有：暴力干涉婚姻自由致人死亡罪、虐待致人重伤、死亡罪、伤害致人死亡罪、非法拘禁致人重伤、死亡罪、强奸致人重伤、死亡罪。结果加重犯与结合犯具有本质的区别，不能将二者混为一谈。

关于惯犯问题的研讨
廖增昀

在我国，惯犯主要是指常业犯和习惯犯，存在四种类型：惯窃惯骗，以走私、投机倒把为常业，以赌博为业以及一贯制造、贩卖、运输毒品。惯犯的成立必须具备两个条件：第一，客观上具有严重社会危害性与惯常性的犯罪行为；第二，主观上具有职业或惯行的犯罪故意。对惯犯的处罚，我国刑法实际上采取了加重处罚的做法。对惯犯的改造，我国坚持了惩罚与教育相结合的方针。

试论传授犯罪方法罪
肖常纶

传授犯罪方法罪的犯罪客体是社会管理秩序，客观方面是行为人通过各种手段将犯罪方法传授给他人。该罪可能存在未实行终了的未遂，不存在实行终了的未遂。该罪的犯罪主体是一般主体，主观方面只能是直接故意。该罪与教唆犯罪在侵犯客体、实施的行为、故意的内容、定罪量刑依据方面存在重大区别。对该罪量刑情节的理解应当综合考虑传授对象、传授内容、传授次数、传授后果、行为人的人身危险性等因素。

犯罪心理学刍议
罗大华　何为民

犯罪心理学主要研究犯罪心理及犯罪对策，具有中间科学、边缘科学的特殊性，又是犯罪科学的一个分支。在我国，犯罪心理学应运社会的客观需要而产生。我国犯罪心理学的研究起步较晚，但近年来取得了可喜的成绩。在不久的将来，犯罪心理学的研究会更为成熟和完善。

论刑罚的威慑心理
马晶淼

刑罚的威慑力可以形成刑罚的威慑心理。刑罚威慑心理主要具有畏惧效应、痛苦效应、自责效应、交感效应和社会心理效应。威慑心理的效应是多方面的，不能看成是一个模式。同时，也不能把犯罪、刑罚、威慑心理及其效应割裂开来，而应该把它们看成是一个事物的统一体、一个有机的连带过程或者一个因果链条。只有这样，才能真正认识刑罚的本质，发挥威慑心理的最大效应。

论免予起诉
傅宽芝

免予起诉只能由人民检察院决定，只适用于刑法规定不需要判处刑罚或免除刑罚的刑事案件。免予起诉与不起诉在适用条件、终止诉讼的阶段和形式等方面存在重大区别。免予起诉具有严格的法定程序和诉讼时限。适用免予起诉时应当注意认真审查案件事实、严格划清罪与非罪的界限、切实把握好适用刑罚的法定尺度、注意遵守法定诉讼程序以及做好善后工作。

民法时效研究
梁慧星

民法时效制度，包括取得时效和消灭

时效两个方面, 自罗马法以来, 各国民法莫不承认。通过探讨民法时效制度产生和发展的历史过程, 并对许多国家民法规定的时效制度进行比较研究, 公有制国家的民法时效制度已经或试图突破罗马法以来的传统原则, 已经或正在形成自身明显的特征。而建立具有我国社会主义特色的民法时效制度, 更是刻不容缓的任务。

试论法人的机关、意思和过错
马俊驹

法人机关是指能够代表法人行使权利的机关, 由集体的或单一的自然人组成。法人机关所为的行为即是法人行为。法人的意思是由法人创立人的意志决定的, 严格限制在其章程和条例所规定的范围以内。企业中党委的指示和决议, 只能成为法人意思成立的依据和原则, 不能成为法人意思本身, 只有法人机关才能表现法人意思。法人机关如果违背法人意思, 所为行为的法律后果应由他们自己承担。为便于民事流转的顺利进行, 法人机关成员在执行法人职务时所表示的意思, 应视为法人意思。法人机关成员和其他法人工作人员, 在执行法人职务时所发生的过错, 法人代理人在法人授权范围内的过错, 即是法人过错。认定法人责任, 必须贯彻过错责任原则。

试论侵权损害的归责原则
刘淑珍

随着人类社会的发展, 因受不同社会形态的政治、经济、文化、道德观念的影响, 侵权损害的归责原则已经从初期的加害原则逐渐演变成过错责任原则、无过错责任原则和公平责任原则。目前在我国民事法律制度中, 同时存在这三个原则: 一般侵权损害适用过错责任原则, 特殊侵权损害适用无过错责任原则, 无行为能力人致人损害而监护人不能赔偿的特别案件适用公平责任原则。这三个归责原则从不同方面调整着侵权损害中产生的民事法律关系, 解决着不同类型的民事纠纷。

试论紧急避险的民事责任
刘俊琛

紧急避险在性质上属于有益于社会的合法行为, 但不能因此否认其民事责任, 因为客观上毕竟存在损害他人权益的事实。如果不令紧急避险的受益人或行为实施人承担适当的民事责任, 意味着把全部损失加诸于无任何过错的受害人身上, 有违民法的平等原则。因此, 紧急避险的行为人或受益人应对受害人承担全部赔偿责任, 在行为实施人和受益人非为同一人的情况下, 应由受益人负责赔偿。

浅议农村转让土地承包的法律关系
史探径

农村转让土地承包, 是法律关系主体一方的转移, 原承包关系的权利义务内容没有变更, 因此不同于代理人以被代理人名义而为的代理行为。转让土地承包引起的法律关系包括三个方面, 即让与户和受让户之间, 让与户和生产队之间, 受让户和生产队之间。其中第一方面的关系较为复杂, 体现为: 双方基于平等自愿进行转让行为, 宜订立转让合同; 转让行为是基于双方相互信任, 因此受让户不得再转包;

从实践来看，转让宜采取有偿的形式。

《法经》辨伪
蒲 坚

《中国古代史史料学》一书将《法经》作为战国时期法律文书介绍，并认为此书是战国魏李悝著，为法家法律性质文书，久佚，至黄奭始辑出残本。这种看法是正确的，黄奭所辑的《汉学堂丛书》中的《法经》是一部毫无史料价值的伪书，是辑佚者以公元六百多年的唐律中的某些律文，假冒公元前四百多年的老古董，因此它不能作为战国时期的文献资料引用。

由崇德三、四年刑部满文原档看清初的刑法
张晋藩 郭成康

崇德三、四年清政权刑部满文原档不仅记录了清初罪与罚的一系列具体规定，而且也在一定程度上揭示出清初刑法的发展轨迹和趋向，展现了它的鲜明的特点。清初刑法带有从奴隶制刑法向封建制刑法过渡的时代特色，带有鲜明的民族特色，具有刑法简陋与用刑审慎相统一，严于执法、法重于上的特点。

海洋倾倒的国际控制
欧阳鑫

控制海洋倾倒已成为当前各国共同关心的国际环境保护问题。《奥斯陆倾倒公约》与《伦敦倾倒公约》是近年来国际社会签订的以控制海洋倾倒为目的的两个重要公约。其他国际环境保护协定中，也有专门规定倾倒的内容。另外，某些国际组织决议也可看作是控制海洋倾倒的国际协议。以《奥斯陆倾倒公约》与《伦敦倾倒公约》为基础，控制海洋倾倒的国际协定和控制体制中，对倾倒区域的范围，倾倒物质的类型，倾倒的控制办法等作出了详细规定，从而对海洋倾倒的控制起到重要作用。

1984 年第 5 期

新中国制宪工作的回顾
——纪念中华人民共和国
成立三十五周年
张友渔

1982年宪法的许多新规定，使我国的法制建设进入了一个新阶段，它为我国的立法工作奠定了基础，确立了维护法制的统一和尊严原则，对我国立法体制进行了重大改革，大大加强了立法工作，加强了保证法律实施的规定。三十五年的制宪工作，主要经验是：必须坚持马克思主义的历史唯物论；从社会发展阶段的实际情况出发，把马克思主义的普遍原理同中国革命和建设具体实践相结合；必须坚持原则性与灵活性结合的方针；必须发扬民主，走群众路线。宪法的实施，主要应是通过国家的行政机关、司法机关等来执行。

论以法定制
——学习《邓小平文选》的体会
宋 峻

邓小平文选中关于制度化、法律化的论述，对我们当前和今后的改革有重大指导意义。制度是决定因素，具有根本性、全局性、稳定性、长期性。制度改革的目的，是保证党和国家政治生活的民主化，经济管理的民主化，整个社会生活的民主化，促进现代化建设的顺利发展。要发挥制度的作用，就必须以法定制，重要的制度必须由法律加以规定，加强立法工作。

坚持和发展人民民主专政理论
——学习《邓小平文选》的
心得体会
詹孝俊

在新的历史时期，党和国家的工作重点转移到以经济建设为中心的社会主义现代化建设事业后，继续以阶级斗争为纲、搞阶级斗争扩大化是错误的，看不到阶级斗争、散布阶级斗争熄灭论也是错误的。新时期的专政对象主要是，各种敌视破坏社会主义的势力、反革命分子、严重危害社会秩序的刑事犯罪分子以及严重经济犯罪分子。人民民主专政要制度化、法律化，要运用法律武器同反革命分子和各种犯罪分子进行斗争。坚持和发展人民民主专政，要注重民主和专政的关系，加强政法、公安机关的建设。

我国社会主义法律与国家管理
吴大英

社会主义国家管理的根本目的，在于解决社会主义和共产主义建设的宏伟任务。国家管理包括政治、法律、组织、经济、科学、技术、教育等诸因素。国家管理活动的法律形式，主要是制定法律规范和运用法律规范。我国现行管理制度存在着官僚主义的弊端,而克服官僚主义关键在于切实改善国家管理制度。

对"故意犯罪阶段"的再认识
徐逸仁

将犯罪预备、犯罪中止、犯罪未遂和犯罪既遂等犯罪停止形态等同于"故意犯罪发展阶段"或"故意犯罪阶段"的观点,有欠妥当。刑法理论对犯罪预备、犯罪中止、犯罪未遂等进行研究,目的在于划清各种犯罪停止形态之间的界限,从而为正确认定行为人的刑事责任提供依据。

试论自杀案件的刑事责任问题
黄留群

与犯罪无关的自杀,行为人不负刑事责任。某些犯罪行为引起被害人的自杀,应当把自杀后果作为从重处罚情节追究刑事责任。实质上是他杀的自杀,行为人应负故意杀人罪的刑事责任。教唆没有自杀意图的人自杀,帮助已有自杀意图的人自杀的,行为人均应当负故意杀人罪的刑事责任,但应根据具体情节酌情确定刑事责任的大小。

关于认定假冒商标罪的几个问题
南振华

假冒商标行为应当包括:自行在同一种或类似商品上使用与注册商标相同或相近似的商标的行为以及擅自制造、销售他人注册商标标识的行为。商标违法行为包括一般商标违法行为和商标侵权行为。商标侵权行为包括一般商标侵权行为和假冒商标罪。假冒商标罪与投机倒把罪在侵害的直接客体、犯罪客观方面、犯罪主观方面和犯罪主体方面存在重大区别。

对强奸罪中"违背妇女意志"问题的再认识
江任天

违背妇女意志是指违背作为非配偶的妇女的意志。认为强奸罪的成立并不需要实际上违背被奸妇女意志的观点,难以成立。认定强奸罪时应当注意区分一般心理学意义上的"违背妇女意志"与刑法学意义上的"违背妇女意志"。妇女是否有抗拒表现是判断妇女是否自愿发生性关系、行为人的行为是否实际上违背妇女意志的客观标准。因为客观条件使妇女不能抗拒的,应当根据行为人的行为和事件发生的具体环境等因素推定行为人实际上违背了妇女意志。

论刑事证据的概念及其"客观性"的含义
王铮

证据反映的案件事实来源于案件本身与案件真相相符合,即证据的真实性,是证据客观性的中心意旨。证据的客观性不等于物质性。部分证据是精神性客观存在,但不等于主观臆断。办案人员的合法认定是相关事实成为诉讼证据的必要条件。因此,证据是被正确认识了的客观事实,是特定的客观事实。

论国营企业厂长的法律地位
王保树　崔勤之

建国以来,我国国营企业领导制度曾

采取过不同的法律形式，但均未赋予企业厂长应有的法律地位。现行党委领导下的厂长负责制存在不少弊端，应彻底改革，而代之以厂长负责制。厂长负责制下的厂长法律地位，一方面应反映厂长的身份，另一方面要用具体的权利、义务规定明示其应有的地位。实行厂长负责制，必须从法律层面完善厂长负责制，并加强和改善党的领导，以有效确保党对企业的有力领导。

国家赔偿责任刍议
刘新熙

国家赔偿已成为被许多国家普遍采用的一项法律原则。建立国家赔偿制度，有利于保障宪法的贯彻执行，有利于进一步做到"有法可依，违法必究"，有利于维护安定团结的政治局面，有利于实现国家机关保护人民的职能，有利于保护我国侨民及出国人员利益。国家赔偿法律制度应包括：国家工作人员执行职务不法致人损害的，赔偿义务主体为国家；国家赔偿责任的规定不溯及既往；适用范围应包括一切中华人民共和国公民；采取无过失责任主义；建立国家对有故意或重大过失的国家工作人员的求偿权；由普通法院另设行政庭，依民事诉讼法审理。

论建立我国企业破产制度
刘晓星

在资本主义发展的历史进程中，利用破产制度促进企业资本集中，在一定程度上达到经济平衡发展，对资本主义经济的发展起到了重要作用。我国社会主义公有制的建立已解决了资金集中问题，社会主义计划管理体制的作用已排除了通过"破产"来达到经济发展平衡的必要。但在我国建立破产制度，将有利于促进企业经营管理，有利于维护正常的社会主义经济秩序，促进社会主义经济发展。在制定破产法在公有制国家已有先例的情况下，应尽早制定符合我国需要的企业破产法。

消费者保护法浅论
袁长春

消费者保护法是二十世纪以来主要是第二次世界大战以后，随着科技革命和高度工业化、社会化的资本主义商品经济的发展，在资本主义国家首先出现和形成的。消费者保护法有其自身的内容和特点，使之在原有法律部门之外异军突起。公有制国家同样重视采取法律手段保护消费者利益，因而也普遍存在消费者保护法。我国社会主义制度虽然可能使消费者利益得到充分保护，但消费者保护法还很不完备，侵害消费者的现象不仅存在，有时还比较严重，因此必须加紧完善相关立法。

论《水污染防治法》
文伯屏

水污染防治法的颁布施行，对防治水污染、保护水资源，提供了有力的法律保证，对健全我国环境保护法体系具有促进作用。水污染防治法是我国水污染防治方面的第一部法律，是基于我国国情并借鉴国外经验制定的。该法通篇贯彻了"以防为主，防治结合"的方针，系统规定了水环境质量标准和污染物排放标准，以及国家防治水污染的管理原则和基本管理制度等内容，并对相关的行政责任、民事责任和刑事责任进行了明确规定。

论我国的遗产分配原则
陈又遵

遗产分配原则随着继承制的产生、发展而变化，因而不同的社会、政治、经济制度产生不同的遗产继承和分配原则。确定遗产分配原则，必须兼顾普遍性因素和特殊性情况，既要借鉴国外经验，也要结合本国实际。因此，确定我国的遗产分配原则应充分注意：保障老、幼和无劳动能力以及无生活来源继承人的生活；考虑被继承人与继承人之间的实际扶养关系；照顾继承人实际生活、生产和工作的需要；提倡互谅互让、和睦团结。

关于剥夺继承权的几点认识
康为民

剥夺继承权是继承制度中一项不可缺少的内容，各国民法或继承法对其都有规定。从剥夺继承权制度的产生和发展来看，各国依其具体情况和立法习惯，规定不尽相同。我国在规定剥夺继承权问题时，应将保护公民合法财产所有权原则和权利义务相一致原则，作为剥夺继承权的依据。可采取列举的方式明确规定，可被剥夺继承权的具体行为或情况类型。此外，还应对继承权被剥夺后能否恢复，以及当继承人被剥夺继承权后，被继承人的遗产如何处理等问题作出规定。

论陕甘宁边区法制建设的原则
杨永华　王天木　段秋关

陕甘宁边区的法制建设任务明确，原则清晰，内容丰富，构造协调，形成了科学的法律体系，其中有以下几项原则，至今仍然具有重要的现实意义：一是保障人民民主原则；二是法律面前人人平等原则；三是实事求是原则，四是援用国民政府法律原则。

1984 年第 6 期

对建立我国商事法制的探讨
谢次昌

商品流通过程的相对独立性,决定了必须制定一套适应整个商品流通过程共同遵守需要的法律规范和法律制度,这种调整商品流通领域中各种经济关系的法律即为商事法。在我国目前经济形势下,建立商事法制也具有紧迫的现实性。我国商事法是经济法的一个组成部分,实体方面主要由三个部分构成,同时还需增加程序性条款。此外,目前需要建立和完善的具体商事法律制度包括:市场信息服务制度、市场开放制度,市场公示制度,以及消费者利益保护制度。

论我国的高教立法
宋占生

我国的高教立法和法制建设已经具有一定基础,但还很不完备,不能满足四化建设的需要。当前,应切实把它提到重要议事日程上来,主要是:一方面要做好现有高教法规的整理、修改、补充工作;另一方面要分轻重缓急,有计划地加速高教立法的进程,抓好现行高教法规的执行和遵守。

我国法律形式标准化和规范化之管见
刘 瀚

法律的形式是指法律的名称、结构、逻辑、语言以及反映在法律文件上的完备的立法程序等。从法律形式标准化和规范化角度出发,法律名称应该确切、统一、等级分明,法律结构应该严谨、协调、完整,法律条款安排要顺理成章、符合逻辑,法律语言要简明扼要、通俗易懂,法律程序要完备。

浅议正当防卫的主观因素
姜 伟

正当防卫的认定必须坚持主客观相统一的原则。防卫意图是正当防卫成立的主观因素。防卫认识、防卫动机、防卫目的是构成防卫意图并决定其性质的必不可少的三个要素。防卫人必须认识到某种合法利益正在遭受不法侵害,认识到所要保护的合法利益的性质及不法侵害行为的特性。侵害主体的责任能力情况、防卫的必要强度在例外情况下是防卫认识的对象。

试论偷税罪
徐雪林

在我国,偷税罪可以追溯到奴隶制社会时期。纳贡者少报或少贡自己的劳动产品是奴隶制社会时期的偷税行为。"匿田"、"匿户"或"匿税"构成了我国封建社会偷税罪的主要形态。根据我国现行刑法之规定,偷税罪的主体必须是相关直接责任人员,犯罪的主观方面只能是直接故意,犯的直接客体是国家的税收管理制度。只有情节严重的偷税行为才构成偷税罪。认定偷税罪时应当注意区分该罪与漏税、欠税行为以及抗税罪的界限。

谈谈交通肇事案件的刑事附带民事诉讼
傅以诺

被害人因为交通事故死亡后,被害方有权利要求肇事者给予经济补偿。不能以人命无价为由否定经济补偿的适用。对交通肇事造成他人重伤、死亡和公私财产重大损失的肇事者应当在提起刑事诉讼的同时提起附带民事诉讼,由人民法院一并判决解决经济补偿费,而不宜由交通管理机关来调解解决。

一审中的裁定及其上诉和抗诉
孙　飞

一审中的裁定,凡是具有终结案件效力的终局性、实体性裁定,如驳回起诉、驳回自诉、终止审理并撤销案件、是否继续完成诉讼活动等裁定,都准许当事人及其法定代理人上诉和检察院抗诉。凡是就诉讼过程中的某一个问题作出的不具有终结案件效力的中间性、程序性裁定,如补充侦查、移送管辖、指定管辖、诉讼保全或先行给付、延期审理、中止审理案件等裁定,都不准许上诉和抗诉。

论经济违法行为法律责任的特征
张孝烈

经济违法行为是产生经济法律责任的根据,经济法律责任是经济违法行为的法律后果。经济法律责任制度是由行政责任、经济责任和刑事责任构成的综合法律责任制度。经济制裁是经济法律责任的核心和主要内容。经济法律责任对经济违法单位及其领导人员、直接责任人员共同适用。追究经济法律责任适用多种法律程序。

我国经济合同法无过失责任原则初探
张宇霖

我国的经济合同法根据社会主义原则和我国国情,既确立了过失责任原则,同时也确立了无过失责任原则。确立无过失责任原则,既是现代化生产力发展本身的要求,也是由我国社会主义计划经济和多层次经济结构的特点所决定的。无过失责任原则包括承担责任条件和减免责任条件。无过失责任的种类只限于经济责任,而不包括行政责任和刑事责任。

试论工业企业内部经济责任制的法律关系
周渝波

在企业内部经济责任制中,法律关系主体是厂部、车间、科室以及干部职工;内容是企业内部各部门、各岗位根据经济责任制分别承担或享有的责、权、利;客体主要是企业的资金、财产、各种生产经营活动以及技术人员和职工进行的技术革新和技术改造等。企业实行内部经济责任制引起的法律关系复杂多样,其共同特征在于同利益联系密切,以提高经济效益为最终目的,并将责任始终放在第一位。

试论民事欺诈的法律性质
朱平山

民事欺诈不同于一般的骗人行为，亦与刑事欺诈存在明显区别，其是以不真实为真实表示的不法行为，故各国民法对因欺诈而为的法律行为都规定了可撤销的法律制度。要构成因欺诈而为之的法律行为必须符合一定的条件，并与因误解而为的法律行为、因事实错误而为的法律行为相区别。因欺诈而成立的法律行为具有可撤销性，也可因追认而有效。撤销权属于被欺诈者，并因追认或时效经过而消灭。

谈谈正确划分和适用简易程序问题
岳龙海

简易程序适用于简单民事案件，构成简单民事案件的条件是事实清楚，情节简单，争议不大。根据审判实践，也可将简单民事案件分为若干类型。确定适应简易程序的时间，一般可在审查起诉状、答辩状以及双方当事人提交的证据或听取口头答辩以后，依据构成简单民事案件的条件进行判断。如果通过审理后查明不属于简单民事案件的，应依法改用普通程序审理。

论公证的性质
陈六书　赵霄洛

公证制度的历史发展过程表明，公证是为国家法律和社会认可的一种证明活动。我国社会主义公证指的是国家公证机关所进行的证明活动，其性质是公证机关行使公证权，赋予公证事项事实上和法律上的证明。公证事项属于非争议性事项，公证证明活动亦非处理争议的诉讼活动，其与审判活动有着重大区别，但公证又与审判有着密切联系。公证活动也不同于行政活动。公证机关办理公证过程中，不能与当事人建立民事法律关系，实施民事法律行为。

试论经济合同公证
孙如林

经济合同公证对保证和促进社会主义经济建设的发展有着重要意义。经济合同公证的程序一般包括申请和受理、审查、发证三个步骤。经济合同公证行为的效力主要有证据效力、执行效力、法律效力和制约效力。经济合同公证与鉴证有着共同的目的，但也在性质、法律后果和办理机关方面存在区别。

唐律中的谋杀罪
夏　勇

唐封建统治者是把谋杀作为单独罪名论述的。在唐律中，将谋杀罪视为共同犯罪，并将谋杀罪划分为预备、实施两个发展阶段和中止、未遂等停止形态，对谋杀罪和其他杀人罪也有明确的区分。因为当时是身份社会，在刑罚上对谋杀罪的主体实行区别对待。

"入束矢"解
王育成

矢不是钱，不能当钱解，束为细长状物体的绑缚形状。《周礼》中"入束矢"

的原意是：诉讼当事人要向法庭缴纳一束箭，作为具有双重意义的诉讼保证物，既是诉讼正当的信物，也可作为罚物使用。它是我国古代社会很具特点的民事诉讼方式。

对外科技合作的法律适用初探
段瑞春

对外科技合作的法律关系具有主体广泛性，客体特殊性和内容复杂性三大特征。从对外科技合作的实践出发，其法律适用应遵循当事人自主选择法律原则，接受反致和转致原则，援用公共秩序保留原则，保护知识产权原则，以及司法管辖权参照国际惯例的原则。除冲突规范外，实体规范中应对合作成果的分享，违约责任，不可抗力，解约条件等内容作出规定。

美国严格产品责任制的发展和趋势
周汉民　林毅

美国有关产品责任的法学理论和法学实践，自二十世纪六十年代以来得到了广泛而迅速的发展，尤其是"严格产品责任"原则的应用使产品责任发展到一个崭新的阶段，对发达资本主义国家的类似法律制定产生了很大影响。美国产品责任法的发展有其深刻的历史背景和充分的产生条件，并具有其独特的社会意义。探讨和研究美国等国产品责任法的历史发展过程，历史背景和产生条件，对于我国执行开放政策，发展内外经济技术交流与合作，促进企业革新、产品升级和提高产品质量，以及制定我国相应立法具有重要意义。

日本少年法的主要内容及其特征
康树华

为了处理违法犯罪少年这一严重的社会问题，日本制定了少年法，事实证明，日本少年司法制度收到了一定的效果。日本少年法由两大部分组成，一部分为实体法，一部分为程序法，具体包括少年保护处分案件、少年刑事处分案件、危害少年福利的未成年人刑事案件和诉讼程序四方面内容。日本现行少年法与旧少年法在审判机关、少年年龄认定、保护处分与刑事处分决定权的变更、保护处分内容等方面有不同之处。日本少年法的主要特征在于管辖范围广泛、既包括实体法又包括程序法、规定有危害少年福利的成年人刑事案件和设置了儿童商谈所。

1985 年第 1 期

经济体制改革与民事立法
李时荣　王利明

经济体制改革带来了多种经济形式和多种经营方式的共同发展，为了调整变化了的经济关系，需要加强民事立法。经济体制改革推动了社会主义商品生产和商品交换的发展，实践的经验促使人们从理论上认识到，社会主义经济中仍然存在着商品货币关系，价值规律的作用完全不能忽视。这就使民事立法有了坚实的理论基础，并丰富和发展了民法的内容。经济体制改革对民事立法提出了许多新的课题，当前亟须制定一批单行法规。

论国家与企业的经济法律关系
杨春堂　柳椿

改革现行的国家与企业之间的经济法律关系，是社会主义经济发展的必然要求。同时，经济体制改革也导致经济法律关系的调整，并引发一系列经济法理论问题。在处理所有者即国家与经营者即企业之间的经济法律关系时，最基本的指导思想是，既要保证国家对全民所有制企业所具有的"特权"，又要保证企业自身具有充分的活力和自主性。并在此基础上对该经济法律关系中的众多方面进行调整。

论我国民法的调整对象
金平　聂天贶　吴卫国　赵万一

我国民法所调整的财产关系，应该是生产关系或经济关系，而非资产阶级通常所认为的权利义务关系。基于我国社会主义公有制性质，价值规律的客观性，以及商品经济等价交换的性质，我国民法调整的财产关系是人与人之间平等的财产关系。从我国的经济现实和法律发展历史和趋势来看，这种平等的财产关系包括平等的财产所有关系和财产流转关系。此外，民法还应调整一定的人身关系。因此总体来说，我国民法调整的对象是人与人之间平等的财产关系和人身关系。

试论建立适合我国情况的取得时效制度
祁秀山

取得时效是时效的一种，最早出现于罗马法中，并在近现代多数国家中得以确立。从稳定社会经济秩序和其他社会关系，促使权利人适时地行使自己的权利，以充分发挥社会物质财富的经济效用，以及帮助人民法院及时正确地处理民事纠纷三个方面来看，在我国建立取得时效制度具有必要性和重要性。鉴于取得时效主要涉及财产所有权取得方面的问题，因此应将其规定在民法中财产所有权部分，对其适用

民事诉讼法的处分原则
温晓莉

处分原则是民事诉讼法所特有的一项重要原则,其产生于资本主义时期,对民事诉讼制度发展起到推动作用。我国社会主义制度下的民事诉讼处分原则,建立在公有制经济基础之上,保护的是国家财产和公民合法利益;其扩大了社会主义国家干预的范围,兼顾国家、集体、个人三者利益,体现了当事人权利、义务和责任的统一。此外,我国处分原则与民事诉讼法中其他原则密切配合,从而得以广泛运用,并从我国具体国情出发,规定了较其他社会主义国家更为详尽的国家干预措施。

我国经济合同仲裁机关的性质及其法律地位
尹 田

从我国经济合同仲裁制度的产生和发展来看,基于经济合同仲裁机关活动方式及活动结果的特点,其在性质上具有行政执法机关和司法双重性。这一性质决定了仲裁机关在法律地位上,是介乎于一般行政机关和司法机关之间的一种"准司法机关",并通过其作用及其与其他机关的相互关系表现出来。认识我国经济合同仲裁机关的性质和法律地位,对于开展仲裁工作具有重要的指导意义。

论毛泽东同志的制宪思想
张庆福 陈云生

毛泽东同志指出,宪法是国家的总章程,是根本大法;我国制宪是为了建设一个伟大的社会主义国家;正确地、恰当地结合原则性和灵活性,正确地恰当地总结经验,是制定宪法必须遵循的重要原则;领导机关的意见和广大群众的意见相结合,是制宪必须遵循的一个重要方法。毛泽东同志的制宪思想是丰富的,是马克思主义法学理论宝库中重要的组成部分。

社会主义法是公民自由的保障
张建华

社会主义法是自由条件的规范化,是公民自由的保障。这主要表现为:社会主义法确认了无产阶级革命的胜利成果,赋予劳动人民以广泛的自由权利,是公民自由的大解放;对侵犯公民自由权利的行为给予有力的制裁,确保公民的自由权利不受非法侵害;对公民实现和争取扩大自由起着辅导作用。社会主义法对某些行为的限制,不是限制公民的自由,而是保障公民自由的必然要求。

社会治安的"四道防线"
唐琮瑶

教育、道德、纪律和法律是社会治安的四道防线。教育是促进社会治安的基本力量,道德是实现社会治安的心理支柱,纪律是维护社会治安的必要手段,法律是保障社会治安的强制措施。四道防线组成一个有机的整体,相互配合,才能有效地维护、保障、促进、实现社会治安。

关于军职罪客体几个问题的探讨
张建田

军职罪的客体不是"军队的正常活动"

或军人职责,而应是"国家的军事利益"。军职罪客体具有犯罪主体与犯罪客体的关联性,军职罪客体与其他客体具有交错性,军职罪的犯罪客体与犯罪对象具有联系。在审理军人犯罪案件中,要做到适用法规准确,定性恰当,量刑适宜,掌握分析军职罪客体的方法,具有重要意义。

论我国刑法中的片面共犯
陈兴良

全面共犯是共同犯罪的典型形式,片面共犯是共同犯罪的特殊形式,全面共犯和片面共犯在共同故意的内容上只有量的区别,而没有质的差别。从司法实践的客观要求出发,应该肯定在我国刑法中存在片面共犯。片面共犯一定要有帮助行为和教唆行为,因此不同于无形共犯。

死缓犯"抗拒改造情节恶劣"析
赵长青

"抗拒改造情节恶劣"是对死缓犯执行死刑的前提条件。把"抗拒改造情节恶劣"解释为构成了新的较重的罪缺乏法律依据。从司法实践上看,如果认为只有犯了新罪才是"抗拒改造情节恶劣",客观上会放纵罪犯,助长其反改造气焰。把"抗拒改造情节恶劣"说成是犯新罪,则失之过窄,很不全面。

毛泽东思想指导下的劳动改造法学
刘 智

劳动改造,是毛泽东同志把马克思主义与中国社会实践相结合的一个创造性的法制思想。毛泽东同志的劳动改造法制思想,改变了国家的刑事制度,构成了公、检、法、劳在司法实践中崭新的内部联系,决定了劳动改造法不是程序法的附属法,而是相对独立的部门法。该思想在中国取得了巨大的成功,开拓了劳动改造法学。

试论建立劳改科学的必要性 及其研究对象
何为民

在我国建立劳改科学具有必要性。劳改科学是以法学为母体,广泛运用多种学科知识的综合性科学,是一门理论性很强,又能指导实践的应用科学,既受政策法律的制约,同时也是一门新发展起来的探索性科学。

论证据确实充分的客观标准
金其高

确实、充分是证据的质与量的统一。证据是否确实充分的总的标准是看它是否达到了质与量的统一。证据是否确实充分的具体标准看它是否符合四项具体条件。证据是否确实充分的根本标准是看它是否达到了主客观的统一,是否根据案情确认案内证据"确实充分",并且实际证明这种确认是符合事物的客观实在性的。

论刑事诉讼中的法庭辩论
王希仁

辩论原则的采用,是在刑事诉讼方式上废除纠问主义、实行弹劾主义的结果。我国刑事诉讼中的法庭辩论,内容是科学的，形式是民主的，方法是合乎诉讼规律的。辩论的诉讼不仅是保证刑事诉讼的科学性和合法性所必需的，同时也是由我国法制的社会主义民主性所决定的。

证据排伪法则
裴苍龄

排除伪证对于正确处理刑事、民事案件，具有无可争辩的重要作用。排伪法则是利用事物之间存在的规律性的联系来排除伪证的方法。从我国的证据制度和证据实践看，客观上存在着几项排除伪证的法则：关联法则，即利用证据之间的关联性排除伪证的法则；矛盾法则，即利用事物之间的矛盾排除伪证的法则；实践法则，即通过实践排除伪证的法则。三项法则对正确认定案件事实具有重要作用。

中国历代基层政权组织略考
程辑雍

中国奴隶社会的基层组织，分散在各自范围内以地域划分居民，不再以氏族命名，由上级指定基层政权的统治者，广大奴隶承担各项劳役和兵役。自秦以后，全国范围以地域划分居民，实行中央集权分级管辖的统治，社会基层组织是封建基层政权，是全国政权的基础。近代以来，基层政权是剥削阶级束缚广大人民的绳索，是反动统治的基础。

我国封建社会犯罪预防初探
程维荣

针对犯罪根源，古代提出的最根本的预防措施包括两方面：一方面强调用"礼"的规范约束人的行为，另一方面则强调大力发展经济。封建社会的社会犯罪预防体系以发展农业经济为基础，以礼教为主体，以机构和制度的健全为必要保证，重视刑律的作用。其核心是儒家"仁政"思想，体现了中华法的礼法结合的特征。

对外开放要加强国际法研究
陶正华

邓小平同志在1979年提出"要大力加强对国际法的研究"，这是具有战略性的远见卓识。我们需要加强对国际法的研究，以适应当前维护和平与促进发展的国际形势以及我国正在不断扩大的对外开放的迫切需要。因此，应当着重研究和探讨的方面包括：国际经济关系的基本原则、国家的经济权利和义务、建立国际经济新秩序问题、国际经济活动的主要法律形式和法律问题等。我国的国际法研究工作已经取得了很大的发展，但当前必须认真解决好几个问题：如何以马列主义、毛泽东思想指导国际法研究；如何坚持理论联系实际，加强国际法的基础理论研究、应用研究和普及工作；如何抓紧研究和总结我国国际法的理论和实践；如何深入了解和研究国外关于国际经济民事法律关系的理论和实践；如何逐步解决国际研究中的人员、组织和资料等问题。

苏联犯罪构成理论的历史与现状
何秉松

1917—1936年，是苏联犯罪构成理论孕育和诞生的阶段，犯罪构成理论刚刚诞生，但还没有形成系统的理论体系，更没有确立它在刑法理论中的地位。1937—1957年是苏联犯罪构成理论的确立阶段，犯罪构成理论已形成了系统的理论体系，并在刑法理论中稳固地确立了自己的重要地位。在苏联构成理论新的发展阶段，犯罪构成理论在原有理论体系的基础上进一步丰富和发展。苏联犯罪构成理论的形成和发展有它自身的历史背景和规律，由此而形成了适合于苏联国情及其发展要求的独特的理论体系和理论观点。

1985 年第 2 期

论人民代表大会代表的任务、职权和活动方式问题
张友渔

人民代表大会代表的任务主要是根据全体人民的意志,通过在国家权力机关中的活动,保卫国家、人民、社会的利益,促进社会主义现代化建设事业。代表由人民选出,担负着代表人民行使国家权力的任务,应当受到尊重,其工作应当受到保护。代表有提出议案、质询案、罢免案等权利,也有联系群众,贯彻执行宪法、法律、方针、政策等职责。代表的主要活动方式是出席会议、行使职权;在会议外还要做联系群众,了解情况,宣传推行宪法、法律、方针、政策以及为人民服务的其他工作。代表不宜直接干预国家行政、审判、检察等机关的工作,不宜直接处理人民的申诉、控告等案件。党员代表必须遵守党的纪律。人大常委会对代表的活动应该给予必要的支持和帮助,制定有关代表活动方式的法律或规则。

董必武同志对我国法学事业的卓越贡献
曹为 苏醒

董必武同志为我国法学和法制建设事业的发展作出了卓越贡献。这主要表现在建立和发展有中国特色的马克思主义法学,建立和完善我国法学教育事业,以及开展法律科学研究和学术交流活动三个方面。十一届三中全会以来我国法学事业发生的巨大变化,充分证明了董必武同志和老一辈革命家当年在发展法学事业上所作的努力和建树是非常宝贵的。

董必武同志论社会主义法制建设
——纪念董老逝世十周年
金默生

董必武同志关于社会主义法制建设的精辟论述,不仅在理论上具有深刻的指导意义,对我国当前的法制建设实践也具有重要的现实意义。董老强调,建立和加强社会主义法制,是巩固人民民主专政的需要,是保障人民民主和人民切实利益的需要,也是实现社会主义现代化建设的需要;尤其在经济建设、对敌专政方面,要特别注重加强社会主义法制建设。而加强社会主义法制建设,中心环节在于依法办事,还要加强党对法制工作的领导。

论视听资料
李春霖

视听资料是将现代化的科学技术运用到诉讼活动中来的一种新的证据种类。视听资料不同于书证和物证,是一种独立的证据,具有信息容量大、内容丰富,利于保存、便于使用,准确性和可靠性较大等

特点。录音、录像、电子计算机对指纹的鉴定、对声音、物证的鉴别都是视听资料的表现形式。应对视听资料进行全面的分析研究，鉴别其虚实与真伪。

破坏专业户生产的刑事责任初探
黄泽林　李少平

在司法实践中对破坏专业户生产的定性有不同认识。破坏个体专业户生产，也就是破坏社会生产，定为破坏社会生产罪较为确切。在目前情况下，对于破坏个体专业户生产，严重损害专业户合法利益，明显具有社会危害性的，建议作司法解释，即对于这种情况可以适用刑法第125条按破坏生产罪处理，以避免不必要的争论。在处理这类案件时，应注意划清罪与非罪的界限、情节严重与情节一般的界限，应根据案件的不同情况，按照刑法的有关条文分别定罪量刑。

论公诉人的法律地位
谢宝贵

在刑事诉讼中，出庭的检察长或者检察员都是以国家公诉人的身份出现的，担负着支持检察机关的起诉和实行审判监督的任务。国家公诉人的法律地位是由我国检察机关的性质所决定的。把公诉人视为当事人或者刑事诉讼参与人，不符合法律规定。检察人员出席第二审法庭的法律地位仍然是国家公诉人。公诉人既要坚持原则，认真履行法律监督的职责，又要注意方式，维护法庭的权威性。

试论刑事庭审中对证人的传询质证
马进保

在刑事庭审中，对证人的传询质证是保证证言真实可靠的重要手段。我国传询证人质证证言的具体做法有三种：审判长、公诉人提名传唤证人出庭作证；诉讼双方当事人和辩护人提请审判长传唤证人到庭质证；必要时经公诉人或当事人提出或审判人员决定，让证人与证人、证人与当事人当庭对质。在必要的时候可以对拒不服传的证人，采取适当的方式强制到庭，无法到庭的证人的书面证言，也要经受质疑。依法传询证人、搞好法庭调查的关键在法院。

论合同管理
余鑫如　梁慧星

对合同管理一般经历了从习惯法到成文法的发展过程，而且在不同社会制度内，对合同的管理也有所不同。自建国以来，我国颁发了大量有关经济合同管理的规定，特别是经济合同法实施后，经济合同管理制度进一步完善。目前我国经济合同管理内容主要包括：工商行政管理部门和各级业务主管部门对经济合同的监督检查；合同管理机关对无效经济合同的确认；工商行政管理部门查处违法经济合同；以及银行对经济合同履行的监督。

谈谈建立我国的现代产品责任制度
马凌

我国的产品责任制度，是由在生产领

域实行产品品质管理、在流通领域实行产品品质监督、在使用和消费领域为消费者和用户提供法律保护这三个方面的法律规定与司法制度组成的有机整体,"事前监督"和"事后追惩"是它的最大特色。基于我国的产品责任制度的现状,并通过对中外产品责任制度进行比较研究得出,我国缺乏统一的产品责任法,产品责任法律制度还不健全,有必要依据自己的实际情况,借鉴外国有益经验,加快立法,促使这项法律制度的建立和健全。

绝对所有权与相对所有权
——试论国营企业的所有权关系
杨志淮

经济体制改革要求国营企业成为相对独立的经济实体,拥有完全的经济管理权,并对其财产还应享有一些所有权。在国营企业所有权关系上,应承认国家享有绝对所有权,企业享有相对所有权。在现实生活中,企业所有权结构的双重性已经客观存在,其有利于将国家的集中统一领导和企业的相对独立性很好地结合起来,既能在宏观经济上保持国家的有效控制,又能在微观经济上充分发挥企业活力,使企业成为富有生命力的有机体,从而巩固和完善社会主义全民所有制。

论占有、占有权能和占有权
孟勤国

占有、占有权能和占有权是三个不同的概念,应予以区分。这不但有助于了解国外民法中的相关学说,以进行比较研究和立法司法借鉴,而且对于进一步研究所有权与其权能关系的理论有重要意义,并在我国国家和国营企业在企业财产关系的问题上,有利于分清二者之间所有者和占有者的关系。

我国民事责任形式及其运用问题的探讨
李志敏 郭明瑞

从现有的立法和实践看,我国民事责任主要包括排除妨害、停止侵害、消除危险、恢复原状、返还原物、返还不当得利等十四种形式。这些民事责任有的是民法上独有的,有的其他部门法也有,有的本身就具有民事责任和其他法律责任的双重性质。适用这些民事责任形式时,应注意区别不同性质的责任,不同基础的民事责任,同一基础的不同民事责任,以及法人责任和个别人员的责任。

夫妻财产关系的几个问题
章 戈

以我国立法和实践为基础,结合对国外婚姻法的考察,对夫妻财产关系的一些具体问题宜采取如下处理方式:夫妻一方于婚后继承的遗产和以个人名义接受的赠与财产,其所有权应归属于继承遗产和接受赠与一方所有。夫妻长期分居期间各方所得的财产,不宜一概视为夫妻共同财产,应考虑分居时间长短进行认定。在确定夫妻财产归属时,应考虑双方是否有约定,约定是否有效,以及财产的管理和使用情况。夫妻一方对共同财产处理所生的权利义务应及于夫妻双方。

谈谈经济纠纷案件的证据问题
熊占元

经济纠纷案件中需要被列入证明范围的事实情况,包括权利主体的性质,当事人相互间权利义务关系,以及双方当事人争议的问题。经济纠纷案件的诉讼证据同一般民事诉讼证据相比,特点在于经济纠纷案件中的书证比较多,涉及产品质量争议的较多,很多涉及国家计划以及经济技术规程。因此,收集和审查证据必须具有经济政策观点,充分发挥当事人的举证作用和专家、行家以及技术鉴定、勘验的作用,必须注意证据的合法性问题。

资产阶级民法指导原则的演变和发展
王胜明

资产阶级民法的指导原则建立在个人主义、自由主义之上。自由竞争时期资产阶级民法的三大原则分别是所有权绝对化原则,契约自由原则,以及过错责任原则。随着资本主义过渡到垄断时期,为适应其社会经济发展需要,传统三原则理论得到修正并补之以一些新的指导原则,包括公共福利原则,限制契约自由原则,无过失责任原则。资本主义民法指导原则的演变和发展,充分体现了资本主义社会经济秩序的发展需要。

版权与版权制度
郑成思

从宋《东都事略》及清《书林清话》中的史料看,版权无疑始于中国。但作为一种普遍保护版权的法律制度,其确实起源于西方,具体是英法两国。我国以个别敕令或命令等方式把版权作为一种封建特权(而不是资本主义式的财产权)进行保护,持续了近八百年,这与我国历史上长期的商品经济不发达,资本主义生产方式发展缓慢的实际情况不可分。

论国际合作研究与成果的分享
段瑞春

国际合作研究亦称共同研究,是指两个国家的自然人或法人就特定的科学技术课题进行的科学研究和技术开发活动。科学技术的发展表明这是发展现代科学技术的重要途径。自从实行对外开放政策以来,我国的各有关单位通过各种渠道同国外开展了多种形式的合作研究。国际合作研究的成果既有技术属性,又有法律属性,因此在进行国际合作研究时,要重视法律保障,必须坚持平等互利、等价有偿和协商一致的原则,以维护我方的正当合法权益。在这一方面,不能盲从一些发达国家及其企业集团所主张的属地所有论、优势决定论、投资决定论、无原则论等理论。我国与美国、日本等国家进行的合作研究遵循了平等、合理的法律原则,不仅在技术意义上,而且在法律意义上取得了合作成果。

跨国公司法律地位浅析
余劲松

跨国公司不同于一般国内公司,近年来其已成为影响国际关系的一个重要因素。跨国公司的发展,在法律上提出的重要问题之一是其法律地位问题。从跨国公司与东道国签订的特许契约性质，解决跨国公司与东道国纠纷的国际经济仲裁形式和华盛顿公约，以及联合国跨国公司行动守则的内容来看，跨国公司是国内法而非国际法产物，其既非政府，亦非国际组织或国际法人。其缺乏作为国际法主体的法律能力和资格，因此不是国际法主体。

关于日本刑法的全面修改

张绳祖

现行日本刑法于明治四十年（1907年）制定，次年施行。日本政府现正在加以修改。修改的原因在于社会形势和日本国民精神状况的变化，日本宪法和其他法律制度的变更，以及刑事判例、刑法学说和刑事政策思想的发展。日本刑法的修改由法务省主导，草案增加了不少新的条款，对原文的条文也作了较大的修改，在体系结构、章节安排、条文内容等方面都有很大的不同，但草案至今未向日本国会提交予以审议。

1985 年第 3 期

略论我国经济体制改革中的法律要求
宋浩波

我国的经济体制改革提出了广泛的法律要求，包括赋予企业相对独立的法律地位，保证其享有经营自主权；按照政企分开、简政放权原则，以法律形式明确政府机构管理经济的权限；根据新的形势，对不同所有制经济形式的法律地位予以明确，并通过法律加以确认，在此基础上对其采取不同的经营管理形式。

遗赠抚养协议初探
刘南征　张佩霖

遗赠扶养协议在国外早有先例，此次在我国继承法中首次规定，是适应当前现实生活中扶养老人的需要而产生的。遗赠扶养协议是一种平等、有偿和互利性质的民事法律关系，其与遗嘱具有明显不同。遗赠扶养协议中的扶养人必须是法定继承人以外的人，并且与收养关系相区别。此外，遗赠扶养协议较为妥善地解决了长期在"五保户"遗产继承上的争论，对其采用与一般公民完全一样的原则。最后，从其名称的产生和被立法所采用过程来看，完全符合实践基础。

关于债的概念和客体的若干问题
史际春

债作为民事法律关系，其客体只能是行为。债的标的、标的物和客体的各自内涵及相互关系，基本属于语义逻辑问题，本身没有多少法律意义。只有从三者实际使用情况中概括出某种规律，才能解决现在民法学界对三者理解和适用不一致的问题。通过研究债的概念的产生和发展过程，以及国外债法制度内容，并结合我国民事立法和研究的实际情况，我国可以不使用民法上债的概念，而且也不会影响我国民法的完整性、系统性和严肃性。

论科技合同
王家福　苏庆

我国科技合同在近几年得到很大发展，源自于科技成果本质属性的需要，经济体制改革以及促进技术进步和推动经济振兴的要求。科技合同，是以研制和转让科技成果为内容的一类特殊商品生产和交换合同，其在主体、客体、权利义务和违约责任等方面具有特殊性。科技成果转让合同与技术服务合同，是科技合同中的两个重要类型。基于在调整科技成果的研制和转让关系方面，我国还没有一部科技合同法，因此有必要制定此类法规。

毛泽东思想法学理论初探
吴文瀚　陆德山

毛泽东思想法学理论是以毛泽东同志为代表的我国老一辈无产阶级革命家在法

律和法制方面集体智慧的结晶,是马克思主义法学思想的普遍真理同中国法律和法制建设的具体实践相结合的产物。毛泽东思想法学理论涉及法制建设的各个方面,包括立法、执法、守法以及各个部门法的有关内容,分一般论述和具体论述两大类。

关于科技立法的思考
于得胜

科学技术社会效果的发挥和科技发展的社会条件都要求相应的法律调整。从世界各国科技立法的情况看,加强科技立法、实现以法治科技是促进科技发展的制度保障。目前我国科技立法工作领域还存在着法制观念淡薄、法制不完善等问题。完善科技立法,要有专门机构统抓该项工作,在立法前要有充分的研究,要遵循总体设计、按计划分批制定的原则,要注意科技法与其他法之间的配合、协调,做好法律清理工作,调动地方立法的积极性。

死刑问题研究
陈宝树

"二战"后,资本主义国家出现了"刑罚缓和化"的趋势,死刑保留和废除争论激烈,但废除死刑的运动是缓慢、曲折的。一个国家是保留死刑还是废除死刑,应由该国的具体的政治、经济、文化教育等实际情况来决定。我们党和国家的一贯政策是不废除死刑,同时坚持贯彻"少杀"方针,在执行死刑的方法上,坚持社会主义人道主义原则,审理死刑案件时,要特别强调"以事实为根据,以法律为准绳"。

论我国刑法中的紧急避险
高 格

紧急避险行为不构成犯罪是因为其不具有犯罪的基本特征和犯罪构成的要件。紧急避险不应该受到道德上的谴责。紧急避险的条件包括危险方面的条件和避险方面的条件。应正确区分紧急避险与犯罪、正当防卫。紧急避险是否超过必要限度应由紧急避险行为所损害的权益与保护法益的大小来决定。

论鉴定
王希仁

鉴定结论对于解决案件中的专门性问题具有重要作用。鉴定结论具有独立性和特殊性,其证明力不能随意夸大和缩小。鉴定既是一种证明活动,又是一种科学技术活动,不但有合法性,还有科学性,只有在鉴定人、鉴定手段和鉴定材料都得到最优选择的条件下,鉴定活动才能获得最佳的技术效果和法律效果。随着科学技术的发展,鉴定活动在司法实践中的作用越来越重要,科学技术的发展不是减轻而是加重了司法人员的责任。

关于附带民事诉讼的几个问题
谢绍江

附带民事诉讼是刑事诉讼中一个带普遍性的问题,附带民事诉讼本质是民事诉讼。在刑事立案之前和判决生效之后,不能提起附带民事诉讼;在审判监督程序中不能提起附带民事诉讼。被害单位不能直接提起附带民事诉讼的观点值得商榷。未成年人的父母、养父母可以成为附带民事诉讼的被告人,承担赔偿义务。附带民事诉讼中物质损失的赔偿范围应是被害人的经济利益损失。

中国封建社会的继承制度
史凤仪

中国封建剥削阶级的继承,不单纯是财产继承,还包括祭祀继承、封爵继承等身份地位的继承。财产继承,是经济权利的转移,剥削手段的延续;身份地位的继承,则是政治权力的世袭、统治地位的接替。由于经济权利可以分割,政治权利不容分割,所以财产继承与身份地位的继承各有不同的继承制度。

"铸刑鼎"辨正
庆　明

在史料中记载的晋国"铸刑鼎"、郑国"铸刑书"以及孔子对其的无情批判,反映了两种法律形态即道德习俗和成文法律的对立。这场"铸刑鼎"和"反铸刑鼎"的斗争,不仅是中国法律发展史上的重大事件,也是整个中国文明史上带有分界标志的重大事件。

"以敕代律"说质疑
江必新　莫家齐

从《宋史·刑法志》中并不能得到"以敕代律"的结论。细考史籍可以发现,宋神宗以后依然敕律并用。敕的真实作用是补律之未备、未详、纠律之偏颇、变律之僵化。由此可见"以例破律"仅仅是宋朝敕律关系的一个次要方面,而敕补律之不周才是敕律关系的主要方面。

荐《明初重典考》
刘海年

海洋法中关于争端的解决程序
王献枢

《联合国海洋法公约》生效之后,肯定会发生解释和适用的争端,采取一定的方法解决争端,不但有利于公约的执行,也有利于维持国家的正常关系。第三次海洋法会议就争端的解决进行了激烈的争论,最终经过协商达成妥协,在公约第十五部分和三个附件中规定了解决争端的原则和程序。其中规定解决争端的一般原则是:用和平方法解决争端、争端各方自由选择解决方法和尊重国家主权。就具体解决程序而言,公约规定了调解程序和强制程序这两类法律性质不同的程序:调解程序中包括普通调解程序和强制调解程序;强制程序则包括以自由选择、推定选择、争端各方同意接受、限定选择等方式选择或接受国际海洋法法庭、国际法院、仲裁法庭或特别仲裁法庭对争端的管辖。

南斯拉夫的经济司法
王存学

南斯拉夫在经济建设过程中,创立了自治制度。与自治的经济制度和社会制度相适应,逐步产生、发展和形成了具有自己特点的法律制度,其中包括经济立法和经济司法。南斯拉夫在二十世纪五十年代初创立了经济法院,在经济司法方面积累了许多经验。我国在普通法院内设立经济庭的时间不长,在经济司法方面也缺乏经验。根据我国的具体情况和特点,研究、学习或借鉴南斯拉夫的经验,对于加强我国的经济司法并促进经济立法,无疑是十分有益的,也是非常必要的。

资产阶级的犯罪构成理论

何秉松

犯罪构成理论由德国资产阶级刑事古典学派创立。早期的资产阶级犯罪构成理论是尚未充分发展的、很不成熟的理论。现代的资产阶级犯罪构成理论在20世纪初建立,其奠基者是德国的贝林格,有不同的流派。资产阶级的犯罪构成理论,具有一些基本的、共同的特点,它们均是以刑法规定的具体的构成要件概念为中心而建立起来的犯罪体系,其中的犯罪概念是一个形式概念,构成要件是指刑法分则条文上规定的各种犯罪的特别构成要件,均以罪刑法定主义为基础。

1985 年第 4 期

论奖励性法律规范
杨万明

奖励性规范是通过规定对某一行为实行奖励的法律后果来调整人们行为的法律规范，假定、处理、奖励构成该类法律规范的结构形式。奖励性规范在社会主义法律规范体系中具有极为重要的意义，是保证社会主义法律实施的重要手段，是实现社会主义法的专政职能的重要武器，是组织社会主义经济、发展科学文化事业的重要工具，是进行共产主义道德教育、建设社会主义精神文明的重要措施。宪法、经济法、民法、行政法、劳动法甚至刑法中都有许多奖励性规范，它们以宪法为基础，有机联系起来，共同构成我国奖励制度。

试论国家工作人员的奖惩制度
苏尚智

建立和健全国家工作人员奖惩制度，用奖励和惩罚手段调动工作人员积极性，是实现我国新时期总任务的重要保证，是加强社会主义法制、维护行政纪律的有力措施，是建设社会主义精神文明的迫切需要，是改革政治体制和国家机构、完善国家管理的有效办法。建立和执行奖惩制度，要确立明确的奖惩条件和奖惩程序，要严格按照党和国家的政策、法律、法规和规章办事，建立工作责任制和考核制。

论经济行政争议及其复议制度
梁慧星

经济行政争议是在经济行政管理过程中发生的具有经济内容的行政争议。行政复议制度是我国解决经济行政争议的一项重要制度。受理行政复议的机关通常是作为争议一方当事人的经济行政机关的上一级机关。有权提起复议案件的申请人为经济行政法律关系的义务主体。行政复议程序从申请人提出复议申请开始，复议申请不停止经济行政机关决定的执行。上级经济行政机关在审理复议案件时，不宜采用调解方法。复议机关应当在法定期间内作出复议决定。除法律明确当事人可以向上一级行政机关申请再复议或向人民法院提起诉讼外，复议决定具有终局效力。

爆炸物与犯罪之研究
陈顺烈

有关爆炸物的犯罪危害性大，关于爆炸物的犯罪也数量众多。明知是犯罪所得的爆炸物而予以购买，即使购买的目的是供自己使用，情节严重的，也构成销赃罪。不论非法购买爆炸物或者非法销售爆炸物，情节严重的，买卖双方都应认为构成犯罪。抢劫爆炸物既不应定抢劫罪，也不应定抢夺爆炸物罪。应正确处理爆炸物犯罪的一罪与数罪。

我国刑法中犯罪未遂的处罚原则
赵秉志

我国刑法对犯罪未遂的处罚原则是得减主义,是对罪责刑相适应原则的贯彻体现。被比照的既遂犯应与未遂犯的犯罪情况相同或大致相同,"可以"也表明了法律的倾向性要求。未遂应根据犯罪行为所触犯的刑法分则的条款来确定罪名,确定是否从轻、减轻处罚要把未遂情节置于全案情节中统筹考虑。

我国刑法中的情节加重犯
陈兴良

实施一定的犯罪,因为具有某种严重的情节,法律加重其罪质而使其罪责加重的情形,就是我国刑法中的情节加重犯。情节加重犯不同于结果加重犯和数额加重犯。加重情节是以主观和客观相统一的形式,体现一定犯罪的社会危害性程度。情节加重犯不仅是刑事责任的加重,而且是犯罪构成的加重。情节加重犯作为一个独立的罪刑单位,对于决定刑法中的减轻处罚和计算追诉时效有重要意义。

论窝赃、销赃罪
刘银昌

我国刑法对窝赃、销赃罪的规定,不采事后共犯说和妨害返还请求权说,着眼点是放在维护司法机关的正常工作秩序上。窝赃、销赃罪的对象,必须是犯罪得来的赃款赃物;客观方面表现为把犯罪得来的财物加以窝藏或者代为销售的行为。窝赃、销赃罪的既遂未遂的划分标准,可以根据盗窃和其他一些经济犯罪的体例精神加以掌握。窝赃、销赃罪的数额标准,一般倾向于参照前罪的起算数额标准。窝赃、销赃罪只能由直接故意构成。

论上诉不加刑原则
徐益初

上诉不加刑是世界各国刑事诉讼中普遍采用的一项基本原则。认为上诉不加刑原则不符合实事求是精神、不利于惩罚犯罪的观点不够客观。被告人上诉的案件,人民检察院没有提出抗诉,二审法院直接改判加重处罚,或者撤销原判,发回重审,加重被告人刑罚的做法都违反了刑事诉讼法。二审法院只是改变罪名,没有加重刑罚,符合上诉不加刑原则。

试论我国刑事诉讼中的公民扭送人犯
王铁夫

公民扭送人犯,是指公民在紧急情况下,为了防止正在实行犯罪或者在犯罪后及时被发觉的、通缉在案的、越狱逃跑的和正在被追捕的人犯逃避侦查、审判或者惩罚、改造,而将其立即扭送公安机关、人民检察院或者人民法院处理的行为。扭送人犯是法律赋予每个公民的权利,但不是刑事强制措施。公民扭送人犯是刑事强制措施的一种必要的带强制性的法律辅助手段。

刑事被告人及其权利和义务
周国均

我国刑事诉讼中的被告人,就是公安

机关、人民检察院根据控告、检举和自首的材料经侦查破案后，确定某人符合拘留或逮捕条件需要追究刑事责任而提起诉讼的人；或由原告人告发和人民法院直接受理的案件中符合立案条件并告知他被控告犯了某种罪行的人。我国刑事诉讼法规定被告人在刑事诉讼中享有广泛的权利，并应履行法定的义务。

专业户法律地位探讨
赵勇山

专业户不是法人，也不是公民，而是类似合伙的经济实体。其与合伙的不同之处在于，专业户的财产是家庭共同共有财产，家庭成员之间一般都有血缘或婚姻关系。专业户作为一个经济实体，由于还不是一个权利义务主体，没有其自己独立支配的财产，也不具有法律上的地位，因此不能成为民事主体。

集体合同刍议
黄士林　黄晓军

集体合同是伴随着工人运动而产生和发展起来的，世界各国对其都有规定。在我国，集体合同也曾发挥过重要作用。基于我国目前经济体制改革的需要，应结合现实情况，重新推行集体合同制，并在合同主体、内容、订立程序，及其与劳动合同关系等方面赋予新的内容。推行集体合同将有助于确立国家和企业之间的正确关系，扩大企业自主权，确立职工和企业的关系，保证劳动者在企业中的主人翁地位。

论违约责任中可得利益损失的赔偿
王学政

当一方违约不但给对方造成直接损失而且造成可得利益损失时，仅赔偿直接损失显然不符合过错责任原则精神。目前世界大多数国家对其赔偿都明文规定，我国经济体制改革为可得利益损失的赔偿提供了物质基础。在此基础上，我国法律应认可对可得利益的赔偿，并在赔偿范围、损失的确定和计算方法等问题上作出具体规定。

遗嘱必须是立遗嘱人的真实意思表示
刘淑珍

遗嘱这种法律行为必须反映立遗嘱人的真实意志，才能发生法律效力。立遗嘱人如果是在严重误解、受他人欺骗、威胁、强制等影响下所立的遗嘱，当属无效。立遗嘱人可以通过另立新遗嘱的方式变更或撤销原遗嘱，也可以提出变更或撤销原遗嘱的声明。但后立遗嘱能否有效成立，依然取决于其是否反映了立遗嘱人的真实意志。

论固体废弃物的法律控制
陈立虎

在世界环境保护法的历史发展过程中，关于固体废弃物管理的法律规定自古有之。目前，固体废弃物已成为国际性问题，运用国际立法来解决成为必要。基于各国需处理的固体废弃物种类存在差异，因此各国相关立法也不尽相同，但仍存在不少共同之处。我国固体废弃物问题日趋严重，究其原因都与立法缺失相关。因此，我国急需制定专门的固体废弃物处理法。

对建立和完善我国企业法律顾问制度的探讨

王 河

建立企业法律顾问制度是运用法律手段管理经济的重要方面，是健全经济法制建设的一项重要内容。企业法律顾问，作为经济执法工作者，是以独立主体的资格参与处理企业的经济法律事务问题，其与聘请单位之间属于咨询服务关系。律师担任企业法律顾问，除妥善处理具体问题外，还应建立必要的管理制度。实践证明，律师担任企业法律顾问已起到良好作用，应当在总结经验的基础上，进一步改进企业法律顾问工作。

再谈太平天国法制性质问题
——兼与曹三明同志商榷

陈健生

太平天国的法制积极维护森严的等级特权，在打击封建官僚、地主恶霸的同时，承认和保护封建的土地制度，实行严刑峻法，因此其封建性质是显而易见的，根本不是什么农民阶级及其他劳动人民意志的表现。《天朝田亩制度》虽有法的特征，但它只是没有实现也不可能实现的空想，根本不属于太平天国法制的内容。《资政新篇》虽然颁行了，终究不能实施，也不是太平天国法制的内容，因此二者都不能代表太平天国法制的性质。

简论我国外资法

刘丰名

有效地引用外资是我国对外开放政策的突破口，要形成良好的投资环境，就必须采取法律手段保护外商投资，规范外资利用。根据我国经济发展不平衡这一特点，我国外资法将是以宪法为核心的多层次体系，其中不但规定外资的投资方向，对外商的优惠措施，而且包括建立在平等互利原则上的投资协议及其保证的多层次规定体系。

论国际商事合同中的挫折问题

庄惠辰

合同订立之后，在履行时遇到事先不能预料的并且不能归咎于当事人本身的原因，致使合同义务不能履行，或者导致履行极不现实的情况下，各国法律一般都对履行义务给以免责的救济。研究各国法律对合同挫折问题的处理规定，对于解决我国相关问题具有重要意义。在我国日益发展的对外贸易合作关系中，遭遇合同挫折的情况难免发生，对此，我国应充分借鉴国外立法经验，并根据独立自主、平等互利、参照国际惯例的方针，研究制定出我国的处理原则。

1985 年第 5 期

运用法律手段保护和促进生产力发展
陈为典　刘兆兴

运用法律手段保护和促进生产力发展，主要包括：保护经济基础的巩固和发展；保障社会主义精神文明建设，发展社会主义民主，提高社会主义法律意识；保护和促进文化教育事业和科学技术事业的发展；保护劳动者，打击敌对分子的破坏活动；调整人与自然的关系，保护自然资源和自然环境等。

全民所有制企业的厂长（经理）应该只是企业的代表
石惠荣

关于全民所有制企业实行厂长（经理）负责制后厂长（经理）的地位问题，理论界主要有两种观点：第一种观点认为厂长只代表国家；第二种观点认为厂长既代表国家又代表企业。这两种观点都有各自的缺陷。在明确全民所有制企业的经济地位和法律地位，全民所有制企业法人制度的特点，以及"代表"法律意义的基础上，全民所有制企业实行厂长（经理）应该只能是企业的代表。

我国的仓储保管合同和借款合同是诺成合同
朱愚

就我国的仓储保管合同和借款合同而言，经济合同法没有关于交付标的合同才算成立的规定，相反却有在没有交付标的情况下，合同就有法律约束力的规定。因此，这两种合同应该是诺成性合同。此外，经济合同法第九条规定经济合同经协商一致就成立，并且该法没有规定例外情况。因此，我国经济合同法所规定的经济合同都是诺成合同，并且这种规定是由我国的经济性质决定的。

关于若干合同种类划分的异议
王源扩

一种合同是诺成性还是实践性的，与该种合同的内容并无本质上的联系，而主要取决于国家立法如何规定，国家立法则取决于决定是统治阶级意志的社会物质生活条件。我国目前流行较广的民法教材普遍认为：运送、保管、信贷和赠与合同，都属于实践性合同，但通过分析研究发现，这种看法理由并不充分，而且与国家现行立法和经济生活实践不一致。因此，应肯定上述合同的诺成性质，以促进合同立法的完善，并对审判实践作出正确指导。

合伙财产的法律性质新探
袁建国

关于合伙财产的法律性质,我国民法学界几乎一致认为属于合伙成员按份共有。根据合伙成员的不同构成,合伙财产可能属于不同公民所共有,也可能属于不同集体经济组织所共有,还可能属于国家、集体和公民个人共有。然而通过对我国现实经济生活中合作经营组织和经济联合组织考察研究发现,我国合伙企业可以分为两类:一类是个体经济性质的合伙企业,其财产全部属于合伙成员共有;另一类是社会主义合作经济性质的合伙企业,其财产一部分属于合伙成员共有,另一部分属于合伙企业集体所有。

现代侵权行为法归责原则探索
米 健

本世纪以来,侵权行为法中的归责原则发生了引人瞩目的变化,无过失责任原则的确立是这种变化的标志。无过失责任原则的确立来源于社会生活的客观需要,并经过百余年的演进,从个别的例外法发展为一般的原则法,并已在全世界范围内确立。在影响侵权行为法发展趋势的因素中,保险制度和社会安全制度的兴起为无过失责任原则的确立提供了重要条件。当前和今后一个相当的时期内,侵权行为法的归责原则将是过失责任原则与无过失责任原则并存。

略论我国的排污收费制度
雷 凯

我国实行的排污收费是为了贯彻"谁污染谁治理"的重要原则,其目的在于利用经济杠杆促进企业、事业单位加强经营管理,节约和综合利用资源,治理污染,改善环境。排污收费的性质不同于损害赔偿责任,而属于一种行政责任。我国排污收费制对防治污染,保护环境发挥着重要作用,并在实践中不断发展,现已初步形成体系。此外,我国还在水污染防治领域,对这一制度进行革新,区分了一般排污费和超标准排污费两个概念。

试论我国继承法的性质和特点
周贤奇

我国继承法是在总结我国立法、司法实践经验的基础上,从中国国情出发,借鉴国外立法经验制定的。其充分体现了社会主义的本质,是一部具有中国特色的社会主义性质的继承法。它的主要特点包括:男女平等,保护妇女合法继承权;赡老抚幼,建立和发展新型的社会主义家庭关系;权利与义务一致,建立社会主义精神文明。

权利义务一致可以作为一项遗产分配原则
于向阳

权利义务一致可以作为一项遗产分配原则,其建立在我国公有制的社会基础之上,符合我国目前的社会家庭关系,有利于更好地赡养老人,同时也是我国民事法律、政策的一贯精神。这项原则已经被我国继承法所确定。

关于贿赂罪几个问题的探讨
姜代境

贿赂罪是一种行、受贿人双方都有利

可图又不易被发现的犯罪。从我国刑法的立法精神看,贿赂罪的贿赂除了指金钱、财物外,还应包括其他的不正当利益。用数额来确定贿赂罪的情节轻重,不但不科学,而且不可能,应以犯罪行为对客体的侵害程度、危害大小为标准,根据不同情况,区别对待。虽然在确定贿赂罪的刑罚时,应当考虑贿赂的数额,但贿赂的数额绝不是量刑的主要依据,更不是唯一依据。

强奸犯罪的原因与预防刍议
廖竞叶

通过严打,恶性案件显著减少,但强奸案不仅没有明显下降,一些地方的发案率还有所上升,这是值得注意的治安问题。强奸犯罪的原因不能单从人的生理需求、感情冲动、生活贫富上去解释。强奸罪的内在因素是犯罪者的思想意识低下,社会环境是强奸犯罪的外在因素,副文化的意识形态的影响比高文化的社会意识更为直接和密切。有效地预防、减少强奸犯罪的发生,就要搞好社会主义精神文明建设。

试论伪造、变造公文、证件、印章罪的侵犯客体
顾肖荣

在我国,构成伪造公文、证件、印章罪,只能是"有形伪造"的情况。对构成伪造、变造公文、证件、印章罪来讲,并不要求所伪造的与真实的公文、证件、印章完全一致。虚构机关、企事业单位、人民团体而伪造公文、证件、印章的,如果足够相似于真的机关、企事业单位,构成犯罪。变造外国人的护照,构成变造证件罪。

论刑事诉讼如何贯彻综合治理的方针
樊崇义

综合治理是我国刑事诉讼的指导方针,综合治理与刑事诉讼具有相互关联、密不可分的关系。准确、及时地查明犯罪事实,正确应用法律,惩罚犯罪分子,是在刑事诉讼中落实综合治理方针的根本体现。做好刑事被告人的思想教育和转化工作,是贯彻落实综合治理方针的一项主要内容。积极广泛地开展侦查建议、检察建议、司法建议活动,是刑事诉讼中贯彻落实综合治理方针的另一项重要措施。

刑事自诉案件初探
马一清

刑事自诉案件是指被害人及其法定代理人、近亲属直接向人民法院提起控诉的轻微刑事案件。近亲属和其他公民应当可以代被害人及其法定代理人行使提起自诉的权利。我国刑诉法对法院审理自诉案件应规定时限。人民检察院对自诉案件的责任,主要是认真履行法律监督职能,某些案件中,也可以代为起诉,但检察院以不直接出庭公诉为好。

试论刑事侦查中的辨认
李子云

辨认对侦查破案具有重要的意义。按照辨认对象,辨认可以分为对人的辨认、对物的辨认和对尸体的辨认。作为侦查活动,辨认应当在侦查人员亲自主持下由辨

认人进行，并遵守辨认的基本规则和程序，包括事先询问、对象混杂、分别辨认、保守秘密、严禁暗示和制作笔录。把辨认笔录列为被害人陈述或证人证言或鉴定结论都有不妥当之处。辨认应单列为一项法定的侦查行为，辨认笔录应单列为一种法定的证据。

检察机关比较研究
付宽芝

实行公诉制度的国家，检察机关在刑事诉讼活动中占有重要的地位。检察机关是人类社会发展到一定历史阶段的产物。检察机关的设置，有审检合一和审检分离两种，各国检察机关的设置各有自身的特点。检察机关的性质，一类是公诉机关，一类是法律监督机关。各国检察机关的职能有共同点和各自的特点。发展和完善我国检察机关，应当特别注意适应我国国情，并且吸收外国有益的经验。

关于中国岁刑的起源
—— 兼谈秦刑徒的刑期和隶臣妾的身份
刘海年

认为中国历史上有期徒刑开始于汉文帝改制的同志，将秦徒刑视为无期刑为理论的重要根据，但根据史料，这种观点并不正确。而且，秦简和《汉书》中都记载，汉文帝改制前秦汉的徒刑可以赎。徒刑适用赎的实施是汉文帝之前已经存在有期徒刑的有理论据。至于秦律中隶臣妾的官奴隶和刑徒两部分刑罚，因来源的不同，所受的对待也不相同。中国的有期刑不是始自汉文帝改制，在此之前的战国时代业已大量使用了。中国古代刑制前后虽然有很大变化，但总的看发展是缓慢的，经历了很长的发展过程，并非汉文帝的一道诏书就能实现的。

"周易"中记载的周代刑法
丛学斌

通过对《周易》中部分卦辞和爻辞的分析，可以看出周代刑法实施方面的一些特点。对于被统治者，周代刑法采用先礼后刑、礼刑并用的准则。对于统治阶级内部，凡削弱其专制主义统治或动摇其赖以存在的经济基础，一律视为犯罪。在刑罚方面，除了自由刑外，当时还有更残酷的肉刑、放逐和死刑，而且当时的拘禁也有了劳役刑的性质。

国际法的科学性探讨
潘抱存

国际法是调整国家之间关系即国际关系的法律体系，其阶级性不在于体现一个统治阶级的意志，而在于体现各国统治阶级意志的协议和妥协。国际法是由国际社会生活，特别是国际经济关系决定的，因此具有科学性，对此必须加以着重研究以创建真正的国际法科学。西方的一些国际法学者对国际法发展也作出了许多贡献，尤其是自然法学派和实在法学派及其在战后的新发展，但由于所处时代和阶级局限，并没有形成对国际法的科学认识。对国际法的科学认识，必须考虑到国际社会不同于国内社会的特点，不能将对国内法的分析应套到国际法上来。研究国际法必须研究国际关系特别是国际经济关系的发展规律，但不能忽视国际政治关系等其他因素对国际法的直接影响。同时，只有把马克思列宁主义的普遍原理同国际社会的实际结合起来，才能对国际法有一个真正科学的认识。

论我国涉外经济合同适用法律的基本原则

王晓晔

合同适用法律问题是国际经济关系发展的产物，用以解决各国关于合同实体法规范不统一的问题。我国涉外经济合同法以对外开放基本国策为指导思想，既充分考虑我国具体实践情况，又借鉴了各国理论、法规、判例以及有关国际公约和国际惯例，规定了涉外经济合同法律适用的基本原则，并规定了几种限制当事人选择适用法律的合同。

1985 年第 6 期

国家行政管理需要制度化法律化
张尚鷟

国家行政管理的制度化法律化是民主制度化法律化的必然要求。要使国家行政管理制度化法律化，就要重视行政法制工作，广泛宣传行政法，严格依照行政法办事。当前，我们要加强行政法学的研究工作，既要尽快形成具有中国特色的行政法学的概论式理论体系，也要逐步形成包括各个层次的各种部门行政法学在内的行政法学理论体系，为我国国家行政管理工作尽早实现制度化法律化的要求服务。

再论法的概念
郭宇昭

法的本质属性是经济上、政治上居于统治地位阶级意志的反映。法的本质特点是通过国家制定和认可，并赋予国家强制力才获得成立的。法的外在表现是各种行为规则，这些行为规则是基于某种共同原则，相互制约和协调一致的规范体系。从本质属性上讲，我国社会主义法是工人阶级领导的广大人民共同利益和意志的体现。

经济法律关系论
梁慧星

经济法律关系是一种特殊的社会关系，是上层建筑反作用于经济基础的一种重要形式，是社会主义法律对经济的作用机制的一个重要组成部分。基于对经济法律关系的概念及其构成的研究，并通过对作为法律规范调整对象的经济关系和经济关系的意志性等问题的探讨，以及联系我国法学界的不同观点，经济法律关系的定义应表述为：按照法律即国家意志产生的，采取法律上权利义务的联系形式，并由国家强制力保障其实现的实际经济关系。

论法人与其工作人员之间的代理关系
尹田

法人工作人员以法人名义参加民事活动，虽然形式上表现为一种执行职务的活动，但其本质上仍属于代理活动，具有委托代理的全部法律特征。由于这类代理关系是在法人内部行政职务关系或劳动关系基础上产生的，其与基于委托合同或合伙合同而产生的代理关系也有某些区别。因而对这类代理关系的法律调整，除可以适用委托代理的一般法律规定之外，还应在立法上制定一些单独规定，以保护当事人的合法权益。

人民调解在中国的延续和发展
王净

人民调解作为我国一项独创的法律制度，源自于对民间调解的继承和发展。由于其适合中国国情和人情，已被载入我国新宪法和民事诉讼法之中。执行人民调解制度的，是经过人民群众自己选出，自己组成的群众性自治组织，因此其实质上是一种社会管理。在当前我国两个文明建设中，人民调解制度的内容不断得到丰富，从而为其存续和发展赋予了新的活力。

关于认定投机倒把罪的几个问题
王然冀

当前投机倒把行为的表现方式有多种。情节是否严重是划分投机倒把罪与投机倒把行为界限的关键所在，投机倒把货物物品的总金额是认定情节严重的基本依据，此外还要具体分析投机倒把的手段及其造成的危害后果。应注意划清投机倒把罪同诈骗罪、走私罪、假冒商标罪的界限。

试论诈骗罪
张之又　万春

诈骗罪的"数额较大"应不同于盗窃罪的标准，应注意区分诈骗罪与经济合同纠纷、投机倒把罪的界限。"诈骗数额"的确定，应当区别情况具体分析，既遂情况下，应以受骗者实际交付的财物数额为"诈骗数额"；未遂情况下，应以诈骗分子行骗的财物数额作为"诈骗数额"。行为人持非法取得的他人的有效信用卡诈骗财物数额较大的，应认定为诈骗罪。

试论教育预防措施对预防犯罪的作用
张仲绎　陈登贤　黄文俊

教育对预防犯罪可以起到十分重要的作用。在社会主义社会中，教育预防措施的内容主要是对广大群众进行共产主义道德教育、社会主义法制教育和文化知识教育。共产主义道德教育起着消除犯罪的思想根源的作用；法制教育能起到抑制犯罪意念的作用；文化知识教育能起到预防犯罪的作用。要使教育预防措施在预防犯罪中发挥最佳效能，还必须十分重视进行教育预防的形式。

试论贪污罪主体
金凯

贪污罪的主体是一种具有法定身份的特殊犯罪主体，即属身份犯。贪污罪主体必须具有法定身份的合法性、有效性；合法经营公共财物的直接性、实际性；利用职务上的便利性三个条件。具有国家或集体经济组织的工作人员或受国家机关、企事业单位、人民团体委托从事公务人员的法定身份是贪污罪主体的一个重要特征。

刑事诉讼中证人制度的比较研究
霍震

各国刑事诉讼法对证人的法定资格的规定不尽相同。对证人证言的特性，各国的诉讼理论基本一致，但也有区别。关于证人提供证言作证是法律义务的问题，各国刑事证据法都有规定。各国诉讼法不仅确认法庭上调查属实的证言是判决的基础，而且对询问证人的制度与程序也都做了明确规定。

论新中国狱政管理的特点和规律性
刘智

我国的狱政管理具有惩罚性、预防性、

教育性和矫正性等特点。狱证管理应充分利用以下规律：惩罚管制与改恶从善的对立统一规律；严格管理与矫正恶习，用"环境"的力量陶冶人、改造人的规律；寓教于管与迷途知返，在"导之以行"中不断前进的规律；严明奖惩与分化犯罪，用事实指明前途争取多数的规律。

再谈隶臣妾与秦代的刑罚制度
——兼复《亦谈"隶臣妾"与秦代的刑罚制度》
钱大群

李力同志《亦谈"隶臣妾"与秦代的刑罚制度》一文承认部分隶臣妾是刑徒后，又认为刑徒隶臣妾不具有奴隶身份，只有非刑徒的官奴隶臣妾有奴隶身份。尽管秦朝的隶臣妾能分为非刑徒的官奴隶臣妾和刑徒隶臣妾二种，但是刑徒隶臣妾也具有终身罪隶身份，这是秦朝社会奴隶制残余在刑罚制度上的反映。因此被处以比刑徒隶臣妾更重刑罚等级的犯人，也应当具有终身罪隶的身份。

"事情本身说明问题"格言及其应用
赵维田

"事情本身说明问题"格言是一条普通法原则。适用该原则的条件包括：如无当事人的过失，在正常情况下不会发生该事件；造成损害的媒介或情势处于被告或其雇员的单独控制之下；事情的原因不明。英美法院逐渐将该原则应用到航空责任事故上来。华沙公约规定的推定过失与"事情本身说明问题"原则有异曲同工之妙，是介于过失责任向无过失责任过渡的中间形式。在国际民用航空运输领域中无过错责任取代推定过失责任和"事情本身说明问题"原则已成定局。

论连带关系概念的重新出现
——一个值得注意的西方国际法学思想动向
李泽锐

"连带关系"一词源于19、20世纪之交的社会连带关系学说，这种学说在一次大战之后被运用于国际法的研究，认为国际法来源于"相互依赖"的国际连带关系，其实质则是主张西方殖民国家的"殖民统治有理"、发达国家"侵略和剥削第三世界穷国有理"。近几年，西方学者通过一些研究机关或讨论会重新提出"连带关系"的概念，其中一个突出现象是一些西方学者利用联合国机构来推定这一概念，并且将其作为一种"人权"来提出，认为现在正在出现由"连带关系权利"构成的"第三代人权"，其主要发起人是卡雷尔·瓦萨克。西方学者重新提出连带关系的概念的目的在于反对发达国家与发展中国家之间进行平等互利的交往、否定第三世界国家人民的发展权。连带关系的重新提出也遭到了一些西方学者的批评。

日本的刑事诉讼法
——赴日考察报告
陈光中等

1986 年第 1 期

论我国一元性立法体制
郭道晖

我国的立法体制可以概括为"一元性二层次三分支"。"一元性"指国家立法权统一由全国人大及其常委会行使,"二层次"指统一行使国家立法权的有全国人大和它的常委会,"三分支"指由全国人大通过宪法授予国务院以制定行政法规的权力,授予省、自治区、直辖市的人大和人大常委会制定地方性法规的权力,授予民族区域自治地方制定自治条例和单行条例的权力。"一元性二层次三分支"的立法体制实际上是一个比较完整、具有中国特色的立法系统结构。

试论授权立法
黄曙海　朱维究

建立授权立法制度,对促进四化建设大业、加强我国社会主义法制建设具有重要意义。授权立法是享有国家立法权的全国人大或其常委会通过授权决定授予国务院在某一特定方面、超出其一般立法职权的特殊权力。授权立法的内容和范围通常是特定的,受权力机关委托和监督,而且条件成熟时将由国家立法机关制定为法律。授权立法不同于一般的行政立法,后者制定法规、规章的权力虽然也来自授权,但此授权已经通过宪法、法律完全制度化、法律化。此外,我国的授权立法也不同于资本主义国家的委任立法。

"一国两制"中法的问题之我见
徐有毅

分析"一国两制"中法的问题,应坚持具体问题具体分析的原则。保留香港的资本主义制度不变,有着非常重要的意义。"一国两制"的理论基础在于法律制度是要同它所反映的政治经济情况以及科学文化发展水平相适应的,我国存在多种经济成分,必将在社会主义法律上得到反映。"一国两制"中的法是我国广大人民意志的反映,分析"一国两制"中的法律的本质,应主要看我国内地和香港的政治经济利益,看物质生活条件。

试析犯罪的伦理因素
姜　伟

犯罪这种不道德行为的出现,源于违背共产主义道德及社会公德。犯罪人的伦理观念与社会主义制度格格不入,与共产主义道德完全对立,变态的人生观、畸形的幸福观、不良的道德观是犯罪人实施犯罪的内在动力。道德评价具有重要意义,应创造一个"犯罪行为,人人喊打"的社会环境。加强共产主义道德教育应成为综合治理的首要任务和核心内容。

过失犯罪心理初探
周晖国

研究犯罪过失心理，对于更好地把握和认定过失犯罪，阐明过失犯罪应负刑事责任的理论根据，有着重要的意义。过失犯罪心理是驱使行为人实施过失犯罪行为的各种心理现象。有注意能力的人，在应当注意的情况下，对危害结果未予适当的注意而导致危害结果的发生，才构成过失犯罪。应从心理学的角度出发，更好地把过失犯罪与故意犯罪和意外事件区分开来。

建立具有中国特色的犯罪构成理论新体系
何秉松

必须运用毛泽东思想中关于人民民主专政理论、严格区分和正确处理两类不同性质的矛盾的学说、刑事政策策略思想，坚持唯物论和辩证法，从中国实际出发，来指导建立我国的犯罪构成理论。犯罪构成不是负刑事责任的基础，只有犯罪行为才是负刑事责任的唯一基础，而任何犯罪行为都必须是行为符合构成要件与行为的社会危害性的有机统一。

论我国司法制度的若干基本问题
熊先觉　于慈珂

司法制度是指司法机关的性质任务、组织体系、组织与活动原则以及工作制度的总称。我国司法制度应当包括审判制度、检察制度、侦查制度、执行制度、律师制度、调解制度、仲裁和公证制度等。研究我国司法制度，建立司法制度理论，要将各项制度与几个方面结合起来，取长补短，相辅相成。我国司法制度的基本构成包括概念系统、组织系统、规则系统和设备系统。

略论我国刑事诉讼主体
胡锡庆

凡在刑事诉讼中是一定诉讼职能的主要执行者，可以影响一定人的诉讼关系，对一定诉讼程序的产生、发展和结局能起决定性影响或作用的机关和诉讼参与人都是诉讼主体。我国刑事诉讼主体只能是司法机关和案件的当事人。司法机关是指依法分别行使侦查权、检察权和审判权的公安机关、国家安全机关、人民检察院和人民法院。当事人是指自诉人、被告人、附带民事诉讼的原告人和被告人。辩护人不具备诉讼主体的资格。

试论所有权内部纵横结构
李源植

所有权的横向构成要素包括四个权能，即所有、占有、使用和处分。其中所有权能是所有权的静态表现，占有、使用和处分权能是所有权的动态表现。在所有权的纵向结构上，由于受到我国现阶段，联合劳动者与生产资料结合方式以及所有权与经营权适当分开的特点所制约和影响，国营企业具有一定的企业所有权和经济上的所有权。这种以国营企业为主体的部分所有权和以国家为主体的总体所有权，构成了我国国家所有权内部纵向结构上的两个层次。

关于经济联合法律形式的探讨
王保树

根据联合紧密程度的不同,我国目前经济联合的法律形式主要包括:专业公司,其是具有法人资格的经济实体;合伙,参加者仍保持原来的法律地位;专业化协作联合体,是企业以协作为目的组织起来的更为松散的联合体,不具有企业的特征。这三种形式,依他们所反映的当事人结合的紧密程度而论,专业公司最强,合伙次之,专业化协作联合体最弱。因此,法律对它们的调整方式,也应有所不同。

论公司的性质和法律地位
王峻岩

作为发展商品生产和商品交换的组织形式,公司理应是企业,而不是行政性管理机构,其除了为社会服务之外,必须要赢利。在法律地位上,公司属于法人,有依法设立的组织,独立的财产,并依法定程序成立。除此一般特征外,依照对公司的不同分类,不同类型的公司还具有各自的法律特征。公司作为法人,其权利能力具有特定性,不仅由法律规定,还受自己所订章程的限制。我国目前尚无调整公司各种关系的完整的法律规定,需尽快制定公司法。

"民法"一词探源
陈嘉梁

"民法"通常具有两方面的含义,一种是广义上的,指调整民事财产关系和人身关系的一切民事法律规范的总称;一种就狭义而言,指通过一定立法程序制定的,按照一定体系编纂的民法典。狭义"民法"一词,学者一般认为来自日本。而广义上的"民法"一词,在我国历史上最早可见于《尚书·孔氏传》中,时间约在魏晋时代,其内容大体与我们所说的广义民法是一致的。

谈谈我国仲裁制度的改革
赵金镶

我国经济合同法和《经济合同仲裁条例》在总结建国以来实践经验的基础上,对经济合同仲裁作了一系列重要改革:将分工仲裁制改为统一仲裁制;将部分经济合同仲裁该为全面仲裁;将两级仲裁制改为一级仲裁制;采用自愿仲裁原则;增设了仲裁监督程序,作为对裁决错误的补救措施。在不断完善仲裁制度的过程中,应进一步研究仲裁机关的称谓,仲裁案件的提起,以及法律协助等问题。

也谈我国经济合同仲裁机关的法律地位
张理泉

经济合同仲裁机关是行政执法机关,其与人民法院在处理国内经济合同纠纷上存在业务重叠问题。按这种"双轨制"的业务分工,人民法院与仲裁机关在工作上应是相互配合与协作,而不是上下级隶属关系。仲裁机关依法行使仲裁权,应具有相对独立性。因此,当仲裁机关受理案件以后,在仲裁过程中,如果一方当事人向人民法院起诉,人民法院应不予受理。

岛屿与大陆架的划界
——希腊和土耳其之间有关
爱琴海的大陆架争端

赵理海

希腊和土耳其两国对爱琴海的争夺由来已久、十分激烈。在爱琴海的全部3100个岛屿中，希腊占有约80％，其他为土耳其所有。希腊主张其所有的岛屿拥有大陆架，土耳其则极力否认。双方均为自己的主张提出了国际法上的依据。1976年，希腊就土耳其在爱琴海的勘探活动向联合国安理会提出申诉，认为土耳其侵犯希腊在爱琴海大陆架的主权权利，土耳其认为这一主张毫无根据。安理会呼吁两国通过谈判并考虑运用包括诉诸国际法院在内的司法手段以解决争端。同年，希腊单方面向国际法院对土耳其提起诉讼，请求法院宣判在东爱琴海的希腊诸岛拥有属于自己的大陆架并指示临时保护措施。土耳其不承认国际法院有此案的管辖权，因此国际法院于1978年裁定它不具有接受希腊起诉的管辖权。对爱琴海大陆架划界的问题，需要依据国际法加以公平解决。

秦汉律中髡、耐、完刑辨析

王 森

秦汉律中的髡、耐、完刑是三种不同的刑罚，各有其特殊的内容和性质，然究其本源，三者又有其内在的联系，它们的形成是一个由重到轻的发展过程。对于应受宫刑的贵族给予法律上的优待，用剃发的刑罚来代替，就产生了髡刑；在这个基础上，沿着从宽的方向，髡刑向前发展一步，保留头发，只剃去鬓须，就成为耐刑了；耐刑再进一步，鬓须也被保全下来，身体上的每个部位都不受到任何伤害，这就成为"完"刑了。从本质上讲，髡、耐既不是徒刑，也不是肉刑，而是我国古代特殊的侮辱刑。

关于美国反倾销法的几个问题

曾俊伟

美国反倾销法的产生，立足于通过限制价格水平的手段来保护本国生产者的利益。其随后的发展表明，美国贸易法规从反托拉斯向反倾销转变，反倾销法与关税与贸易总协定中的国际反倾销法规定趋于一致，贸易保护主义措施也不断加强。美国倾销裁决的作出，需要两个部门分别对是否"低于公平价格"，是否对本国工业造成"重大损害"进行确定。此外，反倾销在美国的行政法规中，属于一种例外的法律程序。在我国出口贸易不断遭遇"倾销"指控的情况下，有必要研究国外此类法规，并采取相应对策。

民法通则（草案）座谈中涉及的理论问题

苏 阳

1986 年第 2 期

新中国法律教育事业的引路人
——纪念董必武同志诞辰一百周年
陈守一

董必武同志是新中国法制建设的直接领导者,对新中国法学和法律教育事业的创建和发展提出了许多切合实际的精辟观点,并直接推动了法律教育事业的创建和发展工作。在领导发展我国法制建设事业过程中,他始终强调要实事求是地建立符合中国情况的法制和法律科学体系。董老法律思想中,理论联系实际、从实际出发、实事求是的方法论及有法可依、有法必依的法制思想,是我们的宝贵思想财富。

法学理论战线的卓越拓殖者
——悼念韩幽桐同志逝世一周年
吴建璠　王家福　黄明川

试论法制与改革的关系
蔡定剑

法制与改革的关系可以具体化为立法、执法、守法与改革的关系。经济体制改革给法制提出的首要任务是加强经济立法。对于边改革边立法、先立法后改革、先改革后立法三种形式,立法时应根据不同情况作出相应决策。正确执法对充分发挥法律对改革的作用意义重大。正确执法,要端正执法的指导思想,正确处理改革中"合理"与"合法"的关系,提高执法人员的素质。最后,就法制原则和改革政策的基本要求来说,改革必须守法。

宪法与经济体制改革
肖蔚云

宪法是治国安邦的总章程,也是经济体制改革的法律根据。宪法总结了经济体制改革的经验和成果,确定了经济体制改革的原则,表现了我国社会主义经济制度的特色。中央关于经济体制改革的决定和经济体制改革发展的进程,完全证明了宪法关于经济体制改革的原则的正确性。宪法奠定了关于经济改革方面的立法基础,加速了经济立法的进程,推动了经济体制改革的发展。

论宪法的实施保障问题
罗耀培

宪法的实施,一方面必须重视法律手段,必须重视宪法和法律监督机构的作用,另一方面,还要考虑其他政治、经济、行政等手段的综合运用。在讨论我国社会主义宪法的实施保障问题中,应当坚持宪法是国家根本法的观点,坚持宪法是以政权为保障的观点,坚持实事求是的观点。为了保障宪法的实施,应进一步加强社会主义法制的建设,加强人民代表大会制度和全国人大常委会的建设，加强宪法和法制的宣传教育工作。

论行政法在经济体制改革中的作用
袁曙宏

以城市为重点的经济体制改革冲击着一些不合理的行政管理制度，提出了行政管理制度改革的要求。实行政企职责分开，应当加强行政法保障。实行行政管理模式的转变，应当运用行政法手段。防止宏观经济失控，应当注重行政法调整。发挥城市的中心作用，应当提高其行政法地位。总之，行政法在经济体制改革中具有举足轻重的作用。

论商品所有权
王利明

商品经济存在的一般条件与商品所有权有着内在联系。商品所有权是商品经济发展的产物，其又为正常的商品生产和交换提供了条件。由于在任何社会形态下，生产资料和劳动力的归属都共同决定着劳动产品的归属，因此企业享有商品所有权具有客观性。同时，国家所有权和企业商品所有权的双重结构的存在，正是所有权的性质及其运动规律的必然表现。企业商品所有权的存在并不改变国家所有权的性质。我国改革实践证明了国营企业享有商品所有权的必要性，从而在法律上要求形成国家所有权和企业商品所有权的双重结构。

国有企业法人财产权利探讨
徐武生

企业要成为法人，必须拥有自己独立的财产。我国国有企业作为法人，其财产权利依据应该是经营权。经营权比较经营管理权、相对所有权、用益权、法人所有权这些物权观点而言，是比较科学而准确的提法，它可以而且也只有它才能成为国有企业法人财产权利的依据。

我国民法应当使用债的概念
——与史际春同志商榷
陈庚生

是否使用债的概念，问题的实质在于是否要对我国实际生活中存在的特定主体之间以特定给付为内容的民事法律关系作出一个总的概括。我国现实生活中存在这类法律关系，虽然内容复杂，形式多样，但其本质具有一致性，在实现和保护方法上也有共同之处，将其概括在一起是实现民事立法系统性、确保法学研究的科学性和照顾司法实践的便利性的需要，也与我国固有法的发展相一致。因此，我国民法应当使用债的概念。

涉外经济合同法初探
赵光裕

涉外经济合同法是我们在处理与涉外经济合同有关的法律事务时所应当遵循的基本法律依据。其规定了涉外经济合同的概念、范围、基本原则、合同成立要件、效力、法律后果、违约责任等内容，为涉外经济合同关系提供了基本准绳，但还需制定相关的实施条例或补充解释，以进一步促其顺利实施。

略论我国同一顺序法定继承人均等继承的有限原则

刘　野

根据我国新颁布的继承法规定,对同一顺序法定继承人继承遗产份额应实行"均等继承的有限原则",即同一顺序法定继承人继承遗产的份额在一般情况下的均等与特定情况下的不均等相结合。这一原则是我国建立继承制度的目的及其在实现社会主义家庭职能方面的必然要求,并与剥削阶级制度中的均等继承原则在继承基础、内容、目的、范围和限制上有着原则的区别。司法实践中需综合考虑若干因素,正确理解这一原则,合理分配遗产份额。

略论环境保护法律制度中的损害赔偿责任

罗典荣　刘玉明

污染损害赔偿是行为人的污染环境行为造成他人人身权利和财产权利的损害而产生的权利义务关系,是一种特殊的损害赔偿。无论在构成要件的具体内容上、确认责任的原则上,还是解决纠纷的程序上都有自身特点,有别于其他的损害赔偿。但从本质上讲,污染损害赔偿还是一种民事责任,是对受害者利益的一种补偿,这是行政责任或刑事责任所不能替代的。

对犯罪概念与犯罪构成的探索

胡正谒

犯罪概念是一个历史范畴。犯罪是对我国这样一个无产阶级专政的社会主义国家具有相当严重的社会危害性的、违反刑事法规的、应受到刑罚处罚的危害社会的行为,行为的社会危害性、违法性、情况相当严重应受刑罚的惩罚性是犯罪行为的三个基本属性。具备一定条件的行为人在主观上的反社会危险性与其客观上的反社会现实性的统一,就构成为具体的犯罪。

经济犯罪中直接责任人的刑事责任

胡石友

直接责任人犯罪同个人犯罪的法律责任不同,个人犯罪的罪责个人自负。单位进行犯罪活动,法律责任分为单位责任和对单位犯罪负有直接责任的人的责任两个方面,前者是对单位的法律处罚,后者是对单位犯罪行为负有直接责任的自然人的法律处罚。在认定直接责任人犯罪并处以刑罚时,应区别于个人犯罪,注意区分打着单位名义进行的个人犯罪和单位的直接责任人犯罪。

我国青少年犯罪的新特点

罗　锋

青少年犯罪的特点是研究青少年犯罪的首要问题,青少年犯罪的新特点是指近期青少年犯罪表现出来的具有时代性的特征。现阶段,我国青少年犯罪出现了一些新特点,包括低龄化趋势、暴力恶性大案突出、违法犯罪的一般化、中学生犯罪率下降、大学生犯罪率上升、农村青少年犯罪增多、"娱乐型"违法行为增加等方面。

我国律师辩护制度的改革刍议
汪纲翔

从实践经验看，我国律师辩护制度的规定还存在弊端，改革律师辩护制度具有必要性。如果在侦查阶段即赋予被告人委托辩护律师辩护弊大于利，主要表现为现在律师很难适应、可能增加侦查工作的难度等。根据我国的国情和诉讼制度，公诉案件在起诉阶段赋予被告人委托律师做辩护人的诉讼权利，是比较合理的。实践证明，在起诉阶段赋予被告人委托律师作辩护人也具有可行性。

律师服务的商品性初探
——我国律师制度改革的新构想
赵霄洛

根据马克思关于简单商品和资本主义商品生产中的律师服务的观点，社会主义社会的律师服务也是商品。这表现在律师服务能够满足社会主义生产和社会的特殊需要，律师服务既转移旧价值，而且也能创造新价值。我国律师业应按照商品生产和商品经济的规律和要求来建设、发展。为此，律师机构应由事业性质逐步向企业化发展，律师机构应由"官"办逐渐转变为国家、集体和个人办，律师收费应由低费原则转变为等价交换，律师业发展应逐步由单纯利用行政手段转变为利用行政手段和经济手段相结合。

企业法律顾问机构刍议
孙如林

企业设置法律顾问机构是经济发展和现代化企业管理的客观要求。从我国现行法律规定以及实践经验看，企业法律顾问机构应该是在厂长直接领导下，运用法律手段参与企业内部行政管理的一个职能部门，从而决定了其任务、职责以及服务范围都以本企业的经营活动为中心。当前应正确处理企业法律顾问机构与司法行政部门及律师机构的关系，重视对企业从事法律顾问工作人员的培训工作，依企业具体情况设置企业法律顾问机构。

试评资本主义国家废除死刑
成光海

废除死刑，在资本主义国家中已显示出一种发展趋势，尽管过程曲折、反复，但在逐步增加。资本主义国家废除死刑的原因在于法学理论的影响、阶级斗争形势的变化、加强预防和打击犯罪措施的影响。资本主义国家废除死刑，在历史上起过一些进步作用，又有阶级局限性和欺骗性，废除死刑并不影响资产阶级的残酷刑事镇压，从目的上看，废除死刑是为了美化资产阶级的刑罚。

"保护版权始于我国宋代"
前人早有论述
放之

关于宋刻《东都事略》书前牌记所载史料，及以后宋、元有关版权的史料，清末叶德辉是我国版权历史上的第一个开拓者。叶氏《书林清话》之后，《东都事略》这则版权史料并没有被淹没。因此，邹身成提出的"保护版权始于我国宋代"的论据，并非"极重要的发现"或"重大突破"。

1986 年第 3 期

民法通则的适用范围及其效力
江 平

民法是调整市民社会关系的法,其调整对象不仅包括公民之间的财产关系,还应包括社会经济关系。民法调整平等主体间的财产关系和人身关系,并不意味着其他含有平等主体间财产关系和人身关系的法律,都不能成为独立的法律部门。作为财产基本法的民法通则还不是完整的民法典,仍需单行法来补充和完善。我国民法是公法,其在国内具有统一准则的效力,因此在国内民事关系中不允许出现法律适用的冲突问题。

一部具有中国特色的民法通则
王家福

我国民法通则属于社会主义类型的民法,其不仅在形式上别具一格,而且在内容上有着鲜明的特点。从总体方面看,其中国特色主要体现在:以中国式社会主义为基础;以改革为灵魂;以搞活经济为中心环节;以开放为重要内容;以促进技术进步为关键;以保护公民和法人的合法权益为核心;以促进两个文明建设为宗旨。

论国营企业经营权
佟 柔 周 威

我国最近颁布的民法通则中规定,全民所有制企业对国家授予它经营管理的财产依法享有经营权,并受法律保护。经营权是国营企业作为民事主体,对国家交给它支配的财产进行占有、使用和处分的权利。它既是社会主义国家代表全体人民行使所有权的方式,又构成国营企业独立从事商品生产经营的财产权基础。经营权作为一个民法概念,能够比较准确地概括国营企业财产支配权的法律属性,并能够充分反映它所由产生和存在的经济关系的根本性质。

论我国的行政立法
刘曙光

行政立法包括两个基本组成部分:一是根据国家立法机关通过法律或决定明确授权而制定某一方面的行政法规或行政规章,二是在自己的行政职权范围内制定和发布不与法律相抵触的管理性法规和规章。行政立法应当遵循立法有据、民主立法、效力分级、程序合法原则。目前,我国行政立法的合法性监督制度尚不完备。总体上,我国急需制定行政立法法,来具体规定行政立法的基本原则,行政立法机关及其职权范围,行政立法程序和技术性问题,以及行政立法的合法性监督等。

传统法律规范理论刍议
江必新

随着法学理论和实践的发展,传统法

律规范理论日益暴露出弊端。首先，传统理论将法律规范的构成要素之一法律后果仅仅理解为制裁，事实上，法律后果的形式具有多样性，既包括消极的制裁也包括积极的奖励。其次，传统理论在法律规范构成要素上还忽略了"假定行为"部分。最后，关于法律规范的种类，传统理论根据法律调整方式将其划分为义务性规范、禁止性规范和授权性规范。从法律调整方式来分类，法律规范只能且应当被分为义务性规范、权利性规范和职权性规范。

建议在乡镇设立
人民代表大会常务委员会
白益华　汤晋苏

乡镇政权建设中已经出现的一些问题，由于乡镇一级中没有人大常委会，不便于处理和解决，在农村乡镇设立人民代表大会常务委员会十分必要。乡镇人民代表大会常务委员会应由乡镇人民代表大会选举产生，可以由脱产和不脱产两部分人员组成。在乡镇设立人民代表大会常务委员会有利于发扬社会主义民主，有利于对乡镇政府工作和工作人员的监督，有利于乡镇政府充分发挥基层政府的职能作用。

定罪的依据是什么
曾　榕

犯罪构成是定罪的依据，是犯罪人担负刑事责任的基础，但也并不排斥刑事政策在定罪领域中的运用。犯罪构成诸要件是密切联系不可分割的整体，只有从总体上把握犯罪人的罪行轻重和恶性大小，才能正确地贯彻区别对待的政策。从我国的刑事政策看，定罪要强调"准"字，要求事实清楚，证据确凿，定性准确，基本上是以犯罪人的现实罪行轻重及其所反映的恶性大小为标准。

论犯罪分子意志以外的原因
赵秉志

在认定犯罪未遂时，应当以"足以抑制犯罪意志的原因"作为认定"意志以外原因"的标准。判断不利因素是否达到足以抑制犯罪意志的程度，应以行为人的主观感受为基本标准，以因素的客观性质和作用程度为必要补充。应当正确区分犯罪未遂和着手实现犯罪后的犯罪中止，"放弃重复侵害行为"应当认定为犯罪中止而不是犯罪未遂。

教唆犯不是共犯人中的独立种类
张明楷

我国刑法仅将共犯人分为主犯、从犯和胁从犯。刑法对教唆犯作了专门规定，但教唆犯不是共犯人中的独立种类，因为教唆犯根据情况分别归入主犯与从犯，就不能与主犯、从犯相并列而成为共犯人的独立种类。明确我国刑法中的教唆犯不是共犯人中的独立分类，而是分别归入主犯与从犯，有利于认识我国刑法的科学性，有利于与资产阶级的从属性与独立性说相区别，有利于给教唆犯以相应的刑罚处罚。

论对公诉案件的审查
樊崇义

对公诉案件的审查是刑事审判第一审

程序的一个必经的专门程序,根据我国的实际,对公诉案件的审查程序不仅不能取消,而且必须加强,审查公诉案件不是搞"先判后审"。审查公诉案件应该有一定的组织形式,在审查公诉案件中应当讯问被告人,必要时,人民法院可以依法进行勘验、检查、搜查等专门的调查工作,审查后的处理也应按照法律规定进行。

死刑复核程序实践中的几个问题
肖胜喜

死刑复核程序是我国特有的诉讼程序。死刑复核程序的时间可参照第二审程序,复核机关在受理案件后,应当在一个月内结案,至迟不能超过一个半月。死刑复核程序同二审程序合二为一的做法在目前是适当的,有其存在的意义。在死刑复核程序中应当适用上诉不加刑原则,检察机关没有抗诉的,不能加重被告人的刑罚。对于有判处死刑和其他刑罚的集团犯罪案件应全案上报复核。

环境保护标准的法律调整
张孝烈

环境保护标准本来是环境保护的技术规范,但它一经国家按照法定程序正式颁发实施,便具有法律效力,成为依靠国家强制力来保证实施的人的行为规则和体现国家意志的环境保护法规。我国的环境标准体系包括国家标准和地方标准两级,以及环境质量标准、污染物排放标准、环境基础标准和环境方法标准四类。制定和执行环境保护标准,必须贯彻若干原因,确定具体的实施办法,并对违法行为依法追究法律责任。

我国民事诉讼证据制度的主要特点
刘家兴

我国民事诉讼立法不但将证据制度作为一项基本原则列入总则,而且在基本原则的指导下,全面贯穿于各种诉讼程序。我国民事诉讼证据制度调动当事人和人民法院两方面的积极性,以保障利用充分的证明材料,全面揭示案件的客观真实情况。我国民事诉讼证据制度,在充分肯定民主原则的同时,始终贯彻国家干预原则,并以国家干预原则为主导。此外,我国民事诉讼证据制度还具有广泛的社会性。

试论宋代的有关民事法律规范
赵晓耕

宋代商品经济的畸形发展,传统的"重义贱利"向"利义均重,利义相辅"思想的转变,是宋代民事法律规范增多的根本和直接原因。宋代有关民事法律规范包括民事主体资格、动产与不动产、法律行为、时效等多方面内容,体现出对于法律作用的重视。宋代超越历代的频繁立法,与当时经济和政治的发展变化密切相关,对维持宋代的统治起到不可忽视的作用。

晋刑鼎再议
——兼向庆明同志请教
俞荣根

由于晋刑鼎上铸了什么东西,现在仍

不得而知,因此现在就断定晋刑鼎开始了法与道德分离和法刑一体的制度,是武断的;把铸刑鼎说成是"这场变革的一块丰碑,一个界石",铸鼎和反铸鼎"不仅是中国法律发展史上的重大事件,而且也是整个中国文明史中带有分界标志的重大事件",是值得商榷的。

《新唐书·刑法志》舛误一则
曾代伟

略论当代国际私法法律适用问题的新趋势
李泽锐

当前由于民族、民主独立国家的兴起,第三世界国家的发展,科学技术的进步,国际交往的频繁,在国际私法的法律适用方面出现新的发展趋势,主要包括:制定弹性连接原则;政策定向和依据政府利益选法方法的使用;当事人选法与法庭地法的发展倾向;仲裁法庭适用法的国际法化迹象;接受外资国规定涉外经济合同适用本国法的实践。

关于日本经济法律制度的考察报告
王家福　王保树　梁慧星
崔勤之　李　薇

日本是资本主义国家,实行自由市场经济制度,同时政府又从不同方面对经济实行干预。这种以市场竞争机制为主,以根据计划原理所实施的政府干预为辅的"混合经济体制",决定了战后日本经济法律制度的基本结构,即民商法和经济法并重,采取多种法律手段对国民经济进行综合法律调整。日本的竞争法以《禁止垄断法》为首组成一个法规体系,在战后日本经济法律制度中占据十分重要的位置。有关公司和破产方面的法律制度,对于组织大规模的商品生产和商品交换,对于战后日本经济的高速发展,有着十分重要的作用。此外,物价管理政策是整个经济政策的重要组成部分,物价管理法也是战后日本经济法的一个重要组成部分。战后消费者运动背景下产生了日本政府的消费者政策,为此,日本政府颁发一系列法规,形成一个消费者保护法规体系,在战后日本经济法律制度中占有重要地位。

美国的经济分析法学派
信春鹰

美国经济分析法学派出现于七十年代初,主张以经济观点分析法律,强调法律和经济之间的内在联系。其核心观点可概括为:最大限度地发展社会财富是法律活动的唯一宗旨;在普通法领域,法官的任务就是创造"最大限度地增殖社会财富"的案例判决;在现代社会,从根本上说,传统的正义、公平、道德等原则应该改变,社会财富的极大发展会使得正义、公平和道德在更高水准上实现;人在本质上是趋利避害的,防止犯罪的最有效手段是加重刑罚幅度。

论宪法在建设中的作用
——学习邓小平同志"一手抓建设，一手抓法制"思想的体会
王叔文

邓小平同志"一手抓建设，一手抓法制"思想对发展马克思主义宪法理论具有重要的意义。宪法为我国法制建设提供了法律基础，宪法是进行社会主义现代化建设的法律基础，保证宪法的贯彻实施，最根本的就是要认真贯彻邓小平同志"一手抓建设，一手抓法制"的思想。宪法是建设具有中国特色的社会主义的强大武器，也是建设具有中国特色的社会主义法制的强大武器。

研究法的概念的方法论问题
沈宗灵

涉及法的概念的诸多学术争论都涉及方法论问题。从方法论上说，法的概念具有层次性，如对一切阶级社会都适用的法概念、对一切阶级对立社会都适用的法概念、对特定社会形态或特定国家适用的法概念等；法有本质和现象之分，法的本质也具有层次性；法的作用因不同层次的法概念而有所不同；法的阶级性因维护阶级统治和执行社会公共事务的不同法律职能也有不同的体现。

论法的超阶级性
殷勇

法的超阶级性是指法所具有的反映客观规律、反映全体社会成员共同生活和生产的一般需求、保障一般社会秩序的特性。法的起源、发展直至消亡的整个过程，贯穿着法的阶级性和超阶级性这一对主要矛盾的相互依存、转化和斗争。总之，法既是统治阶级的意志和利益的反映，又是人类社会一般利益和愿望的反映；既是阶级专政、阶级镇压的工具，又是执行社会公共事务、维持人类共同生活和生产的一般秩序的工具；既有鲜明的阶级性，又有不可否认的超阶级性。

论经济观念对法律意识的影响
董开军

经济观念在整个社会意识系统内处于基础性地位，法律意识的形成和发展无不打上经济观念的印记。在我国，自然经济观念制约着法律意识的发展，"重义轻利"的经济观念掩盖和限制了人们对物质利益的追求，导致法律意识不发达，价值观念的薄弱直接影响到法律意识的薄弱。提高人们的法律意识，应当结合经济体制改革这一具体的历史过程，注意法律意识培养与经济观念转变的同步，注意价值观念的培养和增强。

监察工作刍议
苏尚智

监察工作是国家行政管理制度的重要组成部分,也是维护法制和纪律的必要手段。在政府体制中占有重要地位。我国现行宪法明文规定国务院和县级以上人民政府领导和管理监察工作。目前,在我国有恢复监察工作的必要。恢复监察工作,首先要明确监察机关的性质、职责和权限,建立专门的行政监察机构,注意吸收人民群众参与监察工作,重视完善监察法制。

谈谈诉讼时效
张佩霖

我国民法通则专章规定了诉讼时效制度,这对司法实践具有重要意义。民法通则中规定的二年时效和二十年时效属于一般时效,一年时效则是特殊时效。超过诉讼时效期间后,当事人并不丧失实体权利。此外,民法通则还对诉讼时效的中止、中断和延长进行了规定。

试论定金与预付款
肖 龙 赵 彬

定金与预付款在形式上都是一种预先支付,但实质上却体现了不同的法律关系,有着不同的法律意义。我国经济立法中对定金作了严格规定,包括法定定金与约定定金两种。我国的预付款制度主要包括支持和维护的预付款,以及禁止和杜绝的预付款两个方面。在经济审判中需进一步明确约定定金的适用范围,约定定金的额度,以及对超出国务院及有关部门规定范围的预付货款予以严格禁止等问题,以完善定金与预付款的法律规定。

要正确领会关于离婚问题的法律规定
黄双全

我国婚姻法对离婚问题规定的基本精神包括:规定了离婚的非诉讼解决办法和诉讼程序,规定调解是人民法院审理离婚案件的必经程序,将感情确已破裂、调解无效作为离婚的原则标准。针对离婚案件中出现的新问题,需要进一步做好当事人的思想工作,即使对感情已破裂、调解无效的案件进行判决,同时也要制止滥用离婚自由的行为。在审理第三者插足的离婚案件中,既要依法调查分清是非,也要从我国社会主义道德准则出发,妥善处理。

主客观要件相统一是
我国犯罪构成理论的核心
陈泽杰

犯罪构成理论是我国刑法理论的重要组成部分。犯罪构成是个理论概念,主客观要件相统一的原理是犯罪构成理论的核心。主客观要件相统一的原理,也是历史经验的总结,特别是建国以来正反两方面历史经验的总结。我国刑法总则和分则条文有关犯罪和刑事责任的规定都体现了主客观要件相统一的原理。主、客观相一致和主、客观相统一的提法都不够准确,值得商榷。

论我国的死缓制度
陈广君

死缓制度是我国首创和特有的法律制度，否定死缓制度是我国首创和特有的法律制度，缺乏根据。死缓是执行死刑的一种制度，不是最严重的危害国家和人民利益的犯罪，不能判死刑，"留有余地"判死缓的做法不足取。衡量死缓期间表现的根本标准，应是是否接受改造和实际改造效果。死缓制度具有重要的政治和法律意义。

论罪犯的立功表现
周振想

"立功受奖"是惩办与宽大相结合刑事政策的有机组成部分。对于揭发、检举同案犯的罪行是否算立功的问题，应该具体情况具体分析，如果犯罪人揭发、检举的是已被司法机关发觉、甚至已经掌握实据的同伙中次要分子及其一般罪行，则不应视为立功。犯罪人犯罪后立功的形式多种多样。对于立功的犯罪人予以适当奖励，具有必要性。

被害人学初探
陈岳

被害人学的出现有客观必然性，我国的被害人学应采狭义的被害人学观点，其对象是犯罪行为的受害人。女性、老人、小孩、年轻人更容易成为受害人，受害人有其特殊性，受害人的环境也有一定的规律性。被害人与侵害人的关系是被害人学研究的重要内容，从受害人与侵害人的关系看，被害人可以分为与侵害人无联系的被害人和与被害人有联系的被害人。被害人补偿是一个有待研究探讨的问题。

论建立具有我国特色的刑事审判监督程序
徐益初

我国刑事审判监督程序在内容、原则、方法等方面都具有中国特色，坚持贯彻了实事求是、有错必纠的原则。申诉权人的范围不应限于当事人，还应赋予当事人的家属和其他公民申诉权。认定事实或者适用法律上确有错误是提起审判监督程序的理由，应把申诉审查明确为审判监督程序的一个阶段。再审的审理方式可以采取一些不同于普通程序的特殊做法。

判决审查阶段的实事求是、有错必纠原则
孙飞

二审、死刑复核和审判监督程序可合称为判决审查阶段，实事求是、有错必纠原则在其中居于核心的地位。实事求是、有错必纠是我们党一贯倡导的政法工作的重要原则，是以事实为根据、以法律为准绳的刑事诉讼基本原则在判决审查阶段的体现。实事求是、有错必纠是社会主义司法道德的要求，是人民司法工作者必须具备的品质，具有突出的优越性。

中国民法沿革考略
李龙

我国民法有着漫长的发展历史，商代

在所有权、婚姻和继承制度等方面,就有了相当发展,到周代,民事法规从内容到范围都有所扩大。战国《法经》中"杂法"夹有民事法规,至秦始皇时期,民法内容已相当丰富。此后,魏晋南北朝时期,以及自唐迄清的法典中,都包括不少民法规范内容。光绪年间制定的《大清民律草案》,是旧中国第一部民法典(草案)。辛亥革命后,也进行了诸多民事立法,其中国民党政府时期制定了完整的民法典。

《申鉴》中的法律思想述评
蒋智前

《申鉴》是东汉著名史学家、思想家荀悦的著作,大多是针对封建社会政治统治的重大问题而发,集中表达了他的政治主张。他主张"非君臣不成治",认为治理国家不是君主个人的事,而是整个统治集团的事。他的"以道德导民"思想,可以归纳为三方面"一曰达道于天下,二曰达惠于民,三曰达德于身"。他不重视刑罚的作用,也反对滥施刑罚,认为应该"惟慎庶狱,以昭人情"。

清律颁年考略
苏亦工

国际环境法著名案例述评
欧阳鑫

二十世纪中叶以后,环境问题才开始引起广泛注意,因此国际环境法并无充分的案例可资研究。本文评述了20世纪30年代以来有关国际环境纠纷的两个著名案例,这些案例中的裁决虽然被认为是适用传统国际法的原则,但其中的某些做法与观点也孕育着国际环境法新原则的胚胎。一个由美国、加拿大和比利时的三位法官组成的仲裁庭于1938年和1941年两次对美国诉加拿大的"崔尔冶炼厂仲裁案"作出裁决,其中确立了一国在其管辖和控制之内的活动不得损害其他国家或地区的环境、造成污染的"国家直接责任"这一理念。法国诉西班牙的"兰诺湖案"也是由一个仲裁法庭于1975年作出裁决,其中既遵循了传统国际法中关于水域使用的"沿岸权主义"、否定了源自绝对主权学说的"哈蒙主义"和"自然流动说",又提到国际水域的沿岸国家负有照顾其邻国利益的责任。

评高等学校法学教材《国际法》
罗 汉 袁成第

1986 年第 5 期

科学与法
于得胜

发展科学和加强法制是同一个任务的两个相关的侧翼。科学与法之间是一种双向的影响和制约关系。科学是创制有关科学法律的基础，法又是科学发展的外部环境之一。我国在科学法制方面的一个重要任务是抓紧科学立法。科学立法要适应科技发展的客观规律，要充分尊重劳动者的自主性、尊重学术自由原则，要有助于促进科学技术为社会进步和经济发展服务，要与国际科技发展潮流相适应，与国家整个法律体系相呼应。

关于地方性法规若干问题的探讨
徐功勋

作为法的渊源之一，地方性法规具有法的共同属性，如国家意志性、行为规范性、强制性，同时也有特有的属性，如主体的法定性、客体的广泛性、内容的从属性、效力的地域性。从表现形式上说，地方性法规有两类，一是直接规定各种行为准则的规范性文件，一是针对特定事项的带有行为规范性质的决议和决定。加强地方法制建设，必须注意区分地方性法规与行政措施、地方性法规与规章以及地方立法范围与国家立法权限之间的界限。

论刑事责任
张令杰

刑事责任是法律责任中具有特殊性质的一种，把追究刑事责任的机关仅限定于人民法院的说法值得商榷。刑事责任的根据是符合犯罪构成要件的犯罪行为，不能认为犯罪行为必然具备的犯罪构成要件是刑事责任的根据。实行刑事责任的方法除刑罚等刑事强制措施外，还包括刑事诉讼强制措施、行政强制措施和其他强制措施。刑事责任开始于犯罪行为的产生。

共同犯罪与身份
马克昌

无身份者不能实施真正身份犯的实行行为，不能构成共同实行犯，但无身份者能构成我国刑法中的主犯甚至首要分子。无身份者与有身份者共同实行某种真正身份犯的行为，应按照无身份者在共同犯罪中所起的作用认定。影响刑罚轻重的身份有两种情况：身份不影响犯罪的性质，仅仅影响刑罚的轻重；身份影响犯罪的性质，同时影响刑罚的轻重。

略论胁从犯
陈忠槐

胁从犯只限于事前有通谋的共同犯

罪,而排除事前无通谋的共同犯罪,也不是每一起事前有通谋的共同犯罪里都一定包含胁从犯。被胁迫诱骗参加犯罪和胁从犯在共同犯罪中所起的作用应该小于或等于从犯,是认定胁从犯的两个条件。实际生活中,胁从犯包括被胁迫参加犯罪活动和被诱骗参加犯罪活动两种,但不是所有被诱骗参加犯罪活动的都是胁从犯。胁从犯在刑法分则中也有重要的意义。

贿赂不应包括非物质性的"其他不正当利益"

杨再明

从历史、我国法律、政策、执法的角度分析,贿赂罪的贿赂概念只应包括金钱、财物和其他可以用货币价值计算的物质性利益,而不应包括非物质性的"其他不正当利益"。世界上并不是大多数国家刑法典中规定或大多数法学家主张无形的非物质不正当利益也可以构成贿赂罪。主张贿赂中不包括非物质性的"其他不正当利益"不会放纵犯罪分子。

依靠社会力量教育改造违法犯罪青少年

康树华

依靠社会力量教育改造违法犯罪青少年具有重要作用。其形式主要有帮教、组织试工、试农、试学、在原单位执行劳动教养、实行归假制度、组织受处罚人员参加社会服务活动、争取社会各界的关心、改革接见制度、成立"挽救失足青少年基金会"等。依靠社会力量教育改造违法犯罪青少年,是党和国家的群众路线在劳改劳教工作中的具体体现。

论劳改工作方针的科学性

刘 智

劳改工作的"改造第一、生产第二"方针经历了劳改工作实践从无到有、由小到大的发展过程。劳改工作方针揭示了劳改工作的内部机制,它对劳改工作的实践,具有科学性、战略性和指导意义。劳改工作方针的目的是为了强化对罪犯的改造。劳改工作方针的实质是坚持劳改机关的专政性质。

对技术合同若干法律问题的探讨

周大伟

我国技术合同的产生和发展具有深刻的社会背景,近年来实践表明,其在各方面显示出重要的社会和经济意义。技术合同具有其自身的法律特征,针对目前实践中存在的问题,宜制定专门的技术合同法对技术商品开发、转让和应用进行综合调整。此外,还应对技术成果的分享,风险责任的负担,以及运用当事人意思自治原则解决技术合同法律适用问题等方面作进一步探讨。

论合伙

戴锛隆 丁 岩

合伙是商品经济发展的必然产物,是促进人类财富社会化的重要法律形式。与法人相比,合伙是人们联合的初级形式,合伙财产是共有化的财产。当法人可以成为合伙人时,这种区别正在逐渐消失,二者之间的界限越来越模糊。在法律上，合伙的优越性始终没有被磨灭，它具有法人与独资经营所不具有的特殊作用，越来越受到人们的重视。因此，我国在进行合作经营、企业联合和经济合作过程中，将合伙作为重要的法律形式之一，尤其对于小型合作企业和初设的经济联合体而言，合伙成为联合的捷径和必经之路。

谈谈侵权行为法律责任的性质
史凤仪

侵权行为民事责任与犯罪行为的刑事责任是两种不同法律部门的不同法律制度，各有其特殊的性质和作用。由犯罪行为引起的损害赔偿责任是民事责任，为此提起的诉讼属于民事诉讼。侵权行为民事责任是损害赔偿之债多种发生原因中的一种，与其他损害赔偿民事责任在产生根据和性质以及责任方式上不完全相同。侵权行为民事责任与违约责任，虽适用损害赔偿之债的共同准则，但二者产生原因、前提条件和适用范围等都不相同。当同一事实同时引发侵权行为责任与违约责任时，应按照重责任吸收轻责任原则，追究侵权行为责任。

近年来反诉制度研究的主要问题与观点
李志平　陈永革

反诉是民事诉讼中的一项重要制度，也是民事诉讼理论中的一个重要问题。我国目前对其规定比较原则，因此司法界和理论界对反诉制度的认识观点各异，主要涉及反诉的定义，反诉的特征和性质，反诉的条件，在二审程序中能否提起反诉，以及能否对反诉再提起反诉等问题。分析关于这些问题的不同观点，并对其作进一步探讨，有助于完善反诉制度，以加强民事审判和经济审判工作。

论我国的森林法
马骧聪

近年来，我国森林立法得到迅速发展，初步形成了我国的森林法规体系。其内容包括：国家为促进林业发展实行保护性措施和奖励措施；稳定和保护森林、林木、林地的所有权和使用权；划分林种，确立不同管理制度，不断改善林种结构；合理采伐森林；加强森林保护；大力开展植树造林。为保证森林法规的实施，法规本身规定了处理森林权属争议的办法和程序，规定了比较明确而严厉的法律责任，加强林业领导和管理的组织措施，以及加强林区的公安、检察和法院的组织机构。

中国革命法制史的若干基本问题
韩延龙

中国革命法制史即新民主主义法制史，发端于第一次国内革命战争时期，是中共领导的，由人民革命武装开辟的革命根据地的法制建设史。新民主主义革命时期法制建设的固有规律和基本特点，是在立法和司法两个方面通过正确处理法制建设同党的民主革命总任务和总路线、革命战争、党的政策的关系，同群众运动的关系而体现出来的。社会主义时期与新民主主义时期总任务的根本不同决定了新民主主义法制与社会主义法制既有必然的联系，又有原则的区别。

论非诉保全扣船
王茂琛　肖思礼

非诉保全扣船与其他对船舶扣押等强制限制形式不同，其作为一种海事请求保全措施，不同于一般的民事保全，在处理海事纠纷中具有重要作用。我国研究制定扣船相关法律时，应坚持我国民事立法的基本原则，总结和借鉴国内外相关经验，将非诉扣船作为特殊民事程序立法问题。具体立法中应对申请扣船的请求类型，申请条件，扣押的船舶，管辖扣船的机构，申请人举证和提供担保，扣船程序，接受被申请人提供担保的条件和后果，案件的实体管辖，以及被扣船舶的出售等问题加以研究。

略论国家及其财产豁免法的若干问题
黄　进

国家及其财产享受豁免是国际法上的一项来自国家主权原则的重要原则，这一问题既是一个国际公法要研究的问题，也是一个国际私法要研究的问题。国家及其财产豁免问题是国际民事关系发展的产物，国家豁免权的观点在13、14世纪便已提出，到十九世纪，国家及其财产豁免原则在国际法的理论和实践中已得到普遍充分体现。到20世纪，在国际法的理论和实践中之间形成绝对豁免主义和限制豁免主义两大派，各国都根据自己的利益采取不同的应对措施。国家及其财产豁免问题可能在很多情况中出现，其内容一般包括管辖豁免和执行豁免两个方面。国家及其财产豁免权的主体是国家，何为国家财产则依国内法规定而定。这一问题与外交和领域豁免是既有区别又有联系的两个问题，不可混为一谈。国家及其财产豁免问题是今后我国对外关系中的一个重要法律问题，需要从我国的利益出发，加以严肃、认真的应对。

1986 年第 6 期

**部分在京法学家座谈党的
十二届六中全会《决议》**

论我国司法行政机关
在国家生活中的地位与作用
张尚鷟

我国司法行政机关的本质属性应该是国家的行政机关。我国的司法机关，即公、检、法、司四机关在司法实践中，早已形成了"分工负责、互相配合、互相制约"的关系。当前，我们应该在总结实践经验基础上对此进行理论概括，并以相应的立法将其固定下来。统一的司法行政机关是一种十分重要的国家行政机关，司法行政机关自身的法制建设是我国社会主义法制建设的重要一环。

论宪法意识
吴撷英

加强对宪法意识的研究的原因在于：宪法意识是制定宪法的重要渊源之一，研究宪法意识可以更加有力地实施宪法，研究宪法意识是考察宪法动态的一把钥匙。研究宪法意识可以概括成三个方面的内容：考察公民的宪法知识度，考察公民的权利意识，考察公民的权力意识。对公民宪法意识的了解主要通过调查研究，主要方式是召开座谈会，也可以发出调查问卷。

论我国的全面版权立法
郑成思

版权是一种专有权，也可视为独占权或垄断权，其保护的是作者阐述自己思想、理论或科学发现的方式，版权保护具有相对性和有限性。我国长期以来缺少完整版权制度，存在严重弊端，因此建立全面版权制度具有积极意义。立法中将面临的主要问题有：作品的分管与版权的统管的问题，工资作者的版权问题，以及参加版权的国际保护行列问题。

试论财产善意取得
章戈

善意取得制度是无权处分不生效力原则的一大例外，通行理论认为，其系维护交易安全与便利的客观需要而建立。善意取得的构成要件包括：善意取得的财产必须是国家法律允许自由流通且无须登记的财产；财产受让人于受让财产时须为善意；受让人须通过交易性质的法律行为取得财产且已经占有受让财产；善意受让人对无偿受让的盗窃、遗失物等，须经过一定期间才能取得。善意取得最基本效力，是善意受让人即时取得受让财产的所有权，由此产生无权处分人补偿原所有权人损失的法律责任，该责任形式依转让有偿或无偿而不同。

离婚问题的道德冲突与法律协调
郝力挥　刘　杰

关于离婚问题，在我国现实生活中存在两种截然相反的道德观，即爱情道德观与义务道德观。这一现象的产生是由我国当今社会主要矛盾所决定的，是这种矛盾在离婚问题上的必然表现，二者都具有现实性和一定程度的合理性。因此，应采取爱情与义务相结合的道德调节原则，对具体离婚案件的道德合理性作出判断，这在我国当前具有积极的社会意义。此外，应准确和系统地理解经典著作中的相关论述，协调理想的道德观与现实的道德观之间的差异，以及法律与道德之间的关系。

关于法的本质属性的思考
——与殷勇同志商榷
蒋兆康

殷勇同志在《论法的超阶级性》一文中提出，法具有反映客观规律、反映全体社会成员共同生活和生产的一般需求、保障一般社会公共秩序的特性，即法具有超阶级性。从马克思主义经典作家的观点，从法的起源、法的作用、法的继承性、法的消亡等角度来看，法不具有超阶级性，我们应在充分肯定法的阶级性的基础上，对法的本质属性作更科学、更准确的阐述，即法的国家意志性。

略论法的概念和法的质的规定性
张宗厚

将阶级性视为法的本质属性的观点存在方法论上的错误。阶级性不是法的本质属性，法也不是阶级社会特有的现象。法的本质属性，即法的质的规定性，是社会性、强制性、规范性三个属性的统一，正是这三个属性把法律现象从政治、宗教、道德、哲学等其他社会现象中区别出来。法可以被定义为：由国家或社会管理机关制定或认可，并以强制力保证其实施的、调整社会和人们相互关系的行为规则的总称。

苏联东欧刑法中犯罪概念的几个问题
曹子丹　薛瑞麟

犯罪概念是刑法理论中的核心问题之一，它对于揭示犯罪的实质内容，确定罪与非罪的原则界限，正确建立刑法的各种制度有着极其重要的意义。苏联东欧国家的犯罪概念不仅包括犯罪的实质内容，而且还包括犯罪的法律形式，各国对罪过是否可以作为独立的特征列入犯罪的概念存在不同认识。关于社会危害性由哪些因素构成的问题，有比较大的争论。东欧多数国家刑事立法在保留统一的犯罪概念的同时，都恢复和规定了犯罪的分类。

论身份在定罪量刑中的意义
陈兴良

身份是人在一定的社会关系中的地位。刑法中的身份是事实特征、本质特征和法律特征的统一，根据不同的标准，可以对身份进行不同的分类。身份是划分罪与非罪、此罪与彼罪的标准之一，同时也是刑罚裁量的依据。通过犯罪构成的各个要件，身份影响行为的社会危害性及其程度，从而对定罪量刑具有重大的意义。

试论制造、贩卖假药罪中的几个问题
——兼论刑法中的法规竞合
杨敦先

对大量制造、贩卖假药，非法获利数额巨大的犯罪分子予以严惩，并不需要修改刑法第 164 条的法定刑，运用法规竞合理论同样可以解决这个问题。认为制造、贩卖假药罪只能同投机倒把罪发生竞合或者只能同诈骗罪发生竞合都不确切，制造、贩卖假药罪同哪个罪发生竞合，要根据某个制造、贩卖假药行为的具体情况决定。当普通法为重法，而特别法为轻法，发生法规竞合的情况，仍然应当适用特别法。

试述犯罪侦查学中同一认定的概念
徐立根　何家弘

同一认定理论是犯罪侦查学的基础理论。犯罪侦查中，产生"是否同一"的前提条件是：客体不能只出现一次；两次出现的客体必须既可能同一，也可能不同一。同一的只是客体自身。同一认定是指在犯罪侦查过程中，具有专门知识的人或了解客体特征的人，通过比较先后出现客体的特征而对这些客体是否同一的问题所作出的判断。

判处死刑的二审案件须经复核程序
——兼与肖胜喜同志商榷
孙华璞

死刑复核程序和二审程序是相互联系的两个独立的诉讼程序，因此，死刑复核程序不能和二审程序合并，也不能同时进行，只能按法律规定依次进行。高级人民法院判处死刑的二审裁决只能反映二审程序的内容。不能反映死刑复核程序的内容。死刑复核程序"取消论"与法律规定不符。高级人民法院对自己判处死刑的判决、裁定必须按照死刑复核程序进行复核。

孙中山与民元法制问题论争
丁贤俊

民国元年南京临时政府司法总长伍廷芳和沪军都督陈其美就姚荣泽案、宋汉章案发生争论。争论主要围绕三权分立、维护个人权利问题展开，实质上反映了西方资本主义法制观与中国封建法制观的分歧。孙中山在法理上完全赞同伍廷芳的见解，主张遵循三权分立原则，以法治代人治，但在实际斗争中，又支持陈其美。

航空法动向
赵维田

自 1975 年以来，从美国开始，航空法出现"少管"的动向，即政府对航空市场干预的减少。从 1978 年起，美国将这种"少管"政策推行到国际之间，先后与一系列国家签订"自由式"双边航空协定，从而逐渐在国际航空法中形成一股颇具影响力的潮流。这对于我国国内航空具有一定的借鉴价值。

联邦德国的反垄断法
［联邦德国］闵策励

开展社会主义竞争，是社会主义有计

划商品经济客观规律的要求,目的在于通过价值规律和竞争机制增加企业外部压力,激发企业内部活力,促进整个国民经济的发展。联邦德国反垄断立法既是竞争的产物,又在保护竞争中发挥着调节作用,并一直处在不断发展和完善过程中。介绍联邦德国反垄断法,并将其与其他国家进行比较,对于建立我国的竞争法律制度,有参考价值。

1987 年第 1 期

关于直接选举中若干问题的探讨
佘绪新　徐来琴

直接选举中，应当根据立法愿意，以选民联名提名候选人为主，明确选民联名提出的候选人与政党、团体提出的候选人同等的法律地位。应当更新观念，精简比例要求，把代表构成比例作为宏观指导性计划，兼顾其弹性和执行的灵活性，以此解决代表构成比例与具体选区选民意志之间矛盾。应当摒弃把"比例"定得太具体，建立健全适合差额选举的配套制度、提高选民"权利主体意识"和领导干部、选举工作人员的民主法制观念，以发挥差额选举的优越性。应当推选出具有较高素质并能代表选民意愿的人来担任代表。应当理解获得法定最低限额的选票可以当选并不等于大多数代表只获得少数选民的选票，也不等于可以放弃工作、放松对选民参加选举的保障。

改革时期经济立法的特点、现状及对策
袁建国

我国经济体制改革在摸索中前进，导致在这一时期内，经济立法表现出"多变"、"量大"、"混乱"的特点。为了使经济立法做到有序和高效，经济立法工作中应进一步加强立法机构的设置及其人员素质；加强立法工作者与法学理论工作者的合作；抓紧制定立法程序法；抓好经济立法的规划工作和组织领导工作；加强立法与法律实施的联系。

经营权与所有权
丁季民

经营权是企业的基本权利，是企业在商品经营上的法律表现。经营权依附于所有权，是所有权在商品经营上的表现。经营权也是所有权的派生体，可以与所有权分开而成为新的权利。二者的分开是所有权与其部分权能分开，是依据不同情况作出不同权能组合的分开，是经营权达到自主经营所必要的适当程度的分开。经营权与所有权适当分开后，其权限由国家授权确定，这属于国家权力的范围，并非国家所有权的体现。

关于支票的若干法律问题
储贺军

支票在商品经济社会中具有重要作用，随着商品经济的国际化，各国的支票制度逐渐趋向统一，并制定了有关国际条约。近年来，支票在我国经济生活中的地位日益重要，因此应加强对支票法律制度的研究。我国有关支票丧失的救济制度，以及对空头支票的法律制裁措施等仍存在问题，有必要在研究大陆法系和英美法系

相关制度的基础上，对这些问题进行分析，以完善我国的支票法律制度。

大陆法系与英美法系的根本区别
——两大法系法律观念比较
董茂云

　　大陆法系和英美法系在当代日益走向融合，但是它们之间法律观念的不同却是难以消灭的区别点。大陆法系起源于古代罗马法，英美法系源自日耳曼法。罗马法的理性主义与日耳曼法的经验主义通过法的继承注入到大陆法系和英美法系之中。17—18世纪资产阶级哲学上唯理论和经验论的形成，促使两大法系不同法律观念得以确立。法学研究的不同态度和法学教育的不同方式，则促使两大法系不同法律概念得到巩固。

中国专利法与巴黎公约
朱晋卿　赵元果

　　《保护工业产权巴黎公约》（简称巴黎公约）是国际上保护工业产权的一个最基本公约。我国专利法的制定是为了适应对外开放的需要，使其在扩大对外经济与技术交流和合作中发挥积极作用。虽然我国是在专利法实施后，才成为巴黎公约的成员国，但在立法过程中，已注重与巴黎公约规定保持一致。从内容上看，我国专利法的规定符合巴黎公约的原则和精神，这将有利于我国同世界各国在保护专利方面进行更广泛的合作。

法与法律的概念应该严格区分
——从马克思、恩格斯法学思想的演变看法与法律概念的内涵
李肃　潘跃新

　　马克思早年的法学思想带有一定的唯心主义成分，法主要被视为社会合理的应然状态（自然法），法律则被视为社会的实然状态（人定法）。马克思、恩格斯的法学观在1843—1846年间转向唯物主义，法和法律分别被理解为客观化的现实基础和权力化的强制规范。在《共产党宣言》中，作为统治阶级意志的法被明确地赋予了唯物主义的含义，构成法律现象的客观内容，法律则是以国家名义制定或认可的行为规范，是法的表现形式。

关于社会主义法律本质的几个问题
朱华泽　刘升平

　　法律是统治阶级意志的体现，这是马克思主义基于阶级社会前提、适用于阶级对立社会法律本质的指导原理，并不适用于已经不存在阶级对立的社会主义社会的法律。社会主义法律本质属性的主要方面是人民性。人民性能确切、完整地反映出社会主义法律的意志内容，能突出、鲜明地表现出社会主义法律与一切剥削阶级法律的根本区别。社会主义法律的阶级性寓于人民性之中，并通过人民性来表现。

论犯罪的社会危害性的内在属性
朱建华

　　犯罪的社会危害性具有质和量的统一

性，犯罪的社会危害性具有不同于其他违法行为的社会危害性的质与量，犯罪的社会危害性存在着量即程度的不同。犯罪的社会危害性具有主客观统一性，在刑事立法和执法中，不能只着眼于犯罪造成的客观的物质性损害，而要全面分析犯罪主客观方面的一切情况，正确定罪量刑。犯罪的社会危害性是现实危害与可能危害的统一。犯罪的社会危害性，作为认识对象是客观存在的。

也谈赃物和窝赃、销赃罪
顾肖荣

赃物是他人违法犯罪所取得的物品，具有自身的特征，窝赃就是为本犯提供隐藏的场所，其形式是多种多样的。收受、搬运、隐藏或寄藏赃物的行为，都构成窝赃罪。销赃是指代为销售赃物的行为，实际上是种居间介绍的行为。与盗窃犯事先同谋的窝赃、销赃行为，不可能构成独立的窝赃、销赃罪，而是构成盗窃罪共犯。窝赃、销赃的行为人将赃物占为己有的"黑吃黑"情况构成一个窝赃罪。

提高改造质量、预防和减少重新犯罪
董春江

研究如何提高改造质量、预防和减少重新犯罪，对搞好社会治安，有效开展同犯罪活动的斗争，具有重要意义。我国罪犯刑满释放后的重新犯罪率较高，应当引起我们的高度重视。刑满释放人员重新犯罪的原因较为复杂，包括改造质量有待提高、刑满释放人员得不到合理安置、社会接茬教育跟不上、社会歧视、家庭管教方法不当等方面。为提高改造质量，预防和减少重新犯罪，应当采取相关措施，加强各方面的工作。

论书证
肖胜喜

现代诉讼中的书证是指能够根据其表达的思想和记载的内容查明案件真实情况的一切物品，书证的特征表现在其思想内容和意图同案件事实有联系、内容可以被认知、有明确的制作者等。书证在同犯罪作斗争中具有重要意义，可以确定犯罪的性质、查清犯罪分子、查清犯罪的过程、查实犯罪的后果。书证和物证既有联系又有区别。书证的收集和保全必须有正确的方法，审查判断书证要遵循正确的方法。

论我国公证制度的统一出证原则
何明福

公证制度的统一出证原则，是指公证文书统一由国家公证机关和公证员及法律规定的机关和人员出证，其他机关、组织和人员只能向公证机关提供情况，不应出具公证文书。我国公证制度的统一出证原则，包含统一的出证机关和统一的出证人员两方面的内容。

也论经济法律关系
——与梁慧星同志商榷
杜飞进

"部门划分法"不仅适用于宪法、行政法、民法等法律部门所调整的社会关系分类上，也适用于经济法部门所调整的社会关系的划分上。因而，经济法律关系这一概念只能是经济法所特有的。经济法律关系从性质上说是一种思想关系，它与作为物质关系的经济关系不同，是一种不以人的意志和意识为转移而形成的物质关系的上层建筑，但这并不意味着其产生具有脱离客观基础的主观随意性。经济法律关系应定义为，经济法主体之间依照经济法规定在经济管理和经济协作过程中形成的，并由国家强制力保障实现的经济权利和经济义务关系。

定金的所有权应随交付而转移
敬 言

定金在交付后，发生了从实物形态到观念形态的转变，作为实物的定金已并入债权人的流动资金，双方当事人之间存在的是一种定金之债的民事法律关系，其与传统民法中的质权担保完全不同。认为"定金作为一种担保，其转移的只是占有权，在合同履行完毕，定金才依所有者的意志转移或者收回"，这实际上是混淆了定金与质权各自所代表的不同法律关系，后果不利于商品经济的发展。

试论薛允升的法律思想
吴高盛

薛允升同传统的封建律学家一样，坚持"礼与法相辅而行"的封建礼法观，认为"礼"是治国的根本，"礼"可以"为国"，可以"化民"，是立法的根据，司法的指导。他非常重视法律的作用，强调依法办事，但更重视人治，强调官吏在执法中的重要作用。薛允升将唐明律进行对比研究，认为"良法"具有两个基本特征，"整齐划一"和"轻重得平"，"整齐划一"是指法律必须统一，"尤须有定"；"轻重得平"是指罪刑相应，同罪同罚。在执法方面要"矜慎民命，执法不挠"。薛允升的法律思想在当时是落后于时代的，但不能否认他对整理研究我国古代法律，尤其是明朝律例做出了较大贡献，是仅次于沈家本的卓有成就的法律学家，在法律史上占有重要地位。

异军突起的美国批判法学派
信春鹰

批判法学派是产生于耶鲁大学法学院的一种法学思潮，于1977年形成一个法学流派。其核心观点包括：社会生活和历史发展进程不是由任何固定的进化途径所决定的，因而法律和社会之间的关系是不确定的，法律不是历史发展过程的客观反映，也不是适应于特定的社会需要的中立的技术规范；虽然法律是政治冲突的产物，但它们是相对自治的，不能用政治、社会和经济因素来解释它。批判法学虽显得激进，但其对美国法律制度弊端的批判，有助于法律环境的改善。

日本的罪数论与数罪并罚
张绳祖

在日本学界，对于如何区分罪数存在六种标准：行为标准说、法益标准说、意思标准说、构成要件标准说、目的标准说和折中说。为进一步分清形似数罪实为一罪或者实为数罪而作一罪处理的问题，将一罪分为本来的一罪和科刑上的一罪，前者包括结合犯、集合犯、接续犯、法条竞合，后者包括观念的竞合犯和牵连犯。对于数罪如何并罚，一般分为三种原则：吸收主义、并科主义、加重单一刑主义。

经济行政法与综合法律调整体制
——《经济法的理论问题》简评
方　昕　张新宝

1987 年第 2 期

法制宣传教育中的若干心理学问题
何为民

从法律意识的培养出发，法制宣传不能局限于法律知识的宣讲，而应该把着眼点放在法律观念、法律意识的培养上，重点解决正确法律态度的树立和坚定的法律行为素养的培养问题。从心理刺激角度出发，在法制宣传教育过程中，运用案例说明问题时，应防止形成不适宜刺激，应掌握运用适宜刺激或良性刺激。从宣传心理学角度，要注意宣传的生动性、指向性和目的性。

试论民主化立法的几个原则
郭道晖

从立法指导思想上看，民主化的立法应该贯彻人民主权原则，维护人民的权利主体地位；贯彻公民权利原则，强化公民权利意识；贯彻权力制约原则，对越权行为实施立法控制；贯彻权利救济原则，切实保障公民权利免受侵害；贯彻利民便民原则，树立行政服务观念；贯彻政务公开化原则，尊重人民的了解权、知情权。

关于农村基层政权建设问题
谭 泉

为贯彻落实《〈关于加强农村基层政权建设工作〉的通知》，应当进一步明确党政分工，使之制度化、法律化，实现乡党委对乡政府的政治思想和方针政策的领导。应当强化宪法赋予的乡政府职权，按《通知》的精神管理乡经济组织，建立乡财政，通过精简机构，减少行政开支，减轻农民负担。应当进一步健全乡人民代表大会制度，使人民充分行使当家做主的权力。积极起草《乡镇人民代表大会工作条例》和《乡镇人民政府工作条例》，以便乡政府干部有法可依、有章可循。应当下决心，大力培训干部，提高乡干部的科学文化素质和依法办事的观念。

试论我国国家赔偿制度
于 安

民法通则第 121 条关于国家赔偿责任原则的规定奠定了我国国家赔偿制度的基础。国家机关及其工作人员的侵权是侵权行为的一种，但与其他主体的侵权行为有明显的区别。我国目前的国家赔偿制度，在归责原则上是过错原则与无过错原则相结合，在法律渊源上主要由民法规定。由于缺乏制度实施的经验，健全和完善我国的国家赔偿制度，诸多理论和实践问题还需要论证和探讨。

关于民法与商品经济
一般条件的进一步探讨
史际春

民法作为商品经济一般条件的法律形

式，其作用是运用国家强制力量，使个别独立主体之间的商品关系及有关关系得以实现，保障社会商品经济的正常运行。作为民法核心的法律行为制度。强调民事主体的自主、自愿和真实的意思表示。因此，在有计划的商品经济条件下，公有制组织特别是国有经济组织参加民事法律关系时所为的意思表示，必须与国家的意志和社会的利益相统一。而如何做到既体现当事人意愿，又体现国家利益，则需进一步探讨民法与有计划的商品经济之间的关系。

论国有企业的经营管理权
李由义　钱明星

国有企业对国家财产享有经营管理权的经济根源在于全民所有制经济内部所有权同经营权分开或分离，这是由社会主义全民所有制的特点和发展社会主义商品经济的要求所决定的。国有企业的权利是综合性的权利，经营管理权为其核心。经营管理权具有一般物权的性质，但是一种根植于社会主义国家财产所有权的新型物权。它是国有企业对国家财产享有的在法律规定范围内的占有、使用、收益、处分的权利，具体权利的内容因财产的不同而有所不同。

论承包经营权
刘俊臣

从承包经营权的典型形态，即承包经营户作为双层经营结构中的一个层次所享有的承包经营权来看，在承包经营关系中，从集体所有权中分离出来的占有、使用和收益权能，分别成为承包经营的前提、基本内容、目的和结果，三者结合成一个不可分割的机体，即承包经营权。承包经营权在性质上属于物权。承包人除依据合同享有对发包人的违约责任请求权外，还可依据承包经营权本身享有对第三人的物上请求权和侵权赔偿请求权。

关于实际履行原则的研究
梁慧星

实际履行原则使合同双方当事人被牢牢地束缚在一起，无丝毫自主性和主动性可言，其实质在于强制双方完成指令性计划指标。该原则在经济体制上的依据，是单一的指令性计划制度。其产生和存在还取决于物质资料的供应情况，曾经是社会主义国家为保证国家计划和人民基本生活需要，用以对付产品供应不足这一社会现象的法律手段。社会主义国家相继进行的经济体制改革实践，已使实际履行原则的地位发生了重大变化。我国合同立法及时反映经济体制改革和有计划商品经济客观规律的要求，摒弃了实际履行原则，体现出对旧理论的突破。

关于类推的几个问题
张明楷

刑法的相对完备性，说明了类推制度的不可避免性，即使刑法完备以后，也不能得出可以取消类推的结论。适用类推与罪刑法定主义完全一致，二者不是补充关系，更不是对立关系，我们不是把罪刑法定主义推向极端，我国的罪刑法定主义并不派生出禁止类推的原则。除了犯罪客观方面外，犯罪主体与分则条文规定不一致时，可能是最类似的，可以适用类推。过失犯罪也可以类推。在适用类推的问题上，应当反对滥用类推与不积极适用类推的现象。

试析刑法第六十四条及其适用
柯葛壮

我国刑法第64条的规定是实行数罪并罚的最基本的法律依据。有期徒刑执行期间又犯判处管制、拘役之罪的，可以采取余刑和新罪的刑罚并科的方法，并且是先执行较重的刑种。再执行较轻的刑种。数罪中有一罪宣告死刑或无期徒刑的，均应采取吸收原则，只执行一个死刑或者一个无期徒刑。对附加刑的并罚问题，我国总体上应体现限制加重原则，同时根据不同刑种的特殊情况，辅以相加原则。

也论刑事责任
——兼与张令杰同志商榷
张京婴

刑事责任应当是犯罪分子因其犯罪行为而负有的承受国家依法给予的刑事处罚的特殊义务，把法律责任当成法律后果是不正确的，提法也不科学。在我国除刑罚外，不存在其他任何一种实现刑事责任的方法。刑事责任的根据应当是符合犯罪构成的犯罪行为，在刑事责任与犯罪行为的关系问题上，我国刑法学多数论著的观点与本文并无本质区别。刑事责任从产生到消灭要经过自然产生、主观确认和实现阶段。

检察机关参加民事诉讼的探讨
柯汉民

检察机关参加民事诉讼，在资产阶级国家法律中早已被确认，苏联也创立了社会主义国家检察机关参加民事诉讼的制度。基于我国商品经济发展的客观要求，以及我国人民检察院的性质和任务，我国的检察机关应当直接参加民事诉讼。具体的参与方式包括：主动提起诉讼和参与当事人一方已经提起的诉讼。参加的案件范围应根据案件性质，关系国家和人民利益的程度以及社会影响等情况来确定。

对劳改立法的两点建议
力康泰 韩玉胜

改造罪犯工作的迫切需要和我国法制建设的必然要求，要求制定一部具有中国特色的劳改法。劳改机关的工作有其特殊性，劳改工作本身也有规律性，可以考虑设立在国务院直接领导下的国家劳改总局。仅把劳改机关看作是刑罚的执行机关是不全面的，应当把劳改机关称之为执行刑罚、改造罪犯的机关，劳改机关在执行刑罚和改造罪犯的过程中应当具有相应的权力，包括收押审查权、对罪犯申诉的复查和建议权、狱内侦查权等。

谈谈人民调解工作的几个问题
张友渔

人民调解委员会是群众性自治组织，不是基层人民政府、基层人民法院的下设组织。调解委员会的任务，是调解民间一一般民事纠纷与轻微刑事案件，并通过调解进行政策法令的宣传教育。调解不是判决、裁定或仲裁，不具有强制力，只具有像合同对当事人的约束力。调解必须遵照政策、法令进行，不得强迫调解，调解也不是起诉的必经程序。调解达成的协议，当事人应当履行，不履行的，对方当事人可以申请人民法院强制执行。

战国齐国法律史料的重要发现
——读银雀山汉简《守法守令等十三篇》
刘海年

1972年在山东临沂银雀山一号汉墓发现的战国齐国的法律史料《守法守令等十三篇》对于了解齐国甚至关东诸国的法律制度均有重要意义。简文抄写于汉代前期，但其成书的年代却要早得多，应该是战国时期的作品。在内容上，十三篇原非一个整体，而是抄写人处于某种需要摘抄的法令、文书或论著，我们所看到的可能是后人的再抄件。按照性质大约可以分为法、令和文书、论著两大部分。第一部分属于齐国的法、令，对于我们了解当时齐国的法制有重要意义；第二部分虽然是文书和论著，但其所论乃治国治军之道，其中有对法律作用的总体看法，也有关于适用法令的某些具体阐述，对于了解齐国统治者的法律思想也是不可多得的重要材料。十三篇中对齐国的土地制度、农业生产、商业管理、军事方面、刑罚制度等都有所反映。

释"礼不下庶人，刑不上大夫"
马小红

在西周社会中期，刑、礼的适用范围确实无严格的界限划分。礼作为一种社会规范时，时弊对全社会成员都有拘束力，而刑作为维护礼制的手段，也不仅施于庶人，同样也施于贵族。"礼不下庶人，刑不上大夫"的具体含义是家礼不下庶人，宫刑不上大夫。

合资企业的事实控制问题
曾华群

事实上控制的结果往往改变了合资企业合同中有关管理的条款所规定的法定控制，变管理权分享为一方专权。西方投资者，特别是跨国公司对合资企业实行事实上控制的方式错综复杂，常见的是通过人员配备策略，利用技术优势以及销售优势来实现。针对我国在签订中外合资企业合同中，可能遇到西方投资者利用合同条款取得实际控制的情况，有必要对相关控制方式加以研究，并探讨相应的防范措施。

苏联与东欧五国刑法发展概况与趋势
薛瑞麟

20世纪60年代末期以来，苏联东欧刑法经历了很大变化与发展，发展的趋势和特点表现在逐步缩小刑事法律调整的范围、扩大与剥夺自由无关的刑罚的适用范围、对严重罪行采取严厉的处罚方法等。这种发展的原因与背景是20世纪60年代后苏联东欧各国进入了所谓的发达社会主义阶段，各国的社会、政治、经济等方面发生了较大变化以及刑事政策的变化、西方刑法改革运动的影响等。

1987 年第 3 期

宪法学基本范畴的再认识
张光博

　　法制建设和宪法学的发展需要对我国宪法学基本范畴进行再认识。宪法概念是反映统治阶级意志的根本大法，其内容由其生存的物质生活条件所决定。我国国体是工人阶级领导的，以工农联盟为基础的人民民主专政；政体是共产党领导的，实行人民当家做主、按照民主集中制原则选举产生的人民代表大会制度；区域结构上，我国是单一制国家，包括民族自治地方、特区和特别行政区等不同级别行政区域。法制是指在宪法基础上，建立起来的法的规范体系和其在社会生活中贯彻落实形成的法律秩序。权利是由法律规定的，由享有权利者通过主动行为予以实现，其也相应负有遵守法定权利界限的义务。国家机构则是实现国家权力的组织系统，是国家机关的总和。

应当重视我国军事法学的创立与研究
张建田　仲伟钧

　　为加强我国社会主义法制，促进军队革命化、现代化、正规化建设，保障军队和军人合法权益，振兴和发展我国法学研究事业、丰富法律科学和军事科学体系，有必要创立和研究我国的军事法学。当前，党和国家极为重视，军事立法的不断完善和加强以及当前军事法学已经具备了相当完备的知识体系，这些都使创立和研究我国军事法学具有现实可行性。为此，应当提高思想认识，加强军事法学研究队伍的建设和积极推广研究成果，发挥研究效益，促进研究工作的开展。

法学理论研究必须坚持马克思主义
刘　瀚

　　马克思主义的诞生，是法学理论上的一次深刻的革命，它使人们摆脱了混乱和武断的状况，找到了清楚而明确的线索，揭示了法律的本质，发现了法的发展规律。马克思主义法学理论在我国得到了发展，并将继续发展。只有坚持法的阶级性，才能坚持和发展马克思主义法学。我国的法学理论研究应该坚持法的阶级性，坚持马克思主义法学方向。

关于制定地方性法规问题
胡　畅　封期瑜

　　地方性法规具有从属性、地方性和实施性。积极稳妥地发挥地方性法规的作用，要求地方性法规的制定要相对积极。从地方性法规与地方政府规章的界限来看，凡是为贯彻执行全国人大及其常委会所颁布的法律，根据地方的特点、因地制宜地制定管理办法、规定、条例等，应属地方性法规的性质和范围；凡是国务院行政系统的法规，省、自治区、直辖市人民政府据以制定的实施细则、执行办法等，应属行政规章的性质和范围；凡属重大事项和本地区人民利益的重大问题，国家尚未颁布法律的，根据需要可能、可以制定地方性法规的，应确定为地方性法规的性质和范围。

简论地方性法规和规章
陈世荣

地方性法规和规章之间既有共同点，又有重要的相异之处。两者在基本内容、法律地位、约束力大小以及各自制定机关的性质和地位方面均有所不同。它们之间的严格界限不容忽视、混淆。在适用"法规"概念时，其外延只能包括行政法规和地方性法规，而不应把不具有法律性质的其他文件如行政规章也列入其中。

略论地方性环境法规
任 进

制定地方性环境法规的生态学依据在于环境管理的区域性特征，建立和完善环境法体系需要全国性环境立法与地方性环境立法相结合，加强地方性立法也是国内外环境保护的实践经验总结。地方性环境法规具有地方性与区域性、综合性与广泛性、科学性与技术性、规范性与强制性的特征。按其制定的不同要求，可分为执行的地方性环境法规和自主的地方性环境法规。为完善地方性环境立法，在制定过程中还应注意若干方面的问题。

一个半因果关系
储槐植

一个因果关系说和两个因果关系说各自都有相对应的长处和短处。一个半因果关系说的基本点是刑法上的因果关系应以哲学上两种因果关系形式为基础，但又不完全包括两种形式，即刑法上的因果关系的范围等于一个必然因果关系加上一部分偶然因果关系。应以合理划定刑事责任为基础，选取必然因果关系和高概率偶然因果关系作为刑法上的因果关系。区别高概率和低概率因果关系的标准应当是介入因素同先在行为的关系性质。

关于玩忽职守罪的几个问题
张 穹

正确认定和处理玩忽职守案件，从当前司法实践看，需要认真研究。玩忽职守罪的犯罪主体只能是国家工作人员，玩忽职守罪的犯罪主体不能和贪污罪的犯罪主体同一而论，不能作扩大的解释。重大损失与非重大损失的区别是质的区别，应当正确认定玩忽职守造成的重大损失。玩忽职守罪的客观行为特征是国家工作人员不履行或不正确履行自己的职责，掌握玩忽职守罪的客观特征必须以"职守"为核心，从行为与"职守"的相对关系来确定。

论我国正当防卫制度
袁作喜

我国的正当防卫制度具有自身的本质

和特征，与一切剥削阶级类型的国家的正当防卫制度有着本质差别。必须有危害社会的不法侵害行为发生、不法侵害必须是正在进行中、正当防卫必须是针对不法侵害者本人以及防卫行为不能超过必要限度是正当防卫成立的条件。正当防卫的必要限度应在"基本相适应"说和"实际需要"说的基础上，进一步解决必要限度的具体界限问题，侵害行为的性质是决定防卫的方法和强度等的主要因素。

律师能否担任同一自诉案件的辩护人和诉讼代理人
洪道德

我国律师业务的发展提出了一些新问题，需要加以研究和探讨。既有本诉又有反诉的自诉案件，律师担任自诉人的诉讼代理人和反诉被告人的辩护人，或者本诉被告人的辩护人和反诉人的诉讼代理人，与完成律师职责和维护律师的执业道德不矛盾，应当允许。律师担任同一自诉案件的辩护人和诉讼代理人具有一定的优点。这种情况下，审判法庭的设置可以适用自诉中反诉案件的审理程序。

公安机关的强制措施和收容审查
白玉祥

公安机关正确运用强制措施和收容审查，对打击敌人、保护人民、保护社会主义现代化建设事业的顺利进行有着重要意义。公安机关运用强制措施必须明确强制措施的概念、种类及运用的目的意义；必须明确强制措施的必要条件和法定程序；必须坚持严肃与谨慎相结合的方针，才能保证刑事诉讼法的正确实施；必须明确刑事诉讼中的强制措施与收容审查的区别，才能正确发挥这两种手段的作用。

论民法与商品经济
王卫国

民法是商品经济发展的产物，并随着商品经济的发展而发展。民法是反映和调整商品经济关系的法律上层建筑。民法调整的对象是一个变量，随着商品经济的发展而变化。民法规范要反映商品经济的客观要求，应依此考核和完善我国的民法理论体系与规范体系。民法应当满足商品经济的一般社会条件，包括经济的、政治的和文化的各种基本条件。

职务侵权损害民事责任的构成与限制
余能斌

职务侵权行为作为一种特殊的侵权行为，其责任构成除满足一般侵权行为的构成要件外，还需具备特别条件。职务侵权损害赔偿的责任受到法律上的特别限制，具体表现为：应有专门法律对国家机关承担职务侵权损害民事责任作出明文规定；对国家机关工作人员的"过失职务侵权责任"加以限制；受害人如果因故意或过失在规定期间内不依法律规定的救济方式消除其损害的，国家机关或其工作人员可以不承担赔偿责任。

试论人民调解的科学管理
潘树成　黄长久

对人民调解实行科学管理，是人民调

解工作客观发展的需要，是预防和解决新形式下各种民间纠纷的必需，也标志着人民调解进入新的历史阶段。当前需要从思想上、组织上和任务上加强对人民调解的管理。对人民调解的科学管理应注意：运用法律依法管理；遵循规律妥善管理；区别情况分类管理。

《法经》非法典辨
张传汉

通过考察《七国考》、《晋书·刑法志》和《唐律疏议》及其他史料，我们认为《法经》并非是法典，而是私家著作。从《法经》名称本身看，乃是私家著作之名，而且魏国的法典通称律而非《法经》。另外，从商鞅传授也可看到《法经》是私家著作。因此称其为法典，实在于法无据。

中国红色区域行政法律监督制度述略
常兆儒

在我国人民民主法制发展史上，行政监督作为一项法律制度，发轫于第二次国内革命战争时期。红色区域各级国家行政机关是中共领导下建立起来的，接受党的领导与监督是基本原则，另外还必须忠实地接受人民的监督。工农检数据管理机关的监督是红色区域行政法律监督制度的重要内容，同时上级国家行政机关对下级国家行政机关的监督，在红色区域行政法律监督体系中占有十分重要的地位，并且审计监督也是其组成部分。

试论海事优先请求权制度的发展
——兼评关于海事优先请求权和船舶抵押权的两个国际公约
鲁娟

海事优先请求权制度产生于十九世纪上半叶，并随着海运事业的发展而发展。海事优先请求权的立法在大陆法系和英美法系中存在差别。在1905年国际海事委员会利物浦会议上，首次起草了关于海事优先请求权和船舶抵押权的国际公约草案，并于1926年得到通过。"二战"后，国际航运的发展导致了1967年新公约的制定，并处于不断修正中。海事优先请求权制度的发展表现为：立法目的日益明确与统一；请求权的范围逐渐缩小；时效制度趋于严格。

战后西方法哲学的发展和一般特征
张文显

战后西方法哲学经历了连续不断的重大政治和学术论战，使得法学家更加注重法律实践和社会政治生活中的重大法哲学理论问题，注重对法律现象的本质思考，也吸引了众多哲学家、政治学家、社会学家加入到法哲学队伍。战后西方法哲学的一个明显特征是，法哲学不断开阔视野，"关于法的理论"的比重不断增加，法哲学和其他学科在思考对象上趋向重叠，在方法论上相互借鉴。理论多元化是西方法哲学的重要特征。战后，先是分析法学、自然法学和社会法学鼎足而立，20世纪70年代以来则是分析法学、自然法学、社会法学、经济分析法学四强并立，多元理论出现新局面。

西方侵权法中严格责任的产生
李仁玉

19世纪末20世纪初,随着自由资本主义向垄断资本主义转变的完成,新的哲学理论、经济学理论和法学理论,为严格责任的产生和发展奠定了理论基础。严格责任作为民事责任的独立归责原则是近代工业社会的产物,从过错责任向严格责任的转变采用了社会过错论、过错推定以及担保原则三种途径。严格责任在西方侵权法中有不断扩大的趋势,并已经与过错责任形成相互渗透和并驾齐驱的格局。

香港的刑法及其理论原则
周叶谦

香港刑法界认为,刑罚的主要目的包括:对犯人实施罪有应得的处罚而非出于对其的报复,通过执行严刑峻法来威慑与预防犯罪,通过督促从事劳动和培养职业技能来进行对服刑犯人的矫正和教育。为达到这些目的,香港刑法设有死刑、终身监禁、监禁和笞刑四种主刑;其量刑依据的理论原则包括:一是奉行"罪刑法定主义"的犯罪定义,二是具有犯罪意图和犯罪行为的犯罪构成,三是行为与危害后果之间存在因果关系,四是达到承担刑事责任年龄,五是允许被告人以误解、被害人承诺、被迫和正当防卫为辩护理由。

1987 年第 4 期

我国行政法的概念、调整对象和法源
罗豪才　姜明安

行政法是调整国家行政机关在行使国家行政管理职能过程中发生的各种社会关系的法律规范的总和。其调整对象是国家行政机关之间，国家行政机关和其工作人员之间，国家行政机关和其他国家机关、企事业单位、社会组织、团体和公民个人以及外国人、无国籍人之间，在行政管理活动中发生的社会关系。从调整对象出发，行政法包括三类规范：行政组织规范、行政管理活动规范和行政法制保障规范。这些规范存在于宪法、法律、行政法规、行政规章、地方性法规、自治条例和单行条例之中。

编制立法刍议
黄　坚

编制立法是指由国家立法机关和其他有关权力机关把广大人民关于管理国家的组织结构形式、机构设置及其人员编制的意志和利益集中起来，以法的形式固定下来，使之具有全社会一体遵行的效力的活动。编制立法应该坚持四项基本原则，坚持实事求是、群众路线、稳定性与连续性的原则，注重研究、借鉴国内外经验。编制立法的内容主要包括编制管理体制、编制干部队伍建设、机构编制研究、机构编制性质，以及各级国家机关、事业单位人员编制标准、结构比例、职务系列等规定。

试论合法行为
李　林

合法行为是指符合法律规范或法律原则要求的、能够引起法律关系产生、存续、变更或消灭的行为。从主体角度说，合法行为可分为公民的合法行为、法人的合法行为和国家的合法行为；从法律后果角度，可分为一般合法行为和奖励的合法行为；从表现形式角度，可分为作为的合法行为和不作为的合法行为。从构成上说，合法行为包括主体、主观方面和客观方面等要素。合法行为的法律后果，通常表现为法律对其所作的肯定性评价甚至予以奖励。

也谈法的本质和概念
——与张宗厚同志商榷
田培炎　董开军

张宗厚同志在其文章中提出法不是阶级社会特有的现象，阶级性不是法的本质属性等观点。其存在引用资料方面的误解和论证逻辑方面的错误。法是阶级社会特有的现象，阶级性是法的本质属性。法是由国家制定或认可，旨在概括和实现一定阶级的阶级利益，并有国家强制力保证实施的行为规范的总和。

论法与法律的区别
——与李肃、潘跃新同志商榷
公丕祥

李肃、潘跃新同志在《法与法律的概念应该严格区分》一文中,从马克思主义经典作家的论述中,分析了法和法律概念的区别。然而,其对马克思主义经典作家关于法和法律的论述存在着误解,其论述难以令人信服。在马克思主义经典作家那里,法被视为一定社会经济条件的直接法权要求,是社会经济关系的法权意义上的内在结构形式,法律则是占统治地位的阶级意志的集中体现,与社会经济条件之间的联系具有偶然性的特征。法是评价法律的性质、内容、功能及其效率的基本法权标准,是法律现象的"应有"领域,法律则是再现法的价值目标的实证规范体系,是法律现象的"现有"领域。

犯罪预备行为是具备完整的犯罪构成的行为
钱 毅

犯罪预备行为的犯罪构成,不但在主体、主观方面具备,而且在客体、客观方面也都具备,犯罪客体没有受到损害,并不代表没有犯罪客体,犯罪预备行为是具备完整的犯罪构成的行为。预备犯不是还没有着手实施犯罪行为,而只是还没有着手实施犯罪的实行行为,但已经着手实施了犯罪的预备行为。在犯罪预备行为中,犯罪的主客观条件达到了统一,即预备形态的统一。犯罪预备行为是具备完整的犯罪构成的行为。

论我国刑法中的共同正犯
陈兴良

研究共同正犯有助于正确认识共同正犯这一共犯形态的本质,以共同正犯为标本,在理论上分析其他共犯形态。二人以上共同故意实施犯罪构成客观方面的行为的实行犯是共同正犯,共同正犯是主观上的共同实行犯罪的故意和客观上共同实施犯罪构成客观方面的行为的统一。根据不同的标准,可以对共同正犯作不同的分类。对共同正犯应实行部分行为之全体责任原则,并区别主从,分别论处。

抢劫中故意杀人的定罪问题
赵秉志

抢劫罪中的"致人死亡"包括故意杀人,对为抢劫财物而故意杀人的,杀人行为从主客观上看都包含在抢劫罪的主客观要件的整体中,应依刑法第150条第2款定抢劫罪一罪。以故意杀人为手段的抢劫不能定为抢劫罪和故意杀人罪二罪,也不能认定为故意杀人罪或抢劫杀人罪,而只能认定为抢劫罪,这种情形既不是牵连犯,也不是结合犯,而是抢劫罪的结果加重犯,抢劫罪是独立的一罪。

试论事后防卫
刘根菊

事后防卫是不适时防卫的一种,不适时防卫不属于正当防卫,构成犯罪的应负刑事责任。事后防卫是指受害人在不法侵害行为结束之后不久对不法侵害者进行报复的一种侵害行为。事后防卫的罪过形式只有故意,而无过失。被害人开始实施不法侵害行为不能作为事后防卫者的从轻情节。应正确处理事后防卫和正当防卫的区别,从行为人的目的、实施行为的时间、行为的性质等角度分析,二者有本质的不同。

关于刑事诉讼终止
韩向阳

刑事诉讼终止是指对依法不追究刑事责任的被告人,在诉讼程序上决定对其终止刑事追究,从而宣告终结诉讼的一种法律行为。刑事诉讼终止的具体条件,除刑事诉讼法第11条规定的情形以外,还应包括被告人没有犯罪行为、依照刑法规定不负刑事责任的情形。诉讼终止不等于都可"宣告无罪","宣告无罪"与"撤销案件"、"不起诉"在概念上不能并列。对诉讼终止的程序性决定,应当规定有可以撤销的条文。

不当得利研究
崔建远

对作为不当得利构成要件的没有合法依据应予限制解释:首先,受害人能够基于所有权请求受益人返还该利益时,原则上不构成不当得利;其次,某一事实能构成无因管理时,原则上排除不当得利的成立;第三,只有在不当得利返还不足以填补受害人损失时,赔偿责任才有适用的余地。依利益的取得是否基于给付行为,我国的不当得利可分为两大类型:因给付行为而产生的不当得利和因给付行为以外的事实产生的不当得利,各自又包括具体类型。

企业租赁经营与企业破产法
刘兆年　肖文通

租赁经营企业的破产,就是承租者依租赁经营合同取得的财产和该企业在租赁期间新增加的财产不足清偿到期债务,其原因在于承租者经营管理不善造成严重亏损。这种企业的破产与其他全民所有制企业破产并无实质性差异,应同样适用破产制度,不能因租赁经营而享有破产的"豁免权",更不能以其成员的财产清偿该企业债务。这对于进一步完善租赁经营的形式具有重要作用。

关于经济法概念的再思考
谢次昌

经济法调整的对象是经济管理关系,既包括国家对整个国民经济的管理,也包括经济组织内部的管理;既包括上下级之间的管理关系,也包括业务上的管理关系。这种观点不但能够与纵横关系统一论和行政经济关系划清界限,而且体现了社会主义国家组织和管理经济的职能,符合现代经济法概念的本来含义。

论劳动合同和劳动合同制
史探径

我国的劳动合同是指被录用的职工以参加劳动并取得报酬为目的,与录用单位之间订立的关于双方权利义务的合同。它具有自身的特点和性质,是一种独立类型的合同,并与雇佣契约相区别。我国实行劳动合同制度,具有充分的经济和法律理论依据,并能避免以前长期实行的固定工制度的弊端。为发展和巩固劳动合同制,除做好宣传解释外,更要认真执行相关规定,做好配套改革工作,兼顾劳动者和企业两方面的利益。

也谈定金的所有权转移
柳世华

从定金交付到合同履行完毕整个期间,支付定金者与接受定金者的关系始终是所有人与非所有人的关系。认为"定金的所有权应随交付而转移"的观点,是对定金交付后合同未履行完之前的阶段中,未能认识到定金的所有权在形式上发生的变化,对所有权与其权能分离的现象以及日益增多的趋势没有作细致分析和研究所致。

定金所有权转移的根据
敬 言

定金所有权随交付转移的理论依据是,作为动产中消费物的货币,具有一经使用即消灭其自身的特性,其不存在所有权与使用权分离的问题。对于货币等消费物只能成立消费借贷,而不能成立使用借贷。因此,定金的交付使收受定金一方同时获得所有权和使用权。在现行法上的依据是我国民法通则第72条,定金的交付既不属于"法律另有规定"的情形,也不属于"当事人另有约定"的情形。

试论代位继承
朱平山

作为期待权的代位继承权,要变为一种现实的民事权利,按照我国规定,还需符合以下条件:被代位人必须先于被继承人死亡(或宣告死亡);代位继承人必须是被代位人的晚辈直系血亲;被代位人必须在生前无丧失继承权的情形;代位继承人必须是被代位人死亡时存在之人(或已受胎);代位继承人须无丧失继承权的情形。对于缺乏劳动能力又没有生活来源的代位继承人,如果被代位人在继承开始时因遗嘱被取消了继承权,无论成年人或未成年人一律不得代位,但可适当分给遗产。

韩非子论法与君权
郝铁川

韩非对君权与法是有所区别的,他不主张"朕即法律",但在实际上君权却凌驾于法律之上。他的理论的进步性在于打破了"刑不上大夫,礼不下庶人"的原则,除了君主之外,犯法者必究。在韩非看来,君主不能相信任何人,而要专断独裁,其所宣传的法治说到底是臣民守法而君主独裁。

元朝监察机构的重大变革
肖 娟

元朝出于统治的急需,不仅要对文武百官实行严密的监察,而且蒙古贵族对汉族地主官僚采取既利用又防范的政策,从而对监察组织极为重视。在中央组织机构中,行政权、军事权与监察权三权分制,即御史台与中书省、枢密院地位并重,鼎足而立;创设了行御史台之制,采取监察制度上的"重法地"制度,使全国的监察机构系统化。元朝监察机构的重大变革十分突出地表明其配合专制主义中央集权统治需要的实质,既是仰皇权之鼻息的封建产物,也是封建社会监察制度的实质所在。

论双边税收协定

张 勇

双边税收协定主要内容包括适用范围、税收管辖权、税收情报交换和税收待遇标准。在与国内税法关系上,双边税收协定的冲突规范对国内税法适用于缔约国之间的税收管辖权进行限制,但在对第三国关系上不受其约束;冲突规范必须通过国内税法相应的实体规范去执行或落实,不能自动生效;对适用国内单边立法还是税收协定,由有利于纳税人原则决定。发展中国家与发达国家在缔结双边协定中,就特许使用费、税收饶让、诸如"常设机构"关键词语定义等法律问题进行辩争。

论我国直辖市基层政权体制的改革
高 杰

我国直辖市街道办事处任务多、权力小、财力薄,普遍存在着党政不分、政企不分现象,造成与原定街道性质不相适应,应有职责与权力相互脱节,该办的事办不成。因此,在宪法没有明确街道是一级政权之前,应当明确直辖市街道一级的工作任务,授予其一定的权限,充分发扬社会主义民主,合理调整机构设置、适当增加人员编制以及增大街道的财力。此外,今后街道人民政府应当采取"积极、慎重、稳妥"方针,以马克思列宁主义国家政权建设理论为指导,在我国城市现状和吸取国外好经验的基础上,建设直辖市政权体制。

我国义务教育法若干问题探讨
庄金锋

我国义务教育法的本质特征,是党关于在我国实行义务教育重大政策的体现,是党领导下的全体人民迫切要求加强基础教育,振兴中华民族的意志的反映。义务教育法以宪法为根据,明确规定分阶段、分步骤实行九年制义务教育,实行义务教育的根本宗旨,义务教育的入学年龄,以及义务教育的管理体制。此外,义务教育法还规定了实行九年制义务教育的重要措施,涉及经费筹措、师资队伍及法律责任等问题。

社会主义法律关系的规定性初探
董国声

法律关系是法律规范与它所调整的社会关系相互作用的结果,既带有法律规范的特性,又带有社会物质关系的特性,既不属于纯粹的意志关系,也不是一般的物质关系,而是经过法律调整的、具有法律形式的一种再造的新质的社会关系。法律关系是法律性、意志性和社会物质性交织在一起的特殊社会关系。

刑事责任理论试析
余淦才

刑事责任是犯罪人在犯罪后应受社会谴责和法律制裁的一种心理状态以及与这种心理状态相适应的法律地位。犯罪构成不是刑事责任的根据,把犯罪行为作为刑事责任根据的观点,是值得商榷的。从立法上、司法上和处刑上看,把行为说成刑事责任的根据,是片面和形而上学的,不利于同犯罪作斗争,应当确立罪过是承担刑事责任的根据的观点,而行为是追究刑事责任的条件。

试论刑罚个别化原则
曲新久

刑罚个别化原则是刑法中的一项基本

我国刑法中的致人重伤、死亡
刘光显

致人重伤、死亡是我国刑法对某些犯罪危害结果特征的一种描述。我国刑法中的致人重伤、死亡，有的是结果犯，有的是结果加重犯。作为结果犯的致人重伤、死亡，是该罪犯罪构成或使用法律条款的必备要件，是罪质的一个要素，而不是罪质的一个层次，致人重伤、死亡要件与基本罪之间有制约和依附关系。致人重伤死亡不同于引起被害人重伤、死亡，也不同于"严重后果"，和杀人罪也有区别。

预防犯罪与文化生活
李宜信

积极开展健康有益的文化生活，对综合治理、预防犯罪具有重要的作用。文化生活和遵纪守法，不是互不搭界，而是有着密切联系的。青年人生理上好动，心理上好奇，思想上好胜的特点对犯罪有直接影响。有意识地、自觉地把展示热情、好胜引导到学习、工作、训练、文体活动上，是十分重要的。

认定窝赃、销赃罪的几个问题
兰建平

"黑吃黑"案件中的窝赃人不应定窝赃罪，而应定为诈骗罪，因为在"黑吃黑"案件中，行为人主观上具有诈骗罪之故意和目的，客观上非法占有赃物是由其诈骗行为引起的必然结果，二者结合，符合诈骗罪的特征。不是所有的销赃都有继续犯性质。但不能认为所有的销赃都无继续犯性质。明知是赃物而收买自用数量少、价值小的，可以不以销赃罪定罪处罚，但是次数多、数量大、价值高的，应以销赃罪定罪处罚。

死刑复核与二审程序合并适用合法
张舍光 王清华

在死刑复核程序应否暂时由二审程序代替的问题上，死刑复核程序和二审程序合并的观点更切合实际。目前，有将死刑复核程序由二审程序代替的具有法律效力的立法解释，但没有对本院已判处死刑的判决、裁定进行复核的诉讼法依据。高级法院的二审程序代替死刑复核程序不是对死刑复核程序的取消，而只是新情况下的暂时措施。

"隶臣妾分为官奴隶与刑徒两部分"说值得商榷
王占通 粟劲

"隶臣妾分为官奴隶和刑徒两部分"说值得商榷。不能以"臣妾"的来源定一部分"隶臣妾"是官奴隶，也不能以服役

原则，我国刑法的规定和司法实践都基本坚持了刑罚个别化原则，我们的口号应当是"应受惩罚的是行为，而惩罚的是行为者"，因为行为是行为人主客观的统一，要实现刑事社会学派主张的目的刑主义，就要关注犯罪者个人情况和特点，特别是行为人的"人身危险性"。刑罚个别化原则并不违反罪刑相适应原则和法律面前人人平等的原则。

期间管理的严格程度划分出一部分隶臣妾是官奴隶,而未带附加刑的隶臣妾,不能被排出刑徒之列。"两部分说"是不符合刑徒的历史发展逻辑的。

论人民检察院的侦查监督
张 弢

在侦查监督的范围上,人民检察院对侦查机关的侦查监督应贯穿从立案开始到侦查终结的整个侦查阶段。侦查监督的内容包括事实方面、法律方面和程序方面。侦查监督的方法既包括发现侦查活动中违法情况的方法,也包括发现违法后提出纠正意见和处理的方法,人民检察院对于发现有问题的案件,应当及时进行检查,掌握准确的情况和证据,认真分析研究,对违法机关的行为进行纠正。

论健全我国刑事回避制度
卞建林 刘 玫

回避的对象包括侦查、检察、审判人员、书记员、鉴定人和翻译人员。我国刑事诉讼的回避属于有因回避,回避的方式有自行回避和申请回避两种。书记员、鉴定人和翻译人员的回避,应当由主管司法机关的负责人决定。原审法院审理二审法院发回重审的案件,原合议庭组成人员应当回避。辩护人应当享有申请回避的权利。

专利案件的地域管辖
卞昌久

专利案件的范围大致可分为三类:专利行政案件,专利犯罪案件,以及专利纠纷案件。对前两类专利案件的地域管辖问题,我国法律均有明确规定,而专利纠纷案件的地域管辖问题则比较复杂。为防止专利纠纷案件管辖上的积极冲突和消极冲突,宜区分不同类型的专利纠纷案件,分别规定地域管辖问题,其中关于实施强制许可使用费的纠纷案件,适用地域管辖的例外规定。

关于合伙的几个问题
方流芳

根据我国法律规定,企业法人和事业法人拥有成为合伙人的权利能力,法人在我国可以通过联营形式组成合伙。我国明确区分个人合伙与法人合伙,这在商品经济关系中并无现实意义,应制定适用于一切民事主体的合伙法。在同时存在合伙人个人债务与合伙债务的情况下,应借鉴"双重优先权"原则,作为合伙人连带无限责任的补充。合伙无论由何种主体构成,都能作为商品交换关系的一方处分商品所有权,因此合伙是自然人与法人之外的一种民事主体。

试论融资租赁
李昌麒 肖 平

世界各国租赁事业的发展,促进了金融信贷与实物出租相结合的新形式,即融资租赁的产生。在理论上,融资租赁与传统租赁有许多相同之处,但仍存在明显区别。我国租赁事业还处于初创阶段,有必要在大力发展传统租赁业务的同时,借鉴国外实践经验,广泛开展由金融机构设立租赁公司直接经营的租赁业务，并通过国外租赁公司租赁先进设备，这对于我国经济发展具有重要意义。

试论共同危险行为
杨立新

共同危险行为具有自身特点，与共同侵权行为和一般侵权行为存在区别。共同危险行为理论与共同侵权行为理论有着基本相同的历史，都是在一般侵权行为民事责任的基础上发展起来的，并在大陆法系和英美法系均得到确认。实施共同危险行为致人损害，共同危险行为人应当承担连带赔偿责任，这种责任与共同侵权行为的连带赔偿责任有很多不同之处。在我国理论上和实践中确立共同危险行为学说，完全必要并具有可行性。

代位继承与转位继承的区别
杨玉凯

代位继承与转位继承是我国继承制度中的两种特殊继承方式，二者在发生时间和发生范围、相关主体范围以及遗产所有权的转移方式等方面存在明显区别。因此，在处理有关继承纠纷时，应注意避免将转位继承当作代位继承来处理，区分相互有继承关系的几个人在同一事件中死亡的代位继承与转位继承，注意代位继承中的代位继承人范围和转位继承中的转位继承人范围，以及注意区分复杂案件中的不同继承法律关系等问题。

关税及贸易总协定的成员资格与社会主义成员国
张奇峰

加入总协定的方式包括推荐和谈判两种。除正式成员，其成员还包括临时成员和观察员。此外，不少国家在实践中遵从总协定的规定而法律上并未正式加入，被称为事实上实施。不同的加入程度意味着参加者权利义务的不同，即便同为正式成员，其权利义务也不尽相同，这源自对各国在经济体制和经济实力上差距的考虑。从一些社会主义国家加入总协定的经验可看出，社会主义国家申请加入前必须率先改革国内经济体制；同是社会主义国家，但所作让步大小不一；各国对于总协定的谨慎态度，除经济原因外，还包括其他非经济因素的考虑。

当代西方法学的综合趋向
舒国滢

当代西方法学自觉或不自觉地指向三个基本研究方向，即自然法、实在法和法的社会事实，并由此决定着三大主流，即新自然法学、分析实证主义法学和社会学法学。然而，西方法学诸流派、尤其是三大主流之间日益呈现出相互渗透、兼收并蓄的迹象。霍尔、博登海默等法学家开始进一步阐述建立统一法理学的可能和方法。统一法理学代表着西方法学从分化到综合发展的时代特征和诸法学流派相互渗透、相互补充的演进趋向。

苏联的退休制度
吴云琪

目前，苏联有五种退休制度：工人职员年老退休、病残退休、在某些部门服务一定年限退休、科学工作者退休、因对国家和社会有特殊的功绩而颁发的退休金即功勋退休。在制定退休制度时，苏联不仅仅着眼于保障退休人员的生活，将之作为一种社会保险制度，而且考虑到苏联的劳动力政策、人口政策，并使两者紧密配合。

美国破产法概述
潘 琪

美国破产法内容十分繁复，除数万字的法律正文外，还有大量的程序规则和判例。为此，美国联邦法院系统专设破产法院和破产法官，并在每一联邦司法区设有专门的破产托管人委员会。通过介绍清算程序、债务豁免、破产财产、债权人和债权顺序、破产托管人、优惠性清偿和欺诈性财产转让、整顿程序、破产法与州法关系等内容，可以看到在美国破产法一百多年的发展过程中，其内容不断得到改进，合理性不断提高，并确立了许多值得借鉴的原则。

1987 年第 6 期

代理权若干问题研讨
张新宝

对代理权概念和本质的考察,应将代理权置于代理法律关系(包括其内部关系和外部关系)中进行研究。狭义代理权的授予是委托人的单方民事法律行为,授权行为无须特定形式。授权不明的过错在于被代理人,只能由被代理人承担责任。现实中企业法人任用代理人出具授权委托书的实践比较混乱,有必要提出相应法律对策,以维护正常经济秩序。将代理权区别为全权代理与非全权代理,实践意义在于给予被代理人较多的行为选择余地。授权委托书中未载明代理权限时,应推定为全权代理。我国民法通则规定的"超越代理权"应理解为代理权限的超越,包括质的超越和量的超越两个方面。

表见代理及其适用
章 戈

表见代理制度在各国的设立,表现出现代民事立法对社会交易安全的重视。表见代理在实质上属于无权代理,为广义无权代理的一种形式。表见代理除必须符合代理的表面要件外,其成立还需具备若干特别要件。我国目前社会经济生活中,成立表见代理的情形主要包括:被代理人以直接或间接的意思表示,声明授予他人代理权,但事实上并未授予;被代理人知道他人以自己名义实施民事行为,而又不作否认等六种情况。

商标法第 38 条第 1 项的
释义及修改意见
石慧荣

从权利义务不同角度分析可知,商标法第 38 条所涉及的禁止权效力范围大于第 26 条所规定的使用许可权效力范围。因此,用第 26 条的使用许可来解释第 38 条的规定是不成立的。对商标法第 38 条的正确理解,实际涉及注册商标的专用权与禁止权的关系。商标法第 38 条第 1 项的规定未能准确反映该条文的本来含义,且与该法其他规定不协调,并在实践中带来不良后果,需要修改。比较适宜的方法是从商标权的角度进行修改。

美国为什么实行三权分立
吴新平

美国采取三权分立制首先是独立的美国人的普遍愿望,在孟德斯鸠三权分立学说的影响下,结合美国的具体情况,借鉴了英国的宪政经验。它具有三个特色:一是通过分权和制衡,维护和加强垄断资产阶级的统治,二是分立的政治前提是资产阶级民主共和政体,三是具有浓厚的政党政治色彩。然而三权分立也存在着一定的弊端，作为美国民主中的一种机制，其本身又是对资产阶级标榜的美国民主的否定，也不利于提高政府工作效率，容易产生争权或越权的问题。我国正在进行的政治体制改革对此应当有选择地借鉴吸收。

我国为什么不能实行"三权分立"
谷春德

"三权分立"说作为一种政治学说，其出现并非偶然，但它本身并不科学，作为一种政治制度，它在资产阶级国家得到普遍实行已有二三百年的历史。但是，资产阶级"三权分立"在社会主义中国行不通，因为我国不存在实行它的经济基础和阶级基础，也不存在实行它的政党政治，如果在我国搞资产阶级"三权分立"会违反我国现行宪法，所以应当反对将资产阶级"三权分立"照搬。我国应当在坚持国家权力统一的前提下，科学地划分国家机关的职能和分工，有选择地吸取外国国家机关分工的做法和经验，进行相应的政治体制改革。

试论社会主义法律关系的本质属性
刘翠霄

社会主义法律关系是社会主义法律规范在对社会主义社会关系进行调整时形成的、以法律上规定的权利、义务为内容并以国家强制力保障实现的一种思想社会关系，属于上层建筑范畴。法律关系是法律规范对社会关系进行调整的主要形式。社会关系和法律关系是内容与形式的统一，其结果形成社会主义法律秩序，其中社会关系是法律秩序的内容，法律关系是法律秩序的形式。

在马克思主义法学思想中，法与法律概念没有严格区分
——与李肃、潘跃新同志商榷
汪永清

马克思早期的法学思想中，法与法律的区分是建立在唯心主义二元论的法律观基础上的两种法律的区分，即理性法（客观法）与制定法（实在法）的区分。随着马克思主义法学观的确立，马、恩著作中法与法律的内涵也趋于一致，即法和法律都是以国家意志形式表现出来的统治阶级的意志。法与法律的区别既不构成马克思主义法学的核心，也不会对我国法制建设的理论和实践产生什么意义。

犯罪构成与刑事责任
陈泽杰

在犯罪构成与刑事责任的关系问题上，犯罪构成是以刑事立法为研究对象的理论，不是法律，而是对刑事立法的学理解释，和刑事立法有密切联系，相辅相成。认为犯罪构成是追究刑事责任的依据的观点，值得商榷，这种提法不符合我国刑法的规定，会给司法实践造成困难。正确表述犯罪构成与刑事责任关系的提法应当是犯罪构成是刑事责任的理论基础。

论伪造有价证券罪
崔庆森

伪造有价证券罪是指以赢利为目的，仿照支票、股票或其他有价证券的式样，

制作假证券，冒充真证券，破坏国家财政金融管理的行为。司法实践中，应正确区分罪与非罪以及一般违法行为的界限，区分本罪与他罪。盗窃印鉴不全的空白现金支票等有价证券，犯罪分子再伪造签字盖章，非法骗取财物的，应定伪造有价证券罪。

对受贿罪客体的再认识
郝力挥 刘 杰

受贿罪虽然有时包含有经济财产方面的内容，但它不是一般意义上的经济犯罪。认为受贿罪的客体是公私财产所有权即社会主义经济正常发展的观点不科学，扩大了受贿罪的主体范围，缩小了贿赂的内容，造成对受贿罪的刑罚失当，搞乱了对犯罪的同类客体进行科学分类的理论。把受贿罪的直接客体归结为国家机关的正常活动也不妥当，受贿罪的直接客体应是国家工作人员职务行为的廉洁性。

论对法人犯罪的两罚原则
朱华荣 林建华

对法人犯罪的惩处，主要有代罚制、转嫁制和两罚制三种方法，我国刑法和专利法的规定属于代罚制。我国海关法的规定，是我国首次对法人犯罪采用两罚原则。两罚原则，在民法、经济法和行政法甚至国际法上皆可找到其法律上相似的渊源。两罚原则，须以法人组织本身承担刑事责任为前提，对法人犯罪实现两罚原则，可以避免代罚制和转嫁制偏执一端的弊害。

法人参与刑事诉讼初探
王希仁

法人犯罪是司法实践中经常遇到的问题，需要从理论上加以探讨和分析。法人充当刑事诉讼主体具有必要性和可能性，法人成为刑事诉讼主体不但是诉讼实践的需要，从理论上也可以论证。对法人可以适用冻结财产和停止法人活动的强制措施，而且当法人与犯罪的追诉有关时，法人也能够作为证人。法人参与刑事诉讼关系到刑事诉讼制度的改革和现代化，应当及时得到正确的解决。

关于人民调解的几个理论问题
刘家兴

人民调解制度不仅仅是一项司法制度，更不同于国家司法机关遵循的司法程序制度，而首先是一项群众性的民主制度。人民调解条例既不是行政性条例，也不是程序性条例，而是人民调解的组织和活动准则，是社会性的一种独特性的章程。人民调解活动是广大人民群众的自觉活动，是调停式的和解，不同于法院审理案件中的调解。双方当事人达成的调解协议不是民事合同性质的文书，而是解决纠纷，结束民事权利义务之争的证明文书。

关于退回人民检察院补充侦查的几个问题
孙华璞

退回人民检察院补充侦查制度有其产生和发展的历史。退回人民检察院补充侦查,审判程序应当中止而不是终止。人民法院将案件退回人民检察院补充侦查后,人民检察院在补充侦查阶段不能做出不起诉或免予起诉决定,补充侦查的,应当补充起诉。人民法院应以裁定形式退回人民检察院补充侦查,退回补充侦查不能超过两次。退回人民检察院补充侦查的案件,人民法院的审理期限应从人民法院收案之日起计算。

沈家本对比附援引旧制的改革
李建华

清末著名法学家沈家本以清末修律为契机,力图在刑法中废除比附援引旧例,确立罪刑法定原则。虽然在改革旧制前进行了必要的舆论准备,并与守旧派进行了激烈的论战,但正如沈家本对封建法制的其他改革不彻底一样,他对援引旧制的改革,也存在着不可避免的局限性,他企图在半殖民地半封建的中国,引进资产阶级罪刑法定原则,以实现废除比附援引的目的,却不触动封建专制统治的根基,无疑是非常困难的。

《暂行新刑律》辨正
曾代伟

《暂行新刑律》是辛亥革命后中华民国通行的第一部刑法典,早在袁世凯就任临时大总统以前,孙中山领导的南京临时政府及其所属部分省份,就已经提出了有条件地"暂行"清末法律的设想并开始付诸实施。它是我国近代历史上短暂存在的特殊政治体制下的产物,作为民国初年有条件地暂行清末法律的一个样板,带着鲜明的时代烙印,反映了当时各派政治力量共同的需要和意愿。

南斯拉夫的破产立法
王存学

南斯拉夫的破产法律制度,是在该国社会主义经济建设的实践中产生和发展并不断完善,既是其立法和司法经验的总结,也是该国破产理论和实践相结合的产物。因此,对其进行研究和探讨,对于我国的法学研究和立法司法实践,具有一定的参考和借鉴价值。

美国的程序法学派
信春鹰

美国程序法学派形成于20世纪50年代。其基本观点是将法律看作一种理智的、民主的、公正的程序。程序法学所谓的程序,并不仅仅是方法、技术或途径,而是在法律作为一个社会制度体系的意义上说的。在诉讼过程中,实体法完全是根据程序的要求发挥作用,是系列化程序的一部分。程序法学派对程序的强调,在某种程度上代表了美国法学界和公众把司法与政治决策相对立的传统倾向。

1988 年第 1 期

社会主义初级阶段与宪法
——纪念现行宪法颁布五周年

王叔文

党的十三大提出的社会主义初级阶段理论,对于宪法的制定和实施以及发展宪法理论具有重要的指导意义。建国以来,我国宪法历史发展的实践表明,能否坚持实事求是的思想路线,从正确认识我国所处的历史阶段出发,从我国的国情出发,是我国宪法能否符合革命和建设需要,发挥根本大法作用的关键。现行宪法是社会主义初级阶段的宪法,适应我国社会主义初级阶段的需要,主要表现在:正确地体现了一个中心、两个基本点;规定了集中力量进行社会主义现代化建设,发展生产力;规定了经济体制改革和政治体制改革的基本原则。

政治体制改革与法制建设

刘　瀚

我国正在进行的政治体制改革,主要是指实行党政分开,进一步下放权力,改革政府工作机构,改革干部人事制度,建立社会协商对话制度,完善社会主义民主政治的若干制度,加强社会主义法制建设等。法制建设是政治体制改革的一部分,同时又对政治体制改革起着促进和保障作用。进行政治体制改革,要坚持它的科学性、实践性、全面性和整体性,尤其是要把法制建设贯穿于政治体制改革的全过程。

论法律文化

刘作翔

法律文化是法律意识形态以及与法律意识形态相适应的法律制度、组织机构等的总和。它是人类文化系统中独特的、不可缺少的一个组成部分,是人类在漫长的历史发展过程中从事法律活动所创造的智慧结晶和精神财富,是社会法律现象存在和发展的基础,是由社会的物质生活条件所决定的法律上层建筑的总称。法律文化具有实践性、实用性、历史连续性、互容性等特征,并具有政治功能。

关于加强国家权力机关法律监督保证职能的几个问题

袁吉亮

法律监督职能是最高国家权力机关的重要职能之一,直接关系着最高国家权力机关的其他全部职能,根本上关系着人民行使国家权力的保障程度。在目前尚无行政诉讼制度的情况下,国家权力机关加强法律监督的职能,尤其是加强监督国家机关严格遵守宪法、法律,确为当前我国法制建设的迫切需求。加强国家权力机关的法律监督职能,应该健全国家权力机关的法律监督机构、职权和程序等。

试论行政强制执行
胡建淼

行政强制执行是指当事人逾期不履行国家行政机关作出的行政处理决定，有关国家机关依法采取各种强制手段，强制当事人执行业已生效的行政处理决定的法律制度。它与行政强制预防、行政强制制止一起构成行政强制制度的完整内涵。其主要形式有强行划拨、强制扣缴、强行拘留、强行退还、强行拆除、强制履行等。行政强制执行必须具备法律依据和事实依据，并遵照法定执行程序进行。当前，我国的行政强制制度还只是一个大体轮廓，需要从立法和执法上不断加以完善。

论提存制度
赵霄洛

提存是一种特殊的民事法律行为，含有寄存的性质。它是债务人在特殊情况下采取的一种债务清偿方式，涉及债权人、债务人和提存机关三方之间的关系。目前在我国建立提存制度具有必要性和迫切性，并应注意对提存机关、不适宜提存物品的拍卖制度以及有争议的给付标的物能否提存等问题进行研究。

技术秘密及其法律保护
庞正中

通常认为技术秘密是一种财产权，较之实物形态的财产和工业产权而言，有其自身的特性。迄今为止，技术秘密主要靠保密而不是直接靠法律维持其价值，并主要通过企业自身维持秘密状态和订立技术转让合同来实现，其中后者又是通过设立合同保密条款来完成。我国技术合同法为当事人拟订和履行保密合同提供了直接法律依据，但必须使之与民法、工业产权法、刑法等衔接起来，以建立完善的保护体系。

我国的耕地保护法律制度
黄明川

耕地保护法律制度是调整因保护耕地而产生的社会关系的法律规定和制度的总称。我国耕地保护法律制度具有以下几个主要特点：目前我国耕地保护法律制度的重点是控制非农业建设占用耕地，特别是制止乱占滥用耕地的歪风；正确处理了耕地的保护和利用的关系，体现了统筹兼顾各项用地的原则；在对防止耕地退化问题上，体现了防治结合的原则；贯彻了控制与开发相结合的原则；对耕地的保护尚未形成一个专门的法律，而是以若干土地保护法律规范分散在有关法律和法规中。

略论环境法的实施保证
马骧聪

基于环境法本身特点和我国实际情况，环境保护法的实施十分艰巨和复杂。为保证环境法的实施，思想上必须广泛进行环境和环境法制宣传教育，提高全民族的环境意识和环境法制观念；组织上应完善环境管理体制，建立健全环境管理机构；物质技术上增加对环境保护的投资，发展环境科学和环境保护设备的生产；监督管理上加强环境监督管理，严格执法；加强环境司法，充分发挥司法机关对保护环境的保证作用；妥善处理环境纠纷，正确解决厂群矛盾。

刑法学研究之目的及其发展趋势
廖增昀

刑法学是以刑法为主要研究对象的法律科学。刑法学研究的目的是：一方面，研究我国现行刑法所规定的犯罪与刑罚的原理，对刑事立法和司法实践进行理论概括；另一方面，运用现代科学方法，对犯罪与刑罚问题进行多侧面、多层次的研究，探讨犯罪的发生原因、变化规律和预防方法。刑法学应当努力开辟新的研究领域，发展诸如刑事政策学、犯罪学、比较刑法学等刑法学的分支学科。同时，展开对经济犯罪、重新犯罪、过失犯罪、国际刑法、社会治安综合治理和刑法基础理论等专题的多侧面、多层次的研究。

论我国刑法的最高司法解释
赵秉志　王勇

刑法的最高司法解释是指国家最高司法机关作出的具有通行效力的关于适用刑法的司法解释。其有别于无普遍效力的司法解释、刑法的立法解释、刑法的学理解释、刑法上的类推适用以及最高人民法院的刑事判例。根据不同标准，刑法的最高司法解释具有不同的分类。制定和颁行刑法的最高司法解释时，应当遵循如下三个原则：维护法制的协调统一原则、及时与慎重相结合原则以及制定技术和颁行方式的科学性原则。目前，刑法的最高司法解释在我国刑事司法实践中发挥着重要的作用。

承包经营中贪污罪构成探讨
李建明　陈继南

承包经营中的承包人与发包方之间存在明确的承包协议，并据此取得了特定的职权，实际主管或经管了发包方的公共财物时，承包人可以被视为"受委托从事公务的人员"，从而构成贪污罪的主体。此外，贪污罪的成立，承包人在主观方面必须具有非法占有公共财物的目的。在客观方面，承包人必须利用主管、经管公共财物之便，实施了侵吞、盗窃或骗取公共财物的行为。

论建立具有中国特色的劳动改造法
张绍彦

劳动改造法是一个独立的、基本的部门法，与刑法和刑事诉讼法紧密地构成我国刑事法律体系的基础。劳动改造法兼具程序法、实体法和组织法的内容。我国的劳动改造法应当遵循注重改造、监管和教育相结合、以政治思想教育为主、犯人必须参加劳动、革命人道主义、区别对待、给出路以及综合治理等原则。劳改机关和劳改罪犯是劳动改造法律关系的主体，两者之间的行为是劳改法律关系的客体。劳改罪犯享有平等权、申诉权、人格权、依法获得释放权、生命健康权等权利，同时必须履行劳动改造法律义务。劳改机关享有独立惩戒权、拒绝收押权、狱内侦查权等高度统一的权利和义务。

论我国封建法律制度的三次重大改革及其历史教训

乔 伟

从战国时商鞅对法律制度的改革、西汉初期文景二帝对法律制度的改革和唐初李世民对法律制度的改革的历史经验和教训来看,只有把政治法律制度的改革与经济体制的改革结合起来,使这两方面同步进行,互相促进,互相保证,才能达到预期的目的。改革要想成功,既要有领导改革的人才,又要有执行改革的人才,二者缺一不可。

联邦德国的行政诉讼法及行政诉讼制度

刘兆兴

1976年5月25日颁布并于1977年1月1日生效的联邦行政诉讼法是联邦德国现行的最完整的行政诉讼法,它全面具体地规定了联邦德国的行政诉讼程序及其整个诉讼制度;1953年4月27日颁布了联邦行政强制执行法,联邦行政诉讼法第三章中规定了行政处分制度;按照德意志联邦共和国基本法的规定,联邦德国的立法机关(联邦议院和联邦参议院)具有监督行政的功能,联邦德国设有宪法法院和行政法院,专门受理关于政府部门行政活动的违宪性和合法性的诉讼案件;1960年1月21日,联邦德国颁布了联邦行政法院法并于同年4月1日生效,这是完善联邦德国行政诉讼制度的重要基本法律。

1988 年第 2 期

论法律的实行
沈宗灵

法律的制定和实行是两个密切联系但又不同的过程。法律的实行，或称法律的实现、实施，是指法律在社会实际生活中的贯彻。评价法律的实行是一个复杂的问题，一般情况下可以从四个方面加以考虑：合法权益受到保护、违法行为得到制裁的情况，法律意识的增长情况，与其他国家和地区的比较，以及法律社会功能、社会目的的实现情况。法学应该重视研究法律的实行情况，对法律实行作出评估和因果分析。

依法治市　加强民主与法制建设
周维樵

依法治市是依法治国的具体体现，是更新观念、加强社会主义民主法制建设的有力措施，对于搞好政治体制改革必将产生巨大的推动作用，是一个涉及全方位、多层次的综合性的社会法治系统工程。商丘市在落实依法治市方针方面，组织"一府两院"开展了以检查法律法规执行情况为主要内容的"四查四找"活动，增强了干部的法治观念，提高了依法办事的自觉性，建立了学法用法制度，促进了社会治安状况的好转，推动了经济工作的发展和城市建设的繁荣。

经济犯罪的立法对策
陈兴良　赵国强

我国现行经济刑事立法方式主要有三种：法典型、修正型和延伸型。经济犯罪的复杂多变性，决定了单向制的刑事立法方式难以与之相抗衡。为此，未来我国经济刑事立法，应当采用多向制的立法方式。具体而言，我国应当采用以法典型、散在型、编纂型为主，以修正型、解释型为辅的多位一体的立法方式。

关于我国犯罪客体的几个问题
薛瑞麟

社会关系是人们在生产和共同生活过程中所形成的人与人之间的相互关系。社会关系具有普遍性、多样性、变异性、相对稳定性和阶级性特征。社会关系的主体、社会关系的物质表现、社会关系主体间的相互关系以及刑法所保护的社会关系主体的利益，共同组成了社会关系构成要素。犯罪的复杂客体可以分为主要客体、次要客体和选择客体。犯罪客体和犯罪对象是两个既有联系又有区别的概念。

我国刑法中犯罪概念的定量因素
储槐植

犯罪概念的定量因素是我国刑法的创

新之一。具体犯罪构成中的定量因素，由法律、法令、法规、实施细则或司法解释加以规定。社会发展水平、国家管理需要是确定具体犯罪构成定量因素的两个主要依据。确定具体犯罪构成定量因素时，应当遵循合理性和统一性原则。未来我国可以考虑建立一门新的刑法分支学科——数量刑法学。

盗卖技术资料行为的定性研究
游 伟 张 骏

实然地看，盗卖"秘密级"以上技术资料的行为，情节严重的，应当以泄露国家重要机密罪论处。盗卖未获专利或非属"秘密级"以上技术资料的行为，可以贪污罪或盗窃罪论处。盗卖获得专利权科技成果的技术秘密的行为，应当以专利侵权论处。应然地看，从维护社会主义经济秩序和完善刑事立法的角度出发，立法机关应当适时地在刑法分则第三章"破坏社会主义经济秩序罪"中增设"盗卖技术资料"的罪名，并明确规定对盗卖技术资料行为的罪状和刑事责任。

论合议庭的裁决权
曾斯孔

在我国刑事审判实践中，审者不判、判者不审的现象，在相当范围内存在着。审和判相脱节，不利于保证办案质量，无法实现当庭宣判，不利于增强审判人员的责任感，并将架空辩护制度、陪审制度和回避制度。审和判相脱节，其实并不能体现法院独立，不能抵制不正之风，不能防止法庭上可能出现的过激情绪，也不能保证客观全面认识案情。在我国，合议庭享有案件的裁决权，不仅具有法律依据，还有实践依据。

略论发展和完善我国的刑事证据制度
徐益初

我国刑事证据制度是在同旧中国刑事证据制度的斗争中发展起来的，是在不断反对司法人员受旧中国证据制度残余思想的影响中发展起来的。我国刑事证据制度具有如下特点：第一，依靠群众、调查研究；第二，不轻信口供、严禁刑讯逼供；第三，以事实为依据、反复查证属实。着眼于完善刑事证据制度，我国应当继续肃清口供主义思想残余的影响，坚持发扬深入群众、调查研究的优良传统；确立法庭调查证据程序为审判和认定证据的主要形式，发挥其在调查核实证据中的重要作用；确立"以实求是"的判断证据原则。

论国家所有权、行政权与经营权的分离
王 忠 姜德源

企业经营权是独立排他的，在法律规定范围内受到严格保护。经营权的客体是属于国家（所有者）授予它经营管理的财产。国家作为所有者有权依法对企业征收所得税、调节税，并依法监督企业执行国家法律、计划等情况；作为行政权的主体，国家有权依照法律对企业征收产品税、营业税、增值税、城市维护建设税等税种，并依法管理和指导企业活动，使之符合整个国民经济发展要求。

关于无因管理的几个问题
郭明瑞

无因管理是一种法律事实，它对于避免受益人损失，维护社会团结具有积极意义。无因管理的成立要件包括：无法定或约定义务；管理人必须对他人事务进行管理或服务，管理人须为避免他人利益受损而为管理。无因管理是债的一种发生根据，其效力就是在管理人和受益人之间产生权利义务关系，即无因管理之债。

论企业财产权的二重性质
董安生　刘兆年

企业的财产权具有二重属性：对于不特定第三人来说，企业具有排斥他人不法侵犯的物权性权利；对于所有者来说，它具有要求对方保障其物权依法实现的请求权，所有者就同一项财产对企业所享有的也只是要求对方依照法律或合同承担作为义务的请求权。企业财产权的二重性质不能看成是物权和债权的简单相加，其不同于传统民法已有的物权形式和债权形式。企业财产权内部关系有客观和主观两种表现方式，对其债权性质的认定也必须结合两种形式进行考察，其不仅可以说明企业财产权的来源和保障问题，而且对正确处理所有者与企业的关系具有重要意义。为解决企业在内外两类法律关系中的财产权利问题，必须完善包括物权法在内的一系列法律制度。

合同实际履行原则之我见
——兼与梁慧星同志商榷
柴振国

在传统合同法理论中，实际履行原则被认为是社会主义公有制国家合同法的一个共同特征，这是由社会主义国家的根本性质决定的。由于各国特点不同，实际履行原则的内容并不完全一致，但都与合同正当的变更和解除不相矛盾。我国经济合同法确立的是实际履行原则，同其他社会主义国家的这一原则相比较，当事人的权利更为广泛，更能适应有计划商品经济发展的要求，这是由我国现阶段经济体制的性质和经济合同本身特点决定的。

试论民事诉讼中非权利主体当事人的法律地位
吴高盛

非诉讼权利主体成为诉讼当事人的情况主要有：因侵害人格权就原告身份提起的诉讼；因某种原因将不属于自己所有的财物，暂时置于自己合法管理控制下时，就财物提起的诉讼。非权利主体当事人虽然以自己的名义参加诉讼，但只享有和承担程序意义上的权利和义务，因此其地位是程序上的诉讼当事人。人民检察院作为非权利主体的诉讼当事人，与其他非权利主体诉讼当事人的最大区别在于，其通过提起民事诉讼起到的监督民事审判活动的作用。

试论人民调解制度的发展
王红岩　杨元忠

解决思想认识问题，是搞好人民调解工作的前提条件。人民调解作为我国法制建设中的重要组成部分，必须制度化和法律化，使其有法可依，有法必依，执法必严，违法必究。人民调解委员会的活动需要自上而下强有力的指导和管理。司法行政机关和人民法院对人民调解委员会业务上的指导，是人民调解发展壮大的重要保障。

《吕刑》新议
蔡燕荠

周代《九刑》是基本性的法典，《吕刑》则是补充性的单行法。它把德奉为总体精神贯穿全篇，特点是继续发挥周代统治者的敬德保民思想，并进一步把它运用到刑事立法和审判中去。《吕刑》恢复夏制"三千科条"，又采用"上下比罪"等的类推适用和量刑原则，避免枉纵，以求定罪和量刑恰当，这也是一种严，严于正确掌握制刑与执法的各个环节，它所要求的也即是"慎以防滥，慎不失严"。

明大诰的版本
杨一凡

四编《大诰》是研究明初法治和当时社会的政治、经济和军事状况以及朱元璋法律思想的珍贵文献。我国大陆所见到的大诰版本约有十余种，其中堪称善本者为北大图书馆、故宫博物馆、清华大学图书馆和北京图书馆藏本。将这几种版本互勘，北京图书馆本是不可多得的善本。

国际私法中的产品责任问题
林 欣

产品责任在国际私法中主要涉及管辖权和法律适用问题。产品责任的管辖权涉及产品责任的性质，当事人的诉讼能力，某国取得案件管辖权的规则，以及时效等方面的问题。法律适用原则一般包括损害地法和法院地法。《关于产品责任法律适用的海牙公约》对国际产品责任的法律适用问题规定了一些共同原则，并对以往适用原则有了新的发展。产品责任法是强行法，不得以契约排除适用。国际产品责任诉讼中，可能涉及尚未制定产品责任法的国家，由此出现的困难和问题应得到这些国家的重视。

论双边航空协定的三种模式
赵维田

国际航空运输的双边原则有它客观的与历史的必然性。"二战"后四十多年的国际实践中，双边航空协定大致形成了三种类型或三种模式：百慕大式、事先确定式和自由式。可以预料，在今后相当长时期内，三种模式并存的局面将继续保持下去。各国经济发展的不平衡，各国航空企业的强弱不同，各国航空政策乃至外交政策的分歧，都决定了国际上不可能只有一种双边航空协定的模式。

通缉应是时效延长的条件
零 布

从刑法第77条规定看，时效延长必须同时具备两个条件，即司法机关采取强制措施以后以及犯罪人逃避侦查或审判，而通缉不是时效延长的条件。这可能会放纵罪犯，违背我国刑法设立追诉时效制度的宗旨，有损法律的尊严。未来刑法修改应当将通缉作为时效延长的条件。在立法未改变之前，可以先采取司法解释的方式对此进行规定。

1988 年第 3 期

科学技术研究开发机构的法人类型
于得胜

在法律上宜将科研单位单独划为科研法人，这将有利于对其进行有针对性的管理，实现政府在科技管理上职能的转变，并有利于科研机构自身发展。将来的法案中应建立若干政府与科研机构相互关系的基本原则，正确地规定科研机构的权利义务，以提高法律可行性及其效能。科研机构领导体制应从"所长负责制"的单一首长集权制，转变到实行结构性权力的分权制。

社会主义民主政治建设初探
罗耀培

社会主义民主政治的本质和核心是人民当家做主，真正享有各项公民权利，享有管理国家和企事业单位的权力。进一步加强和完善人民代表大会制度，是社会主义民主政治建设的中心环节。从我国当前实际出发，推进民主政治建设，必须进一步实行党政分开，保证人民代表大会充分有效地行使各项宪法规定的职权，重视进一步加强人民代表大会的组织建设，加强社会主义法制建设。

党政分开的法学思考
丁邦开

政治体制改革的关键是党政分开。实现党政分开，必须正确认识和理解党的领导，理顺党的政策与法律之间的关系，采取同党政分开、实行政治领导相应的领导方式和具体制度。实行党政分开，不是改变党对国家的领导关系，而是改变领导方式，即通过"使党的主张经过法定程序变成国家意志"的方式对国家事务实行政治领导。从治理方式上说，实行党政分开，也是告别人治、实现社会主义法治的过程。

政府法律顾问刍议
吴 允 杨金国

政府聘请律师担任法律顾问，是依法行政的需要，是政府决策民主化、科学化和法制化的需要，是政府自觉运用法律手段管理的需要，也是政府参与行政诉讼以及解决其他实际法律事务的需要。政府法律顾问的任务主要包括，协助政府各部门正确贯彻执行政策、法律、法规，保证政府机关的行政活动合法和正确，在与政府相关的法律事务中维护政府的合法权益，运用法律手段促进政府机关提高工作效率，防止官僚主义。

认定经济诈骗罪应注意区分的界限
刘星明

在区分经济诈骗犯罪与经济合同纠纷时，应当注意区分诈骗货款与拖欠货款，以集资为名进行的诈骗与因集资而发生的经济纠纷，虚构履约能力进行诈骗与夸大履约能力而发生的经济纠纷，买空卖空的诈骗犯罪与期货交易中的经济纠纷之间的界限。在区分经济诈骗犯罪与民事债务纠纷时，应当注意区分经济诈骗与民事欺诈，经济诈骗与骗借行为，经济诈骗与非法侵占之间的界限。在区分经济诈骗与投机倒把时，应当注意区分以签订假合同实施的诈骗犯罪与转手承包倒卖合同的投机倒把罪之间的界限。

论量刑的一般原则与量刑的方法
高 格

以犯罪事实为根据，以刑事法律为准绳，是我国刑法规定的量刑的一般原则。关于量刑方法，目前主要有综合估量式量刑方法、罪刑等级式量刑方法、数量化的量刑方法、电子计算机量刑方法等四种量刑方法。综合估量式量刑方法目前虽为我国司法人员所掌握，但长远来看必须加以改革。罪刑等级式量刑方法虽便于审判人员掌握，但不适合于我国司法实践。数量化的量刑方法与电子计算机量刑方法，其基本原理是一致的，有利于克服综合估量式量刑方法的弊端，应当是未来我国量刑改革的发展趋势。

试论"没收财产"附加刑的适用
崔永星　王从军　吕伟男　许大军

适用"没收财产"刑，首先应当严格按照刑法分则有关条款的规定进行适用，其次要特别注意研究适用"没收财产"刑的酌定条件。适用"没收财产"刑时，应当注意以下几个问题：第一，只能依法没收犯罪分子个人所有的财产；第二，处理好刑法总则有关量刑的原则与适用"没收财产"刑的关系；第三，适用"没收财产"刑需要公、检、法三机关紧密配合。

也论抢劫中故意杀人的定罪问题
萧开权

抢劫致人死亡不能包括抢劫杀人。若抢劫致人死亡包括抢劫杀人，可能轻纵罪犯。放火致人死亡、打砸抢致人死亡也不包括故意杀人。我国刑法没有将抢劫杀人作为结合犯规定，不能得出抢劫杀人就是一种结果加重犯的结论。因此，图财害命式的抢劫杀人，抢劫是目的，害命是手段，两者具有牵连关系，构成牵连犯，应从一重处罚，以故意杀人罪处罚；杀人灭口式的抢劫杀人，抢劫和杀人没有牵连关系，是数罪，应并罚。

我国封建社会实行过罪刑法定主义吗
——兼与栗劲同志商榷
李 程

无论是先秦"法家"的"法治"理论，还是秦朝的刑事立法和实践，都与资产阶级所提倡的罪刑法定主义大相径庭。维护皇帝的擅断权力，适用类推，认可习惯，体现了封建"罪刑擅断主义"。秦以后各代，也没有实行过"罪刑法定主义"原则。"决事比"、《春秋》决狱、比附名例等制度的存在，与真正的罪刑法定主义格格不入。

刑事诉讼法学中几个有争论的问题
苏尚智

近年来,我国刑事诉讼法学界围绕着如下几个重要问题进行了理论争鸣:第一,刑事证据到底具有三个特征还是两个特征;第二,使用非法手段收集的证据材料能否作为刑事证据;第三,同案被告人能否作为证人;第四,如何处理"疑罪";第五,刑事诉讼中的证明责任;第六,检察人员在二审程序中的任务和地位;第七,律师介入刑事诉讼参与辩护的时间;第八,高级人民法院对死刑复核程序和二审程序能否合并;第九,法人能否成为刑事诉讼主体。

论法庭调查
樊崇义

与当今世界各国的法庭调查相比,我国的法庭调查其内容是科学的,其程序是合乎诉讼规律的。它贯穿着实事求是的科学态度和社会主义的民主精神,与资本主义国家的"形式真实"具有本质的区别。法庭调查应当严格遵循刑事诉讼法有关核实证据的方法和程序对证据进行核实。在法庭调查中,法院审问被告人应当针对不同被告人的具体情况运用不同的审问策略,紧紧围绕犯罪构成要件展开审问。公诉人应当抓住关键时机讯问被告人。此外,法庭调查还应当正确处理被告人的翻供和沉默拒供问题。

论土地使用权有偿转让法律制度
王家福 黄明川

土地使用权有偿转让法律制度在我国产生,是我国社会经济发展的必然产物,并具有诸多益处。我国土地使用权有偿转让的法律形式主要包括土地批用和土地使用权出让。土地使用权有偿转让法律制度的特征包括国家垄断经营与监督;坚持土地国家所有权与提高国有土地利用效益的结合;兼顾土地所有者和土地使用者的利益;开放和管理土地市场四个方面。

关于著作权若干问题的探讨
吴汉东

著作权是一项重要的民事权利,我国民法通则对此作了原则规定,并正在起草专门的著作权法。著作权的内容包括人身权利和财产权利两个方面;著作权的转让一般采用合同形式;著作权使用许可可分为专有许可和非专有许可。侵犯著作权属于侵权行为的范畴,其构成和处理适用侵权责任的一般规定,但著作权有其自身的表现形式和具体类型,往往需要著作权法作出具体规定,并提供有效的制裁手段。

对重庆市联营的调查与思考
伍再阳 陈思聪 涂政权

从重庆市联营状况可看出,横向经济联合中的联营,由大而全、小而全的生产格局向专业化协作发展,由固有的所有制形式向新型混合经济形态发展,由半紧密型联营向紧密型联营发展,从而推进了生产力要素的优化组合,促进了商品经济的发展。其中存在的主要问题包括行政手段和行政干预联营,以联营为名规避法律,联营协议签订紊乱,联营形式分类不清。我国需要在现有立法上修订或重新制定关于联营的法律法规，尤其要明确联营的概念、类型及其财产责任，设定联营的条件、程序和对联营协议的要求等。

环境权初探
罗典荣　陈茂云

鉴于环境和环境问题的特点对环境法律关系中的权利内容提出了新的要求，而传统的权利概念又无法满足此种要求，有必要提出环境权的概念。基于"公民有在良好环境中生活的权利"的原则，在法理上产生了环境权这一新的权利观念。各国对环境权问题的反映，目前一般集中在宪法和法律对公民环境权的规定上。环境权的基本内容包括国家环境权、法人环境权以及公民环境权。基于环境权理论的重要意义，应尽快完备我国的环境权立法，深化环境权理论的研究。

对中国古代"法的作用论"的一点思考
范忠信

中国古代思想家心目中的法有六种基本作用：定名分，使人不竞；予准绳，以度是非；辅德教，逼人为善；惩强暴，以救乱世；统一思想，消灭异端；铲平才智、财产上的差异。同时也存在"法能杀不存者，不能使人孝；能刑盗者，不能使人廉"的局限性和副作用。他们所考虑似乎只有如何使社会一切生活合乎伦理，而忽视了用法律来对社会生活进行合理的组织和管理，使社会生活秩序化。

评《建立多边投资保险机构公约》
苏　敏

《建立多边投资保险机构公约》是在国际间调整投资保险关系的第一个普遍性公约。多边投资保险机构是具有法人地位的商业性保险组织，是以多边公约建立起来的政府间国际经济组织，是国际法的主体之一。机构的主要活动是承担国际投资的非商业风险保证，其担保人、担保权人、担保标的以及担保风险等方面具有特殊性。机构采用加重投票权和在机构中具有不同利益的国家集团投票权相等相结合的制度。从机构留给成员国的权利来看，其所进行的投资保证活动和促进投资活动将有助于稳定和改善发展中国家的投资环境，推动资本流向发展中国家。

1988 年第 4 期

论社会协商对话制度的法律调整
孙铁城　李　淳

社会协商对话是上级机关与下级机关之间、领导与群众之间以平等身份，依据法定原则，通过多种形式，定期地对国家、地方和基层的重大问题、重大情况进行民主协商的政治活动，是下情上达、上情下达的双向行为，在性质上是一种监督行为、参政议政行为。协商对话在未形成制度之前，带有随意性、盲目性、不稳定性，必须采用法律形式，把协商对话应坚持的原则及其构成要素明确下来，使之法律化、制度化。

论法律关系的客体
刘翠霄

法律关系的客体是为法律所确认和保护的，通过法律关系主体行使权利与履行义务的行为加以调整的社会关系，它具有客观性和法律性。根据一国的法律体系，法律关系的客体可以分为一般客体、同类客体和具体客体等不同的层次。物不是法律关系的客体，是法律关系的权利客体。行为也不是法律关系的客体，是联系法律关系主体与客体的中介。

贯彻实施宪法，促进政治体制改革
陈延庆　许安标

我国宪法自 1982 年修改颁布以来，经过五年多的实施，在政治、经济、文化等方面取得了巨大的成就，充分反映了我国宪法的"真实性"。但是，由于种种原因，宪法的实施并不是尽如人意的。目前，进一步实施宪法，促进政治体制改革，应抓好以下三点：理顺党和人大的关系，充分发挥人民代表大会制度的作用；建立各项具体制度和措施，维护公民的基本权利；加强社会主义法制建设。

简论独立行使行政执法权
郁忠民

行政执法权是国家特定的行政机关或行政部门具体适用法律、行政法规的一种权力。行政执法权属于行政权的一部分。有无行政处罚权，是一般行政机关与行政执法部门的最显著区别。行政执法中审计监督独立，宪法已经作了明确规定。进一步明确行政执法权独立行使的宪法地位，有利于健全我国的执法体制，排除各种干扰行政执法的越权行为。在此基础上，以法律形式明确执法主体、监督机构、职责范围、处罚程序等具体事项。

惩治走私、贪污、贿赂等犯罪的重要法律武器
——两个《补充规定》的简单介绍
高西江

《关于惩治走私罪的补充规定》和

《关于惩治贪污罪贿赂罪的补充规定》，对刑法和《关于严惩严重破坏经济的罪犯的决定》进行了修订。具体而言，这两个《补充规定》增设了逃套外汇罪、挪用公款罪、非法所得罪、隐瞒境外存款罪等罪名，补充规定了单位犯罪；对走私、贪污、贿赂等罪的罪状和处刑补充了具体规定，进一步划清了政策界限；提高了某些犯罪的法定刑。

论刑事责任的事实根据
刘德法

单纯以犯罪构成作为刑事责任的事实根据，并不能全面、正确地评估具体犯罪的社会危害性程度，也不能解决刑事责任的全部问题。刑事责任的事实根据只能是犯罪的社会危害性。犯罪的社会危害性包含的综合事实，由犯罪前的主客观情况、犯罪时的主客观情况以及犯罪后的主客观情况构成。

关于回扣、手续费性质的探讨
张 弯

认定送、收回扣、手续费的行为构成行贿罪、受贿罪，不同于认定一般的行贿、受贿行为，它必须具备两个条件：第一，送、收回扣、手续费的行为符合贿赂罪的基本特征；第二，该行为必须违反国家规定。认定此类案件时，应当注意考察行为人是否利用职务之便，考察行为人谋求的是合法利益还是非法利益，注意划清该行为与接受合理报酬的界限，正确处理对外交往中接受礼物的问题。

严惩文物方面犯罪的法律依据
陈顺烈

目前我国惩治文物犯罪的法律渊源主要有：刑法、《关于严惩严重破坏经济的罪犯的决定》、《关于惩治走私罪的补充规定》、文物保护法、海关法以及《关于办理盗窃、盗掘、非法经营和走私文物的案件具体应用法律的若干问题的解释》等规范性文件。具体用于惩治文物犯罪的罪名有：盗运珍贵文物出口罪、盗窃罪、破坏珍贵文物罪、破坏名胜古迹罪、贪污罪、投机倒把罪、玩忽职守罪、走私罪、毁坏公私财物罪、抢夺罪、窝赃罪和销赃罪等。

城市化与少年犯罪
——山西省城市少年犯罪管窥
郭润生　董国强

城市少年犯罪与城市规模、城市人口呈正比例发展。不同的城市区位结构和功能与少年犯罪之间确实存在一定的相关性。城市少年犯罪以财产性犯罪和性犯罪为主，且具有区位性和帮团性特点。作为城市化副产品的少年犯罪会越来越突出，必须在城市化过程中充分重视少年犯罪问题，必须重视外国在治理城市少年犯罪中的经验，加强城市社会学、城市犯罪地理学、犯罪生态学、犯罪经济学、犯罪被害人学等新兴边缘学科的研究。

对刑事诉讼证据质和量的探讨
戴福康

刑事诉讼法对据以定罪的证据，在质

的方面的要求是：该证据必须能够证明案件真实情况，而且必须经过查证属实；在量的方面的要求是：该证据必须充分。在司法实践中，在一般情况下，必须要有两个以上具有证明力的证据（其中必须要有直接证据），才能符合定罪证据量的要求。如果没有直接证据，定罪时需要更加谨慎，从严掌握。

新中国的合同制度和合同法
谢怀栻

新中国的合同制度和合同法，可以划分为两个阶段。建国后的 30 年（1949—1978）里，合同制度由建立、发展而衰亡，合同法一直处于计划合同规则的状态。1979 年后的阶段里，合同制度由恢复而全面发展，合同法也逐步形成为一个体系。现在我国正处在社会主义初级阶段，为发展商品经济以促进生产力发展，必须充分利用并完善合同制度和合同法。

论建立完备的经济法规体系
姚潇瀛　俞梅荪

依据改革和经济发展要求科学地设计完备的经济法规体系的目标模式，有计划地加快经济立法和经济法规体系的建立，是我国法学界面临的重要任务。建立完备的经济法规体系是发展有计划的商品经济的内在要求。完备的经济法规体系的目标模式是以基本经济法为主干，形式门类齐全、结构协调、功能合理、层次分明、动态开放的经济法规群体系统。建立完备的经济法规体系需要抓紧制定相关的经济法律法规。

与约定财产担保相联系的优先规则问题
马鹏田

约定财产担保权设定甚至公示后，仍可能存在与担保权人发生利益冲突的人。就担保标的物的买受人而言，首先，在担保权未取得公示效力的情况下，善意买受人应优先保护；其次，正常业务中的买受人应受保护；最后，消费者利益应予以特别保护。就担保标的物享有留置权或取得执行权的人而言，不同的留置权应适用不同的优先规则。而就同一财产享有担保权的数个债权人之间的优先次序，适用公示优先原则，公示在先原则，先登记原则以及设定在先原则。此外，在债务人破产时担保权可能受到的影响包括：未经公示的担保权人在破产程序开始后不享有别除权；破产清算组织行使撤销权。

谈谈人民调解的几个认识问题
史凤仪

人民调解的基本属性是人民民主自治制度，它是司法辅助制度而非司法制度，不应赋予其强制决定权力，而"人民调解是政法工作第一道防线"的提法也不准确。在人民调解任务的问题上，"调防结合，以防为主"的工作方针不妥当，人民调解组织应主动及时地开展调解工作，并采取有效措施积极做好防范工作；其次，不能不适当地给人民调解组织增加任务。人民调解协议只是双方当事人的合意行为，不以国家强制权力为后盾，没有强制执行的效力。

大气污染防治法的立法
背景及重要内容
文伯屏

当前我国大气污染问题十分严重,虽然已制定了一些政策和法规规章,但大气污染防治内容比较复杂,涉及面广,从而推动了我国第一部大气污染防治法的诞生。我国大气污染防治法以控制煤烟型污染为中心内容;其总则和有关管理原则和管理制度的规定,比水污染防治法更明确更有力。我国大气污染防治立法的重要指导思想是"区别对待,今后从严"。此外,我国大气污染防治法中规定了明确严格的法律责任。

把研究的广角镜推向新中国法制史
蒲 坚 俞建平

建国以来法制史建设的历史是丰富的生动的,努力研究这一段历史,认真总结其中的经验教训,为当前和今后的法制建设提供依据和借鉴,应该是广大法学工作者特别是法律史研究者的一项重要而光荣的任务。

日本的行政对话制度
——行政对话与行政争讼制度的比较
张万琨

行政对话是战后日本迅速发展起来的兼有行政民主和行政救济两种功能的制度。它是公众向行政机关的对话窗口,申诉对行政的意见和要求,由行政机关采取必要解决措施的制度。从行政对话制度在日本的实践看,该制度具有行政救济、改善行政管理、广开言路、咨询和指导的作用。作为一种行政救济手段,行政对话制度相比正规的行政争讼制度具有受理范围宽、程序简便灵活、处理迅速的特点。由于存在着程序简便带来的程序保障局限以及行政机关自我纠错局限的问题,日本政府近年来开始着手研究公民权利代言人制度与行政对话制度的结合途径。

国际发展法略论
张奇峰

国际发展法是自 20 世纪 60 年代初以来,通过大量的外交实践和国际文书出现和发展起来的国际公法的分支。它以发达国家与发展中国家以及发展中国家间的经济关系为主要调整对象,目的在于协助建立一个有利于发展中国家发展的新的国际经济秩序,从而逐渐缩小目前日益加剧的发达国家与发展中国家间的经济差距。国际发展法有三项基本原则,即国家主权原则、平等原则与合作原则。国际发展法具有若干特殊性,包括法律目的的特殊性、法律规范的多重性和法律规范效力的多层次性。国际发展法面临的主要问题包括:发展中国家在多边和双边经济关系中的表现有很大差别,国际发展法的原则和国际经济现实之间有重大差距,过度强调改善国际经济秩序的外部条件而对发展中国家政治和经济改革的内部因素没有足够要求以及某些发展中国家的资格认定和识别问题等。

1988 年第 5 期

体制改革与宪法监督
陈云生

我国目前正在深化经济体制改革，并正在进行政治体制改革。应以宪法的实施促改革，以改革促宪法的实施。无论是实行体制改革，还是实施宪法，都必须加强宪法监督。加强我国宪法监督，应注意以下几点：加强和改善党对宪法监督工作的领导；完善和加强最高国家权力机关的宪法监督；建立有限的宪法诉讼制度；加强宪法和宪制的宣传教育，努力提高全民族的宪法和宪制观念。

"一国两制"与香港特别行政区基本法
骆伟建　陈　克

香港特别行政区基本法是我国的基本法律，它体现了"一国两制"的方针，并且使我国政府对香港的基本政策得到了法律化。基本法从香港特别行政区基本制度、高度自治权、港人治港三个基本方面，充分体现了"一个国家，两种制度"方针的精神，有利于从制度上保证香港特别行政区的繁荣和稳定。

论加强商品经济的刑事保护
崔庆森

加强商品经济的刑事保护，宏观地看，首先需要确立和提高为商品经济服务的刑法意识。具体而言，应当学会和善于运用商品经济的逻辑去衡量某种行为是否具有破坏社会主义经济的危害性和刑罚可罚性，辩证地考察商品经济内在机制与经济犯罪的联系，深化对经济犯罪的认识，用商品经济平等的价值观念彻底冲刷封建特权思想影响，贯彻司法平等原则。微观地看，在立法方面，必须修改现行刑法的某些条款，增加新罪名，理顺刑法与其他法律之间的关系；在司法方面，必须严格区分罪与非罪的界限，重点查办大案要案，结合办案加强司法建议，加强查处经济犯罪案件机构的组织建设以及坚决杜绝"以罚代刑"现象。

劳动法与经济体制改革
史探径

我国劳动法制建设 10 年来，在就业、招工、用工制度，职业培训等方面取得了较大成就。经济体制改革和劳动法制建设的发展，推动了我国劳动法学研究的发展。目前劳动法制建设和劳动法学研究中还存在若干问题，需要进一步研究，并重视劳动法的作用，加强劳动制度改革，以促进经济体制改革顺利进行。

试论物权和我国物权制度体系
姜　山

物权是对一定的物进行全面或某一方

面的直接支配,从而享受利益的排他的权利。其特征在于以特定的独立的财产为客体;权利人能直接支配并取得一定利益;具有排他性。设立物权制度,对于定分止争,保障物的安全利用等方面具有重要意义。依据我国现阶段的实际情况,我国的物权体系包括自物权、他物权以及类物权三大类,其中他物权里包含了经营权、使用权、采矿权等新型物权类型以及在当前重新发挥作用的典当权等。

清末的地方立法机关——谘议局及其立法初探
梁 彦

从清末省谘议局产生的背景、谘议局的组成及职权和其活动情况看,谘议局的性质类似于资产阶级地方议会的机关,是中国地方立法机关的最初萌芽,开创了我国地方立法的先端。它根本上是维护清政府统治的,但它确实起了"御用机构"、"谘询机构"所不能起的作用,成为中国历史上最早的,分立于行政部门的地方立法机关。

习惯国际法刍议
赵维田

在国际法研究中,对于习惯国际法的理论与实践都存在着较多的争论与混乱,需要加以澄清和讨论。首先,习惯国际法兼具"源"(国际法的来源)和"流"(国际法表现形式)双重性质或特征,在此,将《国际法院规约》第38条与国际法渊源联系在一起造成了一定的混乱。其次,在习惯国际法的构成因素中,"共同实践"这一客观因素和"法律判断"这一主观因素同步存在、难以分割,但习惯国际法的形成过程非常复杂和灵活,因此具有相当的不确定性。从20世纪50年代到80年代有关对飞行中的民用飞机使用武器的习惯国际法的发展过程揭示了习惯国际法的一些特性。最后,尽管国际条约具有清楚和确定等优点,但是习惯国际法因其普遍约束力仍有生命力,这通过许多国际条约的"宣示条款"表现出来。

社会主义初级阶段法制建设若干理论问题研究
——1988年全国法学基础理论研究会年会综述

法学新学科的命名问题
徐永康

在法学新学科的发展过程中,新学科命名的混乱现象相当严重。这种命名混乱,容易导致学科研究对象、研究范围的混淆;模糊学科的性质,给学科归类和法学体系的划分平添麻烦;使得本已复杂的确定新学科范围的工作更加复杂化。新学科的命名应该遵循科学性和简洁性两个原则。

行政诉讼附带民事诉讼
金俊银 邱星美

行政诉讼附带民事诉讼,是在行政诉讼过程中,人民法院在审查和确认行政机关的具体行政决定是否正确与合法的同时,就被处罚人提出的由行政机关违法行为而遭受的物质损失的赔偿要求,或减少、拒绝赔偿被害人损失的要求,以及被害人提出的因被处罚人侵权行为遭受经济损失的赔偿要求,与该行政案件合并审理的诉讼活动。提起行政诉讼附带民事诉讼必须以行政案件的成立为前提,提起人必须是遭受经济损失或承担赔偿义务的公民或法人,且违法行为与经济损失或赔偿义务之间存在因果关系。对于附带民事诉讼部分,人民法院可以一并判决,也可单独判决。

刑法学体系的反思与重构

陈兴良

我国现行的社会危害性中心论刑法学体系是一个独立、静态和封闭的体系。在未来,我国应当以罪刑关系的基本原理为经线,以罪刑关系的辩证运动为纬线,建立以罪刑关系辩证运动的一般规律为研究对象的刑法学体系。这种刑法学体系打破了传统的犯罪论与刑罚论分立的格局,在刑法学研究内容的编排上更大程度地超越了刑法条文体系而服从于罪刑关系辩证运动的内在逻辑。

过失犯罪理论的比较研究

顾肖荣

目前我国对过失犯罪的研究跟不上社会的发展需要。大陆法系和英美法系刑法理论对过失犯罪倾注了大量研究,总结了很多理论成果。其重点关注了过失犯罪承担刑事责任的根据,严格责任,期待可能性与过失犯罪的关系,预见可能性与信赖原则的关系,监督过失理论等问题。未来我国刑事立法应当有区别地对待过失犯罪:一方面,扩大过失行为的刑事责任范围,增设新型过失犯罪类型;另一方面,努力确保罪刑相适应。

试论侵占他人遗忘财物罪

肖常纶

侵占他人遗忘财物罪,通过最高法院依法核准的类推侵占遗忘财物罪的判例而确立。侵占他人遗忘财物罪侵犯的客体是我国刑法所保护的社会主义财产关系,侵犯的对象是他人的遗忘财物。该罪在客观方面表现为非法侵占他人遗忘财物的行为,在主观方面只能由直接故意构成。在认定该罪时应当区分遗忘物与遗失物、遗弃物、漂流物、无主物等财物之间的界限,区分侵占他人遗忘物罪与轻微侵占他人遗忘财物行为之间的界限。未来我国刑事立法应当考虑增设"侵占拾得物罪"或者"侵占脱离占有的他人财产罪"。

试论我国刑事申诉制度

陆鸣苏

刑事申诉的主体是对法院的已决裁判依法具有申请再审权的人或机关。刑事诉讼法没有规定刑事申诉的理由和期限,而由司法机关具体掌握。未来我国应当从立法上严格限制申诉理由和期限。申诉案件的处理没有程序法的明确规定、审级没有限制,申诉案件面广量大,申诉案件涉及复杂的政策法律,申诉案件需要进行大量调查取证工作,是目前刑事申诉案件处理的四个特点。现行刑事诉讼法对刑事申诉的管辖规定较为笼统,有必要进一步明确。刑事申诉案件，在实体的处理上应当根据具体情况分别作出不同处理；在程序上，可以分为两个阶段进行处理，而且案件在每个阶段的处理均应当按照一定的审级进行。

试论医疗责任
李志敏　王汉亮

把医疗责任定性为合同责任或侵权责任，各有其道理。但应允许受害人在两种独立的请求权（违反合同与侵权行为）中选择其一，并由法院根据具体案件予以确定。我国医疗过失标准在采用客观标准的同时，必须考虑医务人员的实际预见能力，区别对待。举证责任承担问题上，世界各国近年来提出一些新的解决方法。我国规定的举证责任并非完全由原告承担。医疗责任中对生命权和健康权的损害赔偿包括财产的损害和非财产的损害，为解决损害赔偿的有关问题，我国还应建立医疗事故赔偿责任保险制度。

违反劳动保护法的责任问题
陈文渊

从目前劳动事故发生状况看，我国劳动保护工作中存在一些问题，需要加强对责任的追究。违反劳动保护法的责任构成包括存在违法行为和过错两个方面，事故的发生原因有技术、自然和责任三方面。发生事故的责任分为企业、事业及其主管部门的责任和当事人或事故肇事者的责任。为贯彻实施劳动保护法规，促进安全生产，关键是要对重大、特大责任事故进行严肃处理。

关于限制被继承人生前赠与行为问题的探讨
杨　震

在立法上对被继承人生前赠与行为加以限制，是保护缺乏劳动能力又缺乏生活来源的人的合法利益，防止某些公民规避法律，拒绝履行相关义务的一个重要措施。但是，对被继承人生前赠与行为的限制是有条件的，只有在继承人临终前的法定时间内，用赠与方式处分财产而未给前述继承人保留应留分的情况下，法律才加以干预。

1988 年第 6 期

建立社会主义商品经济新秩序的关键是法制建设（笔谈）

关于法制建设问题
——在企业法培训班上的讲话

张友渔

我国是社会主义国家，需要有社会主义法制。现在的问题，主要不是无法可依，而是有法不依。要做到有法必依，必须健全司法机构，提高人员素质；必须不断进行整风整党；领导干部必须重视法制；必须提高公民的法律意识。作为厂长（经理），要学法、懂法、守法，并善于运用法律这个工具，来保护本单位的合法权益；不管是对外经济交往，还是对内经营管理，都必须严格依法办事。

论我国社会主义初级阶段的法制

吴大英　李林

社会主义初级阶段理论是马克思主义普遍真理同中国现代化建设的实际相结合的产物，其科学性决定了对法制建设的指导作用。法制的性质决定于它所赖以存在的社会的性质。社会主义初级阶段的法制首先是社会主义性质的法制，处于新民主主义法制向社会主义法制的过渡阶段。其主要特点包括，是在生产力落后、商品经济不发达的条件下建设法制，是以经济建设为中心的法制建设，以公有制为主体的多种所有制经济是它的经济基础。其根本任务是保障和促进社会主义经济的发展，保障并推进社会主义民主政治建设，维护安定团结的政治局面，促进社会主义精神文明建设。

检察制度改革刍议

孙　谦

目前我国检察制度存在着领导体制不明确、监督功能不完备、科学化管理制度缺失等弊端，因此需要加以改革。改革检察制度首先必须摒弃"左"的思想观念，发挥法律监督在保护和促进生产力发展中的作用；解决党的领导与独立行使检察权的关系问题；解决对法律监督的认识问题，转变检察机关进行法律监督是"矛盾对内"、"唱对台戏"等错误观念；转变检察机关的职能和任务就是"办案"与"打击"的观念。未来我国检察制度改革应当着力于改革检察机关的领导体制，扩展法律监督领域，建立检察官制度以及建立检察责任制度。

司法体制改革初探

赵炳寿　柯恩

未来我国司法体制的改革，应当着眼于解决如下一些关键性、整体性和迫切性问题：第一，实行党政分开，垂直领导，逐步健全司法机关内部以行政领导为主的管理调节关系；第二，合理调整和改革司法体制，保持公、检、法、司四个机关的分工与制约关系；第三，制定司法责任法规，建立司法责任制度；第四，改革干部管理方式，建立司法机关新的人事制度；第五，建立并完善适应司法体制改革的人民申诉、司法社会协商对话、独立的司法财政管理等制度。

论行政诉讼中的司法变更权
江必新

行政诉讼中司法机关能否变更行政机关的裁决，是一个热点争议话题。从各国行政诉讼立法看，既有赋予审判机关司法变更权的，也有不赋予司法变更权的。从我国目前行政诉讼的实际情况看，我国应当赋予人民法院司法变更权，并可以在一些方面加以限制。

合同法上的情事变更问题
梁慧星

情事变更原则为现代社会中处理情事变更问题不可或缺的重要制度。其实质与功能在于，贯彻公平及诚信原则，消除因情事变更所导致的不公平后果，协调合同当事人利益冲突，维护社会公平及经济流转法律秩序。这一原则的立法化，已成为当代民法发展不可逆转之潮流。我国当前所要解决的问题，不是应否确立情事变更原则，而是在现行立法基础上，进一步借鉴各国立法经验和理论研究成果，完善情事变更原则法律制度，发展一套既有中国特色又各国相通的情事变更原则理论，为审判和仲裁实务有效地、正确地适用这一原则解决相关案件，提供理论基础和具体裁判标准。

经营权产生根据新探
张 玲

从纵向发展的角度考察，经营权是经济发展和所有权演变的一个必然结果；是马克思主义理论在社会主义条件下发展的产物。因此可以看出，经营权是社会经济发展到社会主义阶段后，根据马克思主义理论及当前生产力发展水平等具体国情，为解决全民财产所有与经营，而赋予全民企业的特有权利。

公证人的双重性初探
——兼谈我国公证制度改革
赵霄洛

公证人的双重性是指公证人一方面具有公共职务的属性，另一方面又具有自由职业属性，这是由公证人职业的公正性和服务性所决定的。我国公证理论研究中，由于眼界限制和左的影响，忽视了公证人公共职务的一面，给公证制度带来一定弊端，必须进行改革。一方面公证处仍应坚持国家机关的性质，另一方面公证处在管理上又采取不同于其他国家机关的方式。为实现这一设想，还需建立相应的配套措施。

略论量刑模式的优化
苏惠渔　张国全　史建三

大陆法系的量刑模式与英美法系的量刑模式各有利弊。近年来，两大法系的量刑模式具有互补的趋势。我国的量刑模式基本上与大陆法系的量刑模式相似。现行刑法宽幅性的量刑规定虽能确保法律的相对稳定性，但也带来了司法的不平衡性。这个问题可以通过借鉴判例法的做法加以解决。未来我国有必要建立以成文法为主、以判例为补充的具有中国特色的量刑模式。

关于渎职罪分类的研究
刘守芬

以公务人员执行职务的特点为标准，渎职罪可分为一般渎职罪和特别渎职罪。以公务人员执行职务时侵犯的主要客体为标准，渎职罪可分为：以侵犯国家机关正常管理活动为主要客体的渎职罪，以侵犯公民权利为主要客体的渎职罪，以破坏国家经济秩序和侵犯公共财产所有权为主要客体的渎职罪，以及以危害国家军事利益为主要客体的渎职罪。以公务人员的身份在定罪量刑中的地位为标准，渎职罪可分为纯粹渎职罪、限制性渎职罪和非纯粹渎职罪。

试论受贿罪利用职务上的便利
邢雯

在认定受贿时，应当合理地界定"利用职务上的便利"的范围。一般而言，"利用职务上的便利"为他人谋利，可以包括如下几类情形：第一，直接利用本人职权为他人谋利；第二，利用上下级隶属关系为他人谋利；第三，利用职务上的权力能够左右对方某种利益的方便条件为他人谋利；第四，利用影响力要求其他国家工作人员为请托者谋取非法利益。国家工作人员利用朋友、熟人等关系，离退休后利用过去的老关系、老部下，国家工作人员的亲属在国家工作人员不知情时以国家工作人员的名义要求其他国家工作人员为请托者谋利，不属于"利用职务上的便利"为他人谋利。

关于安乐死是否构成犯罪问题的探讨
王作富　王勇

严格限制的安乐死，体现了革命人道主义精神，不仅没有社会危害性，相反可能有利于社会。对在一定条件下实施安乐死的医护人员施以刑罚，并不能达到预防犯罪的目的。从实体方面看，可以实施安乐死的只能是身患绝症、临近死期的病患者；病患者必须处于极端痛苦且不堪忍受的境地；实施安乐死必须基于病患者真诚的愿望和明确的表示。从程序方面看，应当设置一个严格的程序来限制安乐死的实施。对于没有严格按照实体条件和程序条件实施安乐死的情况，应当根据具体情况区别对待。

检察机关要为促进生产力发展服务
肖扬

检察机关在重视掌握现行法律、严厉惩罚犯罪的同时，还应当具体研究现行政策，辩证地处理好政策与法律的关系，积极而慎重地对待下述问题：第一，运用法律武器，保护和促进以公有制为主体的各种经济成分的发展；第二，运用法律武器，保护和促进以按劳分配为主体的各种分配方式；第三，运用法律武器，保护和促进社会主义市场发挥良好的调节作用；第四，运用法律武器，保护和促进社会主义民主政治的发展。

略论我国古代死刑复核制度
肖胜喜

"恤刑慎罚"是死刑复核制度产生的思想基础，封建土地所有制是死刑复核制度产生的经济基础。死刑复核制度作为程序法规定，与实体法具有不可分割的联系。皇帝是封建社会的最高司法机关，掌握着死刑的最后决定权。死刑复核是统治阶级进行阶级统治的重要工具。我国古代的死刑复核制度与死刑复奏制度是两种不同的制度，共同发挥作用。

罗纳德·德沃金与美国当代法理学
信春鹰

罗纳德·德沃金是当代美国最著名、最活跃的法理学家之一。其理论的三个核心内容为权利、原则和政策。在与哈特的论战中，德沃金的权利、原则和政策理论得到了具体阐述，其中包括：法律不仅仅是规章，法律和道德之间没有必然的界限，法官不创制法律。德沃金强烈反对以波斯纳为代表的经济分析法学的理论，尤其是反对那种认为发展社会物质财富应不惜任何代价、物质财富的发展是社会进步的唯一标志的主张。

1989 年第 1 期

试论法社会学的特性与功能
王子琳　郑成良

法社会学是由法律学与社会学相结合而产生的。它以"法与社会的关系"为研究对象，是一个方法全新的学科，是介于法学和社会学之间的一门边缘学科。与其他法学学科比较，法社会学具有描述、检测、评价、预测等特殊功能。大力发展法社会学研究，必将促进我国法学研究的进步和繁荣，提高法制工作的科学性。

简论行政法的基本原则
朱维究

行政法的基本原则，是指贯穿于全部行政法之中，任何行政法律规范都是必须遵循和贯彻的，调整并决定行政法律主体所有行为的指导思想和基本准则。我国行政法的基本原则包括行政合法性原则、行政合理性原则。它们是对行政组织、行政立法、行政执法、行政司法和行政法制监督各环节的具体原则而言的，具有概括性与包容性。行政合理性原则必须服从行政合法性原则。

青少年保护法的理论与实践
罗耀培

我国在青少年保护立法方面取得了一定成就，但是青少年保护法规还不完备，对青少年的培育和成长以及违法犯罪问题的处理等还缺乏全面系统的法规保障。制定适应社会发展具有中国特色的青少年保护法规，应该坚持勤俭办一切事业的原则，增强青少年的公民意识和政权建设的观念，破除迷信、坚持科学。关于青少年保护法的年龄界限问题，以"25岁以下"为宜，反对改为"18岁以下"。

论私营企业的性质、特征和法律地位
王峻岩　孙小平

私营企业是指由私人投资、企业资产归私人所有，雇佣经营的营利性经济组织。我国私营企业的产生和发展有着历史必然性，它是在以生产资料公有制为主体的条件下产生和发展的，其私有性是不完全的、有限的，私营经济是社会主义公有制经济的补充。我国私营企业的法律形式包括独资企业、合伙企业和公司，其中独资企业和合伙企业形式不具有法人资格。

合同责任与侵权责任竞合的比较研究
王利明　董安生

合同责任与侵权责任竞合现象是伴随着合同法和侵权法的独立而出现的，其存在既体现了违法行为的复杂性和多重性，又反映了合同法与侵权法相互独立、相互渗透的状况。合同责任与侵权责任在归责原则、责任范围、举证责任、义务内容和时效等方面存在区别。各国对解决二者竞合问题采取的方法主要有禁止竞合制度，允许竞合和选择请求权制度，有限制的选择诉讼制度。其中允许竞合和选择请求权是保护受害人利益和制裁不法行为人的一种有效方法，值得我国立法和司法实践所借鉴。

试论技术咨询合同
周大伟

技术咨询合同的适用范围可以扩展到单纯的技术领域之外，但这种扩展无论在纯技术领域还是非技术领域都应当有一定限制。技术咨询合同中，委托方和顾问方都享有相应的权利并承担相关义务。在技术咨询合同中的风险承担问题上，应遵循的原则是：委托方按照顾问方符合约定要求的咨询报告和意见作出决策所造成的损失，应当由委托方承担。

工业版权与工业版权法
郑成思

知识产权中的两大部分——工业产权与版权——之间发生渗透与交叉，至少可以追溯到 200 年以前。但"工业版权"的术语，则是 20 世纪 60 年代末才出现的。把工业版权作为一类新知识产权，把工业版权法作为一种新知识产权法来研究，则是当代的事。新技术革命在今天产生出影响整个社会的、重要的工业版权新客体，从而提出新的研究课题，其中理论上的问题主要集中于外观设计与软件保护。我国立法面临的主要问题是怎样保护计算机软件。

民事责任三题
崔建远

民事责任与债的担保是两种不同的范畴和制度，违约金具备民事责任的特点而与债的担保不同，我国将其作为民事责任加以规定是十分科学的。民事责任与合同解除主要是损害赔偿与合同解除的关系，各国对二者关系的立法态度有所不同。我国对二者的关系规定具有一定特色，但经济合同法第 27 条第 2 款的规定过于概括，易使人产生误解，需要修改。应修正无过错责任的传统表述，使其与过错责任成为一对科学范畴，从而明确前者仅具补偿性，而后者兼具补偿性与惩罚性。

论侵权行为制度的演变和发展趋势
佟 强

侵权行为制度到目前为止大体经历了三个发展阶段，体现了商品经济发展的需要。侵权行为制度的发展，可以说始终都是围绕着过错对损害赔偿的意义进行的，其中也伴随着诸多弊端，具有历史局限性。社会主义国家由于沿袭西方国家侵权行为制度的模式，因此同样存在一些问题，需要加以改进。具体而言社会主义侵权行为制度应该坚持以过错原则为唯一归责原则，但在确定损害赔偿范围时应考虑加害人的实际承受能力；对于行为人无过错造成的损害应通过社会保险加以解决。

严重官僚主义与玩忽职守罪
花丽玲

从行为人的主客观方面看，严重官僚

主义是导致玩忽职守犯罪的主要原因。严重官僚主义导致的玩忽职守罪的成立必须具备：第一，行为人具有严重不负责任，不履行职责义务或不正确履行职责义务的行为，并导致公共财产、国家和人民利益遭受重大损失。第二，行为人的严重官僚主义行为与严重危害结果之间存在内在的必然因果关系。行为人主观上具有罪过。查处玩忽职守案件，必须充分认识此类犯罪的严重危害性，发挥权力机关、检察机关和人民群众的监督作用，加强法制宣传，做好犯罪预防工作。

关于我国生理醉酒人刑事责任问题的研讨

赵秉志

醉酒人犯罪应负刑事责任的原则，符合主客观要件相统一的犯罪构成，是我国刑法强化社会主义道德的体现，也贯彻了刑罚目的的要求。认定醉酒人犯罪案件时，应当注意区分罪与非罪的界限，正确认定醉酒人犯罪的罪过形式。对醉酒人犯罪处罚的轻重应当与其刑事责任相适应。具体而言，应注意考察酗酒人有无犯罪预谋、行为人的一贯品行、行为人的职务或身份以及行为人对醉酒的不同心理态度。刑法关于生理醉酒人犯罪负刑事责任的规定较为概括，未来我国有必要借鉴外国立法例进行补充修改，例如增设危险犯形态的醉酒犯罪，设置对生理醉酒人的保安处分措施等。

什么是立功表现

叶伯泉

将立功的内容局限于检举揭发他人犯罪方面，解释范围过于狭窄，而且很不适应以经济建设为中心的新形势。将立功的范围扩大到生产、科技等方面，既可以对改过自新的犯罪人网开一面，体现了惩办与宽大相结合的刑事政策，又有利于社会安定和经济建设的发展。

试论直接证据的概念及运用

金天相

目前关于直接证据的界定，主要有四种代表性观点：直接证据就是能直接证明案件主要事实的证据；凡是能够单独证明案件主要事实的证据称为直接证据；直接证据是能够单独、直接证明案件主要事实的证据；直接证据就是能直接指出所调查事实的证据。这四种观点均有失妥当。直接证据应当是指能够单独、独立证明案件主要事实的证据。为了正确运用直接证据，必须正确评估直接证据的地位和作用，全面认识直接证据的特点，严格掌握运用直接证据的规则。

增补"财物保候审"初探

周国均

取保候审和监视居住这两种强制措施在司法实践中较少或很少适用，且往往流于形式而起不到应有作用。财物保候审有利于弥补这两种强制措施的不足，因此我国有必要增补财物保候审这种强制措施。从目前情况来看，我国也具备了增补该强制措施的条件。在具体的制度设计方面，我国有必要参考国外法律的相关规定，结合本国实际情况，对财物保候审的适用对象、申请主体、财物种类和数量、适用财物保候审的人应当履行的义务等进行全面的规定。

死刑复核程序不是一切死刑案件的必经程序
倪寿明

我国刑事诉讼法并没有规定死刑复核程序是一切死刑案件的必经程序，因此，死刑复核程序仅是一个可能经过的特殊程序。死刑复核程序在某些条件下可能被一审或二审程序取代而自动被免除，而且这种情况在最高人民法院授权高级人民法院核准部分死刑案件的决定发布之前就早已存在。

《中国革命法制史》简介
邱远猷

论《联合国国际货物销售合同公约》的赔偿原则
任继圣　林芳芳

公约确立的赔偿原则包括三项主要内容：违约补救、损害赔偿和支付利息。通过对比违约补救与损害赔偿的区别，为解决国际货物买卖合同争议中经常遇到的利益问题，可按利息损失的性质不同将其分为直接损失与间接损失，从而适用不同的利息赔付方法。同时为解决利率不确定所带来的问题，可确定一个为违约方和受损害方均能接受的合理中间利率和计算方法。

法国的法人刑事责任问题
张　明　冯　锐

在学理上，关于法人是否具有可归罪性，是否可以超越其法定业务范围而实施犯罪行为，是否具有受罚能力，法国刑法学界历来存在肯定说和否定说之争。进入20世纪以来，肯定说占据了绝对优势。在判例上，法国的判例在恪守法人无刑事责任的同时，又例外地承认法人犯罪的刑事责任。在立法上，法人犯罪的刑事责任仍然被视为个人刑事责任原则的一种例外情况，主要散见于1945年颁布的三个法令及后续颁布的若干特别法。

关于苏联犯罪构成的几个问题
薛瑞麟

苏联犯罪构成理论在批判地吸收俄国犯罪构成理论的基础上发展起来，并于20世纪50年代形成了基本的理论框架。20世纪60年代以来，苏联犯罪构成理论在不打破原来理论体系的条件下伴随着刑事责任学说、定罪理论的异军突起而得以发展，主要表现是犯罪构成的一般概念的形成以及对犯罪客体、过失罪等犯罪构成要件认识的深化。苏联学者所说的作为刑事责任根据的犯罪构成，强调的是依照法定的构成要件追究行为人的刑事责任，而不是指犯罪构成的一般概念。

1989 年第 2 期

论法制改革
王家福　刘海年　李步云

法制改革是指对中国现行立法、执法、司法和法律监督等在内的整个社会主义法律制度的革新。它是深化改革的客观要求，是发展社会主义商品经济的内在需求，是最大限度地提高社会生产力的前提。法制改革的目标是实现高度民主的法治国，具体包括：确立法律至上的原则，建立完备的法律体系，适应社会生产力发展的需要，切实保障公民的权利和自由，建立对权力的制衡机制，保证司法独立，党在宪法和法律范围内活动。法制改革要求更新传统的法律观念。

中国法制改革学术研讨会发言摘要

中国法学四十年
张友渔　刘　瀚

中国法学四十年的发展尽管经历了曲折的道路，但在法学各学科上，都提出和研究、讨论了一系列重要的理论与实践问题。四十年法学发展的主要经验教训包括，应该坚持"一个中心、两个基本点"，贯彻"百花齐放、百家争鸣"的方针，在唯物主义方法论指引下把定性分析、定量分析和综合分析结合起来，开展比较研究等等。中国法学的未来发展，应继续坚持和发展马克思主义法学，建立和发展有中国特色的各法学分支学科，注重法学人才的全面发展，重视法学研究方法、手段的现代化。

中国法学四十年略论
孔小红

从 1949 年至 1979 年，贯穿中国法学发展的主线是对阶级斗争理论的阐释和倡导。其中所涉及的有关法的阶级性和继承性、法制在处理两类不同矛盾中的作用、法律的党性和科学性以及苏联法学理论在中国的认同问题，都反映了过分强调法的阶级性、国家意志性和强制性，法学服从于政治斗争需要的特点。从 1979 年到 1989 年的十年，中国法学开始进入一个新的发展阶段，尽管仍然表现出法学的现实使命与其自身存在的历史方式之间的矛盾，但还是取得了令人瞩目的成就。

关于加强村民委员会建设
若干问题的研究
佘绪新　丁开山

根据我国宪法和村民委员会组织法，村民委员会是自我管理、自我教育、自我服务的基层群众性自治组织。村委会的性质具有"二重性"。它既是"基层群众性自治组织"，又是我国农村政权体系中最基层的组织，是政权的组成部分，带有

"准政权"的性质。许多实践证明,村委会是联系政府和群众,把国家的整体利益和村民的具体利益兼顾统一起来的最好的组织形式。要使村委会的工作有效地开展,需要认清形势,更新观念,处理好村委会与乡、镇政府,与村党支部和村经济组织以及与村民的关系,还要解决好民主选举和村委会的规模问题等。

行政程序中的听证制度
叶必丰

建立听证制度对我国政治体制改革和行政管理的科学化、法制化具有重要意义。听证的形式包括决策性听证和裁决性听证,书面听证和口头听证,自行听证和委托听证。一般来说,国家行政机关采取行政行为之前,都必须先经过听证程序,但对没有必要听证的行政行为,法律规定可以免除听证,而有些行政行为在采取前不得适用听证程序。听证程序主要包括准备程序、进行程序和听证后的处理程序。

社会主义初级阶段与刑法观的更新
陈宝树

为了适应发展商品经济的要求,必须以社会主义初级阶段理论为指导,将传统的产品经济刑法观更新为商品经济刑法观。实现刑法观的更新,必须着力解决如下问题:第一,把保护社会生产力的发展,作为刑法的中心任务;第二,把是否有利于发展社会生产力,作为判断行为的社会危害性的根本标准;第三,在适用刑罚时进一步贯彻民主、平等原则;第四,进一步完善刑事立法和加强刑事司法工作。

限制死刑与慎用死刑
崔庆森 廖增昀

从世界范围来看,限制死刑以至废除死刑是世界刑事立法的发展趋势。从我国来看,我国基本上严格贯彻了少杀、慎杀的刑事政策。不过,我国在完善刑法的过程中面临着需要慎重研究的问题:第一,死刑的适用范围逐步扩大;第二,经济犯罪的死刑适用范围过宽;第三,规定了死刑的犯罪与其他犯罪在罪质和刑度上不协调;第四,重刑主义倾向明显。未来我国刑法应当减少现有的死刑条款,严格控制死刑条款的增设,充分运用死刑缓期执行制度控制死刑的适用以及严格死刑立即执行案件的复核程序。

社会主义初级阶段理论与
社会治安综合治理方针
张玲元

社会主义初级阶段的主要特点是确立社会治安综合治理方针的基本依据。改革开放和发展商品经济是确立社会治安综合治理方针的重要依据。优越的社会主义制度给社会治安综合治理方针提供了客观可能性,社会主义初级阶段违法犯罪的状况和趋势决定了必须确立社会治安综合治理方针。确立社会治安综合治理方针,也是社会主义初级阶段精神文明建设的需要。

改"免予起诉"为"暂缓起诉"
——兼论检察机关不应有刑事实体处分权
洪道德

现行的免予起诉制度具有终止诉讼程序、处分被告人刑事实体权利的双重功能。免予起诉制度不符合诉讼的历史发展进程，违背了我国宪法及有关法律，限制了法院对刑事审判权的行使，侵犯了被告人和被害人的合法权益。在保留免予起诉终止诉讼程序功能的基础上，我国有必要将免予起诉制度修改为"暂缓起诉"制度。在建构暂缓起诉制度时，有必要研究暂缓起诉条件、适用对象、被告人合法权益维护、暂缓起诉的制约等问题。

论工作时间与休息时间立法问题
夏积智　张再平

我国应当在进行缩短工时、逐步延长休息时间的改革的同时，建立健全我国的工作时间与休息时间法律制度，并着手制定《职工工作时间与休息时间条例》。我国工作时间与休息时间制度存在工时偏长、劳动者休息权未受到应有的重视、缺乏法律保障等问题。建议全面推行带薪年休制度、缩短工时、适当增加和延长节假日、缩短工时和增加休假、加强立法工作，制定《职工工作时间与休息时间条例》。

让历史预言未来
——论中国法律文化的总体精神与宏观样式
武树臣

中国法律文化的伦理主义精神基本终结，但其固有的集体本位精神仍然发挥着潜在的影响，而它的混合法样式一直支配着近代现代的法律实践活动。就法律文化总体精神而言，具有数千年悠久历史的中国法律文化经历了神本位、"家"本位、"国"本位、"国·家"本位、"国·社"本位、"国·民"本位几个阶段；而其宏观样式经历了"任意法"、"判例法"、"成文法"、"混合法"几个阶段。应当说，中国法律文化的现代化，走的是世界法律文化共同发展的道路。

1989 年第 3 期

人权理论的产生和历史发展
徐 炳

随着人类文明的发展，人权思想已经发展成为全人类的共同信仰，成了全人类共同高举的旗帜。人权推动人类文明的发展，体现着人类文明，是人类文明发展的成果和标志。个人的人权包括人身权、人的政治权利和自由以及经济、社会和文化权利。它是作为人应当享有的权利，不同于公民在现实生活中所能享有权利的公民权概念。人权在现实的法律上具有鲜明的阶级性，也有明显的超阶级性，不可强调一方面而忽视另一方面。我们必须正确估价我国人权现状，通过完善法制改善人权保障的状况。

五四运动与民主宪政
王德祥

五四运动时期，中国的政治舞台上还进行着另一场与中国人民命攸关的政治斗争，这就是中国的宪政运动。五四运动同宪政运动同时发生不是偶然的，它们都是这个时期中国的政治、经济、文化发展的产物，是关系到中国能否实现独立、民主和科学的大事件。五四运动表现为以青年学生为先锋的激烈的群众斗争，而宪政运动除了表现为革命势力、反革命势力以及军阀势力为了争得政权所进行的各种形式的斗争以外，还突出地表现为在思想领域中的关于中国前途的大论战。宪政运动在五四运动中仅仅是一束小小的火焰，然而它的巨大影响却牵系着中国的未来，这一点对我们今天来说有着同样的意义。

五四运动与中国法律文化
乔丛启 杨一凡

五四运动打起"民主"、"科学"大旗，以西方自由、民主、法治学说为武器，开展了一场对禁锢中国人民思想达几千年之久的封建传统文化的批判。在法律文化方面，五四运动启蒙思想家们把封建法律和儒家伦理学说、家族制度、专制政治捆在一起加以抨击，针对时弊，鲜明地提出了"变官治为民治"、"变家族本位为权利本位"的政治法律主张。这在今天仍有深刻的启迪意义。

我国宪法监督制度探讨
蔡定剑

宪法监督是指特定的国家机关，为保障宪法的实施，对国家的根本性活动主要是立法活动是否合宪进行审查，并对违反宪法的行为给予纠正和必要制裁的专门活动。宪法监督就是要使整个国家创事设制活动与宪法相一致，从而保证国家所有行为规范都符合宪法确立的民主精神，宪法监督就是捍卫民主制度。宪法监督程序是宪法监督制度完善的重要标志。宪法监督程序主要包括违宪审查的提起、违宪审查的方式和违宪审查的效力。宪法监督机构的设置，直接涉及宪法监督权的落实。宪法监督与代表机关的监督是两种不同的制度。

论行政奖励
杨海坤

我国行政奖励体现社会主义行政法的民主性，符合社会主义现代化建设的要求，体现建设物质文明、精神文明的多方面功能，充分体现了社会主义行政法对广大公民的教育作用。我国行政奖励的基本原则主要有合法性原则、效益性原则、适宜性原则、公正性原则、形式多样化原则和及时性、时效性、稳定性原则。为克服行政奖励方面的"人治"状态和不稳定、不系统缺陷，必须进一步加强行政奖励制度，使之系统化、稳定化、法制化，使行政奖励有法可依、有法必依。

犯罪构成比较研究
姜 伟

从内容看，大陆法系的异体论构成随着时代的变迁，适应刑法思潮的需要，逐步扩大了构成要件的范围，把主观因素和客观因素融为一体，与我国的一体化构成具有相似之处。从功能看，异体论构成呈鲜明的"中性"，而一体化构成则具有实质性意义。从性质看，异体论构成与刑法分则的关系似乎更为直接，而一体化构成兼顾刑法总则和分则的有关规定。从地位看，异体论构成只是犯罪论体系的基础，而一体化构成则是犯罪论体系乃至刑法理论的核心。总之，这两个犯罪构成体系各有优劣。但主客观相统一的定罪理论是各国刑事立法和刑法理论所共通的。当然，外国犯罪论体系的超法规性、系统性以及其与犯罪概念的同化关系，也是值得我国深思和借鉴的。

犯罪概念探讨
张明楷

犯罪的本质是犯罪行为区别于其他行为的内在的规定性。犯罪是具有应受刑罚处罚的社会危害性和刑事违法性的行为。应受刑罚处罚的社会危害性是犯罪的本质属性，它肯定了犯罪的阶级性，从根本上回答了为什么立法者把某些行为规定为犯罪；刑事违法性是犯罪的法律属性，它使犯罪行为区别于其他行为。犯罪概念是犯罪的本质属性和法律属性的统一。

论我国刑法立法解释
欧阳涛　柯良栋

刑法立法解释是指全国人大常委会对刑法条文本身需要进一步明确界限或解决最高人民法院和最高人民检察院作出的有关刑法司法解释的原则性分歧而进行的解释。其有别于刑法立法与刑法司法解释。目前我国存在的三种刑法立法解释方法均有失妥当，应当采用"解释"和"决定"的方式对刑法进行解释。制定和施行刑法立法解释时，应当遵循解释权专属性原则、及时与慎重相结合原则、连续性和稳定性相结合原则以及规范性原则。

试论外商投资企业内贪污罪之认定
——兼论完善刑法对贪污罪的规定
胡玛 薛青

根据现行刑法,"外资"企业内能够成为贪污罪侵犯对象的仅仅是合作企业内的部分特定财产。至于作为贪污罪主体的"国家工作人员"的认定,极为复杂,应当根据具体情况具体判断。"外资"企业内贪污罪之认定颇为复杂,其原因是我国刑法关于贪污罪规定之局限性。从刑事法角度看,将财产分为公共财产和私有财产,用不同罪名分别保护,无益于抗制侵犯财产的犯罪,相反徒增困扰。未来我国有必要修改贪污罪的犯罪构成,将贪污罪表述为:国家机关、社会团体、经济组织中经手、管理财物的工作人员,利用职务上的便利条件非法占有所在单位财物的行为。与此同时,有必要提高贪污罪的法定刑。

违约损害赔偿范围探讨
张用江

违约损害赔偿的范围以财产损害为限,且一般包括直接损失和间接损失,但特殊情况下,只应包括直接损失。间接损失范围的确定上,应遵循可取得利益规则,合理预见规则,合理计算规则以及减轻损失规则。为避免损害发生后确定赔偿范围的困难和减少诉讼上的麻烦,只要不违背法律或社会公共利益,可以允许当事人事先约定赔偿的金额。

试论精神损害赔偿数额的确定问题
关今华

精神损害赔偿数额的确定具有一定特点,各国对此的做法和规定也不尽一致。根据我国民法通则的立法精神,并结合实践考虑,我国在确定精神损害赔偿数额时,应掌握的原则包括:适当经济补偿的原则,吸收原则或合并原则,必要又确当的加处原则,不同法律责任并用的原则,个人负责与连带责任相结合的原则,公平原则,以及人民法院对精神损害赔偿数额确定行使裁判权的原则。

论公开证明
王能春

公开证明是指在公证工作中,除依法应当保密的内容外,可以将证明内容或有关事实和公证机关的证明行为公开。它对于发扬社会主义民主,增强公证机关及其人员的责任感,督促当事人正确行使权利,以及增强人民群众的法制观念具有重要意义。公开证明的根本依据来自社会主义经济的发展状况和客观要求,也是公证程序本身以及保障公民权利的需要。公开证明与保密并非截然对立,公证机关应以公开证明为原则,以依法保密为其补充。

免予起诉制度存废之我见
徐益初

不能因为免予起诉制度产生于法制不健全的年代而降低它存在的法律意义,更不能说它违背法制原则。免予起诉决定权有别于审判权，是附属于侦查权、公诉权的一种权力，同样具有法律效力，只是不可能产生处以刑罚的法律后果，但不能得出免予起诉决定权侵犯了法院审判权的结论。免予起诉也不同于缓予起诉。目前，我国免予起诉制度确实存在问题，必须加以改革。改革的重点应当放在加强内部的制约机制和扩大、保障被害人、被告人的诉讼权利上，明确检察机关的职责和完善具体的诉讼程序，从而提高免予起诉案件的质量和效果。

论诉讼中的证明责任
裴苍龄

证明责任包括当事人的举证责任、公诉机关的举证责任和审证责任、侦查机关的取证责任、审判机关的审证责任和评证责任，即取证责任、举证责任、审证责任、评证责任，一起构成了证明责任。取证责任是收集和获取证据的责任；举证责任是向审判机关提出证据的责任；审证责任是审查核实证据的责任；评证责任是确认证据效力的责任。"证明责任"不同于"举证责任"，举证责任和证明责任是部分和全体的关系。

论国际民事诉讼中当事人的住所与国籍
林　欣

在国际民事诉讼中，当事人的住所与国籍作为管辖根据和联系因素，对管辖权和适用法律的确定起着重要作用。以何者作为管辖依据和联系因素的问题上，各国的做法可分为三种类型：第一类是以当事人的国籍作为管辖依据和联系因素；第二类是以当事人住所作为管辖依据和联系因素；第三类则采取混合制，依不同的问题分别确定以何为管辖依据和联系因素。

清末的商事立法及其特点
徐立志

清末商事立法大致可分为两个阶段，第一阶段是1902年到1907年，主要是根据当时的需要，由商部负责，制定和颁布一些应急法律法规；第二阶段是1907年后，商事立法改由修订法律馆负责，由于之前的经验使立法趋向成熟，但大多也未能颁行。清末商事立法涉及的内容已经很广泛，并具有相应特点，包括以"参酌中西"为指导思想；立法原则以宽为主，采取大量与商为便的规定；编纂形式上采民商分立的原则，以编订商法典为主要目标；内容上还带有一些封建残余和半殖民地的烙印。

写在《秦汉法制史论考》出版之后
刘海年

1989 年第 4 期

我的治学经验
——在学术活动 70 周年纪念会上的讲话
张友渔

我的学术活动还有可取之处,首先是要求"学以致用",即"理论联系实际",不是为学问而学,而是为解决问题而学;其次是喜欢读书,反对"记诵之学",重思考,不重记忆;第三,我研究学问,发表论著总是从实际出发,很少泛泛而论,重视调查研究,深入实际、深入群众;第四,我发表言论、写东西,都是讲自己的话,不抄袭、不盲从,反对教条主义,也不迎合时尚;最后,我著书立说都是手工业作风,一切亲自动手,很少请人提刀代笔。

"法制"、"法治"、"人治"的词义分析
沈宗灵

"法制"一词大体指三种含义:法律和制度,立法、执法、司法、守法、对法律实施的监督等各个环节构成的一个系统;"依法办事"。历史上关于"法治"和"人治"的分歧主要表现在:国家治理是依靠法律还是道德,对人行为的指引主要依靠一般性规则还是针对具体情况的具体指引,政治制度上应实行民主还是专制。20 世纪 80 年代中国法学界关于法治和人治之争实际上应该是法治论与结合论的争论。"从人治到法治转变"中的"人治"既不同于古代儒家所讲的"人治",也不同于结合论所讲的"人治"。

浅谈地方各级人大常委会闭会期间的监督工作
符乔荫

在县级以上地方人大常委会闭会期间,应该从现行法律有关规定出发,充分发挥主任会议的作用,以实现地方国家权力机关对本级人民政府和人民法院、人民检察院工作的有效监督。

乡镇人大主席团设立专职常务主席有法律依据吗
三郎罗尔基

每次人民代表大会在会议前选出的主席团是临时机构,而不是常设机构,其职权是因人民代表大会会议的开幕而产生,会议闭幕后自然消失。乡镇人民代表大会主席团也不例外。乡镇人民代表大会主席团中设置专职常务主席来处理人民代表大会闭会期间的工作并没有法律依据,设置专职常务主席同地方组织法第 14 条和第 15 条的规定相抵触。有关部门应当修改地方组织法,早日建立乡、镇人民代表大会常务委员会。

应重视对罪名的立法
杨新培

一个完整统一的罪名体系，是我国刑事法制高度完善的一个重要内容。罪名的立法应当包括：第一，采用分列明示的规定方式，在刑法分则每一条罪之前明确冠以罪名，罪状的描述仅仅围绕罪名而展开；第二，罪名与罪数应当以条为单位，即一个罪名使用一个条文，一个条文就是一个罪数；第三，故意犯罪与过失犯罪应当分条设立。

定罪根据论
王 勇

建立在社会危害性和人身危险性基础上的犯罪构成是定罪的根据。作为定罪根据的犯罪构成，主要由刑法规定。因此，判断犯罪构成时应当严格遵守刑法的有关规定。同时，也不能由此忽视非刑事法律、政策和形势等在分析和判断某些犯罪构成要件所包含的社会危害性和人身危险性中的作用。

民愤能否作为量刑的依据
伍柳村 左振声

民愤论，即主张将民愤的有无和大小作为量刑的重要依据之一的主张，既缺乏理论根据，也没有法律根据。理由是：第一，刑事责任的有无和大小，只能从犯罪者本人的犯罪行为中寻找；第二，无论刑法总则还是刑法分则都没有规定民愤可以作为量刑的依据之一；第三，"民愤论"有悖于刑罚的目的；第四，"民愤"概念自身的局限性，使其不具备作为量刑依据的任何条件；第五，"民愤论"已经完成了建国初期的历史使命，失去了存在的合理性，成为当今法制建设的巨大障碍。

论拘役刑的存与废
邓又天 邓修明

现阶段我国拘役刑执行的实际效果很大程度上违背立法本意，具体表现在：拘役刑使用率极低，羁押期过长，拘役刑期太短时教育改造收效甚微，拘役条件较差，犯人之间容易交叉感染，刑期太短对一般抗拒改造行为无能为力，重新犯罪率高，判处拘役会给犯罪人的前途产生消极影响。有鉴于此，未来我国应当废止拘役刑，代之于劳动教养处分，并大力推行劳教缓期执行制度。

论经济违法行为刑事化的立法原则
陈泽宪

经济违法行为的刑事化是指国家通过刑事立法手段将某些严重经济违法行为规定为犯罪，并予以刑罚处罚。经济违法行为的刑事化应当遵循如下原则：第一，行为的较大社会经济危害性原则；第二，法律协调原则；第三，明确具体、切实可行原则；第四，民主与科学论证原则。

试论盗窃罪的客观特征及主观意图
孙 力

盗窃罪的客观方面具有窃取形式多样化的特征。"数额较大"是行为构成盗窃罪的必要条件，但这不等于"客观归罪"，认定"数额较大"时不能无视行为人的主观愿望。关于盗窃罪的犯罪目的，目前主要存在"据为己有说"、"非法占有说"与"非法所有说"之争。这三种学说均有失妥当。盗窃罪的犯罪目的应当是非法获利，即行为人出于非法为自己或第三人（包括自然人与法人）获取物质利益的目的。

民事关系、民事法律关系及其他
史际春

民事关系与民事法律关系是同一概念，不能把二者区分开来以表达不同性质的关系。民事法律行为的核心是意思表示，而由于种种主客观因素，使得当事人的意思表示存在缺陷或不尽合法，经济和社会则要求民法给予民事主体以充分的自主权。因此，民事法律行为可以包括不合法的表示行为。所以区分民事行为与民事法律行为，既无必要，也无法自圆其说。

雇主承包厂房拆除工程违章施工致雇工受伤感染死亡案评释
梁慧星

最高人民法院公报1989年第1号（总17号）发表《张连起、张国莉诉张学珍损害赔偿纠纷案》，涉及民法理论中若干重要问题。首先是本案的适用法律问题，被告与受害人间虽然有雇佣合同关系，但本案性质上非违反合同，而属于侵权行为，且应适用民法通则第123条特殊侵权的规定。本案表明我国司法实务接受了相当因果关系说，将产生重大影响。此外，本案还确立了有关人身伤害的侵权行为免责条款绝对无效的原则。

诚实信用原则的概念及其历史沿革
徐国栋

诚信原则就是要求民事主体在民事活动中维持双方的利益平衡以及当事人利益与社会利益平衡的统治阶级意志。三方利益平衡是其实现结果，当事人诚实善意地行使权利和履行义务，法官根据公平正义进行创造性的司法活动是达到以上结果的手段。诚信原则具有补充性、不确定性和衡平性三大特点。在其历史发展中，诚信要求与衡平两因素经历合而分、分而合的过程，形成现代意义上的具有诚信要求和衡平权授予双重功能的诚信原则，打破了立法和司法两权之间的僵硬划分。

民事诉讼法律关系研究综述
李铁刚

我国民事诉讼法理论一般认为，民事诉讼法律关系是人民法院和当事人、诉讼当事人之间存在的，以人民法院为主导的一种诉讼关系，这种关系以多种原因开始而以一种根据结束，而且无论有多少诉讼主体参与诉讼，也都只与人民法院才形成诉讼法律关系，其他主体之间不具有独立的诉讼法律关系。这是由我国民事审判制度的特点所决定的。建国以来，诉讼法学界对此进行了广泛探讨，包括民事诉讼法律关系是否存在；民事诉讼法律关系的性质、主体和客体等。

律师制度改革的困惑及其对策
吴 允

律师制度改革中存在一些理论上的困惑,这必然导致实践上的混乱,律师体制改革的实践呼唤律师体制的理论解脱困惑。困惑一是两种律师立场的冲突,即当事人立场和国家立场的冲突,产生的原因是把国家立场与法律立场混为一谈,法律立场毋庸置疑,国家立场是错误的。困惑二是律师劳动的商品属性和律师活动的正义属性的冲突,律师活动的正义属性并不是律师机构公有制的产物。困惑三是理想律师人格和实际的律师人格的冲突,律师体制改革要以理想的律师人格为参照,又要考虑到律师的实际人格。

论唐律令格式都是刑法
王立民

唐代的律、令、格、式都是刑法,那种认为只有唐律是刑法,而令、格、式是对国家一些制度、办事程式和细则方面规定的行政法规的观点是错误的。唐令、格、式与唐律的一个重要区别是它们的逻辑结构不同,唐律有完整的逻辑结构,含有假定、处理和制裁三个组成部分。唐令、格、式仅有假定和处理两部分,制裁部分不在令、格、式本身,而在唐律中。即违反了唐令、格、式之后,要到唐律中去寻找制裁部分的内容,去定罪量刑。违反唐令、格、式受到唐律处罚的实例不胜枚举。既然违犯了唐令、格、式都要受到刑罚制裁,那么它们当然也属于刑法了。

挖掘和研究珍稀法律史料的重大收获
——首届中国法律史国际学术讨论会综述

"刑法改革与重刑"学术讨论会综述

一部展示欧洲各国公司法全景的著作
——读《欧洲十二国公司法》
李功国 周林彬

略论欧洲共同体法
卢 松

欧洲共同体是欧洲煤钢共同体、欧洲经济共同体和欧洲原子能共同体三者的统称,在任务、机构、法律制度等方面与传统的国际组织有较大差距。欧洲共同体法的渊源包括条约及其修正案、附件和议定书等成文法和一般法律原则、习惯法、国际法的一般原则等不成文法两大类。机构法令是欧洲共同体机构根据条约规定颁布的法律。欧洲共同体法从性质上说,是所谓的"超国家法",在成员国法律体制内具有直接适用性和直接效力,与成员国国内法相互作用,存在抵触时则具有优先性。欧洲共同体法的法律保护制度的核心是作为共同体最高和唯一司法机构的欧洲共同体法院,其基本任务是解释和适用共同体法时,确保法律得到遵守。

国外行政司法体制
胡建淼

行政司法体制是行政司法机关的设置及有关系统的总和,表现为行政司法机构的设置、性质、任务、地位和相互关系。国外行政司法体制有部内制和部外制两种类型。部内制表现为行政审查制,其特点是一般的行政组织同时作为行政司法组织,对下级行政组织的行为进行审查。部外制主要表现为行政裁判制和行政法院制,其特点是在一般的行政组织之外,专门设立行政司法机构,相对独立地行使裁判权。行政审查制和行政法院制限于处理行政争议,而行政裁判制既可解决行政争议,也可解决部分民事争议。

论美国货物买卖合同上的诈欺法
徐 炳

美国统一商法典中的诈欺法规定,合同是有效(具备三个主要要件)的书面合同,但仍可能是(1)不完整的合同;(2)不是排他性的合同;(3)不是最终合同。在这三种情形下,口头协议就有可能作为书面协议的补充或说明,从而确立了书面合同和口头合同可以相互补充的原则。即便合同是完整的、排他性的和最终性的,它也可以通过商业行为和习惯加以补充和说明。可见美国对买卖合同已完全放弃了对书面合同的严格要求。

1989 年第 5 期

论新时期人民民主专政的历史使命
刘 瀚

社会主要矛盾的发展变化决定了人民民主专政所担负历史使命的阶段性。新时期人民民主专政的历史使命，是以经济建设为中心，从文化和思想方面建设社会主义精神文明建设，发展社会主义民主，发挥打击敌人、惩罚犯罪、保护人民的职能，建设和完善社会主义法制。其中，经济建设是新时期人民民主专政历史使命的中心，精神文明建设是其重要特征，发展社会主义民主是其一项根本任务，打击敌人、惩罚犯罪、保护人民是其一项专门职能，加强法制建设是其重要保证。

论我国人民代表大会制度的优越性
尹双平

我国人民代表大会制度是在我国革命和建设的长期实践过程中产生和发展起来的，最适合我国国情，具有巨大的优越性。我国只能采取人民代表大会制度，必须否定资产阶级的"三权分立"制度。在我国，只有坚持人民代表大会制度，并随着实践的发展而不断改革和完善这种制度，才能充分发挥亿万人民当家作主的积极性和主动性，巩固我国的社会主义制度，完成党在新时期建设高度民主和高度文明的社会主义现代化强国的伟大任务。

法律规范的逻辑结构
罗玉中

法律规范结构通常称之为逻辑结构。传统的法律规范构成理论在理论概括上存在缺陷。在逻辑结构上，法律规范是由从人们的大量实际行为中概括出来的"行为模式"，以及表明法律对该行为的态度的"法律后果"两部分组成的。这两部分又可分为不同的种类。每一个具体的法律规范，都由其中一种行为模式及与其相应的法律后果构成。行为模式是构成规范的基础，是确定法律后果的前提；法律后果也是规范不可或缺的组成部分。

法制与调解的悖论
季卫东

在我国，调解一直是解决纠纷的一种最主要方式。优先调解已经成为一个事实，并且制约着法制化的方向。我国的法制受到优先调解和广泛实行调解这一环境的制约，同时又深刻地反作用于调解制度，使之更加规范化、更加体现法律精神。我国优先调解体现了人为秩序对于自发秩序的适应和依赖。为了贯彻法制精神，应充分肯定独立人格的价值和当事人自治的原则，限制行政裁量权。这与调解的自治机制并不是对立的。

结社立法问题初探
阎典恒　祖玉琴　杨岳　王绍忠

我国应当在《社会团体登记暂行办法》的基础上，总结建国以来公民结社的经验，尽快制定新的结社法规，以满足社会主义法制建设的客观需要和社会主义民主建设的客观要求。结社立法应解决立法指导思想、结社法律的适用范围、社团管理体制、社团的诉权、外国人在我国境内结社等问题。结社立法应包括《结社法》、《社会团体登记管理条例》、与《管理条例》相配套的《实施细则》和不同类别社团的单行法规三个方面内容。

国外青少年立法的发展趋势
康树华

各国的青少年立法都认为由于少年生理、心理等特点，反映在违法犯罪上与成年人案件存在许多不同的特点，都制定了青少年法规和建立了独立的少年司法制度专门审理少年案件。20世纪30年代以前所创建的少年法庭及少年法的显著特点是强调保护和加强少年儿童的福利，二战后，西方各国对青少年法规进行了重新修订和补充，使少年司法制度得到进一步发展，趋向定型化。

我国急需制定劳动法典
史探径

保护劳动者利益，促进生产力发展，推动社会进步，是劳动法的三大特点。加强劳动立法，是坚持改革开放政策，正确调整和改善劳动关系的需要。目前制定劳动法，有充分的法律依据，有国际劳动立法经验和其他国家的劳动立法经验可资借鉴，经济体制改革和劳动、工资制度改革也为劳动立法创造了条件。立法过程中须对建立与健全劳动争议处理制度，所有职工享有强制劳动保险的权利，以及完善的民主管理制度等问题加以探讨。

限制生育会侵犯人权吗
朱效亮　王晓燕

中国在高人口出生率与低社会生产率的严峻现实面前，要摆脱困境，就必须果断地制定一整套限制生育的法律，并在实施法律的过程中教育公民放弃个人本位的生育意识。国家为了维护全民族的利益和保障全民族的生存与发展，通过法律的实施来限制个人的生育自由并不侵犯人权，当个体的生育已影响到社会的生存和发展时，多生、乱生的自由就必须受到合理的限制。对生育自由的限制，也是一种维护国家长远利益的政治上的需要。

中国大陆与台湾出版交流若干法律问题
吕荣海

在中国大陆与台湾的出版交流业务中，有若干法律问题需要研究，包括大陆作家是否享有著作权的问题；大陆作家对台湾盗印者如何行使告诉权的问题；台湾出版业保护大陆出版品的困难和解决方法；出版大陆书籍闹双胞的解决途径；以及出版合作意向书是否为合同的问题。

对刑法中因果关系理论的反思
王敏远

有关刑法中因果关系问题，主要存在"必然因果关系论"和"偶然与必然因果关系论"之争。这两种学说都不能确定刑法中的因果关系，在司法实践中有弊无利。讨论刑法中的因果关系问题，需要确定犯罪的因果关系、刑法中的因果关系以及作为刑法学关于因果关系理论所要研究的对象这三者之间的不同含义。刑法学关于因果关系理论的研究重点是确定刑法中的因果关系的刑法学意义，即根据犯罪构成中的其他主客观情况确定刑法中的因果关系对于刑事责任的客观基础的意义。

关于法人不应成为犯罪主体的思考
赵秉志

法人不应成为犯罪主体。理由是：第一，我国法人特定的社会主义性质，决定法人不能成为犯罪主体；第二，法人不具备刑事责任能力要件和犯罪的主观要件和客观要件；第三，将法人作为犯罪主体适用刑罚，不符合罪责自负原则、罪责相适应原则，也不能实现刑罚目的；第四，从实际效果来看，将法人作为犯罪主体定罪处罚，必然不利于法人制度的健全和巩固，不利于经济体制改革，也会带来诉讼实践的难题。对某些外国关于法人得为犯罪主体并承担刑事责任的立法例，我国刑法不应仿效搬用。

不当得利与犯罪界限的探讨
佘宏荣　江志

拾得遗失物、漂流物、失散的饲养动物或占有脱离占有的他人财物，属不当得利。发现埋藏物、隐藏物的，根据具体情况分别按照不当得利或相关犯罪处理。利用他人过错，采取违法行为获取非法利益的不属于不当得利。不当得利人以非法占有为目的，侵占他人财物，数额较大，情节严重的，应以犯罪论处，可以比照刑法第152条类推为侵占他人财物罪。不过，未来我国有必要增设侵占罪予以规制。

试论我国对罪犯的减刑制度
鲍圣庆

被判处管制、拘役、有期徒刑、无期徒刑的犯罪分子，在执行期间，若确有悔改或立功表现可以减刑。被判处拘役或三年以下有期徒刑、宣告缓刑的犯罪分子，在缓刑考验期内有突出的悔改表现或立功表现，可以对原判刑罚予以减刑，同时相应缩减缓刑考验期。适用减刑时，可根据原判刑罚的不同情况而考虑减刑的起始时间、间隔时间和减刑幅度，使减刑的最低服刑期限与原判刑种、刑期相适应。减刑案件，应当由罪犯服刑地法院管辖。

当前贪污犯罪的特点、原因和对策
——112起贪污案件的分析
郑中华

1988年河南省贪污犯罪具有不少新特点：犯罪分子公开辱骂报复举报人和办案干部；银行职工与他人内外勾结贪污存款；农村干部公然侵占农民财产；某些干部、群众包庇贪污犯。产生这种现状的原因有：人财物大流动使贪污分子有可乘之机；沾染赌博、嫖娼等恶习而引发贪污犯罪的占一定比例；资产阶级腐朽思想和生活方式的影响是诱发贪污罪的重要原因；法律、制度不健全给贪污犯罪留下漏洞。预防贪污犯罪的对策有：认真贯彻执行党的十三大确定的方针政策；建立各种廉政制度；从严打击贪污犯罪。

论军地互涉刑事案件的管辖
徐 斌

健全军地互涉刑事案件的管辖制度，目的在于保障国家法律的贯彻执行，及时有力地打击犯罪活动，保持军队的高度稳定，密切军政军民关系。军地互涉刑事案件的管辖应当遵循下列原则：依据犯罪主体、犯罪地进行分工原则；加强协作、互相配合原则；原则性与灵活性相结合原则。军地互涉刑事案件的管辖，实行主查与协查制度、受理与处理分离制度。

试论应劭的法律思想及其影响
华友根

应劭是东汉著名的法律家，从仅存的《风俗通义》、《汉官仪》、《汉书集解》及《后汉书》的记载中能反映他深刻的法律思想，这些思想对当时和后世的影响极大。应劭非常强调法的必要性，这种必要性首先表现为法是一种天意，其次是历史经验的总结。应劭还认为，对于人来说，礼义德教是第一的，因此提出了重教轻刑，先教后刑的主张，这反映了应劭礼法结合和德主刑辅的思想。应劭认为执法应当公平，而且必须符合儒家经义，他对赏罚失当，严加批评。在后世的法典中能找到很多应劭法律思想的影响。

论关贸总协定的运行机制
于 华 赵维田

关贸总协定的运行机制归结起来为三性，即变通性、灵活性和软弱性。从历史发展意义上说，总协定本身就是变通的产物。总协定法律中的灵活性是由众多例外条款形成的。总协定是介于法律规范与贸易外交的中间体：作为法律规范，它具有强制约束力；作为协调成员国外贸政策的软法，又必须按照现实可行性作出灵活反映，从而决定了其运行机制的软弱性。

两岸法律关系与未来发展研讨会综述

论马克思主义法学
黎 青

马克思主义法学的产生是法学史上一次革命性变革。马克思主义法学关于唯物、阶级和发展的基本观点,同一切非马克思主义法学存在着根本的区别。马克思主义法学是代表人类最先进的阶级——工人阶级的意志与利益的,是为建设社会主义并最终实现共产主义理想服务的。马克思主义法学的基本原理必须坚持。马克思主义法学是一个宏大的、发展的、开放的体系。

我国军事法学研究的现状和问题
张建田

军事法学在国内外都属于一门正在建设中的新兴学科,尽管属于一门年轻的学科,其要研究的内容却是极为丰富的。军事法是由国家制定或认可并以国家强制力保证实施的规定军事活动诸方面行为准则的法律规范的总称,军事法学研究的主要问题包括军事法的基本原则、军事法的渊源、军事法的体系、军事法律关系、军事法制建设、军事法律规范以及其他一些重要问题。

行政诉讼中的法律适用
孟宪飞

行政诉讼中的法律适用主要涉及实体性问题的法律适用和程序性问题的法律适用两个方面。实体性问题的法律适用,需要特别注意不同种类规范性文件之间的关系、尤其是其效力等级问题。程序性问题的法律适用则主要是适用行政诉讼法。有些程序性问题,还要适用其他有关的法律法规。根据行政诉讼法的规定,法律适用过程中应该区别作为"依据"和作为"参照"的法律规范来源。此外,对于省际或市际的地方性法规和规章的冲突问题,还应该掌握地域原则和承认原则。

论共同犯罪立法与司法的完善
陈兴良

目前我国关于共同犯罪的立法规定存在如下问题:现行的共同犯罪人分类方法有时无法解决某些共同犯罪人的定罪问题;对共同犯罪的简单规定影响共同犯罪立法的完整性;刑法典和单行刑法有关共同犯罪的规定不协调,等等。共同犯罪的司法实践存在如下突出问题:共同犯罪人的认定存在某些失误;共同犯罪与经济犯罪数额的关系比较混乱;共同犯罪的量刑有时出现畸轻畸重的现象;随意分案审理现象十分严重,等等。有鉴于此,在立法上,我国有必要从共同犯罪的概念、定罪和量刑三个方面入手对共同犯罪的立法进行改革;在司法上,我国有必要加强共同犯罪的司法解释,适当颁布一些共同犯罪的判例以指导司法实践,统一共同犯罪判决书中的罪名。

论打击严重经济犯罪
王家福　刘海年

严重经济犯罪侵害社会主义经济制度的基础，破坏社会主义现代化经济建设，干扰社会主义经济体制改革，腐蚀社会主义国家机关的政治机体，因此必须对其实行专政，严厉打击。国家的专政职能不仅表现在阶级压迫上，还反映在诸如打击经济犯罪这类不完全等同于阶级压迫的严厉惩罚措施上。因此，打击严重经济犯罪并非我国目前所特有的现象。打击严重经济犯罪，必须坚持坚决、慎重、持久打击和打治结合原则。

论经济犯罪的特点与对策
宫晓冰

近十年来，我国经济犯罪的特点是：经济犯罪总体上呈上升趋势；经济犯罪活动的涉及范围越来越广；经济犯罪的危害已经到了无以复加的程度；经济犯罪手段越来越多样化；现行刑法的某些规定已经不能适应经济犯罪现象突出的新情况。控制经济犯罪，必须从战略的高度制定一个与经济犯罪的发展相适应的社会整体治理对策，具体构建有效的经济犯罪预防体系和经济犯罪制裁体系。为此必须解决如下问题：第一，正确认识和处理制定经济制度、政策的经济效益与社会效益相统一的关系；第二，正确认识预防与制裁经济犯罪的关系；第三，正确认识改革开放与预防打击经济犯罪的关系；第四，正确处理局部利益与整体利益的关系；第五，正确

处理发案单位存在的实际问题。

贪污犯罪原因分析
庄　潮　谢俊山

贪污罪是一种历史现象，其发生与发展必然受到经济迅速发展和对外开放中带来的消极因素的影响。商品经济的消极因素使某些人产生倾斜的物欲心理，增加了贪污犯罪的可能性。新旧体制的摩擦、碰撞和某些管理制度的不完善是产生贪污罪的重要条件。思想政治工作的放松和社会缺乏对贪污犯罪的憎恨意识在某种程度上助长了贪污犯罪。立法上的不利打击和执法上的打击不力，是贪污犯罪得以肆虐的两个主要原因。

定式合同基本问题研讨
张新宝

定式合同是由一方当事人、有关团体或国家机关制订的，或由国家法律直接规定的，包括全部交易条款的一种合同。定式合同在相同条件下适用于一切不特定的相对人，相对人没有就合同条款进行协商的自由，只能概括地接受或不接受全部合同条款。在我国定式合同的运用范围比西方国家更广，这与我国经济体制有密切关系。定式合同的出现和盛行给传统民法带来巨大冲击，甚至危及合同某些主要概念和原则。在其诸多流弊中，免责条款是值得注意的问题之一。对其进行法律调整应遵循：既发挥其省时便捷等优势，又要使其遵守民法基本原则，保障交易公平，保证平等、自愿、诚实信用等商品关系的基本要求。

物权行为初探
牛振亚

物权行为不同于要式法律行为。我国民事立法和司法实践，对于物权行为是否独立采取了折中主义。在我国法律上，物权行为的构成要件包括意思表示、法定方式（登记和交付）以及书面形式。我国民法理论界近年来提出建立物权制度的必要性，物权行为也有其存在的必要，并具备了存在的法律基础和理论依据。

我国民法是否承认物权行为
梁慧星

物权行为是大陆法系中的德国民法及受德国民法影响的某些民法的一项重要概念。各国关于物权行为独立性的立法，分为肯定主义、否定主义及折中主义三种模式。物权行为无因性理论的利弊，经长期讨论已显露无遗，德国判例和学说更是通过解释的方法，对物权行为无因性理论的适用予以限制，甚至主张废弃该理论，变更立法主义。我国现行法不承认有物权行为，在立法主义上系采意思主义与交付主义之结合，与现代民法、判例和学说的最新发展趋势相吻合。

关于合伙理论与实践的几个问题
魏振瀛

合伙要成为民事主体，除具备合伙的一般条件外，还需要具备另外三个条件。民法通则对合伙财产的归属留下灵活处理的余地，合伙人可以约定投入的财产归合伙人共有，也可约定由合伙人统一经营管理，所有权仍归出资人所有。针对新出现的合伙形式，应坚持共享收益，共担风险的原则认定合伙关系。合伙人承担连带责任与以合伙财产清偿债务之间的关系，宜采取补充主义的处理方法。在家庭成员参加合伙经营中，要把个人财产与责任和家庭共有财产与责任相区别，不能让未参与合伙盈余分配的家庭成员对合伙债务承担责任。

论企业集团的法律问题
赵旭东

企业集团是由若干具有独立法人地位的企业在统一管理基础上组成的经济联合组织。两个以上企业的联合、成员企业的独立法人地位和集团的统一管理是其三个基本法律特征。企业集团的法律形式包括股权联结和合同联结。企业集团所涉及的主体成分包括集体成员企业、集团总公司和集团本身三方面，它们所处的特定法律地位构成了集团企业特殊的法律结构或法律关系。

完善公证立法的几点意见
冯吉礽

完善公证立法，必须十分明确地赋予公证文书在法律上强有力的证据效力；必须完善强制执行许可公证；对一些重大法律行为，明确规定非经公证证明不发生法律效力，以强化公证职能；建立和健全公证申诉制度。

必须清除妨碍法律实施的思想障碍
王存学

重人治、轻法治、重人情、轻国法、重金钱、轻权利、重私利、轻公益、重本位、轻全局，这些思想观念已经成为妨碍法律实施的严重障碍。为实现依法治国的战略目标，必须采取有效措施，建立、健全保障严格执法的法律和制度，加强专门机关的监督，深入持久地进行法制宣传工作，为进一步健全和完善社会主义法制奠定稳固的思想基础。

关于环境法、自然资源法和国土法的思考
马骧聪

环境法、自然资源法和国土法，实际上是从不同角度看待同一事物，调整同一类型社会关系，解决同一问题，实现同一目的。三者虽然也存在一些差别，但从各方面来看，它们都是紧密结合在一起的。在我国将国土法与自然资源法结合成一体，形成更为科学的国土资源法概念的基础上，可以考虑将国土资源法和环境法也结合在一起，称为国土资源和环境保护法或者环境和国土资源法，将其作为我国法律体系中一个独立法律部门。

"明德慎罚"辨
王宏林

"明德慎罚"是西周法律思想体系的重要组成部分，"明德慎罚"不包含应该严刑或宽刑的意思。西周统治者所强调的是严格依法办事，既反对滥罚无辜，罚不当罚，也反对放纵犯罪，当罚而不罚。把"慎罚"理解为"慎用刑罚"看到了前者，而理解为"慎去刑罚"，则看到了后者，都是片面的。"慎用刑罚"与"慎去刑罚"是同一矛盾的两个方面，它们的统一体是"慎罚"。因此，"慎罚"的内涵是严格执法。"明德慎罚"应注释为：明德即务崇德惠；慎罚即严格执法。

试论对跨国公司国际逃避税行为的法律控制
张　薇

跨国公司为逃避东道国政府的税收，除采用国际逃避税的通常方式外，还采取了一系列利用避税地的方式，妨害了正常的国际投资活动和国际经济技术往来。各国为反对国际逃避税行为形成了相应税收征管法律制度，并对跨国公司的国际逃避税采取特殊的控制措施，以维护自己的财政权益。此外，各国之间还开展国际税务协助和双边协助，以防止国际逃避税。

1990 年第 1 期

企业联合与制止垄断
王保树

在我国经济体制改革过程中，因企业联合而形成的经济性垄断不会迅即发生，但这并不意味着不存在因企业联合而导致全局性经济垄断的可能性和危险性；而且由于市场管理机制不完善，不同形式的经济性垄断也时有发生。要使企业联合和企业经营向有利竞争的方向发展，必须有效制止行政垄断，并防止其转化为经济性垄断。在立法措施上，要将经济联合法从鼓励型为主转为规范型为主，并加快制定反垄断法。

运用系统工程理论探讨我国法制建设问题
王 革 常公旺

运用系统工程理论和方法研究国家法制建设，是自然科学理论向社会科学以至法学领域的推广和渗透，也是当代法学研究不断完善与发展的内在需要。可以把法制建设视为一个系统工程，运用控制论——司控与受控的理论去分析、探讨进而设计我国法制建设的结构、格局，以达到法制建设的科学化；可以运用运筹学的理论和方法，为"普法—学法—守法—执法"设计最优方案。

略论法与生产力标准
李志坚

生产力标准理论的核心是以是否有利于生产力发展作为检验我们各项工作的根本标准。法要适应经济建设的需要，不但要对其发展起保护作用、促进作用，而且还要对经济建设的运行起导向作用。当前，应该运用马克思主义关于经济基础与上层建筑关系的理论加深法对经济发展导向作用的认识，加强立法，对阻碍生产力发展的现行法律、法规，应及时加以修改、补充，严格执法，摒弃"左"的思想影响，改变执法、司法人员的陈旧观念。

法体现掌握政权阶级的利益和意志
张明乃

法的阶级性是指法所体现的社会政治内容和阶级意志内容，它体现哪个阶级的利益和意志，就为哪个阶级的统治服务。法不是"个人意志"和"社会共同意志"的体现，它体现的是掌握政权阶级的意志。法执行着阶级统治职能和社会公共职能，两者缺一不可。社会主义法是工人阶级领导下人民意志的体现。

关于依法行政的理论问题
郭润生

依法行政是一个历史概念，是依法治

国的派生物并为其服务，是行政管理法制化的一个重要方面。依法行政包括两方面内容：行政机关必须在法律规定的范围内活动，依法办事；行政机关的管理活动必须科学，规范化。行政管理法制化必须以科学为基础，以民主与效率为目标，以依法行政为主导。我国实施以依法行政为中心的行政管理法制化，必须加强行政法制教育，转变旧的传统法制观念，在实践中不断健全行政法规。

强化刑事法律在国家廉政建设中的作用
——对我国职务犯罪刑法对策的思考
苏惠渔　游伟

为了强化刑事法律在国家廉政建设中的作用，未来我国刑事立法应当明确限定职务犯罪的主体范围，进一步调整立法结构，突出打击重点；应当科学量定各类犯罪的社会危害程度，进一步协调刑罚比重，从重处罚职务犯罪；应当适应职务犯罪形态各异的特点，进一步扩大这类犯罪的行为范围，不断充实立法内容；应当完善职务犯罪已有的法定刑种，进一步确立各种不同的量刑情节，不断强化刑罚措施。

近两年罪因研究观点综述
周仲飞

近年来，学术界对犯罪原因做了不少研究。研究的重点主要集中在如下几个方面：第一，犯罪根源（原因）问题；第二，当前犯罪增长的原因问题；第三，社会主义初级阶段犯罪与犯罪原因的关系问题；第四，商品经济与经济犯罪关系问题。

完善过失犯罪立法的三点思考
侯国云

未来修改刑法时，凡是过失犯罪，应一律用"过失"一词加以明确，交通肇事、重大责任事故这类只能由过失构成的犯罪也不例外。刑法修改应当适当提高业务过失犯罪的法定刑，适当降低一般过失犯罪的法定刑。我国现行刑法将过失犯罪的最高法定刑控制在15年有期徒刑，是比较合适的，不应当提高，也不需要降低。此外，应当区分罪行轻重对过失犯罪有区别地适用非监禁化刑罚措施。

是故意伤害还是间接故意杀人
秦吉祥　徐祖斌　涂卫东

被告人打错人，即对侵害对象发生认识错误，并不影响对案件的定性。被告人积极采取抢救措施的行为是在发现自己打错人的情况下采取的，被告人对先前不计后果的行为具有放任心态，被害人可能死亡的结果也在其预料之中。因此，被告人应当承担（间接）故意杀人罪的刑事责任。

论列宁的法律监督理论在我国检察制度中的运用
徐益初

列宁的法律监督理论在我国检察制度中的运用主要体现在：检察机关的性质被确定为国家法律监督机关而非单纯的公诉

机关；检察机关依法独立行使检察权，不受行政机关、社会团体和个人的干涉；中央和省级检察机关的检察长对下级检察机关检察长的产生和任免具有相对的建议和决定的权限。但是，我国的检察制度不是对列宁的法律监督理论的照搬，主要体现在：明确检察机关是专门的法律监督机关，而不是最高监督机关；把民主集中制原则应用于检察体制；实行以上级检察院领导为主的双重领导体制，而不实行单一的垂直领导体制；把检察职务犯罪作为对国家机关和国家工作人员实行法律监督的重点，而不是实行对一般行政违法行为的监督。

略论台湾的刑事诉讼法
樊崇义　肖胜喜

在诉讼程序方面，公诉程序包括在第一审程序中，同时侦查程序囊括在公诉程序中。在侦查制度方面，首先，台湾实行检警一体化的侦查模式，检察官有权指挥、监督警察实施侦查活动；其次，台湾刑事诉讼法仅规定拘提、逮捕、羁押三种强制措施。在起诉制度方面，台湾刑事诉讼法实行公诉与自诉两元制。在审判制度方面，台湾的刑事诉讼模式具有职权主义的倾向又兼采当事人主义。台湾刑事诉讼法规定了直接言词原则，实行三级三审制。

对被告不供认的贿赂案件定罪探讨
潘章驹

认定行贿方已供认而受贿方不供认的贿赂案件，应该掌握如下两点才能定案：第一，行贿方的供述应该确实无疑；第二，除了行贿方的供述外，所收集的各个间接证据之间、间接证据与供认方的供述之间必须吻合、衔接、无矛盾。在行贿方和受贿方均不供述的情况下，运用间接证据定案必须掌握如下两点：第一，间接证据的质必须确实，即每个间接证据本身是客观实在的，与案件事实有内在联系；间接证据之间必须形成一个完整、协调、严密的证明体系；综合间接证据得出的结论必须是唯一的；被告人对间接证据无法否认也提不出反证。第二，间接证据的量必须足够，"足够"的尺度是犯罪事实清楚。

新时期经济立法走向的思考
童增

为促进我国新时期经济立法的未来发展，应从基本问题出发，在现实经济立法发展的基础上提出今后经济立法时应注意的问题，并对这些问题重新予以研究。需要讨论的问题包括经济立法观念的衍变，经济立法的思路；对经济立法目标的反思；对经济立法体制的透视；经济立法的重点；经济立法的动因及深层难题；以及对经济立法理论的重构等。

涉外经济法律法规实施中的问题及对策
傅伦博

涉外经济法律法规实施中的问题主要体现在涉外经济合同的签订和履行；外商投资企业的经营管理自主权；各自为"法"，以言代法；有关工作人员素质等方面。对此应大力加强涉外经济法律法规的

缔约上过失责任初探
尹鲁先

基于传统民法理论的缺陷和现实中纷繁的问题，缔约上过失责任理论应运而生。该理论加强了对交易活动中当事人的约束，具有合理性和进步性，并完善了债的发生理论，因此为大多数国家立法所接受。我国民法通则第 61 条实际上含有先契约责任的内容，但并非完整意义上的缔约上过失责任。为在审判实践中准确适用缔约上过失责任的理论和法条，避免第 61 条形同虚设，必须界定承担缔约上过失责任的有效范围，并通过司法活动，对民法通则第 61 条进行新的诠释。

试论优先购买权
祁秀山

优先购买权是法律为保护特定购买人利益而设立的一种民事权利，对于调整特殊财产买卖关系具有重要意义。优先购买权的行使必须符合一定条件，在特定买卖中，这些条件必须同时满足时才能主张优先购买权。目前在我国优先购买权主要包括共有人对按份共有财产的优先购买权和承租人对承租私有房屋的优先购买权。实践中，除严格掌握其适用范围外，对于纠纷的解决还应注意若干问题。

族刑缘坐考
史凤仪

秦汉以来中国封建王朝关于族刑的规定有"族刑"、"缘坐"以及"三族、五族、七族、九族"的内容，说明中国古代刑法对于重大政治犯罪历来实行株连惩罚。"族刑"、"族诛"、"夷三族"、"门诛"等各种缘坐之法，名异而实同，都是一人犯罪株连惩办族属，只是株连的范围有广有狭而已。这种野蛮的刑罚政策，视宗族为政治教育单位，认为族人犯罪宗族有管束不严的责任，想以此收威吓震慑效果，镇压一族警告他族，并且"斩草除根"，防止留下隐患。

《吕刑》法律思想初探
马小红

人们将《吕刑》视为一部以宽、轻为宗旨的刑书，是一种附会和误解。《吕刑》的宗旨与轻刑恰恰相反，它所着重强调的是谨慎用刑，不失天威。"分别起源论"奠定了《吕刑》"中正慎罚"、"有德惟刑"及"惟良折狱"的法律思想体系的基础，并对后世的法律思想产生了深远的影响。吕刑既修正了周初"轻刑"、"轻罚"的思想，又继承发展了周初的礼治思想，在论证法律起源、中正慎罚及惟良折狱问题上，较之周初更有系统，这些思想为先秦儒家"为国以礼"、"为政以德"的理论提供了历史的依据。

论引渡的主体
刘大群

在现代国际关系中，引渡已经成为两国之间进行司法合作的重要形式。根据国际法，引渡的主体是主权国家，即引渡的请求国和被请求国。管辖权是引渡中的核心要素：能够提出引渡要求的国家应该是犯罪发生地国、罪犯国籍国或基于其他理由而具有管辖权的国家。从国际实践的角度看，两国之间的引渡关系通常通过"礼让"、互惠和条约三种方式得以建立和实现，其中条约是最主要的基础。由于引渡的主体是主权国家，因此引渡是一种主权行为和国家行为。而且，引渡与一般的国际司法合作不同，它在很多程度上取决于并反映着两国之间的政治关系和外交关系。

从国际法看中英关于香港问题的联合声明

港 实

中国和英国于1984年签署的关于香港问题的联合声明圆满地解决了两国之间的历史遗留问题，但近期出现了一些违背《中英联合声明》的原则和立场的情况和做法。《中英联合声明》是一项国际协议，对当事国有法律约束力并应得到善意遵守。中国通过起草和实施《香港基本法》具体履行《中英联合声明》，并将"一国两制"的构想制度化、法律化。一段时间以来，英国和香港的一些人大打"国际化"牌，试图干预阻挠我国对香港恢复行使主权。《中英联合声明》只确立了中英两国的权利义务关系，并未为第三国创立任何权利或义务，第三国只能尊重且不得妨碍其实施。因此，将香港问题"国际化"有悖法理。

基本法是体现"一国两制"方针的全国性法律

王叔文

香港特别行政区基本法体现了邓小平同志、党中央提出的"一国两制"的伟大构想，它把原则性和灵活性紧密地结合起来，把维护国家主权、统一和领土完整与授权香港特别行政区实行高度自治、保持香港的繁荣与稳定紧密地结合起来，是一部体现"一国两制"方针的全国性法律。它充分代表了包括香港同胞在内的我国人民的愿望和利益。

论加强我国的廉政立法

蔡定剑　王梓木

加强廉政立法，规范、约束政府及其公务人员和具有独立经济利益者的行为，防范公共权力与非法经济利益交换，是从法律制度建设上防止腐败、保持廉洁的有效途径。完善我国的廉政立法，应该建立国家公职人员财产申报制度，建立公职人员日常行为规范体系，并加强和完善廉政机构的建设。

论经济犯罪的概念和范围

顾肖荣

我国目前通行的经济犯罪概念比较模糊，主要受到刑事政策的影响。我国现行刑事政策将经济犯罪从总体上作为重罪对待，是不明智的。应当恢复经济犯罪本来从总体上构成轻罪的性质。为此必须做到：第一，将原本不属于现代经济犯罪范畴的盗窃、贩毒等罪名从经济犯罪中排除出去；第二，以现行中国刑法分则第三章破坏社会主义市场经济秩序罪的17个罪名为基础，修改或补充经济犯罪罪名；第三，虽然从总体上恢复经济犯罪是轻罪的基本面貌，但不排除对其中个别罪行作为重罪加以惩处。

关于"官倒"的几个问题

韩美秀

"官倒"应当指党政机关、社会团体、全民或集体的企业事业单位和在职的或离休的国家工作人员，违反金融、银行、外汇、物资或工商管理法规以及有关禁止干部经商的规定，利用单位掌握的权力或本人的职权、"余权"，在流通领域倒买倒卖国家重要物资、紧俏商品或计划额度等，谋取暴利的行为。社会总需求大于总供给、实行价格"双轨制"、少数党员干部见利忘义以及法制不健全、查处不力，是目前"官倒"得以滋生蔓延的若干原因。在目前法律关于"官倒"的定罪量刑标准尚无专门规定的情况下，应当参照有关刑事法律和司法解释办理"官倒"案件。

简论贪污、贿赂犯罪
张之又　王然冀

现阶段贪污贿赂犯罪具有隐蔽性、痕迹性、普遍性、职权性、诡诈性、贪婪性、纠合性、交织性、突发性以及智能性等特点。当前贪污贿赂犯罪猖獗的主要原因有：第一，"一切向钱看"的心态；第二，对超前消费和社会分配不公的"躁动"；第三，新旧体制转换中的摩擦和碰撞；第四，立法和执法不完善；第五，对国家工作人员缺乏有效的监督和管理。抵制贪污贿赂犯罪必须继续坚持依法从严惩处方针，健全预防国家工作人员贪污贿赂犯罪的机制，设立专门的反贪污贿赂权威机构，提高侦查水平，强化侦查手段，完善打击贪污贿赂犯罪的刑事立法，以及加强司法、行政机关之间的配合。

当前贿赂犯罪的情况、特点、原因及对策
欧阳涛　秦希燕

当前贿赂犯罪在经济犯罪案件中所占比例大，且有逐年上升的趋势。贿赂犯罪分布很广，给国家和人民造成的损失严重，对执政党的声誉破坏极大。贿赂犯罪的行业性、反侦查性、犯罪手段诡秘性、贿赂物高档次性、与经济犯罪交织性等特征非常明显。现行政治经济体制不完善、剥削阶级意识形态的不利影响、对乡镇企业疏于管理以及法制不健全是目前贿赂犯罪猖獗的主要原因。只有严格依法办案，加强政治经济体制改革，党政领导干部克己奉公，建立和完善监督体系，加强廉政教育和法制教育，才能有效遏制、预防和减少贿赂犯罪的发生。

试论违反野生动物保护法的刑事责任
张明久

非法猎捕野生动物的行为，根据犯罪对象是国家重点保护野生动物或一般野生动物，分别适用非法捕杀国家重点野生动物罪和非法猎捕野生动物罪。非法出售、收购和进出口国家重点保护野生动物及其产品的行为，以出售、收购野生动物及其产品罪论处。伪造、倒卖、转让特许猎捕证、狩猎证、驯养繁殖许可证、允许进出口证明书的行为，以伪造、倒卖猎捕证、允许进出口证明书罪论处。野生动物行政主管部门的工作人员玩忽职守、滥用职权、徇私舞弊构成犯罪的，构成玩忽职守罪和徇私舞弊罪。

改"先定后审"为"先审后定"
李少平

"先定后审"现象主要表现为：审判委员会的"先定后审"、庭长和院长的"先定后审"以及上级法院的"先定后审"。"先定后审"导致审与判相脱节，违反了诉讼法律的规定，不利于建立和推行审判工作岗位责任制，不利于审判队伍业务素质的提高，影响法院的声誉。因此，应当改"先定后审"为"先审后定"。具体而言，应当更新审判观念，完善审判制度的立法，着重明确审判委员会与合议庭讨论决定案件的范围，充分发挥审判委员会和合议庭各自的作用。

论辩护律师参加刑事诉讼的时间
张 弢 陈卫东

确定律师参加刑事诉讼的时间应考虑三个因素：第一，有利于保障被告人的辩护权；第二，不影响侦查、起诉和审判工作的顺利进行；第三，适应我国刑事诉讼程序的特点。有鉴于此，辩护律师参加刑事诉讼的时间应当确定在司法机关第一次讯问被告人后。立法应规定"司法机关在第一次讯问被告人时，应告知他可以委托辩护律师"，同时应规定"由于国防或国家安全的特殊原因，在提起公诉前的诉讼过程中，可以暂时不让辩护律师查阅某些本案材料"。

论行政诉讼中证明对象的范围
李建明

行政诉讼的证明对象主要包括具体行政行为的事实、不作为的有关事实、侵权损害的有关事实、诉讼程序方面的事实以及具体行政行为所依据的法律规范及其效力情况等。具体行政行为的事实主要涉及行政机关作出具体行政行为所依据的事实和具体行政行为本身的事实。不作为的事实主要涉及原告向被告提出申请、被告没有给予答复或无故拖延答复的事实。侵权损害的事实主要涉及合法权益受到损害、侵权行为、侵权行为与受损结果间因果关系的事实。

关于海峡两岸继承法的比较研究
余鑫如

两岸继承法在有关法定继承人和继承顺序，丧偶儿媳、丧偶女婿的继承权，代位继承，继承人的应继份额，对继承人以外的人酌给遗产，遗产继承效力和限定继承，遗嘱继承和遗赠，特留分等问题上规定不同。在处理两岸财产继承案件中，应遵循"一国两制"的思想指导原则，以及对特殊历史原因所造成的事实予以照顾的原则。

论我国公司立法的障碍
胡 群

我国公司立法不应急于求成，原因包括：目前对公司法调整对象的主体——"公司"的认定并不确切；我国实践生活中，公司与企业不分，制定公司法必须明确公司法与企业法的关系；从要求制定公司法的目的和内容来看，存在两种不同的立法主张；由于"双轨制"，流通领域里的公司行为存在非常化，要制定公司法必须解决"双轨制"问题。因此，西方式的公司在我国目前条件下是行不通的，就事论事的公司法很可能是不伦不类的公司法。目前要从根本上治理好公司，除严肃法律外，还要针对"双轨制"建立相应的法律制度。

一部罕见的中世纪法典
——《西夏法典·天盛年改旧定新律令(1—7章)》简介
李 温

1987年苏联莫斯科科学出版社首次公开出版的《西夏法典·天盛年改定新律令(1—7章)》俄译本，补充了我国法制史上西夏时期的空白。《天盛律令》共20

章, 1460 条,除第 10 章曾在苏联发表外,其余各章均首次问世,它是中世纪远东地区保存下来的最详备的一部法典,也是汉籍史料无从获取的第一手资料,价值极大。从其前 7 章的内容可以看出,它具有承袭唐律宋刑的刑事原则和体例、注重保护畜牧业、注重征战、军事立法比较完备的特点。

中国对南沙群岛拥有领土主权
—— 兼评越南在南沙群岛问题上出尔反尔的行为

王可菊

南沙群岛自古以来是中国领土的一部分。中国历代政府在南沙群岛行使主权是无可辩驳的事实,对此越南也早已承认。然而,近年来越南当局一反过去承认南沙群岛属于中国的立场,于 1975 年非法占领了中国南沙群岛的若干岛礁,公然对中国南沙群岛提出领土要求;1988 年以来,这种侵占活动更为变本加厉,越南当局还抛出种种官方文件,为其侵犯南沙群岛和觊觎西沙群岛编造"依据"。按照国际法,南沙群岛属于中国是毋庸置疑的。越南政府既然已明确并郑重地宣示中国对南沙群岛拥有领土主权,就不得再侵占南沙群岛并对其提出领土主权要求。越南在领土主权问题上出尔反尔的立场,是对国际法的粗暴践踏。

美国的货物质量保证制度

徐 炳

在货物买卖中,买方所关心的最重要问题是货物的质量。因此,货物的质量保证制度在买卖法上占有突出的位置。商业最发达的美国总结和概括出一套由明示保证、默示保证及对消费品的特别保证构成的严密的货物质量保证制度,为许多国家所仿效,也值得我国研究和借鉴。

美国票据法中的几个问题

马守仁

票据在经济生活中使用非常广泛,不仅可以代替现金作为流通和支付手段,而且可以作为信贷工具。目前美国关于票据的法律基本上已经统一,相关制度规定在美国《统一商法典》的商业票据篇中,内容涉及票据的定义、种类和款式;票据的移转和让与;执票人的权利;当事人的责任;票据的追索;以及当事人票据责任的解除等问题。

法律实证主义的学术地位

刘同苏

法律实证主义出现以前不存在真正独立的法理学。通过界定独立的研究范围和限定独立的研究对象,法律实证主义使法理学成为一门独立的学科。它的出现,把法理学研究的注意力从抽象的观念转移到现实中的法律,为法理学研究引进了实证的研究方法。当然,法律实证主义把法理学视为一个与其他学科和社会现象相割裂的完全独立的封闭体系,仅仅把法律的现实性理解为法律的本体,也表现出自身的局限性。

1990 年第 3 期

关于香港特别行政区的民主政治问题
张友渔

香港的历史背景和现实情况与其他地区不同，需要有适用于这个特殊地区的特殊法律——依据宪法，由全国人民代表大会制定的适用于香港地区的基本法，它是一部具有历史意义和国际意义的创造性的杰作。制定基本法的过程是民主协商的过程，既体现了国家主权和由香港当地人管理香港的原则，又考虑到香港的实际情况，在某些原则问题上，也进行过一定斗争。这是一部虽不能说是尽善尽美，但却是大多数人所满意的基本法。

坚持马克思主义法律观，科学认识我国法的本质属性
港 实

马克思主义关于法的本质学说的产生是人类对法的认识的一个飞跃。正确认识法的本质，必须正确理解法的阶级性和社会性。法的阶级性表现在：法是由国家制定和认可的并由国家强制力保证实施的社会行为规范，法致力于维护自己的经济基础以及建立在这个基础上的社会关系和社会秩序。法是适应社会的需要而产生的，法的阶级性与社会性不矛盾，两者相统一。坚持马克思主义法律观，对于健全和加强我国社会主义法制具有重要意义。

论法律权利和义务的统一性
屈 野

"没有无义务的权利，没有无权利的义务"，两者在相同条件下产生、存在和发展，不分先后，相互依存，相互作用。私有制是割裂权利和义务关系的根源，公有制是统一权利和义务关系的基础。在我国，坚持权利义务统一论是维护社会主义法律权威的重要保障。

关于建立"社会治安综合治理学"的理论探讨
娄政文

建立社会治安综合治理学是社会主义初级阶段治安形势的客观要求，是综合治理工作实践发展的需要，是其自身发展的必然结果。丰富的综合治理社会实践，丰硕的综合治理理论研究成果，一大批综合治理理论工作者和实务工作者，以及相关学科研究的新进展为综合治理学的建立提供了现实的可能性。为了建立社会治安综合治理学，必须使综合治理工作法律化、制度化，必须建立社会治安综合治理学会，必须切实贯彻理论联系实际方针，必须加强综合治理学理论研究队伍的建设。

论行政法律责任
应松年

行政法律责任是法律责任的一种,指由于不履行行政法律规范所规定的义务而必须承担的法律后果。行政法律责任包括制裁性法律责任、强制性法律责任和补救性法律责任,三者相互补充,联系紧密。追究行政法律责任应当依法进行,遵循违法者本人承担责任、法律责任与违法程度相适应、惩戒与教育相结合的原则。完善我国行政法律责任制度,要明确规定行政主体、行政工作人员及相对人的行政法律责任,明确规定并设置追究行政法律责任的行政机构,建立必要的申诉和诉讼制度,完善相应的法律程序。

质询制度比较研究
李 林

质询制度是指立法机关成员依法对行政事务或其他事务,用书面或口头形式向政府及其他国家机关提出质问、询问,要求它们在法定期限内作出答复的制度。质询制度发端于英国,由请愿权发展而来。我国的质询制度分为全国人大会议期间的质询和全国人大常务会会议期间的质询两种。通过考察比较英国、法国、日本等国家的质询制度,建议完善我国质询制度,加长提出质询案的时间,增加口头质询方式,规定"紧急质询案"事项,规定质询案的法律后果,扩大质询对象等等。

被害人化问题刍议
王延君

积极开展有关被害人化问题的研究,是被害人学理论发展的必然趋势,同时也是刑事司法实践的需要。被害人化是指由非被害人向被害人转化以及进一步深化的过程,大体可以分为第一次被害人化、第二次被害人化和第三次被害人化。应当在理论和实践中充分注意这三次被害人化的原因,并制定相应的预防对策,才能实现对被害人权益的充分保护。

完善我国刑法中的财产刑
廖增昀

没收财产刑不宜适用于犯罪性质、情节不是十分严重、判处较短期徒刑的犯罪。因此,犯罪情节一般、刑期较短的反革命罪和贪污犯罪可以考虑不适用没收财产刑。刑法分则中罚金刑的适用范围应当适当扩大。具体而言,对贪污犯罪应当普遍附加适用罚金刑;对故意毁损公私财物的犯罪,应增设或附加适用罚金刑;对轻罪可增设罚金刑作为选择刑,单独适用;对过失罪中的轻罪,可考虑增加选科罚金的规定。

经济罪案中"以罚代刑"的成因及对策
陈泽宪

经济罪案中的"以罚代刑"现象具有相当深刻而复杂的综合原因,具体如下:第一,某些执法机关顾及自身利益而放弃原则;第二,地方保护主义的干扰;第三,执法纠纷未得到及时妥善处理;第四,某些案件管辖权划分不当;第五,一些执法人员素质低;第六,某些传统刑法意识的影响;第七,某些刑事案件立案标准偏低。为了有效制止、减少乃至消除这一司法时弊,有必要改革有关财经制度,保障司法必要开支;改善某些执法部门的组织领导体制;建立执法纠纷的调解仲裁制度;妥善划分案件管辖权限;切实提高执法人员的素质;健全和加强对执法机关的法律监督。

我国检察机关的举报制度
董春江　宋志伟

举报制度是专门机关和群众相结合的有效监督形式,是检察机关依靠和发动群众同贪污贿赂犯罪作斗争的有效途径,是检察机关实现法律监督任务的重要措施,对加强廉政建设,推进社会主义民主法制建设具有重要意义。为了完善检察举报制度,必须加强反贪污贿赂机构的建设,进一步明确受理案件的重点,加强与其他执法机关的协作关系,健全保护举报人的制度,严肃查处打击报复举报人的案件,建立并完善奖励举报有功人员的制度。

隐私权研究
张新宝

隐私权已经或正在成为一种独立的人格权,保护隐私权的社会意义和立法旨趣主要体现于三个方面。隐私权理论和制度起源于美国,并逐渐得到各国的重视,继而规定了不同的保护方式,我国对隐私权的保护尚未形成完整制度。隐私权作为一种民事权利或人身权,具有其自身特征,并与其他人格权存在区别,因而有其独立的保护领域。在处理隐私权与知情权、公开化的关系上,必须遵守一定的原则。

也谈精神损害赔偿的范围
——与关令华同志商榷
张用江

精神损害和财产损害的根本区别在于是否具有能以金钱价额予以计算的财产内容,前者不具有,而后者具有。在理论上,侵害非财产权并非只造成精神损害,也会同时造成财产损害,不能将侵害非财产权造成的财产损害也列入精神损害的范围。作为侵害人身权所应承担的责任之一的精神损害赔偿,它的范围只应包括侵害人身权所造成的精神损害,而不能包括财产损失。

关于社会保险法制建设的思考
史探径

社会保险的产生是社会生产力发展的结果,是历史的必然。兴办社会保险极大地改善了劳动者的生活条件和社会、政治地位。社会保险法制建设的不断发展和完善反映了社会文明程度的提高。社会保险的性质在不同社会制度中不尽相同,在社会主义制度下,社会保险是社会成员与国家、社会和劳动所在单位之间的权利和义务关系的平衡。我国的社会保险需要扩大实施范围和实行社会化管理,不能以商业人身保险来代替社会保险,其改革必须有领导地稳妥进行。此外,工伤事故赔偿必须坚持无过错责任原则。

招标投标中的几个法律问题
龚家炎

对于招标应承认其具有一定程度的约

束力；招标人可以在一定条件下改变或撤回招标文件，但应承担相应的法律责任。投标属于要约行为，投标人一般不得修改或撤回，但这种约束在实践中已有不同程度的变化。投标保证金具有担保的性质，但不是合同中的定金，它随着招标工作的结束而终止其效力。

论海洋防污管辖权
欧阳鑫

根据公海自由原则，公海中的船只除遵守国际法外，只服从船旗国法律。但在海洋防污日益迫切与复杂的情况下，是否还应该坚持船旗国单一管辖权就成为一个焦点问题。1967年的"托利·峡谷号"海难案件提出的问题导致了1969年《干预公约》和《责任公约》的签订，前者规定沿海国为防污目的可在公海对他国船只采取干预措施。1972年的《伦敦倾倒公约》未充分反映可能受到倾倒污染的沿海国的管辖权。1973年的《船污公约》规定了与排污地点有关的沿海国也有权对船污实行管辖。1982年的《联合国海洋法公约》则总结了自1954年《防污公约》以来的国际海洋防污协定的有关规定，承认沿海国有权针对船舶污染制订和执行有关的法律和规章。

联邦德国对企业合并的控制
王晓晔

联邦德国对企业合并实行控制，是因为大企业的合并能迅速导致经济集中；过度的经济集中则构成对社会市场经济和竞争秩序的重大威胁。德国现行的1980年《反对限制竞争法》对企业合并的控制主要规定有合并事后报告，合并事先登记和禁止合并的实质性要件三个方面。联邦卡特尔局颁布禁令后，参与合并企业可以选择使用两种法律救济措施。联邦德国对企业合并控制的改革，在很大程度上还取决于欧洲经济共同体对企业合并的态度及其将来制定的企业合并法。

债的移转及其要件
张说

民法通则第91条是我国法律上关于债的移转制度的原则规定，但其仅针对合同权利义务的转让。在我国债的移转还可基于法律规定而发生的情况下，对此类债之移转也应适用债的移转制度。除特殊情形外，不应过分强调债务人的同意与否对债权让与的影响，但可将其意思表示视为得提出异议的权利。此外，由于债权人借债权让与牟取利益对债务人而言并无不利，因此应将"不得牟利"解释为"不得牟取非法利益"。

1990 年第 4 期

试论权利与权力的对立统一
郭道晖

权利和权力是法律上的一对基本范畴。两者相互依存、相互渗透、相互转化,既相统一与平衡,又以各自的特点相区别,乃至对立和冲突。人民权力是前提,人民权利是基础,政府权力是由人民的权利和权力所派生的。为保护人民的权利,防止权力的腐败和滥用,需要以权利制约权力。具体来说,就是要广泛分配权利,集体行使权利,优化权利结构,强化权利救济,提高全民权利意识,掌握制衡的限度。

论马克思主义民主观
刘兆兴

民主是一个历史的阶级的范畴,任何一种作为国家制度的民主,都是同一定阶级的统治相联系的,都是由掌握国家政权的阶级所决定的,并将随着阶级的消亡而消亡。民主的国体含义是指一定阶级的政治统治,民主的政体含义是指统治阶级如何对国家进行管理的方法或原则,包括其组织原则、组织制度和活动程序等。资产阶级民主具有虚伪性、欺骗性,社会主义民主是人类历史上最高类型的民主。民主和专政、民主和法制都是相互依存、密切关联的。马克思主义民主观承认民主的相对性,否认民主的绝对性。

略论法律实施的保证
汪永清

立法的意义在于法律的实施。在诸多与法律实施相关的因素中,提高行政执法水平,严格依法行政,是保证法律有效实施的关键。我国当前法律实施的状况不尽如人意,其关键问题在于政府行为不规范,必须在提高对法的功能、政府与人民关系的认识基础上,加强保障法律实施方面的立法,规范政府行为。

政府法制工作与治理整顿、深化改革
孙佑海

充分发挥政府法制工作在治理整顿和深化改革中的作用,对于治理整顿和深化改革的成败来说关系重大。我国现阶段治理整顿的问题,有些是法制建设跟不上造成的,而且改革实践充分证明了法律手段在创造良好经济环境和经济秩序方面具有积极作用。当前,政府法制工作要围绕治理整顿和深化改革这个中心进行,要根据治理整顿和深化改革的需要做好立法工作,强化法律的实施。

国家行政赔偿责任刍议
陈泉生

行政赔偿责任不同于民事赔偿责任,

其责任主体是国家,责任的发生是基于行政法律关系,责任金额由行政机关在法律规定范围内单方确定,对于特殊的国家行为造成的损害,国家还享有豁免权。根据我国国情并借鉴国外立法经验,我国行政赔偿责任的归责原则宜以国家负责、过错责任为原则。从类型上说,行政赔偿责任可分为因不法行政行为发生的损害赔偿和因合法行为发生的损失补偿。

论精神疾病患者的刑事责任能力
刘白驹

精神疾病患者的刑事责任能力问题,是一个司法精神医学问题,同时也是一个法学问题,而且主要是一个法学问题。精神疾病患者在不能辨认或不能控制自己行为的时候造成危害结果的,不负刑事责任;但是应当责令他的家属或监护人严加看管和医疗。精神疾病患者在辨认或控制自己行为的能力明显减弱的时候犯罪,可以从轻或减轻处罚。生理性醉酒的人犯罪,应当负刑事责任。

违法取得的证据材料的证据能力初探
田书彩　吉达珠

在证据的收集和运用上,应当树立和强化发现真实与保障诉讼参与人合法权益并重这一根本指导原则,摒弃传统的客观真实至上的观念,坚决否定以非法方法和程序取得的证据材料的证据能力。同时,应赋予司法人员一定的裁量权,从被违反的具体程序规则的功能出发,斟酌决定某些特殊情况下的违法证据材料能否采用。

劳改工作改革的背景和内容
袁岳

当前,劳改工作改革具有深刻而复杂的政治、经济、犯情和改造力量背景。劳改工作改革应当遵循合法性、社会性和科学化的原则。当前劳改工作改革的主要内容有:创办特殊学校、罪犯的分押分管分教、罪犯累进处遇制、"三个延伸"工作、"改造生产双承包责任制"、"双百分考核制"、"监狱长、支队长负责制"、罪犯假定工资制或奖金制、目标管理责任制、劳改单位人事制度改革以及劳改经济改革。

论债的效力
章戈

债的效力在立法和审判实务中经历了相当的发展变化。债被赋予法律效力,有历史的、政治的、经济的以及道德的诸多原因。债的效力是为实现债的目的,法律给予债之当事人或有关第三人某种行为力或约束力以及债务不履行时的强制执行力,包括积极效力和消极效力。债的效力范围包括对债务人的效力、对债权人的效力和对第三人的效力。我国立法对债的效力的规定尚不完备,主要是缺少债的保全制度。

论民事诉讼中的举证责任
李祥琴

举证责任具有主观举证责任和客观举证责任,即行为责任和结果责任两种含义。举证责任在性质上属于一种特殊的法律责任,是当事人在民事诉讼中承担的败诉风险责任。按照我国法律规定,举证责任的分担"要由证明对象来确定"。不同类型的民事案件中,当事人主张所依据的法律事实不同,举证责任的范围和内容也不相同。举证责任倒置在过错推定原则和无过错责任原则中,所依的基础不尽相同,体现了实体法关于损害归属的规定对举证责任分配的影响。此外,若干情形下可免除当事人的举证责任。

论春秋末期成文法产生的社会条件
李 力

春秋末期,郑、晋两国相继"铸刑书(鼎)",公布了成文法,标志着中国古代奴隶制法律形态转变为封建制法律形态。郑国是西周分封最晚的诸侯,与其他诸侯国相比,它内外交困,危机四伏,实行社会变革的要求比较迫切,再加上有郑国执政子产坚持实行变革图强的方针。而晋国的政治制度比较特殊,公室的宗族组织早已瓦解,早已没有公族把大权的现象,因此,保守势力较弱,"礼崩乐坏"容易发生。这些社会条件促使成文法在郑、晋两国首先产生,在一定程度上有利于保护新兴地主阶级的既得利益,促进社会生产和封建生产关系的确立和发展。

论礼令关系与唐令的复原
——《唐令拾遗》编译墨余录
霍存福

礼令关系具有复杂性和重要性。就复杂性而言,唐礼与唐令的内容或相通,或相同,相通表现为礼令规范的衔接,相同则表现为同一规范礼令两存。就重要性而论,唐令中的《祠令》、《衣服令》、《仪制令》、《卤簿令》、《乐令》、《假宁令》、《营缮令》等可以吉、凶、宾、军、嘉五礼相对应的篇章的复原,依赖于礼令关系的研究程度。在唐令全部佚失而唐礼保存相对完整的情况下,这一点显得尤其突出。揭示唐礼和唐令两大规范体系之间的复杂关系,不仅可以为唐令复原提供线索,而且有助于发现唐令遗文。

论冲突法的新发展
余先予

冲突法是国际私法的核心部分,是一个不同于实体法或程序法的独立的法律类别,即法律适用法。冲突法的发展与完善体现在:政策导向趋势的明朗化;当事人选择法律原则的限制;连结因素的灵活化;法律关系的分割所导致的连结因素多样化;法规形式的完善化;区际法律冲突重新得到重视;广大发展中国家登上冲突法的舞台;冲突法制度逐步统一。

盗窃犯李某为何宣告缓刑
陈建勤

对被告人李某可宣告缓刑。理由是:第一,李某在案发之前,能遵纪守法,一贯表现良好。所犯之罪是盗窃罪,不是反革命罪,也不是累犯。第二,对李某可处三年以下有期徒刑。第三,李某具有不至于再危害社会的表现。

论当代日本刑法学的发展和特点
何勤华

从"二战"结束到20世纪60年代

末，日本现代刑法学得到重建，资产阶级民主主义刑法学得以创立。进入70年代以后，日本刑法学开始了新发展。刑法领域中的传统理论问题不断得到深入研究，刑法学的研究范围不断扩大。新旧两派刑法学的论争，贯穿了上述两个时期日本刑法学说的发展始末。战后四十多年间，日本刑法学的发展呈现出如下显著特点：第一，学派林立、论战迭起；第二，研究系统、成就斐然；第三，与社会生活紧密联系；第四，受西方特别是德国、美国刑法学说影响较深；第五，马克思主义刑法学理论占有相当比重。

监护人的赔偿责任

刘士国

我国民法通则第133条规定的监护人对被监护人承担的责任性质，当属相对无过错责任。有财产的被监护人要承担责任，实际上是将其视为有责任能力人，监护人承担连带责任。监护人对被监护人致人损害承担承担民事责任需具备一定要件。单位担任监护人的，应承担过错责任，按一般侵权损害处理，且不能适用第133条第1款有关除外责任的规定。

1990 年第 5 期

论共产党领导的多党合作制
——兼评多党制
王超之 张铭

我国的政党制度是中国共产党领导的多党合作制度,该制度是我国历史和现实的选择,是中国共产党把马克思列宁主义的原理同中国革命和建设具体实践相结合的产物,是我国社会主义民主制度的重要内容,是我国政治制度的特点和优点。坚持和不断完善共产党领导的多党合作制度,必须坚持中国共产党的领导;必须不断加强我国多党合作制度的建设,使这一制度进一步法律化、规范化;必须不断完善中国共产党与民主党派之间的协商体制;必须不断完善该制度的组织形式;必须不断加强民主党派的自身建设。

法学教育比较
黎建飞

英国的法学教育以实务为核心,法律要义和司法睿智主要以法官的判例为核心展开,极少采用理论性著作的形式表现出来。相较而言,欧洲大陆和拉丁美洲的法学教育更具有学术性,注重探究法哲学的一般理论,培养学生的法律意识,教学内容以立法为核心。美国的法律教育既有法理学、比较法学等法学理论课程,也有区别于英国的案例教学法,相当于介乎英国法律训练方式和大陆法系学术性教育的中间体系。法学教育制度植根于具体的社会文化背景中,无所谓优劣。我们要在认清自己文化特征基础上,寻觅具有中国特色的法学教育制度。

论行政罚款
叶必丰

行政罚款是法定国家行政机关对违反行政管理法规行为的当事人的一种经济处罚,是行政处罚中应用最广的一种。行政罚款的机关是法定的主管具体事务的国家行政机关。法定主管行政机关可依法将行政罚款权授权或委托给某个单位或个人行使,但行政罚款权本身不得以承包方式转让。行政罚款数额在立法上一般视具体事项采取多种方式加以规定,行政机关应严格按照法定幅度进行裁决。与行政罚款有关的程序,包括调查、听证、裁决、复议、诉讼及执行程序。

也论法人犯罪
崔庆森

国内外有关法人犯罪问题的争论相当激烈,无外乎肯定说和否定说之争。肯定说更有说服力。法人可以成为犯罪主体,具有刑事责任能力;对法人追究刑事责任并不违背罪责自负原则;现行刑罚体系并非完全不能适用于法人组织。未来修改刑法时有必要在刑法总则中专章规定法人犯罪的定罪和量刑一般原则,在刑法分则中具体规定某些犯罪由法人实施时的处罚。此外,着眼于维护刑法典的相对稳定,应当采用单行行政法规或经济法规的形式补充对法人犯罪的处罚,等待时机成熟再纳入刑法典。

论破产诈欺罪

梁增昌　贾　宇

破产诈欺罪是指破产企业的主管人员和其他责任人员以及第三人,违反破产法规,在破产程序开始前的法定期间或破产程序中,隐匿、私分、无偿转让财产或以其他诈欺方法损害债权人利益,危害破产程序的正常进行,情节严重的行为。认定破产欺诈罪时,需要区分它与破产法中规定的无效法律行为的界限、它与一般欺诈罪、贪污罪的界限。

偷漏税治理的法律展望

郑孟状

偷漏税是一种全球性现象,发展中国家尤为严重。防治偷漏税是一项关系着整个国民经济治理整顿的工程,必须通过税收公平、源泉扣缴、强化税收征管、完善刑事立法和司法以及加强纳税道德教育等多方面措施进行综合治理。

正确认定处罚"扫黄"涉及的犯罪案件

刘星明　阮方民

在"扫黄"斗争中,如何对所涉及的犯罪案件正确认定和处罚,司法实践中提出了一些需要解决的问题。正确认定处罚"扫黄"涉及的刑事案件,必须划清黄色淫秽物品与非黄色淫秽物品的界限。"扫黄"涉及的刑事案件,应当根据行为方式、侵犯客体等因素分别按照走私罪案件,投机倒把罪案件,制作、贩卖淫书、淫画罪案件或流氓罪案件论处。

略论自诉案件的范围

杨　实

如何划分自诉案件的范围一直是个有争议的问题,它不仅涉及自诉案件的概念,而且涉及当事人的起诉权以及司法机关的管辖分工。"法院直接受理的案件"和"自诉案件"是同一个概念。应当严格区分告诉才处理的案件与其他不需要侦查的轻微刑事案件。对前者应当坚持告诉才处理,对后者不宜单纯划入法院直接受理的案件范围,而应进一步加强公、检机关对此类案件的追诉。

论建筑物区分所有权

陈　甦

建筑物区分所有权的概念虽在各国有不同表述,但各国立法都对其成立与消灭,专有权与共有权的关系等作出了专门规定。区分所有权是一种复合形态的所有权形式,其内部由专有权和共有权构成;其外部则连带有成员权和基地利用权。建筑物区分所有权具有复合性、一体性和专有权主导性三个特点;其并不违背一物一权原则,且与普通共有之间存在很大区别。区分所有权人作为专有权人、共有权人以及区分所有权人团体的成员，分别具有不同的权利和义务。在我国现实情况下，有必要建立建筑物区分所有权制度。

驰名商标及其法律保护初探
储育明

驰名商标是经过长期使用、为公众普遍知晓且享有社会信誉的一种商标。各国对其法律保护包括相对保护主义和绝对保护主义两种方式。作为一项商标专用权，驰名商标除具有使用权、禁止权和转让权等一般效力外，还具有专用权的非注册性、非显著性和广泛性的特殊法律效力。我国在建立驰名商标保护制度中，可对其专用权实行"使用主义"做法；保护范围上由"相对保护主义"逐渐向"绝对保护主义"过渡；并由国家商标局对其进行确认。

海峡两岸破产法主要内容之比较研究
李春敏 魏星

海峡两案破产法的差异体现出各自不同的价值取向。台湾破产法侧重于对债权人利益的严格保护，但对于破产的预防和拯救显得漠然，没有体现出主动性。大陆破产法则十分关注破产法的预防和拯救，有效预防破产构成了大陆破产法的重要特色。但大陆破产法对债权人利益的保护却显得软弱和被动，缺乏完整的债权人利益保护机制，没有设立监督人、监察人等制度，对破产违法责任的规定也不全面。

论买卖合同之买方的中途止付权
邹海林

卖方的中途止付权起源于英国衡平法院1761年对"一人不能以他人所有的财产清偿自己之债务"的法律思想的接受。其只适用于异地动产买卖，且货物所有权已由卖方移转于买方的情况。卖方的中途止付权是商事特别法所创设的物权，其成立需具备法定的三项条件，但其并不产生回复卖方占有货物的当然效果。卖方的中途止付权可因一定原因而消灭，或与其他物权发生竞合。卖方正当及时地行使中途止付权将产生相应的法律效果。

晚清《国籍法》与《国籍条例》
李贵连

《清史稿》及《清史稿刑法志注解》关于晚清《国籍法》的表述均是错误的。正确说法应该是：宣统元年，先由修订法律馆拟定一部《国籍法草案》，经与外务部会商，将此草案修改成为《国籍条例》，共同奏进，最后经宪政编查馆议奏颁行。起草国籍法完全是应爪哇华侨的请求，否则，我国第一部有关国籍的法律很可能产生在清朝以后。

跨国经济争端解决方式的新发展
王惠均

跨国经济争端的解决受到诸多国内经济争端所没有的特别因素的制约，多样性和多变性成为其重要特点。跨国经济争端的传统解决方式包括司法程序和专业仲裁机构的仲裁程序。ADR是解决跨国经济争端的新方式，其作为一种以准法律手段为主并伴有法律后果的独特解决方式，适用于性质相同或不同的经济交往主体间的经济争端，因而在世界范围内得到广泛适用。

卢埃林的现实主义法学
沈宗灵

卢埃林是美国现实主义法学的主要代表人物之一。其影响性观点主要涉及法律的概念、法律的功能以及普通法传统的上诉审风格问题。卢埃林认为，法律就是官员关于纠纷的行为；法律是一种制度，而制度是围绕一项工作或一连串工作的有组织活动。卢埃林现实主义法学强调研究法官和其他官员在执行法律时的实际行为，强调研究法律不能仅限于研究纸面规则，以及他从法律、司法制度上对保障上诉法院判决可估性因素及其风格的分析，值得我们关注和借鉴。

军事行政诉讼问题研究综述
柯 严

为配合行政诉讼法的实施，正确解决军队适用行政诉讼法遇到的问题，北京军事法学会于1990年7月召开了军事行政诉讼问题研讨会。会议讨论了如何理解军队适用行政诉讼法以及军内建立行政诉讼制度的必要性与可行性问题。弄清军队是否适用和如何适用行政诉讼法，首先要正确理解现行行政诉讼法第12条的规定，该条规定国防、外交等国家行为不适用行政诉讼法。关于军队内部是否要建立行政诉讼制度存在正反两种观点。在军队适用行政诉讼法的问题上，还有许多重大问题有待进一步研究，如国防行为的内涵与外延、国防行为与军队行为的关系、军地互涉案件的性质、管辖与适用法规问题、依法治军与加强党对军队的领导的关系等。

论产品制造者、销售者的严格责任
梁慧星

民法通则第122条的立法本意，是对产品制造者、销售者课以严格责任，以加强对消费者的保护。产品责任由过错责任演变为严格责任，是各国立法的共同趋势，我国的规定完全符合这种发展趋势。产品制造者、销售者严格责任的建立具有相应的法律政策基础。由于民法通则第122条文字简略，且措辞欠当，因而对于"产品"、"制造者"、"销售者"、"损害"、"质量不合格"等概念的理解，以及抗辩理由、时效和除斥期间等有解释的必要。

1990 年第 6 期

简论法律评价
严存生

法律评价是法律价值问题的一个重要方面，是以某种标准来衡量法律的价值，通常分为主观评价和客观评价两类。法律评价的关键与核心是评价标准问题。确定法律评价的标准，应该主要考虑法律所欲实现的目的，法律所依赖和所保护的利益以及法律所反映的客观规律。法律评价的标准主要包括外在标准系统和内在标准系统。

论决定权
王章来

决定权是各级国家权力机关讨论国家和社会生活中的重大事项并作出具有普遍约束力的决定或决议的权力。决定权是权力机关的基本职权，是一种概括性的法律授权，县级以上地方各级权力机关是行使决定权的重点。确定"重大事项"是行使决定权的先决条件，一般来说，重大事项是指关系全局、受到公众普遍关心、影响重大的事项。当前，我国决定权行使实践中还存在不少问题，需要通过完善法制逐步加以解决。

社会主义法制概念的分析
吴玉章

社会主义法制是建立在社会主义公有制基础上的，体现工人阶级领导的广大人民意志的，以保障社会主义民主为目的的、完备的和权威的法律制度。社会主义法制应当体现以经济建设为中心的时代精神，不断完善宪法和法律，抓紧制定和完善经济法规，进一步制定和完善各种涉外经济法规。

行政裁决辨析
马怀德

行政裁决是行政机关依照某种特定程序，对特定人权利、义务作出具有法律效力决定的活动，主要包括行政制裁性裁决、行政救济性裁决、解决纠纷性裁决。作为行政程序司法化的产物，行政裁决在当代各国行政管理手段中占有极其重要的地位，为各国立法和实践所重视。我国尚未建立行政程序统一规范，面对众多法律上的规定和实践问题，建立统一的行政裁决程序，为行政处罚、行政强制执行、行政复议、行政许可等提供程序规则已势在必行。

论显失公正行政处罚的不合法
崔卓兰

显失公正的行政处罚不具有合法性，因为它滥用行政自由裁量权，会对公民或法人的合法权益造成不当侵害，背离了法律法规的立法目的和基本原则，是行政机关的违职行为,对于受罚人具有明显的不合理性。加强行政处罚的合法性及合理性,需要明确行政处罚的法律原则,如动机端正、相对自由裁量、公平对待、符合伦理等原则;完备行政处罚立法;建立行政处罚惯例制度;加强司法审查;实行社会监督和舆论监督。

浅论"不能说明巨额财产来源合法罪"
宫晓冰

对拥有巨额财产又无法说明合法来源的国家工作人员,以"不能说明巨额财产来源合法罪"定罪,能够实现罪刑相当、罪名恰当,同时避免冤枉无辜或放纵罪犯的问题。本罪的成立必须具备如下条件:被告人是国家工作人员,拥有巨额财产,在限定时间内不能说明巨额财产合法来源。另外,司法机关确实无法查明该财产的真实来源。为完善刑法关于本罪的规定,我国有必要建立健全公职人员申报财产制度,并在明确本罪侵犯的客体是司法机关的司法秩序的基础上,在未来修改刑法时,将本罪纳入刑法的相应章内。

资格刑比较研究
陈兴良

资格刑孕育于名誉刑,蜕变于耻辱刑,经历了一个漫长的历史演进过程。世界各国的资格刑基本上是一种附加刑。其种类一般包括:剥夺一定权利、禁止担任一定职务、禁止从事一定职业、禁止实施某种行为、剥夺某种荣誉以及剥夺国籍和驱逐出境。我国刑法目前仅规定剥夺政治权利、驱逐出境、剥夺荣誉称号和剥夺军衔四种资格刑。未来我国刑法有必要扩大资格刑的种类,引入资格刑的分立制。

论刑事立法的明确性原则
张智辉

明确性是刑法存续的保障。为了贯彻刑事立法的明确性原则,必须做到:第一,准确明了地表达立法意图;第二,用词准确,不致产生歧义;第三,刑法规定必须具有明确的范围;第四,不给法官留下过大的选择余地。未来我国刑法修改,必须明确规定刑法的基本原则,调整过宽的法定量刑幅度,明确某些规定的适用范围以及某些用语的内涵和外延。

关于刑事被害人范围的探讨
夏诚华

在我国刑事诉讼中,被害人的范围应当如何确定,法律中没有明确规定,立法说明和司法解释亦没有确切表述。在犯罪过程中遭受直接侵害的自然人,以及由于犯罪行为的发生,其合法权益遭受其他侵害或损失的自然人,都是刑事被害人。虽然刑事诉讼法没有规定法人可以作为刑事被害人,但是法人具有作为刑事被害人参与刑事诉讼的客观性、必要性和可能性。

我国刑事申诉制度探析
王敏远

现行刑事诉讼法规定的申诉主体范围是适当的。解决不必要申诉案件过多的问题,不应从限制申诉主体范围上考虑。单位、法人也应享有申诉资格。申诉应有限制条件,具体包括:第一,申诉人应指出已决裁判的具体错误;第二,在有关司法机关对申诉作出妥善处理后,申诉人不得再次提出申诉,除非提出新事实和新证据。申诉案件的管辖规定应当进一步明确。处理申诉案件的期限应当与侦查期限相同。申诉处理程序应当是刑事诉讼裁判生效后的一个独立程序,而不应是审判监督程序的一部分。

我国企业联合中的康采恩现象及其法律对策
王保树

康采恩是在核心企业统一管理下的法律上各自独立的企业法人的联合,它是企业集团发展的必然产物。康采恩现象在我国企业联合中出现,除企业主观要求外,还在于我国为其提供了产生的环境,因此具有其本身的特点。我国企业联合中的康采恩现象面临许多问题,需要在遵循一定政策原则的基础上,通过公司法、企业登记法、税法和反垄断法对其进行规范。

科技法律规范与科技法律关系
朱效亮

科技法律规范是调整因科技发展而产生的各种社会关系的行为规则。它具有一般法律规范共有的特点,并体现科技发展的规律,与科技政策形成互补,对创造性工作有积极导向作用。科技法律关系具有多元性、多层次性,可以分为科技行政法律关系、科技民事法律关系、科技劳动法律关系、科技刑事法律关系等。

商事立法刍议
徐学鹿

商业法与商法不能等同,民商合一的主张亦值得商榷,完善我国商事立法是符合我国国情需要的。为充分发挥商事立法在治理整顿、深化改革中的规范作用,商事立法中必须解决商事关系的主体资格问题,并划清商事行为与非商事行为的界限。

港台婚姻成立与终止的比较
李湘如

由于历史原因,香港、台湾的亲属法分别受到世界两大主要法系的影响,形成了各有特色的亲属法制度。香港基本上继承英国法律,台湾则在吸收日本、德国、瑞士等大陆法系国家有关亲属法规定的同时,极力维护和保留固有的伦理观念,并将二者相混合。因此二者在法的体系和婚姻制度、法定婚龄、一定亲属间通婚的限制、结婚登记、婚姻无效或撤销、重婚、分居和离婚等婚姻成立与终止的规定上存在区别。

和平共处五项原则是保障和平与发展的国际法基本原则
刘高龙

1954年中国、印度和缅甸共同倡导了和平共处五项原则。此后国际形势发生了巨大变化,但是和平共处五项原则却经受了时间的考验,显示了强大的生命力。和平共处五项原则是世界上普遍接受的国际法原则，具有国际法准则的权威和效力。和平共处五项原则通过条约、声明、宣言和公报成为具有法律约束力的国际法原则，具有高度概括性的特点，同时与其他宣示国际法原则的国际文件相契合。和平共处五项原则是保障国际和平与安全的国际法基本原则。和平共处五项原则是促进国际发展与合作的国际法基本原则。中国一贯将和平共处五项原则作为对外政策的基本原则，并始终在其国际关系中加以恪守，为其在全世界的传播和发展作出了重要贡献。

严谨治学，锐意改革
——纪念沈家本诞辰150周年
刘海年

沈家本一生致力于司法实践和中国法制史的研究，晚年参加清末新政改革，主持制定了一批新律，他严谨治学，锐意改革，在法学研究和法制改革方面作出了巨大的贡献。沈家本一身二任，既是学者又是社会改革家。作为学者，他对旧律的精研和对西学的广泛引进的成果，可谓前无古人；作为社会改革家，他破除旧律的不合理形式和野蛮落后的罪名刑罚，初步确立诸法分立的法律体系和一系列崭新的法律原则，奠定了我国近代法律制度的基础。

沈家本对《宋刑统》的研究和传播
薛梅卿

沈家本在《宋刑统赋序》中对《宋刑统》的书名、篇目、修订凡例、刑制、疏议、律文等等，大凡可考者，都进行了考证；在《刑统赋解·跋》中考证了原注作者傅霖究系何代人和《刑统赋解》的卷数，并对"虎囚"、"部曲"的含义进行了注释；在《粗解刑统赋·跋》中确定了《粗解》系元代孟奎所作，指出《粗解》与《别本刑统赋解》是两本书；《刑统赋疏·跋》肯定了作者为元代沈仲伟，高度评价了《疏》本对原赋的逐句注解。这四篇序和跋文及有关《书后》，乃是沈家本倚重、倾心于宋代法制典章的集中表现，也是他付出巨大精力，多年考察、研究的精要所在。

沈家本法律思想国际学术研讨会综述

诉讼时效中断的事由
陈柳裕

作为诉讼时效中断事由的起诉，特指包括给付之诉、形成之诉及确认之诉在内的民事诉讼。起诉之后撤诉的，不能引起诉讼时效的中断。权利人提出要求作为中断事由，解释上应为除诉讼之外的主张权利的各种方法。权利人请求履行的意思通知，仅以有行使权利的实际效力即可，而不问其是否有中断诉讼时效的效力意思。义务人同意履行义务导致时效中断，应限于一方或双方为公民的情形。此外，民法通则第140条规定的诉讼时效中断事由不全面，还需增加其他几种情形。

1991 年第 1 期

坚持和完善多党合作的政党体制
——兼论政协的法律地位和政党立法

陈春龙

中国共产党领导的多党合作的政党体制，是我国一项基本的政治制度。正确认识和发展完善多党合作的政党体制，是我们进行政治体制改革的一项重要内容，是我国民主政治建设和法制建设的重要方面。目前我国多党合作的最重要的组织形式是中国人民政治协商会议。进一步明确政治协商会议的法律地位，肯定政协的政治功能，是坚持和完善我国多党合作政党体制的重要方面。从法律上加以规定共产党领导的多党合作和政治协商制度，积极开展政党立法，使国家政治生活的核心部分——政党关系逐步做到有法可依、有法必依，是既必要又可能的。

中国社会主义法治的理论与实践

杨海坤

社会主义法治要求有良好的宪法和法律，宪法和法律在社会生活的一切重要领域中处于至高无上的地位；制约公共权力，使国家机关的活动纳入法制轨道；保障和实现公民个人的权利，使个人自由、权利、利益、名誉和尊严不受到侵犯；有法必依、违法必究、执法必严，对法律的实施采取切实有效的监督；法律必须公开，有民主的、完善的法律程序，法律制度具有开放性。纵观法治的历史，实现社会主义法治将是一个长期过程，法治和民主是一体的，法治离不开必要的法律制裁，离不开法律文化的进步。

政府规章的若干问题

张春发

政府规章是社会主义法律体系不可缺少的部分，属于行政法的范畴，是人民法院在一定条件下审理行政案件的依据之一。政府规章之外的其他规范性文件在行政诉讼中不应为人民法院所参照，只能起一种证据的作用。政府规章与部委规章在法律地位上是并行的，不存在从属关系。当前，我国政府规章还存在一些问题，需要进一步改进和完善。

中西行政诉讼基本理论之比较

李福海

西方行政诉讼制度受三权分立、议会主权、法治原则等指导，体现着资产阶级关于民主、平等、自由的法权要求，与我国的议行合一、人民主权、依法行政原则形成了鲜明对照，使中西行政诉讼制度及其核心概念表现出很多差异，如行政诉讼的对象和受案范围、目的和宗旨、核心概念以及作用等。我们既要看到行政诉讼制度的共有特点，也要注意到不同基本理论基础上构筑起来的行政诉讼制度的差异性，从而在理论和实践方面不断完善我国行政诉讼制度。

试论刑法学的基本范畴
曲新久

刑法学基本范畴包括刑事责任、犯罪、犯罪人、刑罚、量刑、行刑六大范畴。刑事责任是整个刑法范畴体系的最上位概念，与一系列下位范畴一起构成了刑法学的科学之网。只要有犯罪事实，就必然引起刑事责任的产生，但仅有犯罪事实并不能引起刑事法律关系的产生，因此刑事责任与刑事法律关系是两个各自独立的范畴；刑事责任既是对犯罪行为、也是对犯罪人的否定性评价和谴责，但二者并不等同并列；刑事责任与刑罚是两个既相互联系，又相互区别的概念。刑事责任与其下位范畴之间的相互联系与作用，集中体现了刑事责任的回顾功能和展望功能。

论刑法中的严格责任
刘生荣

刑法中的严格责任指对一些缺乏主观罪过或主观罪过不明确的特殊侵害行为追究刑事责任的刑法制度。英美法系刑法理论出于预防和惩处特殊犯罪的需要，对严格责任进行刑事立法。大陆法系刑法理论把主观罪过作为一个必要的犯罪构成要件，只将严格责任纳入行政法的范畴，通过行政处罚加以调整。从中国刑事立法和司法实践看，对于醉酒的人、奸淫幼女中年龄认识错误、一般犯罪中对法律认识错误情形追究刑事责任，适用严格的刑事责任。刑法中严格责任的存在有其必然性，它与封建刑法中的罪刑擅断、客观归罪不同，与犯罪的主观要件理论也不矛盾，但是在立法或司法上应当对严格刑事责任进行限制，避免其走入罪刑擅断和客观归罪的歧途。

论涉外刑事诉讼
马进保

对于具有涉外因素的刑事案件，我国司法机关有权依照我国的法律和有关的国际条约，在维护国家主权原则精神的指导下，通过国际组织开展司法协助或通过外交途径等方式解决。涉外案件的特殊性决定了涉外案件的强制措施具有新的特点，除了对被告人采取逮捕拘留等一般强制措施外，还可以使用限制出境、提供财产担保和交付保证金等辅助性强制手段，以保证侦查、审判和执行生效裁判等诉讼活动的正常进行。对于涉外刑事案件的处理，应当考虑到案件的管辖、同外事部门的联系以及判决、裁定的报核程序、送达、期间等问题。

简论律师在诉讼中的回避问题
朱跃杰

《律师暂行条例》未对律师在接受当事人的委托过程中是否应当回避进行规定。随着律师业务的不断拓展及其社会信誉的日益提高，在一定条件下，律师有必要回避。这是出于对当事人优质法律服务和消除当事人疑虑心理而使之对律师完全信赖的需要，也有利于人民法院正确审理案件，排除不正当的影响。在司法实践中，律师自动回避的情形为建立律师回避制度奠定了实践基础，在立法中应当明确律师自行回避的法定条件和程序以及当事人口头或书面申请回避的法定事由、阶段。

劳动改造法律关系探析
刘银昌

劳动改造法律关系是由劳动改造法规所规定的，在执刑和服刑过程中形成的各种权利义务关系，由主体、客体和内容三方面要素构成。劳动改造的主体包括作为执刑主体的劳动改造机关和作为服刑主体的罪犯；客体是刑罚执行过程中所要维护和体现的各种行刑社会关系；而执刑和服刑则是劳动改造法律关系的基本内容。劳动改造的工作方针应是正确执行刑罚，通过劳动和教育，把罪犯改造成为遵纪守法的公民。我国司法机关之间相互配合又相互制约的关系，应当包括劳改机关在内。死刑应由劳改机关来执行。

论国家作为民事主体
王利明

国有财产权与国家主权分离，使国有财产可以转让，是国家作为民事主体的前提；此外国家必须直接参与各种民事活动，并服从民法规则的支配，才能成为真正意义上的民事主体。但是国家主权决定了国家只是特殊的民事主体，而不是法人。作为民事主体的国家的意志执行机构应该是能够充分代表国家行使所有权的机构，因此需要建立专门管理国有资产的机构，代表国家广泛从事民事活动。

论买卖之货的风险转移
徐 炳

货物的风险转移是指货物风险何时从卖方转移到买方，其根本问题在于货物风险的转移时间。货物的风险转移问题，当事人可以自行约定和自行解决。货物的风险应当随货物的交付而转移，是货物风险转移的基本原则。在承运人运货时，货物的风险转移与运输方式、价格条件密切相关。在途货物的买卖中，从订立合同时起，风险转移至买方承担是其基本原则。若因买方或卖方违约，影响交付或影响收货，货物风险应由违约方承担。

敦煌所出借贷契约研究
高 潮 刘 斌

敦煌所出的49件借贷契约中，其当事人有百姓、寺户、都头、押衙、兵马役、寺僧、上座、法律和教授等。这些契约按发生契约法律关系的双方可以分为私人之间的借贷和私人向都司所属有关部门的借贷；按契约的性质可分为借贷契、请贷牒、偿还契三种。敦煌借贷契约中既有无息借贷，也有有息借贷，相较而言，有息借贷更为复杂。从借贷物来看，大致可以分为借贷粮食作物和借贷绢褐两大类，而且一般都是短期借贷，其偿还形式有原物偿还、他物偿还和力役偿还三种。

领事官员执行职务以外的行为不应享有豁免权
张友渔

《中华人民共和国领事特权与豁免条

例》规定原则上享有豁免权的行为只限于执行职务的行为,这样的处理是适当的,因为《维也纳领事关系公约》第 43 条的规定也是把领事官员和领馆雇员享有的司法和行政管辖豁免限于执行职务的行为,给予执行职务以外的行为同样的豁免权违反《维也纳领事关系公约》。过去我国在同有些国家缔结的双边条约中放宽了豁免权的范围,是特定情况下的权宜办法,不应作为一般原则规定在《领事特权与豁免条例》中。

美国移民法及其 1986 年的改革
王可菊

1986 年 11 月美国国会通过的移民改革和管制法、移民婚姻欺诈修正案、移民和入籍法修正案对 1952 年制订的移民和国籍法作了重大修改,是美国移民法发展史上的新里程碑。这一变革是美国根据其移民问题的实际需要作出的,其中内容涉及非移民的入境和居留、限额以外的移民、移民最高限额及配额的六种人优先的原则、美国永久居民的法律地位、有关拒绝入境和驱逐出境的规定等方面。1986 年美国新移民法律的突出特点是对非法移民采取了两项重大措施,一是确立了惩罚雇佣非法移民的雇主的制度,二是赦免了 1982 年以前在美国拘留的数百万非法移民,给予他们居留权。

表见代理的适用
孔祥俊

民法通则关于表见代理规定的精神实质是维护交易安全。判断本人知道而不作否认表示的时间界限,应以行为人实施的民事行为的履行时间为分界线。本人应向第三人作否认表示才生否认效力。第三人要获得保护须善意且无过失。"视为同意"的法律后果并不意味着行为人当然取得代理权,但不妨碍本人向第三人负授权人责任。最高法院关于出借合同信章书的民事责任的司法解释与民法通则的规定存在矛盾,应予修改。

民法通则规定的民法渊源
徐国栋

民法通则第 6、7 条确定了我国的民法渊源体制,同时确立了法律补充原则。其与世界潮流保持一致,并对我国长期存在和法院进行的创造性司法活动的实践作了确定。但其以国家政策和国家经济计划作为制定法的补充渊源带来了一定问题。由于这两条属于民法通则中关于民法基本原则的部分,可将其概括为法律补充原则。

1991 年第 2 期

略论我国刑法上行为的概念
马克昌　鲍遂献

我国刑法学者基本上把犯罪行为作为刑法上行为的唯一研究对象，这种对行为的内涵和外延的理解过于狭隘。对于刑法上行为是否仅限于有意识的行为，外国刑法理论存在身体动作说、有意行为说和目的行为说三种学说，而我国刑法上行为外延不仅包括有意行为，而且也包括无意行为。对于刑法上行为是否包含危害结果，刑法理论上分为消极说和积极说。我国刑法上规定为两种情况：一是不包含结果的行为；二是故意、过失定义中的行为，故意犯罪的行为中不包含结果，而过失行为只有当一定的危害结果发生时才能构成犯罪。对于刑法上行为是否都是具有社会危害性和刑事违法性的犯罪行为，资产阶级刑法学者存在肯定说和否定说，我国社会主义刑法理论则认为行为是具有社会危害性和刑事违法性的行为以及排除社会危害性和刑事违法性的行为。

金融系统内部经济犯罪与立法对策
李利君

近年来，金融系统内部经济犯罪在整个经济犯罪中所占比例逐年上升，犯罪分子采用形式多样、不断翻新的犯罪手段实施犯罪，暴露出现行金融领域规制中的诸多不足：金融立法和管理制度改革严重滞后、基层金融机构、非银行金融机构的设置与管理制度立法严重缺乏、金融业务管理制度和立法存在漏洞、新增业务与新使用的金融业务手段管理制度及其立法未及时建立、违反金融法的法律责任立法不完备等。为强化金融立法，应当补充、修改现有的金融法规和增加新的金融立法，建立起比较完备的金融法规体系，实现金融工作高度的法律化、制度化、规范化，将整个金融活动导入法制轨道。

关于贿赂罪的比较研究
高铭暄　赵秉志　余欣喜

现代各国刑事立法中关于贿赂罪规定的内容不尽相同，对这些差异进行比较研究，对完善我国刑法中贿赂罪立法具有一定的借鉴意义。在罪名的数量和种类、犯罪构成的构成要件、处罚问题的量刑情节、量刑幅度以及刑种等方面，各国刑法的规定颇不一致，如一些国家的刑法中对斡旋受贿、间接受贿、事前受贿、事后受贿行为的规定，对准公务员、曾为公务员以及公安、检察、审判人员等受贿主体的规定，对受贿故意、非法索取或收受他人钱财或其他不正当利益等受贿客观方面的规定，以及在加重处罚情节、刑种、刑度和没收赃款、赃物上的规定，都各具特色，互有长短。我国刑法对受贿罪的规定与之相比，既具有自身的长处，也暴露出一些不足,需要参照外国刑法有关规定进行修改和完善。

信用证结算与诈欺预防
姚 华

信用证独立于贸易合同的原则是进行信用证业务的基础,信用证与贸易合同是两个不同的法律文件,两者之间虽有联系,但互相独立。利用信用证的支付方式进行结算,所有各方都不能以信用证以外的纠纷为由推卸自己在信用证项下所应承担的责任。为了防止利用信用证进行诈欺,可采取以下措施:做好资信调查工作、明确信用证条款内容、强化商检手段、重视海运安排和考虑多次性支付办法等。

刑事诉讼中证明责任问题新探
陈光中 宋英辉 初开荣

刑事诉讼中的证明责任是证据理论中十分复杂而又具有重要实践意义的问题。在刑事诉讼中,虽然举证和证明都是诉讼活动,但是举证并不等于证明。我国刑事诉讼中的证明责任应当专指公安机关、人民检察院、人民法院所承担的收集、运用证据证明被告人是否有罪的法律义务,被告人及其他当事人、诉讼参与人不承担证明责任;刑事诉讼的举证责任则是指当事人向公安机关、人民检察院和人民法院提供证据的责任。自诉人向法院承担举证责任,被告人根据无罪推定原则不负有证明自己无罪的举证责任,但是在非法所得罪上,司法机关降低了证明标准并相应减轻了证明负担,被告人则相应地承担了举证责任。

论行政审判中的法律关系
王殿全

行政审判中有五种基本法律关系:行政法律关系,行政法律关系与民事法律关系交叉、重叠形成的法律关系,行政审判中遇到的刑事法律关系,行政审判中的涉外法律问题,行政诉讼法律关系。行政审判中行政法律关系的变动主要包括:停止具体行政行为的执行;法院宣告判决或裁定前,被告改变原作出的具体行政行为引起的行政法律关系的变化及行政诉讼法律关系的变化;法院判决后行政法律关系发生的变化。行政审判必须综合把握各种法律关系,注意行政诉讼法律关系的不对等性及权限法定性。

论制定道路交通事故赔偿法
梁慧星

自二十世纪初以来,各国相继制定特别法,对道路交通事故的损害赔偿采取无过错责任原则。民法通则第123条作为我国人民法院受理并裁判道路交通事故损害赔偿案件的法定依据,其规定过于简略,实际上仅解决了应适用的责任原则问题。鉴于当前交通事故问题的严重性及这一类新型侵权行为的特殊性,有必要以该条规定为基础,参考各国成功立法经验和理论研究成果,尽快制定我国道路交通事故损害赔偿法。

留置权基本问题研究
邹海林

各国有关留置权的立法形成了债权留

置权和物权留置权两种基本制度，我国民法上的留置权属于后者。留置权成立须具备三方面的要件。留置权成立后具有对债权的担保效力，对留置标的物的支配力，对抗其他担保物权的效力，以及对留置权人的约束力。留置权人行使权利，还须满足除成立要件外的三项条件。权利的行使分为"留置"和"变价受偿"两个过程。

关于知识产权的几个问题
王家福

知识产权作为非物质财产所有权，具有与有形物质财产所有权迥然不同的特征。我国知识产权具有社会主义性质，是我国社会主义科技立法中的重要问题之一。我国法律对知识产权作了明文规定。为进一步保护知识产权，还需要深入研究知识产权的保护对象，保护知识产权的原则，保护知识产权的法律制度，以及知识产权的保护办法等问题。

关于违约金责任的探讨
崔建远

我国法上的违约金，一方面与强制实际履行并存，有时与损害赔偿并存；另一方面又是损害赔偿额的预定。关于违约金数额的减少条件，最高人民法院的有关规定不尽合理。违约金系损害赔偿额的预定和完全赔偿原则，是确定违约金累计或吸收的重要依据。违约金与定金能否并罚，取决于定金的种类和性质，也受制于违约金的性质和完全赔偿原则。

中国传统法律文化构成及其对实践的影响
武树臣

中国传统法律文化是中国传统文化在法律实践领域的特殊表现形式，并成为我国传统文化的有机组成部分，它深深植根于中国传统文化的肥沃土壤之中，在总体精神和宏观样式上，都洋溢着中国传统文化的浓烈气息。中原地区的农耕文化和西北地区的游牧文化是中国传统法律文化的两大文化基因，两种文化的总体差异性与局部相通性，使其在不同的社会条件下，演出了冲突、融合的历史剧幕。第一次文化冲突和交融发生在夏、商之交，其后果是农耕文化取代游牧文化。第二次文化冲突与交融发生在战国，其性质是游牧文化冲击农耕文化。第三次冲突和交融从西汉开始，至唐代告一段落，实现了法家法律的儒家化和儒家思想的法典化。从差异性的礼和平等性的法、政体之变和法体之争、民本主义与皇权主义的角度，中国传统文化对法律实践活动的影响是深刻和多方面的。

中国解决涉外经济纠纷的法律根据及方式
肖永真

中国从宪法到民事诉讼法、行政诉讼法和民法通则，到主要的涉外经济法律和法规，以及中国缔结或参加的国际条约，已有比较系统和完善的法律根据，以保证涉外经济纠纷得到公正、合理和妥善解决。根据中国法律和法规的规定及实践，解决涉外经济纠纷的方式主要包括协商、调解、仲裁和诉讼四种方式。

制度法理学述评
刘同苏

制度法理学的出现对整个法理学具有积极意义。它突破了传统法理学对自然法理论的敌视态度，接受、吸收了自然法理论和社会法理论的某些成分。通过"制度性事实"之类的概念强调了现实与意识之间的相互联系，制度法理学突破了法律实证主义机械固守现实与意识之间的绝对界限的做法。制度法理学不再把现实仅仅理解为实体，而是包括了力、作用和关系等丰富内涵的概念，不再把法律理解为封闭的逻辑体系，而是存在于社会中的开放系统。它在逻辑分析和社会学方法基础上发展起来的新综合分析方法扩展了法理学研究的分析能力。

论保证人的权利
孙 钺

根据民法通则第89条关于保证制度的规定，保证人享有的权利既包括在保证合同中对债权人享有的权利，也包括在委托合同中主债务人享有的权利。归纳起来主要有抗辩权、求偿权、代位权和保证责任除去请求权。

公民权利义务复合的宪法规范
赵正群

认为宪法第42条的规定"既是公民的权利，又是公民的义务"的观点存在不足之处，因为规范同一客观行为的法律规范不可能同时既是授权性规范，又是义务性规范。宪法第42条规定也不是一项独立的授权性规范和义务性规范的简单"拼合"，而是权利要素和义务要素的"有机化合"。第42条规范应是一种新型的社会主义宪法规范，是权利义务复合的宪法规范，其本质属性是我国公民不可放弃的权利。

宪法学研究的对象和范围讨论会综述

1991 年第 3 期

论法学的范畴意识、范畴体系与基石范畴
张文显

法学工作者应当树立科学的范畴观念，重视提炼新范畴、扬弃旧范畴，强化正确使用范畴的自我意识和社会责任感，通过范畴进行学科对话。法学范畴体系是多部门、多类型、多层次的构成。其中，权利、义务是法学的基石范畴，是法学范畴体系的逻辑起点。权利和义务是对法律现象本体属性、内在联系的最深刻、最全面的反映，它全面反映了法的价值属性，准确地反映了法的本体性。其他法学范畴只有以权利、义务作为其指称范畴或指称意义，才有实质意义。

法律责任论
周永坤

法律责任与法律义务一样也是基本法律范畴，应当使之从法律义务中独立出来。法律责任的内容是指法律责任的内部要素，即法律责任是由哪些内部要素构成的。法律责任的内容有制裁、补救和强制。三者构成法律责任总体，三者紧密联系，缺一不可。一般来说，法律责任的归责基础是"义务不履行"，法律先确认繁复的权利义务体系，而后以"不履行义务"为基础规定各种责任，而认定"不履行义务"的标准从而决定法律责任有无的要素主要包括：行为、过错、因果关系、损害。

我国宪法的涉外作用
孙笑侠

宪法是国家的根本大法，这一特殊的、优越的地位决定了宪法具有特殊的涉外作用。从国际范围看，宪法的涉外作用已是不容忽视的，应当对本国宪法的涉外作用进行必要的研究。我国宪法的涉外作用可以作两方面的划分，一是规范作用，二是社会作用。发挥宪法的涉外作用对我国坚持独立自主的立场，继续改革开放有着现实意义。

论行政诉讼中共同被告
方世荣

两个以上行政机关作出同一具体行政行为，共同作出具体行政行为的行政机关是共同被告。由此，行政诉讼共同被告的主体条件是"两个以上的行政机关"，而两个以上的行政机关共同作出同一具体行政行为，则为主体的客观行为条件。实践中，把握行政诉讼被告问题，应注意法律、法规授权的组织也可能成为共同被告，并注意对"共同作出"、"同一具体行政行为"的认定。

关于故意犯罪过程中犯罪形态的几点思考

顾永中

从犯罪构成的角度考察，不能认为犯罪的预备、未遂和中止是不具备某一种犯罪事实构成全部要件的行为，只能说是不具备某种犯罪既遂的犯罪构成的全部要件。对于行为犯、阴谋犯，只要行为人实施了法律规定的行为，就构成犯罪，不存在既遂或未遂之分；对于危险犯，只要有危险状态存在，就构成犯罪；对于目的犯有两种情况，一类反革命犯罪如阴谋背叛祖国罪、阴谋分裂国家罪等，实际上是阴谋犯或行为犯；另一类反革命罪如聚众劫狱罪、组织越狱罪、反革命杀人罪等，具有既遂、未遂形态。应当区分故意犯罪中的犯罪预备行为和犯罪预备形态。在犯罪中止中，把彻底性作为认定的条件加以考察，实际上是不可能也无意义的。

受贿罪客体新论

韩建国　韦亚力

受贿罪客体的主要决定因素包括受贿罪的法定主体范围、受贿行为的危害状况、法定罪状及刑罚所体现的立法精神等。受贿罪的客体是一个以基本客体为核心的结构性客体，可以表述为：以国家机关、集体经济组织和其他社会组织体公务活动（简述为国家和社会管理公务）的正常进行以及公务的声誉为基本客体，与社会经济管理秩序和公私财产所有权选择组合的一个结构性客体。

《关于公正对待犯罪和滥用权力的被害人的基本原则宣言》述评

苏惠渔　林建华

《关于公正对待犯罪和滥用权力的被害人的基本原则宣言》是联合国通过的有关被害人问题的第一个重要声明，标志着被害人问题在国际范围内已从理论研究阶段进入到立法实施阶段。《宣言》的宗旨在于帮助各国政府和国际社会努力保证被害人得到公正的对待及援助，它从各成员国内、国际和区域间、联合国三个层次上规定了保护被害人所应采取的必要措施，明确了犯罪被害人和滥用权力被害人的概念，对被害人的基本权利、待遇、赔偿、补偿、援助作了较为详细的规定。与联合国大会的《决议》相比，《宣言》在内容、结构和相互关系上具有自身的特点。我国立法、司法实践和理论研究与联合国《宣言》的精神基本上是一致的。

最高审判机关刑事司法解释工作回顾与思考(1980—1990)

张　军

在过去 11 年里，最高审判机关出于适应经济、政治和社会治安形势发展变化的需要，制定了大量司法解释，对刑事法律不断进行修改、补充和完善。通过扩大有关犯罪主体的范围、结合法律的具体适用，对刑法规定中不明确或不妥当的问题进行解释，有利于加大打击某些犯罪活动的力度、解决刑法规定中不尽科学之处，弥补刑事立法的不足。目前需要进一步加强立法和司法解释工作，解决越权解释、司法解释权独立行使以及公开性问题，建议由立法机关对司法解释的制度进行必要的监督。

关于"提前介入"的思考
张仲麟　傅宽芝

司法实践中公检联合办案的"提前介入"不符合我国法律对于公、检、法三机关在刑事诉讼中相互关系的规定，削弱了公安机关与人民检察机关在刑事诉讼中应有的相互制约作用，也有碍于公安机关充分发挥办案的主动性、积极性和责任感，导致公检之间产生新的矛盾。法院"提前介入"的做法，若作为一般程序适用，不可能普遍确保案件质量，对于正确实施刑法、完成刑事诉讼任务十分有害。

制定生育保健（优生）法的几点思考
陈明侠

制定生育保健（优生）法是我国社会实际的迫切需要。制定生育保健（优生）法是广大人民的迫切愿望；有关的其他法律规定为生育保健（优生）法的制定提供了法律依据；妇幼保健事业的发展，为生育保健（优生）法的实施准备了一定的物质条件；世界各国的有关立法提供了可借鉴的经验。生育保健（优生）法应涉及婚前及部分人员孕前的优生保健措施、中止妊娠和结扎手术、机构和工作人员、法律责任、人工生育等问题。

论高度危险作业的民事责任
房少坤

高度危险作业民事责任是为解决19世纪下半叶大量出现的工业事故的损害赔偿问题而确立的，目的在于提高原告求偿的成功率。各国关于其归责原则的立法主要包括推定过错原则和无过错责任原则，我国目前适用无过错责任具有可行性和必要性。责任主体的确定，应坚持谁经营谁负责的原则。高度危险作业的民事责任作为一种无过错责任，并非绝对责任。作业人在具备法定免责事由时，可以不承担民事责任。

还《劳动法案大纲》的本来面目
——评中央档案馆编《中共中央文件选集》所印该大纲的主要问题
张希坡

本文针对1982年《中共中央文件选集》第一册选印的1922年《中国劳动组合书记部拟定的劳动法大纲》的版本和条文进行了辨析，考证了《劳动法大纲》的原文是什么样的，分析了日文本及其回译本存在的谬误，并对大纲第5条、第11条中的问题进行了勘误。作者认为，当前这种以讹传讹、以假代真的不正常现象不能再继续下去，应当恢复该大纲的本来面目。

论国际私法中时效问题的新发展
林　欣

国际私法中的时效是指诉讼时效，类似于民法法系国家法律中的消灭时效。国际私法中时效问题的新发展表现在两个方面：第一，在识别问题上，普通法系国家有向民法法系国家接近的趋势，即将时效识别为实体法问题；第二，在国际货物销售的时效方面方面，出现统一的实体法规则。

对债权准占有人给付的效力
杨立新

对债权之准占有人的给付，是指债务人善意对债权之准占有人的清偿为有效清偿的制度。多国民法典都有明文规定，该制度意义在于保护交易安全。对债权之准占有人的给付要发生清偿效力，必须具备三方面的要件，即须已客观履行了给付义务；债权准占有人持有合法的债权文书；债务人履行债务时为善意无过失。该清偿效力及于债权人。

民法通则的回顾与展望

评"司法机关分工负责、互相配合、互相制约原则"
徐纯科

刑事诉讼法规定的"分工负责、互相配合、互相制约"原则对公检法三机关在刑事诉讼中的关系表述不够严谨和准确，没有明确指出三机关分工的依据；对三机关在刑事诉讼中的共同任务和工作连接表述为互相配合关系不够确切；也没有表述三机关之间的关系中独立行使职权的内容。在我国刑事诉讼法条文中，表现"相互配合"关系的具体法律规范极少，而在"相互制约"中也存在着检察院自侦案件无制约、制约不到位和侵犯对方职权等问题。三机关之间关系的基本原则应当是：人民法院、人民检察院和公安机关进行刑事诉讼，应当依照法律规定分工，互相制约，独立行使各自职权，以保证准确有效地执行法律。

1991 年第 4 期

董必武与中国法学事业
陈春龙　沈其之

董必武同志是我党的主要创建人之一，同时又是一位杰出的马克思主义法学家。董老结合我国实际情况，系统阐述了有法可依、有法必依是健全法制的中心环节，强调共产党人和国家工作人员应带头守法，论述了加强法制对经济建设的促进和保障作用，坚持和发展了马克思主义法律学说，为中国法学事业的开拓作出了重大贡献，对我国法制建设的发展起了重大的推动作用。

当前法学研究的任务和方法
张友渔

法学研究工作者的任务就是为建立、维护、实行法制服务。要完成这个任务，需要法学研究工作者研究如何健全社会主义法制，提出建议，供党和国家领导机关参考、采纳，甚至参与立法、执法工作。在研究方法上，要理论联系实际。

论人权的三种存在形态
李步云

人权是人按其本性应当享有的权利。在现代，人权的内容十分广泛和丰富，从不同角度可以作多种分类。从人权的实现和存在形态角度，可以把人权分为应有权利、法定权利、实有权利。从应有权利转化为法定权利，再从法定权利转化为实有权利，这是人权在社会生活中得到实现的基本形式。人权三种形态之间不是平行关系，而是层次关系。应有权利永远大于法定权利，法定权利永远大于实有权利。正是这种矛盾，推动着人权不断得以实现。

论我国人权的宪法保障
王德祥

我国经过 40 多年的民主宪政建设，已初步形成了以宪法为基础，以部门法为补充，与中国政治、经济、文化发展水平相适应的具有中国特色的人权保障制度。这一制度体现了我国社会主义制度的优越性。我们也必须同时看到，这一法律制度至今尚有不完善之处。随着我国对公民权保障制度的改革，这些法律制度必然逐步完善，我国公民的人权保障也将得到进一步加强。

论规章
刘　瀚

规章具有主体法定、内容与法律法规衔接、主要作用于外部行政管理等特点。规章是低层次的行政管理规范，但具有法律效力，在行政管理过程中与法律法规同属"依据"，在行政诉讼过程中则属于

"参照"。当前,我国的规章在制定和实施中还存在一些问题,如没有授权但又是由法定主体制定的,没有严格依据法律法规的规定而制定,规章与规章之间有矛盾,等等。完善规章的制定和实施,需要逐步把规章严格界定为行政法规、地方性法规的施行细则,提高规章的层次,使其与本法效力同等,严格区别内部规章和外部规章,健全和完善规章制定的程序。

行政指导刍议

陈泉生

行政指导是指行政机关为推动非统治性的业务,就其职权范围内的事项,以非强制的手段,促使行政相对人的同意和协力,以达到行政目的的行为。行政指导是非强制性的手段,属于不具有法律性质的事实行为,是行政机关主动的管理行为,与行政组织内上级机关对所属下级机关基于指挥监督权所作的训示性质不同。正确运用行政指导必须遵循合法性原则、合理性原则、责任原则。我国现有的行政指导缺乏系统化、标准化,应当制定我国的行政指导制度。

论无罪推定原则

张令杰 张 弢 王敏远

对无罪推定原则含义的探讨,关键在于考察其立法例和字面含义之外的法律意义及其他意义,必须将无罪推定原则放在与有罪推定的相互关系中加以研究,将其视作与刑事诉讼制度许多方面有密切联系的、具有指导性意义的法律思想。它是一项具有强大生命力且并非孤立的原则,不仅具有重要的历史意义,在现代仍是一种具有世界普遍意义的法律文化现象;相对刑事诉讼制度之变革机制、刑事诉讼客观真实性和价值取向而言,无罪推定原则具有重要的意义;适用无罪推定原则的结果有利于被告人,但它对实事求是原则并未否定也未将之取代,与司法机关行使职能特点并不冲突,也适合于我国国情,其所提出的一系列要求在我国刑诉制度中已得到了体现。

对刑事责任根据的一点思考

刘 强

刑事责任理论在整个刑事法律科学中占有重要地位,而刑事责任的根据又是该理论中的一个核心问题。从刑事责任的有无、程度的角度来考虑,确立刑事责任根据的过程可分为两个阶段,即确立刑事责任阶段和实际负刑事责任阶段,以人民法院作出的发生法律效力的有罪判决为分界线。确立刑事责任的根据应是内容而不是形式,因此犯罪构成只是作为区分罪与非罪、此罪与彼罪的规格和尺度,而犯罪行为才是确立刑事责任的根据;在实际负刑事责任阶段,刑事责任的根据是犯罪行为与服刑期间悔改表现的统一,这符合刑法的罪刑相适应原则和处罚与教育相结合的原则,对正确执行刑罚、搞好劳改工作也具有重要意义。

试论共同侵权责任

孔祥俊

共同侵权行为的立法精神在于维护静的安全,合理分配损害,以及充分保护弱者。将共同侵权责任适用于广义共同侵权行为，具有周密性和合理性，并已成为多数国家立法通例；对此，我国有必要尽快将共同危险行为纳入其中。对于我国共同侵权责任中"共同"含义的理解，既要注意主观上的关联，又要注意损害结果的关联。共同侵权中内部责任的分担，一般以过失轻重为基本标准，并赋予法院充分自由裁量权。

续谈海峡两岸继承法的比较研究
余鑫如

继1990年第2期发表的《关于海峡两岸继承法比较研究》一文对两岸继承法八个方面的问题进行比较研究后，为便于两岸同胞对两岸继承法方面的异同有更全面地了解，特就两岸继承法有关遗产分割，继承抛弃，无人继承遗产的处理，以及继承权丧失等问题续作研究。

公司法中的越权原则及其改革
傅廷美

越权原则曾经被视为英美公司法中的基本原则之一，但被普通法国家相继放弃，其中一个重要原因是为有效保护第三人。普通法国家采取了类似大陆法系国家的办法来处理公司超越其经营范围行为的问题，同时现代立法的干涉使得许多方面甚至显得比大陆法系国家更为彻底。此外，英美法系国家几乎都在放弃越权原则的同时又规定了一定的诉讼程序，通过规定越权行为的各种后果，尽量减少和防止可能出现的越权行为，以保护股东、债权人以及整个社会的利益。

台湾与大陆著作权法比较
王 光

台湾与大陆著作权法在著作权的取得方式、保护范围、保护期限以及法律责任等方面存在差别，因而在文化交流中难免出现法律上的冲突，加之台湾对大陆的政策，给两岸文化交流造成极大阻力。对此，两岸应本着合作态度，互相交流，消除障碍，以共同繁荣祖国文化。

中国封建社会理冤制度述论
艾永明　钱长源

中国封建社会理冤制度具有以下特点：用冤者自诉和外出巡察相结合的办法发现冤狱；正常诉讼程序和非正常诉讼程序相结合；监察机构在理冤中起着十分重要的作用；具有一整套严格的规定和要求。而统治者重视理冤的原因有四，即标榜仁政，宣扬德治；下情上达，防止民冤鼎沸；督促各级司法官吏严格执法守法；"天人感应"学说的影响。尽管中国封建社会理冤制度存在着一些缺陷，但亦有值得借鉴和学习之处。

论国际法不加禁止的行为所产生的损害性后果的国际责任
杨力军

国际法不加禁止的行为所产生的损害性后果的国际责任问题是国际法在发展过程中产生的新问题，其法律基础是具有悠久历史的"使用自己的财产不妨碍别人财产"的原则，并在《外空条约》等国际法文件中得到确立。将这种损害的责任归于国家较为合适,而且应该采用严格责任制。国家承担的与这种损害性后果相关的义务大多建立在国际条约的基础之上,但也根据道义和国际法的一般原则承担一定的义务。对这种损害性后果的赔偿主要包括环境损害、对人的生命和健康的损害、对财产的损害三个方面。由此引起的一切争端都应通过和平的方式加以解决,即通过外交、国际仲裁和国内司法程序三种主要途径解决。

比较宪法学研讨会综述

我国刑事责任年龄不同时期的划分
萧开权

我国刑法第 14 条规定了刑事责任年龄不同时期的划分。对这一规定存在着三分、四分时期的解释,尽管三分及四分的各种解释各不相同,但是都搞错了两个绝对、全负、相对,即误把犯任何罪都不负刑事责任的绝对为刑事责任年龄绝对无时期的绝对,误把犯任何罪都要负刑事责任为刑事责任年龄全负时期的全负,误把罪的相对为刑事责任年龄相对无时期的相对。此外,刑法第 14 条应只解决刑事责任年龄问题,而不应解决刑事责任因罪而异的问题,建议将我国刑法第 14 条修改为不满 14 岁的行为不处罚,已满 14 岁不满 18 岁的人犯罪应当减轻处罚,从而取消绝对无时期因罪而异,统一于不满 14 岁。

合伙事务执行的风险责任
谢卫东

合伙是共享利益、共担风险的利益关系,在合伙关系中,全体合伙人应对进行合伙事务执行的合伙人的人身负风险责任。基于风险的客观性,风险责任不以合伙人过错为归责根据,而应适用公平原则。该风险责任不得因契约有反对约定而免除。各合伙人分担风险责任的比例,有特别约定的依约定分担;仅就利益或损失约定比例的,应及于风险责任的分担比例;无约定的,依出资比例分担。

1991 年第 5 期

论新一代人权
白桂梅

新一代人权主要包括民族自决权、发展权、环境权、和平与安全权、食物权、自由处置天然财富和资源权、人道主义援助权等。对新一代人权理论上的分歧主要在于："三代人权"的提法是否成立，以集体权利为特征的新一代权利是不是人权。新一代人权与第一、二代人权之间是一种相辅相成的关系。无论人们把这些权利叫作什么，它们的存在都是不可否认的。新一代人权作为人权被国际社会接受，是历史发展的必然趋势。

论劳动立法与人权保障
史探径

在探讨劳动法产生和发展的历史条件及其性质和作用时可以发现，劳动立法与人权保障存在着密切关系。保护劳动者权利已在国际劳工组织和联合国所通过的宣言、公约等国际约法中被确认为人权保障的重要内容。我们应从人权保障的高度来评价我国的劳动立法，宣传成绩，认识不足，吸取教训。

廉政与权力制约的法律思考
刘作翔

我国理论界就权力制约问题提出了以法律制约权力、以权利制衡权力、以权利制约权力、以监督体系制约权力、以利益制约权力等思路。建立权力制约机制，目的是使权力在正确的轨道上运行，为国家和人民的利益服务，防止和惩治各种各样的权力腐化行为。在我国权力运行过程中，一个很大的弊端是权力主体的权力和责任相脱节，缺乏有机的联系。用责任制约权力，建立以责任制约为主的内约机制和以监督体系为主的外约机制相结合的权力机制，或许是一个更有效、可行的权力制约思路。

论公安机关依法行政
秦 律

从依法行政角度，公安行政实践中应注意行政主体的资格、职权和职责问题。具体来说，具有行政主体资格的行为才具有法律效力，超越职权的行为无效，滥用职权或者具有法定作为义务而不作为的，属于违法行为。公安机关依法行政主要表现为正确适用法律，行使职权符合法定程序。按照法定程序办事，是保证公安机关正确行政的必要条件。公安机关应建立法律监督机制，以保障依法行政。

"一国两制"下的若干法律问题
吴建璠

基本法把保留香港原有的法律和法律

制度作为一项内容,从范围和程序两个方面对全国性法律在香港特别行政区的实施加以限制,这是在特别行政区继续保持其原有的资本主义制度的应有之义。原则上香港特别行政区法院对该区所有的刑事案件均有审判权,但香港原有法律制度和原则中对法院审判刑事案件所作的限制除外。国家派往香港特别行政区的驻军人员犯罪案件的处理,一定会依照基本法的有关规定,并参照我国和世界各国处理军人犯罪案件的办法,予以妥善的解决。

我国死缓制度的法律性质初探
王忠毅

死缓不是死刑的一种执行方法,而是运用死刑刑种的一种方法。这一制度的精神实质不在于执行,而在于免除死刑的执行,是一项附条件的不执行原判刑罚的制度,本质上是一种特殊的免除死刑方式。与缓刑制度相比,二者之间差别主要是由于所适用的刑种不同而产生,并非是两种缓刑的本质属性不同,因此,缓刑制度应该是刑法学中刑罚适用论部分的一个基本概念,不依附于3年以下有期徒刑和拘役的适用而存在。从法律意义上看,死缓不是一个独立的刑种,而是生命刑与自由刑之间不确定的状态,仍是一种刑罚的状态。

刑事诉讼主体研究
肖胜喜

刑事诉讼主体是刑事诉讼法学研究中一个不容回避的问题。从目前诉讼法学界对诉讼主体的探讨和争论看,主要集中在如何确立刑事诉讼主体的概念及范围问题。要建立起科学的诉讼主体学说,必须对诉讼主体学说进行历史考察,不能把辩护人、侦查机关、监督机关和刑罚执行机关扩展为诉讼主体;应当严格区分诉讼主体与诉讼法律关系主体;从认识论的角度,刑事诉讼本质上是一种认识过程,认识主体也是诉讼主体,认识客体也是诉讼客体;在刑事诉讼中,法人执行辩护职能和控诉职能,可以也应当成为诉讼主体。

分析再审刑事案件先行撤销原判
陈卫东

人民法院决定再审的案件,由于案件自身的特点决定原判决、裁定存在着应当撤销和不应撤销的两个方面,因此是否应当先行撤销原生效判决和裁定再重新审理存在两种观点。一种观点认为,再审案件前撤销原判决、裁定,有损于原裁判的稳定性和严肃性,会产生难以解决的问题;另一种观点认为,凡决定再审案件,一律应当先行裁定撤销原裁判。这两种观点各有利弊。一般而论,再审裁判前不需要撤销原判,但在某些特定情形下,人民法院应当撤销原判,对此不宜作硬性规定,可由再审合议庭根据实际情况决定。

关于经济法律关系的再思考
谢次昌

根据我国立法精神,经济法应只调整纵向经济管理关系,不调整横向经济协作关系。其主体以从事经济管理和被管理活动为前提,因此应分为管理主体和实施主体两类。由于两类主体的经济权利和经济义务完全不同，并相互对立，所以经济法律关系的内容必须以此为角度进行分析，进而决定了经济法律关系的客体包括经济管理行为和经济实施行为。

论干涉合同履行行为及其法律责任
赵勇山

干涉合同履行行为，实质上属于侵权行为之一，但又具有不同于一般侵权行为的特殊性。干涉合同履行行为的构成，须具备四个条件，即有合法合同存在，有第三人干涉合同履行的行为，该行为违法，且行为人有阻止和妨碍合同履行的故意。干涉合同履行行为的民事责任由引诱、欺诈和强制三种干涉行为的民事责任构成。

举证责任的免除、举证命题的变更与举证责任的不可转移性
单云涛

免除举证责任的事实包括众所周知的事实，法院预决的事实和当事人自认的事实。举证命题的变更实际上是证明立论的变更，属于举证责任分担一般法则的例外与变通，主要包括法律上的事实推定，举证责任的倒置和公证证明的事实三种情况。当事人为何种事实主张，由实体法和程序法决定，诉讼过程中不存在转移问题，因此举证责任不可转移。

融会中西　继承创新
——孙中山法律思想的特色及其成因
乔丛启

人民民主和人民幸福是孙中山终身执著追求的两个最高目标，也是他评判、取舍古今中外一切学说和制度的根本标准；理论是否适应于中国的国情，是否有利于中国民主革命的顺利进行和民幸福最高目标的实现，是其批判继承中西学说和发展创新民主法制理论的基本原则。可以说，古今中外，信手拈来，继承创新，自成一体，是孙中山法律思想的一大特色。

版权国际公约与我国有关法律
郑成思

与版权国际保护相应的我国国内法，主要是1990年9月7日颁布，1991年6月1日实施的《中华人民共和国著作权法》，但又不限于这一部法，还包括民法通则与继承法中的相关内容。所以，在将国际公约的水平与我国保护水平相对比时，应广泛涉及我国"有关法律"。而对这一点的忽视，正是许多外国评论家错误地指责我国法律在版权领域与国际公约存在过多冲突的重要原因之一。

以马克思主义为指导
深入研究人权理论
——人权理论研讨会综述

刑事案件证人证言的审查判断
——一起错判案件的分析
张吉

在刑事诉讼中主要运用证人证言证明案件事实的时候，必须用多种方法对证人证言进行单一的、整体的、综合的审查判断，以确定其是否具备刑事证据的特性。必须对每个证人的每次证言逐一审查判

断，并将各次证言联系起来，互相对照；必须将不同证人的证言联系起来，互相对照；必须用其他种类的证据同证人证言相对照，对证言加以审查判断；必须用被告人口供同证人证言相对照，审查判断证人证言。

道路管理瑕疵的赔偿责任
——大风吹断路旁护路树砸死行人案评释
梁慧星

本案判决确立了国有道路及其他公共设施因管理瑕疵造成人身财产损害，应由受托管理的国家机关或公共团体对受害人承担赔偿责任这一原则。由此弥补了我国国家赔偿责任立法的不足。道路管理瑕疵的赔偿责任，属于国家赔偿责任的范畴，与建筑物责任在适用对象、责任主体、责任承担依据以及责任原则方面存在区别。道路管理责任适用于道路及其他公共设施；以管理有瑕疵为条件，属于相对无过失责任或称严格责任，因而存在特定的免除或减轻责任的事由。

刑法中的减轻处罚情节
王 云

刑法第 59 条作为刑法量刑原则中关于减轻处罚的原则，规定了两个方面的内容：一是具有法定减轻情节时应减轻处罚的原则，二是具有酌定减轻情节时应减轻处罚的原则。对于其中规定的十种减轻情节只有具备前三种法定减轻情节之一时，量刑时才考虑应当减轻处罚或从轻、免除处罚；其余七种减轻情节，则只能作为可以减轻处罚或从轻、免除处罚来考虑。对本条的理解应与刑法分则中的"情节减轻犯"相区别，减轻处罚与"情节较轻"在适用范围、方法、条件、意义和程序上有所不同。重视并解决减轻处罚情节的理论与实践问题，对减轻处罚情节进行理论上的说明和实践上的补充，是完善本条的规定使之便于运作的必要条件。

1991 年第 6 期

怎样保证改革的合法性
——从依靠政策改革到依法改革
甘藏春

改革必须与法律相协调。在改革的推进方式上，应当采取"法律突破，逐步完善"的方式。其特点包括：任何改革措施都是以立法程序并以法律的形式出台，实施之后，发现问题，逐步运用解释、补充修改、判例等形式予以完善，法制建设贯穿在改革的全过程。在改革的实践上，应抓紧建立改革权制度，用活用好全国人民代表大会的授权决定，抓紧制定改革试点法，把试点工作纳入法制的轨道，探索建立改革法律体系。

立法修正案比较
李 林

立法修正案一般是指对进入立法程序的法案进行修正的提案，或对修正案再修正的提案。各国对提出立法修正案时机的规定可以分为七种。各国提出立法修正案的限制条件主要涉及主体、内容、形式、不得修正的条件和修正案的数目等方面。立法修正案的处理涉及对修正案进行讨论和表决的有关程序。各国对讨论立法修正案在时间上多有限制。

论主观恶性中的规范评价
陈兴良

主观恶性是心理事实与规范评价的统一，规范评价并非自处于心理事实的独立实体，而是内在于心理事实的价值内容，其内容包括违法性意识问题、期待可能性问题和相对意志自由这一哲学根据。违法性意识是对行为人认识因素的否定法律评价，使心理学意义上的故意或过失转化为刑法学意义上的犯罪故意或过失，对认定某些特殊情况下行为人的主观心理状态具有重要意义。在犯罪故意心理状态中，期待可能性的规范性内在于犯罪人显意识的心理过程，而在犯罪过失心理状态中，则内在于犯罪人潜意识的心理过程。相对意志自由是对主观恶性中的心理事实进行规范评价的哲学基础，犯罪故意中犯罪人决定实施犯罪时意志是自由的，而过失犯罪的行为人在实施犯罪时的不自由表象背后包含着行为人无意识的自由选择；只有在具有相对意志自由的情况下，行为人才具有期待可能性。

论我国刑法指导思想
——兼论"严打"
曾庆敏

我国刑法充分体现了毛泽东同志对犯罪人所制定的一系列惩办与宽大相结合、

区别对待的指导思想。十年动乱后我国刑法理论的主流思想侧重于行为的主客观相结合，但它与体现毛泽东同志刑事思想的《中华人民共和国刑法》相矛盾、与我国国情也不相适应。主张主客观相结合但倾向于以行为人为核心的理论工作者既想避免出入人罪，又认为刑法的适用必须公平才能真正发挥刑法的威慑力。量刑是刑法的基础，作为刑罚有其惩罚的一面，也有其教育行为人的一面，目的在于使其改过自新、重归社会。归纳起来，只有毛泽东同志的一整套"区别对待"的刑事思想才符合中国国情。

简化不适用数罪并罚的犯罪形态及其处罚原则

阮齐林　侯国云

数罪并罚的各种犯罪形态相互之间存在着交叉、重合的现象，无法严格把它们区别开来。以行为的单复和触犯法条的单复为标准，简化不适用数罪并罚的犯罪形态的种类，将之分为一行为触犯数法条和数行为触犯一法条两种情况，并分别采用相应的处罚原则，既可使理论体系简化，也便于司法实践操作。应以社会生活经验为判断行为个数的标准，坚持以双重标准确定罪数，即根据行为个数同充实犯罪构成的个数相统一确定罪数。一行为触犯数法条的范围包括想象竞合犯、吸收犯、法规竞合犯及部分牵连犯，只适用其中一个法条中较重的法定刑来定罪；数行为触犯一法条的范围包括惯犯、连续犯，不实行数罪并罚，按一罪从重处罚。

评刑事诉讼中的"提前介入"

张子培

提前介入是指公安机关、人民检察院、人民法院和辩护律师，在法律没有规定的情况下，介入前一阶段或后一阶段的诉讼活动。人民检察院对侦查活动的"提前介入"应纳入侦查监督的轨道，对侦查进行有侧重的监督，不仅对公安机关而且对检察院自侦案件的侦查活动、批捕、起诉，均应用同一标准、程序进行监督；建议修改立法将律师参加辩护的时间规定为在检察院接到公安机关和自侦案件提请起诉后；法院的"提前介入"没有法律根据和理论根据，是对分工负责、互相配合、互相制约的原则和法定的相互关系的冲击，容易使法官先入为主，从而导致错判或裁判不公。

从归属到利用

——兼论所有权理论结构的更新

吕来明

近代民法演进过程中形成的大陆法系和英美法系，在财产权理论的价值取向和思维模式方面形成了各自独特的风格：前者强调物在法律上的归属，后者注重财产权利的具体运用和操作。传统所有权理论以物的归属为核心，崇尚概念的价值取向，这种思维模式决定了其理论缺陷难以在其框架内予以克服。这种传统所有权理论对我国社会经济的发展形成制约，因而需要对我国所有权理论结构进行更新。

法人人格权及其损害赔偿

关今华

现代民法中形成了以法人人格权、法人人格损害和法人人格损害赔偿请求权为内容的法人人格权法律制度。法人人格权以法人的人格利益为基础，由社会形态、意志形态和精神形态三方面构成。不法侵害法人人格利益造成法人非财产损害的，构成对法人的精神损害，应适用精神损害赔偿，允许法人行使物质损害赔偿请求权。

非正当当事人及其更换
王强义

1982 年《民事诉讼法（试行）》以简短的文字确定的有关非正当当事人更换规则，是大多数国家立法或审判实践中的通例，规则内容也是符合现代诉讼发展趋势的，具有极为重要的理论价值和现实意义。但新《民事诉讼法》不仅没有增加相关内容，而且从根本上取消了这一制度，该做法将无益于民事诉讼制度的完善。

论必须公证与错证赔偿
廖德功

我国的公证制度在稳定民事关系，预防纠纷，减少诉讼方面发挥了独特作用。但随着我国深化改革和经济建设事业的继续发展，现行公证制度暴露出许多缺陷，需要从实践上改革和完善我国的公证制度。首先，应该改变自愿公证制度为自愿公证和必须公证相结合的公证制度；其次，应确立错误公证赔偿制度，明确国家公证机关应承担的民事法律责任；此外，还应改革公证复议制度和公证申诉制度，加强公证制度与诉讼制度和仲裁制度的协调。

中国古代军事法溯源
张少瑜

中国古代社会虽然没有明确的军事法概念，但用于调整军事活动的法律规范却很早就出现了，甚至在某种意义上说最早产生的法律之一就是军事法。我国最早的军事法规范出现于原始部落逐渐瓦解，种族国家形成并日益发展的夏、商、西周时期，其主要的军事法形式有：誓、诰、盟、约诰、礼、王令等；内容涉及军令系统、军政系统和军法系统三大类。深受神权天命观的影响、强烈的宗法精神、不成文的习惯法占主导地位是中国古代军事法最明显的几个特点。无论这些军事法的内容和形式对三代社会是真是伪，它对后来军事法的影响都是极为深刻的，它的基本精神和主要做法都被后代沿袭下来，因此可以作为古代军事法最早的渊源。

国际合同法律适用原则的新发展
金 宁

随着国际经济关系的发展，许多国家已相继制定新的国际私法法典，对合同的法律适用作了灵活、详细的规定，在采用合同适用关系法理论、综合运用意思自治原则和最密切联系原则的同时，使合同的法律适用日益向法律选择的灵活性、多样化和具体化方向发展。

美国严格产品责任的形成及现状
黄 列

形成美国严格产品责任的因素包括心

理、社会经济和政策三个方面。法院对产品设计缺陷的判断标准主要有消费者预见标准，制造商标准，风险与效益标准，以及贝克"两分法"标准。标准的不统一在解释定义上引起了进一步的不确定性和混乱，也无法满足立法的初衷。面对严格责任确立以来的新发展和问题，美国政府从20世纪70年代末已着手应对，企图通过立法加以协调。

全国比较宪法学研讨会综述

混合过错与过失相抵

杨立新

混合过错表明的是侵权或违约损害事实的发生或扩大，不仅赔偿义务人有过错，赔偿权利人也有过错，其法律后果是过失相抵。过失相抵的确立是基于赔偿制度的公平分担，以及诚信原则和过错责任原则。在具备过失相抵的构成要件时，法院可依职权减轻赔偿义务人的赔偿责任。最高人民法院（1990）民他字第25号复函依据法理较好解决了过失相抵制度适用中的一些问题，但对其适用范围和损害扩大行为是否适用过失相抵等问题未作说明，有待司法解释予以明确。

刑事诉讼当事人的申请回避权

王进进

保障当事人充分行使申请回避权，是我国刑事诉讼法中保障诉讼参与人诉讼权利的原则性要求。刑事诉讼法应明确规定，在侦查阶段，侦查人员第一次讯问被告人时，应当告知被告人享有申请回避权利，并告知具体承办案件的公安机关、检察机关的侦查人员姓名，询问是否申请回避；在其后的侦查过程中，根据侦查步骤和案件的性质，分别在不同时期按一定程序向被告人告知承办案件的侦查人员和对案件处理有决定权的司法机关负责人或有关组织的成员名单，询问是否申请回避；在起诉阶段，当确定案件承办人后，应立即告知被告人适用回避对象的姓名，包括检察机关负责人及检察委员会委员，以避免案件在法定期限内不能办结的现象发生；在审判阶段，为保障当事人充分行使申请回避权，应建立健全保障当事人行使申请回避权的程序和制度，改革开庭审理时才将申请回避权告知当事人的限制性方式。

1992 年第 1 期

马克思晚年《人类学笔记》中的法律思想初探
公丕祥

马克思晚年的《人类学笔记》中蕴涵着丰富的法律思想。关于法现象的历史起源，马克思揭示了由氏族习惯发展成为法权习惯、最终确认为成文法这一重要线索。关于东方社会法律文化的社会机制，马克思揭示了古代东方社会法律文化的经济基础和社会结构，即公社土地公有制和土地私有制的并存以及村社制度。关于西方法律文明对东方的冲击，马克思揭示并批判了殖民者对殖民地法律的四种态度及其背后隐藏的"西方中心论"观念基础。

试论依法行政的概念与范围
周新铭 宋为民

依法行政的基本精神在于，国家立法权应是人民意志的体现，法律的执行及法律的适用均应严格置于制定法之下，以免重蹈专制独裁的覆辙。随着行政权从"公共安全与秩序的维持"转向"照顾国民生活的授益行政"，依法行政也从严格执行议会制定的法律扩展到在法定范围内开展行政立法和行政执法活动。在我国，依法行政要求行政主体必须依法产生，必须在法定范围内实施行政行为，必须遵循法定程序，应当依法受到监督，必须做到处罚有据。目前，我国在依法行政方面还存在行政立法不完善、行政机关的内部制度不健全等问题。

论刑法的立法解释
滕 炜

刑法的立法解释必须以刑法条文为前提，不能超越刑法规定的基本范围或违背刑法规定的基本含义，并限于对刑法中的重要原则界限和一些基本概念进行解释，同时由立法机关采用法律或决议的方式作出。回顾我国刑法实施的十年，立法解释工作取得了一定的成绩，但是也存在着形式比较单一，仅在制定某些单行刑事法律和经济、行政法律时对刑法作出解释性规定，无专门刑法解释性文件，从而在选择解释的内容上受到单行法律内容及其法条本身的限制，使得刑法执行中难免出现偏差，无法满足实践的需要。因此，应当把加强刑法立法解释工作重点转向立法解释的专门化工作上来，充分利用对法律议案的"说明"对刑法进行具体明确的解释；此外，建议将全国人大常委会就有关部门刑法询问的答复，经筛选后定期形成立法解释性文件。

论社会治安综合治理的基本原则
陈宝树 陈泽宪

社会治安综合治理既是保证我国长治

久安的战略方针，也是一项改造社会、改造人类的具有深远意义的社会系统工程，它涉及社会各个领域和层面，具有长期性、广泛性、复杂性和综合性。为了保证社会治安综合治理工作高效有序运作，应当把预防作为最基本的立足点和出发点，注重从抑制和消除产生危害社会治安现象具体原因和条件入手，最大限度地减少和防止违反法律、纪律、道德等社会行为规范现象发生；要使综合治理工作法律化、制度化，以在法律制度上保证其连续性、稳定性和权威性；应从宏观上进行统筹协调，以提高整体功效；应当切实加强对其的科学研究，使之在科学的指导下富有成效。

免予起诉制度新探
宋英辉 吴 杰

免予起诉是起诉便宜主义在我国刑事起诉制度中的体现。免予起诉没有造成对刑事审判权的分离，同时它也不是从不起诉中分离出来的，只是在"可以"提出公诉的案件中选择适用的一种处理方式。起诉便宜主义弥补了起诉法定主义违背刑事政策原理及难以在特定案件上实现司法正义的缺陷，但是又为检察官滥用公诉权提供了可能性，因而有必要加强对免予起诉权的制衡，通过控诉、辩护、审判之间的制衡，完善侦查、起诉机关之间的制约，强化被害人的诉讼地位，对刑事免诉权进行制约并借鉴日本检察审查会制度，以保证免诉权的正确行使。

论担保物权的性质
董开军

担保物权的性质是指其应有的质的规定性，不仅包括其权利属性即物权性还是债权性问题，还包括与其内容和功能相伴而生的诸多特性。担保物权的性质问题，应从其实际功能、内容特点和权利属性三条路径所反映出的担保性、价值性和物权性来认识。担保物权的物权性体现为法定性、优先性、支配性以及排他性；担保权的价值性体现为变价受偿性和物上代位性；担保物权的担保性体现为从属性和不可分性。

论过错程度
陈慧谷

过错程度的划分，对确定当事人就何种过错承担责任以及承担责任时划分责任范围的大小，具有重要的理论和实践意义。过错分为故意和过失，过失程度的分类在理论上和实践上较故意要复杂，各国对过失程度都有不同分类标准，并对应不同的责任轻重程度。我国民事立法对过错程度的划分主要是故意和过失，前者包括恶意和一般故意，对后者有保留地承认重过失与轻过失之分。过错责任的发展方向在于，寻求过错责任贯彻、操作简便以及对受害人充分补偿之间的平衡。

我国企业立法的现状与未来
赵旭东

我国现行企业立法呈现出概念和分类不明确、调整范围不全面、体系和内容不完备、性质和效力不统一、相互之间不协调的混乱状态。导致这种情形的原因是多方面的，其中最主要的是因为我国企业立法迄今尚无统一的分类和形成完整、科学的体系。对我国企业的分类，要同时采取组织形式和所有制性质两种分类标准，将我国企业分为独资企业、合伙企业、公司企业、国有企业、集体企业和涉外企业六大类，并以此为基础构建我国企业立法体系。

中国古代的法治与社会经济发展
刘海年

通过对秦、汉、唐、宋、明及清代的法律形式、内容及特点的分析，可以看出，法治与社会经济发展密切相关，实行法治或法治状况好，社会就稳定，经济就发展；否则，社会就紊乱，经济就停滞，甚至遭到破坏。中国古代不仅有人很早就提出了"法治"这个词，而且作了相当充分的论述，更有人为之献出了生命。尽管在历史上它的几次出现均是较短的，并且也不典型，但在一定时期和一定程度上还是为社会带来了勃勃生机。在中国古代以自然经济为基础的君主专制制度下，法律反映了经济的要求，依照法律办事也比凭某个人的个人意志、尤其是比个人专横更能符合社会经济发展。

论菲律宾侵占我国南沙群岛的非法性
刘楠来

南沙群岛自古以来就是中国领土的一部分。第二次世界大战结束后不久，菲律宾对南沙群岛提出了领土要求，并在20世纪70年代以后多次派军队占领了南沙群岛的8处岛礁，声称这些岛礁是"无主地"因而可以通过占领获得主权、"确保这个区域对保护自己来说是必要的"，从而在中菲两国之间挑起了领土争端。菲律宾的这些辩解理由在法律上和事实上都是不能成立的，对此可以根据历史和法律加以反驳。菲律宾的行为侵犯了中国的主权和领土完整，也是对公认的国际关系准则的粗暴践踏。中菲两国之间关于南沙群岛的领土争端，应当而且可以在和平共处五项原则的基础上，通过双边的协商谈判得到解决。

当代西方法哲学的研究重点
张乃根

当代西方法哲学中，法律制度和实践理性、批判性法学研究运动和法律与经济学运动值得深入、细致地研究。法律制度范畴内的实践理性，是指人们在考虑法律行为时的推理能力。批判法学运动及其代表人物昂格尔的理论，对当今西方社会制度持激进的否定态度，主张积极地重建新的民主制度。法律与经济学运动的主要理论基础是科斯的理论，主要运用交易成本理论分析法律制度在提高经济效益的作用。

民族地区刑事变通立法的若干问题
屈学武

我国刑法第80条明文规定，民族自治地方不能全部适用刑法的，可由自治区、省级国家权力机关制定变通或补充规定。然而刑法的某些具体规定和法律条文，无论在定罪或量刑上，在民族地区都呈现不良运行状态。为改变这种局面，应当在刑事责任能力、共同犯罪人、故意杀人罪和故意伤害罪上进行变通立法，各个民族自治地方最终结合本地实际，因地制宜、因民族制宜对刑法进行变通或补充。

论现代民法典的结构—功能模式
徐国栋

从立法技术看，人对法典有正义、安全、效率、灵活和简短五种价值要求。但诸价值的互克性为其关系的主流，实现法典最优化的关键在于寻找法典的合理结构，将以抽象形态存在的法律诸价值分配到法典的物质构成元件上，通过各元件之间彼此配合与互相制约的关系，组成法典结构——功能系统。现代民法典中，存在着以法律概念、法条、法律规范、基本原则为构成元件的结构——功能模式。其中基本原则几乎负载着民法的所有价值，对其他全部元件的运行起到整合作用，使法典成为有机系统而具有整体性。

加强对地方立法工作的研究
（来稿摘要）
吴强等

加强法治　促进社会经济发展
——法治与社会经济发展
国际学术研讨会综述

民法上的"从随主"原则
孔祥俊　汤维建

民法上的"从随主"原则是指，在民事法律关系上居于从属地位者往往因居于主要地位者的变动而受到影响的原则。我国民法通则未对其设立一般条款，但从各项具体规定中可推导出该原则在我国的一般适用性。该原则运用在奖券法律关系中体现为，除当事人另有约定外，奖券上的中奖期待权随奖券所有权的享有而享有，随奖券所有权的转移而转移。

"明知危害结果必然发生"质疑
左振声　戴绍泉

有一种观点认为，犯罪的直接故意与间接故意不仅意志因素不同，而且认识因素上也应当不同；如果行为人明知危害结果发生的必然性，即使仅放任该结果的发生，也应为直接故意而不是间接故意。然而，就认识因素来说，无论是直接故意或间接故意，行为人在决意实施危害行为之前，受客观事物及其规律的制约，只能认识到将要实施的行为对于行为结果发生的可能性，而不能认识到危害结果发生的必然性或现实性；对危害结果发生的必然性认识，只能存在危害行为已经实施之后。以行为人行为之前对危害结果发生的认识因素来划分犯罪故意的观点，实际上是以认识因素代替意志因素，混淆了两种故意的原则界限，造成刑事责任的扩大化，甚至罚及无辜。

1992 年第 2 期

功业长在　风范永存
——纪念著名法学家张友渔同志
王家福　吴建璠　刘海年　李步云

法治与国家稳定
陈春龙

国家的长治久安、兴衰治乱不能系于某一位或几位领导者的身上，而必须依靠健全的法律和制度，依靠对这种法律和制度的自上而下的普遍遵守，即依靠社会主义法治。国家稳定包括政治稳定、经济稳定、社会稳定、人心稳定等诸多方面，其中政治局势稳定是国家稳定的首要标志。法治是政局稳定的前提，是社会稳定的手段，是经济稳定的基础，是人心稳定的保障。为了保障公民权利依法实现，同时防止权利滥用，目前迫切需要抓紧制定一系列的保障公民基本权利的法律。

行政权与审判权的交叉及其应用的探讨
高树德　李好忠

最高人民法院把行政机关处理民事争议的行为纳入行政诉讼的范围，依照行政诉讼法进行审理和判决，在理论上和实践上都引出了一些问题。当前的问题是如何正确处理行政权与审判权的交叉关系，建立起一套灵活、简便、高效、有利于调动各方面积极性的诉讼制度。

论刑法哲学的价值内容和范畴体系
陈兴良

罪刑关系是刑法哲学的一个基本问题，它既是刑法哲学的逻辑起点也是其逻辑归宿。现代刑法所追求的公正、谦抑、人道是刑法哲学的三大价值内容，而刑法哲学价值内容所依附的范畴体系，则包括范畴、关系和体系三大要素，范畴为刑法哲学理论奠定了坚实基础、抽象提炼了整个刑事立法、司法；关系使刑法哲学各个范畴之相互联系、对刑法哲学中两个基本范畴进行逻辑上的组合；体系的建构则包含对范畴遴选、分类、组建和系统化。作为刑法学的基础理论，刑法哲学对于刑法学的深入发展具有重要意义。

论刑事申诉
徐益初

申诉是一种诉讼行为，是诉讼权利或民主权利在诉讼中的体现；对申诉权人的范围有必要作适当限制，应当只限于与案件有利害关系的人，包括当事人、被害人、当事人及被害人的法定代理人、近亲属；人民法院和人民检察院在受理申诉时应当采取分级负责、就地解决的原则；有必要把对申诉的审查作为审判监督程序的一个准备阶段或者与审判监督程序密切相关的一个阶段；对申诉时效的规定，应当从维护申诉人的合法权益和有利于审查工作顺利进行的角度进行全面考虑，办理申诉案件的期限一般应以三个月为限，重大、复杂案件经批准可延长至六个月。

试论刑事疑案及其处理
洪道德　李佑标

疑案是指因证据不足或者适用法律上存在着疑难，使罪与非罪、罪重与罪轻难以认定，导致刑事案件悬而未决。基于刑事疑案具有的相对性、模糊性、或然性特征，以及其与积案、错案的区别，在处理疑案时，应当遵循疑案从无、疑案从轻的原则，这既是发展社会主义民主的要求，也符合我国一贯的刑事政策，同时也可以避免国家在经济上蒙受不必要的冤狱赔偿损失，并且从案件的处理结果而言，从无、从轻原则实质上有利无弊。

"契约"与"合同"的辨析
贺卫方

"契约"与"合同"都是中国古已有之的术语，但严格来说合同只是验证契约的一种标记，其本身并不是当事人之间的协议。"合同"成为"契约"的同义词并逐渐取代后者是1949年以后的事情，这一变化过程可见于解放初期的立法文件及翻译作品中。但用"合同"取代"契约"不仅没有必要，而且可以说是概念上的误导。

合作作品及其构成要件
宋　健

国际版权界普遍采纳的合作作品定义为，两个或两个以上的人共同创作的构成单一形态的作品。但我国著作权法对其定义不仅包括国际通行意义上的合作作品，还包括国际版权界所称的结合作品。二者之间存在显著差异。我国应采取"单独使用说"的标准进行区分。合作作品的构成要件包括，合作作者主观上有共同创作的合意，合作作者在客观上实施了共同创作的行为。

论侵权责任中的因果关系
刘士国

外国侵权责任中因果关系的理论，经历了从"条件说"到"原因说"再到"相当因果关系说"的发展过程，并随着公害法的兴起，在日本还出现了"盖然性因果关系说"和"疫学因果关系说"。我国侵权责任中的因果关系理论主要有两种观点，一种为必然因果关系说，另一种为区分因果关系的必然性与偶然性，直接性与间接性，主要和次要的综合因果关系理论。但两种理论均有适用上的局限，因此需借鉴国外有关学说对我国理论予以完善。

试论经济程序法
李中圣

经济程序法与经济实体法既相互依存又相对独立，经济程序法关系为经济实体性权利义务的实现承担着引导方向和保驾护航的职能,构成经济法主体进行活动的安全通道和经济实体法实施的保护机制。经济程序法对于端正政府的经济行为和保护被管理者的合法权益具有重要作用,应对我国经济程序法从内容和形式上予以完善。

关于经济法与行政法关系的考察
—— 从行政法规范到经济管理法律规范

王保树

经济法与行政法的联系体现为,后者是前者形成中的一个渗透因素,前者具有后者的某些性质,由后者演变来的经济管理法律规范是前者的基本部分之一。但经济管理法律规范与行政法规范相比具有自身特点,包括其中注入了某些"平等"因素,注意对被管理者权利的保护,并体现社会主义经济民主。因此,经济管理法律规范的实质性变化在于,它具有反映社会主义商品经济管理要求的特色,更能适应建立与维护有计划商品经济秩序的要求。

清代私家释律及其方法

何 敏

清代在"经世致用"学风导向下,法律解释在集历史经验之大成的基础上,根据时代的需要,走上了一条既有继承又有独立发展,以倡导法律的实用为目的的道路。清代私家注律具有普遍性、阶段性、体例多样化的特点,对立法、司法都产生了重要影响,对协调全国法制机器的运转有很大作用。清代私家注律的方法主要有:法律术语的规范化解释、互校解释、限制解释、扩大解释、类推解释和判例解释几种,具有以下特点:法律解释方法力求纤悉详至;通过释律进一步阐发律文中所包含的立法精神和法律原则;注释手段多用列举式;解释方法具有明显的阶段性;善于运用互校解释的方法;体现了释律家们的"纲常名分"和"恤刑"思想。

美国《银行存款与托收法》初探

马守仁

银行存款与托收法是美国统一各州法律全国委员会和美国法律研究会在研订统一商法典时,撷取经美国18个州立法机关通过而成为各该州法律的《美国银行家协会银行托收法典》中一些规定,《递延过帐法》和其他法律中的一些原则和规则,美国法院判决中确立的某些规则,以及银行托收实践中通行的若干程序和程式规则,汇成的统一商法典的第四篇。其中对票证所有人与代收银行的关系、代收银行的责任等问题进行了全面规定。

对地方人大常委会"撤销职务"监督形式的探讨

翟 峰

地方人大常委会对于依法行使"撤销职务"的职权实施得不够。撤销职务的法律规范依据包括地方组织法以及该法在地方的实施细则和地方人大常委会议事规则。撤销职务职权的行使,主要应该注意撤销职务议案的提出及审议程序,对撤销职务是否"适当"的把握,以及撤销职务与地方人大常委会免职、人大会议罢免的区别。

关于地方规范性文件直接对当地驻军制定法律规范的几点思考
何海桥　龚义德

随着改革开放的深入,地方性法规对当地驻军直接制定法律规范的情况日益增多。从宪法有关规定精神、军地双方的体制及各自直接代表的利益看,地方权力机关和政府并不拥有对当地驻军以法律规范性文件作直接规定的权限。地方性规范能否对驻军直接作出规定不能一概而论。我国法制建设应当重视解决军地之间的关系,最好以立法形式对军地关系加以规定。

人权绝对论与人权相对论
——当代美国关于人权的法哲学论辩
杜钢建

二战后,美国学界围绕人权问题展开了激烈论战,形成人权绝对论者和人权相对论者两大派别。人权绝对论者坚持自然权利说,主张人权是天赋的自然的权利,而人权相对者则坚持社会利益说,侧重人权的社会性,认为人权是社会的道德的权利。双方均将自由权视为人权的基本权利,但对自由权的概念和性质存在不同认识。人权绝对论者强调自由为善论,而人权相对者则认为自由既可为善,也可为恶。人权绝对论者强调人权的绝对性,并特别强调言论自由的绝对性,而人权相对论者认为人权不是绝对的,认为如果言论引起非法行动,就没有理由获得宪法保护。

"知情证券交易"与经济犯罪
顾肖荣

"知情交易"是指发行股票的公司职员等知情人员利用与该公司有关的未公开内部情报而进行的股票买卖或有偿转让,是一种不正当交易行为。其构成要件涉及行为主体、作为侵犯对象的有价证券、交易行为和内部情报。由于知情交易是一种不平等竞争,侵害了商品经济的秩序,必须予以禁止。我国正处于改革开放的关键性阶段,应当加强对证券交易犯罪和其他金融犯罪的研究。

债权人擅允债务人延期清偿债务,保证责任免除
曹守晔

最高人民法院法(经)复[1988]4号批复,是我国司法解释关于擅允债务延期免除保证责任的原则规定,其对本案所涉借款合同之外的其他合同之保证也同样适用。最高人民法院该批复与台湾及外国民法的相关规定是一致的。本批复的法理依据在于,保证合同的成立建立在当事人自愿原则基础上,债权人擅允债务延期而与债务人签订的后一合同是对前一合同的取代,且延期还款并非是对担保责任的宽限,对于债权人放弃期限利益的处分行为,保证人不应受此不利影响。

1992 年第 3 期

权利义务四论
谢鹏程

权利和义务是法律界定社会关系的两种方式或手段。从整体意义上，二者的基本功能是一致的，但从具体法律关系的内容看，权利和义务在职能上存在一定的分工，各自发挥作用的方式、方向和范围有所不同。在价值取向上，对立法者来说，权利和义务没有价值上的差异，即都是当时统治者确认的社会价值目标。但是对于一定的法律角色而言，权利和义务在价值取向上则有所不同。权利义务问题应放置在具体的社会背景下进行研究。权利义务的社会分配是法律反映社会现实的基本结构。立法的核心内容就是权利义务的社会分配。权利义务分配的合理性是立法合理性的基础。保障公民权利得以实现是法律的神圣使命。

有关行政滥用职权的内涵及其表现的学理探讨
胡建淼

行政滥用职权，即滥用行政自由裁量权，是指行政主体在自由裁量权限范围内不正当行使行政权力导致显失公正的行政违法行为。行政滥用职权是不正当行使权力造成了显失公正的结果，对于不正当行使权力尚未达到显失公正后果的，不作滥用职权论。它在实践中主要表现为，受不正当动机和目的支配致使行为背离法定目的和利益，因不合法考虑致使行为结果失去准确性，任意无常从而违反同一性和平等性，强人所难、违背客观性，不正当的迟延或不作为，不正当的步骤和方式等等。

关于走私毒品罪若干问题研究
冯 锐

对走私毒品罪的认定，应当以具备全部的构成要件为标准，注意区分该罪和走私罪的界限。只要具备走私毒品犯罪全部构成要件，即便走私量极小，也应当定为走私毒品罪；在侵害直接客体、犯罪客观方面和故意的内容三方面，走私毒品罪与贩卖毒品罪有所不同，对于贩卖走私毒品行为的定性应根据犯罪的行为性质及其侵害的直接客体来确定；在侵害的客体范围、犯罪对象方面，走私毒品罪与走私罪存在区别。作为一种直接故意犯罪，实施走私毒品罪的过程中会出现犯罪预备、未遂、中止和既遂等各种形态，分别要求具备不同的构成条件。

试论刑事公诉案件开庭审理阶段的举证责任
王策来

我国法律对刑事公诉案件举证责任缺

乏明确规定，只规定了在开庭审理时由法院出示证据，在司法实践中容易造成推诿、扯皮现象。在理论上，举证责任所指的证据必须是有罪或控诉证据，而不是无罪证据或辩护证据，因而认可抽象意义上国家司法机关的举证责任，应当确定具体诉讼阶段承担举证责任的司法机关；在司法实践上，由公诉人来承担举证责任符合"谁主张、谁举证"通则，有利于促使公诉机关把好证据关，监督有关部门收集充分可靠的证据材料，从而保证案件庭审的质量。

关于两岸合作惩治海上
犯罪的初步研讨
赵秉志

海峡两岸有关方面建立共同惩治海上犯罪的合作关系，是有效地惩治和防范海峡两岸之间海上犯罪、切实保护两岸人民利益和社会秩序以及满足维护、促进海峡两岸关系良性发展的迫切需要。两岸当局均坚持一个中国的政治立场、有关方面的共同愿望和两岸警方、司法机构协作互助的实际需要和趋势，为建立彼此合作关系提供了必要的基础条件。两岸在建立合作关系时应当坚持一个中国、公正合理、互相协商、坚持司法运作、排斥军方介入的原则，签订合作协议时应当明确合作惩治海上犯罪的范围、合作主体、合作协调机构与管道以及合作的范围、方式与程序等诸问题。

论涉港刑事案件的管辖权
张 弢 陈卫东

近年来，随着香港与内地交往的不断扩大和加强，涉港刑事案件时有发生，并有逐渐增多的趋势。由于香港特殊而又复杂的社会、政治、法律等因素，使得涉港刑事案件既不同于涉外刑事案件，也不同于内地刑事案件，这就决定了涉港刑事案件在管辖权问题上的特殊性和复杂性。对于犯罪行为和被害人都在香港或内地的一般性涉港刑事案件，应实行犯罪地管辖原则，由犯罪地司法机关享有独有管辖权；对于涉及香港和内地的一般性涉港刑事案件，内地和香港司法机关都不能各自享有独有的管辖权，而应享有牵连管辖权，可以根据不同情形确定管辖权；而对于派驻香港特别行政区军队人员、外交人员、涉及国家安全、国防外交等特定涉港台刑事案件，则应根据相关的法律法规确定各自的管辖权。

同一法律问题的悬殊规定
——评大陆与台湾对两岸人民
继承彼岸遗产的不同态度
覃有土

大陆与台湾就两岸人民继承彼岸遗产问题，在实务上采取了合理必要的处理原则。大陆方面，肯定台湾地区人民对大陆人民的遗产有同等继承权，斟酌情形延长诉讼时效，承认被继承人在台湾所立遗嘱的效力；台湾方面，亦肯定大陆人民对台湾地区人民遗产的继承权，事实上承认大陆政府关于继承人资格所审发文件的效力，大陆人民得委任律师提起诉讼。但台湾方面却在大陆人民行使继承权和继承份额方面加以限制。

论督促程序
李祥琴

我国督促程序从整体设计来看，与国

外督促程序的立法宗旨基本相同,但在适用范围、申请条件、审查程序与审查目的、异议效力等具体内容上有所不同。通过与外国相关规定进行比较,有助于我国督促程序中有关条文的解释和适用。此外,尽管督促程序实行一审终审制,但仍需相应配套和补救程序,对因支付令确有错误而给当事人造成损害的提供救济。

论民事举证责任的法律性质
汤维建

理论界关于举证责任的法律性质学说中,最具影响的是权利说、败诉危险负担说以及义务说。我国民事诉讼制度中,举证责任不仅含有实体上的败诉危险属性(内在动力),更重要的还渗透着诉讼上的真实义务属性(外在压力);诉讼上的真实义务较诸实体上的败诉危险,处于更高的理论层次,更贴近我国民事举证责任的本质属性。因此我国民事举证责任的法律性质,应属于诉讼义务的范畴。

人民检察院的民事抗诉与再审人民法院的审级
石小申

人民检察院按照审判监督程序提出抗诉的案件,人民法院再审的审级应与提出抗诉的人民检察院的级别相适应。审判监督程序的特点以及人民检察院审判监督程序抗诉的性质决定了其应向同级人民法院提出,并由同级人民法院进行审理。此外,人民法院组织法关于人民法院应当审判同级人民检察院按照审判监督程序提出抗诉案件的规定,应当适用于民事诉讼。

黄宗羲"有治法而后有治人"论之再研究
耘 耕

将黄宗羲"有治法而后有治人"的思想与荀子"有治人无治法"思想、民主主义法治和法家的"法治"论进行比较,可以认为,黄宗羲的命题与荀子的命题在法的价值观和法的思维方法上都是一致的,不存在所谓"法治与人治的对立"。"有治法而后有治人"这一命题的主旨是强调恢复三代"先王之法"、"天下之法",即"一一通变,以复井田、封建、学校、卒乘之旧",与近代民主主义的法治不是一回事。而法家的"法治"论则受到黄宗羲的猛烈批判。黄氏的思想学说,集古代社会批判思想之大成,他的"天下为主君为客"论接续并弘扬了先秦儒学以孟子"民贵君轻"论为代表的民本主义。但从整体水平而论,他远未达到近代资产阶级民主主义启蒙思想的高度。

从几件敦煌吐鲁番文书看唐代法律形式——式
冯卓慧

唐代的式是行政法规的具体实施细则,令、格以至律中有关行政管理的法律规定的实施,无不通过式来完成。唐式有三种类型,即式、式本和事类,内容包括关于租庸调实施细则的具体规定、关于水利工程的行政管理、关于河运、海运的行政管理、关于计帐、勾帐的行政管理、关于叙阶及用荫的行政管理等几个方面。唐代行政法不像刑法那样形成一部独立的法典，而是按行政部门进行行政管理的职责权限，分门别类，确定篇章，并和律、令、格相互配合。唐式调整对象之容量，涉及政治、经济、文化等各种领域，对社会发展和经济繁荣起了一定推动作用。

论沿海国对毗连区海底文物的管辖权
赵红野

毗连区海底文物的管辖权问题是国际海洋法中的新问题，在第二次世界大战以后出现。1958年的《领海及毗连区公约》第一次以公约形式将毗连区的法律制度确定下来，但是没有直接涉及海底文物的法律问题。这一问题到1973年成为第三次联合国海洋法会议讨论的一个议题，最终在1982年《联合国海洋法公约》第303条中确立了沿海国对毗连区内的海底文物的管辖权。这是一个重大的突破，但仍存在着一些不足之处。欧洲理事会等国际组织和美国、澳大利亚等国有一些关于毗连区海底文物的管辖实践，但这些实践是否能成为国际习惯法，尚不明朗。我国应尽快以法律制度确立对毗连区海底文物的管辖权，维护我国的海洋权益和文化主权。

完善我国婚姻法之我见
杨遂全

法典名称和总则方面，应由婚姻法改为家庭法，确立专门家事法庭的地位。在总则部分设立专门保护涉外婚姻家庭的条款；结婚规定方面，对婚约应有原则性规定，补充必要的亲等计算方法，明令禁止养父母子女间、继父母子女间、直系姻亲间缔结婚姻关系，并对违反缔结条件的婚姻处理作出规定；家庭关系方面，应对夫妻人身关系和财产关系、亲子关系、祖孙和兄弟姐妹间关系中的问题补充规定；离婚方面，对判决离婚的标准、财产分割等问题加以完善。

论债权人撤销权及其适用
杨立新

债权人的撤销权属于债的保全制度，为债之对外效力的体现。我国民法尚未建立债的保全制度，债权人撤销权基本原理包括其法律特征、构成要件、行使内容和具体效力方面的具体内容。最高人民法院关于赠与人恶意赠与财产无效的司法解释，基本体现了债权人撤销权的基本原理。但在立法欠缺、实践急需的情况下，该司法解释的适用具有局限性，无法解决广泛的债的保全制度适用问题，因此需对债权人撤销权制度的适用进行司法解释。

遗失物拾得的若干问题
陈华彬

民法通则第79条第2款为我国有关拾得物问题得基本法律规定，但由于本款文字过简，仅规定了拾得物所有权归属问题，而对与之相关诸多问题未予以规定，导致法院判案时发生困难。因此，有必要通过对外国有关立法规定的考察，并对遗失物概念范围、构成要件、拾得要素和性质、拾得人权利义务进行研究的基础上，对本款及相关若干问题予以解释。

社会主义人权的基本理论与实践
李步云

保障全人类人权的充分实现，是社会主义的一个本质特征。社会主义人权具有资本主义人权所不具有的优越性。推动社会主义人权制度的巩固发展和完善，需以马克思主义基本理论为指导，从社会主义国家的现实和整个世界的现实状况出发，并实事求是地总结社会主义人权的经验和教训。社会主义人权基本理论的主要内容包括对人权本质的认识，人权内容的概括，人权特征的总结，人权存在形态的分析以及人权实现标志的认定。

关于宪法监督的几个有争议的问题
程湘清

一切文明国家都重视对宪法实施的监督和保障。普通公民不能成为直接违宪主体，只能是间接违宪主体。宪法监督的内容不能仅指文件违宪，还应包括行为违宪。保证宪法的实施必须设立谙熟宪法和法律的专门机构，即在全国人大设立一个专门委员会性质的宪法监督委员会。人大监督是实行事前监督还是事后监督需根据具体情况而定。对于规范性文件应考虑采用主动审查和被动审查相结合的方式。对于违宪控告的主体不应加以限制，一切国家机关、政党、社会团体、企事业组织和公民个人都可以对违宪文件和行为提出控告。

非刑事法律中规定刑罚问题的探讨
陈广君

非刑事法律中规定的刑事责任是指在刑法典和单行刑事法律之外规定新的犯罪和刑罚，或对原有犯罪和刑罚的法律规定进行补充完善，包括规定某一犯罪行为比照刑法分则某一条款或某一罪名处罚或在非刑事法律中直接规定某种行为为犯罪并处以相应的刑罚。只要严格立法程序和权限，非刑事法律规定刑事责任会有利于促进刑法的完善和对犯罪的惩处。在我国非刑事法律规定犯罪和刑事责任的具体方式上，应当既能适应及时有效打击犯罪的要求，又能保持刑法体系的完整稳定和统一，具有可操作性；在规定具体内容时，应受到一定原则的限制，从严把握，避免造成刑法体系过于繁杂庞大。

关于完善投机倒把罪刑事司法的几个问题
崔庆森

随着改革开放、商品经济的深入发展，有必要完善刑事立法和司法，以有效地遏止和打击投机倒把犯罪活动。在界定投机倒把罪范围时，既要严格掌握该罪的法定犯罪构成要件标准，又要注意某一时期内该罪行为方式的变化和相应的法定犯罪构成要件标准的变化,根据侵犯的不同直接客体,该罪主要可分为非法经营、制造销售伪劣商品、扰乱、垄断市场、为非法经营提供资助四大类,对于这四类罪行在处罚上应有所区别。对于最高人民法院和最高人民检察院联合发布的《关于当前处理企业事业单位、机关、团体投机倒把罪案件的规定》中界定的犯罪起刑点过高、对犯罪单位未规定处以一定刑罚等内容有待完善,以克服司法实践中可能出现的弊端。

附带精神损害赔偿诉讼可行性探究
关今华

我国民法通则中已确立精神损害赔偿制度,但由于各种原因,目前尚未正式确立附带精神损害诉讼制度,这给司法实践处理此类问题带来了消极的导向作用。确立附带精神损害赔偿诉讼原则,既符合刑事附带民事诉讼制度的本意,也可避免产生"打了不赔"和"只赔不打"两种错误倾向。从学理上看,把作为"从诉"的精神损害赔偿与"主诉"合并,可以引起刑事附带精神损害赔偿民事诉讼程序;从立法的统一性、司法的协调性、民法通则确认的法人犯罪原则看,通过借鉴国外刑事附带精神损害赔偿诉讼的经验和做法,在我国确立附带精神损害赔偿诉讼原则具有可能性和可行性,建议立法机关修改刑法和刑诉法有关规定,确立提起附带精神损害民事诉讼的条件。

论雇佣人的民事责任
房绍坤

雇佣人的民事责任是以雇佣关系存在为前提的一种特殊侵权责任,狭义概念指雇佣人对受雇人在执行职务过程中致第三人损害应承担的责任。各国立法主要包括过错责任制、无过错责任制、过错责任与衡平责任结合责任制三种类型。我国民法应采取无过错责任制。责任构成包括须有第三人受损害的事实,该损害是雇佣人的受雇人所造成,受雇人行为需为执行职务的行为且构成侵权并无免责事由。我国应借鉴国外立法经验,结合我国实际情况,按照一定原则确立该责任制度。

论连带责任
孔祥俊

基于责任与债务的相互关系原理可知,连带责任与连带债务不是同义词。连带责任是指多数责任主体中的任何一人均须承担违反法律义务的全部强制性法律后果的责任。其成立除具备一般责任要件外,还需要有产生连带责任的法定原因,按责任人数成立的复数独立责任及其共同目的性,以及承担责任对象为受害人。连带责任的效力包括对外效力和对内效力,前者指各责任人与受害人之间的权利义务关系,后者是指各责任人之间的权利义务关系。

论完善民事财产保全制度和
民事执行制度
廖德功 余明永

滥用民事财产保全制度和民事财产保全超出合法范围,是实践中利用民事财产保全制度侵犯当事人合法权益的主要情形。对此,正确的赔偿原则应为,合法的民事财产保全损失由败诉人承担，违法的则由法院承担。在民事执行制度的完善方面，应以义务人的经济状况为基本依据认定其履行能力，并合理兼顾义务人的正当权益；明确执行中的和解协议属诺成性的法律行为，一经达成就具有法律效力；义务人虽无可供执行的财产，但有其他可执行债权时，应根据其债权情况认定其全部或部分有履行能力。

融资性租赁契约法性质论
梁慧星

关于融资性租赁契约法的性质，主要有分期付款买卖契约说、租赁契约说、金钱消费借贷契约说、动产担保交易说和无名契约说。其中无名契约说抛弃了用现有典型契约解释融资性租赁法律性质，而是正视这一新型交易的现实状态，分析归纳其本质和基本特征，在此基础上承认其为一种独立的新契约类型。采用无名契约说，能够做到并重融资租赁契约的法律形式和经济实质，为正确认识及解释该契约并妥善处理有关法律问题提供法理依据。该理论亦为在修订经济合同法时将融资租赁规定为新型有名契约提供了理论支持。

原始氏族人权初论
—— 对人权之源的几点质疑
周长龄

人权作为人的权利，是一个历史范畴。近代商品经济意义上的人权起源于17、18世纪资产阶级革命时期。人权在历史起源上先于法律权利。广义的人权概念在时态上包括原始氏族社会以氏族习俗保障的人权、阶级社会以法律保障的人权和共产主义社会以共产主义道德维系的人权，即原初的人权、异化的人权和复归的人权。

清代八议制度存废考析
苏亦工

雍正六年谕只能表明胤禛本人的政治主张，而不能代表其祖宗的意图，也不能保证以后的情形，因此据此就推断清代八议之法为具文是不足信的。清代除个别时期，八议之律始终是有着实际效力的。但清代的八议与唐律中的八议相比，发生了很大的变化。唐代八议制度采用的是折中的或称混合的办法，而清律未做这种区别；唐律等级森严，八议之人地位最高，享受的特权也最大，而清律中八议之人享受的特权和普通官员没有太大差别；唐代八议制度是一个十分周密而完备的系统，而清律中的八议，不仅没有法定减等的规定，也没有官当、免官、免所居官等以官爵以官折抵罪刑的措施。

论国际刑法问题的新发展
林 欣

由于国际犯罪活动的增多和犯罪情况的变化，国际刑法领域中的一些主要问题有了新的发展。鉴于非法买卖麻醉药品对人类生存的严重威胁，联合国国际法委员会拟订了《破坏人类和平与安全罪法典》，明确将之规定为反人类罪，以提高对打击这种犯罪活动重要性的认识。在域外刑事管辖权问题上，一些主要国家对被动的属人原则、安全原则态度有所改变，出现了代理原则和被告人惯常居所两项新原则。此外，引渡问题也出现了诸多新的发展，如不将国际犯罪行为视为政治罪行、可引渡的罪行由列举规定法向概括规定法发展、不坚持主张一定要有引渡条约、对引渡证据的要求放宽、逃犯的缺席判决不被承认以及不得将逃犯引渡至有遭受酷刑危险国家或可处死刑的国家、以驱逐代替引渡等。

开创解放思想繁荣法学的新局面
——中国法学期刊主编联谊座谈会综述

对刑法中关于"妇女"一词的修改建议
张年庚

我国刑法分则第139、140、160、169条，有四处出现"妇女"一词，存在两种情况：一种是指不包括幼女在内的其他女性；另一种是指包括幼女在内的所有女性。第139条第1款规定的妇女不包括幼女，但作了幼女也可以成为强奸罪犯罪对象的补充规定；第160条第1款中虽包括幼女但未作明确规定。引诱、容留、强迫妇女卖淫罪中的妇女应当包括幼女，建议修改刑法将第140条、第169条都增加第2款，明确规定这两条包括幼女，为司法机关查处此类案件提供法律依据。

情势变更原则的适用
耀振华

最高人民法院法函（1992）27号，直接运用了情势变更原则对立法不足予以补充和完善，其法律依据是经济合同法第27条第1款第4项之规定。该司法解释符合现代法学理论的发展要求和我国实际需要，并符合我国立法精神。情势变更原则的适用应具备：须有情势变更且发生在合同成立生效后、合同关系消灭前，须因不可归责于双方当事人且无法防止的事由发生，当事人不能预料，并导致维护原合同效力显失公平。适用的后果是产生二次效力，即变更合同和解除合同。

1992 年第 5 期

进一步解放思想，繁荣法学研究
—— 法学所部分研究人员
座谈邓小平南巡讲话

法律文化的释义
张文显

要对法律文化作出一个科学的、实用的释义，必须选取适当的法律文化参照，正确认识与处理法律文化与法理学理论体系的关系，把法律文化与法学的基石范畴联系起来进行释义，确定法律文化研究的理论价值指向。由此，可以把法律文化理解为法律现象的精神部分，即由社会的经济基础和政治结构决定的、在历史进程中积累下来并不断创新的有关法和法律生活的群体性认知、评价、心态和行为模式的总汇。

论依法行政
刘 瀚

依法行政是现代行政的核心原则，是现代法治的主要内容。在我国，它是指国家行政要贯彻法治原则，于法有据，依法办事。依法行政是社会主义民主的要求，是社会主义法制的要求，是国家行政机关的性质和地位、行政管理的特点决定的。我国的依法行政是有中国特色社会主义事业的一个重要组成部分，应当从实际出发稳步开展我国的依法行政。

公有制的法律实现方式问题
孙宪忠

公有制的法律实现方式问题，不仅是法律理论的一个基础问题，还是我国当前的改革实践迫切需要解决的问题，但对此问题的旧有理论却严重束缚了当前改革实践。首先，坚持只有保留国家所有权才能保持全民所有制是对马克思所有制学说的一个退步；其次，"两权分离"及经营权理论有难以弥补的缺陷，不能作为实现全民所有制的最佳模式，更不能作为唯一方式；第三，全民所有制企业享有法人所有权应是实现全民所有制的普遍方式和现阶段的理想方式。

经济法学的法律经济学分析
张守文

法律经济学和经济法学都是在摆脱20世纪30年代经济危机的努力中应运而生，并导源于学科的渗透融合，是社会发展，人类认识深化的结果。法律经济学用于经济法方面的研究，包括对法律进行分析和注释以及对法律进行评价。作为法律经济学基石的科斯定理，要求法律能选择一种成本较低的权利配置形式和实施程序，可结合我国实践用其探讨我国经济法存在必要性、调整范围和对象、语义分析等问题。产权理论用于消除市场内部障碍，公共选择理论用于消除外部障碍，对于经济法的有效运作具有重要意义。

银行承兑汇票案件审理中的几个问题
潘跃新

我国银行承兑汇票结算制度尚无严格法律规范，在纠纷案件审理中无所适从，集中体现在案件管辖，第三人，冻结银行承兑汇票，民法通则和《银行结算办法》适用选择等问题上。对此，目前可行的办法是最高人民法院依据有关规定，针对银行承兑汇票纠纷案审理中的一些问题，作出较为全面司法解释，供各级法院审理时遵照执行。

论行刑的调控机能
周红梅

行刑的调控机能是指在刑罚执行过程中，通过减刑、假释、赦免（罚金）等方式，对确定刑进行一定限度修正和调整的机能。这种调整确定刑的行刑制度，产生于近兑现代以教育刑为其主要目的的刑罚制度，其调控的具体依据必然是行刑的实际成效。然而，行刑的调控功能动摇了确定刑的稳定性和权威性，几乎否定了绝对确定刑的存在价值，利弊并存。一方面，行刑调控符合刑罚的经济性要求，也是实现刑罚个别化的重要手段之一；另一方面，行刑调控是对罪刑法定原则的破坏，意味着对确定刑和既判力的破坏，削弱了国家刑罚的强制性。为避免行刑调控与传统理论及实践的冲突，应从改革刑罚制度上着手，由法院宣告相对不定期刑，增强行刑的调控功能，克服定期刑的弊病。

论国际刑法中的普遍管辖原则
张智辉

普遍管辖原则是指世界上每个主权国家都有权对发生在其领土之内的国际犯罪实行刑事管辖。它最初为地中海沿岸个别国家在国内刑法中采取的刑事管辖原则，后来逐渐发展成为国际社会公认的、普遍接受的国际刑法原则。普遍管辖原则的适用应当严格遵守有关国际公约规定的适用条件、范围和方式，其本身在实质上并不意味着否认和取消国家主权，也不构成对国家主权的侵犯。作为国际刑法的基本原则和国际刑法赖以产生和存在的基本前提，普遍管辖原则实际上包容了其他管辖原则，具有高于其他管辖原则的效力。解决普遍管辖原则在国际实践中遇上的各种困难和矛盾，对保障国际刑法更有效地同国际犯罪作斗争具有现实意义。

关于刑事搜查几个问题之研讨
周国均

刑事搜查是刑事诉讼的一项重要诉讼活动。在概念上，搜索比搜查更能反映行为的特定内容，具有寻找和强要之意。由于搜查并不是对被强制者人身自由的强行限制，故在刑事诉讼中将搜查与拘留、逮捕并列规定为强制措施并不妥当。进行搜查的目的在于通过搜查以扩大证据的来源、提取和增加证据的数量。当具备"认为有必要"这一搜查理由时，由有权决定或批准、执行搜查的机关或人员对被搜查人的人身、物品、住所等进行搜查。根据搜查的种类不同，可以分为有证搜查、无证搜查和公开搜查、秘密搜查。此外，我国立法机关应当根据本国的具体情况借鉴国外刑事诉讼法立法技术方面的有关规定，在刑事诉讼法中增补规定搜查的时间。

以史为鉴，倡廉肃贪
高绍先

统治阶级对廉政问题的认识是在维护其统治的实践中不断深化的。中国古代长期的法律实践和从其中总结经验而产生的吏治思想，既有丰富理论内涵，又具有可操作性，是古代廉政的精华，对今世亦有借鉴意义。《唐律》对惩治官吏贪赃贿赂规定非常详细具体，具有罪广刑重，监主、势要从重，以赃计罪，犯罪之人承担连带责任的特点。廉政既要靠法律保证，也要靠官吏的素质和修养，因此儒家思想中的慎独思想、修齐思想、清廉思想、忧乐思想亦值得我们重视并加以利用。

外国侵权行为与国内法院管辖权
龚刃韧

在因外国国家的作为或不作为而引起人身伤害或财产损害的情形下，国内法院能否行使管辖权是近年国际法上一个争论较大的问题。国内法院对外国侵权行为行使管辖权，是二战后西方发达国家全面转向限制豁免主义的一个必然结果。欧洲大陆法系国家一般都根据外国行为的公法或私法性质来决定法院的管辖权，而英、美等国已经走到对"统治权行为"也行使法院管辖权的地步。各国普遍承认外国侵权行为与法院地国的领土联系是行使管辖权的必要条件，但是在具体内容上各国实践不尽相同。目前，对于国内法院对外国侵权行为行使管辖权的问题，各国还存在深刻的分歧，还有几个尚待解决的问题。

地方人大监督的若干情况和建议
王德祥　莫纪宏

1991年下半年至1992年上半年，全国人大监督法课题组在我国南方十几个省市就地方人大对"一府两院"的监督情况进行了社会调查。从调查结果来看，地方人大监督在制定地方性法规使监督制度化、法律化，监督形式的多样化，对司法工作、尤其是个案监督的加强等方面，取得了一定成就。但是，地方人大对同级政府监督不力，对"一府两院"的人事监督缺乏足够的法律拘束力，特定调查委员会的职责不清。加强人大监督，要尽快制定全国人大监督法，提高地方各级人大常委会主要领导人在同级党委中的地位，加强地方人大监督组织体制建设。

关于人民调解若干问题的研究
朱长立

人民调解已成为我国特有的调解民间纠纷的法定重要方式，但学界大多只偏重于对其应用性的研究，在理论方面的探讨相对薄弱，由此引起立法上的不完备和实践中的各行其是。因此，有必要就近年来关于人民调解论述中人民调解的地位，人民调解委员会的性质，人民调解协议，人民调解工作的指导和管理,以及对其研究的展望和思考等主要问题的不同观点作一综述,以供学界研究参鉴。

中国法学会宪法学研究会 1992年年会及学术讨论会综述

评德沃金的权利思想
吴玉章

德沃金的权利思想的逻辑起点是平等概念。通过确立平等概念为逻辑起点,德沃金使个人权利和社会目标具有共同的思想渊源,克服个人权利和社会目标之间的对抗,从而为他所主张的妥协提供了基础。在权利分类方面,德沃金将权利分为泛泛的权利和制度的权利、普遍的权利和特殊的权利,以此突出现实权利的合理性,为个人权利和社会目标之间的妥协提供现实的策略,即认真对待现实权利。德沃金权利思想具有多层次含义,但其核心乃是权利和制度之间的妥协、个人权利和社会目标之间的妥协。

1992 年第 6 期

市场经济与法制现代化
——座谈会发言摘要

论权利与效率
——一种法律经济学观点
田培炎　蒋兆康

权利作为资源具有稀缺性，以效率为价值取向的权利配置是我们目前所能选择的权利配置的最佳模式。以效率为价值取向变革现存中国权利配置体系，应遵循成本—收益分析原则、渐变原则、局域原则、权利充分实现原则、权利义务并重原则。

权利本位——市场经济发展的必然要求
林喆

法律是人类社会各种关系内在规律的科学反映。在市场经济条件下，劳动者不仅应有生产商品的种种权利，而且还应具有等价交换的权利。市场经济的存在和发展客观需要立法者对商品持有者的生产权利和交换权利予以法律确认，确立以权利为本位的法律秩序，即就商品生产者而言，权利居于主导地位，义务由权利而派生，并且只是实现权利的手段。在资本主义制度下存在权利异化的现象。在社会主义制度下，进行权利分配首先应该是有利于提高社会效益，同时充分考虑社会的公平愿望。

略论国家赔偿与民事赔偿的区别
朱维究　姜天波

国家赔偿自成体系，有着特殊的赔偿原则和方法，不在民法规范调整的社会关系以内，也不是传统民事赔偿所能容纳的。国家赔偿与民事赔偿在立法目的、法律依据、原则、主体与内容、立法体系、争讼管辖权、诉讼时效和除斥期间等都有明显不同。政治体制改革和社会主义法制的完善，要求在充分的理论和实践基础上，制定单独的国家赔偿法。

论行政诉讼受案范围的适用
皮纯协　余凌云

司法实践中，审判机关在适用行政诉讼受案范围上往往不恰当地扩大行政诉讼受案范围，或将应当由行政审判解决的行政争议排斥在外。正确适用行政诉讼受案范围，从立法技术角度，要正确认识与掌握行政诉讼法关于受案范围法律规定中某些条款的涵义及逻辑关系。从行政法角度，要正确理解具体行政行为的基本含义，解决非单纯行政法律关系争议的主管问题和行政机关不作为具体行政行为的认定问题。

论我国民法典的认识论基础
徐国栋

立法者就认识论所持立场，会影响到立法权在立法机关与司法机关之间的移转，从而影响到民法典的涵盖范围、所采用的法律渊源体系以及立法的明确或模糊等许多立法事项的处理。我国未来民法典的认识论基础是以辩证唯物主义为重要内容的马克思主义哲学，其属于认识论中的折中说。在此基础上民法典渊源体系应包括法律、国家政策、社会公德、判例、国际条约和国际惯例。并在民法典真实标准上采用形式真实标准，合理使用推定和拟制的立法技术。

对修订《经济合同法》若干基本问题的探讨
刘俊臣

在合同领域制定数个基本法是不可取的，结合客观需要，现阶段仍需要维护经济合同法的基本合同法地位，并以保持其现有名称和基本框架为前提，通过修订使其更加完善。经济合同法的调整范围应为双方当事人在生产经营活动中所发生的商品经济关系。完善其基本框架和结构需要解决具体合同种类的法律调整，是否规定经济合同的管理和仲裁及其篇章结构三个方面的问题。在基本制度方面，应以强化合同债的约束力为核心，充实内容。

股票价格形成机制的法律调整
陈甦

通过买卖双方议价形成股票价格，是法律对其进行调整的出发点。法律确立和保障的应是股票价格形成过程的合理性和公平性，而不是股票价格形成的结果。针对我国目前证券市场制度上的缺陷，应健全有关的股票价格形成机制方面的法律制度，其中包括扭转股票总供求关系不平衡的法律措施，完善发行人经济状况公开制度，进一步完善股息派发制度等，以培育成熟的证券市场。

民事诉讼中法院职权的弱化及其效应
——兼对新旧民诉法典中几项制度的比较研究
陈桂明

较之1982年旧民诉法典，1991年颁布的新民诉法典中规定的法院职权在一定程度上有所弱化。所有修改中，调查收集证据方面，二审审查范围方面以及法院调解等方面的职权弱化，具有至关重要的意义。法院职权弱化带来若干正面效应的同时，也引发了一些问题，对此需要转化审判观念；进一步重视律师工作，提高律师的地位和素质；解决诉讼机制转变给法院工作带来的一系列问题。

试论我国刑法上犯罪结果的概念
段立文

刑法上的犯罪结果涉及刑法学领域诸多理论，与定罪量刑关系甚密，但是在法学界对其认识很不一致，比较混乱。在对我国刑法上犯罪结果这一概念进行界定时，必须以基本犯罪构成客观要件为基点，明确其表现形式既可以是已经发生损害结果或可能发生损害结果,并且包括物质性损害结果和非物质性损害结果,同时犯罪结果是行为人的主观认识因素与法律客观评价的辩证统一。由此可见,刑法上的犯罪结果应当被定义为犯罪行为对我国刑法所保护的社会关系造成或可能造成的一定损害。

"一国两制"与刑事管辖
廖增昀

一国之内不同刑法区域之间刑事管辖上的矛盾和冲突,在性质上与国际刑事管辖冲突迥然有异。根据"一国两制"的方针,我国港澳地区一般情况下不适用全国性普通刑法,而是实施各自特别刑法;当刑事管辖发生冲突时,宜采用犯罪地管辖为主、被告人居住地管辖为辅、"一事不再理"和"一罪不两罚"的原则,在协调基础上与全国其他地区建立司法联系和互助。而在海峡两岸和平统一之前,两岸的刑事管辖须以"一国两制"下刑事管辖的原则为主,对于在台湾地区发生的严重危害国家安全、信用以及严重侵害大陆人民权益的犯罪行为,虽经台湾地区法院审判,仍可依照中华人民共和国刑法处理,同时努力开辟两岸间刑事司法联系与合作的渠道,以及时准确地惩治犯罪,保护两岸居民间的正常交往和治安秩序。

我国刑法规定了严格责任吗
王 晨

对于严格责任问题,大陆法系国家与英美法系国家刑法理论上采取了截然不同的态度。大陆法系国家普遍认为主观罪过是构成犯罪、负担刑事责任必备的主观基础,因而不承认所谓的严格刑事责任,而英美法系国家立法上明确规定严格责任的犯罪。中国刑法在刑事责任问题上一直坚持主观与客观相统一的基本原则,因而无法用严格刑事责任理论来解释醉酒人犯罪、奸淫幼女罪中年龄认识错误以及法律认识错误等特殊情形的犯罪主观罪过,由此可见,严格责任并不符合我国刑法立法精神,在我国现行刑法中并没有规定严格刑事责任的犯罪,而且在未来修改我国刑法时并无增设这类犯罪的必要。

论中外双边投资保护协定
关于待遇标准的规定
赵 健

自1982年起,我国政府先后同20个国家缔结了19项鼓励和相互保护投资协定。其中,外国投资在我国享受待遇的标准是协定的一项核心内容,也是我国政府同缔约对方发生争执的焦点。目前,以公平待遇为指导原则,以最惠国待遇、不歧视待遇和国民待遇为具体标准,以从优规则为补充的一套较为完善的待遇标准体系已经确立。对于居中心地位的公平待遇原则的解释,主要应遵照投资东道国国内法进行解释,而不能以国际法为标准。

广西涉外经济法律问题研讨会综述

1993 年第 1 期

法理学面临的新课题
刘 瀚 夏勇

　　法理学研究应该建立在对中国国情的科学认识基础上，真正具有改革开放精神，着眼于本学科的基础建设，重视实践，面向社会。法理学的主要任务之一，是从法学角度研究中国的经济、政治和思想、文化等社会关系，为规范、调整和保护这些社会关系提供科学依据。当前，法理学研究应该以建立社会主义市场经济法律体系为契机，丰富、完善知识体系、价值体系和方法论体系，以新的视角深入研究本学科的基本理论问题。

论建立适应社会主义市场经济的民法经济法体系
谢怀栻

　　建立适应社会主义市场经济的民法经济法体系，必须遵循适应社会主义市场经济需要的重要原则；在这些原则之下，建立一系列的具体制度及相应的法律，如企业制度和企业法，产权制度和有关法律等。此外，应明确国家对经济的宏观调控，并将其与国家利用法律对经济的微观管理相结合。

法律规范的逻辑结构分析
李振江

　　法律规范的逻辑结构包括假定、处理和制裁。其中，法律规范的制裁，指的是任何法律规范一旦受到破坏，就必然会受到制裁。即使是奖励性规范，仍然会有违反它的情况发生，仍然会有制裁。法律规范的假定，指的是法律规范适用的范围和条件。司法解释在解决法律的具体应用问题时，实际是对法律规范具体适用的范围和条件作出界定。这种规范并非与法律相脱离而独立，是对法律规范假定部分的进一步说明和补充。

《资本论》及其创作过程中的历史唯物主义法律观
吕世伦 毛信庄

　　马克思在资本论及其创作过程中所阐发的历史唯物主义法律观，至今仍然照耀着马克思主义法学的发展道路。其历史唯物主义法律观主要包括：法的关系是一种反映社会经济基础的意志关系；法与生产关系之间存在不平衡性，特别是建立在相同生产关系基础上的各国法的形式可以有很大的差别；法是对符合统治阶级利益的现状的神圣化；法除了具有阶级统治职能外，也执行社会公共职能。

论法规的立法监督
梁彦

法规的立法监督是由国家立法机关按照宪法和法律授予的职权，对已经制定或正在制定的法规，从内容、立法权限到立法技术等方面进行经常性、固定化的审查监督。立法监督既是促使法规制定机关检验立法工作、改进立法质量、提高法规社会效益的重要方式，也是促使立法工作科学化、系统化的手段。开展立法监督，要健全立法监督机构，制定相关法律、法规，明确立法监督的原则，完善立法监督的方法。

内外行政法律关系的理论与实践
杨小君

内外行政法律关系是其他行政法内外主体、规范、行为、手段、责任的基础。划分内外行政的根本标准应该是行为—权利。这是因为：权利义务是法律关系的根本性要素，主体的单一性和主体权利的两重性，平等的权利受平等的保护，行为—权利标准能够克服其他标准的缺陷与不足。运用内外行政法律关系理论，可以解决行政法实践中诸多存在争论的问题。

论行政自由裁量权及其法律控制
姜明安

行政自由裁量权是法律、法规赋予行政机关在行政管理中依据立法目的和公正合理的原则，自行判断行为的条件，自行选择行为的方式和自由作出行政决定的权力。它是现代社会经济发展的必然产物，是管理现代社会经济的必需。但是，行政自由裁量权不是绝对自由的权力，没有控制的自由裁量权是对公民权利和自由的严重威胁。对行政自由裁量权的法律控制，主要集中在行政程序和司法审查两个方面。

行政诉讼证据问题新探
董皞

行政诉讼证据的证明对象和内容一般仅限于具体行政行为的合法性问题，具体行政行为作出时未采用的证据不能用来证明具体行政行为的合法性。行政诉讼证据的运用特点，一般表现为：被告负举证责任，对被告及其诉讼代理人调查收集证据的权力予以限制，人民法院无需全面收集和调查证据。

论我国刑法司法解释权的归属问题
——关于建立多级审判解释体制的构想
游伟 赵剑峰

明确刑法司法解释权的归属是完善我国刑法司法解释制度的重要环节。应严格依照全国人大常委会的立法规定制发司法解释，杜绝无司法解释权的机关参与或者单独制发各类型司法解释的做法，实行最高司法机关解释制。有必要逐步取消最高人民检察院制发刑法司法解释的权力，刑法司法解释权应统一由人民法院行使，建立起以最高人民法院为核心的多级审判解释体制。

我国知识产权刑法保护的若干问题
李 本

知识产权的刑法保护，应在结合中国实际的基础上，尽量吸收外国的经验、尽量符合世界潮流和趋势。我国知识产权的刑法保护的问题表现在：知识产权的刑法保护还不够充分、周详；知识产权的刑法保护不够协调，法律和法律之间、法律内部的法条之间存在矛盾或失衡。应充分利用刑法修改的机会，解决刑法的不协调以及刑法典内部不协调的问题。

"迷信犯"刍议
向朝阳

极端迷信和极端愚昧无知是形成"迷信犯"的两种原因。由迷信犯的特点决定，其与工具不能犯在行为人的认识的基础、认识错误的内容、行为人追求的结果未发生的原因、社会危害性上都不相同。"迷信犯"与利用封建迷信进行的犯罪在行为人主观认识的基础、法律性质上也不相同。"迷信犯"不为罪不受刑罚处罚的原因在于它不具有社会危害性。建议在刑法的修改过程中，对"迷信犯"不为罪不受刑罚处罚的原则有所规定或体现。

预期违约理论比较研究
南振兴　郭登科

预期违约虽非现实违约，但其存在引发未来实际违约的危险，因此，建立预期违约救济制度具有重要意义。预期违约理论源于英美法，与大陆法系的不安抗辩制度相比，二者具有较大差异。《国际货物销售合同公约》基本吸收了英美法预期违约理论的框架，但在某些具体规定上更为严谨和明确。我国涉外经济合同法对该理论移植有限，随着我国法制环境的优化和合同法的逐步完善，在我国合同法中引入预期违约责任制度实属必然。

论工会法
史探径

我国新工会法的颁布和实施，是我国民主和法制建设中的大事，具有重要意义。工会法主要调整四个方面的社会关系，并基本采用平等协商的方法进行调整，立法主旨在于保护劳动者权利，因此其在法律体系中应归于劳动法部门，而不宜成为独立的法律部门。根据工会法规定，我国工会承担的维护职工合法权益的职能，在新时期具有重要意义。

欧洲共同体反倾销法与中国的出口贸易
王晓晔

自1978年中国和欧洲共同体签订贸易协定以来，双边贸易关系在逐年发展，但之间也存在许多摩擦和相当阻力。其中，欧洲共同体越来越频繁地对中国商品实施反倾销法，是妨碍双边贸易关系发展的重要因素之一。因此，研究和了解欧洲共同体的反倾销法及近年来对中国商品提起的反倾销案例，对于消除双方的贸易障碍，解决贸易争端，进一步促进双边经济贸易关系，都是十分必要的。

认定侵害名誉权的若干问题

王利明

名誉权的客体是名誉，不包括名誉感，名誉感不能解释法人名誉权的客体。由此，认定某人的行为是否侵犯他人名誉权应以客观标准为判断依据，即以行为人的行为是否已造成受害人的名誉受损为判定依据。所以，受害人要证实行为人的行为侵害了其名誉权，必须证明行为人所实施的侮辱、诽谤等行为，因行为人的过错而为第三人所知悉。侵犯名誉权在一定程度也构成对人格尊严的侵害，但人格尊严本身应作为一种独立的人格权予以确定和保护。

1993 年第 2 期

市场经济与经济法学的发展机遇
王保树

在发展市场经济的过程中，经济法学需要抓住发展机遇。作为其发展机遇的环境和机会包括作为研究对象的充分的经济法律现象，相应的适应生产力发展的经济体制以及良好的学术环境。把握机遇的关键在于转变观念，要彻底抛弃拉普捷夫的经济法理论和与此相适应的观念，认真转变计划法是经济法龙头的观念，重新认识经济管理关系的本质特征。

论行政诉讼中的司法能动性
——完善我国行政诉讼制度的理论思考
周汉华

行政诉讼的司法能动性，决定于其审查对象的特殊性，即被控行政行为不仅要合法，而且要合理、科学。法院对被控行政行为合法性、科学性、合理性，即对法律问题、事实问题和政策问题进行审查的力度，从严格审查、相对中立到高度尊重的递减，是行政诉讼司法能动性的基本表现之一。但是，法律问题、政策问题和事实问题三者之间的界限是相对的、动态的，司法是一个将规则适用于不同情况、从不确定中求确定的辩证过程。司法能动性和司法的自我克制是司法活动不可分离的两个方面。我们应从实际出发，具体问题具体分析，逐步确立区分法律问题、政策问题和事实问题的原则和方法，建立相应的审查标准。

公证行政诉讼探析
程雁雷

公证处是国家行政机关，以自己的名义代表国家行使公证职能，其在职权范围内作出的公证行为具有法律效力，并能以自己的名义独立承担法律后果。公证行为是公证机关针对特定公民、法人或其他组织，针对特定的具体事项作出的单方行为，涉及公民、法人或其他组织的权利和义务，属于具体行政行为的范畴。因此，对公证行为可以根据行政诉讼法有关诉讼范围的规定，提起行政诉讼。

论行政强制措施
沈开举

行政强制措施是指行政主体依法针对特定的公民、法人或其他组织采取的限制其人身、财产或其他权益的具体行政行为，可以分为对财产权的强制措施、对人身权的强制措施和对其他权益的强制措施，对违法人的强制措施、对违法嫌疑人的强制措施和对没有违法人的强制措施，强制预防、强制制止和强制保全，等等。我国目前的行政强制措施制度存在着诸多问题，需要从立法上加以完善。

论共同过失犯罪
侯国云　苗　杰

我国刑法应当承认共同过失犯罪，因为不承认过失共犯不利于司法实践中对过失犯罪的处理。共同过失犯罪的社会危害性比单独过失犯罪重，但比共同故意犯罪轻。根据不同的标准，可以把共同过失犯罪和共同犯罪人分为不同的类型。过失教唆犯的成立需符合一定的条件，过失教唆犯也可能与故意教唆犯重合。追究共同过失犯罪的刑事责任，应贯彻分别处罚、身份从重、区别责任原则。

论人身危险性及其刑法意义
陈兴良

人身危险性是随着刑事实证学派的崛起而产生的概念，刑事人类学派强调犯罪人的生物学因素，刑事社会学派强调犯罪人的社会因素。人身危险性属于未然之罪，指犯罪可能性，而犯罪可能性是再犯可能与初犯可能的统一。犯罪人的人身危险性是客观存在的，应当在社会危害性的前提下讨论人身危险性。人身危险性在刑法中的意义体现在立法、定罪、量刑和行刑过程中。

物证新论
刘万奇

物证是以其自身属性、特征或存在状况证明案件事实的客观实在。对物证进行分类，可以加深对物证本质的认识，可以帮助把握物证的特征。根据不同的标准，可以把物证分为不同的种类。物证的特征着重表现在它的客观性、特定性和间接性。除应对物证进行静态的研究之外，还应对发现、收集、固定、保全和审查判断等活动进行动态考察。

融资性租赁若干法律问题
梁慧星

融资性租赁交易由租赁契约和买卖契约构成，两契约的成立与生效相互交错，并非完全相互独立。基于融资性租赁交易的特殊性，融资性租赁契约是具有租赁和融资双重性质的新契约类型，在租赁公司交付义务的履行，中途解约的禁止，租赁公司瑕疵担保免责特约的有效性，用户对供应商直接行使瑕疵担保请求权，租赁中危险负担免责特约的有效性，以及在承租人破产时契约的解除，对第三人的侵权行为责任等方面，具有不同于传统租赁契约和买卖契约的特点。

台湾的民法与市场经济
王泽鉴

台湾以民法为核心的私法体系为市场经济的发达提供了必要的、不可欠缺的法制基础，而市场经济的发达也促进私法体系的调整。完善的物权法和契约制度不但使市场经济具有效率，而且使个人能够自主，有选择可能性和奋斗努力的意愿，这也是台湾经济发达的主要原因。但民法的终极目的在于维护、促进、保障个人的自由、平等、人格的发展和尊严，目前面临的问题是如何加强防止对所有权和契约自由的滥用。经济建设与法制协力，才能建立有效率和公平的市场经济社会。

关于吸收和借鉴西方民法问题
孟勤国

吸收和借鉴西方民法，有助于了解和评判现代资本主义商品经济各种制度的优劣得失，对于中国民法乃至中国市场经济的形成和发展，具有减少无谓摸索和避免重蹈他人覆辙的现实作用。民法理论研究西方民法的重心，应落在说明中国对西方民法各种法律机制的现实需要和可能，落在揭示西方民法能被吸收和借鉴的范围和程度，落在如何消化和吸收西方民法使之成为中国民法的有机组成部分。

许衡的法律思想
汪汉卿

许衡认为，唯有推行汉法，元蒙政权才能适应中原地区高度发展的封建政治、经济、文化的现状，并求得巩固和发展；只有服膺于经过千百年历史选择、占社会统治地位思想的儒学才能使国家长久。他提出"治人者法，守法者人，人法相维，上安下顺也"的命题，不仅指出法是治国治民的重要工具，有国有民而无法则乱；法要靠人来遵守和执行，有其法尤贵有好的执法之人，更强调法和人之间相互维系、相互制约的作用，从而达到上安下顺，天下大治。法律的实施必须有良好的社会环境，他不"患法令难行"而"患法令无可行之地"，此外，君主若能率先垂范、带头守法，必能实现大治。许衡的政治法律思想，对元初推行汉法，实行封建化，以及元朝封建法制建设起了很大的作用。

论联合国安理会的表决程序
刘大群

安理会表决程序是一种"限定的多数表决制"，它吸取了历史上正反两方面的经验与教训。其中常任理事国的否决权是一种少数阻止多数的权力，效力十分有限，它只能阻止决议的产生，不能促成决议的通过；而其所投的弃权票与不参加投票的法律效力，均不构成否决，也不能阻止决议的通过；非常任理事国的集体否决权实际上也只有在常任理事国均弃权的情况下，才能付诸实施，因而被称为"有限的集体赞成权"；常任理事国拥有的双重否决权，与其说是一种权力，不如说是历史遗物，它使安理会难以通过任何决议，因此在实践中早被否决。

释《民法通则》第148条之"扶养"
——权威英文版本之误译分析
陈大文　曹叠云

"扶养"指养活或物质上生活上的帮助，即maintenance，而法工委所译的maintenance of a spouse after divorce一语不但不符合立法原意或应有之广义"扶养"；甚至连与狭义"扶养"也不相吻合。应参照最高人民法院《关于贯彻执行〈中华人民共和国民法通则〉若干问题的意见（试行）》第189条前段的规定，对民法通则第148条"扶养"一词进行解释，并进一步明确意见中的"其他"扶养关系，供相关解释和译文修改之参考。

1993 年第 3 期

行政机关编制法论纲
应松年　薛刚凌

我国行政机关编制管理存在着管理机构不健全、管理体制混乱、管理方法不科学等问题，需要在修改、完善行政机关组织法的基础上，通过制定行政机关编制法，控制行政机关编制，建立和完善行政编制法制，保障行政机关编制管理科学化，从而巩固结构改革的成果。行政机关编制法主要应由三部分构成：关于编制法律关系的产生、变更和消灭的程序法规范，编制的管理和对执行编制规定的监督，对违反编制规定和编制法的法律责任及其追究。

论行政规章以下行政规范性
文件的效力
高若敏

行政规章以下的行政规范性文件的效力问题，是行政机关在行政执法中经常遇到的问题。这类规范性文件属于执行性文件，而不是创造性文件，必须在行政机关或部门的权限范围内制定，必须遵循制定程序，内容不得与宪法、法律、行政法规、地方性法规以及根据法律法规制定的行政规章相抵触。在适用上，这类规范性文件只能"参考"适用，不能单独作为具体行政行为的法律依据，不能在行政诉讼法律文书主文中引用。

行政程序法的目标及其实现
张泽想

行政程序法的基本目标包括权利保障和行政效率两个方面。权利保障具体体现为民主、公正、安全与制约，行政效率具体体现为经济、便利和灵活。权利保障和行政效率密切联系，并存在着一定的矛盾和冲突。我国现阶段在此方面存在着行政效率低下、权利保障机制不健全的问题，应该选择权利保障和行政效率并重的程序目标模式。为此，应该赋予行政程序法以强制性，规定实际、合理、可行的行政程序，培养公务员依法办事的观念，完善立法技术。

民事救济权制度简论
杨振山　龙卫球

民事救济权可分为救济性形成权、救济性请求权，以及抗辩权三大类，不同的救济权应有不同的行使期间。民事救济权与作为基础权利的债权存在区别，但可准用债的规定。民事救济权本质属于民事实体权利范畴，是对基础权利的保障，民事责任则是为保障救济权而设立的民法制度。救济权竞合时，救济权人以完全恢复基础权利、消灭不法或不公平状态为原则，选择使用或合并使用。

论典权法律性质及与类似法律关系之差异

李婉丽

典权无担保物权的性质，也非兼具担保物权及用益物权的特种物权，而是定限物权中的用益物权。典权与不动产质权在权利从属地位，权利义务内容，流质条款，对标的物的使用，以及风险承担方面存在区别。典权作为用益物权与担保物权中的抵押权也有差异。典与当属于不同性质的法律关系，有关标的物以及权利义务内容的规定不相同，因此须严格区分。

先期违约与中国合同法

韩世远　崔建远

先期违约制度有助于债权人尽早采取对策，积极减少损失并可使当事人双方及时从确定要死亡的合同关系中解脱出来，有利于现实的经济流转。因此，有必要借鉴英美法系先期违约制度及大陆法系的相关规定，结合中国的实际情况，构建中国合同法的先期违约制度，与缔约上过失责任和违约责任制度一起，形成完整的合同补救体系。

我国侵权行为法若干基本理论研讨

张新宝

我国的侵权行为法应定义为，调整侵权责任关系的法律规范总和，它是我国民法的一个重要组成部分，并具有综合的社会功能。其法源包括宪法、民法通则、单行民事法规和其他立法文件、司法解释以及民事习惯和民法学说。侵权行为法应建立完备的立法结构体系和科学结构体系。基于日益增多的侵权行为诉讼和日趋复杂的侵权行为形式种类，侵权行为法在我国民法中应独立于债权法，单独成编。

关于完善协议离婚制度的思考

陈明侠

随着协议离婚数量的上升，现实中的问题不断增多，为保障婚姻当事人离婚自由权利，针对现行协议离婚制度存在的问题，须进一步修改完善协议离婚制度。首先是要制定有关协议离婚的专门法规，或在婚姻登记条例中作出专章规定，对相关问题进行明确；其次是要严格执行协议离婚制度的有关规定。

刑事政策的概念、结构和功能

储槐植

刑事政策是国家和社会依据犯罪态势对犯罪行为和犯罪人运用刑罚和诸多处遇手段以期有效地实现惩罚和预防犯罪目的的方略。刑事政策结构可以分为从微观角度观察的个体刑事政策的结构和从宏观角度观察的群体刑事政策的结构。其中，群体刑事政策的结构组成形式有纵向结构和横向结构两种，前者由基本刑事政策和具体刑事政策构成，后者由定罪政策、刑罚政策和处遇政策构成。导向和调节是刑事政策的两大功能。

论《关于严禁卖淫嫖娼的决定》的法律适用

周道鸾

针对全国人大常委会通过的《关于严

禁卖淫嫖娼的决定》，以及最高人民法院和最高人民检察院作出的《关于执行〈全国人民代表大会常务委员会关于严禁卖淫嫖娼的决定〉的若干问题的解答》，司法实践和刑法理论界提出了一些法律适用方面的问题，需要就这些问题展开讨论。协助组织他人卖淫的，应启协助组织他人卖淫罪一个独立的罪名。

试论刑事诉讼损害赔偿的赔偿范围
张 弢　陈卫东

刑事诉讼损害赔偿是国家赔偿制度的重要组成部分。界定我国刑事诉讼损害赔偿的赔偿范围是确实我国刑事诉讼损害赔偿制度的关键所在。我国刑事诉讼损害赔偿范围应当包括错拘、错捕和错判三大部分。应当借鉴其他国家刑事诉讼损害赔偿制度的有关规定，并结合我国的具体情况，确定刑事诉讼损害赔偿的赔偿范围和不赔偿的例外情况。

秦简"小隶臣妾"的身份与来源
李　力

云梦秦简中的"小隶臣妾"是具有某种特定身份者，所谓"小隶臣妾"，即"身高不盈六尺五寸"的"隶臣"和"身高不盈六尺二寸"的"隶妾"。"隶臣妾"既是刑徒名称，又是官奴隶名称，因本人犯罪而成为"隶臣妾"者是刑徒，由于其他原因而成为"隶臣妾"则是官奴隶。"小隶臣妾"的身份正如同"隶臣妾"的身份一样，是一个名称，指示两个集合：一是指官府奴隶中的未成年者，一是指刑徒"隶臣妾"中的未成年者。

唐律中的类推不是"举重明轻"，而是"比附"
——与中国法制史诸书及《中国刑法史》作者商榷
王　侃

唐律中的比附最相当于现在的类推，举重明轻则是对律条的涵义、用语作论证、推理，属于对法律的逻辑解释的观点。唐律疏议中提到的举重明轻、举轻明重10例，无一不是对律文的涵义、用语进行说明和论证的，所以说举重明轻是唐律的法律解释而非类推；而唐律中的罪名比附、刑罚的加减比附、自首比附中的案例和记载则说明比附才最相当于类推。

侵权行为法律适用的新发展及中国的理论实践
金彭年

基于对侵权行为地法说和法院地法说的批判，当代侵权行为法律适用出现了新发展。其中最显著标志是采用"侵权行为自体法"学说；其次是区分不同种类侵权行为各别规定准据法；第三是采用结果选择方法和选择性连结因素指引侵权准据法；第四是引入了当事人意思自治原则；第五是在冲突法中采用多种连结因素共同指引准据法。我国关于侵权行为法律适用的规定，体现了传统成规与现代理论的合璧，具有世界先进水平。

债权人代位权的原理及适用
尹　燕

债权人代位权，是债权人依法享有的

为保全其债权,当债务人怠于行使其权利而害及债权人权利实现时,以自己名义代位行使属于债务人权利的实体权利。债权人代位权行使范围应以保全债权为标准,其效力及于债务人、第三人及债权人本人。我国最高人民法院《关于适用〈中华人民共和国民事诉讼法〉若干问题的意见》第300条,确立了我国执行程序上的债权人代位权制度,但其与传统代位权原理存在差别,应尽快建立民事实体法中的代位权制度,以完备债的保全制度。

浅析破产法上的否认权
韩长印　刘庆远

破产法上的否认权,是为了满足债权人最大限度的清偿要求而设置的,由破产清算组对破产人在破产宣告前一定期限内实施的有害债权人利益的行为,通过人民法院进行否认并追回财产的权利。否认权的归属主体是破产企业。否认权在性质上接近于作为债的保全上的债权人撤销权,同时对该撤销权作了一定扩充和限制。其构成要件包括一般要件和个别要件。否认权的范围除企业破产法第35条明定的五种行为外,还包括民法通则规定的七种无效行为和可撤销行为以及法定期间内债务人清偿时未到期,但破产宣告前已到期的清偿行为。其效力依处分行为的有偿或无偿以及是否又将财产转与他人等不同情况而定。

市场经济呼唤平等权
——试论公民在法律面前一律平等
宁乃如

市场经济的最重要特点是平等竞争，平等竞争体现在法律上就是市场主体的权利义务平等和国家以强制力对它的保护。法律面前人人平等是公民所享有的一项独立的基本权利，而不只是一项原则。一律平等不仅适用于执法领域，也必须适用于立法领域。它是人类文明、民主和进步的结晶与标尺，是人类共同创造和拥有的宝贵财富。社会主义国家更需要一律平等。

肢解和重塑：联营制度的必然走向
孔祥俊

联营企业在改革开放初期对于打破地区封锁和条块分割，冲破根深蒂固的传统经济体制和促进商品经济体制的形成，起到了重要作用。但随着改革深化和市场经济体制的逐渐确立，经济生活和经济组织日趋固定化，法制渐趋完善，横向经济联合的各种形式都应在各种法律制度中对号入座，联营制度又遇到了新的挑战。针对联营制度立法体例和内容规定中存在的缺陷，在对其原因进行分析的基础上，应按市场经济的要求对其重新塑造。

企业法人股的持有与转让
崔勤之

企业法人股的持有通常按照谁投资谁持有的原则办理。但对于股份制企业能否持有自己的股份，能否设立企业股，以及企业法人之间能否相互持股等特殊持有问题，须进一步予以研究解决。企业法人股的流通转让涉及在股份制企业中坚持以公有制为主体的原则问题。我国目前企业法人股流通转让的现状，影响了我国股票市场的正常运作，不利于市场经济的发展。因此，企业法人股应公开流通转让，并在实践中进一步摸索相关的具体规则。

台湾的"关系条例"与大陆作者在台的版权问题
郑成思

台湾"关系条例"包含台湾地区如何处理及如何保护大陆作者版权的问题，今后大陆作者有关权益在台湾能否得到保护将取决于此条例的规定。因此，有必要了解"关系条例"中涉及版权的问题，并就"关系条例"与版权地域性，两岸版权制度与"关系条例"的比较，大陆作者在台湾维护其版权可能遇到的实际困难，以及所涉及的 Bogsch 理论和 TRIPs 原则等进行研究。

国家赔偿诉讼规范若干问题探索
周 农

国家赔偿程序规范是一种既大量吸收、采用民事诉讼法和行政诉讼法的某些原则、制度与内容,又具有自己特殊的制度、内容和措施的独立存在的规范体系。国家赔偿诉讼应确立先行协议、一事不再理、举证责任倒置、当事人诉讼地位平等原则。国家赔偿诉讼实行的制度、措施,大部分是民事、行政诉讼中所实行的,根据国家赔偿法的性质和内容。在国家赔偿规范中应着重解决具有特殊意义的制度和问题,如法律适用程序、先行给付制度、求偿制度、强制执行的措施、外国人的国家赔偿诉讼权利问题等。

论行政处罚规则
汪永清

确立行政处罚规则应以消除危险性、国家行政权统一、有限规则主义以及个人利益与公共利益兼顾为基本原则。对于一行为的处罚应分别不同情况,如一行为违反一个还是多个法律规范由一个还是多个机关或组织实施处罚,实行不同的处罚规则。对于连续几个违法行为,依法由两个以上几个或组织实施处罚的,应当依法分别给予处罚,依法由一个机关或组织实施处罚的,应当合并处罚。对于两个以上共同实施违法行为的,应当根据各自的违法情节,依法分别给予处罚。

论行政处罚的实施
袁曙宏

实施是行政处罚创设、实施、救济三个环节中最根本、最重要的中心环节。历史经验和中国国情决定我国在实施行政处罚时必须坚持立法设定与自由裁量的有机结合。行政相对人承担法律责任的主要依据是其行为的违法性,而不以其主观上是否有过错为主要依据,而且,即使行政违法没有造成现实危害,也不影响其法律责任的成立。行政处罚程序必须具有保障民主和促进效率的双重功能。

论行政处罚权和执行权的分离
关保英

行政处罚权和执行权的分离是政府职能转变和行政法制发展的趋势和要求。处罚权和执行权的分离主要涉及具有经济内容的制裁权、具有限制人身自由的制裁权以及授权的组织和受托的组织行使的制裁权。一般来说,普通行政程序中处罚权和执行权应当分离,特别程序中处罚权和执行权不可分离。处罚权的种类和性质不同,处罚权和执行权的分离程度亦有不同。

发展市场经济与完善我国刑法
陈宝树 姜书诰

我国宪法修改后,刑法必须根据宪法的规定进行修改和补充,以便为建立和发展社会主义市场经济体制提供刑法保障。刑法应保护社会主义市场经济体制的建立和发展;刑法也要保障社会主义民主生活,推进我国民主政治建设,使刑法更加民主化;刑法也要为改革开放服务。为了完成刑法的上述任务,应当完善我国刑法。

复权制度探讨

胡鹰 喻文莉

复权指对受刑者经过一定的期限后，恢复其因受刑罚而丧失的资格及权利。复权制度是19世纪末、20世纪初新刑法思潮的重要产物，体现的是一种鲜明的教育刑思想。复权制度一般包括复权对象、复权效力、复权条件、复权程序和复权撤销等内容。为了全面完善我国刑法制度和解决累犯问题，我国在修改刑法时，应考虑设立复权制度。

略论中国劳改工作特色的层次结构

何为民 刘智

对中国劳改工作特色的研究，应当具有继承和发扬、反思和转轨、开拓和建设三个基本层次和结构。建国以来，劳改工作成绩巨大，有一系列对今后工作有指导意义的特色，也有不适合中国国情的模式和陈旧观念，需要予以扬弃和转轨。应当依据法制原则和强化专政职能、保护经济建设的原则，努力建设和发展新的特色。为了进一步开展劳改工作特色的研究，应当解决方法论问题，运用研究成果指导实践，全面推进劳改法学的研究。

试论增补"追缴赃款赃物"为侦查措施

周国均

为了有力地揭露和打击严重的刑事犯罪，为了完善刑事诉讼法，应当在刑事诉讼法第2编第2章中将"追缴赃款赃物"增补规定为一种新的侦查措施。追缴赃款赃物具有必要性、重要性和法律依据。追缴赃款赃物的范围是犯罪分子违法所得的一切赃款赃物。追缴赃款赃物方法多样，对赃款赃物的处理应注意多项要求。将追缴赃款赃物增补为侦查措施完全可能。

宋代吸引外商的法律措施叙论

张中秋 陈景良

宋代的市舶条法不仅规定了对发展海外贸易有功官员的奖励制度，还在吸引外商方面作了较为系统的规定，值得总结和借鉴。宋代通过加强官吏职责，确保海外贸易的发展，以礼优待外商，并设宴犒劳外商和有功人员，还允许蕃商与宋官民之家通婚，提高了外商来华贸易的积极性。两宋之时，不仅来华贸易的蕃商络绎不绝，而且有的长住中国，达五世之久，家资数百万，对这些久居中国的蕃商财产，宋代也是加以保护的。为了保障海外贸易的顺利进行，增加国库的收入，曾颁布很多法令，以打击官吏的侵夺行为，如禁止权贵及其亲信私自经营海外贸易、禁止权贵及市舶官员利用职权强买蕃商货物、禁止官员贪污受贿等。

论国际私法中管辖权问题的新发展

林欣

国际私法中管辖权问题的新发展主要表现在：被告人的住所被布鲁塞尔公约和罗迦诺公约确定为基本的管辖根据；一些管辖根据被布鲁塞尔公约和罗迦诺公约宣布为过分的管辖根据；英国对裁量管辖权进行修改，其中明确了侵权行为的概念，并增加了裁量管辖权的内容；美国则增加了最低限度的接触和长臂管辖法，以进一步扩大其司法管辖权；国家之间的管辖豁免，由绝对豁免原则向限制豁免原则发展，国家对外商业活动将根据不同形式分别承担民事责任。

二十世纪西方法哲学基本问题
信春鹰

二十世纪西方法哲学围绕法律与道德、权力与权利、法律与政治、市民社会与国家的矛盾，集中关注四个方面的基本问题：法律及对法律的评价是否应该包括伦理道德价值观；法律关系基本上是政府命令和民众服从的关系，还是市民社会成员之间的关系，法律是政府统治社会的工具还是社会自身保持稳定与和谐的手段；法律是由立法机关制定的规则所组成的，还是主要是法院的判决；法律推理或法律的适用是分析性质的还是非分析性质的。

"郎酒"注册商标专用权纠纷案
耀振华

四川省高级人民法院审理的侵犯"郎酒"商标专用权一案，其中涉及两个重要法律问题，即法律对驰名商标的特殊保护和商标实务对近似商标侵权的认定。四川省高级人民法院在审理中，率先提出了对我国驰名商标给予特殊保护的法律问题，把"郎酒"商标作为驰名商标加以保护。由于立法就如何认定近似商标缺乏具体界定，通过本案的审理，实务上对此问题也取得了共识。

立法权与立法权限
蔡定剑

立法权是以国家名义制定法律的权力。在我国，它是全国人大和全国人大常委会的一项专有权力。立法权可以分为立法所有权与立法使用权，立法权限的划分是就立法使用权来说的。在立法权限上，全国人大及其常委会之间的立法权限不十分明确，实践中缺乏具体准确的判断标准。全国人大与地方人大立法权限的确立依据主要是，民主集中制原则指导下的单一制国家结构，中央领导下充分发挥地方积极性的国家机构职权划分原则，地方人大职权范围。全国人大与国务院立法权限的确定，则只能根据宪法的相关规定。

一个应予重视的宪法学课题
——国家结构形式比较研究刍议
童之伟 郭延军

长期以来，在宪法学界国家结构形式的比较研究一直没有得到应有的重视。其中一个重要的原因是缺乏对这方面研究的价值判断、比较研究的历史和现状，以及研究意义等问题的有效评估。而通过对国家结构形式的多层次多侧面的比较研究，有助于加强各国对本国国家结构形式的认识和完善；现阶段学界对于国家结构形式所作的比较研究工作还存在一定的不足和问题，无法适应我国发展和完善具有自身特色的民主集中单一制国家结构形式的客观需要，有必要从概念、起源、基本类型等基本问题入手，对各种类型的国家结构形式进行整体性的比较研究，以从中汲取有价值的东西发展和完善我国的国家结构形式。

论非常时期的依法行政
陈春龙

非常时期立法主要有四种形式，其中，由宪法就紧急局势作原则规定，以此为依据制定专项紧急状态法或戒严法的做法，已成为当代非常时期立法的主流。非常时期的紧急行政权主要包括紧急状态权、紧急命令权、戒严权、宣战权和动员权。非常时期紧急行政权的依法行使，包括符合法定条件、履行法定程序、遵守法定期限、尊重公民诉讼权利、尊重立法机关、接受司法监督、违者承担责任等内容。

对限制人身自由具体行政行为不服的诉权保障
叶军

由于相对人的人身自由受到限制，其诉权在实践中往往得不到应有的保障。为有效保障被限制人身自由的相对人的诉权，行政机关作出人身自由具体行政行为时，执法人员应及时向相对人宣布诉权；相对人对限制人身自由具体行政行为不服的，执行人员在制作执行笔录后，将相对人提出的书面申请或诉状、委托书交受理机关审查处理；相对人亲属及其委托的律师以相对人名义代为申请复议或起诉的，受理机关应先为受理。

我国票据立法体例探讨
姜建初

票据立法体例主要涉及票据法与民商的关系，票据法与支票法的关系，票据法的篇章结构、章节设置以及相关立法技术三个方面的问题。通过对各国票据立法体例的比较分析，我国票据立法的选择包括：将票据法制定为容汇票、本票、支票一体的单行法律；在通则章中明确三种票据的通用规则，体现票据的整体性；将当事人的权利责任设为专门章节，并取消以票据种类划分为基础的章节设置；以语言区别技术取代规则准用技术。

典权基本问题研究
房绍坤 吕忠民

典权在法律性质上属于用益物权。典权设立的条件包括：以不动产为标的物，支付典价，须在典期以内设定，并采取特定形式设定。典权人的权利包括典物的占有、使用、收益权；转典、出租权；转让权与抵押设定权；优先购买权；修缮重建权及费用求偿权。出典人的权利包括典物所有权，抵押设定权，回赎权。我国应基于以上典权的基本问题研究，进行典权立法。

论商誉和商誉权
梁上上

商誉作为一种综合社会评价，具有特殊、多样和复杂的表现形态。商誉是一种无形财产，具有自身的特征，并与商标、名誉、荣誉存在明显区别。对商誉的评估是可行的，但须考虑若干基本因素和非基本因素。商誉权作为商誉主体的一项重要权利，属于知识产权的范畴，行使商誉权是对商誉进行保护的重要途径，因此需要对商誉权予以保护。

论推定
陈桂明

推定是指根据事实之间的常态联系，当某一事实存在时，推引另一不明事实存在。推定表明两个事实之间的关系，是一个三段论推理的逻辑结构，具有特定的法律意义。按照不同标准可对推定进行相应分类。推定的适用程度在民事法律和刑事法律上存在区别，在立法和司法的适用上具有一定消长关系，不同种类的推定在诉讼中适用的法律效果也不同。运用推定有其必要性和科学性，但也要注意克服其局限性。

刑事模糊界域论
韩南生

刑事立法和司法中存在界限模糊现象，这是一个多年来力求避免而又客观存在的无法回避的事实，理论上抽象的原则并不能替代现实中模糊的界域。模糊界域不同于模糊概念，也与模糊现象有区别。界域模糊现象从不同角度可作不同分类。模糊界域论对刑法理论研究、对刑事立法和司法都有一定的理论指导作用，对刑法理论研究和刑事立法、司法提出了新的要求。

论刑事程序中的权衡原则
宋英辉

研究确立刑事程序中的利益权衡原则，使刑事诉讼立法和司法活动在不同的利益冲突中的选择时从根本上有利于维护统治者的统治秩序，应成为刑事诉讼理论研究的一个基本课题。利益权衡原则不仅仅是一种学说，在刑事诉讼立法和判例中也有体现。在我国刑事诉讼中确立权衡原则，旨在使立法者和司法者树立明确的权衡观念。在处理非法获得的证据材料和辩护律师为被告人保守秘密与为真实服务之间的冲突等具体问题上，可以运用该原则进行权衡处理。

案件证据问题新探
吴永农

案件证据是指证明案件发生和变化情况的材料。案件证据的属性包括证据性质方面的属性和证据结构方面的属性，证据性质方面的属性是客观性、法律性和科学性；结构方面的属性是整体性、层次性和非线性。证据与案件事实之间联系的性质是划分直接证据与间接证据的依据。应以揭示案件真实情况为出发点，认识和运用案件证据。

中国封建社会两类法律形式的消长及影响
马小红

封建社会的法律形式大致可以分为两类，一类以稳定为特征，代代相沿，如律令；另一类则以因时变通为特征，随王朝的不同而有各自的名称、内容及体例，如科、比、格、故事、例等。稳定的法律形式和变通的法律形式在漫长的封建社会中互为消长，发展演变，这种发展变化直接影响了封建法制的兴衰。自战国至唐代中期，稳定的法律形式在法制体系中始终占据着主导地位；唐中期以后，立法工作的核心实际上转移到变通的法律形式的废立上。转的原因有二：即律令内容僵化和封建社会自唐中期以后逐渐走向衰落。稳定的法律形式凝聚着封建统治者立法经验的结晶，其占主导地位为封建法制的实施提供了有利条件。而变通的法律形式过于强调针对性，使其内容失去了普遍性；废立过于灵活，使其失去稳定性，往往造成条款前后矛盾、同罪异罚的状况。

中国法律起源的新探索
李明德

以考古资料和文献记载相印证的方式，可以认为中国法律的起源应在河南龙山文化时期和与之相当的尧舜禹时期，产生的年代大约在公元前 2400 年左右，这比原来中国法律起源于夏代的说法提前约 400 年左右。反映于河南龙山文化遗址的刑罚有斩首、腰斩、活埋、刖刑几种，还可能存在如文献记载的墨、劓、宫等，只是其证据未能保存下来。

论国际环境法的基本原则
马骧聪

根据《联合国宪章》和其他决议及条约，国际环境法形成的基本原则包括：经济、社会发展必须与环境保护相协调；各国负有共同但有区别的保护全球环境的责任；尊重国家主权；不损害他国和各国管辖范围以外环境；为保护人类环境进行国际合作；兼顾各国利益和优先考虑发展中国家特殊情况和需要；共享共管全球共同的资源；禁止转移污染和其他环境损害；重视预防环境污染和生态破坏；污染和破坏环境应承担国际责任；和平解决国际环境争端。

海峡两岸市场经济法学研讨会

1993 年第 6 期

建立社会主义市场经济法律体系的理论思考和对策建议
课题组

社会主义市场经济是法治经济。建立社会主义市场经济法律体系，在理论上要明确市场经济法律秩序的条件、市场经济法律体系的基本原则，区分公法与私法、作为公权者的国家和作为所有者的国家，摒弃与市场经济不相适应的陈旧理论和观念，大胆借鉴和吸收发达国家或地区的成功经验。社会主义市场经济法律体系由民商法、经济法和社会法构成，涉及规范市场主体及其行为、市场秩序、宏观调控、劳动和社会保障、程序和资格等方面的法律。我国当前应采取有效措施，尽快改变社会主义市场经济立法的滞后状态，加强社会主义市场经济法律的实施。

市场经济和意思自治
江 平 张礼洪

市场经济是意思自治的经济，意思自治的功能空间是市场的生存空间，意思自治的实施是保障和促进市场经济发展的有效手段，意思自治是市场经济法律活的灵魂。我国法学界长期受计划经济的束缚，意思自治在现有法律中未能得到明显的反映，但在权利本位观之树立、自愿原则之确立、任意法之扩张、选择主义和处分权主义在民诉法之贯彻四个方面，比较鲜明地贯彻了意思自治。其中，权利本位是意思自治的基础，自愿原则是意思自治的基本内容，任意法是意思自治的灵魂，选择主义和处分权主义是意思自治的司法保障。

社会主义市场经济法律体系框架初探
尹中卿

建立社会主义市场经济体制是经济体制改革的根本性变革。从社会主义市场经济运行机制来看，迫切要求建立规范市场主体、市场经济秩序、市场宏观调控的法律制度。社会主义市场经济法律体系框架，要以民商法、经济法为基础，辅之以社会保障法、经济刑法、行政法及其他有关法律，建立从基本法律到单行法规、从行政法规和地方性法规到部门规章和地方规章这样一个结构严谨、层次分明、有主有辅、门类齐全的法律规范体系。

法：立法技术操作层面
——新的归纳与立法例若干分析
陈大文 曹叠云

目前，我国法的主要形式包括宪法、基本法律、法律、行政法规、地方性法规、自治条例和单行条例、特别行政区的法、国际条约、军事立法和其他规范性法律文件。从立法技术研究角度，法的表现形式可以作更为宽泛的理解，应当认为规章是法的表现形式之一。在中央一级，规章的制定主体并不局限于部、委，国务院直属机构也可以制定规章。根据地方组织法规定、由地方人大及其常委会或地方人民政府通过、发布的决议、决定、命令等规范性文件，也应属于法的表现形式。

物权公示制度初探
杨建东

物权公示制度体现了法律对原有物权人与善意第三人之间利益的平衡，以兼顾静的财产安全和动的财产安全。物权公示方法主要分为占有和登记，分别对应于动产公示和不动产公示，此外，某些特殊动产也以登记为公示方法。物权公示的效力涉及对于物权变动的效力和对第三人的效力两个方面的问题，其直接关系物权原则的实现，也是物权制度的核心。

论合同责任中的所失利益
李成林

所失利益是违约赔偿制度上的一个重要概念，其与所受损害、间接损失、可得利益之间既有关联，也有所区别。所失利益包括利润损失、利息损失和自然孳息损失三种形式。在赔偿原则和计算方法上，两大法系呈现出不同特点，我国理论也存在不同观点。此外，针对我国所得利益立法上存在的问题及其原因，须在贯彻市场经济理论的基础上，对我国现行有关违约责任的法律规定进行修改。

论加强最高人民检察院的司法解释权
——兼与游伟等同志商榷
杨志宏　王守安　李记华

最高人民检察院对检察工作中具体应用法律的问题进行解释体现了宪法原则、体现了我国社会主义民主法制的特点，在实践中发挥了很大积极作用。最高人民检察院进行刑法司法解释有明确法律依据和迫切实践需要，符合法学一般原理，只能加强，不能削弱。为了适应形势发展的要求，应当大力加强最高人民检察院的司法解释工作。

试论"从一重重处断"原则
吴振兴

对想象竞合犯的处罚适用"从一重处断"原则为我国学术界公认，但是，对想象竞合犯适用"从一重处断"原则未能贯彻罪刑相适应的刑法原则，应当以"从一重重处断"代替"从一重处断"。"从一重重处断"指对想象竞合犯按其行为触犯的较重罪名从重处罚。"从一重"是解决如何判定一行为触犯的数罪名哪个较重的问题，而"重处断"着重要解决如何处罚的问题。

论对刑事诉讼规律的认识与运用
——改革与完善刑诉制度的理论思考
徐益初

改革与完善我国刑事诉讼制度，应同整个经济体制的改革更紧密地结合起来。新形势下完善刑事诉讼程序具有必要性与迫切性，这表现在刑事犯罪复杂性的需要、保障公民权利的需要、强化制约机制的需要；改革与完善刑事诉讼制度必须符合刑事诉讼规律，才能更好地发挥刑事诉讼的功能，实现刑事诉讼的目的。

对本国人的引渡问题
黄亚英

对于是否引渡本国公民，学界分歧很大。各国有三类立法规定，均有局限和不足：一是明确禁止引渡本国人，二是不因国籍原因而对引渡附加任何限制，三是有权管辖和处罚本国人域外犯罪。对于"或引渡或起诉"条款，各国立法均可采用并能确保刑事罪犯不因国籍而逃脱处罚；对于审罚分离理论实践中尚未被普遍接受。被引渡人国籍通常由被请求国按本国国籍法确定，但未规定国籍取得时间。立法上，我国更适宜采用不引渡本国人政策；在签订引渡条约时，应采用"或引渡或起诉"或"不引渡但起诉"条款。

论破产宣告的溯及效力
邹海林

我国企业破产法第35条所列的破产无效行为，属于特别法所规定的当然无效行为，不能构成破产撤销权或否认权的客体。该条的适用必须以破产宣告溯及效力原则的属地主义前提为基础，并受临界期间的限制，且只能适用于破产法明文规定的特定行为。其后果是产生财产返还请求权，造成损害的，当有损害赔偿请求权的发生。其中财产返还请求权的性质，应区别不同情形具体分析。请求权的行使主体为清算组，行使期间受破产法规定的特殊时效限制，追回的财产应归属破产财产。

民事案件管辖权异议初探
章武生

民事诉讼法第38条是我国关于民事案件管辖权异议的规定。但条文规定较为简单，有必要对管辖权异议的概念与适用范围，异议提出的主体、时间和方式，以及法院对管辖权异议的处理等问题，作更加细致的分析和研究，以适应司法实践的需要。

浅谈我国缓刑制度的完善与改革
段俊富

我国缓刑制度存在以下问题：一是适用对象不包括反革命犯、适用条件过于抽象；二是撤销缓刑条件中，忽视对缓刑犯实施非犯罪的其他违法行为的危害性和不同犯罪之间差异；三是缓刑犯缺乏严格的管理、经常性教育和必要的监督。因此，在立法上应当规定反革命犯可适用缓刑，明确"应当"判处缓刑的条件和"可以"判处缓刑的条件；在执行上，大胆借鉴和吸收国外有益做法，将经济手段引入对缓刑犯的管理教育中，建立和完善"公安主管，法检协同，基层组织落实，缓刑犯亲友配合和其他群众参与"的缓刑管理监督体系。

1994 年第 1 期

权威、权力还是权利
——对党与人大关系的法理思考
郭道晖

从国体上看，党不是国家主权的主体，不直接享有国家统治权；从政体上看，执政党不能作为在组织上凌驾于人大之上的更高一级的领导机关或权力机关。党在人大的领导表现为，它是一种思想政治上的领导权威，是执政党的政治权利，由政党权利或"潜在权力"转化为国家权力，党的领导权对人大的党组织和党员是直接权力。领导党与执政党并不等同，共产党作为领导党，是以其政治威信得到人民公认或宪法的确认的，但作为执政党，则要经过人民的选举。

再论当代中国的法律体系
沈宗灵

法律体系指由本国各部门法构成的、具有内在联系的一个整体，即部门法体系。部门法是根据一定标准和原则所划定的同类法律规范的总称。划分部门法首先应考虑法律所调整的社会关系的不同领域，同时也应考虑法律调整的不同方法。具有中国特色的社会主义法律体系框架包括宪法、行政法、民法、商法、经济法、劳动法和社会保障法、环境法、刑法、诉讼程序法和军事法等法律部门。

我国市场经济与法制建设几个问题的思考
顾培东

在市场经济下，资源配置很大程度上是通过法制来实现的，法律具有更高程度的运用价值。市场经济需要确立新的法律价值，以效益为基本价值，辅之以公正或正义价值。当前，我国法制建设应进一步贴近经济转型后的社会现实，摆脱个别和局部利益的干扰与影响。

论现代市场经济是法治经济
文正邦

现代市场经济必然是法治经济。现代市场经济的一个重要特征是崇尚法治，把法律作为对经济运行实行宏观调控和微观调节的最主要手段。"法治经济"是相对于人治经济而言的，是人治经济的对立面。人治经济的实质是权力经济。权力经济是无规则的非程序性经济，是主观意志型经济。权力经济保护特权，重视人的身份和地位，根据主体地位的不同制定不同的法律和政策。权力经济下只强调法的限制、禁止、约束和惩罚职能，只重视使用强行性规范、禁止性规范和义务性规范。

公务员制度试点的回顾与反思
田培炎

在公务员制度全面推行之际,从理论上及时总结公务员制度的试点经验,对现行干部人事制度变革的实践,具有重大的现实意义。公务员制度试点带来了公务员主体意识的强化,节省了制度运转的交易费用,减少了"制度腐蚀"诱因。从试点情况来看,制度创新面临旧有体制维系的利益格局,利益刚性决定了必须采用诱发式与强制式相结合的变革方式;中国公务员制度的全面推行面临总体上的条件缺位,它决定了变革过程必须选择条件创备与制度创新的双向互动。

论检察机关对行政诉讼的法律监督
湛中乐　孙占京

检察机关对行政诉讼实行法律监督,对于维护社会主义法制,保障人民法院审判权的正确行使具有重大意义。检察机关对行政诉讼实行法律监督,主要是参与行政诉讼或者出席法庭监督行政诉讼案件的审理过程,支持起诉、上诉。我国目前检察机关对行政诉讼的法律监督,在立法上仅规定为人民检察院对人民法院已经生效的判决、裁定,发现违反法律、法规规定的,有权按照审判监督程序提起抗诉。

关于产权的若干理论问题
谢次昌　王修经

产权是指财产所有权和与财产所有权有关的财产权。产权即为物权,不同于债权或知识产权。产权关系是产权主体之间在财产占有、使用、收益、处分中发生的关系,包括所有者与经营者和使用者之间的关系、所有者与所有者之间的关系、所有者内部各管理主体之间的关系、经营者和使用者之间的关系等。理顺产权关系,有利于转换企业经营机制,建立现代企业制度;有利于政企分开,转变政府职能;防止国有资产流失,巩固和壮大国有经济。

股份合作企业的法律机制
孔祥俊

股份合作制已在当前集体经济改革实践中广泛推行,对股份合作企业的界定必须遵循一定的原则,只有那些糅合了股份和合作特征而自成一类的企业,才可成为独立的股份合作企业。根据股份合作企业具体特征的差异,可将其分为开放型和闭锁型两类,基于二者具有相同的基本规定性,可以统一立法予以调整;但由于目前两类企业发展极不平衡,也可以分别立法。我国立法应顺应市场经济的要求,按照资本构成、股东地位和责任形态等对股份合作企业进行界定。

论社会主义市场经济与劳动立法
史探径

劳动法包括劳动法典以及工会法、矿山安全法等劳动法律以及众多劳动法规。其特点在于兼顾效率与公平,主张在建立市场竞争机制的同时,建立社会稳定机制。它们从不同角度,对市场经济运行起到促进、引导、保障、约束和遏制不良发

刑法因果关系理论的一个哲学基础
陈信勇　张小天

我国现有的刑法因果关系理论的哲学基础是利用马克思主义哲学中的基本范畴对一般因果关系所作的分析，这种分析长期不能获得共识。必然性与偶然性的区分之外，从充分条件和必要条件分析因果关系也是哲学领域中探讨因果关系的主要角度。把原因分为充分条件和非充分条件的哲学观可以用来评论目前的各种因果关系学说。

论犯罪当量
刘广三

从理论到实践、从宏观到微观全方位地研究犯罪的社会危害性及其量化的任务十分迫切。犯罪当量是对各种犯罪的社会危害性的数量化，具有鲜明的特征；针对已经发生的犯罪，不论是否为司法机关掌握或知悉，都可以统计一定时空范围内的犯罪当量总值；犯罪当量研究为我们具体、精确、客观、科学地认识一定时空范围内的犯罪状况提供了一个简明的计量指标，具有重要的意义。

晚近刑事立法中内外法条关系研讨
高铭暄　赵秉志　鲍遂献

全国人大常委会最近分别通过了《关于惩治偷税、抗税犯罪的补充规定》、《关于惩治假冒注册商标犯罪的补充规定》和《关于惩治生产、销售伪劣商品犯罪的决定》三个单行刑法。应注意正确处理这些单行刑法与刑法典相关条文的关系；正确解决单行刑法内部各条文之间的关系；正确把握单行刑法之间有关条文的关系。

强奸罪基本问题研究
夏诚华

强奸罪是指违背妇女或幼女意志或与不能正确表达意志的妇女或幼女进行的婚外性交行为；强奸罪的同类客体是被害人个人的合法权益，惩处强奸犯应以保护受害人的人身权益为出发点，强奸罪的直接客体是妇女拒绝与其丈夫以外的任何男子性交的权利；从理论与实践的两个方面分析，我国对强奸罪处罚的有关规定，有不尽如人意之处，对于强奸罪的刑事立法，还有待进一步完善。

宋代赎刑制度述略
戴建国

宋代赎刑对象依据赎刑适用范围的大小，可区分为平民百姓和官僚贵族两大类，百姓犯杖以下罪情节轻者，可以赎罪，而官员赎刑范围原则上从笞刑到死刑都可以赎，仅禁止赎犯五流。罚金是赎刑制度的一个组成部分，罚金和赎金联在一起，通称"罚赎"，但对于朝廷官员来讲，罚金就是赎金，而对于平民百姓，赎金和罚金则有区别。赎罪者，必须在规定时间内将所赎铜或钱送交官府，因诬告、伤人而赎罪者，赎金则给受害人。除此之外，宋代的赎刑制度还包括折杖赎金法，朝廷官员纳官赎官的内容。

侵害肖像权及其民事责任
杨立新　尹　艳

肖像作为肖像权的客体，具有某些物的特殊属性，并可以在社会生活中使用。因此，合法的肖像使用行为，除去具有阻却违法事由的肖像使用外，性质属于肖像使用合同。侵害肖像权的责任构成要件中，不应包括赢利目的。我国肖像权保护的立法和司法中存在局限。最高人民法院（1990）民他字第28号复函，否定了赢利目的为侵害肖像权责任构成要件的主张，确认了肖像使用必须经由肖像权人和使用人共同意思表示的合同性质。但该复函认定所涉案件不构成侵权的理由不成立。

1994 年第 2 期

随着市场经济的建立逐步完善相应的法律体系
王晨光

市场经济和相应的法律体系的建立是一个过程,想毕其功于一役是不切实际的。一般而言,法律在整体上不能超越社会的基本物质和文化条件的制约,但就某一方面的法律而言,有些规范可以是社会正要形成或刚刚形成的行为模式。法律推动社会变革包括直接变革和间接变革两种方式,既要重视具有直接变革性质的法律的制定和实施,也要重视具有间接变革性质的法律。建立社会主义市场经济法律体系,要辩证地看待法律稳定性问题,法律不仅要调整静态的经济关系也要调整动态的经济关系,要建立灵敏的立法反应机制。

村民委员会组织建设的背景、现状和政策导向
高 杰

在农村经济关系、社会关系和政治关系发生深刻变化的社会格局下,以村民委员会为组织实体而构筑村民自治体制,是当代农村政治发展的基本课题。在农村建立村民委员会,实行村民自治,是加强农村社会主义民主和社会主义法制建设的重大措施。对于村民自治,需从建设社会主义民主及坚持党的群众路线的高度上去认识,同时必须面对农村生产关系发生根本性变化的现实。在实行村民自治过程中要注意加强党和政府的领导。适应新时期的要求,根据新的历史时期特点,把农村基层民主政治建设推向新的发展阶段。

国家赔偿责任的性质
马怀德

国家赔偿责任的性质是指国家赔偿与其他形式的赔偿责任相区别的根本特性。关于国家赔偿责任的性质有自己责任说和代位责任说以及在此基础上形成的合并责任、中间责任与折中说。"代位责任"认为,国家承担的责任并非自己本身的责任,而是代公务员承担的责任。自己责任说认为,国家赔偿是国家为公务员的行为承担直接的赔偿责任。正在起草的我国国家赔偿法草案基本上采用了"自己责任"说。

诚实信用原则与漏洞补充
梁慧星

诚实信用原则在发展历史上,由仅适用于债之关系的原则,上升为涵盖整个私法领域的基本原则,由补充性规定上升为强行性规定,成为现代民法的最高指导原则。其本质在于将道德规范与法律规范合为一体,兼有法律调节和道德调节的双重

功能,使法律条文具有极大弹性,法官因而享有较大裁量权,能够排除当事人意思自治而直接调整当事人之间的权利义务关系。诚实信用原则的功能之一为漏洞补充,使法律和裁判适应社会发展变换。但其适用亦有一定界限,以防止其滥用。

建筑物区分所有权的构造
房绍坤

建筑物区分所有权是指根据使用功能,将一栋建筑物在结构上区分为各所有人独立使用的专用部分和多个所有人共同使用的共用部分是,每一所有人所享有的对其专用部分的专有权和对共用部分的共有权的结合。由于其为一种复合权利,因而其主体依复合身份,享有不同的权利承担不同的义务。对共用部分的管理,通过设立区分所有人大会和管理委员两个管理机构,以自治性管理规约为基本规范,由全体区分所有人共同为之。

论奖券利益的归属
刘守豹

奖券在性质上属于一种特殊的证券,不宜简单将其归为资格证券。奖券的所有权和中奖期待权互相依存,互为实现前提,不应有主从之分。判断奖券利益的归属,应考虑奖券价值、奖券类型以及当事人的行为性质三个因素。具体案件中的判断,决非民法某一具体原则所能涵盖,但从典型案例分析来看,公平原则不失为一个具有普遍指导意义的原则。

为第三人利益合同中的受益人
薛 虹

在静态特征上,受益人在接受利益时需具备权利能力,其是否知情不影响合同的成立,但应当是合同当事人缔约时"有意设定的受益人"。依受约人目的之不同,可分为债权受益人和单纯受益人。合同约使受益人承担的义务不得超过其享有的利益。权利行使中,受益人取得约束人债权人的地位,但无撤销、变更、解除合同的权利;其拒绝接受利益但不能免除约束人的合同义务。当事人撤销第三人利益约款的权利应受到限制。

关于经济法调整的研究
李中圣

由政府调控社会经济运行活动而直接生产的各种经济关系,构成了经济法调整的内容,其基本特征是经济内容与政府行为的统一。经济法调整目标,是为了实现政府对社会经济运行的适度有效管理,以此来密切配合市场机制的调节作用,建立起经济个体从事正当生产经营活动的良好外部环境。狭义上看,经济法调整的实现主要表现为立法者遵循经济法调整的主要目标,运用法律语言,把经济法调整内容完整和准确地转化为可操作的行为规范的过程。

论刑法因果关系
——兼论刑法必然、偶然因果关系争论的终结
何秉松

西方刑法学者对分析判断刑法因果关

系的原则和方法进行了深入的研究，这些研究对我们研究刑法上的因果关系具有重要的参考价值。研究刑法因果关系，应尽快打破对必然、偶然因果关系争论的局限和迷恋。由于刑事案件的特殊性，企图通过必然因果关系或偶然因果关系的区分来解决刑法因果关系问题只能使我们误入歧途。刑法必然、偶然因果关系的争论应当终结，以便另辟解决刑法因果关系的蹊径。

危险性的判断与不能犯未遂犯
顾肖荣

不能犯应与中止犯、普通未遂犯并列，成为犯罪"未得逞"的种类之一；从原则上讲，不能犯是不可罚的，那些可罚的"不能犯"应归为未遂犯的范畴。对不能犯主要应探讨其不可罚的根据；应采纳以具体危险说为基础的折中说，即以一般人按照行为当时的客观情况没有感到有发生结果的具体危险时，方能认定为不能犯；事实欠缺是该构成要件部分之事实绝对不存在；不能犯与迷信犯有重要区别。

两岸刑事司法协助研讨
廖增昀

两岸司法机关之间开展刑事司法联系与协作是有效地遏制海峡两岸互涉刑事犯罪活动的重要手段，是在刑事实务上采取合作的最适当的方式。两岸刑事司法协助具有鲜明的特点；两岸刑事司法联系与协助的现有模式存在一定缺陷，应开辟两岸刑事司法联系与协助的新途径；从两岸合作打击与预防犯罪的需要上看，应从最广义的角度来理解刑事司法联系与协助的范围与内容。两岸合作打击海上走私、抢劫等犯罪活动应注意信守双方达成的协议及所制定的规则。

刘基法律思想探微
尤韶华

刘基法律思想的基本内容是刑罚在国家政治生活中的运用，大体上可以概括为对天罚论的否定、主张教化与刑罚的结合以及刑罚以宽仁为怀的思想。儒学传统的仁德原则是刘基法律思想的本源。与董仲舒"德主刑辅"和朱熹"明刑弼教"的法律思想相比较，刘基的法律思想表现出一定程度的兼容并蓄，且相对来说更接近"德主刑辅"。

"宫刑"小议
蒲 坚

宫刑是仅次于死刑的一种残酷的刑罚，最早创始于苗族，叫"椓刑"。夏、商、周沿用，叫"宫刑"。秦汉时叫"腐刑"或"蚕室刑"、"阴刑"。宫刑的施刑方法，对男性犯人来说是去势，即割掉生殖器。关于对女犯施宫刑的方法，一般说是"幽闭"，应该是槌击女子腹部，使其子宫下垂，使之两性不能交接，也不能生育，而绝不是将女犯关起来禁闭终身，也不是充塞女性阴道。当然为了不影响贵族们传宗接代，也为了体面，从西周时便规定了"公族无宫刑"的原则。

饲养动物致人损害的赔偿责任
张新宝

构成民法通则第127条所称的"饲养

的动物",应同时具备四个方面的条件。饲养动物致人损害的赔偿责任应适用严格责任的归责原则;构成此类侵权责任的侵害行为、损害后果及其因果关系,既具有普遍性特征,也有其特殊性。作为义务主体的饲养人和管理人,应解释为物权法上的所有人和占有(使用)人,其中占有人限于合法占有人,对于非法占有人的赔偿责任应按"第三人的过错"处理。饲养动物逃脱的,一般不能免除饲养人或管理人的赔偿责任,但动物回复野生状态的除外。免责条件包括受害人的过错、第三人过错、约定免责以及不可抗力。

1994 年第 3 期

"中国社会发展与权利保护"笔谈

宪法新论三则
李 龙

宪法学要获得长足发展，必须在基本理论上取得重大突破。通过对宪法的本质、出发点和归宿及其与市场经济的关系分析，宪法学理论中有三个重要命题：第一，宪法的实质是分权。有权力就要有制约，而且要用权力制约权力，而要用权力制约权力必须实施分权；第二，宪法是市场经济的产物，它引导、促进和保障市场经济的发展与完善；第三，宪法是人权的保障书，人权是宪法的出发点和归宿。尽管不同类型的宪法确认人权的程度不同，并且存在形式和实质上的差别，但几乎没有一部宪法不确认对人权的保障的。而宪法成为人权的保障书也是宪法存在和发展的需要，随着宪法的发展，其对人权保障的领域也变得越来越广泛。

社会主义市场经济意识与法制建设
郭宇昭

社会主义市场经济意识是对社会主义市场经济的知识、意向和行动前的决策。树立正确的社会主义市场经济意识，需要把握市场经济的自然属性和社会属性，把社会主义意识和市场经济意识有机结合起来。在正确的社会主义市场经济基础上，要进一步将这种意识转化为法律意识、法律调整的动机和决策，明确法律调整的主要任务，采取正确的法律调整方法，建立健全市场经济的管理体制和智能结构。

行为与法律控制
谢邦宇　黄建武

从行为法学角度，社会是一个行为场，法律对社会关系的调整，实际上是对人们的行为的调整和控制。法律是资源分配的一个特殊系统，其对行为的控制力量由国家强制力和作为规范都具有的价值评价力量组成，实质是法律所拥有的物质资源力量和价值力量。法行为包括合法行为和违法行为以及中性行为。在法律控制中，这三种行为对法律目标的实现具有不同的意义。

行政滥用职权的新定义
朱新力

关于行政滥用职权的内涵存在着诸多争论。正确把握滥用职权的内涵，需要正确理解行政自由裁量权，准确把握立法意图，科学地借鉴国外相关理论。在此基础上，滥用职权可以被定义为行政主体及其工作人员在职务权限范围内违反合理性原则的自由裁量行为。滥用职权的具体内容主要有背离法定目的、对不确定法律概念解释的严重不当、行政不作为、不正当的程序、行为结果的显失公正等五种情形。

论法国行政法中的均衡原则
王桂源

均衡原则是法、德等欧洲大陆法系国家行政法的一项重要原则。在法国行政法中,它是一项判例原则,与行政行为理论、越权之诉的理由理论和监督程度理论密切相关。这一原则在法国判例中的体现,主要有三种情况,即对行使自由裁量权之行政决定实行最低程度的监督,对手段与事实是否相符进行最大程度的监督,对损失—得益平衡实行严格审查。法国行政法的这一著名原则对于其他国家的行政法学产生了很大的影响。

无效法律行为用语不可屏弃
宋炳庸

所谓无效民事行为就是无效法律行为、无效准法律行为、无效事实行为、无效容许行为等所有无效行为的总称,并不单指无效法律行为。当法律行为出现无效现象时,只能称其为无效法律行为,不能称之为无效民事行为。我国目前在立法和理论上屏弃无效法律行为用语,代之以民事行为或无效民事行为具有非科学性,不仅导致民法通则章节题目与条文内容之间的矛盾,也引发了同其他具体法规之间的概念冲突。

商业秘密及其法律保护
李永明

在我国商业秘密与技术秘密不能等同,技术秘密只是商业秘密的组成部分。商业秘密的客体按照所涉内容可分为技术秘密、经营秘密和管理秘密三种;其主体构成包括单一主体、共同主体和多个主体。秘密性、独立性、价值性是商业秘密的本质特征,也是司法实践中确认商业秘密保护客体的依据。在法律属性上,商业秘密是一种无形财产,具有所有权的属性,是一种特殊的知识产权。各国法律对商业秘密的保护方式、保护范围不尽相同,但总体上看还不够完善。

海事赔偿责任限制的几个问题
施 文 伍载阳

海事赔偿责任限制是指船舶发生海难事故,给他人造成重大人身伤亡或财产损失时,将船舶责任人的赔偿责任限制在一定范围内的一种赔偿制度。实行海事赔偿责任限制制度,有利于提高船舶的利用率,促进海运市场的繁荣。我国海商法对海事赔偿责任限制的规定,限于海上运输。关于海事赔偿责任限制的法律适用问题,我国海商法规定适用受理案件法院所在地法。

论刑罚的威慑效应
郭建安

刑罚的威慑分为特殊威慑和一般威慑。刑罚威慑效应产生的条件是:刑罚的严厉程度要适当;刑罚应当成为犯罪的必然后果;刑罚的适用要及时。威慑效应并非通过刑罚自身存在、适用和执行而自行产生,而是通过行为者的个人判断这一中介而产生。应当从保证刑罚威慑的条件和强化潜在犯罪者和罪犯个人对刑罚危险的肯定判断着手提高刑罚的威慑效应。

我国环境犯罪初步研究
刘仁文

研究我国环境犯罪应遵循经济发展与环境保护相协调、借鉴国外先进经验与从我国实际出发相结合的基本原则；当前我国环境犯罪的法律适用主要有三种形式：直接适用刑法的有关条文、"比照"或"依照"刑法的有关条文和适用全国人大常委会新颁布的有关补充规定；加强对我国环境的刑法保护，完善环境犯罪的刑事立法，已经势在必行；应单独设立一章"危害环境罪"，与其他类罪并列，以突出对环境的刑法保护。

执行特别职务的国家工作人员的正当防卫探讨
杨忠民

对于执行特别职务的国家工作人员，其个人所享有的正当防卫权和国家所赋予的特殊职权是并存的，但以国家工作人员身份在执行特别职务中实行防卫，支配其防卫行为并决定其法律性质的是国家所赋予的特殊职权，因而具有特殊的法律性质。由于执行特别职务的国家工作人员正当防卫的特殊法律性质，其正当防卫成立条件在某些具体要求、具体实施以及法律评价的具体标准等方面有自身的特殊性，从而区别于一般公民的正当防卫。

强制措施变更权刍议
李忠诚

强制措施的变更权是刑事诉讼中司法机关变更强制措施的权力；由于当代刑诉活动并非一个机关的"一条龙"活动，一个案件若走完全部诉讼活动，要经历不同的诉讼阶段。解决实践中出现的强制措施的变更问题，实质是如何理解变更权的问题；根据不同的角度，可以把强制措施变更权分为决定变更权、变更决定权、系属变更权和复合变更权。

论国际私法中法律适用问题的新发展与我国的实践
林 欣

侵权行为的法律适用原则方面，美国采取具有灵活性，但缺乏确定性的"最重要关系原则"；而欧洲国家仍采较具确定性的规则，同时允许双方当事人同意法院地法为侵权行为的准据法；我国也采较具确定性的规则，符合国际发展潮流。合同法律适用方面，美国最重要关系原则对欧洲大陆国家产生很大影响，后者采用特性履行原则以弥补其确定性不足。相比之下我国相关规定的确定性需要加强。婚姻家庭关系方面，男女平等原则被引入冲突法领域，注重保护儿童的合法利益，采取新措施防止跛行婚姻；我国对涉外婚姻成立的规定有相当不足，有待完善。

明代中后期重要条例版本略述
杨一凡

明代自开国至弘治时，已形成一套相当成熟的律例关系理论，"依律以定例，定例以辅律"、"律例并行"被确认为制例的基本指导原则。依这一立法原则，明代中后期进行了大量制例、修例工作，有史可查的重要条例有数十种,定例案牍以数百万字计。其中,《军政条例》、《宪纲事类》、《皇明成化二十三年条例》、《问刑条例》等十三种文献,版本稀见,有重要保存价值,是研究明代法治不可缺少的珍贵资料。

1994 年第 4 期

市民社会与市民法
—— 民法的调整对象研究
徐国栋

我国清末继受大陆法系时,将"市民法"误译为"民法",无法反映出市民法的精神、价值及其地位,须为其正名。市民法的精神为自由主义,它主张限制国家权力而不是消灭它,因为国家权力有其存在理由。市民法就是市民社会的宪章,它通过设定权利来达到自己的目的,维持市民社会的秩序。因此,从抽象方面看,市民法的调整对象首先是市民权利与国家权力之间的关系;其次是市民彼此之间的关系。从具体方面看,市民法的调整对象仍为平等主体间的财产关系和人身关系。

自由权之侵害及其民法救济
杨立新

自由权作为我国公民的基本民事权利之一,已为我国法律所确认,保护公民自由权应为我国民法基本任务之一。侵害自由权民事责任的构成具有自身特点。宪法、民法通则以及有关司法解释的相关规定为自由权受到侵害的民法救济提供了法律依据。救济方法包括非财产性救济方法和财产性救济方法。

中国传统文化与著作权制度略论
吴汉东　王　毅

现代意义上的著作权源自资产阶级要求摆脱封建特许对创作领域权利的束缚,以及对创作者人身权利的渴望,从而推动了具有人身和财产双重内容的著作权制度的建立。而中国封建统治者采取的文化钳制政策,使作者、出版者不可能作为一个独立的利益群体提出自己的主张。人格独立意识普遍缺乏,权利观念的极端淡化,传统法律文化的价值取向,是中国社会法律进步的巨大惰性,也是近代著作权制度难产的重要原因。

论建立我国的合同解除制度
王铁军

合同解除有广义和狭义两种,前者包括协议解除和狭义解除,后者包括法定解除和约定解除。合同解除制度是为解决合同有效成立后,在特殊情况发生时,合同关系提前消灭的问题,与合同终止和合同消灭存在区别。合同解除必须经过当事人的解除行为,其包括双方协议和一方在一定情况下行使解除权。解除权属于形成权,分为法定解除权和约定解除权。合同解除具有溯及力,解除权亦可能因特定原因而消灭。我国应建立完整先进的合同制度。

刑法的人性基础
陈兴良

理性人与经验人的不同假设是刑事古典学派与刑事实证学派在刑法的一系列重大问题上都存在根本分歧的根源；理性人与经验人不是截然对立的，人性中既有理性的因素，也具有经验的因素，人性既有共同性，又具有特殊性，二者具有辩证统一性；只有在扬弃刑事古典学派与刑事实证学派的基础上，将理性人与经验人统一起来，才能为刑法奠定科学的人性基础。

我国刑事判例制度初论
游 伟

尽管刑事判例在我国刑事法制建设中的地位尚未完全确定，还没有形成为一种真正规范化的法律制度，但刑事判例对司法实践发生了大小不同的各种作用；除因作用不一可能导致参照上的诸种弊病外，我国刑事判例在其制作、发布和适用效力等方面还存在一些问题；有必要对判例在我国刑事法制建设中的地位重新加以审视，确立并不断完善判例制度。

论行政法权利保障功能的发挥
崔卓兰

我国社会主义市场经济的建立和发展，带来了社会中权利主体范围的空前泛化，契约精神、平等原则全面通行。这就要求我们依照宪法所确立的基本原则，对行政权力与公民权利在行政法中的配置进行重新调整，使之趋向适当合理化，得以均衡发展、同步加强、良性互动。系统制定和切实实施行政程序法，是国家权力与公民权利平衡发展的关键，我们应当以行政程序为重心进一步构筑完善我国的行政法律制度。

论市场经济法律体系的基本结构
谢鹏程

法律体系"公法＋私法"的基本结构在当代面临着来自法律观、法律发展以及社会基础方面的挑战。但是，这些挑战并没有否定公法或私法存在的意义，而是不满足于由公法和私法构成的法律体系基本结构，这为法律体系基本结构提供了重大发展的契机。我国社会主义市场经济法律体系的基本结构由私法、公法和社会经济法三大部类构成。从两大部类的旧基本结构到三大部类的新基本结构，是系统结构演化的结果，克服了旧基本结构在本世纪初暴露出来的逻辑缺陷。

法律效力论
陈世荣

法律效力是指法律及其部分派生文件、文书所具有的，以国家强制力为保证的，在所适用的时间、空间范围内，赋予有关主体行使其权利（或权力）的作用力以及约束有关主体履行其义务（或责任）的作用力之总和。法律效力的主体，包括我国法律体系的全部规范性文件。法律效力与国家强制力有各自的不同特点。行为不具有所谓法律效力，不能与法律及其部分派生文件、文书并列，作为法律效力的主体。

TRIPs 中的几个国际与区际法律问题
郑成思

TRIPs 在 1994 年文本中已将原先使用的"缔约方"全部改用"成员",原"关贸总协定"改成"世界贸易组织"。"国民"含义包括独立关税区的"居民",对于我国的特别重要意义在于避开敏感政治问题。在 TRIPs 第 3 条第 1 款提及的两条规定范围内,成员有权选择以"互惠"取代国民待遇。在司法和行政程序上很难取得完全的国民待遇。最惠待遇原则的修正与限定表现在,四种特例下可以不实行该原则。

论联合国人权国际保护的执行措施
朱晓青

在人权领域中,联合国制定了一系列的国际文件、建立了各种人权机构、确立了国际保护的执行措施。但是,联合国在人权国际保护执行措施方面取得的成就较为有限。人权国际保护的执行措施是一个复杂的问题,对此国内外学者有不同的看法。人权国际保护的主要执行措施包括报告制度、国家间指控制度、实情调查制度、专题程序、个人申诉制度、来文审查程序、国际法院的司法解决程序、制裁措施等,但其实际效果不一,而且在实际运作中存在一些困难,如执行措施本身存在缺陷、执行措施的适用范围有限以及各国在适用人权国际保护执行措施时有种种考虑等。因此,人权国际保护机制与体系的完善和高效有许多困难,将是一个渐进的过程。

韩子亡秦论
——商鞅、韩非法律思想之比较
徐 进

韩非亡于秦,韩非亦使秦亡。非其力能堕秦城、败秦军,其学使然。韩非的"集大成"非但没有给法学增添新的光彩,还把商鞅阐发而行之于秦的法家之学引入歧途,淹没了秦法家原有的合理思想。韩非的"独断"不"共"思想,不利于调动广大官吏的积极性和发挥统治集团的集体力量,更破坏了封建政治机器中自我调整、自我改善的机制。其"术"论虽高超,却把法治从基本的治国之道降低为治国之策的一个部分。韩非只有商鞅的法,而无商鞅的治,这样的法治,只能起到禁奸除暴、维持治安的作用,而无法使国家强盛发达。以致独断失策,用术失臣,急法失力、失民。结果策误,臣残,力绝,民反,秦不能不亡。

"中日公务员贿赂犯罪问题国际学术研讨会"综述

公司法对股票发行价格的规制
陈 甦

股票发行价格从量的角度,确定了发行人与投资者之间的筹资投资关系,以及新老股东之间的股东权益平衡关系。因此公司法将股票发行价格规定为招股说明书的应记载事项,并规定了股票发行价格的确定机制。"同次发行、同一价格"为股票发行价格的基本原则;禁止折价发行,其目的在于贯彻资本维持原则；公司法对溢价发行进行特别管理，以平衡新老股东之间的权益。此外，我国股票市场不宜实行竞价发行。

"买赃自用"应按何罪处罚

蒋兴平

"买赃自用"行为与刑法规定的销赃罪的犯罪构成相去甚远，对此类行为按销赃罪论处与刑法规范的原意不符。而买赃可以成为窝赃的手段，窝赃也可以通过买赃来实现。所以，将买赃视为窝赃行为的一种，明知是犯罪所得的赃物而买赃自用，情节严重的，应按窝赃罪论处。

1994 年第 5 期

建立社会主义民主政治的法律体系
——政治法应是一个独立的法律部门
张文显

民主政治必然是、也必须是法治政治。要实行民主、保障和发展民主，就必须建立起与社会主义民主政治相适应的法律体系，将政治法作为一个独立的法律部门。政治法以政治关系和政治行为为调整对象。它对政治资源的配置一方面是根据各阶级、各政党在国家中的地位进行的，另一方面是按照公民政治平等的绝对原则进行的，不同于其他法律部门的调整方法。建立政治法律体系是政治稳定和政治发展的需要，反腐败斗争的需要，深化政治体制改革的需要，也是政治价值平衡的需要。

法律经济学初探
王育才

法律经济学是把经济学的理论和方法应用于法学领域的研究，从而揭示法律制度和经济体制相互运行之间的制约关系和影响作用的学说。其基本观点为，所有法律活动，包括一切立法和司法活动以及整个法律制度，为人们的各种法律行为制定了不同的隐含价格，发挥着分配稀缺资源的作用；所有法律活动都要以资源的有效配置和利用即以社会财富的增加为目的。在建立健全社会主义市场经济体制背景下，我国应重视法律经济学研究，建立法律经济学学科体系。

用社会权利分析方法重构宪法学体系
童之志

在新的历史条件下。宪法学体系也应根据新的历史时期要求予以重建。重构宪法学体系应当从分析社会权利入手。社会权利分析方法是构筑宪法学体系的逻辑起点。按照社会权利分析方法建立的理论框架，能够科学解决宪法学界尚无定论的问题。采用社会权利分析方法重构宪法学体系需从两方面入手：一是采用新方法重新安排现有的宪法学内容，即用社会权利分析方法阐释各种宪法现象，用其贯穿既有的全部宪法学范畴；二是开拓理论研究的新领域，按照社会权利关系体系逻辑结构的要求，对现行宪法学体系的内容进行丰富和补充。

议案审议过程中修正案的运用
——兼评1993年修宪程序
陈斯喜

修正案是西方议会的议事程序和方式，与我国实行的人民代表大会议事制度有着诸多的不同。比较而言，我国的议事制度具有一定的优越性，并且更适合我国的国情。但是，结合我国的实际情况，吸收和借鉴西方议事制度中的有益成分，也是切实可行的。八届全国人大一次会议第一次采用修正案方式，对于我国今后修正案制度的建立具有重要的影响，但是也存在一定的不足，需要我们进一步研究如何完善宪法中的修改程序规定。为此，可适当引入西方的议事制度，将之作为我国议事制度的补充，发挥两者的长处，克服两者的短处。

论无过错责任
刘士国

无过错责任的原因，在于权利人行使权利应对他人负有保证不侵害的义务，这种义务为法律非明定而当然应有。无过错责任不以有无过错为要件，因此必须明确其应有的限度方能正确适用。无过错责任的要件包括侵害行为、损害后果、因果关系、法律特别规定四项。此外，应澄清我国相关立法及理论解释，以构建完整的民事责任原则体系。

胎儿的损害赔偿请求权
黄建伟

胎儿出生后对其出生前受到损害的请求权问题，给大陆法系民法有关权利能力的原则和理论提出挑战；而在英美法系这种困扰较少，原因在于英美法系通常允许胎儿未来的法定代理人代为主张权利。我国实践中，涉及胎儿赔偿请求权的案件不断增多，为解决此类问题，我国立法应确认若干规则，并在符合侵权行为要件之外，对某些特别因素予以关注。

论我国破产程序中的和解制度及其革新
邹海林

我国破产程序中的和解制度有必要贯彻两个基本出发点：一是利用和解制度避免法院宣告债务人破产，二是利用和解制度避免通过破产清算分配破产人的财产。我国现行和解制度尚存四个方面的缺陷：立法体例和运用上未实现一体化；政府行政参与色彩严重；僵化程序制度妨碍了和解制度的灵活运用；忽视人民法院在和解程序中的主动作用。我国破产法必须着力完善和解申请及法院审查；和解协议的决议和认可；和解协议的效力；和解废止四个方面的制度。

发展市场经济与完善环境法制
马骧聪

十多年间，我国环境法制建设取得了较大发展，但仍有许多问题有待解决。目前我国正进一步抓紧立法，加强对环境的监督管理，保证环境法律、法规的实施。为完善环境法制，我国需建立同一的环境资源法律体系；运用各种法律手段保护环境资源；利用经济手段健全、完善和充实环境管理制度；健全环境资源管理体制，加强环境资源管理机构；健全群众参与环境保护活动和监督机制；加强环境司法工作；发展地方环境立法；更多借鉴国外经验。

试论国际法上的用尽当地救济规则
邹立刚

随着我国涉外经济贸易和投资关系的

广泛发展，用尽当地救济规则在现实中的运用也日益广泛。用尽当地救济规则是公认的国际法规则，是国家对内最高权、对外独立权的体现，是国际法上主权原则和属地管辖权原则的具体化。对用尽当地救济规则的性质，在国际法理论中历来存在着实体法和程序法两种对立的学说，其中实体法的观点更有道理。在判断当地救济是否有效时，不能运用所谓的国际标准，因为这种标准反映的是发达国家的价值观和法律传统。在判断当地救济是否已被用尽、是否有效之时，有若干标准，其中最重要的是是否存在拒绝司法的情况。

吸收犯存废刍议
吴振兴

吸收犯的存废之争，从根本上来源于吸收犯与牵连犯等罪数形态存在交叉；"本质无殊论"、"消纳其中论"、"不合国情论"等"取消说"的论据确有一定的道理，但也存在值得商榷之处；"保留说"的两种方案需要取其长避其短，进行另外的界定设计；在牵连犯与连续犯的夹缝中，吸收犯可以生存的一席之地就是实行行为吸收预备行为，即"同质当然吸收"。

关于财产罪的反思
文海林

财产罪的法律更迭较其他犯罪无疑更直接地源于作为物质生活关系基础的财产关系的变迁；所有权中的权能继续与所有权分离，对所有权的刑法保护应继续分化，确立新的更为具体的客体标准；财产关系由倚重归属转向以利用为主的归属、利用并重的新格局，直接导致了必须正视的设立侵犯财产利用犯罪的充足理由；在现有财产罪的侵犯所有权犯罪里面，以保护归属、利用两大功能为基点，分化出所有权的处分权能和所有权的使用权能两类客体。

程序法的几个基本问题
张令杰

程序法是有关人们设定、调整及实施权利义务的时序、方法、步骤的法律规范的总称，程序法有其自身的内容和体系。程序法的作用体现在法定程序的普遍遵守，公正的法定程序是社会稳定有序的制度保障，是法治的保证。程序的价值取向是公正和效率。一切违反法定程序的行为都具有社会危害性，应予以撤销。不宜将程序法列为部门法，程序法对完善社会主义法制作用重大。

轻程序的现象、原因及其纠正
王敏远

轻程序问题指对刑事诉讼法规定的诉讼操作规程不够重视，既表现在立法中，也反映在司法实践中；轻程序的原因多种，并且是多层次的，更深层的原因在于某些人对诉讼程序存在错误观念。要纠正这些错误观念，需要澄清刑事诉讼规律、对诉讼功能进行重新理解、对刑事诉讼中的实事求是原则进行重新认识。

行政诉讼与刑事诉讼的冲突及处理
方世荣

司法实践中，由于不同机关对侵害人

的侵害行为作出不同的定性，会出现侵害人不服行政处罚而提起行政诉讼和公诉机关提起刑事诉讼的冲突；受害人向行政机关请求处理，同时又提起刑事自诉，也会形成两种诉讼的冲突。对于前者，应实行刑事诉讼优先原则，后者则应在立法上规定受害人只能选择一种保护方式而提出请求。

刑事诉讼法修改的若干问题
王尚新

强制措施中的逮捕的条件应修改为"有证据证明被告人有犯罪事实或者犯罪的重大嫌疑"，取保候审的人保应有限制地在很小的范围内适用，可以考虑舍弃监视居住的强制措施；对于办案期限，既不能一刀切，也应加强制约机制；律师应在侦查阶段介入诉讼；目前不宜马上取消免于起诉制度；庭审改革也应符合我国的具体情况；应加强对刑事诉讼各个阶段的制约和监督。

1994 年第 6 期

法律的理想
刘作翔

法律的理想是指作为人格化了的法律所要追求的最终目标和所要达到的最终目的。由于法律是特定时代特定社会的社会关系和社会现实的反映,是该特定社会法律创制者的一种意志产物,不同时代不同社会的法律理想并不是完全相同的。从人类实存过的实在法出发,带有共性的理想和目标主要是对正义、秩序、幸福以及法治的追求。从表现特征来说,法律理想具有多样性、层次性、阶段性、交叉性、终极性。

论法与法律的区别
——对法的本质的再认识
郭道晖

最早区分法和法律的是古希腊自然法学家。19世纪德国古典哲学家在此基础上认为自然法是独立于法律(人定法)之外并超乎其上的法。马克思早期汲取了自然法学和理性法学的部分观点,认为法是自由的无意识的自然规律,而法律是法的表现。后来,马克思进一步揭示法的物质根源,并将法与法律进一步深化为从社会物质生活条件派生的法权关系与表述这种法权关系的立法,即社会共同意志关系与统治阶级意志的体现。由此来看,由于社会主义法律是社会公意的体现,法与法律是矛盾统一的。

原始法探析
——从禁忌、习惯到法起源的运动
田成有　张向前

原始社会就存在法。禁忌是原始社会最早的法,是法律的源头。禁忌具有法律的警示、遏制、保护、惩罚、社会协调和整合功能。习惯是原始社会基本的法,是现代社会法律的前身和萌芽。原始社会的习惯是在一个特定的社会共同体内,由社会群体共同确定的社会行为规则。习惯在发展为习惯法之后,历史地发挥着类似法律的功能作用。

公、私法责任分析
——论功利性补偿与道义性惩罚
孙笑侠

私法责任是以功利为基础和特征的,公法责任是以道义为基础和特征的。分析法律责任必须区分"责任关系"与"责任方式"、"功利关系"与"道义关系"、"补偿方式"与"惩罚方式"、"归责基础"与"归责要素"。区分公法责任和私法责任,有助于区分两类案件当事人的自主权,两类案件归责程序中的权力因素,两类案件法官自由裁量的幅度。

市场经济与我国涉外经济立法导向
徐崇利

我国在制定和修改涉外经济立法的过程中,涉外经济法律体系所遵循的两大立法导向值得关注。一是涉外经济立法与国内经济立法的趋同;其中包括涉外民商立法与国内民商立法的趋同,涉外经济管理立法与国内经济管理立法的趋同。二是涉外经济立法与国际经济立法的接轨;也包括民商立法方面的接轨和经济管理立法的接轨。

所有权所有制对应关系剥离论和现代企业制度
康德琯

所有制关系的法律表现问题,公认答案一直为对应关系论。但该理论的所有制观,所有权中心论,以及对法律反映经济关系功能的定位均存在疑问。为推进现代企业制度,在破除了对应关系论和所有权中心论后,应该树立国家所有权并非全民所有制的唯一法律实现形式的新观念;明确现代企业制度所要求的产权关系明确、产权边界清楚;解决中介性国有资产经营机构问题。

刑法在法律体系中的地位
——兼论刑法的补充性与法律体系的概念
张明楷

在我国,刑法具有独立性的同时还具有补充性,刑法的补充性是刑法的法律性质的当然结论,刑法的补充性决定了必须重新认识刑法在法律体系中的地位;认为刑法所调整的是由犯罪所引起的社会关系或犯罪人与国家之间的社会关系的观点不能被人接受;刑法在法律体系中既不是根本法,也不是部门法,而是保障法。

论刑格
杨新培

狭义的刑格指法定刑同一刑种的内部等级划分,我国刑法只有广义的刑格规定,而无狭义的刑格规定;我国刑法没有严格的刑格规定,在刑事司法中势必产生罪刑不相适应,难以合理、有效地限制法官的自由裁量权等弊端;我国刑法应在犯罪方面将犯罪情节具体化,并从法定刑的刑格着手,将刑罚程度等级化,以适应不同情节的犯罪。

论盗窃重要技术成果犯罪
王增勤 石金平

盗窃重要技术成果犯罪因其盗窃对象即重要技术成果的特殊性,使它的犯罪构成在客体、客观方面、主体、主观方面都与盗窃一般财物犯罪有很大不同;宜根据技术附着的不同载体、不同情况,采取不同的标准认定既遂与否;盗窃重要技术成果与假冒专利犯罪在客体、客观方面、定罪情节、主体等方面不尽相同,与窃取、刺探、收买、非法提供国家秘密罪在行为方式上有相同之处,犯罪对象也有接近或重合之处。

改造刑事诉讼结构应当慎行
宗 智

庭审方式及审判结构的改革牵一发而动全身,立法者不可不慎,应当慎重考察评价不同诉讼模式的一般利弊以及"移植"、"借鉴"的必要性和可行性问题。当事人主义和职权主义各有利弊得失,择优结合在相当程度上不现实,实际意味着对我国刑事诉讼模式作根本性的转换,而向当事人主义转变弊大于利。在保留职权主义基本模式的前提下,亦可采取其他的诉讼民主化措施。

中国最早的工会法考辨
张希坡

1922 年广州军政府通过的《工会条例》是我国最早的工会法。该法计 20 条,主要涉及组织工会的条件和审批程序、工会委员会的组成及其职务、工会会员和职员、工会会费及工会财产的保护、对工会的管理监督等规定。1924 年修正的《工会条例》,是在此基础上总结了工会运动的新经验而制定的相对完善的工会法。修正《工会条例》明确扩大了工会会员的范围,明确规定工会以产业为主、加强国内国际联合的组织方针,扩大了工会的职责权利。

清代注释律学特点
何 敏

清代注释律学达到了鼎盛时期,著述很多,人才辈出,究其原因是专制主义加强要求法律适用于辽阔疆域的需要,朴实致用的学风,文字狱的出现以及幕友阶层的兴起。分为官方注律和私家注律。所谓私家,或为法曹官僚,或为刑名幕友,他们注律是司法实践的需要,其成果多为几十年法曹经验的总结。他们依据多种方法,因关注点不同而产生多种学派,总体具有重归纳、轻演绎,重考证、轻分析,重实用、轻理论,重刑事、轻民事,重成案、轻判断,重善疑以求真的特点。清律家不拘泥于律例条文和律注的规定,而通过阐发立法精神和法律原则,领会和推测法律规定背后立法者的意思,以达到客观、真实地解释法律条文的目的,其工作和努力具有重要的意义。

刑法司法解释效力探讨
游 伟　鲁义诊

刑法司法解释是依据刑法条文,对刑法规范的内容所作的理解和阐释,其目的是为了统一刑事法律的执行,而不是创制新的行为规范去约束人们的行为,其时间效力必须依附于它所解释的刑法规范的效力而不能独立存在,不应具有独立于刑法之外的单独的时间效力,刑法司法解释生效后,对其生效之前的相关活动,一般不具有溯及力。

复转军人离婚时的财产分割
荀恒栋

复转军人离婚时的财产分割问题,最高人民法院在近四十年里有过多次司法解释,解释水平不断提高,其中最近一次《意见》第 3 条的规定与原司法解释相比,减少了争议点,增加了可操作性,并限制了审判人员的自由裁量权;此外还增加了新的财产项目,并根据财产的不同性质作了不同处理。该条解释文字不多,但意义重大,并有多层含义。但某些问题能否适用该条解释仍需探讨。

1995 年第 1 期

一九九四年中国法学研究回顾

法理学研究述评　　　　张少瑜
宪法学研究述评　　　　张少瑜
行政法学研究述评　　　张明杰　林炎炎
民商法学研究述评　　　张涵
经济法学研究述评　　　许明月　张涵
刑法学研究述评　　　　王敏远
刑事诉讼法学研究述评　王敏远

从市民社会理论出发
对法本质的再认识
马长山

市民社会理论是马克思主义创始人阐发其法律观的唯物主义逻辑起点。从市民社会理论出发，法本质理解上的"统治阶级意志论"是站不住脚的，相反，法是普遍利益和特殊利益的调适器，是市民社会的要求取得普遍效力的形式，市民社会与政治国家的矛盾发展进程决定法的发展历史。

对《用社会权利分析方法
重构宪法学体系》的质疑
——与童之伟同志商榷
赵世义　邹平学

《用社会权利分析方法重构宪法学体系》一文正确提出界定宪法学体系逻辑起点的问题，但是将社会权利作为宪法学的逻辑起点，经不起推敲。《重构》中所称的社会权利既非从宪政实践经验归纳而来，也不能从宪法学理论中推导出来，是作者自行创造的概念。《重构》一文认为社会学分析方法是解决宪法中一切问题的方法，不但片面，而且对研究方法本身存在误解，混淆了世界观和方法论，并且不恰当地否定了其他研究方法的作用。《重构》一文的主题词是"重构宪法学体系"，但通览全文，并未形成作者在《重构》文中所提的用社会权利分析方法重构新体系的目标。

国有企业走向公司的难点
及其法理思考
王保树

国有企业改建为公司的本质是把企业塑造成真正的市场经营主体，这是国有企业改建为公司的根本动机。国有股规范化操作应坚持股权平等和有利于公司依法运营的原则，公司股份的持有人为当然股东。国有股股东的确认应坚持"谁投资、谁所有、谁受益"的原则。国家对国有资产的管理权和经营权应分别授予国有资产管理局和国有投资公司或国有资产经营公司行使。国有股份应进入市场流通。董事长、经理应由董事会选举和聘任。另外，还须注意亏损企业、非经营性资产和职工持股等问题。

民法典与权力控制
徐国栋

控制权力，防止其不正当行使，保护人民的权利，是自国家产生以来的人类社会的根本问题之一，现代社会尤其如此。民主、自由、法治等现代基本观念莫不为解决这一根本问题而设，而成文法和民法典是实现这些观念的有效制度工具。法典法是成文法的高级形式，法典法比一般的成文法具有更强的普遍性、确定性和可接近性。中国民法典必将成为中国正在建立的市民社会的宪章，明确地划定市民社会与政治国家的范围，充分地确认和保护市民的权利，有效地控制国家权力的滥用。

论罪数不典型
储槐植

除少数已有法律规定外，罪数问题基本上是解释问题。将其上升到犯罪构成数量形态的高度，不仅对司法实践具有理论指导意义，对立法也具有参考意义。罪数不典型是指犯罪要件组合数不标准的形态，是一种与典型一罪和典型数罪不相符合的观念。对此研究的价值在于以否定式的比较替代肯定式的论证。依据刑法分则性条文有无规定为准，罪数不典型分为法律规定的罪数不典型和处理认定的罪数不典型。前者包括惯犯、结合犯和转化犯，后者包括想象竞合、连续犯和吸收犯。罪数不典型诸种形式，符合我国刑罚的目的，有助于方便诉讼。

应确立审判改革的基本思路
王少南 韩崇华

目前审判方式改革基本上处于初级阶段。要打开审判改革的新局面，使审判改革全面系统地展开，就必须在超越现状的长远范围内，从一个宏大的角度，确立一个合乎审判规律的改革目标，以此影响审判方式的整个过程，乃至整个改革环境的转变。同时，确立与之相适应的包括目标、内容、步骤、监控体系四个方面在内的基本格局，使整个审判改革构成一个立体化改革体系。

刑事审判程序改革的几点思考
李建明

我国现行刑事审判程序存在着诸多影响刑事审判工作质量的问题。为此，未来刑事审判程序改革首先应当树立正确的改革指导思想，即着眼于有效惩罚犯罪和防止错判，推进循序渐进式改革。其次，应当以有效惩罚犯罪和防止错判为价值目标确定庭审法官的任务，要求法官应以查明案件事实真相为目的积极主动组织、指导控辩双方正确实施诉讼行为。从我国刑事审判程序是否吸收当事人主义的内容来看，在理论和实践上对刑事审判程序作出较大的改革，存在一定困难，但改革的可行性是存在的。

元代司法制度述略
李明德

元代的审判机关较唐代设置繁杂混乱、

分工简陋。中书省下的刑部为中央专职司法机关,既掌司法行政,又掌重大案件的审判和复核,是明清两代以刑部掌审判,以大理寺掌重大案件的复核的制度的前身,而地方审判机关从属于行政机关。元代的诉讼制度、特别司法管辖及司法监察制度也饶有特色,对案件的纠举与告诉、审理和判决、上诉和执行及监察机关监督审判、复审重刑判决、理冤、录囚职能的规定也比较具体,在中国法制发展史上有独特的意义。

1995 年第 2 期

立法学体系的构成
周旺生

立法学体系主要有三个构成要素：立法原理、立法制度和立法技术。其中，立法原理是观念性准则，立法制度是实体性准则，立法技术部分是实体性准则、部分不是实体性准则。立法原理包括关于整个立法的总的、基本的原理和立法各有关方面如立法制度、立法技术的原理。立法制度主要涉及立法主体、立法权限、立法运作、立法监督、立法与有关方面的关系等制度。立法技术涉及甚广，可以有宏观、中观、微观之分，也可以有横向、纵向之分。

法律效力：合法行为发生法律上效果之保证力
——兼与陈世荣商榷
李 琦

陈世荣《法律效力论》一文在关于"法律效力的主体"、法律效力的实质含义等方面存在着理解上的偏差。法律效力应该是合法行为发生法律上效果的保证力。法律效力对行为的保护与约束的实质在于，对合法行为发生法律上效果的保证，使合法行为实际具有法律意义。由于法律效力为合法行为所具有，又作用于特定行为，故法律效力是主体行为间的连结因素。

论我国村民代表会议制度
高 杰

村民代表会议制度是村民民主决策的基本形式，在村民自治中发挥了重要作用。村民代表会议是基层民主的伟大实践，是马克思民主理论和中国农村民主实践相结合的产物，经历了一个从萌芽到发展到逐步完善的过程。村民代表会议制度的建设目标是规范化和法律化。应该完善相关法律，明确代表会议的性质和地位，村民代表的产生及会议的议事规则和程序。

人身权的延伸法律保护
杨立新　王海英　孙 博

民事主体在其出生前和消灭后，存在着与人身权利相区别的先期法益和延续法益。在现代人权思想的指导下，以维护民事主体统一、完整的人身利益为基本目的，对民事主体的人身权应予延伸法律保护。先期法益由胎儿享有，包括亲权利益、亲属权利益、继承法益、请求扶养的法益等先期身份利益和身体、健康、生命等先期人格利益。延续人身法益可由自然人和法人享有，包括名誉、肖像、身体、姓名或名称、荣誉等延期法益。

对法人职务犯罪若干问题的思考
杨忠民

作为一种特殊的职务犯罪现象，法人

职务犯罪比法人的一般犯罪和自然人的职务犯罪更具有严重的社会危害性。此类犯罪的犯罪主体是具有法人资格而且具备职务犯罪主体资格的企业、事业单位、机关和团体。法人职务犯罪与自然人职务犯罪在主观活动、客观活动方面都存在着一定的区别。构成职务犯罪的法人与构成非职务犯罪的法人所承担的刑事责任，应当有大小轻重的差异。为此，应当通过刑事立法明确规定对职务犯罪的法人比一般犯罪的法人承担更大的刑事责任。

对判处死刑犯剥夺政治权利终身规定的质疑
吴 平

对被判处死刑的犯罪分子有必要附加剥夺政治权利终身这一规定的质疑，刑法学者的解释缺乏应有的说服力。对被判处死刑立即执行的犯罪分子，没有必要判处剥夺政治权利终身。因为被判处死刑执行的犯罪分子一经交付执行，生命便不复存在，所以已经不存在需要剥夺政治权利"终身"这一期间。对被判处死刑缓期两年执行的犯罪分子，有必要判处剥夺政治权利终身。因为被判处死缓的犯罪分子在交付执行后，"终身"这一期间尚未结束，两年期满后，可能被减为无期徒刑或有期徒刑。

质证制度及立法之完善
叶向阳

质证有广义和狭义之分，前者是对一切证据的质疑。后者是指质证制度，即以交叉询问方式对言词证据的真实性、合法性提出质疑，从而确认其证明作用的诉讼活动。质证有别于讯问、询问和对质等概念。我国现行质证制度已名存实亡。具体而言，在立法上，质证对象过于狭隘，立法规定过于简单且前后矛盾。在价值取向上，权利义务失衡，价值目标失衡。因此，重构质证制度，除了加强立法技术外，我国还应当纠正权利义务、价值目标的双重失衡，并考虑整个诉讼构造对质证制度的制约和影响，从而在更广泛的意义上牵引整个刑事诉讼构造趋向科学性和民主性。

中国古代侵权行为法例论要
陈 涛 高在敏

中国古代侵权行为法例乃是在自然经济基础、伦理道德中心文化与专制集权政治、公法本位法律支配下的侵权行为法例。行为的违法性、行为人的过错、违法行为与致害结果的因果关系是中国古代侵权行为法的构成要素；承担民事责任的方式主要有给付医药费、养赡费及征收烧埋银，备偿，排除妨害与恢复原状，责令停止从事特定行业等，同时还规定了民事责任免除的情况。受自然环境与固有社会结构、观念体系、文化传统的制约，中国古代侵权行为法例有其自身的特点和局限。

国际刑法中双重犯罪原则的新发展
林 欣

双重犯罪原则是国际刑法中一个很重要的原则。它是从引渡实践中产生，并逐步扩展适用于域外犯罪的刑事管辖权。对于双重刑事管辖权是否适用双重犯罪原则，世界各国存在两种类型：一种类型的国家主张适用双重犯罪原则,另一种类型国家主张不适用双重犯罪原则。当前双重犯罪原则新发展主要表现在两个方面:一是该原则扩展适用于刑事案件的国际司法协助;二是在对该原则的解释,由具体解释向抽象解释发展。

专属经济区内和大陆架上的海洋科研制度
邵 津

《联合国海洋法公约》有关专属经济区和大陆架上的海洋科研制度的主要内容有"许可制"、"研究方的义务"、"沿海国的义务"、"责任及争端的解决"。该公约一方面规定外国在这两个海区进行科学研究应经沿海国同意,另一方面规定沿海国对于依照该公约的为和平目的和增进人类利益的外国的海洋科学研究计划应当予以同意,并且还规定了推定同意,以确保对计划申请的及时处理。这些规定既有利于海洋科学研究的进行和发展,又维护了沿海国的主权、管辖权和正当利益,因而是比较合理的、可行的。

中华人民共和国破产法的制定
常 敏 邹海林

破产法的功能在于通过国家的公权力解决不能清偿的债权债务关系。允许自然人破产在理论上和立法技术上都不存在障碍,但其破产程序的实际操作令人担忧。新破产法可以沿用现行破产法的结构设计。新破产法应统一破产原因,设立临时财产管理人、监督人,灵活设计和解制度、创制简易程序,明定针对妨害破产程序的强制性措施。制定破产法还须注意破产犯罪、破产免责、复权等问题。

电视节目预告表的法律保护与利益衡量
梁慧星

利益衡量论强调民法解释取决于利益衡量的思考方法,认为法律解释的选择终究是价值判断问题。利益衡量的必要性在于法律解释有复数解释结论的可能性。基于利益衡量,将一周电视节目预告表解释为非新闻较为合理和妥当,而将其认定为"时事新闻"不符合对著作权法第5条的文义解释,违背该条的目的。对著作权法第3条不能作反对解释。保护电视节目预告表的著作权法依据为对该法第4条第1款和第5条作反对解释,民法依据为民法通则第106条第2款、第5条和第4条。

完善(道路)交通肇事罪立法的构想
祁国明

在立法上,我国刑法第113条对(道路)交通肇事罪的认定与处罚,存在着某些缺陷。第一,未充分体现"过失行为,法无明文规定的不为罪"的刑事立法原则。第二,未明确规定犯罪主体。第三,在量刑上同过失杀人、过失致人重伤罪的量刑明显不协调。司法解释对本罪的规定也存在着一定的局限性。第一,除规定单位主管负责人、雇主承担交通肇事罪的刑事责任外,未明确规定是否追究驾驶人员的刑事责任。第二,对犯交通肇事罪后自首"酌情"处罚规定得含糊。第三,未明确特大交通事故犯罪责任的标准,等等。因此,应当通过单行刑事立法和授权立法解释来改变现状,完善道路交通肇事罪的立法原则,对罪名的设定、犯罪主体、法定最高刑和罚金刑增设等方面进行明确规定。

1995 年第 3 期

制定中国物权法的基本思路
中国社会科学院法学研究所
物权法研究课题组

定纷止争、划清产权界限，为建立良好的财产流通秩序提供可靠的基础，改革和完善社会主义公有制，都要求制定完善的物权法。制定物权法应贯彻个人利益与社会公益协调发展的所有权思想，适应物权的价值化和国际化发展趋势，规定国家征收土地的条件及公正补偿，坚持物权法定主义、一物一权主义，采登记（交付）要件主义物权变动模式、拒绝物权行为理论，以物权条件固定农地使用关系，明定国有土地使用权为用益物权，废除习惯法上的典权，在土地与建筑物的关系上采取分别主义。

论合同无效制度
王卫国

我国合同无效的比例畸高，影响交易安全，增加交易成本，有损经济社会的信用和效率，更新该制度已势在必行。合同法的整体目标是合同实现，合同法的价值理念是效率、交易安全和公平，合同法的指导原则是意思自治，合同法制度必须建立在民法的框架内。为了体现上述合同法的基本理念，合同无效制度应尊重当事人意思自治、限制行政干预、承认交易习惯、保护善意相对人。

论期货合约的概念
杨永清

期货合约是期货交易所设计的在法定的地点以法定的方式签订的其主要目的并不在于实物或金融证券交割的一种高度标准化的合约。期货合约高度标准化，由期货交易所设计。期货合约中的商品较一般商品有别。期货合约须在期货管理部门许可的地点以许可的方式签订。期货合约签约双方可以对冲在手部位而免除履约责任。期货合约的结算必须通过结算所进行。期货合约必须缴纳保证金。期货合约的真正目的在于避免价格风险和发现真实价格。

破产域外效力的比较分析
石静遐

关于破产的域外效力存在争议，各国的学说、立法与判例可归纳为普遍性原则和地域性原则两种理论。前者意味着一国的破产宣告具有完全的国际效力；后者认为一国法院所作的破产宣告的效力仅及于破产人在该国领域内的财产。实践中，许多国家一方面尽可能地将本国破产的效力扩及国外，另一方面对外国破产在本国效力的审查较为严格。我国破产法宜采取有限度的普遍性原则。

法律权利的定义
北　岳

要比较全面地阐释权利，必须把握权利概念的四个要素。主体的实质要素是主体对利益的追求和维护，主体的形式要素是主体可以作出的行为选择自由，社会的实质要素是社会对权利主体所享有的行为选择自由的态度，社会的形式要素是当主体行使权利受到干涉、阻碍时国家和法律给予保护和帮助。权利定义的原点，应落在主体的行使要素上，而认识权利的关键则在于对"正当"要素的研究。总之，法律权利是主体为追求或维护利益而进行行为选择、并因社会承认为正当而受法律和国家承认并保护的行为自由。

法律效力补论
陈世荣

法律效力包括约束效力、赋予效力和复合效力，赋予效力是法律的第一效力。法律效力及其具体形式，要通过法律规范得以体现，充分发挥法律效力，必须完善法律规范结构。法律的公布对于法律效力的发生具有关键性意义。人的行为只有合法还是违法，是否在法律上有一定的意义和作用，以及能否得到法律的认可等问题，根本谈不上具有所谓法律效力。

为"九七"香港法律的顺利过渡做好准备
吴建璠

"九七"香港法律如何过渡，关系到香港平稳过渡的大局。香港现行法律基本不变，是中国政府在中英联合声明里宣布的一项基本方针政策，基本法以法律的形式肯定了香港法律基本不变的原则。要实现香港原有法律的顺利过渡，应当做好以下准备工作：做好香港原有法律的审查工作，弄清香港原有法律哪些同基本法抵触；处理好原有法律在特别行政区的条件下如何适用的问题，由全国人大常委会在保留原有法律的同时，规定几条原有法律如何适用的原则让政府各部门遵照执行；解决好法律本地化的问题。

市场经济下罪刑法定与刑事类推的价值取向
侯国云

在市场经济下应否保留刑事类推制度，刑法学界存在保留论和取消论之争。前者认为，我国刑事立法经验不足，罪刑法定在实践中行不通，加上我国市场经济建立刚起步，用"扩大解释"或其他办法对无明文规定的犯罪追究刑事责任，不如适用类推制度，以及罪刑法定的衰落和类推制度重新引起世界各国重视等。后者认为，司法实践中适用类推的案件极少，类推是封建罪刑擅断的表现形式，也与罪刑法定原则相抵触，有悖于世界刑法的发展趋势，不利于对人权的保护，容易招致国外的批评而有损我国刑法在国际上的形象。取消论并不全面而准确。我国刑法中的类推，非但不会与世界刑法的发展趋势相悖，更不存在侵犯人权和损害我国国际形象的问题。因此，应当继续保留类推制度。

"挪用公款不退还以贪污论处"质疑

唐伯荣

《关于惩治贪污贿赂罪的补充规定》第 3 条第 1 款的规定,不符合我国犯罪构成理论。第一,仅以"不退还,使被挪用的这部分公款遭到不可弥补的损失"这一危害结果来作为定罪的根据,并不妥当。第二,将"不能退还"具体解释为"主观上不想还"或"客观上不能还",都没有把犯罪手段的改变作为转化为贪污罪的条件,因此不能将犯罪转化作为其法律依据。第三,对于挪用公款已退还和未退还的,按挪用公款罪和贪污罪进行数罪并罚,明显违反我国刑法的数罪并罚理论。第四,这一规定造成了司法机关司法上的某些困难和混乱。有鉴于此,应当把"不退还"作为挪用公款罪的一个从重或加重处罚情节。

埋藏物发现的若干问题

陈华彬

埋藏物之发现是指发现埋藏物而予以占有的一种法律事实。埋藏物是指埋藏于土地及他物中,其所有权归属不能判明之动产。发现是指认识埋藏物之所在。发现人有限取得埋藏物所有权的立法恰当地考量了人的思想意识的觉悟程度和水平,并基于此对人的行为提出适宜的要求。我国民法通则第 79 条第 1 款在立法主义上有失妥当,应予变更。

正视传统 开创未来
——《美国学者论中国法律传统》座谈会纪要

法律奖励论
李友根

将法律奖励纳入法学研究的范畴，并确立其在法学范畴体系中的应有地位，既是法学理论发展的要求，也是法治建设的内在要求。奖励是法律规范的一个有机组成部分，不能以奖励性规范中没有制裁内容而否定其作为法律规范的独立性。奖励法律关系的主体为获奖者和授奖者，客体为法律奖励的对象，即哪些行为、事迹和情况国家要通过法律予以表彰和奖励，内容是法律奖励中的权利义务及其具体体现。

简析宪法修改的两种学说
张庆福　王文彤

对于宪法的修改是否应进行限制，学界存在"肯定说"和"否定说"。比较而言，"肯定说"更具有合理性。宪法修改是在原宪法基础上进行的改变，因此不能动摇宪法的基础。对宪法修改的限制包括五个方面的内容。肯定说认为制宪权和修宪权是两种不同性质权力的看法有失偏颇。制宪权和修宪权有区别，但是并不意味着两者是两种不同性质的权力。

行政自由裁量权及其法律控制
张明杰

行政自由裁量权是现代行政法的一个核心内容，是现代行政法发展的成果。行政自由裁量权是相对于羁束裁量权而言的，确认标准通常有法律授权形式和行政行为成立要件两种。基于行政法保障相对人权利的主旨和行政自由裁量权易于被滥用的现实，应该以合法、合理为原则对其加以控制。从世界各国的实践看，控制行政自由裁量权的手段主要有立法控制、行政控制和司法控制，其中司法控制手段尤为重要。我国应该从立法、司法、权力机关监督、行政机关内部监督等方面加强对行政自由裁量权的控制。

人权国际保护与国家主权
李步云　王修经

人权保护进入国际领域标志着人权的发展进入了一个全新的阶段。人权国际保护是指各国应当按照国际社会公认的国际法原则、国际人权宣言与公约，承担普遍的或特定的国际义务，对基本人权的某些方面进行合作与保证，并对侵犯人权的行为加以防止和惩治。人权国际标准是实施人权国际保护的准绳。承认与尊重人权国际标准，是人权国际保护的前提。但是，人权国际保护以尊重国家主权为基础，不能以人权保护为由干涉他国内政。片面强调人权国际保护和片面强调国家主权原则，都是错误的。

论中国民法的现代化
韩世远

民法既是适应社会需要而出现的，同时也是促进社会变革和社会发展的工具，当代中国需要法典化的民法。中国民法典负有特殊的经济、政治和社会文化使命。中国制定民法典要仰赖中国的法学家，在自力更生的同时借鉴吸收外国经验教训。中国民法典应有实用性和体系开放性。民法的科学化有赖于在方法论上超越概念法学，实现民法学的科学化。中国民法的现代化不仅需要民法的法典化与科学化，还要求民法的活法化。

根本违反合同与中国合同法
赵 康 慕亚平

根本违反合同是从违约的后果来表述违约的形态并确定相应的补救措施。《联合国国际货物销售合同公约》规定根本违反合同之目的主要在于限制当事人在对方违约时解除合同的权利。一方当事人违反合同的结果使另一方当事人蒙受损害，实际上剥夺了他根据合同规定有权期待得到的东西，违约方对违约后果有预知时，构成根本违约。我国在制定统一合同法时应更多地借鉴公约关于根本违反合同的规定。

商业秘密保护范围的发展
张玉瑞

出于保护秘密状态下涉及商业行业的智力成果权的需要，商业秘密的法律保护的首先是财产特征明显的技术秘密，其后是经营秘密。成文法在成熟过程中对商业秘密的内涵作出科学界定，国际多边协议最终将保护范围扩大到符合条件的未公开信息。商业秘密保护法的提出不会削弱知识产权其他分支的作用。

论合理使用
吴汉东

合理使用制度是合理地消除作品创造者、传播者和使用者之间的冲突，在维护作者权益基础上实现三者利益的均衡保护器，其价值目标在于通过均衡保护的途径，促进科学、文化事业的发展。在合理使用的称谓、范围、判断、条件等方面各国立法例存在一定差异。我国著作权法上合理使用制度的范围大体与国际惯例相符。鉴于国际著作权公约的有关规定和现代著作权法的立法变化趋势，我国的合理使用制度有待修改与完善，需要对该规则的适用范围和条件作出严密而具体的规定。

论作品的独创性
金渝林

作者权体系和版权体系对独创性概念的规定有着根本性的质的区别，这个区别主要源于它们各自社会环境的不同及由此导致的对"创作"概念的不同认识。在采用同一体系的国家和地区之间或者在同一个国家不同种类的作品之间，独创性概念也不完全相同，但这只是量的规定性不同。在中国版权制度中，独创性概念是不确定的，这与我国版权理论的发展仍处在版权制度建立后的滞后期直接相关。独创性概念的不确定应引起立法机关和司法机关的重视。

东周盟书与春秋战国法制的变化
李 力

盟书是东周时期各诸侯国或卿大夫之间为了某些重大事件或在某些重大活动中制订公约、"对天盟誓"时所记录的文辞。种类很多，有宗盟类、委质类、纳室类、诅咒类、卜筮类等形式，它具有一般法律形式形成的程序，具有一般法律形式的规范性和强制约束力，因此应当说盟书是一种特殊的法律形式。从表面上看，其与西方现代国际法条约相类似，但是两者实际上存在着质的差别，不能将二者等同。东周盟书是春秋法制变化过程中一种特殊的法律形式，是春秋以来礼制破坏、权利下移的产物，是当时新旧势力之间、新兴势力之间权力平衡的标准器，在从"礼治"至"法治"转变过程中起到了不可替代、承上启下的法律规范作用。

我国监狱及狱制探源
薛梅卿

从甲骨卜辞中即可以找到"狱"字的原型，而对其意义的阐释不断发展，不断明确，正是狱及其制度不断发生变革的反映。"三王始有狱"，即夏、商、周三代才有监狱是可信的，而"皋陶造狱"只是历史的传说，不足为我国监狱起源的依据。中国古代监狱产生之后，相应的监管措施和制度如警备、防卫设施的设置，系禁、狱具戒护的使用，劳役制度，感化教育的方式也相继建立并逐步完善。

关于对抗制的几点法理学和法律社会学思考
苏 力

对抗制在司法审判中的引入，对"以事实为根据，以法律为准绳"这一原则提出了挑战。与此相关，还会带来两审终审原则与有错必纠原则的冲突。实现对抗制还须考虑纠纷解决的社会成本。但对抗制的试点一方面减少了司法机关的费用支出，使司法机关可以集中财力处理其他类型的、更重大的案件；另一方面可以阻隔市场对司法过程的过大干扰，也许可以减少司法人员的腐败。实行对抗制虽然可以解决一些问题，但它也提出了更多的法制和法学的问题。

对抗制与中国法官
贺卫方

英美意义上的对抗制要求法官保持消极中立的地位以及当事人地位的均衡，这对法官提出了相当高的要求。我国法官的素质状况、法官在现行司法体制中所承担的角色和履行的职能以及检察机关的特殊地位都阻碍中国接受对抗制。中国的法官制度必须改革以适应对抗制，法官的数量必须限制在合理的规模之内；改进法官选任制度；改变司法判决风格，增加判决书对法律原理的阐述。

审判方式改革再思考
张志铭

当事人主义和职权主义皆为现代民主

政治和法治社会中的诉讼构造,它们各有自己的学理基础和制度构造。两者的区别并不在于是否承认当事方在诉讼中的地位和作用,而在于把诉讼中的主导地位和作用归之于裁判方还是当事方。中国审判方式中存在的诸如控审职能交错、审判职能越位等弊端,并非现代职权主义诉讼模式固有,而是纠问制的残余。司法改革主要是使司法民主化,走向一种真正的现代职权主义审判模式。

1995 年第 5 期

中华人民共和国合同法的起草
张广兴

制定统一的合同法，是完善合同法制的迫切任务。12个法律教学科研单位的学者起草了建议草案并提交全国人大法工委，其草拟的条文及其立法理由都有较高的水平。在起草过程中，学者更加注重合同法体系上的完整性和结构上的逻辑性，更加注重最新理论成果及各国经验的借鉴意义，司法界人士更多地注意合同法的可操作性，要求规定得尽可能细致、具体。立法机关的人士则更多地考虑合同法与现行法律的衔接，尽可能与现行有关法律的规定保持一致。正式通过的合同法会有许多甚至是重大的变化，但由法律专家学者起草法律，对于中国的立法无疑具有历史意义。

论禁止权利滥用原则
汪渊智

从历史沿革上看，禁止权利滥用原则在法律形式上由判例向成文法发展；在立法例上由主观主义向客观主义发展；在适用对象上由物权扩及于一切权利。禁止权利滥用为法律化的道德准则，是白地型的规定。禁止权利滥用原则与诚实信用原则为民法上的两大原则，二者互不隶属、并行不悖。权利滥用的标准宜采内部说，即行使权利违背其本质或超越其正当界限者，该行为即为权利滥用。权利滥用的法律后果不能一概而论，应视具体案情来定。

论既判力的本质
叶自强

既判力本质上是民事诉讼法上的效力，其依据在于国家的审判权，其目的首先是为了国家利益和社会公共利益，其次是为了当事人个人的利益。从既判力的根据来看，诉讼法说及新诉讼法说比较可取。但研究既判力的本质不能脱离其目的，因而不可能完全离开实体法。就此而言，诉讼法学和新诉讼法说否认既判力的本质与实体法之间的必然联系，具有片面性。在实体方面，当事人及法院须共同遵守判决所确认的权利或法律关系，否则判决将无实际意义。

差别证明要求与优势证据证明要求
李 浩

刑事诉讼与民事诉讼在诉讼性质上存在重大差异，两者的证明要求应该有别，此点也为法律的具体规定、司法实践和国外诉讼理论与实践所证实。民事诉讼应采优势证据证明要求，这与"法律真实"的证明任务相契合，与民事实体法大量采用的形式真实的真实标准相一致，有利于保护当事人合法民事权益，有利于指导民事诉讼实践，有利于提高诉讼效率和法官认知案件事实的能力。

诉讼效益与证明要求
——论在民事诉讼中应确立高度盖然性原则
陈响荣　杨央平　蒋南成　李刚

民事诉讼与刑事诉讼从诉讼原则到证据制度等存在许多差别，民事诉讼不宜使用刑事诉讼中较高的证明要求。民事法庭认定案件事实、评定证据不是都能达到客观真实的，其证明要求可低于刑事诉讼。民事诉讼中的最低证明要求应是高度的盖然性，即一方当事人对其所主张的事实提供的证据明显优于另一方当事人时，法院就得在判决中认定这一事实。该原则符合"民事自治"原则，有利于提高诉讼效益和诉讼公正。

"法律价值效益优先论"质疑
李兵

法律价值效益优先论主张社会主义市场经济条件下，应以效益作为法律的首要价值，并兼顾公平，以此指导我国法制建设。这种主张强调经济范畴的价值准则优先于道德范畴的价值准则，不能真正体现法学和法制之独立品格的塑造。效益价值优先论所借用的西方经济分析法学派的基本观点，是以西方市场经济的充分发展和西方社会法治化为基础的，并不切合我国法学和法制建设的现实国情。此外，该种主张也忽视了"效益至上"论在西方遭受的批判和指责。

也谈宪法学体系的重构
——评社会权利分析理论之争
刘茂林

现行宪法学体系具有一定的合理性和适用性，但也存在诸多缺陷，需要加以改造，以适应新时期和新形势的要求。重构宪法学体系首先要准确把握现行宪法学体系中存在的问题。《用社会权利分析方法重构宪法学体系》提出了运用社会权利分析方法作为专门方法重构宪法学体系的设想具有一定的合理性，社会权利可以作为重构宪法学体系的逻辑起点。如能进一步完善用社会权利构筑宪法学体系的相关理论，对于宪法学体系的重构将会产生深远的影响。

废除类推及刑法科学化
胡云腾

罪刑法定原则为世界上绝大多数国家所明文规定，而类推制度则被世界各国刑法所摒弃，已名实俱亡。该原则的本质在于禁止事后法。有利于被告人的类推、扩张解释和不定期刑均并不能成为否定的论据。罪刑法定原则所体现的法律精神有：权力分工和权力制衡，惩罚和预防犯罪需要"有言在先"，防范法官滥用法律比惩治漏网之罪更为重要以及公民权利不以法律规定为限，等等。罪刑法定原则对于树立我国全社会法制观念、完善刑法、促进严格执法以及促进我国刑法与世界刑法发展的接轨，都具有重要的意义。类推制度则与我国刑法保护人民的价值取向背道而驰，应当予以废除。

量刑情节的冲突问题研究
陈 航

对于量刑情节的冲突问题,国外的刑事立法并非同我国现行刑法一样未置可否。量刑情节冲突的各种具体表现形式,看似繁杂,实则单一,就是趋轻情节和趋重情节之间的冲突。这种冲突体现了量刑情节冲突问题内容与形式的高度统一。有关量刑情节冲突的处理,主要存在六种解决方案。其中前五种解决方案,即整体综合判断说、抵销及排斥结合说、相对抵销说、优势情节适用说和分别综合判断说,各有不足、不宜采纳。而抵销说在国内外学术界占据通说的地位。

论证券犯罪
王世洲

证券市场必须有法制的保障,其中刑法的保障是不可缺少的一部分。证券市场中的经济政策和管理模式,以及证券刑法中的刑事政策和刑事司法制度,从宏观上对证券犯罪的范围、程度以及证券刑法的立法模式产生了重要的影响。在规定我国证券犯罪时,应当以我国证券监管制度、证券信息公开制度、证券信息保密制度以及证券股市操作制度为根据,从刑法上对这几项制度进行保护。在处罚证券犯罪时,可以适用有期徒刑和财产刑,而不应适用死刑、无期徒刑、拘役和管制。

律、令、格、式与唐律的性质
钱大群

在唐代的法律体系中,各种不同性质与种类的法律已形成了互相分工协作的关系,律是"刑法",令文全都不是"刑法"条款,格和式大部分内容不是刑法,因此律、令、格、式皆刑法说违背了唐代建立起来的法律区分的理论与实践。唐律是刑律,不是"诸法合体"的法典,唐律中各篇规定的违法犯罪律条,与其相对应的正面的制度性法规,各有其体系,各有其典册,根本不相互"合体"与取代。唐代的"民法"虽无专典,但它与"刑法"不是不分,而是分得十分清楚,互不兼并干扰。

刑法的价值构造
陈兴良

刑法的基本理论研究应该是对刑法的本原性思考。价值构造正是刑法的本原性问题之一,价值分析应该是规范分析的基础与归宿。刑事古典学派与刑事实证学派基于对人的个体性与社会性的不同认识,产生了人权保障与社会保护的刑法机能之争,为此有必要从哲学上厘清人的个体性与社会性的关系。实际上个人与社会是辩证统一的,这就决定了个人自由价值与社会秩序之间的界限在于法律的公正。刑法的价值构造正是通过人权保障机能与社会保护机能的协调统一,追求个人自由与社会秩序的刑法价值,最终实现其公正价值。

论诈欺犯罪的惩治
李少平　邓修明

对于诈欺犯罪的惩治,司法适用上的困惑来源于诈欺行为的复杂多样性和立法缺陷,法理上的困惑来自于现行刑法诈骗罪成立标准的不科学性,和其法律特征与诈欺犯罪惩治之间的冲突。关于本罪的认定,应当以诈欺行为是否造成严重的财产或财产性损失作为评判罪与非罪的客观标准,以是否具备诈欺取财牟利之目的作为评价罪与非罪的主观标准。未来刑事立法应当对诈欺罪的分类、罪名设立和法律特征进行完善。在司法实践中,应当正确处理不具备非法占有他人财物目的的诈欺行为,不作为诈欺行为,民事经济审判中的诉讼诈欺行为,合同诈欺行为以及信用卡"透支"等类型的案件。

当前腐败现象剖析与廉政建设建言
廖增昀　冯　锐

当前反腐败斗争所面临的形势仍然十分严峻。腐败现象屡禁不止的原因有:第一,经济发达对人们物质欲望的刺激,价值观念的扭曲,拜金主义与利己主义的滋长。第二,权力缺乏监督与制约,立法滞后,管理上的漏洞,安全防范工作薄弱,给犯罪分子以可乘之机。第三,执法执纪有偏轻偏软现象,预防犯罪的效果尚不够明显。在我国,腐败使国家和人民的财产蒙受巨大的损失,严重影响经济建设与经济体制改革的顺利进行,引发多种犯罪连续发生,已经成为社会不安定、政治不稳定的因素。因此,加强廉政建设应当提高反腐败紧迫性和长期性的认识,建立肃贪倡廉的专门机构,完善廉政法制建设和公务员制度,依法办事、严格执法执纪并强化廉政监督机制。

"四荒"拍卖与土地使用权
——兼论我国农用权的目标模式
崔建远

"四荒"拍卖是一种开放的市场行为,

"四荒"土地使用权原则上是基于价高者获得的原则而归竞买者享有,不是土地按人或劳动力均有原则的产物,不存在社区成员与社区土地之间对应配置的分配问题。"四荒"土地使用权的客体是荒山、荒坡、荒沟和荒滩,有的地区有荒水。"四荒"土地使用权应为一种物权。"四荒"土地使用权是我国未来农用权的目标模式,现行的责任田承包经营权应向"四荒"土地使用权模式转变。

评新公布的我国票据法
谢怀栻

评价票据法的标准首先是我国社会主义市场经济的需要,其次是世界各国通行的惯例。较之海商法,我国票据法令人失望。票据法对汇票和本票的使用范围有很大限制,不利于发挥票据的结算功能,对民事活动予以不合理的限制。票据法不顾票据的无因性,将票据的基础关系拉扯进来,会给司法实践带来严重问题。票据法未规定空白支票中出票人的责任和对善意持票人的保护。限制使用票据无助于解决我国的通货膨胀和信用膨胀问题。

公司设立者的出资违约责任与资本充实责任
陈 甦

股东违反出资义务包括出资义务不履行和出资不实两种情形。因出资义务不履行导致公司不成立、解散或被撤销的,不履行出资义务的股东要向其他已足额缴纳出资的股东承担违约责任;在公司成立后,不履行出资义务的股东应向公司承担违约责任。资本充实责任是为贯彻资本充实原则,由公司设立者共同承担的相互担保出资义务履行的民事责任。资本充实责任的请求权归于公司。出资违约责任和资本充实责任应统一适用于有限责任公司和股份有限公司。

我国外资国民待遇制度的发展与完善
单文华

国民待遇标准不仅符合国家主权的最高原则,也符合世界上大多数国家的意志与利益。在市场经济体制确立以前,我国对外资国民待遇的适用范围与实际执行都很有限。随着市场经济体制的确立与对外开放、经济国际化程度的不断加深,需要发展与完善外资国民待遇制度。为此,有必要根据市场经济国际惯例及有关国际条约的要求,结合我国发展中国家的现实地位及国家经济发展战略的需要,有计划、有步骤地修订外资法律与政策。

论公民环境权
吕忠梅

环境权是环境法产生和发展的基础性权利,决定了环境法的性质与特征。环境权是为克服和弥补传统法律理论和法律制度在环境保护中的缺陷和不足而产生的一项新的权利。环境权是公民的一项基本权利,是现代法治国家公民的人权,环境权的人权属性是环境保护立法特殊性的根源。环境权是现代环境观的产物。在实现由以牺牲环境和资源为代价的社会发展模式向人与社会、生态持续协调发展模式转换的过程中,环境权将发挥积极的作用。

再论用社会权利分析方法重构宪法学体系
——兼答赵世义、邹平学等同志之质疑

童之伟

从宪法学角度观察,我国宪法学存在三个基本层次,这三个层次构成了宪法学的基本体系。从理论上认识和把握这三个基本层次,是宪法学理论研究的核心内容。从逻辑上看,社会权利等五个范畴是构建新的宪法学体系可以采用的最适当的基本范畴,其中社会权利居于核心地位。《〈用社会权利分析方法重构宪法学体系〉的质疑》一文存在误区,不能科学否定社会权利的存在及有关方法和体系的价值。社会权利分析方法凝聚着宪法学对其研究对象体系的高度抽象、全面深入的认识,必然会成为准确和有效分析宪法学现象的研究工具。

行政之诉与诉权

赵正群

行政之诉是当事人在特定行政诉讼制度指引下,要求国家审判机关对引起争议的行政行为及相关法律关系的合法性予以审查,并就其诉讼主张予以裁判的全部程序化活动。行政诉权则是双方当事人基于行政诉讼主体资格在行政诉讼过程中依法享有的全部程序性权利。根据我国行政诉讼法的规定,我国行政之诉基本类型为"受损害人之诉",但在实务中已扩展到狭义的"利害关系人之诉",已包括机关之诉,但排除民众之诉。

论元代不动产买卖程序

霍存福

元代以土地为主的不动产买卖是当时个人财产转移的主要形态,因其标的价值较大,对交易双方个人或家庭甚至相关人的生计影响至巨,故法律设定了特别的程序。首先业主立账询问房亲、邻人、现典主是否愿意承买,买卖活动才开始,然后业主还须赴官呈报,由官府勘合给据,方得交易,双方合意同意则书立文契成交,最后再赴官纳税过割。总的来说,上述四道程序缺一不可,否则即被视为违法成交。这表明不动买卖不是单纯的民间行为,国家也要进行管理、干预,同时这也使得买卖程序繁琐复杂。

1996 年第 1 期

一九九五年中国法学研究回顾

法理学研究述评
宪法学研究述评
民事法学研究述评
经济法学研究述评
刑法学研究述评
刑事诉讼法学研究述评

论刑法中的认识错误
阮齐林

我国刑法上的认识错误应是指行为人对自己实施的犯罪构成事实或者对自己行为的社会危害性质，主观认识与客观实际不一致。刑法上的认识错误可以划分为犯罪构成事实的认识错误和行为社会危害性质的认识错误。前者是在故意犯罪中，行为人由于对侵害对象发生辨认上的错误，以致侵害了非预想的犯罪性对象；后者是行为人对自己的行为是否具有社会危害性主观认识与客观实际不一致。

论重整制度
王卫国

建立重整制度，拯救困境企业，是当代破产法改革和发展的趋势。重整制度是在企业无力偿债的情况下，依照法律规定的程序，保护企业继续营业，实现债务调整和企业整理，使企业摆脱困境、走向复兴的再建型债务清理制度。重整制度在性质上具有债务清偿法和企业法相结合、私权本位和社会本位相调和、程序法和实体法相融合和多种法律事实及法律效果相聚合的特点。重整制度的理论根据可以概括为三个论题，即营运价值论、利益与共论和社会政策论，三者相互联系。

禁止内部人交易法律制度研究
王旸

内部人交易违反市场公平原则，违背诚实信用、意思自治之法律原则，社会危害性显著，应从法律上加以否定。信用义务理论、私用信息理论是占主导地位的归责理论。行为主体为内部人、行为时知悉内部消息、行为以利用内部消息获利为目的是内部人交易法律责任之构成要件。我国应加重内部人交易者的法律责任，建立国家、证券业自律组织、交易所等各方面联合管理的多层管理网络。

刑法规定法人犯罪的构思
崔庆森

在刑法典中规定法人犯罪具有必要性。在刑法总则中应对法人犯罪的概念、主体、范围、法人犯罪的故意和过失、法人犯罪的共犯、对法人犯罪适用刑罚的原则和种类等问题作出规定，没有必要在刑法分则中再具体规定法人犯罪的罪名、罪状和处罚。在完善法人犯罪的立法方式上，可以依据刑法典对法人犯罪规定的处罚原则，由全国人大常委会对刑法作出补充规定，或者在其他附属刑法中加以规定，俟刑法典再次修改时予以调整和吸收。

刑事诉讼原则论
李文健

确立刑事诉讼原则有显性和隐性两种方式，采用何种方式并非是习惯问题，而是反映出立法技术的优劣程度和法律体系的完善程度。隐性化的确立方式更为理想，原则的确立不能仅满足于该项原则在法典中的显性表述。刑事诉讼原则具有抽象性、指导性、保障性和相对性等特征。根据不同的标准，可以把刑事诉讼原则分为实然性原则和应然性原则、实体真实主义原则与正当程序主义原则、全程性原则和阶段性原则。

公诉权与人权及审判权中的若干问题
宋 军

在我国刑事诉讼法正在修改之际，建议确立公诉对人权的保障机制。控审分离在检察机关与法院之间形成一种互相制约的机制，有利于审判的公正和人权的保护。我国检察机关的特殊地位与性质为公正审判提供了坚实基础。未经起诉不得启动审判程序说明，无控诉审理模式违背了控审分离原则，表现出审判的不公正性。在有控诉审判开始后，审判也不得及于被告以外之人。在公诉程序中表现为审判不得及于公诉以外之人。在有罪与无罪问题上，应从程序上实行"有罪的一致性"与"无罪的非一致性"规则。

无控诉审判程序探讨
吴登龙

无控诉审判程序是作为人民法院为保证审判活动的正常进行，对严重扰乱法庭秩序的行为人依法适用的刑事制裁程序。尽管无控诉审判程序对控审分离、不告不理等诉讼原则的影响客观存在，但它并不是一种不能接受的矛盾对立，而是只表明了无控诉审判程序是这些原则的一种例外，不能否定无控诉审判程序存在的必要性和可能性。无控诉审判程序是最高人民法院以司法解释形式设立的制度，需要在适用范围、被追诉主体的称谓、强制措施、审理期限、裁判形式和纠错补救程序等方面继续完善。

行政规章可诉性之探讨
崔卓兰

长期以来，我国司法监督在行政规章面前止足不前。即使行政规章具有"法"的性质，也不能因此否认对其进行司法监督的必要性。从国家权力之间分工制约的关系，行政规章的性质特点和发展趋势，行政规章存在违法、越权、侵权的现实出发，行政规章应该接受司法审查，不能因已存在其他监督方式而被替代。建议由全国人大专门立法赋权法院审查行政规章，适当修改行政诉讼法等有关法律的具体条款。

顺治三年律考
郑 秦

只有北图的两种藏本是顺治律原刊本，

其他都是康熙初年的刻本。顺治律书正式题名为《大清律集解附例》，内容应由律文、集解、附例三部分构成，但通检全书，竟然没有集解，可谓名不符实。顺治律的律文间或加以双行排的小注，是顺治律的一大成就，对于司法实践有重要意义。通过比较可以发现，顺治律基本照抄大明律，唯有"逃人法"是新加入的罪名，从形式上看其从开始即律例合编，正是清律不同于明律的特点之一。顺治律虽因袭明律，残留诸多不合清制之处，但其对清初的社会生活起到很大的稳定作用。

试析汉初"约法三章"的法律效力
—— 兼谈"二年律令"与肖何的关系

张建国

三章之法是刘邦捷足先登攻入关中后，为安抚秦人，同时为填补旧政权灭亡、新政权尚未建立这段短暂期间所出现的真空而提出的，它既有要求秦人遵守最基本的法律的一面，又有保证不侵暴秦人的一面。伴随着项羽率诸侯军队入关，以及裂地分王，原先由刘邦一支部队与关中秦人约定的三章之法包括除秦苛法的承诺无形中宣告终结。诸侯王们包括分到巴蜀的汉王刘邦，都前往自己的封地，他们与春秋战国时期的诸侯国一样，有权建立各自的法制，这时的法律就不能也无须再局限于三章之法。当其时，刘邦占领了关中，并委托给肖何全权管理。肖何在汉二年为治理关中制定了一系列法令这些法令，近年出土的张家山汉简中的"二年律令"在制定时间上可能与肖何的法令有密切的关系，这些法律奠定了汉代法律的基础。

1996 年第 2 期

论依法治国
王家福　李步云　刘海年
刘　瀚　梁慧星　肖贤富

依法治国是社会主义市场经济的客观要求，是社会主义民主政治建设的根本保证，是精神文明建设的内在需要，是国家稳定、长治久安的关键所在。实现依法治国，要有完备的法律体系，健全的民主制度和监督制度，严格的行政执法制度和公正的司法制度，高素质的执法队伍，提高全民的法律意识。在我国，依法治国是一场深刻的观念更新与制度变革。

罪刑法定的当代命运
陈兴良

罪刑法定是刑法中的一个基本理论问题，我国刑法学界对此存在争议。罪刑法定是以个人自由为价值取向的，体现的是刑法对人权的有力保障。从法的制度构造上来说，应以罪刑法定的严格规则限制司法的自由裁量，同时又在罪刑法定的界域之内予以法官一定的自由裁量权。刑法典是罪刑法定主义的基本法律载体。刑事司法是罪刑法定主义现实化的必由之路。随着我国法制的发展，罪刑法定主义也必将进入一个黄金时代。

权力、资源与分配
——平等分配问题的法哲学思考
林　喆

从法哲学角度，平等分配问题涉及分配的对象、结构和形式。分配对象即资源，包括自然资源和社会资源。分配结构主要涉及资源的配置方式及政策和法律的价值取向问题。权力来自资源，支配资源，且本身也是一种社会资源。法律资源是社会资源的重要组成部分。公平和效益作为法律资源配置的价值取向，在市场经济建设的不同阶段，应有不同的偏重。

立法的效益与效率
郭道晖

效益侧重结果的有用性、利益性；效率侧重事物过程的经济性、节省性。立法效益是符合立法目的的效果同立法的全部社会效果之比。立法效率则是立法效益同立法成本之比。其中，立法成本包括立法自身的工作成本和立法的社会成本。提高立法效益与效率，应注重依靠社会自我调节，节制法律的干预；把握立法时机，增进立法效益；多行间接诱导，少作硬性规定；加强法律效果预测，选择高效的法律规范；估量法律规范的损益，作出立法倾斜或平衡。

论民事权利体系
谢怀栻

民事权利是民法里带根本性的重要问题，研究民事权利必须重视民事权利体系。依民事权利的内容，可以将民事权利划分为人格权、亲属权、财产权、知识产权和社员权五个大类。每类权利都有其固有属性，以与他类权利相区别。

临摹、独创性与版权保护
郑成思

艺术家中的一部分在临摹时不可能完全泯灭自己的个性，因而认为一切临摹作品均没有独创性是错误的。从国际上看，临摹作品的情况很复杂，需要具体问题具体分析；各国司法实践在对待临摹作品的独创性方面有所不同。临摹作品可能构成"侵权的、但又具有独创性的作品"，其是否享有版权，世界上有不同的结论。在将临摹作品认定为复制品还是演绎作品，以及是否保护侵权的演绎作品的问题上，中国可以根据实际情况作出自己的选择。

重新认识被害人的法律地位
裴苍龄

法律地位的外延要比诉讼地位的外延宽广。不论是自诉案件还是公诉案件，只要存在被害人，他就必然是当事人。公诉案件中的被害人同自诉案件中的被害人一样，均应享有全面的诉权，包括起诉权、上诉权、申诉权和回避申请权。公诉案件中的被害人诉权的行使要受公诉权的制约。被害人的诉权不是以独立的诉讼参与人或证人的资格行使的，被害人不是诉讼参与人。应当全面确立被害人的法律地位。

刑事诉讼与人权保障
徐益初

刑事诉讼中的人权保障，不仅是保障被告人的合法权利，还包括保障被害人的诉讼权利，还要通过惩罚犯罪的诉讼活动，维护国家安全和社会秩序，保护国家、集体和公民的财产、人身和其他权利。惩罚犯罪与人权保障既互相联系又有矛盾，矛盾比较集中地体现在委托辩护人的权利和非法证据的效力等问题上，我国律师应在侦查阶段介入诉讼，同时作出一定的限制，对排除非法证据不能绝对化。维护刑事诉讼中的人权，切实保护参与诉讼公民的合法权利，必须极大地改善司法机关的执法工作。

公诉审查程序改革的选择
张 旭

英、美、德、法等国的预审没有造成"先判后审"是因为四国预审模式的设计在有效发挥预审防止起诉失误功能的同时，兼顾了防止庭审法官的预断。我国若保留公诉审查程序，应当同时兼顾扬其过滤起诉、防止误诉之长，避其造成法官预断之短两个方面。在关于公诉审查的改革方案中，应从实体上和程序上全面审查的，不应由管辖法院的刑事审判庭进行，而应由不担任开庭审判任务其他庭和法官来进行。

贪污罪主体、客体的立法完善
王作富　党剑军

我国关于贪污罪的立法规定存在汉语文法的科学性、贪污罪的法定对象、处刑标准、侵占罪与贪污罪的不协调等问题。贪污罪名应当保留，但应对其构成要件做一些修改，不应当在现行立法基础上进一步扩大贪污罪主体和客体的范围，应当增设业务侵占罪。贪污罪的主体应当明确限定为依法从事公务的人员，即国家工作人员，把集体经济组织工作人员与国家工作人员并列为贪污罪主体的做法应当改变。贪污罪的客体不应再包括集体财产。

论行政超越职权
朱新力

行政越权是行政主体超越其法定行政职权（权限和权能）的违法具体行政行为，在实践中主要有行政权限逾越和行政权能逾越两大类。从行政行为的效力角度考察，行政越权行为在我国并非当然无效，未经有权机关确认无效或撤销，仍受合法性之推定。至于行政越权是否必须被撤销或宣告无效且其效力溯及既往的问题，建议借鉴行政法发达国家的经验，视不同情况予以处理。

宋例辨析
王侃

宋例并非判例，也不是法、法典和法律形式。宋例不是来自中央司法审判机关，而是出自君主，是皇帝根据政治需要和"特恩"对特旨断狱或裁断案件的处理，故处刑"或轻或重"，不具有普遍适用性质。并且宋朝史料中，例与法经常并提而且是对立的，例藏于吏手的特点与法要公之于众的特征背道而驰。宋例是皇帝恤刑的一种表现，它也不能与敕有同等效力，更不能"优先于敕"，诸多资料表明，宋朝也不可能允许"以例破法"，即不得与律、敕、令、格、式、宣等法律形式相违背。

墨子关于"兼爱非攻"的国际法思想及其现代价值
赵建文

墨子两千多年前提出的"兼爱非攻"的国际法思想，在很多方面都是国际法的"理论先导"，因而在维护国际和平与安全以及国际人权保护方面具有重要的现代价值。墨子的"兼相爱、交相利之法"主张的是国与国和人与人之间的视人如己地、平等地、普遍地互爱互利，以及不同世代的人们之间的互爱互利。主张兼爱互利的墨子，必然"非攻"，即反对武装侵略，但不反对自卫等正义战争。这比那种把诉诸战争作为国家的绝对权利的欧洲古代国际法理论进步，甚至比要求全面废除战争的1928年《巴黎非战公约》的"非战"概念还要科学。

世界贸易组织协定中的国际投资规范评析
单文华

TRIMs协议的意义与影响非常重大和深刻，它拓宽了GATT的范围，推动了多边贸易体制的发展，丰富和发展了国际投资法的内容，对国际投资的自由化、国际化有很大促进作用。GATS 拓展了世界多边贸易体制的视野，增强和丰富了国际投资法律规范，更顾及了发展中国家的利益。TRIPs 协议对国际投资的促进也有积极意义。我国与 WTO 之间相互需要，我国加入 WTO 是大势所趋，不可逆转。

谁是"神奇长江源探险录象"的作者
梁慧星

作者只能是自然人。法人或非法人单位本非作者，只是基于某种理由在法律上将其当做作者对待。按著作权法第 11、13、15、16 条的规定，"神奇长江源探险录象"（素材）的作者仅包括脚本创作者、导演和摄像。民法通则与著作权法之间是普通法与特别法的关系，应遵循特别法优先于普通法的原则。

也论电视节目预告表的法律保护与利益平衡
孟勤国

中国现有的法制环境和社会条件还不能给法官以漏洞补充和价值补充的权力。即使允许法官从事漏洞补充，也应要求法官在现行法的体系中寻找漏洞补充和价值补充的依据。著作权的承认和保护通常需要法律上直接而具体的规定。电视节目预告为时事新闻，著作权法和民法上都找不到保护它的法律依据，即使依利益衡量也应得出同样的结论。

1996 年第 3 期

依法治国建设社会主义法治国家学术研讨会纪要

依法治国：中国社会主义法制建设新的里程碑
刘海年

党的十一届三中全会以来，法制建设取得巨大进展，但仍存在许多问题。社会主义市场经济体制的确立，要求比较健全的法律制度。依法治国方略的确定指明了我国政治体制改革和法制改革的方向。实现依法治国建设社会主义法治国家，必须健全民主制度，完善法律体系，健全对权力的监督制约，建立公正廉洁的执法和司法制度，必须更新观念。

论"法治"的构成要件
——兼及法治的某些原则及观念
徐显明

法治是在法律规束住了国家权力和政府后使权利在人和人之间得到合理配置的社会状态。完整意义上的法治必须具备精神、实体和形式三个方面的要件。精神要件包括法的价值标准的确立、法律至上地位的认同、法的统治观念的养成和权利文化人文基础的建立。实体要件包括控权制度的存在和权力制衡原则得到遵守，国家责任和权力与责任相统一制度的建立，权利制度受到保障和社会自由原则的确立，以及公民义务的法律化和相对化。形式要件包括法制的统一性、法律的一般性、规范的有效性、司法的中立性、法律工作的职业性。

中国法律理念的现代化
李双元　蒋新苗　蒋茂凝

法律理念是高于法律观念、法律表象和法律意识的理性认知形态，是对法律的本质及其发展规律的一种宏观的、整体性把握和建构。它不仅具有认识论功能，而且具有方法论功能，有助于科学地指导立法、司法、执法和守法等各环节的工作。在中国法律现代化进程中，必须历史地审查法律理念在中国法律现代化演进历程中的嬗变情况，准确地把握中国法律理念现代化的基本取向，构筑与现代市场经济相适应的法律理念准则。

《秋菊打官司》案、邱氏鼠药案和言论自由
苏　力

《秋菊打官司》案和邱氏鼠药案反映的都是两种权利的冲突。基于权利的相互性，需要解决权利的配置问题。权利的配置不仅可能而且必要。言论自由是公共选择或社会选择得以进行的前提条件，具有

逻辑上的优先性。言论自由给现代社会带来了巨大的实际效益。制度化配置的言论自由权将对我国改革开放更为有利。要对他人的言论自由加以法律上的限制,权利主张者必须提出足够的证据证明言论者有法律上认可的过错并造成了或可能造成更大伤害,且这一限制不过多影响他人的言论自由。

物权行为理论探源及其意义
孙宪忠

萨维尼的物权行为理论认为,关于物权变动的意思表示为独立的法律行为,其效力和结果与原因行为没有关联。该理论被德国民法典的立法者所接受,对德国民法典有很大影响。物权行为理论精确、细致、安全、公开,更能满足我国市场经济体制对物权法和其他有关立法的要求。我国立法、司法已经基本确立的原则和制度为物权行为理论的广泛吸收和采纳打下了良好的基础。

合同法的目标与鼓励交易
王利明

我国当前立法和司法实践严重忽视合同法的鼓励交易目标。以鼓励交易作为合同法的目标,是由我国社会主义市场经济发展的内在需要决定的。鼓励交易可以促进市场经济的高度发展,可以提高效率、增进社会财富积累,它与维护合同自由、实现当事人意志和订约目的密切联系。统一合同法应强调鼓励交易的精神,严格限制无效合同的范围,明确可撤销合同的性质和范围,严格区分合同的成立与生效,规定合同订立制度,将形式要件作为证明合同存在的标准,规定合同的解释制度,严格限制违约解除的条件。

中国婚姻法的基础性重构
曹诗权

"婚姻法"这一名称不当,应改称"婚姻家庭法"或"亲属法"。虽然中国婚姻家庭法成为独立部门法是一种历史选择,但随着中国社会从宏观到微观的巨大变化,婚姻家庭法的独立地位已受到来自理论和实践的双重冲击,面临新的选择和走向,在法律体系上应归位于民法。完善婚姻家庭法不仅需要具体制度的重构,更需要在宏观层面上展开基础性重构和再造。在立法技术上,应由"粗放型"原则转向"细密型"规范;在立法内容的重心本位上,应从亲属身份法向亲属财产法倾斜;在立法功能指向上,应力求"公法"功能与"私法"属性兼顾、保障功能与权利本位并存。

刑法修改中的宏观问题研讨
赵秉志

完善刑事立法是当今中国刑事法治建设的一项迫切而重要的任务。经验立法只能是滞后立法,超越立法则正确揭示了刑事法律规范在短期效应与长期效应功能上的统一性,应当坚持立足现实与预见未来相结合的超前立法之指导思想。完善我国刑事立法应当摒弃"宁粗勿细"的观念,力求详备具体、明确严谨。由中国惩治犯罪的客观需要与现行刑法调控状况以观,在完善刑事立法的进程中,除有必要将现行刑法中个别犯罪非犯罪化外,应着重进行犯罪化;应克服重刑主义倾向,建立轻重适度的刑罚体系和法定刑幅度。

刑法的缺陷及其解决
陈正云

刑法缺陷是指就一定时期的一定社会状况而言,现行的刑法实体内容显得滞后或超前或其内容的不协调。刑法缺陷存在着重大的负面效果,这种负面效果因刑法缺陷的种类不同而会有差异,并且负面效果本身也具有多层次性和多维性。刑法缺陷的解决主要有两种途径,一种为立法途径,此为根本途径,另一种为司法途径。刑法缺陷不同于刑事恶法,两者的区别在于衡量标准不同。

侵占罪贪污罪主体比较研究
田 曈

《决定》颁布以后,按刑法和《决定》的立法精神,贪污罪的范围比《补充规定》中的贪污罪的范围有所缩小,其范围应控制在国家工作人员或者受委托从事公务的人员利用职务上的便利贪污公共财物;其他的,应按侵占罪或其他罪处理。以现在的刑事法律为基础,将来的刑事立法对贪污罪侵占罪主体的划分应采取这样的做法:贪污罪主体应控制在公职人员的范围,公职人员的范围比公务员的范围要广,而侵占罪的主体比现行刑事法律所规定的范围应有所扩大,在法定刑上侵占罪与贪污罪也应有所区别。

论国家赔偿的过错责任原则
周汉华

在国家赔偿归责原则问题上,只有过错原则,没有违法原则或违法加过错原则。行政法学界关于国家赔偿适用违法原则的主流看法,忽视了替代赔偿责任和直接赔偿责任的区别,混淆了侵权法中的违法与司法审查中的违法的根本区别。我国现行国家赔偿法采用违法责任原则的缺陷,主要在于缺乏过错责任原则的灵活性,必然带来赔偿范围的狭窄和它的不可操作性。补救国家赔偿法在归责原则上的缺陷,最理想的办法是修改法律,明确过错归责原则,而在修改法律之前,可以通过司法实践,确立过错责任原则。

九七后香港专利制度的选择
王秋华

香港应选择实质审查这种专利申请审查制度。香港不必要设立独立的、完整的专利制度体系,但委托合适的专利局进行检索和审查也不是一个良好的选择。香港应选择一个在别处授权而经香港注册后即独立的专利制度。基于香港与大陆的经济联系,中国专利局自身的国际地位,香港在中国大陆提出专利申请的实际需要和实践,应选择以中国专利局批准的专利作为香港专利注册的依据。

1996 年第 4 期

我国反垄断立法的框架
王晓晔

为了适应深化经济体制改革和发展社会主义市场经济体制的需要，我国急需制定和颁布反垄断法。我国反垄断法应当既反对经济垄断，又反对行政垄断，实体法主要应当由禁止行政垄断、禁止卡特尔、控制企业合并、禁止滥用市场优势地位四个方面组成。此外，反垄断法中的适用除外，可以使某些经济领域不适用反垄断法的某些规定，在性质上也属于实体法。我国应当建立一个有权威性和高度独立性的反垄断主管机构。我国反垄断法应采取发布禁令、行政罚款、民事损害赔偿、行政损害赔偿等制裁方式。

司法认知论
叶自强

司法认知是指法官在审判过程中对于事实或者法律的认知，它具有客观性、公认性和绝对性。司法认知的目的在于节省求证、举证的时间、人力及诉讼支出。免除当事人的举证责任是司法认知的首要效力。司法认知的事项依是否为法律所强行规定，可分为必须认知和可予认知，必须认知具有绝对的效力，可予认知则具有相对的效力。司法认知应遵循自动认知或接受申请、告知当事人、告诉或指示、认知

界限的辨别、裁决前的反驳等程序。最高法院关于民事诉讼法若干问题的意见第 75 条的规定存在瑕疵，应当修改。

论既判力的客观范围
江 伟 肖建国

欲明确诉讼标的与既判力客观范围（或裁判标的）之间的关系，必须与一定时间的诉讼政策联系起来进行考察，我国目前的情况更适合采用独自的裁判标的说。抵销抗辩有既判力，但其既判力不是绝对的。判决理由原则上无既判力，但宜赋予判决理由以一种不同于既判力的效力——拘束力。但在缺乏充分的程序保障的条件下，认为判决理由有拘束力弊大于利。调解书和仲裁裁决书具有既判力。

我国民事诉讼上诉审制度之检讨与重构
陈桂明

基于诉讼公正这一最高价值目的，上诉审应发挥给审判者设立审判者、保证审判者认识的往复性、保障当事人的正当权利、减轻法官责任负荷、统一法律适用的功能。我国实行绝对的二审终审制，难以保证审判质量，难以充分保障当事人的权利，最终导致上诉审功能紊乱和失调，应当变为有限的三审终审制。第三审原则上实行法律审，向最高法院提出三审上诉的

案件应当受到更为严格的限制，受理第三审上诉的决定权归第三审法院，采用越级上诉制，允许当事人之间达成自愿不提起三审上诉的协议，第三审程序原则上采取事后审制，并在建立三审终审制的基础上严格控制再审程序的发动。

民事审判中的调审分离
李 浩

我国现行调审结合审判模式中存在着法官的调解偏好与调审并重的矛盾，强制与自愿的矛盾，严格依法解决纠纷与适用法律的流动性、随意性的矛盾，以及让步息讼与权利保护的矛盾。在欲达到的目标、正当性原理、受程序法和实体法约束的程度等方面，调解与以裁判方式解决纠纷存在重大区别。将调解与判决作为人民法院行使审判权的不同方式共同规定在民事诉讼程序中是欠科学的，必须将调解从审判程序中分离出去，使它们按照各自的特点、规律、程序和方式运作。

法治社会中的权力和权利定位
刘作翔

法治社会中的公权力，未经授予、没有合法来源，不得行使，同时，应该通过立法明示、司法校正、宪法审查来限制权力的膨胀和滥用。权力授予和权力限制，都必须坚持程序化原则，使其建立在有效的程序基础上。法治社会中的私权利，凡法未明文禁止或限制的，不受法律惩罚。

我国未来多法域之间的冲突及其调控
谢 晖

随着"一国两制"的实施，多法域并存的格局将是中国法律中引人注目的问题。从法律间冲突效应论出发，未来四个法域、三个法系归属、两种法律制度之间的冲突，在逻辑上既可能产生相互抗拒效应，也可能产生相互借鉴效应。综合考虑经济、文化、政治层面的诸多因素，法律间冲突产生正效应的可能性比产生负效应的可能性要大。我们应注重多法域冲突的效应调节，创建法制现代化的中国模式。

论良性违宪
郝铁川

良性违宪是宪法演进过程中的一个不可避免的现象。良性违宪与恶性违宪的区别在于良性违宪有利于社会生产力的发展，有利于维护国家和民族利益。之所以产生良性违宪的情况是因为法律相对于社会现实的滞后性。中国立宪制度不完善是其违宪现象较别国多的特殊原因。良性违宪不应是无限度的，应对其加以一定程度的限制。

单一制、联邦制的理论评价和实践选择
童之伟

我国实行单一制完全是根据本国的具体情况作出的选择，但是，不能一般化的认为单一制优于联邦制。联邦制必然向单一制过渡的观点和单一制优越说的理论渊源基本相同，两者之间有紧密的逻辑联系，联邦制必然向单一制过渡的观点也根本站不住脚。单一制、联邦制并没有优劣之分，联邦制是正常的、有良好发展前景的国家结构形式类型，深化国家权力分解程度是

有告必理——一项法制原则
张根大　俞静尧

有告必理是指当告诉人认为自身或他人权益或社会公众利益受到具体侵害时，向有关国家机关提出要求予以保护，该国家机关必须受理的一项制度。它符合我国现行法律的精神，符合人民的实际需要，符合人民主权原则，是权利得到有效保障的制度之一，也是社会主义法制的必然要求。作为一项法制原则，有告必理将对我国社会生活起到积极作用。

现代行政程序在法治行政中的作用
张庆福　冯　军

行政法治必须依靠行政程序的保障和推动。与法治相适应的现代行政程序，其基本目标是控制和约束行政权，通常由行政救济程序、内部管理程序和技术性程序三部分组成，具有高度的权威性和约束力。我国行政程序法制建设目前尚存在诸多问题，今后行政法治建设的重点应转向建立健全现代行政程序制度。

犯罪故意概念的评析与重构
贾　宇

价值评判不应是行为人的认识内容，要求犯罪行为人都认识到其行为的社会危害性是不现实的，即使行为人具有"对社会有害"的一般危害性认识，也不能成为犯罪故意成立的充分条件，犯罪故意中的认识内容，必须有一个规范性的标准。犯罪故意中的认识，应当是、也只能是对行为的违法性认识，应以"违法性认识"代替"社会危害性认识"。犯罪故意概念应符合罪刑法定原则的精神，我国刑法中的故意犯罪的定义应修改为："明知会发生违法的、构成要件的事实，并决意实施构成要件的行为，以及希望、容忍或放任构成要件的结果发生，构成犯罪的，是故意犯罪"。

刑法分则结构及其理论基础
文海林

刑法分则结构的特点要求，对客体同一、行为类似的犯罪，够章的可以单独规定一章，不够的可以设为一节，但这种方式必须符合分则分类标准和其他统一要求。对于体现了各单个犯罪共同特点而必须在刑法典中加以规定的内容，根据需要可在相应的章或节开始时分别专门用一节、一条予以规定。应对被犯罪侵害的社会关系按照国家利益、社会利益、个人利益的标准对刑法典进行最基本的分类，即三分法。基于三分法，在分则应划分为三编，下面进一步分为各章。

完善渎职罪立法的思考
冯　锐

进一步研究和探讨渎职罪的立法完善，既是修改和完善刑法的需要，也是当前继续反腐倡廉的客观需要。在职务犯罪集中规定为一章的前提下，渎职罪一章的法条再依照犯罪客观方面的特点分类是可行的。渎职罪的主体范围不宜扩大到集体经济组织工作人员，应当严格控制使用"其他依照法律从事公务的人员"或"其他各种依照法律从事公务的人员"这类可以任意扩大或缩小解释的概念。对国家公职人员"以权谋私"的，刑罚应当从严，应协调职务犯罪与同类型非职务犯罪的刑罚。

证券从业人员透支炒股罪探析

徐逸仁

证券行业发生的犯罪现象多种多样，对有关犯罪必须依法予以打击，以保证股市正常进行。传统的挪用公款与证券从业人员"透支"炒股行为有别，二者不能套用。"透支"炒股，具有一定的社会危害性，应纳入刑法调整范围，增设透支炒股罪。基于危害性程度不同的考虑，证券从业人员透支炒股罪的法定刑从整体上说应略轻于挪用资金罪的法定刑。

1996 年第 5 期

中国刑法修改若干问题研究
赵秉志　赫兴旺　颜茂昆　肖中华

在刑法修改中，有很多有争议并且较为疑难的问题，需要深入探讨。应扩大对我国公民在国外犯罪的适用范围；增设未成年人犯罪的特殊处遇专章；在立法上对单位犯罪作出试验性的规定；在刑法总则中设立正当行为专章完善立法内容和种类；调整和完善刑种，废除拘役刑并增设劳役刑，完善死刑规定；完善累犯制度；增设保安处分专章；完善刑法分则具有共性的问题。

保安处分与中国刑法改革
屈学武

我国一些学者所称的现行刑法和行政法上的所谓"保安处分"，欠缺保安处分的本质特征，其实够不上保安处分。我国刑法增设保安处分具有必要性，同时建立保安处分的条件也已大致具备，具有可行性。保安处分立法应坚持造法性质预定原则、立法目的意识明确原则、着意体现刑事政策原则、照应性立法原则和社会个人权益横平原则及方便操作原则。保安处分的立法体例，应趁此刑法全面修改之际，将保安处分纳入刑法典，并以紧随刑罚之后的专章的形式反映出来。

刑法增设新罪的基本原则
全理其

全面修改刑法，包括增加一些新的条文，设立一些新的罪种，在刑法典中增设新罪时应遵循一些基本原则。这些原则有的是发达国家刑法理论的精髓，有的是这些国家在创制新的刑罚规定时必须遵循的基本原则。这些原则包括刑法的补充性原则、严格区分刑事制裁、民事制裁、行政制裁的原则、法益兼顾原则、对处罚行为明确界定的原则、慎刑原则和有利于国际交往原则。

我国刑法时间效力的立法完善
罗书平

刑法的生效时间，既有从公布之日起生效，也有从公布之日经过一段期限再生效，还有大量的特别刑法的通过、公布、生效均为同一时间的，存在诸多问题，原则上从通过、公布到实施均应有一定间隔时间。刑罚的失效时间方面，立法上几乎成了空白，应在新法生效后，由立法机关明令废止。刑法溯及力上应坚持适用统一的"从旧兼从轻原则"，这一原则并不妨碍立法机关根据发展变化的治安情况对有关罪与非罪、轻罪与重罪等问题进行修改或者补充。

量刑情节绝对冲突时应"必轻从优"

汪本立

我国刑事法律中关于量刑情节的规定可能出现绝对冲突,如何处理,刑法未做出明示规定。当量刑情节绝对冲突时,应当适用"必轻从优"的处理原则,必轻从优,是指当法官确认某一刑事被告人已构成犯罪,同时具有必轻量刑情节和必重量刑情节的情况下,最终给予该被告人的处罚必须体现从宽的量刑原则。"必轻从优"符合权利优先原则,符合社会主义刑罚目的,体现我国一贯坚持的刑事政策,可以得到社会的广泛同情和赞同,可以促使"严打"顺利发展。必轻从优的实现需要区分不同情况,具体分析。

法治的理论形态与实现过程

吴德星

法治的概念,在理论上可分为三个层次:法治的理想状态、规范状态和现实状态。由此,法治的实现过程,实际上就是法治理想的规范化、法治规范的现实化、法治现实的规范化、法治规范的理想化过程。此外,从法治的程序性出发,法治的实现过程也是从实体到程序或者说法治的程序化过程。

法律义务的合理性依据

北岳

法律义务的合理性依据包括实质和形式两个方面。从实质性依据方面来说,义务的合理性在于义务所指向的社会共同性需要得以满足的必要性和适度性。从形式依据方面来说,义务的合理性在于义务人的同意、承诺。由于构成法律本体的无非义务性规则和权利性规则,且义务是否履行不是义务人可以自行选择的,对法律义务的合理性、正当性评价实际上就是对法律自身合理性、正当性评价。

我国竞争法的政策目标

王源扩

在一个国家的特定时期,在竞争法各种可能的政策目标中确定优先目标项目,并明确其与相关的一般社会公共政策目标的关系,具有重要意义。竞争法的政策目标常常是当时当地重大社会利益的某种反映和代表,带有鲜明的政治色彩。我国竞争法的政策目标应是坚持公正原则,巩固社会经济稳定;促进改革,推进全国市场一体化;促进产业结构优化,推动经济技术进步,提高国民经济的整体素质和国际竞争力;坚持互利合作,保护我国的国际经济利益。其中公正目标具有更加根本和优先的意义。

论国有独资公司

柳经纬

国有独资公司与一般有限责任公司、西方国家的一人公司以及旧体制下的国有企业既存在相同之处,又存在区别。国有独资公司的组织架构易于出现两种不良局面:或者国家授权的机构或部门完全支配着公司,使公司丧失自主经营权;或者公司董事会或个别领导专权,为谋取小团体利益或个人私利侵吞公司资产,架空国家的股东地位。为此,应尽量减少公司董事对其委派机构或委派部门的依附性,加强内部民主管理机制,明确国家股东的代表。

国际民事诉讼中的诉讼竞合问题探讨
张 茂

国际民事诉讼中的诉讼竞合与平行管辖紧密相连。平行诉讼影响当事人的私人利益和政府、公众利益,还会给国际司法协助,尤其是判决的承认与执行带来难题。各国一方面需要通过国内立法或缔结国际条约来尽量避免诉讼竞合给国际民商事争议的及时、顺利解决带来的困境,另一方面又要在诉讼竞合发生时探寻妥善的解决方案。我国的相关立法应予完善。

唐明律"化外人"条辨析
——兼论中国古代各民族法律文化的冲突和融合
苏 钦

中国古代称的"化外人"不能认为是外国人,而是由于民族文化的不同而形成的概念。"化外人"的出现反映了唐代各民族法律文化的冲突和融合,也是初唐统治者推行开明的民族政策在法律上的体现,起到了很好的作用。明朝继承了该条,但基于其国情对内容进行了修改,仍是符合实际的。"化外人"的规定正是反映了在中国统一的多民族国家的形成过程中,对不同民族间的利益、不同民族的法律文化的冲突而作出的必要的合理的法律调整,它的发展变化同时也反映了中国多民族国家日益巩固、各民族不断融合的过程。

侵害他人权益之不当得利及其相关问题
邹海林

侵害他人权益而获得利益,不论是否成立侵权行为,均有不当得利制度的适用;若成立侵权行为,发生不当得利返还请求权和侵权行为返还财产请求权或损害赔偿请求权的竞合。在请求权发生竞合时,受害人可以选择请求受益人返还利益的权利基础,法院应予尊重;当事人没有选择的,法院可以选择适用侵权行为或不当得利制度予以处理。若侵害他人权益而获益的受益人对受害人有无因管理费用偿还请求权,法院可以判决等额抵消不当得利和无因管理之债。

1996 年第 6 期

公民意识：中国法治进程的内驱力
马长山

优良的公民意识是社会主义法治动态发展、更加文明进步和恒久有序的重要保证。它主要包括合理性意识、合法性意识和积极的守法精神。从我国法治建设进程出发，目前普遍有效的公民意识尚未形成，具体表现为传统伦理取向与法律价值相悖离、权力本位意识与法治观念相悖离、主人意识与现代守法精神相悖离。我们应该重塑公民意识，推进法治进程。

我国宪法规范在审判中直接适用的实证分析与评述
刘连泰

宪法规范的适用已经为众多学者所关注。根据最高法院的有关批复，宪法规范不能在审判中适用，但是其解释不够科学，因此得出的结论必然是错误的。宪法的最高性和人民法院的职能决定了人民法院不能拒绝适用宪法。在审判中直接适用宪法具有重要的实践价值，只有这样才能摆脱法律解释和个案审判中适用法律的尴尬。

"良性违宪"不宜肯定
——对郝铁川同志有关主张的不同看法
童之伟

一切违宪无论是良性还是恶性都是对法治的严重破坏，都违背人民的利益，不宜予以肯定。良性违宪比恶性违宪更可怕，肯定良性违宪实质上是主张可以有条件地故意违宪。良性违宪现象是可以避免的，个别地方发生良性违宪的原因在于有关国家机关工作人员法治观念淡薄，国家的监督机构不健全。对于改革中出现的新问题，可以通过法治途径解决，而不允许法外解决。

社会变革与成文法的局限性
——再论良性违宪兼答童之伟同志
郝铁川

良性违宪是由宪法的局限性引起的，也是社会变革所必需的。由于宪法较强的稳定性，致使其滞后性表现也极为突出，因此最容易受到社会变革的冲击，并因此为宪法进行突破性调整留下了余地。良性违宪是不可避免的，且具有一定的合理性。对于良性违宪应予肯定，但同时需加以一定限制。

判决重作具体行政行为
章剑生

判决重作具体行政行为，是法院对业已受理的行政案件经过审理，认定被告所作出的具体行政行为违法后，判决撤销或部分撤销该具体行政行为并同时要求被告重新作出具体行政行为的一种判决方式。判决重作具体行政行为的适用条件包括：存在一个撤销具体行政行为的判决，存在被告重作具体行政行为的法律依据。判决重作具体行政行为与判决限期履行法定职责尽管存在相似之处，但两者在判决形式和产生原因方面均有重要区别。

言论表述和新闻出版自由与
隐私权保护
张新宝

言论表述和新闻出版自由的内涵和外延不像民事权利那样明确，其本身又受到法律和其他权利的限制，加之大众传媒已成为一个强大的行业，这些都要求在言论表述和新闻出版自由与公民的隐私权保护之间划出界限。行使新闻采访自由必须尊重他人之合法权利，尤其不得损害他人的人格尊严，不得侵害他人的名誉权和隐私权。新闻媒体有权发表、出版具有新闻价值的信息和尊重他人宁静生活的权利这两项原则是考虑新闻报道和言论出版自由与隐私权保护之间的合理界限的基本价值出发点。

我国民事诉讼辩论原则重述
张卫平

我国民事诉讼法所规定的辩论原则不具有约束性，是以职权主义为特征的民事诉讼体制的产物。要使诉讼程序的设计和运作符合民事诉讼的客观规律，实现程序性公正的价值，辩论原则就应具有约束性。约束性辩论原则界定了当事人和裁判者在民事诉讼中的基本地位和作用，为举证责任制度提供了原则依据。按照辩论原则的基本要求，法院的判决应限于当事人诉讼请求的范围内，法院只能就当事人在诉讼中指明的诉讼标的进行裁判，法院所依据的事实必须是当事人在辩论过程中所主张的事实。贯彻约束性辩论原则需要当事人真实自认义务和法官释明权的补充。

论税收法定主义
张守东

税收法定主义作为税法至为重要的原则，具有宪法原则的位阶，必须严格坚持，才能更好地解决立法权的分配、授予及法律解释、适用等问题。税收法定主义包括课税要素法定原则、课税要素明确原则和程序合法原则。坚持税收法定主义，仍有诚实信用原则、实质课税原则的适用，但禁止类推。

农业法律体系建设基本问题
王存学 马骧聪 黄明川 李生

加强农业立法，建立和健全农业法律体系对于巩固和加强农业的基础地位、建立社会主义市场经济体制、转变政府职能、保护农民利益等极端重要。必须牢固树立依法治农的思想，大胆借鉴外国农业立法经验，充分保障农业生产经营者的合法权益。农业法律体系的基本框架主要包括农业宏观调控、农业生产经营主体、农产品流通和市场交易、农业生产安全、农业资源保护、农民利益保护六个方面。在建立和健全农业法律体系的过程中，必须充分重视农业法律法规的执行问题。

银行保证监督专款专用的责任问题探析
江平 刘智

银行保证监督专款专用不属于传统的保证，其实质是银行作为代理人对被代理人（受益人）履行特定义务的承诺。银行保证监督专款专用的义务独立于担保申请人与受益人之间的债务。银行出具保证监督专款专用的保证书后，除非受益人自己的原因，只要有关款项被挪用或流失，银行就应归还有关款项及利息或保证书中所明确的担保金额。受益人应提供卖方没有专款专用的证明。

刑法修改中的罪刑法定问题
陈泽宪

在废除类推制度之后，出现新刑法典未能预见的危害社会的行为，补充立法、类推解释、扩大解释、判例制度等补救的措施是否合理，需要具体分析。罪刑法定原则的法律化，并非只是废除类推制度，便可大功告成，更加艰巨而具体的任务，是如何在整个刑法中一以贯之地体现罪刑法定的原则精神，突出难题是刑法规范的明确性问题。要提高法律规范的明确性程度，需要解决指导思想、实践经验和立法技术等问题。

国际犯罪与我国刑法完善
廖增昀

国际犯罪是指国际社会所公认的严重危害国际社会的根本性利益、违反国际刑事法律规范，应当受到刑事处罚的行为。任意扩大国际犯罪的范围，不仅会造成概念上的混乱，而且会造成执行上的困难。有许多国家犯罪是可以在我国刑法分则和特别刑律中找到适用的法条的，但也应增设和补充以下内容：劫持人质罪，海盗罪，毒品犯罪，非法获取、使用核材料罪，破坏或损害海底电缆、管道罪。

犯罪对象研究
叶俊南

科学的犯罪对象概念必须明确犯罪对象与犯罪客体的关系、犯罪对象与犯罪行为的关系、犯罪对象与犯罪结果的关系。犯罪对象是犯罪行为所作用的能够引起犯罪结果产生的一切客观现象。根据不同的分类标准，可以把犯罪对象分为不同的种类。犯罪对象具有区分罪与非罪、此罪与彼罪的功能、影响量刑轻重的功能、确定犯罪形态的功能、提供证据和检验证据的功能、部分地决定犯罪分类的功能。

盗窃罪适用死刑的比较研究
李云龙 沈德咏

中国古代法律对盗窃罪没有适用死刑的规定，仅对强盗罪可适用死刑，国外刑法对盗窃罪适用刑罚也大都较轻。从刑法理论上讲，盗窃财物的数额是反映盗窃行为的社会危害性及其程度的一个基本因素，但不是唯一因素，不能作为量刑的唯一根据。盗窃犯罪侵犯的知识财产所有权，并没有危及人的生命和健康。对于盗窃犯罪，很多国家的刑罚处罚重点放在罚金刑及短期监禁上。运用法律杀盗窃犯，不符合社会发展进步需要。上述理由表明，我国刑法对盗窃犯罪不宜挂死刑，更不应把盗窃数额作为判处死刑的唯一或主要依据。

退赃应规定为法定情节
王育君

退赃特指具有非法所得财物的犯罪既遂后，罪犯本人或委托他人退还赃款、赃物的行为。退赃对于减轻具有非法所得的既遂犯罪的社会危害性，具有重要作用。在修改刑法典时，极有必要将退赃作为重要的从宽量刑情节，这样的做法具有科学性、必要性和可行性。只要司法人员认真分析和把握退赃的实质与相关情节的区别，这样的立法规定必将产生重大而深远的实践意义。

我国刑事诉讼的证明标准
龙宗智

我国一般主张的刑事证明标准有三个特点：以客观性认识为支撑、认识论的乐观主义、技术性不足与解释的多义性。西方国家的证明标准从正面界定为"内心确信"，从反面表述为"排除合理怀疑"，大陆法系国家和英美法系国家的证明标准具有一定共同特点。盖然性在诉讼证明中合理存在的基本根据有两点：一是人的证明能力的有限性，二是诉讼效率的要求。我国有罪判定的证明标准，应由单一化转向体系化，以适应对证明结果作多种验证的需要，增加证明标准的可掌握性和可操作性。

宋例辨析续
王侃

宋例中，指挥不是尚书省等中央机关的"指令"，而是皇帝的命令，因此其内容不止于法律，而是涉及国家政治生活的各个方面。指挥与敕有同等效力，而尚书省等中央机关的指令则不能"与敕令并行"。指挥又称圣旨，有很多种分类，如弊事指挥、专降指挥、暗赢指挥、便宜指挥、修书指挥等，但没有"都省指挥"、"原降指挥"之名。可以说指挥是法，但并不只是"与法并立"，其效力甚至超过律文。

先秦名家学派法律观阐释
——以理论逻辑的分析为主体
胡旭晟

名家是将其主要精力致力于考察名实关系，探讨思维规律和思维方法，分析名词、概念和命题的学术流派。邓析是其创始人，是名家始祖，而非某些学者认为的"法家先驱"，因此论及邓析的法律思想时当其为法家代表是错误的，其结论是不足信的。先秦名家并没有真正的法律思想，也没有法律理论，而只有粗陋的法律观，其核心精神是是非标准上的相对主义与法律实践中的玩法戏法。使得名家学派在法学方面毫无建树的正是他们的哲学——其尚不成熟的辩学，正如他们对知识和哲学只愿作一种贵族式的探究一样，在涉及法律问题时,他们也是更多地偏爱抽象的名词、概念及其灵活性、可变性,并时常显露出游戏风尘的玩世不恭,这从根本上阻碍了他们去建立一种完整而系统的法律学理论。

论张斐的法律思想
——兼及魏晋律学与玄学的关系
刘笃才

张斐的法律思想是一个逻辑严整的理论体系,"变"与"理"是两个核心范畴。宏观言之,社会现实"上下无方",要将其概括无遗,律需要有"变通"的整体特性;微观言之,具体案件各具特点,要使之"理直刑正",法律应当灵活"变通"地运用。他不仅把律作为一个整体对其功能进行分析,还进一步分析了律的内在结构,指出其在深部层次中蕴涵着精玄微妙之理。"夫律者,当慎其变,审其理"是张斐《注律表》中的核心思想,也就是要注意律的变通特性,进而寻找并把握其内在根据,得出规律性的认识。在立法上张斐回答了律如何以简驭繁的问题;在司法方面,对如何对待法律适用过程中的内在矛盾问题,提出了独到的见解。张斐引易说律,吸收借鉴了辨名析理的方法,从表面上看没有背离引经注律的律学传统,实际上却是把律学研究推进了一个新的阶段。

1997 年第 1 期

一九九六年中国法学研究回顾

法理学研究述评	谢鹏程 刘翠霄
宪法学研究述评	张少瑜
行政法学研究述评	吴德星 刘翠霄
民法学研究述评	王闯 张涵
商法学研究述评	刘俊海 张新宝
经济法学研究述评	朱慈蕴 张涵
民事诉讼法学研究述评	张新宝
刑法学研究述评	王敏远
刑事诉讼法学研究述评	王敏远

国际化与本土化：法制现代化的时代挑战
公丕祥

法律发展的国际化是当代世界法制现代化进程中的一个突出趋势。法律国际化的社会根源来自于社会交往规则特别是现代市场经济运行秩序的共同的法权要求。虽然法制现代化是从西方起步的，但法律国际化并不等同于西方化。法制现代化是共性和个性相统一的概念，国际化趋势并不意味着本土化或民族化的消弭，由于法律赖以存在的社会结构、社会主体交往行为以及社会集体意识等方面都具有特殊性，法律本土化有其内在的深厚根基。国际化和本土化之矛盾揭示了法制现代化的多样统一性。

社会优位理念与法治国家
周永坤

中国走向法治只能始于转变法理念。法律本体的国家意志论、法律特征的国家强制论、国法关系的目的工具论等国家优位理念，是当代中国走向法治的最大障碍。法治社会需要确立社会优位理念，在确立社会优位理念的过程中，法理念领域需要确立社会自治观念、法律的相对自主性观念、应然法观念、权利优位观念、个人法律人格自主观念。

刑罚现代化：刑法修改的价值定向
储槐植

刑罚现代化的基本点是刑罚结构朝着文明方向发展。我国刑罚应适量减少死刑；实现刑事制裁多样化，增加刑罚方法；解决刑罚幅度过宽问题，做到刑罚幅度适中。刑罚现代化作为刑法修改的价值定向，是"严而不厉"作为刑法修改的基本思路在刑罚方面的具体化和进一步深化。

对经济犯罪适用死刑的理性思考
梁根林 张文

国家对罪犯适用刑罚的正当根据在于报应和功利的辩证统一，刑罚既要回顾已然的犯罪，又要前瞻未然的犯罪，这也是我们评判死刑特别是对经济犯罪适用死刑是否具备正当根据的依据。对经济犯罪适用死刑显然不能做到罪刑相当,不符合以罪刑等价为基础的现代报应观念,对经济犯罪适用死刑不具备报应这一刑罚正当根据。对经济犯罪适用死刑虽然能取得有限的预防、威慑效果,但社会将付出沉重的代价。

反革命煽动罪修改意见
刘星明

反革命煽动罪罪名宜修改为煽动危害国家安全罪。保留煽动危害国家安全罪具有理论和现实基础。应当正确界定应受刑罚处罚的危害国家安全的言论,对于特定类型的言论和行为可以认定为危害国家安全的言行,对于一般的错误言行,从根本上还不是危害国家安全的,不应作为煽动危害国家安全罪的客观方面在刑法中加以规定。

"亲告罪"的立法价值初探
——论修改刑法时应适当扩大"亲告罪"的适用范围
齐文远

从法律层面和社会层面上看,都有充分的理由扩大亲告罪的适用范围。"国家追诉主义"、刑事责任必然性的理论本身有值得商榷之处,而且绝对的"国家追诉主义"不符合中国国情。具体界定亲告罪的范围时必须考虑到两个方面,一个是危害程度,另一个是可操作性。据此,除保留现有的亲告罪以外,交通肇事罪、故意伤害罪、过失重伤罪、非法拘禁罪、非法管制罪、非法搜查罪、非法侵入他人住宅罪、报复陷害罪和遗弃罪都可以被规定为亲告罪。

减损规则论
韩世远

减损义务属"不真正义务"或"间接义务",是诚信原则的具体要求,也具有减少浪费、鼓励节约、增进经济效益的功能。减损规则最先由普通法发展而来,大陆法上对此或是欠缺规定或是纳入过失相抵,而国际公约多有肯认。减损规则与过失相抵的运作机理和效果有别,对二者应以时间界线加以区分,二者以分别立法为宜。减损措施是否合理要以行为时或应为行为时为准,取决于行为人主观上是否善意尽心。减损措施可类型化为停止工作、替代安排、变更合同、继续履行四种。减损行为所得额外收益是否适用损益相抵,一方面归结于因果关系之有无,另一方面又应作利益衡量。减损规则对先期违约亦应适用。

1997 年第 2 期

解放思想 转变观念
建立社会主义市场经济法律体系
李铁映

建立社会主义市场经济法律体系,要坚持马克思主义法学的基本理论,邓小平同志的法制思想,从"三个有利于"出发,坚持正确的指导原则。社会主义市场经济法律体系,主要包括规范市场主体、市场行为、市场秩序、宏观调控、劳动和社会保障以及对外开放、涉外经济等方面的法律。从我国当前实际出发,要深入研究法的阶级性、改革过程的立法、制度创新、法制统一等十个方面的重要问题。

法学形态考
——"中国古代无法学论"质疑
何勤华

法学是一个历史的、哲学的、文化的概念,是不断发展变化的,历史上的法学既有共同因素又有各种表现形态也有层次高低之分。依照法学形态理论,中国古代很早就出现了成文立法,法典注释学也出现得很早,并出现了"天罚"、"明德慎罚"等法哲学思想,并有比较发达的法律教育机构,法学研究的方法也非常丰富,因此应当说中国古代不仅存在法学,而且还是一种比较发达的法学形态。那种仅以古罗马或近现代西方法学作为标准衡量世界其他国家是否存在法学的观点是肤浅的、幼稚的。

过失犯罪法定刑的思考
侯国云

现行刑法规定的法定刑存在没有体现出对业务过失较一般过失加重处罚的原则、没有体现对公共安全的重点保护、对职务过失犯罪处罚过轻、没有统一标准等问题。依据过失犯罪在社会危害性和罪过程度上的递减次序,应当对过失犯罪的法定刑进行通盘考虑,作出一定的调整和修改。过失地给他人生命、健康或者重大公私财产造成严重危险的过失行为应当构成过失犯罪,同时,这种过失犯罪的法定刑应比其他过失犯罪都轻。

刑罚资源的有效配置
——刑罚的经济分析
卢建平 苗 淼

用经济方法分析刑罚问题具有必要性和可行性,经济分析之必要在于刑罚具有成本,而且刑罚是有限的。经济分析的结论可以用来指导刑事政策,使政策在不影响威慑效果的情况下,节约刑罚资源的投入。刑罚经济分析的意义在于:刑法学研究方法的创新,在执法活动中引入了效率标准,有利于塑造效率导向的刑事控制模式。总体上,刑罚的经济分析在宏观上的意义远大于其在微观上的意义。

死刑的理性思考与现实选择
贾 宇

死刑的废止是人类文明发展的必然结果，是历史的大趋势。在理论上和实践中，死刑对于犯罪都没有有效的威慑力。死刑的现实功能，也是死刑存在的最强大的支柱，是满足报应观念，是满足人们的本能的报复心。国际环境有利于向废除死刑方向发展，废除死刑已经成为世界性的趋势，不少具有东方传统的国家和经济文化相对落后的国家也已步入废除死刑或很少执行死刑的行列，国际合作领域竭力促进废除死刑运动。中国废除死刑制度，既要解决刑事立法决策方面对死刑的认识，也要逐步淡化民众的报应观念。

我国刑法应建立完备的自首、坦白、立功制度
李希慧　谢望原

为了体现惩办与宽大相结合的刑事政策，新的刑法典应建立完备的自首、坦白和立功制度。完善自首制度，应明确自首的含义，增加以自首论处的规定。增设坦白制度，界定坦白的含义，参照自首的规定确定坦白从宽处罚原则。新刑法典有必要确立立功制度，界定立功的范围，为了最大限度地调动犯罪人在犯罪后为社会作贡献的积极性，对立功的范围应当适当宽一点，以法律规定自首和坦白的处罚原则作为参照，确定立功从宽处罚原则。

关于公诉案件被害人权利保障问题
刘根菊

新刑诉法在保护被害人的合法权益方面规定的内容广泛而全面，程序和措施具体而可行，具有很强的可操作性和应用性。赋予被害人对不起诉决定有起诉权将带来诉讼法律关系的变化、改变案件的级别管辖、分割人民检察院提起公诉职权、增加人民法院的审判工作量、有损于被不起诉人的合法权益等问题。为此，需要做好司法解释、补充规定被不起诉人有向上一级人民检察院提出申请复核权和申请起诉权、加强法制教育等工作。

无效抑或撤销
——对因欺诈而订立的合同的再思考
王利明

将因欺诈而订立的合同作为可撤销合同对待，有利于维护意思自治原则，充分保护受欺诈人的利益，维护交易安全，是一项完美的制度安排。因欺诈而订立的合同与欺诈合同是两个不同的概念；因欺诈而订立的合同并非都是欺诈人意志的表现。将因欺诈而订立的合同作为无效合同处理，并不利于充分保护受欺诈一方的利益。合同有效并由欺诈人承担合同的履行责任和其他违约责任，会形成对欺诈人的有效制裁。

论法人人格否认制度
南振兴　郭登科

法人人格否认是对已经丧失独立人格

特性的法人状态的揭示和确认。法人人格否认制度是法人制度的必要、有益的补充,已发展成为世界各国所共同认可的法律原则。法人人格否认是通过在特定法律关系中否认法人的特性,追究滥用人的法律责任,以维护法律的公平和正义。我国建立的法人人格否认制度应重点规范虚假出资、滥设公司、主管行政部门操纵干预、母公司对子公司的无度操纵、企业的"脱壳"经营、自然人、合伙企业等非法人以挂靠方式以法人名义对外经营等行为。

论判决的既判力
叶自强

按既判力原则,对于终局判决,同一当事人不得再以同一理由和同一诉讼标的重新提起诉讼,人民法院也不得重新受理和审理。确定判决的既判力原则上应以事实审言词辩论终结时为基准。既判力的发生原则上以载于判决主文中的判断事项为限。既判力及于当事人、与诉讼当事人地位相同的人,例外情况下扩张至第三人。既判力的理论基础包括国家至上主义、"休讼"主义,诉讼经济主义和人权主义四个方面。既判力原则的发展趋势是其客观范围扩大、效果扩张,并向诉讼之外的行政领域扩张。判决书的笔误与判决的错误是两个不同性质的问题,应在尊重既判力的原则之下,采用不同的矫正程序。既判力是在一事不再理原则的基础上发展而来的、内容更为丰富的审判原则。我国应在民诉法中增补既判力条款,并对刑法第157条作扩大解释。

关于建立国际民商新秩序的法律思考
——国际私法基本功能的深层考察
李双元 郑远民 吕国民

旧的国际民商秩序存在较大程度的无序性、一定程度的封闭性,且缺乏灵活性,建立国际民商新秩序是市场经济全球化和国际民商事交往发展的客观需要,这就要求各主权国家进一步完善国际私法制度。国际私法的改革和发展必须以维护国际民商秩序为中心任务。当代国际私法的发展和完善从国内国际两个方面铺开。"二战"以后,世界上掀起了制订和修改国际私法的国内立法浪潮,国际社会中国际私法的统一化运动方兴未艾,国际私法的国际法源获得了前所未有的发展。

澳门国际私法中的法律欺诈
黄进 郭华成

国际私法中的法律欺诈是指国际私法关系中的当事人故意制造某种连结点,以避开本应适用的准据法,使对自己有利的法律得以适用的行为。在澳门国际私法中,法律欺诈和公共秩序是互不相同的两个问题。法律欺诈的构成不仅要看其客观要件,即当事人通过改变连结点导致新的事实或法律状况产生,还要看其主观要件,即当事人是否有欺诈或规避的意图。一旦出现法律欺诈,被规避的本应适用的内国法或外国法都应恢复适用。对法律欺诈的制裁为不予置理改变后的事实或法律状况。

关于农民负担的行政诉讼案件的几个问题

余辛文

农民负担问题涉及立法、执法、司法等方方面面。从农民负担问题的实际情况和行政诉讼实践的角度,需要着重关注三个具体问题。乡镇政府关于农民负担的文件属于具体行政行为,并非具有普遍约束力的行政决定、命令,且不属于行政机关最终裁决的具体行政行为,因而是可诉的。以村委会名义落实农民负担所发生的纠纷属于行政纠纷,村委会应作为法律法规授权的行政主体在行政诉讼中处于被告地位。此外,对于农民负担纠纷应该参照民事诉讼法关于代表人诉讼的规定,根据行政诉讼的特点,适用代表人诉讼制度。

略论北宋的专卖法制

张建国

北宋时期,官禄兵饷开支浩繁,加上统治阶级无止境地挥霍浪费,其财政出现了严重危机,统治者为了广开财源,政府的专卖事业空前地兴盛起来。专卖货物不仅包括盐、茶、酒、矾等,还包括香药、石炭、醋等物品,赫然杂陈,蔚为大观。在实施办法上,更是推陈出新,而每种办法内部又有实施细节上的不同,式样纷杂而变更不常。随着专卖的具体规定与相关的刑罚制度组合成一套完整的专卖法制,专卖所获得的收益也逐渐成为支撑财政经济的主要支柱。因实行专卖而采取的相应措施既曲折地显示出北宋政治经济的发展状况,又具体地反映了当时商品货币关系发展的复杂全貌,反映了封建国家、商人、封建主以及劳动生产者的相互关系。宋代的专卖制度不仅对宋代社会有极大影响,而且在中国古代专卖制度的发展史上起到了承前启后的作用。

1997 年第 3 期

依法治国与精神文明建设学术研讨会纪要

行政立法与当代行政法
——中国行政法的发展方向

周汉华

行政立法的大规模出现是现代国家加强对市场干预的结果。从立法原则来说，行政立法经历了从控权论到利益平衡论再到以平衡论为主、多种原则并存的发展过程。我国要真正遏制行政立法过滥的现象，就应该加深对行政立法的理论认识，培育当代行政法观念；明确国家权力界限，转换政府职能；制定行政程序法，保证公众的了解权和参与权；加强司法能动性，维护法制统一。

合同的异化与异化的合同
——关于经济合同的重新定位

史际春 邓 峰

合同的发展表明合同已由意思自治的本质异化为一种确立权利义务的形式，具有不同特征，涵盖复杂的社会关系，受不同法律原则和规范调整。合同的异化要求重新定位经济合同。经济合同是为了实现国家的一定经济目的，直接体现政府意志，由政府规定基本合同条件的合同。经济合同的本质是国家或政府在经济活动或经济管理中将其意志直接体现到契约中去。经济合同不是行政合同。在统一的民事合同法颁布以后，尚需深入研究经济合同，完善经济合同法。

论 GATT/WTO 解决争端机制

赵维田

GATT 在其近半个世纪的解决争端实践中，对外交与司法这两种手段兼施并用，互为补充，积累了丰富的经验，在具体规则上亦有重大发展。《WTO 谅解》在肯定并科学总结 GATT 经验的基础上，结合世界经济日益一体化和建立稳定国际经济秩序的客观要求，又取得突破性进展。《WTO 谅解》在国际司法制度上的成就标志着现代国际法发展的新阶段。

刑法公正论

陈兴良

刑法是社会规则中的重要组成部分，刑法的正义性对于客观社会正义具有重要意义。刑法的正当性根据是报应与预防的有机统一，报应和预防还有互相制约的关系。刑法公平性就是要解决刑罚分配的正义性问题，一种公平的刑罚分配应当是在报应所限定的范围内，依据威慑或者矫正的需要来予以分配。刑法的平等存在实体平等与程序平等之分，实体平等是实质性的，程序平等是形式性的，两者相比，前者更为根本，同时，刑法的平等并不意味着否定任何差别。

论内部与外部自决
白桂梅

有些学者提出区分"内部与外部自决"的观点，试图解决自决在殖民地以外的情况下面临的严峻挑战。值得探讨的是自决是否适用于一个主权国家内部的某种场合。外部自决是传统的，发展是完善的。内部自决权的持有者主要是一国的所有人民及一国内被拒绝参政的种族团体，除个别例外，少数者不是自决权的持有者。但是，在实践中自决的问题要复杂得多，加上每个具体的问题可能都有不同的历史、政治、宗教和文化等背景，因此不能一概而论，只能具体问题具体解决。

"亲亲尊尊"与亲属相犯：
中外刑法的暗合
范忠信

刑事责任上亲疏有别、尊卑有别，是中西法律的共同原则，是中西法律惊人的不谋而合之处。亲属间人身侵害的加重处罚，亲属间的财产侵犯轻于常人间的财产侵犯，亲属间性侵害的加重处罚，诱唆胁迫亲属犯堕落耻辱之罪的加重处罚，亲属间虐待遗弃的加重处罚，等等，都与人性、情感、伦理、道德观念等相关。在大原则相同的前提下，中西也有一些明显差异。"亲亲尊尊"是中国传统文化重伦理、重亲情、重和谐、重仁爱、重道义的民族精神的基础，中国近百年法制变革已经完全抹去了"亲亲尊尊"的痕迹，应该反省。

重释"贪人败类"
——评崔述关于防治贪污
贿赂犯罪的思想
杨恩翰

"贪人败类"出自《诗经·大雅》的"桑柔"章，清朝乾嘉年代的大史学家崔述在其搜索、整理、考证《春秋经传》过程中对"桑柔"重新作了诠释，提出了防治贪污贿赂犯罪的一些对策。崔述认为，防止和解决贪污、贿赂犯罪的对策，最根本的是国家要把好选才用人这一关，其他战略性的对策还包括以重禄养廉，防止"贪人"的出现，在封建统治阶级内部"开言路"，"受善言"，执政者通民情等。

汉魏晋宫刑存废析
陶广峰

自汉文帝十三年始，"宫刑"已被从法律上废除，不再是汉律的刑名。至于汉景帝时诏"死罪，欲腐者许之"，及东汉光武、明、章、和四帝诏罪可"募下蚕室"等，实与魏人钟繇所说的"当弃市，欲斩右趾者，许之"等一样，均是两汉帝王因一时之喜好，变死刑为保留生命的肉刑的临时举措，更是帝王收揽人心之举措，此同《晋书·刑法志》所言："行刑之时，先申明法令，乐刑者刖，甘死者杀，则心服矣"等如出一辙，并非如有的学者所说，宫刑至景帝时重又恢复。所以，文帝除肉刑之后的所谓"宫刑"，与被废前作为汉律之主要刑名的"宫刑"，是不可等同视之的。

离婚诉讼中的调解研究
张学军

离婚调解制度与审判制度相比，有利于消除夫妻感情上的对立、有利于实现实质性的正义、有利于保护子女的利益。离婚调解可分为判断型、交涉型、教化型和治疗型，各有优缺点。我国的离婚调解已形成较为完整的体系，但有利有弊，需要改进。离婚调解应于案件受理后立即进行，离婚调解人员应由受过专门科学训练的人士组成，离婚调解过程应是"有管理的自治"过程，确保判断和交涉的平衡，离婚调解书一经制定就应发生法律效力。

"一国两制"与香港基本法
课题组

"一国两制"构想的核心内容是在一个统一的中华人民共和国范围内，中国内地实行社会主义制度，香港、澳门和台湾继续实行其原有的资本主义制度。其根本目的是实现祖国和平统一。香港基本法是"一国两制"方针具体化、法律化的体现之一，是在香港实行"一国两制"的法律基础。全面实施基本法，严格按照基本法办事，是维护香港长期稳定繁荣的保障。

国际融资的法律适用问题
徐国建

影响国际融资准据法确定的因素包括法律的稳定、有利于商业活动、便于法院的适用以及准据法的独立性和延续性。国际融资准据法的选择主要有两个途径，即由当事人自由选择和在当事人没有作出选择时依客观因素确定。当事人自由选择准据法受到国际融资合同与准据法联系的限制，并且不能构成对应予适用的法律的规避，国家性质合同则不允许当事人选择准据法。当事人无法律选择时首先考察当事人默示选择的法律，其次适用最密切联系原则。在实际中，不同性质的当事人的法律选择不同，而且还会出现跛足法律关系、法律的直接采纳等问题。

信息高速公路中知识产权保护的若干问题
郑友德

信息高速公路对现有知识产权制度提出了严峻的挑战。需要根据数字化作品的特征划清"合理使用"的界线，明确数字化作品的权利归属。应优先考虑对软件实行专利保护。应尽早研究电子出版物的首次公开日期和内容，以及它们的使用和传播范围。应增设与信息新产品与服务相关的商品类目和名称，以方便商标注册。在域名注册后应加以公布，并设置异议程序。凡在互联网上通过电子邮件或 BBS 发布广告或信息的，应视为广告行为，纳入广告法和反不正当竞争法规范。信息高速公路还给商业秘密保护、侵权人和侵权地的确认及证据的收集等方面提出了新的课题。

论诉讼标的及识别标准
张卫平

给付之诉的诉讼标的是当事人关于对方履行给付义务的诉讼请求。基于何种法律关系仅仅是请求的法律依据，即诉讼请求的理由。识别给付之诉的标的的标准是发生给付请求的具体事件或行为。确认之诉和变更之诉的诉讼标的是当事人要求法院关于确认和变更实体法律关系的诉讼请求。识别确认之诉和变更之诉的标的的标准是有争议的实体法律关系。

论仲裁条款独立原则
赵秀文

仲裁条款可独立于主合同而单独存在,是随着国际商事交往的不断发展、各国立法普遍承认仲裁裁决的法律效力以及国家确认通过仲裁解决商事争议的鼓励政策的发展而逐步确立和发展起来的。仲裁条款独立原则已为包括我国在内的各国仲裁立法与实践普遍接受。仲裁条款独立原则的基本理论依据是当事人意思自治原则。

无形财产权的若干理论问题
吴汉东

如果将物与财产的始点范畴界定在权利客体的基础上,物与财产可作为同等概念使用;就物与财产的概念外延来说,只有广义上的物才与财产类似。可将知识产权的客体概括为知识产品。知识产品具有非物质性,不发生有形控制的占有、不发生有形损耗的使用、不发生消灭知识产品的事实处分与有形交付的法律处分。知识产品是一种无形财产,知识产权亦可视为无体物而作为其他财产权的客体。建议在民法学研究中建立一个大于知识产权范围的无形财产权体系,以包容一切基于非物质形态所产生的权利。

犯罪主体的重新评价
杨兴培

把犯罪主体纳入到犯罪构成之中,存在以下问题:命题结论有逻辑错误、对司法活动顺序概括错误、对法律规范理解错误等。刑法上的主体实际上包含两种含义,一是犯罪主体的资格(资格主体),二是犯罪的主体身份(事实主体),二者都有自身的基本特征,存在严格区别。犯罪主体(无论资格主体或者事实主体)本不是也绝不应该是犯罪构成的必要要件。犯罪的特殊主体同样不能也不应该成为某一特殊的具体犯罪构成的必要要件。

论紧急避险的性质
刘明祥

德日刑法对于紧急避险的性质有阻却违法说、阻却责任说、二分说和阻却可罚的违法性说等观点。在英美法系国家,紧急避险不负刑事责任的理由有必要行为说、减少损害说、两害择一说等观点。我国刑法中的紧急避险应当认为是无犯罪的社会危害性的行为,主张紧急避险对社会有益的观点不够全面。紧急避险虽然不具有刑事违法性,但也不都是合法行为,紧急避险也不是权利、义务行为。

转型时期的刑诉法学及其价值论
李文健

在刑事诉讼法学研究中,既往的由真理原则统摄的理论研究局面已经被打破,而新的以价值原则为主导的观念正逐渐形成,这不仅表现在认识观念、理论层次上,还表现在研究视野上。自由、秩序、公正、效率是刑事诉讼共同追求的基本价值目标。我国刑事诉讼法学应认真检讨我国刑事诉讼中的价值缺陷,逐步纠正存在人们观念深处的刑事诉讼价值偏误,合理解决刑事诉讼中的价值冲突,科学确定法律评判的价值标准,积极促进中国刑事诉讼体制与当代刑事司法制度之间的融合与贯通。

联合国海洋法公约对中立法的发展
赵建文

《联合国海洋法公约》主要反映的是和平时期的海洋法,但是已经影响到海上战争法,特别是有关中立的规则。用于国际航行的海峡的过境通行制和群岛海道通过制发展了中立法,使此类海峡的沿岸国和此类海道所属的群岛国承担了其部分领土(即有关国际航行的海峡或群岛海道)永久中立的义务。无论在和平时期还是战争或武装冲突时期,外国的所有船舶和飞机均有权依照该公约规定的条件通过实行过境通行制的用于国际航行的海峡和群岛海道。这种中立义务实质上是一种积极的国际地役。

发现中国的普通法
——清代借贷契约的成立
苏亦工

清代借贷契约呈现出明显的要物特性,即以物的交付为借贷契约成立的要件。清代借贷契约并无严格的形式要求,书契的证据意义远大于象征意义。清代没有约因和时效的法律制度,也没有与此相对应的理论和观念,然而在实践中法官用于判断证据真伪的某些技巧却与此相类。如果除去政治的色彩,仅从私法的意义上对清代的财产交易作微观的观察,人与人是相对平等的。东西方的法律体系在判断借贷契约的成立问题上存在着许多惊人的相似之处。

论中华法系的形成和发展条件
杨振洪

中华法系以中国奴隶制法和早期封建制法为历史渊源,其中奴隶制法主要是西周奴隶制法中的"礼",早期封建制法主要是"律"——刑法,它们是中华法系历史渊源中的两大源流,为中华法系的形成发展提供了"遗传基因"。特殊的地理环境为中华法系的形成发展提供了得天独厚的自然地理条件,儒家学说的广为传播为中华法系的形成和发展奠定了思想基础,移民和留学为中华法系的形成发展造就了法律移植人才,汉语为中华法系的形成和发展提供了传播媒介和语言文化条件,在这些特定历史条件和力量的共同作用下,形成了独具特色的中华法系。

共同共有不动产交易中的善意取得
杨立新

国外善意取得制度并不适用于不动产。最高人民法院关于民法通则的意见第89条确认对于共同共有不动产也有条件地适用善意取得制度,既符合司法解释的利益衡量原则,也符合实事求是的思想路线。共同共有不动产交易中善意取得的构成要件包括出让人必须是共同共有人之一;买受人须善意无过失且为有偿取得;须未经其他共有人同意并已作产权变更登记。其他共有人因他人善意取得而遭受损失的,由擅自处分共有财产的人赔偿。

1997 年第 5 期

经济审判方式改革若干问题研究
景汉朝　卢子娟

我国民事诉讼制度实行的是超职权主义的诉讼模式。在建立民主政治、法治国家以及社会主义市场经济的背景下，必须改革审判方式。经济审判方式改革应坚持和体现吸收借鉴和适合国情原则、公正原则、效率和效益原则、充分保障当事人诉讼权利原则、依据法律改革原则。目前经济审判方式改革的重点在于强调当事人举证责任，建立和完善举证制度；强化当庭质证、认证，充分发挥庭审的功能；强化合议庭和独任审判员的职责，实现审和判的统一。经济审判方式改革会带来若干前瞻性问题。

论宪法学新体系的范畴架构
童之伟

我国宪法学的传统范畴架构形成于以阶级斗争为中心的时代，主要着眼于为建立和巩固政权服务，已经不能适应建设有中国特色的社会主义理论的要求。按照社会权利分析方法，宪法学范畴的反映对象应当是社会的利益关系、经济关系。宪法学范畴由重要范畴和从重要范畴分解或派生的一般范畴两部分构成。其中，重要范畴包括基石范畴和基本范畴。基石范畴是社会权利概念，基本范畴包括公民权利、国家权力、社会剩余权利、社会总体权利、法律义务和宪法。

依法治国与精神文明建设
刘海年

依法治国就是依照表现为法律形式的人民意志来治理国家。当前存在的一些社会矛盾和社会问题只有实行法治才能得到有效的解决，而坚持"一国两制"，保持香港的长期稳定繁荣，也要求依法治国。依法治国与精神文明建设有着相同的提出背景，前者是后者的保障，后者是前者的基础，相辅相成。我国当前应该以依法治国和精神文明建设为切入点，深化和推动体制改革。

法的应然与实然
李步云

法的应然是指法应当是什么，法的实然是指法实际是什么。法的应然与实然的关系问题不同于法和道德的关系问题。马克思主义法学反对把法的应然与实然割裂开来、对立起来的做法，强调制定法必须正确反映"事物的法的本质"。法的应然与实然在法的内容、形式和精神三个方面均有具体体现，把法的道德基础归为法的应然、法的形式归为法的实然的看法，是不正确的。

法的普遍性、确定性、合理性辩析
——兼论当代中国立法和法理学的使命
葛洪义　陈年冰

后现代思潮对构成法治基础的法律的普遍性、确定性、合理性提出了质疑。然而，普遍性、必然性总是寓于特殊性、偶然性之中，通过特殊性、偶然性表现出来；确定性与非确定性是相对而言的，既不能迷信法律的确定性，更不能因此丧失对法律确定性的信心；现实社会生活既趋于合理化，又不满足于、不限于合理化，制定法所体现的不仅是对社会现实的反映，也是对社会现实的扬弃。当代中国立法和法理学的主要使命在于推动法制建设和社会进步的互动。

论行政行为的公定力
叶必丰

行政行为的公定力是指行政行为一经作出，即对任何人都具有被推定为合法、有效而应予尊重的法律效力。公定力是基于社会对行政主体及其意思表示的信任，是法律对行政行为合法性的推定和社会对行政行为的尊重。关于公定力的界限，学界存在完全公定力和有限公定力两种学说。"完全公定力说"对公共利益及其代表者表现出足够的尊重和信任，而"有限公定力说"存在重大缺陷。行政行为的公定力不仅在行政法学、甚至在整个法学上都是一个重要范畴，支持或支配着一系列重要的法律规则。

规范公用企业的市场行为需要反垄断法
王晓晔

公用企业在市场上处于独占地位，在经济上与其交易对手相比占有显著的优势，国家必须制订专门的法律，将它们置于特殊监督之下。反不正当竞争法和行业立法尚不能有效地监督公用企业的市场行为，需要反垄断法。根据德国的司法经验，可以通过空间比较、时间比较和成本加合理利润的比较认定企业的剥削行为。应建立有效的、有高度独立性和极大权威性的反垄断法主管机构。反垄断法的颁布和实施是深化我国经济体制改革和加速政治体制改革的催化剂。

票据丧失与挂失止付
赵威

票据丧失是指最后的持票人非出于自己的本意，且无抛弃票据权利的意思而丧失对票据的直接占有和间接占有。挂失止付制度是失票人丧失票据后可以采取的临时性防止所失票据被他人冒领的救济措施。挂失止付通知是单方民事法律行为。票据绝对丧失、无效票据丧失、无法确定付款人及代理付款人的票据丧失不得进行挂失止付。超过权利时效的票据、超过法定提示付款期限的票据以及未到期的票据是否可以挂失止付，需要具体分析。

劳动教养制度的改革
林小春

劳动教养制度是指对有违法犯罪行为

但不够刑事处分的人，依照有关法律和法规将其收容于劳动教养场所，实行强制性教育改造的一种行政措施及其相关制度。劳动教养存在的问题主要是劳动教养管理委员会形同虚设，劳动教养审批权的行使缺乏有效的监督机制以及劳动教养的法律性质与其实际严厉程度不相适应。建议采取严格限定劳动教养适用的对象范围、通过适当的简易司法程序决定、缩短劳动教养期限、制定一部专门法律等改革措施。

《名公书判清明集》法律思想初探
王志强

《名公书判清明集》是反映南宋中后期统治阶层中士大夫集团法制思想的典型，其最重要的思想是与理学的密切关系。书判所体现的司法实践中的一些具体特点，由于理学的传承和历史积淀而长期相沿，对后世的法制产生了深远的影响。《名公书判清明集》以兼顾国法、天理、人情、从轻处刑、重视伦常、追求无讼为指导思想。其指导思想各个方面并不是各自孤立的。书判以法律为主要依据，但其追求的终极目标并不纯粹是法律的实现，而是伦常秩序和无讼境界。既然如此，法律难免沦为一般工具，刑罚尺度的灵活运用也势所必然。

劳动合同纠纷中违约受害人补救之研究
于 敏

劳动争议仲裁申请期限是从劳动争议发生之日起算，而非自争议事项（损害）的发生之日起算。应考虑债权人向债务人提出的催告对劳动争议仲裁申请期限的影响。人民法院对劳动争议案件的受理虽以仲裁为前提，但法院的审理不是对仲裁实体认定正确与否的评定，不应适用仲裁期限的规定，而应适用诉讼时效。应充分发挥诚信原则、公平原则对补救劳动合同纠纷中违约受害人的作用。

刑法学研讨会发言摘要

二十世纪中国法学的回顾与前瞻学术研讨会综述

1997 年第 6 期

中国近代法学留学生与法制近代化
郝铁川

从近代法学留学生的规模和特点可以看出，法学留学生在中国近代的立法、司法、行政、法学研究与教育、政治等领域都作出了贡献。法学留学生的参政热情高，导致学者、官员集于一身的人士多，关注、研究宪政和法理的人士多，注重法律实践的人士多，精研学术理论的人士少。近代法学留学生的政治态度可分为正统型、同质批判型和异质批判型，各类留学生在中国近代法制建设中所起的作用各不相同。近代法学留学生推动了中国近代法律启蒙运动的发展，促进了"六法"的形成与完善。可以从中国近代法学留学生在法制近代化的历史实践中总结许多有益的经验教训。

论人权的道德基础
张恒山

人权是相对于政府义务而言的，是一切人对于政府享有的权利。人权不是来自政府，也不来自法律的确认或规定。人权的来源与我们心中的评价标准和这种评价标准的来源有关，是在道德和理性评价标准形成的基础上确定的。可以说，人权的依据在于其道德性：被称为人权的一切利益、自由或行为都不违反人类道德心所先行确定的"不得损害他人"这一最基本的道德规范；人类的道德心要求每个人、要求每个国家的政府都尊重这种具有正当性的利益、自由或行为。

法治保守主义思潮评析
——与苏力先生对话
谢 晖

我国出现的法治保守主义思潮主要是指以本土资源为主建设中国法治的主张。该种思潮的兴起有着国内、国际以及来自我国法学内部的社会思想文化和学术背景。从中国法治建设的理论和实践出发，法治保守主义思潮所强调的传统存在诸多与法治不相容的成分，中国法治之路，开放引进他国经验比整理国故更重要、更必要。在此前提下，中国法治的本土化问题可以理解为具有普世价值的法治因素在中国的内在化，用中国固有文化载体表达法治的内在要求，法治精神和规则获得中国固有文化传统的部分支持，把法治精神理念转化为中国人的精神情感认同。

论法制现代化的多样化模式
夏锦文

以法制现代化的动力来源作为标准，可以将法制现代化的模式分为内发型、外发型和混合型。内发型法制现代化是一个由社会自身条件成熟而发展起来的自发的、渐进的法制变革过程。外发型法制现代化是因一个较先进的法律系统对较落后的法律系统冲击而导致的进步转型。混合型法制现代化是因各种内外部因素互动作用的合力所推动的法制转型变革过程。中国应该以法制现代化的基本原则结合本国特点进行新的创造，以自己独具特色的发展样式汇入世界法制现代化的进程。

"一国两制"三题
李步云

"一国两制"构想的基本内容可以概括为：一个国家，两种制度，高度自治，本地人管理，五十年不变。"一国两制"构想对于思考社会主义的性质及其与资本主义的关系，对于思考国家性质、国家政体、国家职能问题，对于法律理论的更新，对于国家间历史遗留问题和争端的解决，对于国际和国内政治宽容主义伦理的确立等，都提供了重要的契机或者模本。

版权理论中的创作概念
曹世华

创作概念是版权理论体系的基石范畴和逻辑起点，规定着版权理论中其他范畴的实质内容和相互关系，与作品独创性、版权保护范围、临摹、后续作品的法律性质、数据库、数字化及其作品等都相关。创作概念的规定既受一国版权制度价值取向的约束，又受到其反映对象的客观必然性的制约。创作概念是普遍性和特殊性、确定性和灵活性的对立统一。创作既是指署名作者自己构思和表现文学、艺术、科学等作品的精神生产活动；又因客观情况的变化以及立法者对其认识的发展而被要求具有某种程度的创造性或一定的技术水准。

股份公司发起人的责任
梁上上

发起人以记名于公司章程为准。发起人必须认购一股以上的股份。应从公司设立的性质、发起人的存在载体以及公司设立各关系人关系等角度剖析发起人责任。发起人责任是对发起人在设立过程涉及的诸多价值加以选择而构建的，包括个人自由、社会秩序、社会效益等方面。发起人责任是一个复杂的体系。

新刑法与客观主义
张明楷

客观主义与主观主义不分别等同于客观归罪与主观归罪，客观主义和主观主义的区别在于客观行为与主观责任在各自理论中的地位不同。我国旧刑法倾向于主观主义，即在主客观相统一的前提下重视主观要素，向主观主义倾斜的旧刑法及其理论不利于发挥刑法的机能。新刑法明显反映出向客观主义倾斜的态度，值得称道，向客观主义倾斜的新刑法要求刑法理论和审判实践选择与新刑法相协调的发展方向，在主客观相统一的前提下向客观主义倾斜。

试论有组织犯罪的概念及其类型
邓又天 李永升

犯罪学意义上的有组织犯罪是指三人

以上故意实施的一切有组织的共同犯罪或者集体犯罪活动,不同于团伙犯罪和社团犯罪。有组织犯罪,从主体成分上划分,可以分为自然人构成的有组织犯罪和法人构成的有组织犯罪;从活动性质上分,可以分为单一型有组织犯罪和混合型有组织犯罪;从活动范围划分,可以分为区域性、跨区性和跨国性有组织犯罪;从结构形式的结合程度划分,可以分为松散型、紧密型和网络型有组织犯罪;从追求的目标划分,可以分为营利型、破坏型、腐蚀型和恐怖型有组织犯罪等。

刑事辩护制度之诉讼价值分析
熊秋红

刑事辩护制度的价值在于它在实现刑事诉讼的三项价值目标——实体正义的实现、程序正义的实现、诉讼效率的提高——中所起的作用。刑事辩护制度在实现实体正义中既有积极作用也有消极作用,以消极性实体真实主义或法的正当程序主义为指导,刑事辩护制度对发现实体真实的价值才能被充分肯定,总体上讲,它对于实体正义的积极作用远大于其消极影响。刑事辩护制度对于实现程序正义的作用是其诉讼价值的最重要体现,是不可或缺的制度。刑事辩护制度的存在对于提高诉讼效率而言兼有积极和消极两方面的影响,刑事辩护制度的具体设计应当兼顾公正和效率两方面的目标。

商鞅法治理论的缺失
——再论法家思想与秦亡的关系
徐 进

韩非子导致秦亡的学说、秦始皇父子等把法家学说"推入歧途"的理论活动,都利用了商鞅理论中的缺失。商鞅的法治理论是功利主义的法律工具论,该理论既帮助秦国实现了富强,也为秦由"王"而亡埋下了理论的隐患。商鞅法治的目的是富强,而治的对象是民,其法治是为达到功利的目标而管制百姓吸取民力的办法。商鞅提出了关于人性的看法,为他的治民方案找到了理论基础,但他只关注于人的自然性,忽视了人的社会性,这种残缺决定了建立在这种理论基础上的法治论也不可能完美。基于其人性分析,商鞅提倡以奸止为度的重刑论,这种重刑论也潜藏着不崩不止的危机。

中国传统民事契约中的中人现象
李祝环

我国传统民事契约中中人的出现,有其独特的历史原因及法学价值。中人在西周时期即已出现,汉、魏晋、唐宋时期均有明确史料记载,仅称谓不同而已,明清时期"中人"的称谓出现并开始大量使用。中人在契约中最明显的作用是缔约双方之间的中介、见证,即参与缔约双方的介绍与引见、对标的物的勘定与检查、议定价格、监督和证明给付与交割,等等,并在契约关系受损害时起到调解人的作用。中人一般由一些特定身份的人来担任,特定情况下需要承担相应的连带赔偿责任。

共同保证的几个理论问题
桂菊平

我国的共同保证制度存在缺陷。应该

明确数人基于不同的法律行为而对同一债务提供保证的，也构成共同保证。应该修改担保法第12条，消除其混乱，明确其宗旨。应规定当一保证人向其他保证人行使求偿权而主债务人又有资力的，债务人须参加诉讼。应具体明确保证人对主债务人求偿权产生的条件及范围。

我国公司法对外商投资企业的适用

罗世英　李　玫

根据公司法第18条的规定，外商投资企业法另有规定的，或者同公司法的规定不一致的，均应适用外商投资企业法的规定。外商投资权益的法律保护、注册资本、出资的资金来源、权力机构等方面即应适用外商投资企业法。外商投资企业法未作规定的，应适用公司法的规定，如违反公司法的法律责任和处罚规定，公司被宣告破产或者被责令关闭而解散时的清算问题等方面。

二十世纪中国的现代化和法治
苏 力

20世纪中国的法治或法律实践是在为了中国实现现代化这一历史语境中构成的。变法与法治、法律与立法、国家与社会、理想与国情、普适性与地方性等法治进程中展现的悖论，揭示了现代化背景下中国法治的复杂性、艰巨性、特殊性以及与此相伴生的长期性。虽然与20世纪中国社会的巨大变化相比，法治现代化似乎滞后了，但是中国现代法治形成的一些基本条件已经具备。

法治国家及其政治构造
孙笑侠

法治国思想的演进主线是国家权力配置的政治基础及构造问题。从法治国的实践来看，不同国家基于其具体国情在法治原则的表述、权力分立原则的制度化、行政权力的控制方式方面存在一定差异，但是在政治基础和社会条件方面则存在共性，包括民主政体、国家权力分工制约、服从"正义之法"的治理、实行市场经济体制、具备理性文化基础，等等。当前的社会主义法治国家建设需要注重法律与政治关系制度、司法权与行政权关系制度、权力与责任关系制度、权力与权利关系制度、权利与义务关系制度的理性化。

传统文化的反思与中国民法法典化
曹诗权 陈小君 高 飞

传统文化是中国民法法典化的社会基础。传统文化及其赖以存续的社会母体从深层扼制了商品交换和市场竞争，否定了以自由、平等、私权、效益为内核的市民社会价值法则，中国民法的法典化、现代化不能寄望于固有法传统。但传统文化也有一定的积极效应，如"集体主义"精神、伦理化的善良风俗、习惯以及"混合法"优势，都值得我国民法典吸收和借鉴。

信息公开担保的法律性质
陈 甦

信息公开担保是一种法定担保，是对信息公开行为可能的违法后果承担责任而为的担保。信息公开担保责任是一种法定、连带责任。发起人或董事的信息担保责任是发起人或董事对第三人责任的变通。投资者对证券承销商、专业性中介机构及其人员有信赖关系，是后者作为信息公开担保人的根据。信息公开担保人承担责任应采过错推定原则。应根据各类信息公开担保人在信息公开活动中的地位与作用，确定不同的免责条件。

论坦白从宽
龙宗智

犯罪嫌疑人、被告人负有供述义务，是我国实行坦白从宽制度的特别缘由。坦白从宽是自首从宽的逻辑延伸。贯彻坦白从宽制度，有利于解决目前司法实践中坦白与抗拒之间存在的"司法悖论"。贯彻坦白从宽并不会与罪刑相适应原则相冲突。为了在公民权利保障与国家实现刑罚权的要求之间划出合理界限，我国对待犯罪嫌疑人供述方面的刑事政策应当以坦白从宽为基本的政策取向，并辅之以特定条件下的"抗拒从严"。在具体设计坦白从宽制度时，可以有两种选择：由最高司法机关以司法解释或判例的形式进一步肯定和强化坦白从宽制度；鉴于司法解释的局限性，可以采取在起诉阶段实行从宽处理的措施。

控辩平衡与保障律师的诉讼权利
周国均

为了实现控辩平衡，从保障律师诉讼权利的角度出发，我国必须解决如下迫切问题：第一，在侦查阶段，律师应当享有更广泛的诉讼权利。例如，增设犯罪嫌疑人及时获得律师帮助的权利，律师会见犯罪嫌疑人时的录音、录像权以及律师在侦查阶段的调查取证权等。第二，在审查起诉阶段，辩护律师应当享有更多的诉讼权利。例如，增设讯问犯罪嫌疑人时律师在场权，律师查阅全部案卷材料权等。第三，在庭审阶段，辩护律师应当享有某些必要的诉讼权利。例如，增设律师享有在开庭前十日内收到起诉书副本的权利，庭审辩护言论的豁免权等。第四，在审查起诉和审判阶段，辩护律师享有与控方平等的调查取证权。

清末民初中国比较法学的产生
陶广峰

中国严格意义上的比较法学的出现是在西方列强入侵之后伴随着清王朝的法律改革开始出现的。先进知识分子及清政府组织大量翻译西方著作、法典，派出大臣进行出外考察，往国外派出留学生学习，成立法律修订馆并聘请国外法学家指导法律改革实践等对近代中国比较法学的出现产生了巨大的促进作用。当时的学者、法学家在此基础上成立学会、创办法学杂志并将比较法列入大学法科开设的课程，标志着中国在清末民初之时开始有了自己的比较法学并形成了自己的特点。尽管其独立程度和理论水平还比较低，但不容否认，中国比较法学的雏形在那时已经形成。

中国古代匦函制度考略
杨一凡 刘笃才

匦函制度与尧、舜至汉代实行的"谏鼓"、"谤木"、"进善之旌"、"肺石"等制度一样，都是为实现下情上达而设立的。南梁时设立"谤木函"、"肺石函"，虽未冠以"匦函"之名，但其性质和形式同后来的匦函制大体相似，应是第一个推行匦函制的王朝。以唐代的匦函制度为例，武则天置匦的具体时间、匦的形制、匦的工艺设计和铸造表明，匦函主要是受纳臣民对朝政的批评、建议及对冤抑的申诉，又兼有招纳贤士的功能，并不是为鼓励告密而设。唐代对于匦函的管理也设立了严密的制度，以保证下情上达、减少冤狱和维护统治。及至五代、两宋，虽继续推行匦函制度，但具体内容发生了变化。宋代形成了登闻鼓院、登闻检院、理检院三者并立的体制，均以检匦受状，仍是匦函制度的一种形式，是对匦函制度的新发展。

一九九七年中国法学研究回顾

法理学研究述评	刘翠霄	
行政法学研究述评	刘翠霄	汪建荣
民法学研究述评	张新宝	
民事诉讼法学研究述评	张广兴	
商法学研究述评	徐海燕	张新宝
经济法学研究述评	江启疆	张涵
刑法学研究述评	王敏远	
国际法学研究述评	张少瑜	朱晓青

1998 年第 2 期

论法律效力
张根大

法律效力是法律在时间、地域、对象、事项四个维度中所具有的国家强制作用力。法律效力的形式本原是国家权力，实质本原是知识和经验。从逻辑上，法律效力包括应然和实然两个方面，前者是法律效力的逻辑起点，后者是法律效力的逻辑终点。

裁判自律引论
武树臣

裁判自律是指人民法院和法官在审判活动中不仅要受法律、司法解释的约束，还应当受自己制作的判决和裁定的约束。裁判自律机制与判例法制度有一定的关联，对法官的自由裁量权有一定的约束作用。我国目前应该克服观念障碍，从维护法制统一和司法公正出发，抓住有利时机，从选择典型案例入手，通过在法院、法庭的试点，由局部到全局、由内部到公开，逐步导入裁判自律机制。

适当生活水准权与社会经济发展
刘海年

适当生活水准权已经被一系列国际人权文书确认为基本人权之一。社会经济不断发展是该项人权的重要条件和保证。为了社会经济发展和适当生活水准权的享有，必须重视人民对其天然资源的自由处置和合理分配，必须注意发展科技，注意生态环境和自然资源的保护、开发和利用，注意控制人口增长以及工农业产品的质量规格。我国和世界不少国家的经验表明，保障适当生活水准权的关键在于发展经济和文化，建立以法律为调控机制的科学制度。

股份公司组织机构的法的实态考察与立法课题
王保树

我国公司法上股份有限公司的组织机构既吸收国外经验，反映了公司各机关之间分工与制约的关系，适应了公司运营的要求，又确认了继受和改革传统企业领导体制的结果。在现实中，股份有限公司的运营在总体上是符合公司法的，但也不容忽视偏离公司法精神的现象，存在许多进一步完善公司法的课题。

所有人抵押权的若干问题
邹海林

所有人抵押权存在的合理性在于抵押权行使的次序性，主要功能在于排除混同原则和抵押权附随性原则的适用。从比较法的角度看，我国民法应当承认所有人抵押权，这并不违反物权法定主义。所有人抵押权的成立须存在数个抵押权及抵押权与所有权发生混同。保有债权的所有人抵押权可以让与、抛弃、强制执行，可以处分次序和抵押物；不保有债权的所有人抵押权不得实行、让与，可以抛弃、处分次序，处分抵押物的抵押权消灭。

论诉讼和解
章武生 吴泽勇

诉讼和解是诉讼行为。诉讼和解协议须由当事人自主达成，双方当事人须对法院进行相一致的陈述，经法院审查确认后，和解协议发生与判决相同的效力。诉讼和解比诉讼外和解更为高效、更具合法性、所获得的纠纷解决状态更稳定。诉讼和解避免了法院调解的弊端，使诉讼上的合意成为可能。我国民事诉讼法对诉讼和解达成的方式、效力等未作具体规定，应该予以明确。当事人达成和解协议，记入笔录即应承认其效力。

BOT 的法律问题与我国 BOT 立法
慕亚平 赵 康

BOT 是国际私人直接投资的一种方式，具有特许协议的性质。东道国的政府保证对于化解 BOT 的政治风险具有重要意义。该保证属公法关系，是政府对自己行为或事实的一种承诺，主要针对政治风险，仅仅为追究政府责任提供了可能性。东道国在 BOT 的运营中应放弃一定的豁免权，修订与 BOT 方式相抵触的法律规范，建立调整 BOT 制度的规章或法律。

犯罪学上的犯罪概念
刘广三

以往中外有关理论关于犯罪的概念，虽种类多，均有合理性，但都不是犯罪学上的犯罪概念，不能满足犯罪学自身的研究需要。根据功能性犯罪定义，犯罪学上的犯罪包括绝大多数法定犯罪以及虽然未被法定为犯罪但类似法定犯罪带有犯罪性并且严重危害社会的行为（即准犯罪和待犯罪化的犯罪）。一言以蔽之，犯罪学上的犯罪是指具有严重社会危害性的行为。严重社会危害性的成立要求同时具备行为的侵害性以及与该社会形态主体意志（统治意志）的不相容性。

单位(法人)犯罪的概念及其理论根据
——兼评刑事连带责任论
何秉松

所谓单位（法人）犯罪是指公司、企业、事业单位、机关、团体的主管人员、直接责任人员和其他单位成员在单位的意志支配下，以单位的名义和为了单位的利益，故意或过失实施的危害社会的、依法应受惩罚的行为。法人人格化社会系统责任论应当作为法人承担刑事责任的根据。只有承认两个犯罪主体，才能保证犯罪主体与刑罚主体的统一，真正做到罪责自负，而不是代人受罚，或嫁祸于人。因此，将民法上的连带责任作为法人犯罪的理论根据是不正确的，所谓"刑事连带责任论"是不能成立的。

正当程序的简易化与
简易程序的正当化

陈卫东　李洪江

正当程序呈现出简易化的趋势,既是社会生活发展的客观要求,也是刑事诉讼自身发展的必然,是各国立法者调和公正与效益这两个价值目标后的抉择。简易程序虽然一般不采用公开、直接言词等基本的审判原则,但是它在不损害程序正义的基础上充分考虑到程序经济性,仍然符合正当程序理念的根本所在。因此,适用简易程序并不违反正当程序原则。各国立法都对简易程序作了比较全面、完善的规定。着眼于我国刑事诉讼法的完善,为了保障简易程序不损害正当程序,我国立法至少应当明确规定简易程序的适用范围、被告人必须享有的最基本权利以及简易程序救济的保障措施。

关于逮捕的几个问题

朱孝清

"有证据证明有犯罪事实"应当是指起点犯罪的事实基本清楚,证据基本确实、充分,犯罪事实基本上为犯罪嫌疑人所为。"特殊逮捕条件"在我国法律中有明确规定。规定特殊逮捕条件是收审不再使用后完善强制措施体系、惩罚犯罪的需要,同时也有助于少捕。错捕即为错案。错捕的成立必须以诉讼结果是没有犯罪事实为前提,而不应包括判处徒刑以下刑罚或徒刑缓刑。有关错捕的界定标准存在"当时说"与"诉讼结果说"之争。这两种学说分别属于程序性错捕标准和实体性错捕标准,各有其用,共同构成了科学而完整的错捕标准。

论行政不作为违法

朱新力

行政不作为违法是指行政主体有积极实施法定行政作为的义务,并且能够履行而未履行的状态。其中,法定作为义务主要包括法律直接或间接规定的作为义务,先行行为引起的作为义务,以及合同引起的作为义务。行政不作为违法案件与履行判决之间没有必然的因果关系。从行政诉讼法的规定及其精神分析,我国法院不应该拥有作出具有具体履行内容的判决的权力。

论行政契约的救济制度

余凌云

从西方国家的法律救济模式看,对行政契约纠纷的解决主要是通过行政法上的协商、仲裁或行政机关内部裁决等司法外解决方法或者诉诸司法途径。我国在行政契约的救济制度上受民法与经济法理论的影响较大,虽然也存在协商、仲裁与行政机关内部裁决等司法外解决方法,并且有将行政契约纳入行政诉讼的设想,但由于对行政契约性质、特点关注不够,这些制度多存在诸多缺失。

中国古代法学的死亡与再生
——关于中国法学近代化的一点思考

何勤华

在近代中国社会的剧烈变化中,中国

古代法学的主体部分已经不适应社会的发展要求而必然地趋于消亡，但它的某些要素和成分，借助传入中国的近代西方法和法学的形式和内容，得以生存和延续下来，并成为新建的中国近现代法学的有机组成部分，重新发挥着其应有的社会功能。中国人以西方近代法学世界观、法学基本原则以及框架体系等建设中国近代法学时，中国古代法学的某些成果如方法、技术和概念等得到保留，并获得了再生，它们通过近代西方先进的法学世界观、法学体系和内容、法学研究方法以及法学教育的普及等载体，经过多种复杂的情形完成了再生的过程，得以保存。中国法学近代化的过程具有明显不同于其他主要国家的特征。

明清例辨析
王 侃 吕 丽

明清例是单行法规，属于制定法，并非司法判例，与宋例、唐时的敕、五代至宋的指挥、汉比、晋及后魏"故事"等法律形式有根本的不同。明清例是因时、因地、因事制定的单行法规的统称，上谕、谕旨、特旨并非例的形式。明清对于例的引用有着明确而严格的规定，严防和惩戒官吏以例谋私。例以辅律，非以代律、破律，律例是一体的，并不冲突或排斥，"例愈纷"与"弊无穷"并无直接因果关系。

对反权力腐败的法哲学启蒙
——评林喆著
《权力腐败与权力制约》
郭道晖

1998 年第 3 期

权利、义务、权力
沈宗灵

权利、义务是法律关系中的概念。其主体是法律关系的主体,包括个人和法人,也包括其他团体、组织以至国家。根据不同标准,可以对权利、义务进行分类,如公权利和私权利、公法上义务和私法上义务,对世权和对人权、对世义务和对人义务,原权利和救济权、主义务和从义务,专属权和可移转权、专属义务和可移转义务,等等。法律上的权利与义务是相辅相成的。权力有时与权利通用,有时又有所区别。

周恩来关于和平共处五项原则的思想
——纪念周恩来诞辰一百周年
赵建文

周恩来第一次完整地提出并一贯地弘扬和平共处五项原则。他关于国家主权应当与人类总体利益相统一、中国永远不称霸的思想,关于中国掌握核武器完全是为了防御的思想,关于各国的事情应当而且只能由各国人民自己解决的思想,关于建立平等互利的国际关系的思想,关于各国应当而且可以和平共处、要和平共处就要坚持求同存异的方针以及在国际上建立和平共处互相监督的制度的思想,都很丰富而深刻,对于这些原则的解释和适用都具有重要价值。

公众认同、诱导观念与确立忠诚
——现代法治国家刑法基础观念的批判性重塑
周光权

法治国家的宗旨是培植社会公众对刑法的情感,使刑法为公众所接受。国家要把刑法作为促进长期利益的最佳方式,必须使刑法获得公众认同。刑法本质上的超强制性,造成刑法的公众认同具有先天艰难性。因此,确立刑法的公众认同,软化刑法的强制性,修正刑事控制手段,必须增强刑法的诱导性。实现刑事控制手段从强制走向诱导型强制,必须确立刑法的宽容理念。合理的刑法正当根据既不在于满足报应,也不在于实现功利,应当是确立公众对刑法的忠诚。至于刑法忠诚的最终确立,则只有到了多元集团产生并长期处于共存状态,使刑法成为不同利益集团间信念和利益的平衡器,而不是某个集团或个人强加于他人的政策时,才能实现。

过失危险犯研究
刘仁文

将过失犯囿于实害犯,只强调危害结果的发生,而忽视过失行为者的主观可责性程度即主观恶性,在一定程度上违背了主客观相统一原则。单凭危害结果的发生来决定行为的社会危害性大小是不科学的，还必须结合行为人有无违反注意义务以及违反注意义务的可责性程度来决定行为的社会危害性大小，从而使过失犯罪的处罚从侧重结果无价值转向同时兼顾行为无价值和结果无价值。因此，过失危险犯是值得肯定的。完善我国过失危险犯立法时，应当遵循限制原则、谦抑原则以及协调原则。

附属刑法规范的创制性立法问题
青 锋

附属刑法规范的创制性立法，符合社会经济关系发展变化的客观规律和要求，符合辩证法的运动观的基本形式，具有深厚的宪法依据，并不违背刑法以及罪刑法定原则，不会破坏刑事立法的统一性，也是被许多国家的实践所证明了的成功做法。附属刑法规范的创制性立法，对弥补刑法典的滞后性、推动刑法典的发展完善、克服刑法典无法罗列穷尽全部犯罪行为的逻辑障碍建立了一种应变机制，适应了社会发展变化的需要。当然，附属刑法规范的创制性立法也存在规范零散、容易与刑法分则不相协调等不足之处。刑事立法应当以刑法总则为指导，调动刑事立法的内部协调机制，通盘考虑，综合平衡。

防治艾滋病立法问题探讨
陈明侠

我国在制定防治艾滋病法律、法规方面还存在很大的不足。艾滋病控制立法应形成一个系统的、成套的法律体系。我国艾滋病控制法律体系起码应包括艾滋病控制法、采供血管理法规、艾滋病病毒感染者和艾滋病病人保护及管理条例，以及相关的配套法规。保障艾滋病病毒感染者和艾滋病病人的合法权益，控制艾滋病的传播蔓延，保护广大群众免受感染，对于艾滋病的预防和控制具有重要意义。

法官素质与民事诉讼模式的选择
李 浩

诉讼模式是否有利于实现民事诉讼的目的，在很大程度上取决于诉讼模式参与者的素质。通过职权主义实现实体公正的前提条件是法官具有包括法律素养和公正品格在内的良好素质。与职权主义相比，法官个人的素养和品格在当事人主义诉讼模式中对司法公正的影响相对较小。我国法官的法律专业知识素质偏低，相当多法官缺乏程序公正的理念，司法腐败问题相当严重。我国应当选择当事人主义作为我国民事诉讼的基本模式。

依法规范行政性限制竞争行为
王晓晔

我国的反垄断法应当既反对经济垄断，又反对行政性的限制竞争，当前特别应以反对后者为内容。这是从计划经济体制向市场经济体制转轨过程中不可避免的任务。行业垄断、地区垄断、企业合并中的"拉郎配"等都是行政性限制竞争行为的表现。我国反垄断法应明确列举行政性限制竞争的各种表现，明确监督检查机关并提高其法律地位，以反垄断主管机构发布禁令作为行政性限制竞争行为的主要法律后果。

企业内部处罚性自治规则及其法律调整机制
蒋大兴

根据企业内部处罚性自治规则的特性,其内容违法或适用不当会侵害相对人的合法权益。我国目前调整企业内部处罚性自治规则的行政审查救济制度、仲裁救济程序和司法救济程序都存在诸多弊端,应该加以完善。

全球化结社革命与社团立法
信春鹰　张烨

随着全球经济一体化的加速,结社活动日益呈现出全球化趋向,社团立法也在各国迅速发展。通过立法规范和保障社会团体的行为,既是为了保障公民的宪法权利,也是社会多元化、社会稳定和法治、促进社会财富的经济效益和社会效益的需要。与国外社团立法相比较,我国的社团立法有优点,也有急需改革的问题。对社团立法的进一步完善,需要突出其保护权利的性质,兼顾国内社会发展和国际竞争两方面的需要,构筑政府与社团、企业与社会之间的伙伴关系。

论行政行为说明理由
章剑生

行政行为说明理由是指行政主体在作出对行政相对人合法权益产生不利影响的行政行为时,除法律有特别规定外,必须向行政相对人说明其行政行为的事实因素、法律依据以及自由裁量时所考虑的政策、公益等因素。确立行政行为说明理由制度的依据,主要在于它是制约权力的要求、符合行政合作的趋势、是行政行为接受司法审查的基础。支撑行政行为的理由是多样的,遵循的规则也是不同的。不说明或者错误说明理由的行政行为,其效力视具体情况的不同而不同。

国际私法上侵权行为的法律适用
金彭年

侵权行为适用侵权行为地法既是传统国际私法的做法,也为当今许多国家的立法所坚持。侵权行为只适用法院地法,既缺少强有力的理论依据,也无更多的立法例支持。侵权行为适用与侵权案件有最密切联系的法律,是当今国际社会关于侵权行为法律适用新发展的最显著标志。在侵权行为法律适用中引入当事人意思自治原则,是令人瞩目、使人鼓舞的新现象。

宪法学基础理论研究的若干思考
吕泰峰

整个宪法学是由一系列有关的概念和基本理论构成的。宪法学理论体系主要有两层含义:从宏观上说,指的是整个宪法学的基本框架或结构;从微观上说,指的是有关概念、原理之间的逻辑联系。目前宪法学界有关国家制度方面的一些基本概念和理论,需要重新澄清和界定。应该选择一个好的入口或起点进行具体的政治体制改革方面的工作,以使宪法学获得新的课题和动力。

中西宪法概念比较研究
钱福臣

宪法概念是宪法学研究的基础性和起始性问题之一。由于中西文化传统、宪政历史和宪法制度各异,宪法学者对宪法概念的界定也存在着较大差异。虽然西方宪法概念具有极其的多样性和差异性,而中国当代宪法概念也有从统一性和一致性向多元化发展的趋势,但从总体上对中西宪法概念进行比较,仍可发现一些鲜明的和比较有意义的差别。这些差别主要体现在概念的界定方法、内涵外延的大小以及内涵成分等几个方面。

帛书《黄帝四经》中的刑法思想
崔永东

帛书《黄帝四经》以刑德问题为理论核心,并且把刑德与阴阳结合起来,以阴阳作为刑德的自然根据,目的在于为其重德轻刑的主张提供自然的根据。董仲舒使阴阳刑德论进一步系统化和完善化。帛书《黄帝四经》把刑罚公正作为定罪量刑的准则,把去除私心、秉公执法作为基本的司法道德,反对滥刑滥杀,主张量刑适当,罪刑相应,使法律的公正性得以体现,从而树立起法律的权威,这种观点对后世产生了深远的良性影响。《黄帝四经》从人性、经济和政治等方面认识犯罪的原因并提出犯罪预防的措施。

1998 年第 4 期

依法治国与廉政建设研讨会纪要

我国社会保障法的几个理论问题
史探径

社会保障法是调整以国家和社会为主体，为了保证有困难的劳动者和其他社会成员以及特殊社会群体成员的基本生活并逐步提高其生活质量而发生的社会关系的法律规范的总和。在法律体系中，社会保障法是与劳动法并行的独立法律部门，是人权保障法的重要构成部分。社会保障法涉及范围广，权利保障、普遍性、平等性以及基本生活保障与提高生活质量相结合是其基本原则。

作为刑罚价值的自由
谢望原

作为刑罚价值的自由，既是刑罚制度对公民自由的已然确认和保护，又是刑罚制度对公民自由的应然确认和保护。在我国，现行刑罚制度对公民政治权利与自由、公民人身权利与自由及相关权利与自由、公民宗教信仰自由及少数民族风俗习惯、公民财产权利、公民婚姻自由、公民的防卫与避险自由权利等进行已然的确认和保护。未来国家应当以宽大的胸怀将公民实施安乐死、堕胎、承诺行为以及同性恋等行为的自由权利交由公民自主行使。作为刑罚价值的自由与刑罚的关系可以表述如下：刑罚制度是公民自由的最强有力的保障，而公民自由以刑罚制度为最后界限。

国家工作人员职务犯罪论
孙 谦 尹伊君

国家工作人员职务犯罪的犯罪主体由国家工作人员构成，具有单一性特征。该罪侵犯的客体是国家对职务活动的管理职能，主观方面具有故意与过失兼具的法律特征，客观方面具有行为渎职性的法律特征。国家工作人员职务犯罪具有极其深刻而复杂的政治、经济、文化、思想等方面的原因。从长远来看，国家机关工作人员职务犯罪既不会蔓延过快，也不会在短时间内得到有效遏制，新的国家工作人员职务犯罪形式将会不断出现，以权谋私将成为国家工作人员职务犯罪的典型表现。预防国家工作人员职务犯罪，必须加强监督制约，依法治国、建立社会主义法治国家，完善国家工作人员的考试、考核、任免等制度。

论上诉不加刑
陈林林

上诉不加刑应当是指在为被告人利益而启动的二审程序中，判决不得加重被告人的刑事责任。上诉不加刑原则是刑事二审程序的原则。对于适用上诉不加刑原则的二审处理结果，不得以刑不抵罪、适用法律错误或其他名义为由，提起审判监督程序。上诉审和发回一审的再审中，发现新犯罪事实的，不适用上诉不加刑原则。基于诉讼民主化理念的"控辩平等"理论为上诉不加刑原则提供了直接的正当性根据。贯彻上诉不加刑原则有赖于正当程序正义观和法治观的确立。

矿业权基本问题探讨
崔建远　晓　坤

矿业权是指探采人依法在已登记的特定矿区或工作区内勘探、开采一定矿产资源，取得矿产产品，排除他人干涉的权利。矿业权是准物权，其客体和权利构成都具有复合性，是具有公权性质的私权，在主体、权利转让方面受到限制。矿业权的客体是特定的矿区或工作区与赋存其中的矿产资源的组合体。矿业权派生于矿产资源所有权。矿业权与土地所有权是各自独立的权利。矿业权并不绝对优先于建设用地使用权、土地承包经营权、宅基地使用权和环境权。矿业权具有排他效力、优先效力、追及效力和物上请求权。

验资报告的"虚假"与"真实"：
法律界与会计界的对立
——兼评最高人民法院
法函[1996]56号
刘　燕

最高法院法函[1996]56号开启了对注册会计师虚假验资报告的索赔诉讼浪潮。在会计界，"真实性"指对执业准则的遵循。而法律上的"虚假"是指报告的内容或结论与事实不符。审计准则中的"真实性"与法律上的"虚假性"可以并存。如果存在法律上的"虚假性"，利害关系人可以向注册会计师主张权利；如果符合会计界的"真实性"，出具虚假报告的注册会计师就没有法律责任。会计界应加强与法律界和公众的沟通，法律界应尊重其他职业的生存规则。

论公司的介入权
雷兴虎

公司有权将公司负责人违反法定义务之特定行为所获利益收归公司所有，此即公司介入权。公司介入权为形成权。公司介入权一般适用于董事、经理违反竞业禁止义务和内幕人员短线交易。我国立法上没有确认后者，应予补正。我国必须建立公司介入权的行使制度，对代表公司行使介入权的主体、行使条件、程序和期间作出明确规定。在公司介入权与损害赔偿权竞合的情况下，公司在行使介入权后，尚有损害的，仍可行使损害赔偿权。

论行业协会的反竞争行为
梁上上

行业协会是特殊的非营利性公益法人，常被用来作为限制竞争的工具，这使其成为竞争法规制的对象。行业协会的反竞争行为包括会员之间协调一致对交易相对人的反竞争行为、行业协会对同行非成员的反竞争行为、促使会员进行不正当竞争、对会员职能或活动的不当限制以及行业协会之间的反竞争行为。律师、会计、工程和医疗等职业协会也存在限制竞争行为。我国目前的法律仅涉及价格方面，缺乏可操作性，法律位阶不高，必须制订行业协会法和反垄断法，以立法形式加以规制。

诚实信用原则在民事诉讼中的适用
刘荣军

诚实信用原则在民事诉讼中的适用，是社会发展之必然。公法与私法的相互弥补、扩大法官的审判裁量权、确保判决效力的需要是民事诉讼中适用诚信原则的依据。诚信原则适用于所有的民事诉讼法律关系主体，主要适用于排除不正当形成的诉讼状态、诉讼上的禁反言、诉讼上权利的失效以及诉讼权利滥用的禁止。诚信原则的内容包括真实义务，我国应吸收世界各国的先进学说和立法经验，制定符合我国国情的真实义务原则。

孝与汉代法制
侯欣一

汉代孝与法律的融合经过了西汉初期、汉武帝至汉章帝时期及东汉章帝以后三个时期，由简单的提倡到确立儒家思想在汉代的正统地位，再到明确提出父为子纲的封建社会家庭生活的基本原则，一步步地使孝与法律相融合。汉代的行政法律、民事法律、刑事法律和诉讼法律都对孝规定了诸多的行为准则甚至惩罚措施。儒家思想在思想文化领域占据了统治地位，春秋决狱的盛行，使孝的思想被贯彻到司法审判活动之中，更促进了孝与法律的融合，达到了缓和阶级矛盾，维护正常社会秩序，强化家庭的尊卑关系，增强社会凝聚力的效果，同时也造成了复仇之风盛行、形成了厚葬等陋习。

试论宋代士大夫的法律观念
陈景良

宋代士大夫是一种以天下为己任，通经术、明吏事、晓法律、重现实的复合型人才。疑经论政、批判现实、忧国忧民既是士大夫内心深处之意识，也是宋学主导之精神。就法律观念而言，可以概括为工吏事晓法律、批判实用和重视诉讼权利三大方面。两宋士大夫的主导精神及一代士风的形成，极大地促进了宋代法制的发展。两宋法律注重保护卑幼、妇女、下层农户及各类商人的私有财产权利，法律的体系和技术都有着长足的进步，这与士大夫的参政意识、否定现实道德说教的怀疑批判精神、诉讼法律观念的转变及对民间疾苦的关注有着千丝万缕的联系。士大夫也通过司法活动的实践和对案件的认真审理，营造了中国传统法律文化的个性，展现了宋代法律文化实用向上、保护社会个体成员合法权益的时代个性。

1998 年第 5 期

民事审判制度改革研讨会纪要

法律解释概念探微
张志铭

　　法律解释是对法律文本的意思的理解和说明。完整地理解法律解释概念，涉及对法律解释的场合、主体、对象、目标以及认知结构的把握。作为一种具有普适性的理解，法律解释一般是指在具体个案的司法裁判中与法律适用相联系的一种活动。法律解释主体的范围取决于对解释场合的认识，且不同主体解释法律的效力并不相同。法律解释的对象是法律文本，而目标是法律文本的法律意旨。法律文本意思的确定有三种主要学说，而其背后的理论支撑则对应着三种对解释活动认知结构的理解。

关于立法权限划分的理论与实践
李　林

　　我国立法权限的划分经历了分散立法模式—中央集权立法模式—集权分权立法模式的发展。当前，划分立法权限的思路是发挥中央和地方两个积极性，实行适当的均权制。具体来说，要规定中央和地方各自的专有立法权和两者的共有立法权，确定剩余立法权的归属，细化中央和地方、权力机关和行政机关、权力机关之间立法权限的划分，明确民族自治地方立法和授权立法的权限。

公司法人格否认法理与
公司的社会责任
朱慈蕴

　　公司经济实力的不断壮大，使强化公司社会责任具有重要性和迫切性。公司法人格否认法理在约束公司社会责任方面具有重要意义。公司股东滥用公司独立人格和有限责任，损害公司债权人及其他利害关系群体时，需要适用公司法人格否认法理。我国应积极引入公司法人格否认法理规制公司法人格滥用行为。应注重把握诚实信用、公序良俗和权利滥用禁止原则，采用判例制度，最后以制定法加以确认。

附赠式有奖销售的若干法律问题
王继军

　　附赠式有奖销售是指经营者销售商品或提供服务，附带性地向所有购买者提供物品、金钱或者其他经济利益的行为。附赠式有奖销售具有多样性与复杂性，易与商业贿赂、巨奖销售、附条件的交易、不正当削价竞争相混同。附赠式有奖销售的奖品在财务处理上必须入账，在交易中必须明示，否则即构成商业贿赂。附赠式有奖销售的附赠品如超过一定价值，则构成巨奖销售。附赠式有奖销售在有奖销售结束一段时间内提升价格，则构成不正当削价竞销。

法院调解的立法价值探究
——兼评法院调解的两种改良观点
张晋红

我国的法院调解不同于外国民事诉讼法规定的诉讼和解、诉前和解和我国台湾的调解程序。它具有职权性和审理性，审判人员在当事人的和解中充当主导、主动、必不可少的调解人兼审判者角色，调解成为审判活动的一部分。无论是取消法院调解作为基本原则的法律地位，还是设立专门的调解程序以实行调审分立，都难以避免其适用上的负面效应。法院调解的适用效果偏离了立法的价值范围，应该取消现行立法意义上的法院调解，加强对诉讼和解制度的立法。

中国刑法理论中犯罪概念的双重结构和功能
王世洲

双重结构的犯罪概念，产生于中国刑法特定的历史发展阶段，有力地支持了中国刑法理论的建立和发展，也支持了中国刑事立法和司法实践。罪刑法定原则确立后，该概念表现出许多与刑事法治发展不相适应的地方：没有以"法定"为界限区分法律明文规定以前的"犯罪行为"和法律明文规定以后的"犯罪行为"；其封闭性特征日益明显；容易对刑法的贯彻执行造成某些不利的负面影响。有鉴于此，未来刑法修改应当重新组织中国刑法理论中的犯罪概念，完善中国刑法理论中犯罪概念的功能。

学科建设与犯罪学的完善
王牧

按照目前比较成熟的学科建设标准，犯罪学学科的建设存在如下问题：犯罪学理论体系不严整；犯罪学理论内容不严密；缺少必要的犯罪学范畴；对犯罪学理论的抽象不够。目前制约和影响犯罪学学科成熟的因素有：学科建设意识缺失；过分注重实证研究；学科任务不够明确；没有准确定义犯罪概念；犯罪根源的指向不当；不接受"犯罪必然存在"的规律。

不必自我归罪原则与如实陈述义务
宋英辉

犯罪嫌疑人、被告人负有如实回答义务不宜作为我国刑事诉讼的一般性原则。相反，我国刑事诉讼法应当进一步贯彻任何人不必自我归罪原则的精神，明确沉默权规则。当犯罪嫌疑人、被告人不愿陈述或作无罪陈述时，侦查、检察、审判人员不得以任何方式强制其认罪，也不得因为犯罪嫌疑人、被告人不回答问题即得出其有罪的推论。这是防止侦查违法、维护司法纯洁、促使提高办案水平、减少冤假错案、保障公民合法权益以及维护社会长治久安的需要。考虑到刑事案件涉及利益的复杂性，在总体上贯彻任何人不必自我归罪原则精神的前提下，对某些特殊案件在符合一定条件时可以作出例外规定。

票据权利善意取得的适用
吕来明

为了维护票据的流通性，保证交易安

全，需要确认票据权利的善意取得。受让人从无处分权人处取得票据，受让人按照票据法规定的转让方式取得票据，受让人善意或无重大过失以及转让方在形式上为合法持票人与实际转让人，是票据权利善意取得的要件。票据权利善意取得的效力是原权利人丧失票据权利，票据债务人不得以转让无处分权为由对善意取得人加以抗辩。

《艰难的开拓——毛泽东的法思想与法实践》评介

张少瑜

1998 年第 6 期

论法理学的更新
童之伟

当今我国的法理学在很大程度上表现为权利义务法理学，即以权利义务为核心构建起来的一整套较系统的解释法现象和影响法律现实的学说。权利义务法理学在理论上存在固有缺陷，未能区分广义和狭义的权利，对权利和权力定位不明。在基础研究上，它也未能明确权利的范围，未能准确、具体地认定权利同利益的关系，未能揭示权利的物质内容。它对法学基本对象和范围的认定脱离实际，对社会生活最基本矛盾的估计不符合实际，学科基本分析方法不适当。权利义务法理学应予更新。

传媒与司法三题
贺卫方

随着法治建设的重心从立法转向司法，传媒与司法、进而新闻自由与司法权之间的关系值得关注。新闻自由不仅是公民的一项宪法权利，也有助于司法权的正当行使，有助于维护社会秩序的稳定。传媒对司法的监督应该以不侵犯司法独立为界限。反过来，司法在审理裁决名誉权纠纷过程中，应该区分实际情况，切实保障新闻自由。

从契约到人权
邱 本

"从身份到契约"是一场伟大的社会变革，但是契约的意义是历史性的。随着人类社会的发展，从契约到人权成为必然的趋势。具体表现为，从契约自由到国家干预，从优胜劣汰到优胜劣存，从个人本位到社会本位，从公平、效益的偏重到公平、效益的平衡、统一，私法公法化，从第二代人权到第三代人权，等等。

刑事政策视野中的刑罚结构调整
陈兴良

刑罚结构应当在功利性与人道性的双重制约下，轻重搭配，科学合理。当前在"轻轻重重"的刑事政策下，我国应当选择轻刑化的刑罚结构。在调整现行刑罚结构时应当注意如下问题：重刑结构还将继续存在；注意防止刑罚结构继续趋重；尽量科学合理配置刑罚结构；努力为轻刑化创造条件。修订后的刑法虽然一定程度地调整了刑罚结构，但是调整力度不大，刑罚结构仍然属于重刑结构。在立法修改之前，司法机关的刑罚适用活动应当体现轻刑化刑事政策精神，才能使刑罚结构在动态中趋于合理化。

撩开刑罚的面纱
——刑罚功能论
邱兴隆

纵横对照考察刑罚的功能,可以发现刑罚的功能具有一定的同一性、层次性、有序性和主次性。虽然刑罚具有多方面的功能,但刑罚的所有功能都具有局限性,刑罚效果的好坏取决于刑罚功能的局限性的解决程度。具有多方面功能的同时,刑罚的消极作用也是多方面的。刑罚的惩罚性不但可以产生预防犯罪的效果,也可能导致多方面的消极效果。刑罚的威慑作用既可以遏制犯罪,也能造成不利影响。刑罚具有改恶从善的功能,又可能对犯罪人产生消极影响。刑罚的适用与执行在损害一部分人的福利和利益时,又构成了对国家与社会的沉重负担。

罪名确定的科学性
刘艳红

科学确定罪名必须掌握如下标准:准确反映犯罪本质,应以犯罪的本质特征为核心确定罪名;以犯罪的基本要素为根据确定罪名,罪名确定应反映犯罪的基本结构;全面反映犯罪外延,应准确反映犯罪的内容,涵盖相关条文所规定的全部犯罪行为;明确反映相关界限,应反映此罪与彼罪的区别、一罪与数罪的区别;力求表述简短、通俗;尽量使用法条文字。同时,科学确定罪名还应当妥善处理好科学性的具体标准之间的关系,妥善处理好科学性与合法性之间的关系。

论票据行为能力的法律冲突
潘攀

票据法的理念是尽可能保证票据的有效性,因此票据法冲突规则应把确保票据有效性作为任务。票据当事人依据当事人本国法、当事人住所地法、票据行为发生地法、票据所在地法、票据行为发生时或争议发生时票据基础关系标的物所在地法、适用于票据关系的法律、适用于票据基础关系的法律中任何一项法律有行为能力的,该当事人即应视为有行为能力。

诉讼欺诈及其法律控制
陈桂明　李仕春

诉讼欺诈是指诉讼参加人恶意串通,虚构民事法律关系或法律事实,通过符合程序的诉讼形式,使法院作出错误裁判,损害他人利益的违法行为。民事诉讼的性质、目的和某些特点、利益主体多元化以及诉讼参加人与权利利益主体的分离等是诉讼欺诈的成因。我国必要共同诉讼、第三人参加之诉、其他组织参加诉讼和股份有限公司或国有企业参加诉讼制度的不完善也使诉讼欺诈成为可能。诉讼欺诈的法律控制需要适当强化法院的职权,建立惩治诉讼欺诈者的完整体系,设立诉讼通报制度,赋予受诈害人一定的救济权。

滥用诉权之侵权责任
郭正华

绝大多数国家都承认滥用诉权的概念,我国也不例外。起诉权、反诉权、申请财产保全和先予执行权、申请回避权、申请强制执行权、上诉权、申诉权都可能被滥用。滥用诉权的构成要件包括滥用诉权者有故意或重大过失、实施了滥用诉权的行为、致使相对人民事权益受损、损害与滥用行为之间存在明显的因果关系。滥用诉权的赔偿范围应包括律师费、个人的精神损害赔偿费及法人商誉受损而致经营利益下降的损失。我国民法中应建立明确的滥用诉权赔偿制度。

国家间体制与国际法的发展
肖凤城

自1648年以来的国际关系和国际法的历史表明，国家间体制是国际社会冲突与平衡的结果，是国际关系结构的基础。国际社会是一个运动变化的结构。国际法是国际政治的表现形式，国际法是国际社会相对平衡的表现形式。国际法在国际社会平衡与失衡的矛盾运动中不断发展。国家间体制不会被废弃，国际社会的合作必然越来越广泛。实际上国际法也就是在维护国家间体制与加强国家间合作的矛盾斗争中向前发展的。

夷三族解析
张建国

"三族"、"夷族"、"族刑"和"夷三族"在字面上虽有相近，但它们的适用范围和语境不同，因而其内涵也各异。张晏和如淳的注是对"罪三族"的解释，因此不能将其简单的用于"夷三族"之上。而真正"夷三族"的亲属范围，大致相当于一种"卡"字形结构，"卡"形中间的"十"字交叉点，代表被处以"夷三族"的本人。现代学者认为，吕后除"三族罪"和"妖言罪"是对《汉书·刑法志》的误读，其实废除的只是三族罪中的妖言令而非三族罪本身。尽管"夷三族罪"历来遭受批判，但不容否认，从社会进化和罪刑法定角度看，其确立在当时是历史的进步而非倒退。

1999 年第 1 期

法治社会中法与道德关系及其实践把握
马长山

西方法与道德关系的论战，存在"错位"成分。从马克思主义唯物史观出发，可以从价值层面、规范层面、秩序层面、治国层面等维度对法与道德关系进行审视。如果以推进中国法治进程为着眼点，要注意在立法环节上遵从伦理价值，在执法司法环节上严格法与道德的规范效力差异，在社会控制环节建立法律秩序与伦理秩序相契合的规则秩序，在国家治理环节上确立法律至上观。

正确处理民事经济审判工作中的十大关系
赵 钢

在我国进一步改革开放、构建社会主义市场经济与法治国家的历史进程中，民事经济审判须按照民事诉讼法的规定，正确处理审判方式改革与依法办案的关系；须保护当事人诉权，正确处理审判权与诉权的关系；须正确处理实体真实与程序合法的关系；须正确处理司法解释与立法的关系；须正确处理审判委员会与合议庭的关系，认清两者的指导与监督关系；须纠正调解偏好，正确处理调解与判决的关系；须厘清人民法院调查收集证据的范围，正确处理当事人举证与法院查证的关系；须正确处理二审法院与一审法院的关系，认清两者的制约与监督关系；须正确处理审判程序与执行程序的关系，认清两者的相对独立性和各自不同的诉讼任务；须正确处理依法独立行使审判权与接受检察监督的关系。

论民事审判监督程序之重构
景汉朝　卢子娟

我国的民事审判监督程序存在指导思想有失偏颇、监督途径过多且不合理、再审条件过宽、审级不合理、"先定后审"等弊端。这就要求适当限制再审的条件和范围，提高审判监督的质量，充分保障当事人的诉讼权利和实体权利，使确有错误且应当纠正的案件依法得到纠正。

国际收养准据法的选择方式
蒋新苗

各国国际私法在确立国际收养准据法的方式上并不完全一致，形成了"管辖权的处理方式"和"冲突法的处理方式"两种方式，它们并非截然对立，而是相辅相成。按照"管辖权的处理方式"，国际收养的管辖权是主要问题，法律适用属次要问题，法院或行政机关在处理国际收养问题时原则上适用法院地法或行政机关所在地法。"冲突法的处理方式"主要通过冲突规范解决国际收养的法律适用,而管辖权问题处于次要地位。改革开放以来,我国涉外收养发展迅速,但尚无全面、系统的涉外收养准据法,有待于进一步完善和健全。

复合罪过形式探析
——刑法理论对现行刑法内含的新法律现象之解读
储槐植　杨书文

复合罪过形式是指同一罪名的犯罪心态既有故意（限间接故意）也有过失的罪过形式。承认复合罪过形式不会违反罪责刑相适应原则。因为就行为主体主观恶性而言,间接故意与轻信过失有时难以分清孰轻孰重。其次,多档次法定刑为贯彻罪责刑相适应原则、避免客观归罪提供了保障。从理论上看,确立复合罪过形式解决了多年来纠缠不清的间接故意与轻信过失之间的区别问题,也对犯罪构成的研究提出了新课题。从实践角度看,它有利于严密刑事法网、体现刑法之社会保护功能,并在一定程度上减轻司法机关的证明责任。理解和适用复合罪过形式时应注意其适用范围的有限性,同时警惕司法机关由此产生的"惰性"。

侦、检一体化模式研究
——兼论我国司法体制改革的必要性
陈卫东　郝银钟

侦查机关与检察机关之间"分工负责、互相制约"的原则存在一些带有根本性的缺陷和种种弊端,不能用来调整侦查机关与检察机关之间的相互关系,更不能作为构建我国刑事司法体制的指导性原则,应予废止。侦、检一体化模式集中体现了诉讼规律的基本要求,顺应了当今世界刑事诉讼法学发展的历史潮流,应当成为我国刑事司法体制改革的首选目标。建构侦、检一体化刑事司法模式,应当确立检察官在侦查阶段的主导核心地位,突出检察机关在刑事诉讼中对侦查机关侦查取证行为的领导、指挥和监督权,建立检察机关对立案、撤案、结案统一审查制度,杜绝"党、司不分"与"政、司不分"现象,实现检察官的社会精英化。在强化检察机关司法权力的同时,应当建立相应的诉讼制约保障机制。

法医鉴定体制的变革
叶自强

高度集中、隶属严密和分工明确的"一元化"法医鉴定体制容易形成行政隶属关系和狭隘的行业圈子,不能确保法医鉴定结论的科学性,不利于法医学学科的发展。由此,我国不能采取"一元化"法医鉴定体制。新刑事诉讼法构建的新法医鉴定体制并没有对现行法医鉴定体制作出任何有意义的革新,漠视了临床医学和法医学的区别,有可能影响法医鉴定结论科学性目标的实现。未来我国应当建立一个能保证鉴定结论科学性、法官中立性、避免鉴定机构行政化和官僚化的"多元化"法医鉴定体制。为此,我国有必要取消法院和司法行政部门的法医鉴定职能,保留公安、检察机关的法医鉴定职能,有条件地允许医院从事法医学鉴定活动,同时适时调整法官角色。设置"多元化"法医鉴定体制应当坚持公众利益与国家利益的平衡,公安机关与检察机关的平衡,兼顾诉讼民主与科研水平的相对平衡。

一九九八年中国法学研究回顾

法理学研究综述	刘翠霄	
行政法学研究述评	郭润生　刘翠霄	
	邬帅莉	
宪法学研究述评	张少瑜	
民法学研究述评	龚赛红	张新宝
经济法学研究述评	兰桂杰	张涵
商事法学研究述评	徐海燕	张新宝
刑法学研究述评	王敏远	
犯罪学研究述评	王敏远	
刑事诉讼法学研究述评	王敏远	朱长立
中国法律史研究述评	张少瑜	

再论法理学的更新
童之伟

权利义务法理学已经暴露出不可弥补的缺陷，为此，我们尝试建构权利权力法理学。这种新法理学框架结构的核心内容主要包括五个命题：权利和权力是法律上最重要的现象，它们之间的矛盾是法律上最基本的矛盾；权利是社会个体利益和个体所有之财富的法律存在形式；权力是公共利益和公共机关所有之财富的法律存在形式；权利和权力是对立统一的，能够相互转化；社会整体权利应成为法理学的独立分析单元。

法治的历史考察与思考
马小红

自法治学说传入中国后，中国人民确实对其寄予过无限的希望，也确实为之奋斗过，但法治并没有将中国从外强的凌辱中解救出来。新中国成立后的法制建设在取得成功的同时，也存在一些问题。在目前情况下，告诉人们法治的现实比告诉人们法治的理想更为重要；融合西方法观念，使之适合中国，比不切实际地勾画以西方社会为范本的法治蓝图更为重要；发掘传统的精华，使其成为现实法治建设的基石，比批判传统更为重要。我们只有站在前人所取得的成果的基础上，才能做出前人未做或未能做出的成果，重复前人所做的事或无视前人的成果，我们将一事无成。

规范宪法的条件和宪法规范的变动
林来梵

实在的宪法规范之所以发生频繁变动，稳定的宪法秩序之所以难以形成，主要在于中国尚未确立起"规范宪法"意义上的宪法规范。规范宪法是一个国家作为产业社会发展到一定阶段上的独特现象，未必是"革命成功有了民主事实"后的普遍产物。只有通过改革开放以及社会主义市场经济的形成和发展，中国宪法才能成为规范宪法，而在此过程中，宪法的变动，尤其是宪法的变迁和宪法的修改是无可回避的。

举证责任分配体系之构建
毕玉谦

我国民事诉讼法确立了举证责任原则，但过于笼统，而民事实体法又与程序法存在脱节之处，有必要借鉴国外立法、司法经验和学说。举证责任原则可以追溯到古罗马法时期，现代主要有法规分类说、待证事实分类说、法律要件说和负担对抗说。法律要件分类说成为德、日等国的通说，但20世纪50年代以来，该说受到工业革命、科技产业等社会进步的挑战。我国构建举证责任分配体系，可以将法律要件分类说作为一般规则，辅以例外规则，同时发挥经验法则和诚信原则的作用。

新刑法的施行与军事司法实践
张建田

新刑法修订过程中，对军事刑事立法、司法的规律和特点研究不够，论证不足，仓促将军职罪并入刑法，不可避免地给军队司法机关贯彻新刑法带来一些新情况、新问题，包括：传统办案做法与新刑法存在较大差距；新刑法的文字表述欠严谨、欠规范的现象值得重视；新刑法与其他法律不相衔接的情况比较突出；新刑法与军事法规中的附属性罚则规范不相协调。因此，除国家立法机关要注重并研究解决新刑法实施后军事审判工作遇到的特殊问题外，军队司法机关也要注意在新刑法实施的大背景下立足现行法律规定，妥善解决依法办案中的实际问题。应当注意"军法优先"原则、择重论处原则以及"主体法优先"原则。

论非法侵入计算机信息系统罪
赵秉志　于志刚

非法侵入计算机信息系统的主体为一般主体，单位不能成为本罪的主体。我国对境外人员实施本罪享有刑事管辖权，其依据来源于刑法第6条第3款之规定。本罪的主观方面是故意，过失不构成本罪。本罪的客观方面是行为人实施了违反国家规定，侵入国家事务、国防建设、尖端科学技术领域的计算机信息系统的行为。本罪侵犯的客体是国家重要领域计算机信息系统的安全。对非法侵入计算机信息系统的后续行为的处理，根据具体情况具体对待，分别按照数罪并罚或牵连犯处断。对非法侵入计算机信息系统罪的刑罚适用应当考虑所侵入的计算机信息系统的重要性以及其他影响本罪量刑的情节。

论主要证据
陈永革

刑事诉讼法第150条规定的主要证据应当是指对认定具体犯罪构成起主要作用的证据。将主要证据限定于对证明具体犯罪构成起主要作用的证据，有利于检、法分工负责、互相制约，发挥我国诉讼方式的优势。主要证据不包括量刑证据，能够解决级别管辖和指定辩护的问题。庭前受主要证据范围限制，能够保证庭审依法顺利进行。主要证据范围的限制，不仅对审判提出了更高要求，也对公诉提出了更高要求。我国立法机关应当尽快进行立法或立法解释，采纳《人民检察院实施〈中华人民共和国刑事诉讼法〉规则》对主要证据的解释。

国际人权法的基石
赵建文

人权国际保护的实践充分证明，《世界人权宣言》是国际人权法的基石，具有不可诋毁的政治和道义价值，已经并将继续对全人类的人权保护产生重大历史性影响。该宣言突破了传统的西方人权概念，第一次宣告了所有人民和所有国家应努力实现的共同人权标准。该宣言是《联合国宪章》的人权条款的权威解释，其中包含了大量的一般法律原则，其中的许多规定都获得了国际习惯法的效力。人权需要国内国际多方面的保护，要使全人类充分享有人权必须建立国际新秩序。

论 WTO 的反倾销规则
赵维田

"差价销售"是正当竞争行为，笼统地把倾销说成是"不正当竞争行为"是不正确的。GATT 第 6 条并不一概反对倾销，该条属于一个条件宽松的保障条款，其只允许反倾销税一种手段的采用，同时规定执法机关有酌情裁量权。WTO 守则新规定了若干限制滥用权力的新举措，WTO 守则从总体上看，有的实体规则较过去更为宽松了。由于现行 WTO 反倾销政策的缺陷，国际经济学界和法学界提出了多种改造方案。

《九刑》、"司寇"考辨
李 力

文献资料与考古资料结合起来看，作《九刑》在西周确有其事，《九刑》是西周时期的一部法典，可能成于西周成王亲政元年，其体例很可能是以墨、劓、刖、宫、大辟和流、赎、鞭、扑九种刑罚为其篇目名称的。西周中晚期的司寇主要职掌防治盗贼、维持治安，并非专职审判。西周时期社会分工还很粗，执法官吏并不十分固定，也不需要固定；司寇一职专司审判并进一步分化出大、小司寇，是东周时期的事情。

《王杖十简》与《王杖诏书令册》法律思想研究
——兼及"不道"罪考辨
崔永东

20 世纪 50 年代和 80 年代在甘肃威武缠山村磨嘴子汉墓出土的两批木简（《王杖十简》和《王杖诏书令册》）之简文所反映的儒家刑法思想主要包含这样两个方面的内容：一方面是宽刑主义，宽刑的对象是七十岁以上接受王杖的老人，他们犯罪可以减免刑罚，这是对西周以来"明德慎罚"传统的继承；另一方面是重刑主义，重刑的对象是那些殴辱王杖主的人，他们均以"逆不道"的罪名被处死，这是对破坏儒家伦理秩序之行为的惩治。"不孝"这一罪名并非魏晋以后才出现的，汉代"不道"罪包含"不孝"罪的内容，并且早在战国时期的秦国法律中就出现了"不孝"罪名。

主合同变更对担保责任的影响
王韶华

我国担保法第 24 条关于主合同变更对保证责任的影响的规定不合理。应当确立明确的价值取向和基本原则，区分合同变更与合同更新。主合同变更扩大或加重主债务时，未经保证人书面同意的，保证人仍在原保证范围内承担责任；主合同变更不影响保证人的责任范围，或缩小或减轻保证责任的，不需保证人同意，保证责任亦相应缩小或减轻。主合同履行期限变更的，未经保证人同意，保证人不再承担保证责任。主合同变更对保证责任的影响

买卖合同的当事人资格
李 玫

买卖合同的当事人应当具有相应的民事权利能力与行为能力。出卖人应当是标的物的所有人或者有权处分标的物的人，前者需注意共有的特殊情形，后者包括全民所有制企业、抵押权人、留置权人和行纪人。监护人、代理人、拍卖公司及其职员，公务官员及其近亲属，法官、检察官、其他司法人员和中介服务人员及其近亲属，军队、司法机关和其他禁止经商的部门，公司董事、经理等存在若干禁止作为买受人的情况。

20世纪中国法学与法制研讨会发言摘要

侦检权不属于司法权
王天国

《侦检一体化模式研究》一文一方面认为侦查职能和检察职能应当从政府行政职能中分离出来，另一方面又认为我国公安机关在性质上是国家行政机关，同时在刑事诉讼中承担侦查职能，直接行使司法权，所以形成了事实上的司法权与行政权不分。显然，作者前后使用的"司法权"一词，其内涵是不确定的。作者用我国"司法权"的习惯来阐述的同时，又按照"三权分立"理论来批驳，所以作者前后的论述不一致。

程序公正的理念及其实现
肖建国

程序公正观念有个演变、发展的过程,其模式主要有纯粹的程序公正、完善的程序公正和不完善的程序公正。要实现程序一般公正,程序立法时应满足尊重当事人意志和人格,承认法官的司法权威地位两个条件,同时,实现程序公正需要遵循诸项基本原则。程序个别公正是司法者将普遍公正的规范适用于具体案件和具体情况的产物,个别公正必须通过法官的司法活动来实现,法官是程序个别公正的人格载体。

"客观的超过要素"概念之提倡
张明楷

我国不能照搬大陆法系国家刑法理论的传统观点,在犯罪成立之外承认客观处罚条件。主观的超过要素表明有些主观要素不需要存在与之相对应的客观事实。同样,有些客观要件也可能不需要存在与之相对应的主观内容。客观的超过要素就是此种情形。客观的超过要素仍然是犯罪构成要件的要素。客观的超过要素虽然不是故意的认识和意志内容,但是行为人对其应当具有预见可能性。承认客观的超过要素并不违反主客观相统一的原则,不会导致所谓对行为的故意、对结果的过失的现象,与结果加重犯要求对结果具有预见可能性并不矛盾,同时应当以极为慎重的态度确定客观的超过要素的内容与范围,以防止主观归罪。

刑事法律关系主体论
张小虎

刑事法律关系主体的一方只能是犯罪人,而不应是被告人。被告人只是刑事诉讼法律关系的主体。刑法规范只适用于犯罪人,不适用于"无罪之人"。刑事法律关系主体的另一方只能是国家。以司法机关为代表的国家,其实质含义就是国家。国家司法机关及其工作人员不能成为刑事法律关系主体的一方。自诉人也不能成为刑事法律关系主体的一方。将刑事法律关系的主体揭示为"国家"与"犯罪人",有助于探求规范国家与犯罪人之间的科学之道,在一定意义上就是从国家与犯罪人这对矛盾的统一体中揭示刑法的价值。确定刑事法律关系的主体也有助于刑事立法和司法的发展和完善。

对正当防卫限度若干问题的新思考
杨忠民

正当防卫必要限度的基本标准应当是:对不法侵害人所造成的防卫损害为足以有效制止不法侵害所必须,并且不属于明显的不应有的重大损害。防卫超过必要限度所明显造成的不应有的重大损害,应当以不应有的重伤以上损害结果为认定标准。对严重危及人身安全的暴力犯罪实行防卫,也应当受到正当防卫各个必要条件的限制。任何脱离正当防卫成立条件,片面夸大对严重暴力犯罪实行防卫可以"造成不法侵害人伤亡"的任意性,都是对法律精神的曲解,极易成为个人私刑报复的"合理"根据。

刑事诉讼庭前审查程序研究
龙宗智

目前我国庭前审查程序具有预审的简易性、预审功能的单一性、审判程序的易发性以及预审程序的折中性特征。新刑事诉讼法对庭前审查程序的改革向贯彻排除预断原则迈进了一大步,照顾了新旧制度的衔接和司法现实,但是排除预断的立法意图并没有达到。庭前审阅主要证据的做法容易造成法官庭前判断的扭曲。复印件移送制度为案件的全面实体审查创造了可能,可能导致庭审走过场。未来庭前审查制度改革应当遵循有利于审判公正、顺利进行诉讼、重视诉讼效率以及充分考虑我国制度背景和实际条件原则。我国应当从基本维持现有做法、实行必要改良,到减少材料移送内容、实行基本的程序审,到最后建立预审法官制度,分阶段、渐进式地推进庭前审查制度的改革。

论知识产权冲突协调原则
曹新明

客体的同一性、主体的相异性、权利的合法性、两项或以上权利相互抵触是构成权利冲突的四个要件。立法空漏、科技拉动、经济滋润是导致知识产权冲突的主要原因。权利冲突可分为同网域权利冲突与异网域权利冲突。知识产权冲突的协调原则包括"扬先抑后"原则、"效益最大化"原则、"取正弃负"原则和"综合评价"原则。

股份公司职工持股制度立法研究
李伯侨 林碧艳

职工持股能提高企业经营成效、实现经济民主,关系到公司的经济效益和社会的经济、政治效益,有必要予以规范。我国的职工持股立法存在法律文件效力低、立法取向上忽视职工持股激励机制等问题。职工持股立法必须充分考虑职工持股的激励机制,取英美法经济民主之视角,采大陆法严谨之形式,取消职工持股份额的上限和下限,赋予持股职工获取利润权、投票表决权、股份转让权等权利,同时合理限制股份转让权,并实行职工股的集中管理。

中国经济法现代化的若干思考
李昌麒 鲁篱

传统经济法以完全理性假设、全面干预和经济控制权的高度集中为特征;现代经济法以有限理性假设、适度干预和经济民主为特征。我国经济法现代化主要应以西方现代经济法作为自身发展的目标视域,主要应由市场主体规制法、市场秩序规制法、宏观调控和可持续发展保障法、社会分配法构成,主要应关注社会公平和经济民主两个价值。经济法是具有公私法兼容性质的第三法域。经济法的现代化依赖于方法论的变革。培育经济法治信仰是我国经济法现代化的根本保障。

相邻关系制度的调整与环境侵权的救济

王明远

权利滥用理论滥觞于相邻关系,其构成要件有客观化的趋势。权利人利用自己或他人土地经营工厂或从事开发建设活动而产生废水等侵害,危害邻人身体健康和财产的,如果超出社会容许限度,构成权利滥用、环境侵权。环境侵权救济需要运用利益衡量原则,即判断权利侵害是否具有不合理性,实质上是经济效率和社会公平正义之间的平衡。运用利益衡量原则需要重视经济分析方法。

新中国法学研究中的若干问题
——立足于1957—1966年的考察

陈景良

在百花齐放方针的指引下,1956年、1957年上半年的法学研究范围广泛,讨论了立法问题、法的继承性问题、法的职能随阶级关系变化而调整的问题,党与法律的关系问题等,表现出了极大的理论勇气和卓越的见识。反右斗争扩大化时期,开展了对资产阶级法学的全面批判,而所谓的批判没有什么学术价值和意义,也反映了法学是政治的附庸及法学内容的贫乏,显示了法学太多的阶级色彩。在60年代及以后,法学更形式、服务于政治,乃至成为政治运动附庸的时代色彩明显;反思这段历史,法律专政工具论和法学服从于政治是我们法学研究中必须克服的误区。

近代国际法输入中国及其影响

杨泽伟

近代国际法介绍到中国之后,尽管形式上清代中国已经逐步跨进国际社会,但近代国际法在清政府的对外关系中的适用是有限的。清朝对外关系所适用的规则主要是不平等条约制度,因此,从1840年至20世纪上半叶的整整一个世纪里,在半殖民地的中国,领事裁判权并没有彻底清除,外国在中国的特权非但没有减少反而逐渐增加,无数的不平等条约紧紧束缚着中国人民的手脚,中国的主权独立受到严重损坏,这种情况直到1949年中华人民共和国成立后才得以彻底改变。

中国法律思想史分期问题商兑

饶鑫贤

根据当前中国法律思想史研究和发展的客观现实和需要,中国法律思想史应分为六个阶段:萌生时期,一般认定为是原始社会末期分别以黄帝、蚩尤等为部落首领的传说时代;形成时期,约当公元前21世纪至公元前770年属于奴隶社会的夏商西周时期;争鸣时期,约当公元前770年至公元前221年的春秋、战国时期,亦即公认的中国奴隶社会向封建社会过渡的时期;定型时期,指公元前221年秦王朝建立时起至公元1840年鸦片战争爆发为止的整个封建时期;转轨时期,这是指从清代后期1840年鸦片战争爆发迄于1949年中华人民共和国建立的一百多年的时期;发展时期,是指中华人民共和国建立至今的时期。

把握 21 世纪国际私法的发展趋势
——评《国际民商新秩序的
　理论建构》
　　郭玉军

宪法修改问题笔谈

1999 年第 4 期

世纪之交中国法学研究问题前瞻
刘作翔　刘鹏飞

世纪之交的中国法学面临着时代、法制实践、世界法学发展、国内法学学科发展等多方面的挑战。面对这些挑战，中国法学应注重对一些重大问题的研究。其中，中国法学的现代化与中国特色，服务实践与理论构建，一元独尊与多元并存，法学思想与法学学术，现代性与后现代性，民间法与国家法，法治道路的自然演进型与政府推进型，法律移植中的英美法与大陆法，法学学与法学家等九个方面的问题，在相当长时期内都将是中国法学界予以关注的，对各法学学科的发展将产生重要影响。

发展权法理探析
汪习根

发展权作为一项基本人权已逐步为国际社会所认同，经历了从应然到法定再到实然的发展过程。它是人类社会借以实现自身平等、和谐地发展的重要手段。发展权的法律规范和法律地位自身随着应有权利不断被肯定而得以发展和演进。发展权是个人人权和集体人权的统一，是政治、经济、文化和社会发展的统一，是主体参与、促进和享受发展的统一。保障发展权的国际法律机制应通过体现发达国家和发展中国家的有区别的权利和义务来促进发展中国家的发展。

中国陪审制度及其完善
王敏远

新中国成立以来，我国的陪审制度大致经历了获得法律初步肯定阶段以及恢复、淡化阶段。目前，陪审员相对固定化，陪审的任意性、全面性和不确定性是我国陪审制度的主要特点。虽然司法民主、公众智慧以及教育民众等不再是现代陪审制度存在的主要根据，但是陪审制度自身包含的民主因素是不应否认的。公众的情绪在完善的陪审制度中也可以得到有效控制。如果将完善陪审制度和完善司法制度结合起来，陪审制度对于促进司法制度的完善，实现特殊的教育民众等功能，也具有不可忽视的作用。完善我国陪审制度应当立足于我国的现实情况，充分考虑诉讼成本等现实因素。同时考虑完善相关的诉讼制度及规则。在设定陪审制度的完善方案时，应当着重解决陪审员选任的民主性、陪审案件的有限性、陪审制度完善的协调性等问题。

司法公正与公民的参与
熊秋红

从世界范围来看，公民法官制度、陪审团制度和参审制度是公民参与司法活动的三种主要类型。公民参与司法活动有助于正确认定案件事实和适用法律，从而实现实体公正。公民参与司法活动也有助于防止司法权受行政权左右，保障司法独立，防止司法活动及司法制度的官僚化，从而实现程序公正。目前人民陪审制度是我国公民参与司法活动的主要形式。虽然近年来人民陪审制度总体上呈现缩小适用范围的趋势，但是取消人民陪审制度的依据不足。人民陪审制度在保障司法公正、遏制司法腐败、维护公民合法权益、促进依法治国方面具有积极意义。完善人民陪审制度，应当明确规定适用陪审制的案件范围，明确规定陪审员的资格、产生程序和权利义务，同时加强陪审员的培训和管理。

立法的缺陷与解释的尴尬
—— 对新刑法第310条规定的理论解构
周少华

不管是基于法律解释原则，或基于法律基本原则，还是基于法律语言学，对刑法第310条的"犯罪的人"进行文本解释，都会得出自相矛盾的结论，并产生刑法与刑事诉讼法之间相互抵触的现象。产生这个问题的根本原因在于罪刑法定原则和无罪推定原则在修订后的刑法和刑事诉讼法中未得到始终如一的贯彻。由此可见法律的基本原则对法律文本的重要意义。法律的基本原则除了从观念上指导立法活动外，还可以为立法技术的运用提供一个相对具体的标准。

公司业务执行权之主体归属
—— 兼论公司经理的法律地位
韩长印　吴泽勇

我国1993年公司法规定经理为公司的必设机关，并列举了经理的业务执行权，学界多有诟病。但从立法例看，公司的业务执行权趋向于落实到董事或经理个人，而非以会议方式行使权利的董事会，这是基于效率的考虑。公司业务执行权与经营决策权分离并将前者赋予作为公司机关之经理，是现代公司内部权力转移的新趋势。与此趋势相适应，应明确规定经理享有公司的对外代表权。

税收法律关系新论
刘剑文　李　刚

税收法律关系是一个以三方主体间的四重法律关系组成的二层结构。三方主体是指纳税主体、国家和征税机关；四重法律关系是指税收宪法性法律关系、国际税收分配法律关系、税收征纳法律关系和税收行政法律关系。税收征纳法律关系和税收行政法律关系构成第一层税收法律关系；税收宪法性法律关系和国际税收分配法律关系是第二层税收法律关系。契约精神和平等原则是税收法律关系的本质。

行政垄断的成因分析及法律对策
张淑芳

行政垄断的表层成因是行政权力的滥用，深层次缘由包括政府干预主义的行政意识基础、利益配置不合理的社会经济基础、执法分散主义的法制基础、权利义务不对等的法权基础。现行禁止行政垄断的立法形式散乱、内容疏漏、禁止性规范多于制裁性规范、只注重行为立法、不注重体制立法。应从限制行政垄断权力、约束行政垄断行为、追究行政垄断责任、消除行政垄断的社会后果、疏通行政垄断行为的救济渠道等多方面解决行政垄断问题。

国际私法上的公共秩序研究
金彭年

国际私法上的公共秩序既有否定外国法的消极功能，又有肯定内国法的积极功能。公共秩序保留狭义上仅针对外国法，广义上还适用于外国法院判决和仲裁机构裁决。外国法的适用结果违背内国公共秩序时排除该法的适用，在当今国际社会应被认作一项例外。外国法因公共秩序保留被排除后，一般可以适用法院地法，但根据个案具体情况，也可适用其他合适的法律。我国民法通则第150条关于公共秩序保留可以适用于国际惯例的规定不妥当。

国际法中的政治犯不引渡原则
王庆海

政治犯不引渡原则最初是从承认个人拥有反对和推翻封建专制的权利产生的，在现代，该原则应继续对那些为实现民主与人权而斗争的人发挥保护作用。从国际法的角度，即从《联合国宪章》及联合国通过的决议和文件的规定来看，把政治犯分为纯粹的政治犯和相对的政治犯，把相对政治犯排除在政治犯之外不符合国际法且不合理。凡是为维护《联合国宪章》及联合国有关文件的原则和准则而斗争的人，在他们被本国政府或第三国政府追捕而要求政治避难时，都应被看成政治犯而受法律的保护。

孙中山五权宪法思想研究新见
王祖志

孙中山五权宪法思想的演进过程，大致上可划分为酝酿、产生、发展和成熟四个阶段。孙中山对五权宪法思想的探索过程，实际上是帝国主义时代被压迫民族寻找新的发展道路和不同于西方政体形式的伟大尝试。从五权宪法的主要方面和基本精神而言，它并非以欧美的分权制为范本，而是对其进行了借鉴，同时还接受并变通了古代的"贤人政治"观。五权宪法作为中西法律文化交融的产物，至今仍给我们以有益而深刻的启迪。

抵押物的转让与抵押权的效力
邹海林

担保法第49条限制抵押物的转让明显不合理。以抵押人承担通知义务和告知义务以及抵押物转让价金的合理性限制抵押物的转让，不能实现保全抵押物交换价值的目的，与抵押权的支配力未能有效连接。但限制抵押物的转让在动产抵押方面仍有适用余地。我国担保法并不否认抵押权的追及效力，但对抵押物的第三取得人没有提供有效的救济手段,有必要建立瑕疵担保请求权、代价清偿请求权和涤除权制度。担保法第49条并非抵押权物上代位性的反映。

依法治国与司法体制改革研讨会纪要

1999 年第 5 期

论建立独立、开放与能动的司法制度
周汉华

在发达国家,司法的独立、开放与能动之间存在一定的内在冲突。处理好三者之间的关系对于发展中国家来说更是一项异常严峻的挑战。司法独立是现代政治制度的基础,司法开放是司法权威和独立的最终力量源泉,而司法能动性是司法独立和司法开放的条件。中国的司法改革过程应该始终关注司法独立、开放与能动三者之间的良性循环,保证具体改革措施之间相互促进和衔接。

通过法律推理实现司法公正
——司法改革的又一条思路
张 骐

司法公正包括形式公正和实质公正,尤以形式公正为重点。运用法律推理的方法,建立新的判例制度,既是形式公正的保证,也是实质公正的条件。从当代中国的司法实践出发,以法律精神为指导,运用法律推理克服制定法的某些缺陷,实现社会公正,已经是社会对司法的迫切要求。为提高法律推理水平,建议特定机构出版具有约束力的判例汇编,要求判决书中适当展开法律推理,大力开展法律推理的研究和教学。

物权变动的原因与结果的区分原则
孙宪忠

物权的产生与债法上合同权利义务关系的产生有不同的时间界限和法律依据,本质上相互区分,因而有必要确立物权变动的原因与结果的区分原则。该原则指在发生物权变动时,物权变动的原因与物权变动的结果作为两个法律事实,它们的成立生效依据不同的法律根据。该原则的意义在于,物权变动的基础关系必须按该行为成立的自身要件予以判断,而不能以物权变动是否成就为标准;物权的变动必须以动产交付与不动产登记为必要条件。

不动产物权变动制度研究与中国的选择
渠 涛

各国的不动产物权变动制度适应各国的具体情况,本身没有优劣之分。即使制度存在某些缺陷,也会随社会的发展,经由学说判例以及其他制度和手段作出必要的修正。我国现行不动产登记主要出于行政管理的需要,无法履行公示职能,要达到公信力的程度更是不可预期的追求。登记生效要件的基础是登记的公信力,在登记制度尚不完善或难以完善的国家应采用登记对抗要件之立法。根据我国现实,不动产的初始登记应采用登记生效主义,移转登记应采取登记对抗主义。

安全关照义务论
刘士国

我国现行法律均未使用安全关照义务的概念，法律规定仍停留在"安全保证义务"的水平上，未能对义务人规定更高的关心、照顾义务。日本判例学说经长期发展和对法德两国立法的借鉴，形成了安全关照义务法理，颇值得我国借鉴。对违反安全关照义务的行为应根据实际情况区分合同法上的责任与侵权法上的责任而分别适用不同的法律。履行辅助者违反安全关照义务的，使用者应负责任，履行辅助者负连带责任。

股份有限公司经营层的职能结构
——兼论公司经营层职能的分化趋势
王保树

二十世纪八十年代开始推广的厂长负责制是企业领导体制的第一次变革，企业机关职能从政府职能中分化出来。企业领导体制的第二次变革是在建立完善的公司机关制度中发生的，采用了分权制和权力制衡和监督的机制，使经营层职能从公司法人机关职能中分化出来。其中，董事会的业务执行与经营意思决定职能以会议体的合议结构形式行使；公司代表职能由董事长单独担当。公司经营层职能的再分化需要解决经营意思决定与业务执行相分离、强化董事会监督职能两个问题，宜在公司中设常务董事或执行董事，并引入外部董事。

巨型跨国合并对反垄断法的挑战
王晓晔

巨型跨国合并会导致市场垄断、产生滥用市场支配地位的情况，巨型合并还会导致世界市场的寡头垄断，应控制巨型合并，防止世界市场的垄断化。在经济全球化时代，各国国内市场仍将长期存在，各国的反垄断法也将长期存在。巨型企业跨国合并呼唤建立国际统一的反垄断法律制度，但该工作不能一蹴而就。我国应制定反垄断法，抵制外国垄断势力，维护国内市场竞争秩序。

法律的犯罪构成与犯罪构成理论
李　洁

法律的犯罪构成与犯罪构成理论在本质上具有一致性，它们所要解决的问题都围绕着什么是犯罪进行。但是犯罪构成理论与犯罪构成的法律表现又是不同的。这种不同来源于它们不同的功能，而功能的不同又取决于它们各自不同的特征。犯罪构成理论具有本质性、应然性和理论性的特征。犯罪构成理论的特点决定了其具有指导立法、指导司法以及评判立法的功能。而犯罪构成的法律表现具有法定性、类型性和形式性特征。这种特征决定了其功能仅限于认定犯罪。犯罪构成理论与犯罪构成的法律表现之间存在的不同特征和功能表明，应当明确划分理论刑法学与注释刑法学，建立不同的体系。

犯罪与刑罚研究的基础及其方法
张绍彦

整个有关犯罪问题研究的刑事科学，

应当着重关注犯罪本质、犯罪原因与责任、犯罪学知识论、犯罪对策论以及犯罪与刑罚研究的方法论等基础问题。犯罪与刑罚的传统的对应关系值得重新思考。不能因为刑罚而论犯罪,而应当因为犯罪而论刑罚以及那些比刑罚更为广阔和更具有根本意义的东西。犯罪是不可避免的,犯罪发生、存在和发展的原因是社会。确立对犯罪处罚的"社会责任"是必要的。天生犯罪的人是不存在的。在犯罪对策研究上,必须加强对犯罪及犯罪人的专业化程度的研究,加强刑事、刑罚和犯罪处遇的一体化研究。对刑罚的研究不仅建立于其自身的规律性上,还有赖于犯罪问题研究方法论上的许多期待甚至要求,例如有关犯罪学研究的专业化和"专业槽"问题等。

让证据走下人造的神坛
——试析证据概念的误区
何家弘

目前学术界在研究证据概念时存在着两个误区:抛开词语的使用习惯而在所谓的"法律意义"上重新界定证据的概念;认为证据具有真假善恶之分,由此改变证据概念"中性"立场而进行证据概念的界定。产生这种误区的症结在于,人们认为证据所反映或证明的案件事实必须属实。反过来说,"不属实者非证据"。这种观念其实产生于1979年刑事诉讼法的有关规定,具有深刻的历史背景。某些决策者坚持己见、学界崇拜权威的思想的作用以及学者缺乏批判思维的习惯等都是长时间以来我国未能走出这种误区的主要原因。一言以蔽之,证据应当是指证明与法律事务有关之事实存在与否的根据。

区际冲突法的概念
沈 涓

法律冲突与利益冲突同时产生,而不取决于法律域外效力的承认。法律域间的冲突应为利益冲突和法律冲突的双重冲突,法律冲突的解决是为了利益冲突的解决。国际冲突和区际冲突的基本性质、原理及所需的解决方法大致一样,但两者追求不同的结果,解决两种冲突的方法和原则也有所不同。区际法律冲突对国内秩序的稳定、和谐有直接影响,中国应尽快制定和完善区际冲突法。适用法律选择规则并非调整区际法律冲突的唯一方法,区际冲突法应包括各法域专门调整涉外法域关系的实体法及全国统一实体法。

秦汉律学考
何勤华

律学是中国古代特有的一门学问,是秦汉时期随着成文法典的出现,统治阶级为了使法典得以贯彻实施而对其进行注释诠解而形成的一个学术研究领域。作为特定的以注释、阐述现行法为对象的中国古代律学,其诞生的标志是秦代法律注释书《法律答问》的出现,西汉董仲舒等人以经释律、东汉马融和郑玄等人以经注律活动的展开。律学的内容主要是通过对法律用语的注释,使执法官了解法律的含义,使法律得到更好的执行;对律令的文义作出解释;对律令的立法背景和历史渊源作出解释,以帮助人们加深对律令规定内容的理解。秦汉时期诞生的律学在中国法律界开创了一系列的传统,对后世的中国法和法学的发展产生了重要影响。

成吉思汗《大札撒》探析
吴海航

成吉思汗《大札撒》是一部以蒙古民族传统习惯为主体的诸法合体法典,它的大部分内容来自于对本民族习惯法的记录,有些甚至导源于北方民族原始的萨满教。随着蒙古社会的进步,汗权专制体制的建立,以及军事上的不断扩张和社会经济发展的需求,在客观上为蒙古法的创制和健全提供了社会物质基础。蒙古法在有关军事行动方面的严格规定,以及民间贸易通商、财产继承、婚姻制度等具体规定,都反映了蒙古社会的法律虽保留了较为浓厚的习惯法内容,但随着社会的进步而不断发展和完善,蒙古习惯法也正是在这样一个过程中逐步转向成文化、法典化。

法人目的事业范围限制与"表见代表"规则
温世扬　何　平

代表权限制说认为,法人的目的事业范围既不限制法人的权利能力,也不限制法人的行为能力,法人目的只是划定法人代表机关对外代表法人的代表权限,不应对第三人发生拘束力。应依该说指导我国新合同法第 50 条的适用。新合同法第 50 条应明确相对人"知道或者应该知道"代表人超越权利的标准,赋予法人或法人成员对越权代表行为的追认权和撤销权。

1999 年第 6 期

文明进程中的法治与现代化
尹伊君

文明与文化的分野使得近代文化的发展呈现出两个不同路向：文明—法治—现代化，文化—法制—本土化。不同的文化产生不同的文明，不同的文化也能够接纳不同的文明，正因如此，对法律这样的经世致用之学的采借，往往成为衰世图强的切入点。以中国近百年的法律移植和法制变迁来看，国家法历经若干次重大变革，民间法却变迁缓慢，正因为国家法更多文明属性，民间法则更多文化属性。

论对司法的传媒监督
顾培东

传媒监督因为与司法体制改革的目标存在契合而受到关注，并具有一定的功利性。传媒与司法之间合理张力的形成和保持，具备体现这种合理张力的制度性保障，以及传媒约束机制的有效形成，是传媒监督的应有前提。传媒监督司法的立场、内因、实际范围和作用方式等，表明传媒监督具有两面性。我国传媒监督司法的作用尚没有很好发挥，需要从观念上逐步消除排拒传媒监督的认识障碍，并设计出相应的制度性措施。

离婚：单一破裂主义或混合主义
陶毅 明欣

我国的法律传统和司法制度与英美国家迥异，单一破裂主义缺乏可操作性，给司法实践造成了困难，最高法院的司法解释实际上并非单纯的破裂主义。随着人类婚姻观念的改变，过错主义逐渐完成了由对离婚的主观限制到客观标准的转化，由单纯过错主义发展到混合主义也是一种进步。因此，在制定新的婚姻家庭法时，不必墨守判决离婚的单一破裂主义原则，应实事求是地确立混合主义原则。将过错主义与破裂主义区分开来还有利于建立判决离婚的损害赔偿制度。

论民事诉讼中失权的正义性
张卫平

民事诉讼中的失权是指当事人（含第三人）在民事诉讼中原本享有的诉讼权利因某种原因或事由的发生而丧失。失权与时间有着内在的关联。民事诉讼中失权的正义性原理源于人们对诉讼效率性和时间经济性的认同。民事诉讼中的失权主要有答辩权的丧失、上诉权和申请权的丧失、管辖异议权的丧失、证据提出权的丧失。为了达到诉讼效率和时间经济性，我国民事诉讼法应确立答辩失权和证据失权制度。

中国劳动争议情况分析和罢工立法问题探讨

史探径

中国的企业职工罢工事件虽然规模和影响都不大，但缺少法律的规范，处于无序的自发状态之下，对维护社会秩序稳定和促进社会主义市场经济发展不利。许多国家在通过法律承认劳工的罢工权时，也对罢工权加以限制，包括对人的限制、罢工程序的限制、罢工类型的限制、利用团体协约限制罢工等。罢工立法对抑制和减少罢工事件的发生以及罢工事件的妥善处理、保护劳工的合法权益、协调劳资关系、促进经济发展起到重要作用。时机成熟时中国有必要在法律中规定罢工权。

关于行政法基本原则的再思考

黄贤宏　吴建依

行政法基本原则的判定，除在贯穿性、指导性的基础上，还应增加反映社会主义市场经济条件下行政法的基本要求、体现社会主义法治原则在行政法律规范中的具体要求、揭示行政法律体系的统一性和唯一性等标准。由于内涵不明、没有体现行政法的特性、没有反映出行政法的统一性和唯一性，行政合法原则、行政合理原则不是行政法的基本原则。行政法的三大基本原则应是行政权法定原则、行政程序优先原则和行政责任与行政救济相统一原则。

法院对行政机关事实认定审查的比较分析

杨伟东

由于特定的原因，在英美法系的司法审查中，法院对行政行为涉及的法律与事实问题采取不同的审查态度，对法律问题审查严格、全面，对事实问题审查较为宽松。大部分大陆法系国家通常并不对法律与事实问题进行区分，采取的是相同的审查标准和审查态度。从理论和法律规定上看，我国的行政诉讼都不是法律审查。我国目前并不具备英美国家将法律问题与事实问题区别对待，在行政诉讼中降低对事实问题审查标准的条件，要求我国现阶段的行政诉讼降低对事实问题的审查力度的主张并不现实。

刑法的经济分析与伦理价值

陈正云

刑法的成本性决定了刑法具有内部不经济性。犯罪的相对性、刑罚的代价性决定刑罚具有外部不经济性。为避免刑法的萎缩、张狂以及不确定性，克服刑法的不经济性，保证刑法成本资源的效益性，科学界定刑法调控目标、范围和强度，应当科学确立犯罪概念，彻底确定罪刑法定原则，科学设立刑罚体系，正确确立刑法调控强度等级规则，设定合理的罪刑关系，坚持刑法解释采取严格主义规则。罪刑法定原则和罪刑均衡原则保证刑法对人的尊重，限制刑法的恣意扩张和刑罚权的滥用，因此能够维护、赋予刑法伦理价值并成为其体现。刑法的经济分析通过追求刑法的明确性、适当性限制和避免刑法的扩张性，并以此追求刑法的正当性（体现为效益性）。刑法的伦理价值通过追求刑法的合理性、安定性限制和避免刑法的恣意性，并以此追求刑法的正当性（体现为公正性）。

刑法实施应贯彻罪刑法定原则
——论对法无明文规定的严重危害社会行为的处理
李国如　张　文

新刑法施行以来，司法实践中出现了不少法无明文规定又严重危害社会的行为。客观情势变更、当时立法条件不具备以及立法能力有所缺失等造成此类行为游离于刑法的规范之外。对此，最高司法机关频频以司法解释的形式将此类行为类推按照刑法的相关犯罪论处。这构成了司法权对立法权的僭越，有悖于罪刑法定原则。对法无明文规定的严重危害社会的行为，应当恪守罪刑法定原则以无罪论处。着眼于刑法的完善，我国应对符合立法条件的法无明文规定的严重危害社会行为进行及时立法，予以规制。对不具备立法条件的此类行为，坚决不以犯罪论处。同时，应当大力加强刑法立法解释工作，维护刑法的稳定和确保罪刑法定原则的遵守。

单位犯罪被追诉者之确定
刘根菊　史立梅

单位犯罪应当是指公司企业事业单位机关团体经单位领导层集体决策或批准后，由其直接负责的主管人员组织、指挥并由其他直接责任人员共同故意实施刑法所禁止并应受刑罚处罚的行为。合作企业、合伙企业和私营企业应当作为单位犯罪的犯罪主体。具备产业活动单位性质又从事单位犯罪的公司、企业、事业单位、机关、团体等法人单位的二级机构或部门，或法人组织二级机构或部门以下的一级结算单位，均可成为犯罪单位。正在筹建中的组织能否作为犯罪单位，不应一概而论，而应具体分析。确定单位犯罪被追诉者时应当遵循法定性原则、犯罪意志的整体性原则、犯罪行为与犯罪意志的关联性原则以及犯罪人员的特定性原则。

相对丧失论
——中国流动人口犯罪的一种可能解释
麻泽芝　丁泽芸

相对丧失是指个人把他的处境与某种参照物相比较而发现自己处于劣势时所产生的消极情绪。改革开放以来，农村居民的人均收入与城镇居民的人均收入的差距从绝对值上来说呈扩大的趋势，两者的消费水平差距无论是绝对值还是相对倍数都呈扩大的趋势，城镇居民享受的福利也远远大于农村居民享受的福利，而且呈扩大的趋势。这些因素表明农村居民的相对丧失程度在扩大。通过定量分析发现，基尼系数愈大，人们的相对丧失感（相对剥夺感）愈强；而人们的相对丧失感愈强，从事犯罪活动的可能性就愈大。因此，相对丧失论可以作为中国流动人口犯罪的一种可能解释。

陕甘宁边区的破产立法
肖周录

新近发现的有关史料表明，陕甘宁边区高等法院从当时的社会经济实际出发，确立破产处理办法的指导思想是"安定社会秩序，防止狡诈之徒随便破产，其次是照顾各阶层利益"。《破产办法》共有 23 条，包括破产的条件、破产宣告的程序、破产财产的范围、破产管理人的责任、债务人在破产中的义务、债权清偿与破产财产分配、债务人破产诈骗行为的制裁，等等。

清末修律的"中外通行"原则
艾永明

"中外通行"原则最初是 20 世纪初清末修律时提出的，但由于种种原因，它没有真正地得到实现。从根本上说，"中外通行"原则的提出缘于中西法律的悬绝，中国法律远远落后于西方法律，与西方法律严重不适应。但它的提出仍是被迫的，是在各种力量的冲击和挤压之下作出的无奈选择。这一原则的提出和实施产生了许多积极效果，对中国近代乃至现代的法律制度和法律观念发生了深远的影响。

从旧兼从轻：刑法适用的"准据法原则"
——兼论罪刑法定原则蕴含的程序法意义
阮方民

对犯罪分子在新刑法生效之前的犯罪，不具有法定减轻处罚情节的，如果根据案件具体情况确有必要实行特别减轻处罚，应当按所选择适用的原刑法或新刑法的总则与分则条文处理。如果适用原刑法，审判委员会有权在法定最低刑以下予以特别减轻处罚；如果适用新刑法，则应报经最高法院核准才能在法定最低刑以下特别减轻处罚。我国新刑法确立的罪刑法定原则与其他国家一样，不仅具有实体法上的意义，也具有程序法上的意义。在大力推行和一体遵循罪刑法定原则的今天，既要防止司法机关逾越实体法规定的违背罪刑法定原则的司法行为，也要防止规避程序法限制的违背罪刑法定原则的滥权之举。

社会危害性理论
——一个反思性检讨
陈兴良

社会危害性理论是我国刑法中的传统理论,不仅是犯罪论,而且是整个刑法学体系的基石,几乎成为我国刑法的正统理论。在面临形式合理性与实质合理性的冲突的时候,应当坚持形式合理性,对于认定犯罪来说,刑事违法性是根本标准,社会危害性离开了刑事违法性就不能成为犯罪的特征。为了避免将社会危害性概念逐出注释刑法学领域后,犯罪概念变成一个纯粹的法律形式,需要引入具有实质意义的法益及法益保护的概念。

新刑法与法益侵害说
张明楷

刑法的目的是保护法益,犯罪的本质是侵害法益,法益侵害说与规范违反说虽然不涉及学派之争,但关涉到刑事立法、刑法理论与审判实践上的重大问题。我国新刑法在许多方面认同了法益侵害说,具有积极意义。规范违反说在我国主要表现为自觉不自觉地认为犯罪的本质在于犯罪人获得利益,是从违反了社会伦理规范角度出发,在刑法理论和司法实践中需要努力克服与纠正。定罪与量刑根本上应考虑的是行为对法益的侵害程度,而不是行为人是否获得利益以及获得利益的多少。

受贿罪与渎职罪竞合问题
冯亚东

对收受财物而渎职的案件,属于全部法与部分法的法条竞合关系,应适用全部法优于部分法的处理原则,优先考虑定受贿罪而不是具体的渎职罪。重法优于轻法是处理法条竞合的补充处理原则。对非法收受他人财物而为他人谋取利益(渎职)的行为,均应优先考虑适用全部法只定受贿罪处罚,少数情况下定受贿罪反而处罚较轻或因受贿数额太小不能构成受贿罪的,可根据重法优先的补充原则按渎职罪处罚。

民法典草案的基本结构
——以民法的调整对象理论为中心
徐国栋

德国民法典创立的潘得克吞体系的总则部分掩盖了"人法"的价值。我国民法典的调整对象应是平等主体间的法律地位、人身关系和财产关系以及由此产生的法律关系。基本结构应包括人身关系法和财产关系法两大部分,但应以交易的概念取代法律行为概念。在制度设置上,家庭法、继承法和知识产权应在民法典中加以规定,但侵权行为法不宜单独成编。

期货合同性质探讨
毛初颖

期货交易中的标准合约只是一个将来合同的范本,是交易者进行交易的一个计量单位,只有在实物交割时,才依它的格式成立买卖合同。可以认为,期货交易是交易者在期货交易所内通过公开竞价达成的合同,该合同的标的是交易者同结算所达成中介合同的行为,中介合同确立了交易者在未来以标准合约为范本而成立买卖合同的缔约权利和缔约义务。

知识产权保护论
吴汉东

由于知识产品的非物质性特点,知识产权的保护范围需由法律特别规定。这种规定不仅表现为权项范围的"界定",而且表现为效力范围的"限制"。侵犯知识产权行为属于非法事实行为,其侵害对象是知识产品所有人的专有权利,该类侵权行为具有区别于一般侵权行为的特征。对侵犯知识产权行为宜采取二元归责原则,即在过错责任的基础上补充适用过错推定责任。法律对知识产权采取了民事、刑事、行政的多层次保护措施,各种救济措施一并规定在知识产权法之中。

政府采购法律制度初探
王小能

政府采购是当今世界各国政府管理社会经济生活的一种重要手段,既不同于一般的私人、企业采购,也不同于政府的一般行政行为。国际上重要的经济组织和发达国家(或地区)都制定了"政府采购法"及相关的法律法规对政府采购行为进行规制,取得了显著成效。我国的政府采购行为在国民经济发展中地位显著,但相关立法尚不系统、完善,需要加强研究并加快建立健全,以实现政府采购行为的总体目标,充分发挥公共资金的经济效率,保护民族工业、扶植本国企业,最大限度内限制政府采购中的腐败行为,在互利互惠的原则下尽可能开放本国的政府采购市场、实现世界经济一体化。

铸造灰色之法
——再谈在我国发展判例制度的重要性
武树臣

按照灰色系统理论,可将法律分为三种:黑色的法律,即信息缺乏的法律,其本质特征是内涵清楚而外延不清楚,我国现在的成文法和司法解释的规定大都属于此类。白色的法律,指信息充分的法律,其本质特征是内涵不甚明了但外延相对清楚,我国司法解释中的批复和被赋予典型意义的判例属于此类。灰色法律是由内涵明确的成文法条与外延准确的判例的有机结合而构成的法律形态。在现阶段,我们应当充分强调灰色法律的意义,发挥判例的作用。

一九九九年中国法学研究回顾

行政法学研究述评	刘翠霄
刑法学研究述评	王敏远 陆敏
犯罪学研究述评	吴强军 王敏远
刑事诉讼法学研究述评	王敏远 朱长立

民法学研究述评	龚赛红 张新宝	国际法学研究述评 余敏友 张少瑜
商法学研究述评	彭诚信 姜朋 张新宝	**"法理学向何处去"专题研讨会纪要**
民事诉讼法学研究述评	李汉昌 张新宝	

2000 年第 2 期

毛泽东邓小平治国方略与
法制思想比较研究
郭道晖

毛泽东"人治加群治"的治国方略实质上是"人治底下的群治",是人治的当代形态,收效甚微,负面作用为主,乃至某种程度上造成国无宁日,以一场浩劫告终。邓小平提出了"以经济建设为中心"的治国路线,实行"三有利"原则的社会主义本质观和功利主义法价值观,为使中国从人治走向法治开辟了道路。但由于历史的局限性,不可能完全摆脱人治的痕迹,给其后继者留下了继续革故鼎新的空间。

公有公共设施致害的国家赔偿
马怀德　喻文光

公有公共设施的利用者与管理者、设置者之间不是平等的民事合同关系,而是行政法律关系。公有公共设施在设置、管理方面存在瑕疵致使利用者的人身或财产受到损失的,适用民法规定既不符合处理公法关系的原则,也不利于保护受害者的合法权益。所以将公有公共设施致害赔偿纳入国家赔偿范围十分必要,但是对于有特别法规定的公用企业造成的损害,应依特别法或民法解决。

个人自由与社会秩序的对立统一
以及刑法的优先选择
曲新久

个人自由与社会秩序之间是一种对立统一关系。我国刑法应当优先选择个人自由。刑法以个人自由为第一位,自由与秩序处于和谐之中,在对立中获得统一;以社会秩序为第一位,自由与秩序则会由对立发展为严重对抗,结果是两败俱伤。

再论我国刑法中犯罪概念的定量因素
储槐植　汪永乐

世界各国对于犯罪概念的通例是立法定性、司法定量,而中国、俄罗斯等少数国家在界定犯罪概念时采取的是定性加定量分析模式。定量犯罪概念的正面效应体现在适应我国社会治安三级制裁体系、减少犯罪数、集中司法力量打击严重的犯罪活动等,负面效应表现在导致刑法理论的困惑和学理解释的尴尬、最高司法机关司法解释权的膨胀、不利于控制和预防犯罪等方面。传统的法文化与现实的冲突决定了在我国刑法典中,定量的犯罪概念应该有一席之地,但其范围应该受到严格的限制。

刑法中的非法占有目的
刘明祥

非法占有目的是非法掌握或控制财物的意欲，是盗窃、诈骗等非法取得他人财物的取得罪主观方面故意所包含的内容。它不具有区分盗窃罪与一时盗用的非法行为，以及盗窃等取得罪与故意毁坏财物罪的机能，也不是侵犯财产的犯罪故意之外的主观要件。

评"检警一体化"兼论我国的检警关系
龙宗智

检警一体在现存的刑事司法体系中基本不存在。"检警一体化"主张不符合各国检警关系的设置模式，不利于维系检警之间合理的"张力"，将削弱国家刑事侦查能力，因而不具备可行性。我国刑事司法的改革必须克服各种障碍，有效解决检警协调增强控诉力量以及通过加强检察监督提高侦查程序法治化水平这两方面的问题。在检警关系的调整方案选择上，应贯彻三项原则，在各种模式中，"一重领导一重监督"检警模式更为现实。

相邻关系的民法调整
张 鹏 曹诗权

德国法系相邻关系所有权扩张说不能包含全部相邻关系的民法调整方法，且在与所有权概念衔接、权利客体等方面存在着一系列难以克服的理论缺陷。相邻关系的民法调整方法应包括相邻权、所有权限制、物上请求权、疆界及标志物的共有四种方法，并应以法国法系的法定地役权观念来定义相邻权本质。应重视习惯的作用，综合运用物权和债权调整方法，尊重当事方意愿、允许变更约定，赋予相邻方一定的自治权利。

公司法人治理结构的当代发展
——兼论我国公司法人治理结构的重构
马俊驹 聂德宗

由于建立在股东本位这一理论基础上的公司法人治理结构难以适应当代经济发展的需要，因此自20世纪中期以来，随着公司理念的不断更新，公司法人治理结构也出现了新的调整。根据公司法人治理结构的当代发展趋势，应重构我国公司法人治理结构的指导原则，实行国有股权法人化、允许银行参与公司法人治理、大力推行职工董事制度。

内幕交易与私权救济
冯 果

内幕交易行为应当从行为主体、内幕信息、行为要件、内幕交易者的主观方面等进行界定。在对受害人的救济方面，因内幕交易而受到损害的人均应具有诉讼资格。公司在特定情况下应当成为责任主体，其归责应实行因果关系和过失推定。对于受害人的民事救济应当优先于罚金、罚款和没收非法所得。

《公民权利和政治权利国际公约》的实施机制
朱晓青

《公民权利和政治权利国际公约》实

施机制的基础是条约义务。从国际层面上讲，实施机制的目的是监督《公约》在缔约国的执行；从国内层面上讲，缔约国应采取立法、司法等措施履行《公约》。这就要求缔约国在"条约必须信守"的原则之下，解决条约与国内法的关系问题，即在宪法中给条约以适当地位，以便于条约（包括《公约》）在国内的适用，而不论是直接或是间接适用。这样才能达到国际社会制定《公约》而国家批准或加入《公约》的目的，也才可能改变《公约》实施机制软弱乏力的局面。

国际民事管辖权的协调

李先波

国际民事管辖权协调的基本原则是指在处理涉外民事纠纷的法院管辖权时，为避免或防止冲突，各国应遵循的基本指导思想或必须把握的基本点。国际民事管辖权协调的基本原则主要包括合意管辖原则、有效原则、便利原则和先受理法院管辖原则。当发生专属管辖权冲突、平行管辖权冲突和排除管辖权冲突时，应采用适当的协调方式解决。

宪法为根本法之演进

王广辉

宪法所涉及的根本问题，随着社会的发展和政治文明的进步在不断发生变化，呈现出内容日益全面，领域日益广泛，同国家和社会生活实际中的根本问题日益接近和相符的发展趋势，具体表现为宪法所涉及的根本问题经历了一个由政治领域扩大到经济领域，然后又进一步扩大到文化领域的演进规迹。

中国近代法学留学生与新中国初期的法治建设

郝铁川

1949年新中国成立时，许多近代法学留学生没有跟随国民党政权前去台湾而留在大陆，他们对新中国的立法、司法和法学教育作出了重要的贡献。但在嗣后的八年里，他们的生存方式受到了损害。1957年反右斗争中，近代法学留学生对新中国法制建设中的一些错误做法进行了批评，导致他们的生存环境更加恶化。历史表明，调整政府与知识分子的关系，必须依靠法治而不是政策。

《郭店楚墓竹简》在先秦法律思想史研究上的价值

崔永东

《郭店楚墓竹简》对先秦法律思想史的研究具有极高的价值。它为《老子》法律思想研究提供了最早的版本依据，可以纠正帛书本与今本《老子》的错讹脱漏之处，并能纠正《老子》研究中的误说。它为先秦儒家法律思想研究提供了新材料，其内容并无反儒倾向，在某些方面与儒家的主张多有相通或近似之处，这将有助于改写先秦法律思想史。

中国司法改革的宏观思考
顾培东

中国司法改革的主导任务是通过制度创新，提高司法机构"公共产品"的出产能力和效益，更有效、更充分、更完善地保护社会主体的正当权利，创造、完善并维护适应新的历史条件的政治、经济以及社会生活诸方面的法律秩序。与此相适应，中国司法改革的基本内容在于重新配置并合理界定各种权力关系。由于中国司法改革受诸种条件约束，因而改革具有复杂性，必须进行整体设计、"由上而下"全面推行。

变革时代的中国法理学态势与问题
——兼论基础研究与应用研究的关系
温晓莉

近年来中国法理学发展呈现良好态势，已从旧模式和教科书体系中解放出来，关注现实，并已形成若干带学术流派倾向的学术群，但也存在学术发展总结不足和学科建设不足等问题。因此，法理学必须建立知识的"体用"观，借助科学理性分析方法，把人文价值追求和严谨的实证分析相结合，将二者都作为学术探究的重要资源，遵循思想自身的发展规律和学术规律，以独立品格进行社会参与。

权利冲突的制约、均衡和言论自由优先配置质疑
——也论《〈秋菊打官司〉案、邱氏鼠药案和言论自由》
关今华

言论自由与人身权是两种同等重要的法律权利，不存在主次之分和何者优先的问题。言论自由优先配置不符合我国国情。在案件处理中，对两种权利的冲突应运用权利制约机制进行权利均衡，并侧重对弱者的保护，不宜多用权利制约的手段解决纠纷。

行为评价机制与犯罪成立
——对犯罪构成理论的扩展性思考
周光权

前沿性的犯罪构成理论在宏观上应关注这样一个事实：在活生生的社会现实中，由极其复杂的权力机制决定了犯罪的成立与否，所以不能仅基于国家权力来讨论犯罪构成。实际上，正是在国家权力和非国家的行为评价机制间不易察觉、难以描绘的冲突与调和、抗争与妥协的运动过程中，沉寂的事实要素最终得以生成为被法律框定、具有形式意义的犯罪构成要件事实，从而填充着犯罪构成框架结构中的空域。

刑事程序中的技术侦查研究
宋英辉

世界各国均重视科学技术手段在刑事侦查中的运用，我国立法也规定了技术侦查。测谎检查应明确测试人员的资格与诉讼地位，确立决定测谎检查的一般原则和具体条件，制定科学的操作程序与规则，测谎结论具有证据能力。侦听、截获通信、电子监控及秘密拍照或录像等技术侦查手段是侦查犯罪的有力手段，同时其使用又极易侵犯公民的基本权利，必须通过国家的法律对其使用条件、程序及所获材料的运用以一种明确无误的方式作出规定。

错案追究中的形而上学错误
李建明

以对某一案件所作的司法决定被后来的司法程序所否定的现象作为错案的唯一本质特征，并由此设计错案责任追究制度，具有形而上学的特征，产生了很多弊端。现行错案追究制产生了一些负面功能，表现在降低司法机关的效率，没有革除原有的弊端，又易产生新的弊端。应以理性务实的态度正确认识错案现象，错案追究应当实行过错责任原则，应以司法人员存在主观过错为必要条件。

评财产权劳动学说
易继明

运用洛克的财产权劳动学说来分析知识产品作为财产权客体的新情况，可以认为财产权劳动理论也为知识产权的权利确定与保护提供了合法性基础。基于财产权的私有性质，应重申自由主义。由于财产权劳动说本身以人为中心，过分强调法律社会化将会损害作为人类生存与发展基础的"自由主义"。

城市化过程中集体土地的概括国有化
陈甦

集体土地概括国有化发生在城市化过程中，土地所有权的变更具有不按土地征用制度进行并通过社区性质变更实现的特征。基于集体土地国有化的原因，应以农民集体转制为公司、组织土地合作社以及组织土地基金会等方式建立土地法人所有制，以克服目前集体土地概括所有化过程中的缺陷。

信托的法律性质与基本理念
李群星

信托的法律性质为一种独立于传统民法财产权利之外的新的、独立形态的权利组合。它既有物权关系的内容，也有债权关系的内容，还有物权、债权关系不能包含的其他内容。信托财产所有权与利益相分离、信托财产独立性、信托责任有限性、信托管理承继性等，最能体现信托的基本理念。

国际货币基金协定责任制度论
杨松

国际货币基金协定责任制度中，存在

着以违约成员国合作为前提的,救济为主导、制裁为辅助的运作机制。责任的自动适用和非自动适用双轨制不同程度地软化了责任制度的效力,而在基金协定的制裁主体的权限中,又存在着需要以不同标准认可的默示权力和明示权力的双重关系,所以导致基金的调整功能和监管功能的虚化,没有起到国际货币关系安全阀的作用。

《教民榜文》所见明初基层里老人理讼制度
韩秀桃

根据洪武三十一年《教民榜文》和明代徽州法律文书的记载,明初里老人理讼制度的主旨是"教民"。这一制度发挥了一定的解纷作用,可以为当时的乡民提供公正和利益的保证,集中体现了中国传统法律中的人文色彩。

略论春秋刑罚的特点
徐祥民

春秋法制与战国以后的法制处于中国古代法制发展的不同历史阶段。春秋刑罚具有非法定刑、非必行性、非规范性和半国家性等特点。非法定性表现在刑罚总的来说不是系于法律,而是握在有能力处罚他人的机关、集团甚至个人手中,是人定的;非必行性表现在刑罚体系中的若干刑种是没有办法确保实行的;非规范性表现在各种刑罚方法多为原生刑的处罚方法;半国家性在于刑罚实施的形式是国家的,其表达的意志却常常是私人的。

2000 年第 4 期

制定中国物权法的若干问题
梁慧星

分析我国自解放以来调整民事关系的法律法规，可以看出现行有关物权法律法规因经济体制、立法体制等原因而存在诸多缺陷。我国正在进行的物权立法中，应坚持对合法财产一体保护原则，实行物权变动与原因行为相区分的原则，从中国实际出发构建用益物权体系并完善担保物权制度。

资产证券化的法律问题分析
李尚公　沈春晖

资产证券化的本质特征是以可预见的现金流为支撑而发行证券在资本市场进行融资的过程，以及利用资本市场对资产的收益与风险进行分离与重组的过程。资产证券化的交易流程既是一个经济过程也是一个法律过程。通过对其交易结构的法律分析可知，为了确保资产证券化目标的实现，需要构建有效的结构机制，对资产证券化风险予以控制。在分析我国推行资产证券化的法律环境的基础上，应当吸取国外经验，建立调整资产证券化的法律制度。

简易、小额诉讼程序与替代性程序之重塑
章武生

设立专门针对简易、小额事件的程序制度，有利于保障当事人平等使用诉讼制度之机会，可以使民事纷争的程序设置与案件类型相适应，并能平衡慎重裁判之程序保障与简速裁判之程序保障。我国民事诉讼法对简易程序的规定过于简单，简易程序与普通程序的界限不清，并且缺少简易程序运作的配套措施和严格的执法精神，应予以完善。我国审判程序中的替代性解决纠纷程序种类单一，不能适应市场经济对诉讼程序多极化的要求，应大力引进和开发新的替代性纠纷解决程序。应该在基层法院内专设解决简易事件的机构和人员，明确并扩大简易程序的适用范围，将 ADR 设计为简易程序的一个重要环节，简化诉讼程序，建立简易与小额事件诉讼各自独立的审判程序。

论民事行政诉讼检察监督与司法公正
杨立新

中国现行的民事行政诉讼检察监督制度虽然借鉴于苏联，但是并非中国所独有，与各国的同类制度相比，监督范围还嫌过窄。这项制度对于保障司法公正、树立司法权威，维护国家法律的统一正确实

施,具有重要作用。在进行司法改革的今天,应当进一步坚持和完善这一制度,检察机关要依法实施监督,在贯彻"依法治国、建设社会主义法治国家"的治国方略中,更好地发挥法律监督职能作用。

检察监督与审判独立
黄松有

审判独立是一项为现代法治国家普遍承认和确立的基本法律准则,排斥外在的监督和干预是其独立的内在要求。而现行检察监督制度在一定程度上损害了法院对审判权的独立行使。通过比较和评析国外民事检察制度可以看出,审判独立的内在价值和要求正是排斥外在的监督和干预,应改造我国现行的检察制度。

因特网上的犯罪及其遏制
屈学武

刑法学意义上的因特网上犯罪和犯罪学意义上的因特网上犯罪有着不同的定义和种类。因特网上犯罪的特点表现在自然犯与法定犯并存、普通犯与国事犯并存、刑法学与犯罪学意义的犯罪并存等方面,并具有平民化、在线寻找作案目标、"虚拟毒品"、网上信息战争等趋势。为了遏制网上犯罪,可以采取的犯罪学措施包括计算机及互联网技术系统的完善、公安系统科技网络的建立与完善、预防犯罪网络的建立和完善等,采取的刑事法措施应集中在刑事侦查系统、刑事审判运作和立法完善等方面。

我国公诉方式的结构性缺陷及其矫正
陈卫东 郝银钟

我国现行公诉方式具有结构性缺陷,在诉讼实务中滋生了种种弊端。复印件主义公诉方式与我国抗辩制庭审形式所追求的价值理念是相互冲突的,同时也不符合刑事诉讼的规律性要求,因而应予废止。在刑事诉讼中防止伏击审判和法官预断现象的最有效措施是在刑事诉讼结构中确立起诉书一本主义、诉因制度和证据展示制度,由上述三项诉讼制度所构筑的公诉方式是抗辩制庭审形式不可或缺的有机组成部分。

关于法院能否变更指控罪名的探讨
周国均

法院变革检察院指控罪名有多种情况,也有多种原因。由于法院是刑事诉讼最终定案机关、法院处于"控辩审"结构中的主导地位、法院享有否定检察机关有罪指控、日本和德国刑事诉讼法规定法院可变更罪名等原因,法院应当有权变更罪名。变更罪名应遵循人民检察院独立行使检察权、人民法院独立行使审判权、控审分离、辩护、公开审判等原则。法院有权变更罪名分为法院有权直接变更罪名和法院有权最终变更罪名两种情况。

人道主义干涉在国际法中的地位
杨泽伟

北约对南联盟的武力威胁和军事打击使人道主义干涉成为国际社会关注的焦点。人道主义干涉在传统的国家实践中并未成为被普遍接受的习惯国际法。联合国成立以来的集体人道主义干涉、特别是 90 年代的实践证明，未经联合国安理会授权的任何单方面人道主义干涉都是非法的。对人道主义干涉进行限制是必要的，应当对人道主义干涉合法化规定明确的条件。

香港与中央的"违宪审查"协调
陈欣新

在香港基本法的设计中，中央与香港均拥有基本法解释权及审查权。如果两者不能在权限、管辖、程序及释义方面达成一定的默契，就会引发宪制危机。中央和香港应本着相互理解和宽容的原则，按照中国宪法体制与英美法制传统相结合的思路，在基本法所设计的中央与特区分权的制度框架内进行协调，以避免和化解这种冲突。

汉魏晋"比"辨析
吕 丽 王 侃

历来学者多认为汉魏晋时期的比是比附。通过对大量文献史料中的比的运用情况进行分析，可以得出结论，比不是比附而是在各方面有普遍约束力的成例，其中经过汇编的某些比是具有法律约束力的判例。

2000 年第 5 期

法哲学解说
黄文艺

法哲学的基本属性可以归纳为五个方面：总体性，即法哲学是从总体的角度来研究法律世界；求实性，即法哲学要面向现实，从现实出发提出和解决法哲学问题；批判性，即法哲学对法律实践要进行反思和批判；分析性，即分析是法哲学的内在要求和重要功能；思想性，即法哲学追求的是法律的抽象思想。

解释法律与法律解释
谢 晖

解释法律和法律解释是两个完全不同的概念。解释法律是要探求法律这一社会现象的根本性问题，需要用哲学方法来说明法律的过程，因而是一个哲学命题；法律解释所针对的是法律的具体规定或与法律相关的具体事实，因而是一个法学命题。

司法权的性质
——以刑事司法为范例的分析
陈瑞华

司法是与裁判有关的国家活动，司法权也就是裁判权。司法权存在的目的，一方面是给那些受到损害的个人权利提供一种最终的、权威的救济，另一方面也对那些颇具侵犯性和扩张性的国家权力实施一种中立的审查和控制。相对于行政权而言，司法权在程序上具有其特性及独立性；在组织方面则体现为裁判者的职业化、社会公众的参与、合议制以及上下级司法机构的特殊关系等方面的特征。

行政法的适用
张淑芳

行政法的适用规则是诸如行政立法、行政执法、行政司法等其他相关制度不能包容的，而应当与其他行政法制度相并列。在理论上构设行政法适用标准时，应贯穿以下规则，即现时考虑优于立法背景考虑、缩小解释优于扩大解释、一致性优于多样性、社会认同优于利益体现等。

保留所有权买卖比较研究
余能斌　侯向磊

所有权保留的法律性质以"附停止条件所有权转移说"更为可取。在我国，保留所有权买卖既适用于动产，也适用于不动产，而其登记可采分别主义和对抗主义，内容应尽可能简明。

民事再审程序改造论
李 浩

构建再审程序的立法指导思想应从

"实事求是,有错必纠"转换为兼顾纠正错误裁判与保持生效裁判的稳定。改造这一程序的具体路径是取消法院依职权发动再审,完善检察机关的抗诉监督,建立规范的再审之诉,重构再审的法定事由。

民事再审事由研究
张卫平

民事再审事由应当法定化。再审的法定事由应包括:裁判主体不合法,裁判依据不合法,违反法定程序。法定的再审事由应当明确具体,而且与再审的实体有直接联系。

论民事鉴定制度
张永泉

我国应当把鉴定人的性质定位于既作为法官辅助人员又作为证据方法,二者并重。应当明确鉴定结论的证据属性,并作出对其质证、认证以及审查采信的程序规定;将鉴定人主体扩大到自然人,赋予当事人选任鉴定人的权利;完善对鉴定人的回避制度,保证鉴定人的中立和公正;并应明确规定鉴定人的鉴定义务和出庭陈述义务以及过错赔偿责任。

"执行难"及其对策
景汉朝 卢子娟

执行难应当是指按照法律规定应当执行、可以执行的案件难以执行。在现阶段,执行难有其必然性,最主要的原因是"地缘关系"和"人缘关系"的干扰。解决的方案是实行在高级法院辖区内对不同的案件采取委托执行、异地执行、交叉执行、提级执行和统一执行制度。而要彻底解决执行难问题,则有赖于改革司法体制,消除司法权地方化,切断法院、执行人员与当地政府、周围环境之间非必要的联系。

先秦兵家法律思想概要
张少瑜

先秦兵家以研究军事问题为中心。先秦兵家的法律思想经历了一个发展变化的过程,前期兵家的法律思想具有相对独立的特点,后期兵家则明显地具有综合各家观点的倾向。兵家法律思想的主要内容可以从法律观、法治观和法治术三个方面进行归纳。兵家法律思想采现实主义哲学观和辩证思维方式,持义战和慎战的战争观。兵家具有较为深入和系统的法律思想,对以法治军中的主要问题均有独到的见解,对法家思想有深刻影响,对先秦法治理论和军事法基本原理的形成作出了重要的贡献。

依法治国与法律体系建构学术研讨会综述

论代位权诉讼
赵 钢 刘学在

债权人行使代位诉权属于法定诉讼担当,其基础为债权人之"诉的利益"。代位权诉讼的标的包括债权人代位权主张和债务人与次债务人之间的法律关系。在代位权诉讼中,债权人与债务人的诉讼权利应当受到必要的限制。代位权诉讼的既判力及于债权人、债务人和次债务人。因此,债务人可以无独立请求权第三人的身份参加诉讼,并具有当事人的诉讼权利义务。

认真地对待规则
——关于我国法理学研究方向的探索
陈金钊

法律规则是极为重要的法律现象,几乎所有的法学家都注重对其进行分析、注释,西方法学的三大流派基本上都是在不同角度围绕规则展开论述的。因而可以认为,法律规则是法学的核心范畴。

全球化与中国法制现代化
公丕祥

处于全球化进程中的当代中国法制现代化,具有独特的历史传统和社会条件。在这一变革进程中所建构和发展起来的法律制度,应当捍卫法律主权,反对新的法律殖民主义,防止中国法律发展的"边缘化"趋势。全球性法律重构进程非但没有形成全球法律发展的一体化趋势,反而加剧了全球社会的内在分裂,强化了以民族国家为构成单位的全球法律发展多样性的演进趋向。

"议行合一"说不宜继续沿用
童之伟

"议行合一"说在我国法学界仍有很大影响。"议行合一"说的理论前提有错误,在政权组织建设问题上有向个人或机构集权体制倒退的倾向,不能作为国家机构内权力横向配置的一般原则,可能误导人民代表大会制度的发展方向,因此不宜继续提倡。

司法公正与检察官
徐益初

我国司法体制中,检察机关是司法机关,检察官也是司法官员,检察权与审判权都具有司法性质,这种体制更有利于司法公正的实现。要大力提高司法人员的政治素质和业务素质,保证司法机关依法独立公正地行使审判权和检察权,从检察官的定位、素质、权利保障等方面入手,保障检察官公正司法。为了保证检察机关独立公正地行使检察权,建立错案责任追究制和办案责任制是必要的,但应严格按照

票据犯罪若干问题研究
刘 华

票据犯罪主体因罪而异,有的票据犯罪一般个人主体、一般单位主体不能实施,只有特殊个人主体、特殊单位主体才能实施。有的票据犯罪主体必须具有票据当事人身份,非票据当事人不能成为该项犯罪主体。票据犯罪罪过形式是故意和过失,模糊罪过和混合罪过的观点并不适用刑法所要求的票据犯罪。银行结算凭证虽然不是票据,但是应该归属票据犯罪对象范畴。我国刑法应当承认票据无形伪造。

WTO 金融服务贸易法律制度
张若思

金融服务贸易的主要障碍可能是各国国内有关金融的法律、法规和制度。金融贸易自由化必须以稳定健全的金融体制为基础,因此要进行逐步的金融体制改革。但改革并非放松管理,而是要加强国内法规的规范作用,即要建立完善的、同时是透明的防范规则和监督制度。

论不可抗力
刘凯湘 张海峡

不可抗力作为法定免责事由是过错原则的体现。侵权责任与合同责任均适用不可抗力。不可抗力的判断标准应兼顾主客观两方面的因素。政府行为不应包括在不可抗力中,技术风险则应包括在不可抗力中。不可抗力既不同于商业风险,也不同于情势变更。个案中应根据不可抗力对法律关系的实际影响来确定其效力。

环境法与自然资源法的融合
杜 群

环境法与自然资源法以环境和自然资源为趋同的法律保护客体,以生态经济社会关系为共同的法律调整对象,通过立法模式建立相互融合的法律调整方法。因此,环境法与自然资源法应当融合而成为一个法律部门。

再论公民环境权
吕忠梅

公民环境权是一项独立的、基本的人权。它包括公民对于环境的使用权、知情权、参与权和受到环境侵害时向有关部门请求保护的权利。

清末民法学的输入与传播
俞 江

1902 年至 1911 年间,西方民法学通过日本的媒介在中国传播。来华的日本学者、各种公私法政学堂学生与留日学生以及民间机构通过编译和创办法科教育引进日本民法学。中国学者在这个时期基本完成了吸收、消化和创立自己的法学概念体系的过程。

当代中国法治理论孕育生长的反思
——读《从法制到法治》
谢海定

2001 年第 1 期

权力的多元化与社会化
郭道晖

现代国家与社会一体化的局面已逐渐被打破，同时又出现了社会多元化与经济全球化的新趋势，国家权力不再是统治社会的唯一权力，人类社会出现了权力多元化和社会化的趋向。权力多元化是政治民主化的必然要求，权力社会化则是权力人民性的进步和人类社会发展的必然归宿。这要求人们不仅应具有权力的国家意识，还要有权力的社会意识和世界意识，人类要为建立实质的法治国家，促成民主的法治社会，最终实现"大同法治世界"而共同奋斗。

论权力
漆多俊

权利本源于权利和利益，并且离不开权利；而无权力的权利，只是一种利益；而无权利作基础，权力也无由产生。权力是经社会确定的，但是权力存在着腐败问题；社会公众和当权者自己要对权力加以制衡。随着人类社会文明进步，权力逐渐向权利回归，逐渐社会化和国际化。

论涉他契约
——兼评合同法第 64 条、第 65 条之规定
尹田

涉他契约之涉他，包括债务人有义务使第三人向债权人履行债务和第三人有权请求债务人履行债务两种情形。涉他契约系指使契约发生以上结果的特别合意，与其赖以产生的原因行为不可混同。向第三人给付的合同使第三人直接取得请求债务人履行的权利，债权人同时享有请求债务人向第三人履行的权利。在债务人未向第三人履行时，债权人得请求对自己损害的赔偿。由第三人履行的合同，第三人并不因当事人的约定承担履行义务。第三人不履行时，债务人应向债权人承担损害赔偿责任。我国合同法第 64 条、第 65 条未赋予第三人任何法律地位，与德国法上的"经由被指令人而未交付"相同，因此不属涉他契约。

确定我国物权种类以及内容的难点
孙宪忠

物权种类及其内容的确定，是物权立法的首要工作。因为我国有独特的社会体制与国情，物权法在确定物权的种类及其内容的时候肯定要遇到许多要点难点问题。

这些问题有些已经得到解决，有些尚未解决。尚待解决的要点难点主要有国家所有权、集体所有权、企业所有权、私有所有权、不动产所有权以及各种使用权、担保物权等重要物权类型。

红股征税的法律思考
李兴淳

根据派送红股前后公司资产价值与股东个人财产价值的增减情况的对比，以及派送红股行为的性质，可以认为派送红股不同于公司用现金、实物分红。后者是公司利润分配的法律形式，而前者却是限制公司利润分配的法律形式。因此，对红股征收个人所得税存在理论上的问题，对实际经济生活也是有害的。

刑事诉讼的双重证明标准
宋世杰　彭海青

诉讼证明是一种程序证明，直接追求的是一种程序真实。刑事证明标准包括实体证明标准和程序证明标准，二者在诉讼过程中是绝对不能分离的，强调程序证明标准对消除"程序虚无主义"的影响有重要意义。刑事实体证明标准在侦查、起诉、审判阶段都是一致的，即"客观真实"，实体证明标准不具有阶段性的特征，而程序证明标准在不同阶段有不同的具体要求，程序证明标准有一个向前推进的过程。

罪犯改造的价值与冲突
王利荣

罪犯改造是在惩罚前提下进行的法律活动，它当然不应过量地削减刑罚强度。改造所具有的情感因素、塑造功能等虽非罪犯权利保护的结果，但它的运作须以人权为基础。改造的实现则有赖于行刑技术的合理运用和社会的持续性投入。

唐宋"四等官"审判制度初探
童光政

唐宋审判机关的内部司法官按其权限和职掌可分为四等：长官、通判官、判官、主典。他们在判案过程中既各司其职、连署文案，又相互牵掣、承担连带责任。这既是一项基本的审判制度，又是同一审级中的内部监督机制，对明清的法制产生了积极的影响。

宋《吏部条法》考略
刘笃才

宋代的人事行政立法经历了一个从无到有、由缺而全的过程，最终形成繁简并行的局面。《吏部条法》在编纂体例上有三个特点：不是按行政执法部门分类编列相关的敕令格式，而是按事项的性质分类编列；每一门之卷首都有"撮要"，将门内后列所有敕令格式的内容归纳整理删节摘要；差注门专设总法和总法撮要，总法具有抽象的总则性质。《吏部条法》具备法典的性质。

二〇〇〇年中国法学研究回顾

法理学研究述评　　　　刘翠霄
宪法学研究述评　　　　张少瑜
行政法学研究述评　　　冯军　刘翠霄

刑法学研究述评	王敏远	董文勇	民事诉讼法学研究述评	潘剑锋	徐继军
刑事诉讼法学研究述评	汪建成	王敏远		庞飞	闫春德
民法学研究述评	张广兴			张广兴	

法学研究中的认识论问题
葛洪义

我国法学理论正面临"现代"与"后现代"的双重压力。后现代思潮的主要知识进路和思想工具就是对理性的批判和否定。传统法学理论之所以没有足够的能力回应后现代的挑战,其原因也就在于对作为认识主体的人把握作为认识对象的法律的理性能力缺乏充分的批判和论证。由于我国传统法学理论的思维范式发源于知识论思想传统的合法性,所以,后现代思潮实质上是对作为传统法学理论之基础的知识论思想传统进行挑战。因此,若要充分回应这一挑战,就必须实现法学研究范式的转化,路径之一就是将人从单纯的法律认识主体转化为法律实践主体。

论西部大开发的法治保障
夏 勇

作为现代意义的区域开发,西部大开发为当代中国法律发展及其研究提出了许多新的问题,也注入了新的活力。无论是中国自古以来开发西部的历史经验教训,还是中国当前面临的诸多现实问题,都要求西部大开发必须树立法治观念,遵循法治原则,并借鉴国外区域开发的法治机制。为此,要建立法治化的开发机制;健全西部市场经济法律机制,实现宏观调控与市场机制的有机结合;依法调整各方利益关系,形成统一领导、协同发展的良好局面;依法保护和建设生态环境,实现可持续发展;依法实施科教兴国战略,培育西部地区自我发展的良性机制。同时,要建立西部开发的基本法律规范,并逐步改革相关的立法体制、司法体制和法律服务机制。

犯罪构成要件及相关范畴辨析
肖中华

犯罪构成要件是对成立犯罪所必需的各个方面事实特征的抽象、提炼的实体,而犯罪构成要件寓居的方面则是这些事实特征存在的"空间"。构成要件要素是犯罪构成有机整体的最基本因素,属构成要件之下一层次的范畴。混淆这些范畴,必然造成犯罪构成理论体系内部及与其他理论领域的矛盾。

罪刑法定原则中空白罪状的追问
刘树德

空白罪状作为基本罪状的下属概念,在1997年刑法中被大量加以采用。空白罪状在刑法分则中的存在,应从民主法治原则、法律专属性原则、法律明确性原则等角度加以追问。空白罪状的存在一定程度上都有违反上述三原则之嫌疑,因此,立法者应当采取相应的措施来提高空白罪状的"合法性"。

论宪法的正当程序原则
汪进元

正当程序作为宪法的一项基本原则，已得到世界各国的普遍认可。该项原则既包含程序性限制也包含实质性限制的因素。正当程序运行要求程序合法、主体平等、过程公开、决策自治和结果合理。正当程序原则对于一国的宪政具有法治建构、权力控制和人权保障等功能。

比较行政法学若干问题探讨
关保英

比较行政法学既是行政法学的一个分支，又是比较法学的一个分支，这是比较行政法学的基本定位。比较行政法学具有生命力的地方不在于对行政法现象进行排列，而在于"比较"。为了通过比较得出合乎逻辑的结论，科学的方法论是必需的，该方法论既不能被比较法学的一般方法论淹没，又不能被行政法学的方法论取代。构架比较行政法学的体系对于加入世贸组织后我国行政法学的走向以及全面实现行政法治具有重要的意义。

论自然人的民事责任能力
刘保玉　秦伟

自然人的民事责任能力是一种独立的民事能力而不能为民事行为能力所包容。自然人民事责任能力的判断标准，应以基于意思能力而确定的行为能力状况为一般标准，以财产状况作为确定欠缺行为能力人责任能力的例外标准。限制行为能力人也应有限制的民事责任能力；公平责任的适用与责任能力的确定无关；亲权人与监护人承担替代责任的顺序应有差别。

知识产权权利竞合研究
李永明　张振杰

在我国法律上，存在知识产权竞合现象，主要表现为各种知识产权之间的权利竞合和知识产权与民法上规定的其他民事权利的权利竞合。处理权利竞合需要进行利益的协调，应统一采用相对的保护在先权原则、对不同权利给予不同水平保护的区别原则、限制权利负面外部效应原则和尊重社会利益原则。

私人密码在电子商务中的法律地位和作用
孟勤国　刘生国

私人密码在电子商务中是一个关键性的系统控制要素，其技术性和法律性应当受到同等的重视。私人密码具有私有性、唯一性和秘密性特点。应当设立私人密码一经使用即认为其进行了交易并应承担相应责任的原则，但应以软件密级程度过低、及时挂失或者系统遭黑客攻击为例外。在特定情形下，应适用公平责任。

关于执行财产分配的立法思考
葛行军　刘文涛

执行财产分配制度应当放在整个法律制度的体系中评价。执行分配与破产制度分别实现着个别清偿与平等清偿的目标。

就一般破产主义而言,优先主义公平与效率并重,更趋合理;就商人破产主义而言,混合主义更有其独立的价值。如果一般破产主义是一种立法趋向,优先主义代替平等主义或者团体优先主义也是一种立法趋向。目前我国执行立法所确定的执行财产分配制度仍应为混合主义。

寻找最初的德
——对先秦德观念形成过程的法文化考察
武树臣

德字自商代出现,其最初的含义是"以弓缚首,牵之以祭",用来赞美征服者的胜利。德在西周时被赋予普遍道德的含义,并由此产生了"以德配天"的政治法律观念。春秋末期产生的儒家在此基础上创立了"德治"的理论。德观念的演变正是那个时代社会大变革的反映。

宪政的中国语境
王人博

宪政在西方文化传统中有自己的原始涵义,中国近代先进思想家在接受宪政观念时作了新的理解,这就使得西方的宪政观念在中国发生了根本的变化。西方人追求的是宪政自身的价值,而在中国,宪政则变成了人们在追求国家富强时的一个工具。这种语境的置换消解了宪政本身的价值。

两宋法律中的田宅细故
赵晓耕

两宋时期的史实证明,中国古代立法和司法实践都非常重视财产问题,旧说将田宅视为细故只具有伦理上的导向,事实并非如此。中国古代对财产问题未采用民法调整方式,乃是由于中国传统更加重礼治和人治,并以此解决私人财产纠纷。

全国法解释学研讨会纪要

2001 年第 3 期

判决书的背后
苏 力

影响判决书撰写有一系列的制度因素，其中包括在不同法系中判决书的不同司法制度功能，不同的判决书写作激励机制，判决论证的不同社会需求以及判决书的不同预期受众等。基于中国司法已有的大陆法系传统和相应制约，在改进判决书写作问题上，中国应侧重借鉴大陆法系国家的相关经验，尤其应侧重完善相应的制度激励机制。

市民社会与政治国家：法治的基础和界限
马长山

市民社会与国家的分离和互动发展奠定了法治运行的基础，即普遍利益与特殊利益的冲突与协调导致了法律至上；多元社会权利对国家权力的分享与制衡提供了权利保障；市民社会多元利益的冲突、互动与整合衍生了理性规则秩序；具有自由理性精神的公民意识构成了法治的非制度化要素。中国要真正走向法治，就必须重构国家与市民社会的关系，确立多元权利基础、公权力权威和良法之治，并实现依法治国与市民社会理性规则秩序的回应与契合。

法学方法论研究
刘水林

我国法学研究往往把方法论看作是单一抽象的概念或与方法混同，近年来对方法论的研究偏重于法解释学。方法论是一个二元多层次的结构体系，其中最常用的有两对方法论范畴，即实证分析与规范分析，个体主义与整体主义。应当研究如何把西方法学方法论与马克思主义方法论相结合，并应吸收我国传统文化中的方法论。

刑法学研究的层面划分
冯亚东

刑法学的研究对象"犯罪与刑罚"有不同层面的意义。刑法学可细分为注释刑法学、概念刑法学和理论刑法学。注释刑法学的研究对象为刑法条文中静态存在的模型的犯罪与刑罚，概念刑法学的研究对象为法律关系中动态存在的实然的犯罪与刑罚，理论刑法学的研究对象为立法观念上虚拟存在的应然的犯罪与刑罚。

当前我国犯罪及其控制
宋 践

传统型犯罪的减少及现代型犯罪的增多，即传统犯罪向现代犯罪的转化意味着社会现代化过程必然伴随着犯罪的现代化进程,犯罪现代化过程和社会现代化过程一样,是个渐进过程。针对常态性犯罪进行社会控制的效果是有限的,但合理的社会控制计划及有效的实施过程对抑制非常态犯罪是十分必要的。从理论上说,现代犯罪防控体系应具备特点的属性,犯罪防控体系的良性发展也需要必要的条件。

论集合犯
林亚刚

集合犯是指行为人具有实施不定次数的同种犯罪行为营利的犯意倾向,但即使实施了数个同种犯罪行为,刑法规定仍作为一罪论处的犯罪形态。集合犯与实施的行为次数并没有必然的联系,犯罪次数的多少并不是集合犯的必要条件,因此集合犯有只实施一次行为就构成犯罪和反复实施才构成犯罪两种情况。结合我国刑法的规定,集合犯可分为常业犯和营业犯两种。禁止重复评价的原则对于集合犯的处理具有借鉴意义。

举证责任的确定性
叶自强

在民事诉讼中,举证责任是由案件的性质所决定的。当案件的性质确定之后,举证责任即被确定。它在诉讼过程中是不可能转换的。具体地说,在一般民事案件中,举证责任由原告承担;在特殊民事案件中,举证责任由被告承担。不可能出现原本是原告的举证责任转换到被告的情形,也不可能出现原本是被告的举证责任转移到原告的情形。

WTO与中国经济特区立法创新研究
陈 俊

随着中国加入世贸组织,国内法与WTO规则的接轨在即。中国经济特区要发挥授权立法试验优势为全局立法导航。经济特区立法在国企改革和平等竞争、外资准入和国民待遇、服务贸易、知识产权、WTO规则扩展议题之创新及法域冲突之协调创新等法学前沿的领航兼具必要性和可行性,有条件在中国加入世贸组织的最前沿率先对接WTO规则,有能力通过示范、辐射全国打造出具有中国特色、中国风格、中国气派的前沿立法平台。

法律选择理论若干问题回顾
肖永平 岳为群

20世纪,国际私法中的法律选择理论在以下几个问题上有着较大的争论并有若干发展:多边冲突法、单边冲突法和统一实体法的相互排斥与共存;法律的确定性目标与灵活性目标之间的矛盾;管辖权选择规则与内容定向规则或方法之间的冲突与共存;冲突法正义与实体法正义的两难以及国际统一化目标与保护国家利益之间的冲突等。这些问题在21世纪也许会有新的变化。

条约规则成为一般习惯法
王军敏

条约和习惯是国际法的两个最主要渊源。条约规则成为一般习惯法必须具备的条件是:条约规则具有规则创立性;按照条约规则的旨趣形成的国家实践即常例；常例被接受为法即法律确信。条约规则成为一般习惯法不仅需要条约当事国按照条约规则的旨趣形成国家实践和法律确信，而且更需要非条约当事国按照条约规则的旨趣形成国家实践和法律确信。条约成为一般习惯法较习惯法的其他形成方式有显著的优点，但它对当事国及非当事国的影响是不同的。

宾馆对住客的保护义务
——王利毅、张丽霞诉上海银河宾馆损害赔偿上诉案评析
刘言浩

住客在宾馆内遇第三人侵害，宾馆若疏于注意，应承担违约责任。宾馆之不作为违反的是合同义务而非法定义务，不能成为侵权行为法上的原因。宾馆之不作为与住客之损害不具备侵权行为法上的因果关系。宾馆不应承担消费者权益保护法上的责任。当事人不选择请求权基础时，法院应依据查明的事实独立进行法律上的判断。民事判决理由不必与当事人之诉讼理由一致。

政府规制改革与行政审批制度改革研讨会会议综述

法律家的技能与伦理
孙笑侠

法律家是不同于行政官的特殊阶层，他们具有特殊的专业技能，尤其表现为思维方式的特殊性。特殊的专业技能需要特殊的职业伦理来匹配，其"职业病"也需要特殊的职业伦理来抑制。法律家职业化意义上的德才兼备对于法治国家具有重要意义。

宪法学理论体系的反思与重构
周叶中　周佑勇

宪法学的基本矛盾是公民权利与国家权力的关系。其道德基础在于人权保障，社会基础在于国家与社会的二元化，逻辑起点在于人民主权。完整的宪法学理论体系应以解决这个基本矛盾为主线，包括宪法基础、公民权利、国家权力和宪政运行四个方面的内容。

经济宪法学基本问题
赵世义

经济宪法学以财产权为基石范畴，把公民权利与国家权力的关系理解为个人财产权与国家财政权的冲突，并把这一冲突置于产权、人权与政权的相互作用中考察。财产权在公民权利体系中处于核心地位，权利保障首先要承认和保障个人的财产权。财政权是国家经济权力乃至一切权力的根本，实行宪政必须建立对财政权力的约束。

侵权行为法的一般条款
张新宝

在对法国、德国等大陆法系国家民法典及普通法、斯堪的纳维亚法有关侵权行为一般性规定的模式进行比较分析后得出的结论是，在民法典中规定侵权行为法一般条款的立法模式更为可取。在此基础上试拟了我国未来民法典侵权行为法一般条款，并对该草拟的条文进行了详细说明。

我国证券法中民事责任制度的完善
王利明

在证券法中建立民事责任制度，有利于保障投资者利益、预防和遏止违法违规行为、加强市场监管等。证券法中的民事责任涉及擅自发行证券、虚伪陈述、内幕交易、操纵市场等行为。证券法中的民事责任主要为侵权责任，其构成以损害事实、因果关系、过错为要件。此外，应建立相关的诉讼机制。

事实探知：绝对化倾向及其消解
——对一种民事审判理念的自省
张卫平

事实探知的绝对化是我国民事审判的一种基本理念。这一理念与民事诉讼的特性和民事诉讼的客观实际形成了错位，并与民事诉讼法中设置的某些制度形成了紧张关系。要使民事审判理念与民事诉讼的特性和民事诉讼客观实际具有一致性，并消解理念与制度中的紧张关系，就应当对与民事诉讼特性不相一致的民事审判理念加以调整，消解民事诉讼中事实探知的绝对化和主动性倾向。

前科消灭制度研究
房清侠

作为一种法律制度，前科消灭不仅具有丰富的法律内涵，而且还具有厚实的理论基础。我国刑事立法对前科消灭的漠然不能也不应当影响刑法理论对此问题的探讨。随着社会的不断进步，有前科者的各种权利必将会受到法律和社会的广泛关注。因此，适时有度地在我国刑法典中设置前科消灭制度，不失为一种理性的抉择。

刑事审判中的证据引出规则
姚莉 李力

"证据引出"规则是在刑事审判过程中，要求控辩双方通过一定的方式使一项证据材料能够被允许作为证据在法庭上出示的规则，其实质是在控辩双方向裁判者展示自己的证据材料之前，对其准备在法庭上展示的证据材料进行前置性审查，以排除不具有证据能力的证据材料，使之不能在法庭上向裁判者展示。证据引出规则对于实现实体公正、程序公正和诉讼效率等程序价值都有现实意义。

刑事庭审认证规则研究
胡锡庆 张少林

庭审认证是我国刑事诉讼法修改后的新生事物。该问题涉及为什么要进行庭审认证，庭审中如何认定证据以及认证的标准和理由是什么等方面。有关解决上述问题的研究需以庭审方式、认证方式、认证规则三者关系为理论支点，运用理论思维、实证分析和历史、比较的方法。由此可以得到的结论是：所有证据都应在法庭上面对控辩双方公开认定（即庭审认证），认证方式、认证内容决定认证规则。

WTO与司法审查
甘文

司法审查是WTO法律框架中的重要内容，涉及法院的司法审查权、司法审查的标准和范围等一系列行政法学理论问题。鉴于目前学术界对这些问题尚存在较多误解，有必要通过研究和论证，准确把握WTO中司法审查的具体规则及其与我国司法审查制度之间的关系，以期推动我国司法审查制度的发展和完善。

国际法上的国家主权与国际干涉
杨泽伟

国际干涉与国家主权的关系是当今国

2001 年第 4 期

法律家的技能与伦理
孙笑侠

法律家是不同于行政官的特殊阶层，他们具有特殊的专业技能，尤其表现为思维方式的特殊性。特殊的专业技能需要特殊的职业伦理来匹配，其"职业病"也需要特殊的职业伦理来抑制。法律家职业化意义上的德才兼备对于法治国家具有重要意义。

宪法学理论体系的反思与重构
周叶中　周佑勇

宪法学的基本矛盾是公民权利与国家权力的关系。其道德基础在于人权保障，社会基础在国家与社会的二元化，逻辑起点在于人民主权。完整的宪法学理论体系应以解决这个基本矛盾为主线，包括宪法基础、公民权利、国家权力和宪政运行四个方面的内容。

经济宪法学基本问题
赵世义

经济宪法学以财产权为基石范畴，把公民权利与国家权力的关系理解为个人财产权与国家财政权的冲突，并把这一冲突置于产权、人权与政权的相互作用中考察。财产权在公民权利体系中处于核心地位，权利保障首先要承认和保障个人的财产权。财政权是国家经济权力乃至一切权力的根本，实行宪政必须建立对财政权力的约束。

侵权行为法的一般条款
张新宝

在对法国、德国等大陆法系国家民法典及普通法、斯堪的纳维亚法有关侵权行为一般性规定的模式进行比较分析后得出的结论是，在民法典中规定侵权行为法一般条款的立法模式更为可取。在此基础上试拟了我国未来民法典侵权行为法一般条款，并对该草拟的条文进行了详细说明。

我国证券法中民事责任制度的完善
王利明

在证券法中建立民事责任制度，有利于保障投资者利益、预防和遏止违法违规行为、加强市场监管等。证券法中的民事责任涉及擅自发行证券、虚伪陈述、内幕交易、操纵市场等行为。证券法中的民事责任主要为侵权责任，其构成以损害事实、因果关系、过错为要件。此外，应建立相关的诉讼机制。

事实探知：绝对化倾向及其消解
——对一种民事审判理念的自省
张卫平

事实探知的绝对化是我国民事审判的一种基本理念。这一理念与民事诉讼的特性和民事诉讼的客观实际形成了错位，并与民事诉讼法中设置的某些制度形成了紧张关系。要使民事审判理念与民事诉讼的特性和民事诉讼客观实际具有一致性，并消解理念与制度中的紧张关系，就应当对与民事诉讼特性不相一致的民事审判理念加以调整，消解民事诉讼中事实探知的绝对化和主动性倾向。

前科消灭制度研究
房清侠

作为一种法律制度，前科消灭不仅具有丰富的法律内涵，而且还具有厚实的理论基础。我国刑事立法对前科消灭的漠然不能也不应当影响刑法理论对此问题的探讨。随着社会的不断进步，有前科者的各种权利必将会受到法律和社会的广泛关注。因此，适时有度地在我国刑法典中设置前科消灭制度，不失为一种理性的抉择。

刑事审判中的证据引出规则
姚莉 李力

"证据引出"规则是在刑事审判过程中，要求控辩双方通过一定的方式使一项证据材料能够被允许作为证据在法庭上出示的规则，其实质是在控辩双方向裁判者展示自己的证据材料之前，对其准备在法庭上展示的证据材料进行前置性审查，以排除不具有证据能力的证据材料，使之不能在法庭上向裁判者展示。证据引出规则对于实现实体公正、程序公正和诉讼效率等程序价值都有现实意义。

刑事庭审认证规则研究
胡锡庆 张少林

庭审认证是我国刑事诉讼法修改后的新生事物。该问题涉及为什么要进行庭审认证，庭审中如何认定证据以及认证的标准和理由是什么等方面。有关解决上述问题的研究需以庭审方式、认证方式、认证规则三者关系为理论支点，运用理论思维、实证分析和历史、比较的方法。由此可以得到的结论是：所有证据都应在法庭上面对控辩双方公开认定（即庭审认证），认证方式、认证内容决定认证规则。

WTO 与司法审查
甘文

司法审查是 WTO 法律框架中的重要内容，涉及法院的司法审查权、司法审查的标准和范围等一系列行政法学理论问题。鉴于目前学术界对这些问题尚存在较多误解，有必要通过研究和论证，准确把握 WTO 中司法审查的具体规则及其与我国司法审查制度之间的关系，以期推动我国司法审查制度的发展和完善。

国际法上的国家主权与国际干涉
杨泽伟

国际干涉与国家主权的关系是当今国

际法研究中的一个重大课题。在世界新形势下,传统的国家主权面临一系列新挑战,但日益增多的国际干涉存在着明显的缺陷。国际干涉与国家主权既有矛盾的一面,又有一致的一面。我们既要维护传统国际法上的国家主权,又不能一味地排斥所有的国际干涉,重要的是国际干涉行动必须遵循一些重要的国际法准则。

条约对第三国(方)的法律效力
王庆海 刘爽

根据《条约法公约》的原则规定,条约仅对缔约国有法律效力,非经第三国(方)同意,条约对第三国(方)无法律效力。但在某些情况下,条约仍可为第三国(方)创设义务或权利,可以对第三国(方)产生法律效力。具体分为:条约为第三国(方)创设义务;条约为第三国(方)创设权利;对第三国(方)义务的变更与取消;对第三国(方)权利的变更或取消。

犯罪学的研究范式
张小虎

犯罪学要走出理论困境，必须构建科学的犯罪学研究范式。对研究范式的理解应从变量等级、分析轴、经验与思辨、理论框架四个方面的概念入手，通过对其的具体阐述，揭示犯罪学科学研究应遵循的基本规则和研究进路。

关于刑法情节显著轻微规定的思考
王尚新

犯罪情节显著轻微危害不大的不认为是犯罪，是我国刑法犯罪概念中的规定。这一规定在理论上有诸多不妥之处，在执行中也存在着理解和适用不一致的问题，不利于实现罪刑法定原则。因此，从立法上解决该规定存在的问题是必要的。

自由心证新理念探析
——走出对自由心证传统认识的误区
汪海燕　胡常龙

产生于特定历史条件下的自由心证，随着时代的发展，其不合理成分逐渐被扬弃，今天已被赋予了全新的思想内涵。我国的证据制度本质上也属于自由心证制度，但现行刑事证明标准及相关制度与之相冲突。确立科学、合理的证明标准以及相应的保障制度是完善我国自由心证制度的当务之急。

犯罪与秩序
——刑事法视野的考察
蔡道通

犯罪与秩序总是处于一定的紧张关系中。但是，犯罪作为人类的不可摆脱的伴生物在给社会带来恶害的同时也给人类展示了它的一定程度的正价值。对这种价值的研究将有利于我们正确地对待犯罪并形成科学的秩序理念。秩序并不意味着没有犯罪，面对犯罪而拥有秩序的关键之点就在于制度化安排本身的程序化运作。

行政法上的假契约现象
——以警察法上各类责任书为考察对象
余凌云

行政契约是游离在行政行为与民事契约之间的一种特殊形态，它包含着两个变量，一是合意的程度，二是存在类似于行政行为的权力因素。基于此，应将行政契约定义为"以行政主体为一方当事人的发生、变更或消灭行政法律关系的合意"。在同时兼有这两个变量时，行政契约才能成立。

原则和规则的若干问题
李 可

法律原则是一种根本规范或基础规范,其在法体系或法部门中居于基础性地位。由于成文规则自身存在种种不足,在法律中引入原则就成为必要。原则与规则之间既有个性,也有共性。种种分析表明,规则与原则之间存在着冲突,其根源在于它们各自所代表的法律价值和社会价值是互有差异甚至截然相反的。规则中心主义和原则中心主义是解决法治进程中种种难解之题的两种思路,遗憾的是,它们都无法将法律和法治从现在所面临的困境中挽救出来。

论法律物权和事实物权的区分
孙宪忠 常鹏翱

在物权法中贯彻公示原则后,必然会有法律物权与事实物权的区分,这种区分是客观存在的。在不涉及第三人利益的情况下,法律以保护事实物权为基本出发点,保护的基本措施是异议抗辩登记和更正登记等。在发生第三人物权取得的情况下,立法和司法保护的基本出发点是法律物权。

民事证据立法与证据制度的选择
李 浩

选择什么样的证据制度是我国民事证据立法必须回答的问题。证据制度的选择必须充分考虑我国社会主义初级阶段以及与民事诉讼相关的现实国情。我国应选择法定证据与自由心证相结合,以自由心证为主,以法定证据为辅的证据制度,在民事证据法中不仅要规定举证、质证、认证等证据规则,而且要设置一些有关证明力的规则。

跨国投资国际法制的晚近发展
刘 笋

跨国投资的国际法制近年来的发展速度明显加快,也引发了南北国家之间更加尖锐的矛盾和冲突。晚近美式双边投资条约和一些多边投资立法极力弱化东道国外资管辖权的特征表现得越来越明显,可能带来一系列严重后果,应当引起发展中国家高度重视。同时,西方法学界试图将晚近出现的一些自由化性质的条约法规则上升到习惯国际法规则高度的论调,目的在于永久性地确立有利于发达资本输出国的国际法律秩序,因而也是危险的。未来国际投资的国际立法应当注意在推动国际投资自由化和保护投资者利益的同时,确保东道国对跨国投资的适当管理和控制,以利于建立投资领域的国际法律新秩序。

清代的犯罪存留养亲
吴建璠

清代在中国古代封建社会中运用犯罪存留养亲制度最有成效。清统治者继承了明律的规定,在处理具体案件的过程中形成了一系列的例文和成案,逐渐放宽了对留养条件的限制,形成了从声请留养到枷责发落的一整套严格的程序,使此制得以有效而广泛地推行开来。

《万国公法》与清末国际法
何勤华

《万国公法》是译成中文的第一本西方国际法学著作,现在能见到的最早版本是同治三年(1864)京都崇实馆本。该书首次将近代国际法的基本原则、思想观念以及概念术语带入中国,对中国学术界产生了巨大的启蒙作用,直接促进了清末中国近代国际法学的诞生。

苏联俄罗斯法学与中国法学学术研讨会纪要

2001 年第 6 期

犯罪本质特征新论
夏 勇

刑法学犯罪概念研究必须正视而不是回避客观存在的犯罪本质特征，犯罪本质特征是社会危害性的基本观点应当得到坚持，但犯罪本质特征不是单一的社会危害性，而是以社会危害性为中心的矛盾结构。区分立法与司法的不同角度是正确审视犯罪本质特征的关键。立法实践与司法实践应当与犯罪本质特征保持恰当关系。

解读公正审判权
——从刑事司法角度的考察
熊秋红

公正审判权在国际人权法中的确立已逾40年，它以英美法中的"法律的正当程序"为直接的理论依据。在刑事司法中，公正审判权用来保护受刑事指控者免遭不合法、不公正的定罪。国际人权公约从司法组织和司法程序两个方面规定了公正审判的保障措施。作为对多元法律文化的规制，公正审判的国际标准体现出原则性与灵活性的结合。在我国，有必要明确树立保障公正审判权的观念，并在有限的条件下，最大限度地促进现行刑事司法制度与国际标准相协调。

论司法证明的目的和标准
——兼论司法证明的基本概念和范畴
何家弘

司法证明的目的和标准是两个密切相关的概念。研究司法证明的目的和标准，必须考察司法证明的基本范畴。司法证明的目的可以带有一定的理想性，但司法证明的标准必须具有现实性。司法证明的目的在各种案件中都应该是统一的，司法证明的标准则可以根据案件种类的不同而有所区别。司法证明的目的是客观真实，司法证明的标准是法律真实。

刑事附带民事诉讼制度的
内在冲突与协调
肖建华

我国刑事附带民事诉讼制度与现行诉讼法律体系存在着很大的冲突，不能给予受害者应有的程序保障和实体保障。西方市场经济国家处理刑事附带民事诉讼冲突虽然有不同的方式，但是刑事附带民事诉讼制度的共同性大于相异性。协调我国刑事诉讼程序内在冲突的关键是以刑事优先为前提，确立民事诉讼救济的独立性，探讨和论证新提出的程序操作规范的可行性。

中国农民的社会保障问题
刘翠霄

中国农民应该获得社会保障的保护。这是因为，获得社会保障是宪法赋予农民的一项权利；农民在民主革命时期和社会主义建设事业中作出过重大的牺牲和贡献；农民为我国的经济体制改革和精神文明建设作出过重大的贡献。然而，我国农民的社会保障状况令人担忧，必须尽快予以改变。改变的办法是建立具有真正"社会"性质的农民社会保障制度。

论宣告失踪与宣告死亡
尹田

我国民法典应当保留宣告失踪程序，但宣告失踪应以失踪人财产有代管之必要为条件，财产代管人与法定代理人有同等地位。失踪人的利害关系人的宣告死亡申请权不应有顺序之分。宣告死亡确定的死亡日期与自然死亡日期不同，当构成死亡宣告撤销事由。死亡宣告撤销前恶意继承人实施的无偿行为或单方行为在一定条件下应予撤销。

自然人民事责任能力的若干问题
——与刘保玉、秦伟同志商榷
余延满　吴德桥

自然人的民事责任能力即自然人的侵权行为能力。自然人民事能力制度是从过失责任主义演绎而来，因而无过错责任、公平责任自无民事责任能力制度适用的余地。我国民法关于自然人民事责任能力的判断标准可借鉴德国民法的做法。

合作制与集体所有权
马俊驹　宋刚

集体所有权是在合作制经济中产生和发展起来的所有权形式，它不同于共同共有、总有和公司法人所有权。集体所有权的主体是集体经济组织。我国城镇和农村的集体所有权将长期存在。

科技、经济、法律协调机制中的知识产权法
吴汉东

在法律制度体系中，知识产权法与科技、经济有着特殊的联系。它是近代商品经济与科学技术发展的产物，也是私法领域财产"非物质化革命"的结果。知识产权制度的构建出于知识财产化与产权制度化的合理要求。它的产生与发展是一个科技创新与制度创新的过程，也是科技、经济、法律协调发展的过程。

中国媒体与司法关系现状评析
徐迅

中国受众对法庭新闻十分关注，媒体在满足公众知情需要的同时亦反映公众对司法的批评。由于缺少共识、缺少规则，媒体与司法的关系正处于较不稳定的时期。新闻自由与司法公正、新闻批评与司法尊严、新闻采访与法庭秩序的冲突时有出现。冲突中，媒体总体处于强势，承载着较多的社会期待；而一旦发生诉讼或面对司法权力，媒体又处于绝对的弱势。实现平衡的制度框架有待建立。

马克思恩格斯论司法独立
胡玉鸿

在马克思、恩格斯看来，司法独立起源于"人类对自身的恐惧"，是一种为防止集权而进行的制度设计。司法独立的基础在于司法权的"国民的直接所有物"的性质。在司法独立的生存机制上，必须以"自由的国家"作为支撑。司法独立的内容既包括法院的独立，也包括陪审法庭的独立与法官的独立。并且，司法独立本身并非目的，它是以追求"审判自由"为价值导向的。

评法权宪法论之法理基础
秦前红

法权宪法理论以利益财产分析为主要内容，论证了权力在法学理论中应有的地位，对权利、权力与利益、财产的关系提出了全新的假说，以此为基础形成了形式上进行法权分析，实质上作利益财产分析的法学基本范畴架构，是一项具有创新意义的科研成果。但法权理论的研究方法、范畴体系乃至法权概念本身的使用与提出都存有诸多不完善之处，需要改进。

受贿罪的共犯
张明楷

刑法第 382 条第 3 款不是法律拟制，而是注意规定。一般主体与国家工作人员相勾结、伙同受贿的，成立受贿罪的共犯；国家工作人员使请托人向第三者提供贿赂时，故意接受贿赂的第三者与国家工作人员成立受贿罪的共犯；以各种形式帮助行贿或者受贿的，分别成立行贿罪或受贿罪的共犯，而非介绍贿赂罪；受贿罪的共犯人应当对所参与的共同受贿数额负责，追缴受贿所得时原则上应采取连带追征说。

利益的层次结构与利益衡量的展开
——兼评加藤一郎的利益衡量论
梁上上

日本学者加藤一郎提出的利益衡量理论揭示了法官运用法律进行判案的过程就是利益衡量的过程，有积极意义，但是也有其缺点，最根本的是它没有科学的规则体系，容易导致恣意。利益存在层次结构：当事人的具体利益、群体利益、制度利益和社会公共利益，在实践中应当区分不同的类型进行仔细地剖析和论证。

事实婚姻的效力
张学军

事实婚姻在法律性质上原属于不存在的婚姻。20 世纪 70 年代以来，西方国家的法律逐渐开始对事实婚姻予以调整，使同居双方具有一定的权利、义务。我国有关事实婚姻的法律规定有的较为笼统，需要解释，有的存在漏洞需要补充。

不方便法院制度的几点思考
奚晓明

不方便法院制度是法院在涉外民商事诉讼中依当事人申请决定终止诉讼的一项制度。这一制度的概念产生于17世纪，完善于20世纪初。我国采用该制度有助于实现公平与效率，且不与国家主权原则矛盾，但应以互惠为前提。在我国适用该原则应具备受诉法院有管辖权、案件处理结果与本国利益关系不大、在程序上有异议主体等条件。法院应以不同方式对适用该原则作出裁定。

中国古代直诉中的自残现象探析
张全民

中国古代直诉中的自残行为有髡发、耳、面、钉手等多种表现。直诉者进行自残一则表明自己将诉讼进行到底的决心，这是当时直诉制度的种种弊端使然；二则表达自己主动受罚的诚意，这是受当时人们思想意识的影响。直诉中的自残现象主要集中于汉至唐、宋时期，由于统治者的长期严厉禁止，到明、清时，其行为发生转变。

二〇〇一年中国法学研究回顾

法理学研究述评	陈欣新	刘翠霄
宪法学研究述评	张少瑜	莫纪宏
行政法学研究述评	刘翠霄	
刑法学研究述评	王敏远	柳忠卫
刑事诉讼学研究述评	张弢	王敏远
民法学研究述评	龚赛红	张新宝
民事诉讼学研究述评	刘学在	张新宝
商法学研究述评	姚德年	张新宝
国际学研究述评	朱晓青	张少瑜

我国检察权的反思与重构
——以公诉权为核心的分析

陈卫东

检察机关的基本职能是公诉，检察权在本质上主要表现为公诉权，以公诉权为基本内容的检察权在本质属性和终极意义上应属于行政权。检察机关在刑事诉讼中的各项权力都是具体的诉讼程序性权力，与所谓的法律监督机关、法律监督权并不存在必然的关联性。应该按照检察机关就是公诉机关的思路去改革司法制度，建立以公诉机关为核心、主导的审判前程序，同时改革现行的逮捕和其他侦查措施的审查批准制度。

公诉的价值

姜 伟

公诉的价值目标是国家与社会通过公诉活动所追求的结果。公诉在客观属性上具有众多功效，但国家与社会自觉追求的是其中最有意义的功效。公诉的价值目标主要表现在三个方面，一是实现法律正义，这是公诉的外在价值，保证公诉结果的正确性；二是体现程序公正，这是公诉的内在价值（独立价值），突出公诉过程的公平性；三是注意诉讼效益，这是公诉的功利价值，强调公诉制度的社会性。

绑架罪的法定刑对绑架罪认定的制约

阮齐林

应当立足于现有的立法模式解释绑架罪的构成要件。立法对绑架罪规定了极为严厉的法定刑尤其是法定最低刑。受其制约，对绑架罪的构成要件应当尽量作限制性的解释，使绑架罪的认定与严厉的法定刑相称。绑架罪主观上应当是以勒索巨额赎金或者其他重大不法要求为目的；客观上限于使用暴力方法扣押人质，利用第三人对人质安危的担忧进行勒索；侵犯的客体不仅包括人质的人身权利而且包括第三人的自决权；绑架他人之后，尚未开始勒索之前，应当有成立犯罪中止的余地。

基本权利的宪法构成及其实证化

郑贤君

宪法中的基本权利是特定价值观和信仰的宪法化，受制于社会现实发展。这些基本权利可以分为三类，即自我保存和肯定意义上的古典自然权利、自我表现意义上的公民政治权利及自我实现和发展意义上的社会经济权利。这样划分有利于理解宪法基本权利的不同属性及其思想与现实基础，理解其与国家权力的关系，以设置不同方式促进其实证化。

宪法的现实世界与观念世界
——宪法学基础性研究中的一类典型错误剖析

童之伟　刘茂林　梁忠前

宪法学基础性研究中易出现的错误是混淆宪法现象和宪法学概念，将立宪社会现实生活的矛盾、宪法矛盾和宪法学中的矛盾混为一谈，误解被抽象对象与抽象结果之间的关系，不懂得什么是抽象力以及如何获得和运用抽象力。《法学研究》2001年第4期上发表的周叶中等所写的《宪法学理论体系的反思与重构》一文，为这类典型错误提供了种种可用以剖析的例证。

司法中的主题词

左卫民　谢鸿飞

法律主题词指称的是法律要求的、典型的社会事实，它与社会事实之间是词与物的关系。在司法中，法律关注的是指称行为性质的主题词，而不是具体行为的细枝末节。法律主题词把现实生活中有鲜明个性的行为归结为同一种抽象行为，它虽然是人为创造的，但有重构社会生活的力量。

信用证交易中的欺诈例外

何　波

信用证为独立自主的契约，但是在肯定这一原则的前提下如有欺诈发生则允许银行不予付款或承兑，法院也可发布禁止支付令。但是，欺诈例外原则只是一种法律救济手段，不得滥用。

意思表示不真实诉讼行为的救济

张家慧

民事诉讼的当事人由于种种原因，在实施诉讼行为时会因意思表示不真实而受不利判决。对此，英美法系和大陆法系有不同的对待。在英美法上，对于因错误、受欺诈、受胁迫、疏忽而为的诉讼行为，受不利判决的当事人可以请求取消。大陆法系国家原则上不对意思表示不真实的诉讼行为加以救济，但承认一些例外。基于追求实体正义的考虑，我国应当设立对意思表示不真实的诉讼行为的救济制度。但对此应设定比较严格的条件，以维护判决的安定性。

取得时效立法研究

温世扬　廖焕国

取得时效制度在市场经济条件下有其存在的合理性与必要性。取得时效的构成要件主要是占有和经过一定期间，并不需要善意。其适用范围包括所有权和所有权以外的其他财产权，但后者的内容需要进一步界定。取得时效标的不以未登记者为限。符合条件的国有财产可以适用取得时效。取得时效的体系安排应该发挥其制度的整体力量。

督促程序的改革与完善

章武生

我国督促程序运行效果不佳的主要原因在于现行诉讼制度不能保证民事诉讼法各项任务的实现。为此，要充分发挥我国督促程序的功效,除了改革该制度外还必须同时完善相关的程序制度。具体包括:增设简易判决制度;改革诉讼费用分担制度;加大执行力度和对逃避执行者的制裁力度,建立不良信用记录制度。

中国民法典·侵权行为编草案建议稿
中国民法典立法研究课题组

《中国民法典立法研究》是中国社会科学院法学研究所梁慧星研究员领导的一个国家社科基金项目。其最终成果是《中国民法典草案建议稿及立法理由书》。这里发表的是中国民法典·侵权行为编的条文建议稿。参加本编起草的课题组成员有梁慧星研究员、张新宝教授、刘士国教授、于敏副研究员、龚赛红副教授,由张新宝担任召集人。在起草人对全部条文草案进行集体讨论的基础上由张新宝负责统稿,由梁慧星最后修改定稿。

苏联法学对中国法学消极影响的深层原因
——从马克思东方社会理论出发所作的分析
唐永春

苏联法学对中国法学产生过深刻的消极影响,其原因除了社会制度、意识形态、国际环境等直接因素外,还存在着更深层次的历史传统的因素,这就是两国传统政治文化的同质性——基于古代东方亚细亚生产方式而形成的东方专制主义传统——的遗存及其影响。马克思东方社会理论是理解这一同质性的钥匙。认识这种深层原因,对我国今后法学研究及法治建设的发展具有重要意义。

司法独立的几个问题
李步云　柳志伟

司法独立的理论基础，一是权力分立与制衡原理，二是主权在民的原理与原则。在古代主权在君的政治体制下，有某种权力监督的思想与制度设计，但不可能有近代意义的司法独立的原理与原则。近几十年来，有关司法独立的一系列国际文书的出现，标志着司法独立已经进入了一个新的历史发展阶段。司法独立与现代意义的民主、法治和人权密切联系在一起，其价值是多重的。要在中国真正实现司法独立，首先要在观念上进行更新，尤其应在五个问题上走出理论误区。

人民法院管理体制改革的几点思考
刘会生

司法不公或司法腐败的根本原因在于我国现行法院管理体制存在的三个弊端：司法权地方化、法院内部管理行政化和法官的非职业化。司法体制的改革必须有明确的指导思想和整体设计，通过修改法律，自上而下地进行。要把地方法院法官的任免权收归省级人大常委会；法院的经费由国家拨付；实行司法辖区和行政区划的分离。要取消对下级法院除上诉审和再审以外的监督；加强法官的审判独立。基层法院取消审判委员会和合议庭制度；中级以上法院要强化合议庭地位。大幅精减法官，建立严格的法官选拔制度、逐级遴选制度、定期交流制度以及惩戒制度，并对法官给予必要的身份保障和经济保障。

出释入造
——法律诠释学及其与法律解释学的关系
郑永流

法律诠释学对于法律解释是一种带有先见的理解，理解是法律文本与理解者两个世界的沟通，在沟通中内在地创造着判决依据的立场，试图颠覆法律解释学只是借助各种方法去寻求判决与法律的一致性这一思维定式。然而，它放弃法律文本解释的标准、抛开法律文本作者的意图、过于钟爱理解者的主观态度的主张，也遭遇有力的批评。所以，一是强调内容，一是注重方法的这两种法律解释观互不可替代，解释无诠释流于空洞，诠释无解释走向盲目。

水权与民法理论及物权法典的制定
崔建远

水权由水资源所有权派生出来，是汲水权、引水权、蓄水权、排水权、航运水权等组成的权利束，具有私权与公权的混合性质。由其支配形式的特殊性与其客体的特殊性所决定，其客体的特定性是个别形态,不特定性反而常见。汲水权、引水权等类型犹如水所有权主体的转换器,其运行使水所有权从水资源所有权中分离出来,转归水权人享有。因此,它们不含有占有权能。水权基本上不具有排他性,应通过优先性规则来解决水权人之间的利益分配。依据先占用原则取得的水权闲置达一定年限便归于消灭。因水权与典型物权差别过大,物权法不宜直接规定,但应为其预留足够的发展空间。相关的民法理论亦应进行反思。

民事证据的若干问题
——兼评最高人民法院《关于民事诉讼证据的司法解释》
李 浩

最高人民法院对证据问题作出的司法解释尚存在着一些不足,有待明确、补充和修正。应当把法律要件分类说作为举证责任分配的一般原则,同时对按照此原则不能得到公平结果的少数情形实行举证责任倒置;对于某些疑难案件的举证责任分配,应当由最高人民法院以批复形式解决;应当采用较高程度的盖然性的证明标准;对于已经刑事或者其他民事判决确认的事实,应当按照不同情形,认定其在后诉程序中对于事实证明的效力。

推定对举证责任分担的影响
叶 峰 叶自强

举证责任基本原则是在推定的基础上确定的。但是在每个具体案件中,当案件性质及其举证责任确定之后,推定规则不可能对该案件的已经分配的举证责任产生影响,更不可能导致这种举证责任的转移。

善待社会危害性观念
——从我国刑法第13条但书说起
储槐植 张永红

社会危害性是我国传统刑法学的基石性概念,因之我国传统的刑法理论被称为社会危害性理论。但近期以来,一些刑法学研究者基于罪刑法定原则的立场对社会危害性进行了质疑和挑战,对社会危害性的批评几成一边倒之情势。以刑法第13条但书为切入点,可以论证但书与罪刑法定原则在价值和功能上的一致性,并认识到应该善待我国刑法中的社会危害性观念。

对刑法中"主客观相统一"原则的反思
——兼评主观主义与客观主义
齐文远 周 详

"主客观相统一"是我国刑法中的基础性原则,而传统刑法理论对该原则的理解有失偏颇。事实上,这一原则是矛盾的统一体,是现代各国刑法的共有基础,与国外刑法理论中的主观主义、客观主义并不是必然对立的。

伪证罪:一个规范的语境分析
周少华

刑法规范表达的妥当性是刑事司法活动在不逾越刑法基本原则的前提下实现刑法调控社会功能的制度性保障;由此,规范语言的意义应当始终指向该规范的价值目标。但是,我国现行刑法第305条关于

"伪证罪"的规范性描述却在一定程度上消解了伪证罪立法的价值,这种由表达缺陷导致的价值损耗虽具有个案性质,却不难从中洞见某种普遍的立法意义。规范语言是规范价值的载体,法律之文本意义与规范意义的统一是"司法合法"的保证。所以,这种统一不但应当成为法律的形式化特征,而且也是法律规范的实质性要求。

侵占罪疑难问题研究
周光权

侵占罪是易占有为不法所有的行为。对于侵占罪的成立,确认占有事实是否存在比判断占有性质是否合法更为重要。侵占罪的犯罪对象包括代为保管的他人财物、遗忘物、埋藏物;侵占包装物、不法委托物应当以侵占罪论;委托关系并不存在,但误认为存在并占有他人财物的,构成侵占遗忘物的犯罪;对遗忘物应当作扩大解释,它和遗失物之间不可能也无必要加以区分。非法占为己有和拒不退还、拒不交出之间具有包容和相互证明的关系,为正确认定侵占罪,应当合理确定拒不退还、拒不交出的最后时限。

刑事立案程序的独立性质疑
吕 萍

我国的刑事立案程序立法中存在着严重的弊端,其程序的独立性值得质疑。现行立法的不合理导致侦查机关在立案之前适用强制措施和侦查手段的不准确性,也促成了司法实践中"不破不立"的现象。建议取消立案程序,代之以相对简化的案件登记制度,将立案程序纳入大侦查的阶段之中,这样既可以解决初查行为的法律定性问题,也使法律规范更便于操作。

中国古代刑法与佛道教
——以唐宋明清律典为例
王立民

中国古代统治者惯用刑法来规范与佛道教有关的一些问题。唐律、宋刑统、明律和清律中多处涉及确定僧道的法律地位、禁止擅自充任僧道、保护佛道神像、打击诬告僧道和诬告僧道行奸的行为等,但实际生活中仍有大量僧道犯罪,其中包含谋杀、行奸、抢劫、诬告等。与其他古代东方国家相比较,中国古代刑法中宗教方面内容有自己的特点,主要与我国古代宗教、政治状况有关。

2002 年第 4 期

法律经济学的理论基础
钱弘道

作为二十世纪后半期法学最重要发展的法律经济学,渊源于制度经济学。法律制度能够引起经济学研究高度重视的关键就在于人类经济发展的历史充分证明,对经济增长起决定作用的是制度性因素而非技术性因素。从凡勃伦传统到康芒斯的交易概念,再到科斯的交易成本和科斯定理,法律经济学奠定了雄厚的理论基础。康芒斯把经济关系的本质归结为所有权转移的交易,是经济学发展史上的一个重要转变。科斯的交易成本理论架起了制度和交易成本、新古典理论和法律经济学之间的桥梁。科斯定理提供了根据效率原理理解法律制度的一把钥匙,也为朝着实现效率最大化的方向改革法律制度提供了理论依据。

规范性文件行政复议制度
张淑芳

行政复议法第7条确立了规范性文件行政复议制度。然而,该制度在操作过程中存在较大困难,导致该制度形同虚设,给行政法治实践制造了诸多新的问题,其根本原因在于规范性文件行政复议的理论困乏。有必要在行政法理论上给规范性文件行政复议一个初步的定位,如对公民完全诉愿权的肯定、对规范化层级行政监督权的肯定、对全面司法审查的隐含肯定等。通过定位合乎逻辑地建立起理性的规范性文件行政复议制度,该制度的实质在于使规范性文件行政复议独立化、全面化,并强化复议机关审查的权威性。

违法行政规范性文件之责任追究
刘松山

从行政机关制定规范性文件的行为与议会立法行为的区别,政治责任和违宪责任的相关理论,以及矛盾的普遍性和特殊原理入手,可以揭示出违法行政文件制定主体所承担的责任在性质上应当属于具体的法律责任。借鉴国外的有关立法和理论,尽快建立起我国对违法行政规范性文件的责任追究制度,特别是确立人民法院对行政规范性文件的司法审查制度和违法文件制定者的个人责任追究制度,对实行依法行政、保障公民权利具有重大意义。

从压制型行政模式到回应型行政模式
崔卓兰　蔡立东

行政必须转换模式,以适应社会转型的需要。压制型行政模式立足强制,以维护公共利益为唯一目标,否认相对方利益的正统性,只适用于维护"机械团结"的社会秩序。以"有机团结"为典型特征的现代社会需要确立回应型行政模式,通过非强制行政行为,统合多元利益,培育社会自治，汲取社会智识资源，催生行政民主。以人文主义为精神核心的现代行政法弘扬人的主体性，从不同层面推动现代社会迈向回应型行政模式。

诚实信用原则二题
徐国栋

诚信可分解为客观诚信与主观诚信。客观诚信是一种课加给主体的行为义务，该义务具有明显的道德内容；主观诚信是主体对其行为符合法律或具有合道德内容的个人确信。二者可以统一于一般诚信。主观诚信与客观诚信的分离是随着社会的发展，通过把规制对象从第一占有人转换到第二占有人而逐渐完成的。我国把诚信局限于客观诚信的理论存在缺陷，应吸收先进的研究成果再造。

物权行为理论辨析
谢怀栻　程啸

物权行为存在于我们的日常生活之中。学者正是从现实生活中大量存在的物权行为、债权行为等具体法律行为形式中才抽象出法律行为这一上位概念并将其置于民法总则的地位。物权行为的独立性与无因性只是全部物权行为理论中很小的一部分，它们是针对发生在买卖、互易和赠与等以移转所有权为目的的行为而提出的理论。因此不能把否定"买卖中物权行为的无因性"的观点发展成为否定整个物权行为的观点。某种行为为无因行为，必须有法律的明文规定。

欺骗与刑事司法行为的道德界限
龙宗智

刑事司法活动中允许使用带有欺骗性要素的侦讯谋略，包括设置警察圈套、实施卧底侦查以及审讯中的欺骗。但为了维护国家形象、社会信用和司法公正，这种欺骗应受到法律的严格规制，要求对象特定、不得已而使用，同时要求限制方法、防止虚假以及具有正当目的。而一旦侦查、司法机关对嫌疑人作出司法承诺，就必须信守。司法信用原则可以作为刑事司法的一项重要原则。

个案与逻辑认知
张成敏

法律逻辑学在个案认识方面是与价值论相对的元科学理论。法律逻辑学在个案认知方面区分了形式问题和价值问题，提示形式证明给价值抉择留下的空间，说明价值渗透的特殊理由。因此有必要提供相应的形式概念，例如"事实Ⅲ"概念，推断与推证概念，怀疑的科学与证明的科学，确证概念和确证偏见概念，合情推理概念，悬疑概念，疑错和冤错概念。这些概念显示探究个案有特殊的认识论和方法论。

对"法律真实"证明标准的质疑
张继成　杨宗辉

无论是刑事实体法律规范还是刑事程序法律规范都不具有判定案件事实是否真实的功能。"法律真实"所陈述的基本内容与判定证据是否充分的标准重复，所以

"法律真实"证明标准是不能成立的,"法律真实"这个概念是一个伪概念。"客观真实"标准是判定证据是否真实和是否充分的有机统一,对传统"客观真实说"作一些必要的限定之后,客观真实标准仍然是刑事诉讼证明的基本标准。

刑事责任与民事责任不可转换
——对一项司法解释的质疑
杨忠民

最高人民法院审判委员会《关于审理交通肇事刑事案件具体应用法律若干问题的解释》第 2 条的规定以行为人有无赔偿能力作为定罪的标准之一,混淆了刑事责任和民事责任,缺乏法理上和立法上的支持,且有可能造成对法律面前人人平等原则的破坏,因此值得充分关注。

不方便法院说比较研究
胡振杰

"不方便法院"说是指一国法院认为某个涉外案件更适合在外国审理或者本国法院不适合审理,而拒不行使管辖权的一种自由裁量权。它起源于英格兰,后来逐渐发展成为英美国际私法上影响法院行使国际管辖权的一项重要制度。该说缺乏合理性,没有统一的适用标准,且赋予审理案件的法官过多自由裁量权,很容易被当事人或者法院操纵,往往导致适用结果的不一致。除一些普通法国家和地区外,其他国家都拒绝接受该说。我国法院在审理涉外案件中也不宜适用该说。

《开皇律》的修订及其在中国法制史上的地位
张先昌

《开皇律》是隋初统治集团在总结魏晋南北朝各代立法经验的基础上制定的一部法典。它确定的十二篇法典体例、封建五刑制、"十恶之条"、扩大对封建贵族官僚的法定特权及律典中体现出来的立法精神和司法原则,为唐宋王朝所继承,对后世产生深远的影响。

解释论、语用学和法律事实的合理性标准
李 力 韩德明

法律事实是人们在诉讼过程中对客体事实的认识结果，这一认识开始于个别主体对客体事实的经验和感受。当经验者用言语方式表达其对客体事实的经验和感受时，客体事实便转换成语言流传物。诉讼过程就是各方主体以言语方式表达事实主张，以寻求主体间的共同理解和解释，从而建构法律事实的过程。在这一过程中，制度性语境和规则成为主体间对话和评价的依据，在此基础上形成的共识便成为法律事实合理性的来源。真实性是法律事实形成的条件，而共识性应是法律事实的合理性标准。这就要求诉讼制度能够体现交往合理性，并要求诉讼程序尽可能保障交往合理性的兑现，以期有效地达至共识性真理标准。

法的确定性及其相对性
——从人类生活的基本事实出发
李 琦

法的确定性由法的外在确定性和内在确定性构成。法的外在确定性指法为人类提供秩序化的、有序性的社会生活。法的外在确定性是法的功能所在，是法的首要价值。这是由资源稀缺这一事实所决定的。法的内在确定性指法自身的确定性，包括法作为社会规范以明确性、普遍性和强制性为特征，以及法以行为为对象。法的内在确定性是法的外在确定性得以实现的前提。法的确定性的相对性在法的外在确定性和法的内在确定性两个方面都存在着。这是由人的需要的某种不确定性、客观世界的确定性和不确定性的并存、法实现确定性的能力的有限所决定的。法的确定性问题同时涉及了关于法律的三个元问题。

论行政公益诉讼
王太高

我国行政诉讼制度很不健全，尤其是在司法实践中存在着受案范围小和诉讼条件苛刻的问题，这与现代法治主义原则是相违背的。要解决这些问题，必须对现行行政诉讼制度进行根本性改造，包括建立完善的行政公益诉讼制度。

行政行为执行力的追溯
叶必丰

行政行为的追溯力仅限于执行力。行政行为追溯执行力的根据，是行政行为的可预测性和授益性。行政行为的追溯执行力只是行政行为执行力的一种例外，仅限于行政确认行为、执行法院判决或复议决定而作的行政行为、授益行政行为和紧急行政行为。赋予行政行为追溯执行力的条

件是：可预见性、追溯可能性和不影响他人的合法权益。

未决羁押制度的理论反思
陈瑞华

在中国刑事诉讼中，未决羁押与刑事拘留、逮捕无论在实体条件还是适用程序上都没有发生分离。同时，无论在审判之前还是审判阶段，羁押的适用几乎完全依附于刑事追诉活动，而没有形成独立的、封闭的司法控制系统。由此，未决羁押制度在启动、审查、期限、场所、救济等方面都存在着明显的缺陷。要完善对未决羁押的法律控制，就必须贯彻法治原则，引入针对未决羁押的司法审查机制。而这会直接涉及整个司法体制甚至宪政体制的改革问题。

竞业禁止的若干问题
李永明

竞业禁止的理论依据是"代理成本"理论、诚实信用和忠实义务原则、合理限制竞争原则。解决竞业禁止权利冲突应遵循限制权利负面外部效应原则、利益平衡原则、合理限制原则。法定竞业禁止属强制性规范，但可经法定程序免除，其义务主体应延及企业高级管理人员。竞业禁止协议是离职雇员竞业禁止义务的唯一依据，同时应根据雇员的离职原因，确定其竞业禁止义务的承担。

生态法的理论基础
曹明德

生态法的概念应包括人们保护自然环境、合理开发利用自然资源以及防治环境污染三个内容；包含从时间维度出发的地球权利和地球义务即代间权的问题，以及处理生态化社会阶段中的人与自然之间的关系问题，从而达到人与自然和谐共存的目标。其伦理学基础是非人类中心主义生态伦理观念；其经济学基础是生态经济学；其法哲学基础是生态本位主义的法律观。

金融监管的立法原则与模式
刘定华　郑远民

加入 WTO 后，我国金融业为顺应国际金融业发展的新趋势，必须立足我国国情，谨慎地选择金融监管模式。在立法上应坚持协调性原则、适度监管原则和效率原则，并在尊重我国现有监管模式的前提下，逐渐选择向单一监管（混业监管）模式转变，同时要考虑适当的过渡模式。

宪政基因概论
——英美宪政生成路径的启示
钱福臣

宪政基因是具有历史传承性的，能够引起宪政产生并决定其性质与发展方向的基本的社会因素。英美宪政之所以能率先生成并成为其他国家的学习典范，一个至关重要的原因是英美社会中较早地生成了个人权利诉求、政治权力多元和法律至上的宪政基因。这些基因是宪政产生及发展的原始动力，体现为宪法中的人民主权、基本人权、分权与制衡以及法治等原则。缺乏宪政基因的东方国家，最重要的是在社会上有意识地移植和培养这种基因，否则即使制定了宪法，也未必能够很好地实施。

欧洲一体化进程中人权法律地位的演变
朱晓青

欧洲共同体最初将经济一体化作为首要目标,人权不构成其主要活动领域。随着欧洲一体化的进程,人权成为共同体对外关系的基石以及其域内关注的事项。通过修改基础条约和制定有关的人权法律,欧盟在《欧洲联盟条约》框架下确定了人权的法律地位,同时创造了独有的人权类型。

《临时约法》"因人立法"说辩正
刘笃才

通行的中国法制史教科书关于《中华民国临时约法》特点在于"以法制袁"的论断,本来是对该约法的肯定,却为批评该约法因人立法提供了口实。这种批评虽然是在法律价值观上的拨乱反正,但通过史实考辩可以看出,该约法规定责任内阁制却并非针对袁世凯,而是临时参议院基于利益的考虑所采取的扩大自身权力的措置。该约法的缺点不在于规定了责任内阁制,而在于没有规定保障其正常运作的健全规则。

法律原则在法律推理中的地位和作用
——一个比较的研究
葛洪义

我国关于法律原则的讨论一般集中在立法过于笼统与立法所规定的法律基本原则这两个方面。这种意义上的法律原则与德沃金所说的法律原则存在重要区别。德沃金关于法律原则的讨论其目的是强调法律的确定性，而我们关于法律原则的讨论却在强化法律的模糊性。法律原则的讨论主要涉及法律推理过程中原则与规则之间的关系。基于法治的原因，法律推理必须坚持将法律规则作为法律推理的大前提；在法律规则含义不明确、模糊或者相互矛盾时，可以使用法律原则，但是，必须经过一定的法律原则的认定程序。

国家与社会：法哲学研究范式的批判与重建
刘旺洪

近代市民社会与政治国家存在三种典型的理论范式：洛克——康德式的自由主义理论、霍布斯和黑格尔的国家主义理论和马克思辩证唯物主义的社会结构理论。市民社会与政治国家的分离是近代市场经济和契约关系发展和普遍化的必然产物，极大地释放了社会主体的创造性，推动了社会生产力的快速发展，取得了重大的经济和社会成就，但也造成了国家与社会的二元对立和尖锐冲突。从社会主义市场经济的特点出发，我国应当重建市民社会与政治国家的分析范式，建立国家与社会之间的互动机制，并将这种互动机制作为法治生成的真正的社会基础，实现我国市民社会的相对独立和自治、国家权力的科学配置和监控、国家与社会关系之法治整合。

两种价值序列下的程序基本矛盾
孙笑侠

20世纪中期以来的程序价值理论把程序的价值区分为两个序列，一曰程序的外在价值，一曰程序的内在价值。正是因为程序存在这两个序列的价值标准，所以法律程序存在着若干对相互矛盾的结构性要素，它们在程序运行中构成了四对基本矛盾，即：程序目标（产出）与程序手段（成本）、大众生活逻辑与职业专门逻辑、实体思维倾向与形式思维倾向、职权主义与当事人主义。这四对基本矛盾分别属于程序外在价值（标准）的派生物和程序内在价值的派生物。它们在程序制度运行中成为既相互关联又相互排斥的对立关系，它们既带来无限可利用的公正资源，足以影响程序的公正质量，又产生程序技术构成中的诸多缺陷和两难境地。这些基本矛盾使得我们对它们无法进行单向思考，而只能将它们并列在一起通过辩证的方法根据特定的时间与空间进行衡量。

行政审批的行政法制约
关保英

我国在加入 WTO 议定书中已对行政审批的法律化作出了承诺，随之而来的是将行政审批纳入行政法治的轨道，以法规范和调整行政审批行为，改变目前行政审批改革多以行政手段为之的状况，实行行政审批项目法典化、主体职级对等化、过程连续化、重大事项听证化。

起草《政府信息公开条例》（专家建议稿）的基本考虑
周汉华

政府信息公开对于促进经济增长、推进依法行政、实现人民的民主权利、治理腐败等具有重要的意义。学者起草的《政府信息公开条例》规定了权利原则、公开原则、利益平衡原则、不收费原则、自由使用原则、救济原则，并规定在县级以上人民政府设立信息委员会，受理人民对信息申请的申诉。同时，人民还可以获得提请行政复议、提起行政诉讼的救济。

论我国民事权利司法保护的疏失
顾培东

我国民事权利司法保护存在着诸方面的疏漏和缺失，表现在民事权利司法实现的难度过大，且效果较差，而民事违法成本较低，民事法律责任的约束趋于松弛。民事权利司法保护的疏漏和缺失，消解了社会信用体系赖以建立的基础，对我国经济发展和经济运行形成了深刻的负面影响，成为中国经济现实中的重要弊病。为此，必须重新审视我国民事立法和司法的基本理念，确立正确的审判价值取向，弥补制度上的缺陷，使民事立法和司法适应并从属于市场经济发展与运行的实际需要。

论刑法不典型
白建军

刑法不典型的客观存在使刑事法治统一性、确定性的理解变得错综复杂。从犯罪学视角对 75 个刑法不典型现象进行实证分析，可以发现我国刑法中存在"总则趋轻，分则趋重"、"抽象趋轻，具体趋重"、"适用趋轻，法定趋重"等关系。基于规范资源的供应也应遵循市场规律的原理，应使刑法不典型的测量和治理更加理性、科学。

汉魏晋"故事"辩析
吕丽

故事即旧事，是本朝或先王的已行之事。在汉魏晋三代，国家遇有重大之事时多援引故事以寻求经典依据。晋时还将典型故事修订汇编，与律令并行，将其作为一种重要的法律形式。近代学者们对故事的认识颇有分歧。本文运用大量史料，辨别分析，论证汉魏晋故事的性质及其在实践中的运用规律，揭示故事与品式章程、制诏、律令的辩证关系，明确故事与例、比之间的大同小异。

东亚普通法论
崔钟库

东亚普通法是以古代中国法为质地、

中、韩、日三国独特的交涉为背景而形成的概念。东亚普通法由法典化、儒教法文化、乡约村落法和法学四种要素组成。东亚普通法的发展有赖于东亚人的自觉与成熟态度。

2003 年第 1 期

无权处分辨
——合同法第 51 条规定的解释与适用
崔建远

按照民法解释学,我国合同法第 51 条规定的是买卖等合同的效力待定,而非物权行为的效力待定。买卖等合同可以含有引发物权变动的效果意思。处分权宜作处分能力的解释,并影响买卖等合同的效力,其适用范围不限于特定物的买卖等。主张无权处分不影响合同效力的四大理由并不充分,均存疑问。民法总则关于法律行为的标的须可能、确定、合法的要求并未将债权行为排除在外。第 51 条同第 52 条、第 54 条的衔接平滑,与第 150 条的关系可以按特别法优先于普通法的规则协调。善意取得为原始取得,其成立不以无权处分的合同有效为前提,限于有偿合同场合为宜。善意取得确系受让人取得标的物所有权的"合法根据",在受让人尚未支付相应价款的情况下,不当得利可以存在于标的物的变形物上。

论基于所有权的物权请求权
刘凯湘

物权请求权的制度设计以基于所有权的请求权为核心。基于所有权的物权请求权包括所有物返还请求权、所有权妨害去请求权和所有权妨害预防请求权。所有物返还请求权以相对人无权占有所有物为实质要件。所有物返还请求权的效力应及于孳息,而添附与合理费用原则上得由所有人给予补偿。法律在保护所有物返还请求权的同时应为相对人设置合理之抗辩事由。妨害除去请求权与相邻关系请求权互不相同而又互为补充,共同形成对不动产所有权的法律保护体系。妨害预防请求权应成为独立类型的物权请求权而不应包含在妨害除去请求权之中。

非依法律行为之不动产物权变动
张学文

基于非法律行为发生的不动产物权变动不以登记为生效要件,而是因法律规定的事实条件的成就而直接生效。在权利取得人办理不动产物权取得登记之前,其所享有的权利不具有对抗善意第三人的效力,而且非经办理取得登记,权利取得人不得处分该不动产,但如已完成处分行为,该处分行为应为有效。

繁简分流与程序保障
傅郁林

对民事案件和诉讼程序进行繁简分流,其目的在于以合乎理性的规范缓解司法资源与司法需求的剧烈冲突,从而使不同案件获得不同的程序保障,并使普通程序的正当化具有现实可能性。"简易程序"

林林总总,其理念基础和价值取向并非仅是"公正和效率的衡平",更不是以缩短审理期限或提高结案率为唯一标准计算的"效率";简易程序对司法公正某种程度的"牺牲"绝不是当事人被迫的、单向的、非理性的、或没有利益回报的,相反,在价值多元的社会形态中,合理设计和恰当适用的简易程序恰恰通过满足当事人多元需求而维护司法的正当性。

从案件事实之"是"到当事人之"应当"
——法律推理机制及其正当理由的逻辑研究
张继成

与三段论式科学推理不同,法律推理的大、小前提都是事实判断和价值判断的复合体,因而价值评价是由案件事实之"是"推出当事人之"应当"的逻辑中介;没有价值评价,就没有判决结论的证成。法律推理逻辑机制的正当理由是保护与社会公共利益相一致的当事人行为,当事人"能够"、"不得不"行为是法律推理逻辑机制的现实基础,而法律规范的"可普遍化性"是法律推理的逻辑根据,也是法律推理的基本公理。

中国司法地方保护主义之批判
——兼论"司法权国家化"的司法改革思路
刘作翔

司法独立作为一项人权原则和法治原则,已被国际社会广泛接受,并且已经形成其国际标准。中国在宪法和法律中,也对司法独立作了原则性的确认和规定。但是,由于中国司法存在着较为严重的地方保护主义,形成了"司法权地方化"的格局,破坏了法制的统一和司法独立原则的实施。中国司法地方保护主义有其深厚的体制性根源和思想文化根源。解决中国司法地方保护主义问题就需要彻底地改造形成"司法权地方化"的体制性因素,以"司法权国家化"作为司法体制改革的思路,并以此进行相应的司法制度设计。

现行宪法产生过程的特点
许崇德

1982年宪法的制定过程反映了六个方面的显著特点。一是坚持中国共产党的正确领导;二是依靠群众,最大限度地吸收全国各族人民的广泛参与;三是重视发挥专家的作用和特长;四是从多个方案中选择最佳方案;五是经过争论求得宪法草案的完善;六是由宪法修改委员会向人大提出修宪议案。研究法的实质问题无疑极为重要,而研究法的程序问题也应是具有重要意义的事情。

行政判例研究
赵正群

来自不同法系的经验正在使判例不属于正式法律渊源的传统看法变得不合时宜。判例的遵循先例规则在属于公法领域的行政法部门中较属于私法的民商法领域中更易生成并发挥作用。名为"案例"、实为行政判例雏形的我国最高人民法院公报案例和最高人民法院依据《裁判文书公布管理办法》公布的裁判文书,已经对我国行政诉讼的展开与行政法学研究产生了实际影响。我国应正式确认判例具有司法解释的效力与地位，完善其形式，公布程序，制定具体适用规则，增加其数量，规范其种类。

应然犯罪之构成与法定犯罪之构成
——兼论犯罪构成理论风格的多元发展
阮齐林

三要件论最重要的出发点是落实罪行法定原则，意在构建法定犯罪之构成；最重要的体系特征在于把罪状当作整体来把握，由此决定了它依托法律形式进行注释的、顺应司法认定思路的、局限于法定犯罪之犯罪构成的理论风格。四要件论是意在构建应然犯罪之构成，由此决定它从存在的犯罪现象出发，依托犯罪行为结构来揭示、把握犯罪法律因素的应然犯罪之犯罪构成的理论风格。从不同角度阐述犯罪构成，不仅可以并行不悖，而且还能相得益彰。我们既需要应然犯罪之犯罪构成论，也需要法定犯罪之犯罪构成论。现在的问题主要不在于如何把"四要件"论发展到完美无缺的程度，也不在于如何选择一个理论体系、抛弃另一个理论体系，而应在明确理论倾向、风格、功能的基础上，寻求犯罪构成理论风格的多元发展。

全球化与国际法律意识
任　际

法律全球化是近年来法律领域内的一种明显的客观发展趋势，它表现为在经济全球化基础上，各国各地区的法律在内在精神、原则、主要标准及主要程序上相互接近、协调、吸收甚至部分同一或统一的现象。这种趋向并不必然地与我国的国家利益相冲突。我们要在主观上适应这种现实，从积极的方面思考问题。

苏联法影响中国法制发展进程之回顾
孙光妍　于逸生

在20世纪中国历史上，苏联的革命法制理论和若干重要制度曾深刻地影响了中国的法制发展进程。孙中山曾主张"以俄为师"并进行过法制改革；中国共产党领导下的人民民主政权的法制建设也是以苏联为标尺；新中国成立初期在创立社会主义法制的过程中，更是将苏联法全方位地移植到了中国。苏联法制为中国革命政党所接受与其自身的性质和中国革命的需要紧密相关。

纪念宪法颁布20周年座谈会纪要

2003 年第 2 期

现代法治的困境及其出路
高鸿钧

在现代社会，神治、德治和人治都逐渐失去了基础，法治成为主要治道。现代法治在消解社会冲突与整合社会秩序方面发挥了重要作用。但现代法治自身却存在以下五种困境：封闭与开放、内信与外迫、确定与无常、普适与特惠以及规则与事实。摆脱困境的根本出路在于调整社会结构、社会关系和社会价值，组建自愿共同体，走向共同体法治。

人格权制度在中国民法典中的地位
王利明

中国在制定民法典的过程中，关于人格权是否应单独成编存在很大的争议。事实上，人格权制度独立成编是丰富与完善民法典体系的需要，符合民法典体系结构的内在逻辑，而且是我国民事立法宝贵经验的总结；也是人格权自身发展的需要。人格权制度不能为主体制度所涵盖，也不能为侵权行为法所替代。人格权编的独立，符合人格权的发展趋势，也体现了现代民法的发展，而且也符合民法的科学性和体系性要求。因此，在未来的中国民法典中，人格权应独立成编。

所有权保留买卖中买受人期待权之本质
申卫星

所有权保留买卖中买受人的法律地位，特别是买受人的期待权，是学说史一个颇具争议的难题。文章在介绍、评论了德国民法学界和我国学者的各种观点后，以"权利分化思想"和"时间区分所有权理论"为分析模型，论证了保留买主期待权是一项物权，并进一步指出在物权体系中保留买主期待权是一项不完全的所有权，而保留卖主所保留之所有权乃是一项担保意义上的所有权，保留买主与保留卖主共享保留标的物之所有权。这一结论与传统理论有冲突，但这种冲突对于学术发展无疑是有价值的。

现行婚姻法的不足与民法典立法对策
杨遂全

修订后的婚姻法及司法解释在若干方面仍存在缺陷。在制定民法典时应当增加关于近亲属名誉权、近亲属亲情保持权、近亲属称谓权、亲属悼念权与遗体瞻仰权、亲属遗体保护权、亲属延续后代权等亲属权的规定；完善关于生育权的规定；确立婚后共同所得和家庭生活必需的个人所得归夫妻共有的基本原则；合理确定无效婚姻请求权的主体；建立兼顾身份和产权的婚姻住房制度；并应当明确姘居第三人的共同侵权责任。

罪刑法定在刑事司法中的命运
——由一则案例引出的法律思考
周少华

刑事司法活动中，司法机关不能逾越刑法的明文规定去寻求法律的灵活性价值，更不能以"社会需要"为借口侵入立法权的领地。基于对安全价值的偏重，刑法之确定性与适应性的矛盾不可避免。在这两者的对立中，可以通过以下三种力量达成一种相对合理的平衡状态：司法能动的有限发挥、立法权力的适时跟进与社会对刑法无能的部分耐受。可以说，忍受法无明文规定的危害行为，是社会为了维护刑法正义所付出的必要代价；而对刑法根基的真正伤害，更可能来自刑罚权的不当使用。在肖永灵投寄虚假炭疽杆菌邮件一案中，就可隐约嗅出类推适用的腐尸气息。

犯罪嫌疑人的确认
刘梅湘

犯罪嫌疑人是刑事诉讼中的诉讼参与人，对其进行正确认定既能保障无辜的人不受追诉，同时又有利于确实保障被认定为犯罪嫌疑人的诉讼权利的及时行使。分析犯罪嫌疑人与被告人、初查时的犯罪嫌疑对象之间的界限，旨在解决确认一个人为犯罪嫌疑人需要具备哪些证据，这些证据应该达到一个什么样的标准，以及确认犯罪嫌疑人这一法律身份的起始时间和程序等问题，从而为正确认定犯罪嫌疑人提供一个具有可操作性的标准和规则。

国家赔偿的归责原则与归责标准
杨小君

按国家赔偿法的规定，国家赔偿的归责原则是违法归责原则。这个原则存在着自相矛盾、与刑事诉讼法规定不一致、过于严格限制受害人获得赔偿以及不能科学概括不同赔偿事项的特征等缺陷。在理论上，违法归责原则实际上把赔偿责任当成了评价责任和追究责任，而不是弥补责任。在事实上，它只是国家承担赔偿责任具体形式的归责标准之一。国家赔偿责任总的归责原则应当是受害人无过错或无负担损失的根据；国家承担赔偿责任具体形式的归责标准有违法标准、过错标准、结果标准、无过错标准及风险标准等五种标准形式。

入世与中国反垄断法的制定
王晓晔

入世后，中国政府越来越注重竞争政策和竞争法问题，以应对越来越激烈的国内市场竞争和国际市场竞争。中国现行反垄断法规范尚未形成一个系统和完整的反垄断体系，对滥用行政权力限制竞争的行为制裁不力，缺乏独立的和权威的反垄断执法机关。2002年2月的反垄断法草案在滥用市场支配地位、企业合并、行政垄断和反垄断执法机关和程序的规定方面存在缺陷。虽然中国制定反垄断法存在压力，但是制定反垄断法有利于提高中国企业的竞争力，遏制跨国公司的垄断势力和改善国家的财政和宏观调控。

联合国宪章的解释权问题
黄 瑶

联合国宪章中没有任何关于宪章解释的主体及效力的条款,这为宪章的解释权留下了不确定因素。基于国际法关于条约解释的理论和多年来联合国各机构及会员国对宪章的解释实践,现实中已经形成这样一种状况,即会员国对宪章规定的解释若能达成一致意见,这种意见就构成权威解释;联合国各机构对宪章的解释只有获得普遍接受,方可成为对宪章有关条款的有拘束力的解释。此外,国际法院在宪章解释中的地位正在呈上升趋势,其解释日益受到国际社会的重视。

联合国海洋法公约与中国在南海的既得权利
赵建文

《公约》在规定新的海洋法律秩序、赋予各国新的海洋权益的同时,并不完全打破既有的海洋法律秩序,不损害各国既得的海洋权利。《公约》规定的群岛水域、专属经济区和大陆架制度,允许沿海国扩展享有主权或主权权利的海域,但只能向传统的公海海域扩展,不得损害别国既得的领土主权和主权权利。中国对南海断续国界线内的历史性水域享有的各项历史性权利是在《公约》生效以前很久就已经确立的既得权利。

2003 年第 3 期

全球化背景下的国家与公民
胡水君

随着"人和公民的权利—国家权力"范式在启蒙时代的建立，民族国家与公民开始发生一种"直接面对面"的联系，民族国家循着"权利"和"形式法律"之名日渐深入到公民生活的方方面面。在全球化背景下，这一格局受到了挑战。国家与公民的直接联系为社会权力中介所隔断、全球精英游离于国家权力之外、公民依凭世界性力量反对国家等情况在一定程度上打破了民族国家与公民"直接面对面"的模式，同时，这些新变化和新趋势也为现代社会走出"日常生活的国家殖民化"提供了机遇和可能。

分析法学对行为概念的重建
陈裕琨

民法学、刑法学及行政法学领域对行为概念的研究，为整个法学对行为概念体系的原理性构建提出了要求。分析法学，尤其是霍菲尔德的权利概念元形式的分析框架，提供了在法理学层面上构建行为概念体系的一种思路。按这一思路，行为概念有四种元形式：事实行为、法律行为、合法行为和违法行为。它们与霍菲尔德提出的四种权利概念元形式一起构成八个法律基本元素，共同体现了法律的逻辑推理结构。

中国传统法研究中的几个问题
曾宪义　马小红

一个多世纪以来，传统法在中国常常被视为法治的绊脚石而受到责难。这种旷日持久的责难形成了种种偏见。比如在中西法的比较中习惯以西方方法的理论、模式为标准来割裂传统法的有机组成；在论述传统法内容时局限于刑，而基本排斥了最具特色的"礼"；过分强调法发展的一般规律，而忽视了不同文化背景下法所具有的特殊性。因此，在批判传统法的同时，我们需要反省对传统法的态度、反省研究中所持的标准、反省研究的方法，以求更准确、更合理地解读中国传统法。

物权法定主义：在自由与强制之间
梁上上

对物权法定主义的传统解释导致了物权法的僵硬性，不符合社会经济的现实需要。不同物权类型的性质不同，在法律体系和社会生活中的地位和作用也不相同。可以把物权分为基础性物权与功能性物权。前者主要包括所有权、基地使用权等用益物权、典权和自然资源使用权；后者主要包括抵押权、质权、让与担保和留置权等。当事人设定功能性物权的根本目的是利用物的基础性权利（如所有权）来担保债权的实现。在法律上，对于基础性物权应当坚持物权法定主义，而功能性物权则可由当事人自由创设。

我国民法诉讼时效制度之构想
汪渊智

在立法体例上，我国民法典的时效制度应采取分别主义的立法。在具体内容上，应明确规定诉讼时效的客体为请求权；规定诉外请求应为时效的相对中断事由、重新起算的时效期间应转变为普通诉讼时效期间；应取消时效中止制度，以时效不完成制度取代之；还应明确规定法官不能主动援用时效；基于公平正义的考量，在特殊情况下，人身损害赔偿请求权的诉讼时效应酌情排除。

知识产权的私权与人权属性
——以《知识产权协议》与《世界人权公约》为对象
吴汉东

《知识产权协议》明确界定了知识产权以本质属性，以私权的名义强调了知识财产私有的法律形式；《世界人权公约》赋予知识产权以人权意义，揭示了现代知识产权制度关于专有权利保护与知识财产利益分享的均衡思想。在私权与人权的统一范畴中把握与认知知识产权法，有助于我们考察这一法律制度的价值理念和社会功能。

经营者对服务场所的安全保障义务
张新宝　唐青林

经营者在其服务场所对消费者等的人身和财产安全负有保障义务。这是一种法定义务，包括硬件和软件两个方面的内容。经营者违反该义务发生消费者人身、财产损害的，一般应当承担侵权责任。违反安全保障义务通常表现为消极不作为，判断不作为行为与损害之间的因果关系应当采用特别规则。在第三人直接加害行为造成受害人损害而且经营者有过错的情况下，经营者应承担补充的赔偿责任。

不作为犯罪的行为性
欧锦雄

行为是指一种单纯的身体举动，它是一个没有价值评判内容的、普遍适用于各法律部门的中性基本词素。犯罪不作为和不作为犯罪是两个既有联系又有区别的概念。犯罪不作为不具有行为性，而不作为犯罪是否具有行为性，不能一概而论。法定的单一不作为犯罪和现实的、赤裸的不作为犯罪并不具有行为性，而法定的复合不作为犯罪、现实的复合不作为犯罪以及现实的、具有行为性的单一不作为犯罪均具有行为性。由于有的不作为犯罪不具有行为性，显露了我国刑法的立法缺陷和刑法理论的欠缺，因此，对现代刑法理论进行修订以及对我国刑法予以完善势在必行。

现代刑罚目的理论与中国的选择
王世洲

现代刑法理论一般认为，刑罚目的是指国家运用刑罚所希望达到的目的。刑罚目的理论在刑法学理论中居于核心理论地位。应当选择分刑种分阶段以预防为基础的综合理论。首先,"以预防为基础的综合理论",是这个理论的整体特征。其次,是在死刑中基本体现正义性报应理论和在其他刑种中基本体现预防理论的综合,同时结合在立法阶段主要体现一般预防的思想,在司法程序中体现特殊预防和报应的观点,在执行中体现特殊预防的原则的综合。中国刑罚目的理论的这个新选择,总结和吸收了报应、预防等各种理论要素,同时对不同理论要素作出有层次、有重点的安排。这个刑罚目的理论将有利于中国刑法理论进行新时代的新探索。

诉讼证明的困境与金融诈骗罪之重构

沈丙友

刑法所规定中的"非法占有目的"是个在司法实践中常令公诉机关难以证明的问题。对此,司法解释与各种学理解释都未能提供合理的解决办法。为彻底、有效地摆脱司法实践中对该罪的证明困境,应对刑法的相关规定作修改,以使不具有"非法占有目的"的金融诈骗行为也能依照刑法规定予以处罚。

清代成案的效力和其运用中的论证方式
——以《刑案汇览》为中心

王志强

以《刑案汇览》中运用成案裁决案例的基本史料为基础,并借鉴现代判例制度的理论,从法律推理的角度探讨成案的具体论证方式及其中所体现的法律思维过程,可以较为清楚地认识清代成案制度的性质、特色以及当时法律结构的模式。清代成案具有较明显的司法效力,是一种重要的法律渊源;清代对成案的运用已形成一套富有特色、较为复杂的论证方式,但与现代判例制度相比,在区别技术方面具有明显的缺陷。这是当时的权力分配体制和法律思维方式共同作用的产物。

论人格权的本质
——兼评我国民法草案关于
人格权的规定
尹 田

自然人人格是由宪法赋予自然人的一般法律地位，不同于作为民事法律关系主体资格的权利能力。人格权为自然人获得法律强制力保障的一般法律地位从权利角度进行的表达，自然人直接依据宪法生而有之，并非由民法赋予。人格权在理论和实践中的私权化，系由民法形式逻辑结构需要以及团体人格的塑造等原因引起，反映了一种狭隘的民法实证主义观念。人格权在现代社会的发展及一般人格权的创制，导致私权化的人格权向宪法权利的回归。团体人格是对自然人人格在民事主体资格意义上的模仿，法人不享有人格权。

违约金的理论问题
——以合同法第114条为
中心的解释论
韩世远

惩罚性违约金可以适用于所有的违约类型，并不局限于迟延履行场合。依合同自由原则，当事人可以明确约定惩罚性违约金。就违约金责任的成立，应当区分类型具体分析是否要求违约人具有过错，且不应当以损害的存在及其大小的证明为要件。对于赔偿性违约金数额的调整，法院或仲裁机构行使裁量权时应有所节制。而对于惩罚性违约金，所要规制的只是其不公平的约定。

侵权法事实自证制度研究
许传玺

事实自证制度是英美侵权法中的一项特殊的证据制度和证据学说。在特定情形下，该制度允许法官或陪审团仅从原告提供的间接证据便推出被告存在过失并应对原告承担赔偿责任的结论。事实自证制度通常并不涉及对被告过错的推定，也不必然导致举证责任的倒置。我国在处理类似疑难案件方面可借鉴此种证据制度。

事实认定权：模式的选择与建构
黄松有

就事实探知理念以及案件事实认定方式而言，我国的事实认定模式属于职权主义认定模式。这一事实认定体制在事实探知绝对化理念指导下形成，存在着诸多缺憾，应当进行改造和完善。重构我国事实认定体制的基本思路是：重新界定各级法院的审判职能，并以此为基础合理配置法院在认定事实上的权限分工；根据案件的不同性质和类型，建立灵活多样的事实认定机制；从程序正义的基本要求出发，完善诉讼准备程序，并强化庭审程序的事实认定功能。

证明标准建构的乌托邦
张卫平

如何建构一个科学判断诉讼中当事人证明是否成立的标准,一直是人们所企望的。但基于标准的客观化、具体化的要求,要求获得一种抽象的、又依赖于法官主观认识的证明标准是不可能的,这种标准的建构只能是一种"乌托邦"式的空想。证明度的判定,只能是在某种理念和原则的指导下,依靠法官的良心和知识,根据案件的具体情况来把握。

论法与法律意识
李步云　刘士平

法与法律意识的相互作用及其矛盾运动,是法存在与发展的基本矛盾之一。法律意识的本原是而且只能是法律现象。法律意识的独立性,既相对于法律现象,也相对于除法律现象之外的其他现实的社会关系。培养法律意识的目的,主要是依靠一种进步的与科学的法律意识作为指导,形成正确的法概念,制定出一套好的法律规范与原则,建立一套好的法律制度,保证法律在实际生活中得到最有效的执行与遵守,使法的作用得到最有效的发挥。

法律职业与法律人才培养
霍宪丹

法律职业与法学教育之间制度性联系的缺乏,一方面导致了法学教育主要局限于高等院校内部法学学科体系的自我完善、自我发展,另一方面致使法律职业未能走上职业化的发展轨道,存在泛政治化、行政化和大众化的倾向。从事法律职业的人员应当掌握法学学科体系的基本知识,具备法律职业的基本素养,具备从事这一职业的基本技能。为了使法律人才的培养符合法律职业的基本要求,必须从法律职业与法学教育的整体出发,结合统一司法考试制度,重构法律人才宏观模式。

试论单位犯罪的主体结构
——"新复合主体论"之提倡
熊选国　牛克乾

关于单位犯罪的主体结构,理论界和实务部门众说纷纭。考察单位犯罪的主体结构,应该对传统刑法理论予以继承和发展。立足于单位本质的"具体实在说",单位犯罪是包容自然人的组织体的犯罪,单位犯罪的刑事责任是组织体责任与个人责任的复合,笔者提出单位犯罪"新复合主体论"的观点,主张单位犯罪中单位与直接责任人员之间、单位中多个直接责任人员之间是复合关系,具体体现为直接责任人员相对于单位的依附性和独立性。

刑事诉讼的目的、价值及其关系
陈建军

刑事诉讼的目的是指国家根据各种刑事诉讼主体的客观需要及其对刑事诉讼价值的认知所预先设计的、希望通过刑事诉讼立法和司法而实现的理想的诉讼结果。刑事诉讼价值是指刑事诉讼程序本身所固有的、不依赖于刑事诉讼主体及其需要而独立存在的、能够通过刑事诉讼活动对国家、社会和所有公民的合理需要和要求的满足具有积极意义的一种特性。刑事诉讼目的与价值的联系在于：刑事诉讼目的的产生是人们对刑事诉讼的价值进行认知、评价、选择的结果，刑事诉讼目的的实现是刑事诉讼价值的体现。两者的区别在于：刑事诉讼目的具有主观性，刑事诉讼价值具有客观性；刑事诉讼目的是人们从事刑事诉讼活动的起点和终点，刑事诉讼价值是人们价值认知的对象；刑事诉讼目的追求的程序公正是人的主观目标，刑事诉讼程序本身的公正性是其内在的本质规定。

实践是检验司法证明真理性的唯一标准
——与何家弘教授商榷
刘金友

司法证明的真理性属于实践标准检验范围。一方面，包括案件真实在内的非规律性认识属于辩证唯物主义认识论中的"真理"范畴，离不开实践标准的检验；另一方面，尽管司法证明是一种逆向思维，但不能因此否定实践标准对它的检验作用。否定实践标准在检验司法证明真理性方面的作用，将使司法证明的目的和标准不具有确定性。

非政府组织：国际法律秩序中的第三种力量
黄志雄

近几十年来，非政府组织在国际活动中迅速崛起，使现代国际法律制度面临着一系列新问题。非政府组织作为有别于国家和政府间组织的"第三种力量"，有助于推动国际关系和国际法律制度的民主化，但在这种"三角关系"中也孕育着某些危险的因素。为此，应当考虑以联合国为基本组织框架建立一种适当的机制，以便进行规范和协调。

全球社团革命与当代法治秩序变革
马长山

民间社会团体的广泛兴起造就了一场全球社团革命，它反映了全球化时代国家与社会、权利与权力均衡互动发展和权力回归社会的当代走向，并形成了良性互动的新型权力制约与权利保障机制；增进了市场经济条件下的自生自发秩序；促进了全球化时代的法治范式转换；推进了全球法治秩序的形成。中国社会团体则在政府职能转变、市场经济转型和民主法治建设中，成为推进良性社会分权、促进社会自律管理、维护转型期社会稳定、加快民主法治进程的重要社会力量。

汉科考略
刘笃才

科是汉代的法律形式之一，在汉魏法律体系转变中发挥了积极的作用。但在法律史学界，对于汉科是不是一种独立的法律形式一直存在争议。依据《汉书》和《后汉书》中翔实的史料，可以证实汉科确实存在。科和比不是一个事物，而是从律令中衍生出来的定罪正刑之法。曹魏以及蜀、吴的科皆是对汉科的继承。

司法公正要素分析
姚 莉

司法公正是法的公平与正义的一般概念在司法活动中的体现，表现为一整套被社会伦理所普遍认同的司法制度和被司法活动参与者个别认同的司法程序。它所体现的交往合理性的制度构架和程序安排使司法活动过程和司法活动结果获得正当性和权威性，并因此发挥社会纠纷解决机制的功能。因此，司法公正是权威、伦理、制度和程序诸要素综合作用的结果，其实现需要在伦理认同的基础上构建制度和程序，并使司法获得其权威性。

刑事证据立法方向的转变
汪建成 孙 远

中国刑事证据立法应当实现以下几个方面的转变：从对证据证明力的关注转向对证据能力的关注；从客观真实观转向法律真实观；从一元价值观转向多元价值观；从侦查中心主义转向审判中心主义；从形式上的对抗制转向实质上的对抗制；从中国走向世界。

论证据的种类
裴苍龄

我国法律将证据分为八种是缺乏根据的。八种"证据"中只有物证、书证是两种独立的证据。证人证言、被害人陈述、犯罪嫌疑人、被告人供述和辩解只是人证的不同类型，而与物证、书证并列的只能是人证。勘验、检查笔录和鉴定结论都不是证据本身，它们只是反映了物证的物证资料。视听资料不是单一事物，其四种成分中只有一种成分是证据，且属于书证。根据以上分析，证据只有三种：物证、书证、人证。证据都是由事实构成的，事实构成证据的情况只有三种：一是客观存在；二是被"书"记载；三是被人感知。三种情况下的事实只能构成三种证据。司法人员获得证据的途径也只有三种：一是找证物；二是找"证书"；三是找"证人"。

中国公证制度的完善
宫晓冰

世界两大公证体系的差别实质上是不同国家对于公证制度功能预期的差异。学习、借鉴国外的经验，必须从我国的政治、经济社会制度和公证制度的现实基础出发，革除现行以大陆法系的独立、专职的强势公证组织形式与英美法系的弱势公证职能相搭配的体制弊端，通过公证立法，强化公证职能与法律效力，以实现其与强势公证组织形式的内在机制平衡和功能协调，赋予并完善我国公证制度在经济与社会生活中的适度干预功能。

论社团罚
袁曙宏　苏西刚

我国在社会转型的特定背景下，产生了与西方社团性质不同的各种社团，由此提出了一个重要的法律问题——社团罚。面对社团罚给公民、法人权益造成的损害，我国法学理论没有及时对其进行准确的定性，法律实践也缺乏迅速有效的制度救济。国内外学界的契约说、社会权利让渡说、社团固有权利说、国家授权说等各种观点，均无法正确阐释我国社团罚权力的本质。我国社团罚权力的本质是公私权力的混合，社团罚中存在着变相行政处罚、设定和实施民主性不足、法律救济缺失等问题，应当从立法、行政、司法等各个方面，科学构建对我国社团罚进行法律控制的平衡机制。

行政处罚听证制度的功能
——以上海听证制度的实施现状为例
朱芒

对上海市截至2000年6月所发生的听证案件进行分类整理，通过"要件—效果"的关联框架以及听证过程中各方参与人的主张及被接受的制度空间和机制，可以看出，该制度除了具有被期待的合法性证明和权益维护等法定功能之外，至少在事实上还存在着纠纷解决的功能。这就提出了一个行政处罚决定因存在超越职权范围的瑕疵是否构成违法的问题。

性的公权控制
周安平

性权利的产生是一个漫长的过程。史前，性既非权利也非义务。后来，性附属于生育而成了一项义务。随着文艺复兴以及"性革命"浪潮等的推动，性权利开始为人所关注，并最终为《性权宣言》所肯定。《性权宣言》以性自由权为核心构筑了性权利体系。国家公权对性的介入，古代以维护性秩序为主，今天则应以维护公民性权利为原则。性权利要求公权力的保护，同时也要求对公权力的限制。公权干预性行为的原则以及性行为本身的自然性、私密性与伦理性的特征，在决定国家公权对性干预与控制的难度的同时，也决定了国家公权对性干预与控制的限度。

从资本信用到资产信用
赵旭东

从立法学、司法学乃至整个学理，中国公司法都表现出鲜明的资本信用的理念和相应的制度体系。但事实上，以资本为核心所构筑的整个公司信用体系不可能完全胜任对债权人利益和社会交易安全保护的使命。决定公司信用的并不只是公司的资本，公司资产对此起着更重要的作用，中国公司资本制度改革的基本思路与方向是从资本信用到资产信用、从法定资本制到授权或折中的授权资本制。为此，应对最低资本额、股东出资、资本缴纳、股权退出机制、公司转投资、股份的折价发行禁止、股份回购禁止与限制及与资产信用相配套的其他公司制度进行全面的改革。

专利当地实施要求的法律思考
林秀芹

各国专利法中的"当地实施要求"条

款与 TRIPs 协议是否存在冲突，发达国家与发展中国家各执一词。但从立法史上来看，《巴黎公约》对其最初予以确认，其后历次大会经剧烈争论后仍将其保留，说明其具有历史的合理性。从条约解释学上看，根据《维也纳条约法公约》，TRIPs 第 27 条并不能构成禁止当地实施的"绝对条款"，TRIPs 对此问题没有明确的规定意味着应该适用《巴黎公约》的规定和 TRIPs "平衡发明者与使用者之间的权利和义务"的立法宗旨。因此"当地实施要求"并不违反 TRIPs 的规定，具有合法性，是发展中国家对自己的合理保护。

张家山汉简中的法律思想
崔永东

张家山汉简的《二年律令》和《奏谳书》中包含了丰富的法律思想。史料证明，汉初法律着力维护家庭伦理秩序，把儒家推崇的家庭道德法律化，是后世"法律儒家化"的开端。同时，汉初法律还以法家的"明主治吏不治民"的思想为指导，对官吏严加管理，重典惩治官吏犯罪，表现出对秦律的强烈的继承性。

魏晋律令分野的几个问题
李玉生

中国古代法在魏晋时期实现了律和令两种法律形式的分野。魏晋律令分野是秦汉国家各方面制度渐趋成熟的反映，是汉代律令不断向规范化、系统化发展的结果，也是西汉以来儒法合流、律学发达的结果。改朝换代也推动了律令分野的最终完成。魏晋律令分野标志着中国律令法体系的形成，对于深入认识中华法系的特征有着重要的意义。

2003 年第 6 期

中国的检察制度改革
孙 谦

在建设社会主义法治国家的进程中，中国检察制度的宪政地位和法治价值是一个需要认真思考的问题。中国的检察权是法律监督权。检察机关的法律监督权具有法律性、程序性和事后性等特点，是对法律统一实施的最低限度标准的保障手段。中国检察制度的形成和发展有其独特的历史与现实基础，并且在法律理念和制度建构方面与欧洲大陆法系国家检察制度具有较多的相通之处。司法改革中，应当立足于国家法治建设的全局和现实需要，进一步发展和落实检察机关的法律监督制度。为此，以检察权的拓展、约减和制约为中心，科学合理地配置检察权，以及改革检察官管理制度等内容应当成为中国检察制度改革的重要内容。

中国依法治国的渐进性
郝铁川

穷国无法治，愚昧无法治，乱世无法治。我国不是一个连一点法律经济成本都付不出的穷国，但也不属于可以付出足够法律经济成本的发达国家；我国不是一个连一点现代法治所需文化条件都不具备的愚昧国家，但也不属于完全具备现代法治所需文化条件的国家；我国不是一个处于乱世的国家，但波澜起伏的社会变革对法治的影响也是显而易见的。因此，中国依法治国的渐进性是一种客观规律。

法律经济学中的个人主义和主观主义
——方法论视角的解读与反思
丁以升 张玉堂

来自于经济学的方法论个人主义和方法论主观主义被认为是法律经济学的重要方法论基础。但是，对于法律经济学和经济学，无论在它们的内部还是外部，人们对这两种方法论的认识与评价并不完全一致。作为两种重要的人类行为的解释模式，方法论个人主义和主观主义有其固有的缺陷，由此，法律经济学的分析模式及其研究结论也就不得不蒙受挑战和质疑。

论人格权请求权
杨立新 袁雪石

人格权请求权是一种独立的请求权。主要内容包括排除妨害请求权、停止妨害请求权和人身损害赔偿请求权。人格权请求权的主要功能是预防和保全。在人格权请求权与其他请求权的关系上，其与人格权侵权请求权属于聚合关系，与物权请求权、知识产权请求权属于竞合关系。

外资收购企业国有股的法律问题
吴志攀

外资收购我国地方企业国有股已在一些地方出现,这是"国有股减持"的一种广义的尝试。这种收购有一些问题需要研究,包括这类收购的具体法律依据;商业市场上的自愿与合意在社会公平性方面是否具有合理性;这种收购中是否具有潜在管理层收购;这种收购对地方就业问题有何影响;政府对此种收购有何行政职责。

我国养老保险的历史债务问题
刘翠霄

在我国计划体制的养老保险制度下,国家承诺在职工退休时为其提供养老金待遇。但当养老保险制度从现收现付制改革为统账结合制以后,新制度下的社会统筹账户基金因不足以支付退休人员的养老金,而出现了巨额的资金缺口,这笔资金缺口构成了我国养老保险的历史债务。国家因其承诺而成为这笔债务的义务履行者。为了保证国家有序履行此债务,需要制定专门的历史债务偿还法来加以规范。

社会危害性与刑事违法性的矛盾及其解决
赵秉志 陈志军

社会危害性与刑事违法性是刑法理论上的一对基本范畴。作为行为评价标准,社会危害性具有易变性、模糊性,刑事违法性则具有稳定性、明确性。二者之间的矛盾源于刑法秩序价值与自由价值对立。为了协调二者的矛盾,应注意以对立统一的视角看待二者的关系,并在刑法理论、刑事立法和刑事司法上作相应的调整。

国际刑事法院管辖权的性质
陈泽宪

《罗马规约》规定的国际刑事法院管辖权,既不同于国家刑事管辖权,也不同于国际特设刑事法庭和国际法院的管辖权。准确了解国际刑事法院的司法职能及其运行机制,以及国际刑事法院管辖权与国家刑事管辖权的关系,需要从管辖职能、管辖目的和管辖范围等角度,对国际刑事法院管辖权所具有的复合性、补充性、有限性等基本特征进行分析,并对国际刑事法院管辖权隐含的延展性作相应的探讨。

武力打击国际恐怖主义的合法性问题
余敏友 孙立文 汪自勇 李伯军

通过对美国武力反恐政策与实践在国际法学界引发的争议、国际法上自卫权规则和安理会授权武力强制措施的适用性、国际恐怖主义泛滥对自卫权理论和规则的发展方向的影响,以及联合国在武力反恐中的作用等问题的分析,可以看到,虽然现有国际法理论和规则并不完全支持武力反恐,但是完全排除受害国使用武力反恐既不合理也不可行。为了既有效打击恐怖主义又不滥用武力,现行国际法和联合国体制都需要改革,以建立一个由和平措施和武力措施共同构成的反恐机制。

清代黔东南新辟苗疆六厅地区的法律控制

周相卿

新辟苗疆六厅地区在雍正年间实行改土归流以前是习惯法控制的社会。乾隆初年以后，国家实行灵活务实的法治政策，苗民之间的争讼由民间依照苗族习惯法处理；苗民与汉民、屯军及熟苗之间的争讼案件适用清朝的法律。清朝还在这一地区设立不同于内地的管理机构和屯军，实行苗汉分治以及豁免赋税等政策。其法律控制的主导思想是保持边疆地区的社会稳定，维护各族民众的利益。

2004 年第 1 期

行政裁量的运作及其监督
杨建顺

行政法的精髓在于裁量。一方面，行政裁量权是现代各国行政权中最具共性的部分，作为现代国家实现政府职能所必需的权力，行政裁量权以惊人的速度增长和扩张，最大限度地影响和控制着现代社会的方方面面；另一方面，行政裁量权又是容易被滥用的一种权力，现代民主国家总是力图将其束缚在一定的原则和框架之中，在行政法上为行政裁量设置了一系列统制规则，要求其存在和行使必须接受必要的统制，包括立法统制、行政统制、司法统制和社会统制等。

法律的私人执行
徐 昕

法律执行可分为公共执法和私人执法。基于法律执行经济分析，结合民间收债、私人侦探、私刑等社会现象，可认为法律的私人执行是阐释私力救济的另一种思路，而提升私人执法的作用将成为法制变革的方向。私人执法与公共执法应保持平衡、相互补充。

意思表示分析
米 健

意思表示是私法秩序下绝大多数法律关系的起点。意思表示作为人的内心活动的外部传达或宣示，必然要引出意思与表示是否一致，以及两者不一致时如何对已有意思表示进行判断的问题。解决这个问题的关键是如何理解意思与表示在法律交易中的实质作用及其相互关系。较可取的做法是认为意思表示的内容与效力应该通过规定性的表示获得。

交付的法律性质
——兼论原因理论的发展
刘家安

在罗马法上，交付本身并未被赋予所有权移转的意思。罗马法通过对原因的要求来控制交付的效力。按照罗马法法律渊源本身对交付原因的定位，交付的性质原则上应该是要因的。由于对罗马法上的清偿原因缺乏充分的了解，中世纪的法学提出了误信原因的原因理论，从而使在要因交付的框架下孕育出抽象的无因理论成为可能。

票据抗辩的分类
董惠江

传统票据抗辩分类理论将其分为物的抗辩和人的抗辩两大类，但事实上还存在其他抗辩事由。为此，许多学者尝试变换票据抗辩分类的依据，尽量包容所有的抗辩事由，但却又偏离了票据抗辩分类的本

身份登记制度研究
张学军

身份登记制度是国家机关对公民个人的出生、死亡及其一定的亲属关系加以登记、公示、公证的法律制度。西方国家的有关制度起源于教会登记制度，经过世俗化而实现近代化，又克服近代立法缺陷而现代化。现代各国身份登记制度在簿册之多寡、特殊身份事项之处理、登记之单位、登记事项集中地、立法形式等方面有所不同。我国身份登记制度在登记事项、主管机关之间的衔接、申报时间要求等方面还存在不足，亟待改进。

犯罪构成模型论
冯亚东　胡东飞

犯罪构成是立法者依据一定的利益需求与价值观念而将生活中之危害行为加以类型化形成的，表现为通过刑法规范所确认的认定犯罪之规格、标准或最低度条件——本文称之为模型。它同构成犯罪的事实（原型）是不同层面之范畴。注释刑法学应以刑法条文中静态存在的模型意义上的犯罪与刑罚为研究对象。同两大法系的构成体系相比较，在现阶段国情下我国几十年所形成的通说体系具有直观、简单、易操作的特点，并无重新构造之当务必要。

以目的为主的综合刑法
文海林

迄今为止刑法经历了三种历史形态，即农业社会的具体刑法或实质刑法，工业社会的抽象刑法或形式刑法，知识社会的以目的为主的综合刑法。近代刑法并不是一种独立的历史形态，它是对工业社会抽象刑法的修正。由于知识社会以综合性、目的性为基本特征，知识社会的刑法也显现为一种以目的为主的综合刑法。以目的为主意味着刑法理念的深刻变化，突出表现为正义的目的化与效率的目的化。综合刑法主要体现为刑法内部不同理念、制度的综合和刑法外部刑法与其他法律、制度的综合。

证据法学的理论基础
——以裁判事实的可接受性为中心
易延友

裁判事实的可接受性是诉讼证明的核心问题，也是证据理论和证据规则所要解决的首要问题。在当事人主义模式下，裁判结果的可接受性主要来源于程序的正当性；在职权主义模式下，裁判事实的可接受性则更多地来源于裁判事实的"客观性"。辩证唯物主义认识论无法为证明模式的建构提供指导，也难以为证据规则的设立提供合理的解释。适当借鉴实用主义哲学的合理因素，是重构我国证据法学理论基础的可行途径。

刑事二审"发回重审"制度之重构
陈卫东　李奋飞

我国刑事二审中的发回重审具有极大

的不确定性,且有扩大化的趋势,不仅容易导致循环审判,造成诉讼效率的下降,也忽视了对有关当事人尤其是被告人的权利救济,更难以彻底实现刑事二审程序的目的。革除刑事二审发回重审制度弊端的重点在于,规范、限制发回重审的适用,并对相关的诉讼程序和司法制度进行改造。

我国刑事赔偿制度之改革
杨宇冠

参照联合国人权公约的有关规定,应对我国刑事赔偿制度进行如下改革:错案赔偿不能以一审或二审是否判无罪为标准,而应当是在终审判决有罪以后发现新证据并经再审改判无罪的情况下对已经服刑的当事人赔偿;如果侦查、检察和审判人员合法执行公务,即使被告人最终被判无罪,也不应当赔偿被告人在诉讼期间因为被逮捕、拘留或其他执法行为所遭受的损失;如果系非法拘禁,即使被告人被判有罪,也应当赔偿;应当将搜查、扣押财产列入刑事强制措施之中,以区别合法的搜查、扣押和非法侵犯财产权,并落实对侵犯财产权的赔偿。

法律判断形成的模式
郑永流

法律判断是应用法律的结果。法律应用包括法律适用和法律发现,且主要是法律发现。在法律适用中,事实与规范相适应,判断可直接通过推论得出,这可称为推论模式;而在法律发现中,由于事实与规范不对称,在通过推论得出判断之前,先要对事实与规范进行等置,使事实一般化,将个案向规范提升,将规范具体化,使规范向个案下延,并在两者之间来回审视,螺旋式向上发展,这就是等置模式。相应地,法律判断形成模式包括推论模式和等置模式两种。

西方自然法的几个基本问题
吕世伦　张学超

西方自然法观念经历了古希腊罗马自然主义自然法、中世纪神学主义自然法、近代理性主义自然法及现代自由主义自然法几个发展阶段。自然法率先产生于古希腊,有其历史、地理、经济及社会背景。自然法之所以历经二千多年而不衰,基本原因在于:古希腊以来的民主法治传统、自然法的价值追求、理性精神及其在方法论上的特点等具有连续性。自然法存在不可避免的缺陷,但从总体上讲,作为一种积极的意识形态,其历史地位和重要意义不容忽视。

紧急状态与行政法治
江必新

紧急行政权是应对紧急状态的必需的权力。不同宪政体制下紧急行政权的内容不尽相同,但有着自己的逻辑结构。紧急行政权的设置与行使应当而且必须受到法律的规制。规制紧急行政权需要采取各种措施,同时要注意各种价值的平衡。

中国民间组织的合法性困境
谢海定

中国民间组织存在严重的合法性问题,一方面,占总数80%以上的民间组织属于"非法存在",另一方面,经过合法登记的民间组织也存在内部管理不善、财务混乱甚至违法犯罪等问题。从法律角度考察,民间组织的合法性困境直接地由执法部门的执法不能导致,归根结底由立法不当产生。现行的民间组织法规体系严重缺乏实效,处于正当性与合法性均不足的困境中。解决民间组织的现实问题,需要尽快制定《民间组织法》,推进管理制度变革,从控制型管理转向培育型管理。

宪法"私法"适用的法理分析
刘志刚

宪法权利原则上不能被当作"私法"适用,其原因是:避免不同性质的宪法权利在被"私"用时产生冲突;宪法权利的公法性质和"领域界定"功能决定了它不适合于私法适用。但是,社会的发展为宪法的"私法"适用提出了内在的要求,主要因素包括:国家职能的结构性转移和承担公共职能的私人团体的出现使私人团体有可能侵犯到公民的宪法权利;立法不作为导致了宪法权利的虚置。在宪法权利的传统定位和现实社会的内在需求冲击下,各国相继出现了宪法"私法"适用的理论及辅助性机制,比较典型的是德国宪法的"第三者效力"理论和美国司法审查中的"国家行为理论"。中国应建构自己的宪法"私法"适用理论及运作机制。

土地征用纠纷的司法审查权
程洁

司法机构应当审查土地征用纠纷的合理性及具体适用原则。在现行法律环境下,人民法院在实践中倾向于不受理土地征用纠纷。这导致纠纷的搁置与延期,使利益冲突长期悬而不决,方便土地征用权滥用。司法机构的介入为检验征用补偿的合法性与合理性提供了客观中介,有助于改善被征用土地的定价系统、减少土地权属流转中的摩擦。通过立法确认司法救济的上述功能最终有利于实现土地征用的社会效益。

合同概念的历史变迁及其解释
徐涤宇

对合同的概念,在不同的历史阶段和法律文化背景下,存在着各殊的构想模式。古典罗马法以形式主义和类型法定为契约概念的特质,构建了债-契约的制度模式。中世纪注释法学家遵循这一模式,以原因理论重构了合同的概念,这一传统为法国法系继受,使原因理论成为破译其合同概念及相关制度设计的密码。在德国,自然法理论、理性法学和历史法学结亲,以法律行为理论重组合同的要素,使其含义在历史上再一次发生根本性断裂。20世纪以后,制度的变迁又催生了新的合同说明模式。

公司法的合同路径与公司法规则的正当性
罗培新

新古典主义经济学的公司合同理论认为,公司是一组合约的联结,多方博弈的结果将创造出内生性合理秩序,不应强行加入外生性制度安排。然而,与普通合约迥然相异的是,公司合同是长期合同和关系合同,存在着诸多漏洞,仅靠合同法并不足以保障各方预期。作为公司合同的模本机制和漏洞补充机制,公司法补充而不是代替了公司参与方的合约安排。因而,立法者只有按照合同的规则和市场的路径来进行公司立法,公司法规则才能获得正当性。

公司股东的表决权
张民安

股东表决权是公司股东享有的最重要的权利,此种权利的有效行使可以确保公司股东地位的稳固。在现代社会,虽然公司股东表决权适用的范围受到严重威胁,但是该种权利仍然在各国公司法中得到尊重,仍然在众多重要领域得到适用。公司股东表决权虽然要遵循集体行使的原则,但是违反这一原则所作出的决议也并非完全无效。

论三角诈骗
张明楷

行为人实施诈骗行为时,如果被骗人(财产处分人)与被害人不具有同一性,即属三角诈骗。三角诈骗既具备诈骗罪的本质特征,又完全符合诈骗罪的构成要件。三角诈骗与盗窃罪(间接正犯)的关键区别在于,被骗人事实上是否具有处分被害人财产的权限或者是否处于可以处分被害人财产的地位。诉讼诈骗是典型的三角诈骗,应认定为诈骗罪。对于利用他人的债权凭证非法取得财物的行为,应当正确区分三角诈骗(诈骗罪)与其他犯罪的界限。

印证与自由心证
——我国刑事诉讼证明模式
龙宗智

我国刑事诉讼通行"印证证明模式",将获得印证性直接支持证据视为证明的关键；注重证明的"外部性"而不注重"内省性"。采取印证证明模式的主要原因包括非直接和非言词的审理方式、审理与判定的分离、重复的事实审理需要案件在书面上的可检验性与印证性等。同时，该模式与法官的素质以及占主导地位的认识论有一定的关系。印证证明模式具有易把握与可检验的优点，但刑事司法的现实环境常常使印证要求无法达到。在我国，应当谨慎而适度地借鉴典型的自由心证证明方式，以适应刑事司法的现实需要。

明律"私充牙行埠头"条的创立及其适用
童光政

明律新创"私充牙行埠头"条，将牙行制确定为全国通行的一种法定制度，在市场管理中扮演着重要角色。该条的创立是对中国古代尤其是宋元以来市场交易中介行为进行总结继承和明初社会经济秩序要求"因事制律"的结果。该条在调整市场秩序的实践中发生了一定作用。明代官府通过控制市场交易中介组织来调整市场秩序的经验对清代的市场管理法制产生了重大影响。

我国国际法学当前应当重点研究的若干问题

"俄罗斯法制与法学"国际学术研讨会综述

笔谈：我国行政复议制度的司法化

权利哲学的基本问题
夏　勇

权利的概念、要件、类别和根据，是研究权利所要把握的基本问题。围绕这些问题，形成了权利的分析理论、价值理论和社会理论。权利的分析理论主要包括霍菲尔德的学说以及要求论与资格论、利益论与意志论之间的论辩。权利的价值理论主要包括关于权利的重要性、权利限制以及权利衡量等问题的若干学说。

法学"科学主义"的困境
——法学知识如何成为法律实践的组成部分
刘　星

将法学知识视为"科学知识"，存在学理上的困境。从法学知识学术运作的前提、过程、分析前见、资源支持、学术权力等角度来看，法学"科学主义"的努力是无法成功的。法律实践中，"法律"语词的争议性使用，尤其是探讨性使用，更凸显这种科学主义的困境。揭示法学"科学主义"困境的目的，不在于否定法学知识本身，而是呈现其原有的实践品格，将法学知识视为法律实践的组成部分，提示法学知识生产者的重要实践责任。

流浪乞讨与管制
——从贫困救助看中央与地方权限的界定
张千帆

随着《收容遣送办法》的废止，个人自由权利与社会治安秩序之间的现实冲突比过去更为凸显。应转变中央和地方关系的传统思维，在允许地方更多自主权和选择权的同时，更充分地保障公民个人的宪法基本权利。无论是中央和地方关系的法律界定，还是公民权利的宪法保障，都要求建立独立的司法机构以审查地方立法的有效性。

司法独立结构分析与司法改革
俞静尧

完整的司法独立是由外部结构、内部结构和上下结构构成的三重结构。外部结构的核心是法院独立；内部结构的核心是法官独立；上下结构的核心是审级独立。应该在司法独立的三重结构理念基础上，推进目前的司法体制改革，逐步实现完整的司法独立。

作为特殊行政救济的信访救济
应　星

行政诉讼救济和行政复议救济的缓慢

推进与信访浪潮的居高不下构成了鲜明的对照。这说明行政相对人并非不愿或不敢去寻求救济，而是更愿意或更习惯通过信访渠道去实现救济。信访救济的运作机制中展现出行政相对人的权利斗争与行政主体的秩序追求之间的张力。

目的犯的法理探究
陈兴良

目的犯是指以超过的主观要素为罪责要素的犯罪。在我国刑法中存在目的犯的规定。从犯罪构成理论分析，目的犯之目的是犯罪规定之外的主观要素，它与规定之内的目的是有所不同的。目的犯的设立，为控方的举证增加了一定的难度，应当采用推定的方法正确地认定目的犯之目的。

从我国刑事法庭设置看刑事审判构造的完善
卞建林　李菁菁

刑事法庭的设置因其直观形象地反映了控、辩、审三方诉讼主体在审判中所处的法律地位和相互关系而成为刑事审判构造的重要表征。由于我国古代以"审讯"为核心的审判模式的影响、被告人沉默权的缺失以及刑事审判方式改革不够彻底等原因，导致我国现行刑事法庭设置呈现出"伞形"特征。重塑我国刑事审判构造，应当去除目前庭审方式的"审讯"色彩，加强庭审的"听证"性，建立审判中立、控辩平等、当事人主导的"正等腰三角形"的审判构造。

无产权证房屋买卖合同的法律后果
崔建远

对无产权证房屋买卖合同不应直接认定为无效，而应适用我国合同法关于合同有效的规定或者第51条关于无权处分的规定。合同因解除条件成就而归于消灭时，已付房价款的返还、装修房屋所形成价值的返还属于不当得利返还。于此场合，不得适用过失相抵规则，除非守约方对此类返还选择了违约损害赔偿的请求权基础。这些返还与违约方应承担的违约损害赔偿并行不悖。

"未预见发展"的条件属性
陈立虎　杨向东

GATT1947第19条规定了"未预见发展"，但《保障措施协议》中对此并没有规定，因此，就保障措施的实施条件形成了肯定说和否定说两种主张。在新近的有关案例里，WTO争端解决机构按照有效解释原则，赋予了"未预见发展"有效的适用，采取了肯定说。

WTO国民待遇在服务贸易和知识产权领域的适用
王　毅

乌拉圭回合之后，WTO国民待遇适用于服务贸易和与贸易有关的知识产权领域，产生了一些新的法律特点，在适用范围、适用客体及例外限制方面都有了新的变化：在服务贸易领域它从普遍义务走向特定义务，从无条件走向有条件；在与贸易有关的知识产权领域它由形式互惠转为实质互惠，适用于执法和司法救济过程，提高了整体保护水平。

不当得利的法律适用规则
肖永平　霍政欣

由于世界各国关于不当得利的法律制度不尽相同，国际民商事交往中不当得利的法律冲突问题日益突出。为保证支配不当得利之债的准据法与当事人的意愿相一致或有最密切的联系，并最大限度地减小因识别或定性不同而带来的难题，不当得利准据法应依序设计为：不当得利起因于合同时，适用该合同的准据法；起因于其他法律关系时，适用调整该法律关系的准据法；起因于不动产交易时，适用不动产所在地法；在其他情况下产生，则适用利益发生地所在国的法律。

《大清民律草案》摭遗
张　生

现有资料的发掘和最近搜集所得的新资料表明，清末编订民律草案是一个艰难而又曲折的过程，经历了修订法律权之争、拟订《编纂民法之理由》（草稿）与确定编纂计划、开展民事调查与编订民律草案条文稿，以及编订《大清民律草案》说明稿等几个事件。清末政治形势日益紧迫，致使当时的修订法律馆不可能按照既定的立法计划进行编订，最终完成的《大清民律草案》也难免存在着一些严重的缺陷。

民初法官素养论略
郭志祥

民国初年所颁布的法规、司法法令报刊上发表的相关论文以及事实报道等基本材料表明，法官的独立品性、专业能力、经验和学识等在当时已经受到重视，并作为对法官考核的基本要求，但是这样做却未能造就符合近代司法理念的法官队伍。这显现出民初法官选任和考绩制度内在标准的某些缺失。

2004 年第 4 期

人身危险性在我国刑法中的功能定位
游 伟 陆建红

人身危险性最基本的涵义，是指再犯可能性。再犯可能性属于已然的社会危害性范畴，而主观恶性则是人身危险性的表征之一。人身危险性在罪责刑结构中并不当然地起决定作用，只是在一定程度上起着修正的作用。可以以行为人没有人身危险性或者人身危险性较小为由，认定行为人的行为不构成犯罪；但不能以行为人存在着人身危险性或者人身危险性较大为由，认定行为人的行为构成犯罪。人身危险性不能增加刑罚量，只在其较小或没有的时候，起减小刑罚量的作用。无论在定罪中还是在量刑中，人身危险性只应具有这一单向性的功能。

公众认同、政治抉择与死刑控制
梁根林

限制和废除死刑已经成为席卷全球的当代刑事政策运动与刑罚改革潮流。死刑的存废、去留，并不取决于其自身无法辩明的正义性（或非正义性）以及无法证实或证伪的威慑性。它在根本上是一个受集体意识的公众认同以及政治领袖的政治意志左右的政策选择问题。集体意识对死刑的广泛认同为死刑制度提供了正当性和合法性资源，但集体意识具有两面性，是交织着理智与情感、意识与潜意识、理性与非理性、正义与非正义的矛盾统一体。政治领袖要尊重与反映民意，更应当善解与引导民意，运用政治智慧，作出科学的死刑决策，使死刑政策、死刑制度与死刑的适用成为一种理性的实践和实践的理性。

刑法中的推定责任制度
李恩慈

推定责任是严格责任的演进结果。严格责任经历了一个由绝对责任向相对责任的渐进过程。现代意义的严格责任实质上多为符合犯罪构成理论和罪刑法定原则的推定责任。我国刑法的规定是推定责任存在的根据，它寓意于法律语境和立法主旨之中。推定责任主要有危险型犯罪、奸淫型犯罪、持有型犯罪和腐败型犯罪。推定责任的刑事制度主要包括举证责任倒置和期待不能的免责理由两项内容。根据刑事法治的需要，构建我国刑法的推定责任制度已经势在必行。

认识相对主义与诉讼的竞技化
张建伟

在当前证据法学研究中，存在着将认识相对性加以绝对化的倾向，由于实质真实的发现被认为是不可能的，因此形式正义取得了凌驾于实质正义之上的地位。在这种观点的影响下，诉讼在一定程度上成为一种只重形式不重实质的活动，诉讼变成输赢之争而非是非之争。因此，新一轮对诉讼程序的轻视随之产生，其突出表现是普通程序简易审和引入"辩诉交易"。为了防止实质的不正义为程序正义所掩盖，我们应当重新审视客观真实的价值。

论法人人格权

尹 田

团体人格是用作区分团体有无民法上独立财产主体地位的纯法律技术工具，既无社会政治性，亦无伦理性。人格权是一个历史性概念，其保护的是专属自然人人格所具有的那些伦理性要素，不能以同等含义适用于团体人格。法人的名称权、名誉权等权利无精神利益，实质上是一种财产权，且不具有专属性，非为任何团体人格存在之必需，故法人无人格权。

遗失物制度研究

谭启平 蒋 拯

我国现行立法基于对拾金不昧的误解，未规定拾得人的报酬请求权和附条件取得遗失物所有权的权利，另外规定无人认领的遗失物归国家所有，这并不符合现行道德水平以及经济人的基本假设。而设定该两项权利，才能实现当事人之间的利益平衡。

遗嘱解释的三个问题

郭明瑞 张平华

遗嘱解释以探求遗嘱人内心的主观意思为目的，遗嘱生效的形式要求与遗嘱解释活动相区分，从而一方面满足了遗嘱是要式法律行为的要求，另一方面也达到了遗嘱解释的目的。遗嘱解释的方法包括文义解释、整体解释、目的解释、历史解释、习惯解释、诚信解释等。补充遗嘱漏洞的常见方法是类推补充与法律推定补充。

传统与现实之间

常 怡 黄 娟

在中国现行民事诉讼法面临修改之时，有必要对中国传统民事审判的特质以及从中体现出来的、有着深厚历史文化根基的"德性"进行考察；同时，要以对现代民事诉讼法所体现出来的传统和现代因素的理解和洞察为基础，对将来的民事诉讼法应当如何传承这种"德性"、将体现出怎样的走向以及改革的路径作出展望。

股东派生诉讼的合理性基础与制度设计

胡 滨 曹顺明

股东派生诉讼制度在多个方面突破了法律的一般规则，这不仅是法律因应保护少数股东权之现实需要而作出的变通，而且有深刻的制度背景、思想条件和政治学基础。我国股东派生诉讼制度尚付阙如的现状已严重影响了公司治理结构的改善。在导入该制度时应遵循保护少数股东权利、公司自治与国家干预相平衡、鼓励正当诉讼与防止投机诉讼相协调、借鉴国外先进经验与协调国内法律体系相兼顾原则，并将之落实在具体内容的构建之中。

资本多数决原则与控制股东的诚信义务
朱慈蕴

以上市公司"一股独大"为背景考察控制股东滥用控制权问题,其制度原因在于,作为资本企业集中股东意志的必然选择的资本多数决原则,本身却也存在着制度上的缺陷,从而导致其在公司实践中产生异化。为了矫正控制权滥用而导致的控制股东与中小股东的利益失衡,应当要求控制股东行使控制权时承担诚信义务,并通过具体制度架构确保其诚信义务的履行。

司法过程与民主过程
赵晓力

李慧娟事件包括司法过程和民主过程两个方面。司法审查的正当性理论可分为高级法理论和民主理论两类。中国司法审查正当性的论证存在发达的行政集权、民主共和制不发达等一系列困难,在行政分权局面不可能很快来临的情况下,我国建立违宪审查制度应该考虑其他途径的可能性。

行政裁量的均衡原则
周佑勇

行政裁量即法律赋予行政主体可以选择判断的权力,是现代公共行政的典型特征。但在现代法治国家,行政主体的这种选择判断权力并不是恣意的,应当受到一定法律原则的限制。行政均衡原则正是作为控制行政裁量权之内部实体规则而产生和成立的,其目的是使行政裁量在法治的框架内进行,以实现其实体内容上的"均衡合理",体现现代法治国家所要求的实质正当性,符合公平正义的法律观念。行政均衡作为利益衡量之一般法律准则,全面涵盖着均衡各种利益关系的准则,可导出平等对待、禁止过度和信赖保护三项具体原则。

法律的经济分析工具
钱弘道

法律市场假设是经济分析的前提,法律运行中的弊端通常就产生于法律市场的交易中。供给与需求、成本与收益分析是法律经济分析的重要工具。政府既供给市场经济的法律制度基础,也可能破坏和掠夺这一基础。法律需求是公共选择的过程,具有不确定性,可能被人为夸大,也可能被人为低估。政府对市场过于敏感,对干预市场的法律法规过于自信,会导致"非市场"需求的扭曲。法律成本不确定,使得人们难以选择、发现最符合效率原则的立法执法机制。

社团管理的许可与放任
刘培峰

在社团管理方面,中国采取的是严格的许可登记制度,未经许可登记的社团为非法社团。这一制度的结果是严格的许可主义和一定程度的放任主义并行,常规的社团管理与非常规的复查登记、清理整顿相伴。社团管理实际上存在许可制、部分许可制、放任制三种形式;以结社自由为基础的部分许可制是一种较为妥当的管理形式。基于中国目前国情,社团管理的一些过渡性和替代性的措施具有一定的合理性。

法律解释的困境
桑本谦

由于法律解释元规则的缺位,法律解释学很难具有方法论的意义。疑难案件的判决结果并不来自于法律内部,对不同判决方案预测其社会效果并权衡其利弊得失是隐含于法律解释中的思维过程,正是这个隐含的思维过程决定了疑难案件应当如何判决、法律应当如何解释。

立宪政体中的赋税问题
王 怡

以赋税问题作为看待财产权与宪政制度之关系的一个切入点,通过对财产权在宪政之先的论述,提出赋税的合法性问题。当前的财政危机导致对源自民间的赋税的依赖性增强,从而凸显出赋税合法性的危机。解决这一危机的方向是继续沿着财产权入宪的思路,确立"税收法定"的宪政主义的赋税模式。

行政许可与个人自由
陈端洪

在资源配置效益之外从个人自由的角度论证行政许可的本质,运用分析法学的方法解析许可和行政许可的法律意义,则行政许可就是通过行政程序创设个人自由或财产性权利的构成性事实。行政许可权的合理性与正当限度即在于个人自由与公共利益的平衡。公共利益概念存在不确定性和"羊皮化"倾向,而对治理的实质理性的追求是不可靠的,应该注重程序制度的建设和程序权利的维护。

中央与地方政府间关系的司法调节
刘海波

中央和地方政府间结构关系主要有两种模式:相互控制和重叠统治。相互控制模式的设计使得各级政府在组成、立法和执行上相互依赖,通过立法、行政过程中的体制保障机制来协调政府间的关系。这种方式有诸多弊端。用司法方式调节中央和地方政府关系,通过裁决个别纠纷,可以间接协调政府间关系,其方式有不为人注意的重大好处。中央与地方关系难题的治本之策是吸收重叠统治模式的优点并建立真正意义上的司法权。

我国刑法中教唆犯的两种涵义
何庆仁

我国刑法中规定的教唆犯是广义教唆犯,它具有两种表现方式,即狭义教唆犯和以教唆的行为方式实施的间接正犯。狭义教唆犯是人们现在通常所说的教唆犯,它只具有从属性；以教唆的行为方式实施的间接正犯仅具有独立性。从解释论上看，我国现行刑法第29条第2款的规定是处理以教唆的行为方式实施的间接正犯的正确法律根据；从立法论上看，应该采取分立条文规定狭义教唆犯和间接正犯的立法模式。

"类推"与刑法之"禁止类推"原则
——一个方法论上的阐释
周少华

将法律解释概念作狭义理解，具有方法论上的重要意义；如此，则法律解释方法中并不存在"类推解释"。从"法无明文规定不处罚"的基本要求和"法律解释必须在文义所及的范围内为之"这一命题出发，可以认为罪刑法定原则其实不排斥任何一种解释方法。事实上，"类推"在刑法领域是被作为法律续造的方法加以禁止的，而并非是被作为一种法律解释方法加以禁止。从维护法律确定性和司法统一性的要求出发，一切形式的类推在刑事司法中都应当被禁止；但是，这种主张显然源自于形式意义的罪刑法定和刑法技术主义的绝对观念。在实质意义的罪刑法定原则之下，有利于被告的类推应当被允许，这是克服刑法形式侧面的缺陷、实现刑法正义的需要。

法制现代化进程中的审判组织重构
姚 莉

审判组织改革是中国法制现代化进程的重要组成部分。探求其重构的实现模式，需要以审判组织的社会属性和社会功能为基本理念，对法院设置、审级制度、法院内部审判组织的结构，以及法院作为审判组织的整体运作机制等进行综合性的研究。在保持现有的四级法院构架的基础上，通过对各级法院职责的重新定位、调整审级制度、设立巡回法庭制度、理顺法院内部各职能部门间的关系等一系列措施来促进审判组织重构的多重价值目标的实现。

动物法律人格之否定
——兼论动物之法律"物格"
杨立新　朱呈义

随着德国民法典第90a条的修正，"动物不是物"的规定给法学界带来了巨大的冲击，另有环境伦理学有关动物成为权利主体主张的提出，似乎动物取得人格权、成为权利主体的现实就在面前。但环境伦理学的主张并不能等同于法律学的主张，法律人格无法扩张至动物。奥地利、德国、瑞士等国民法典的修正主旨并不是赋予动物以法律人格。不过对动物的法律保护必须加强，在民法中应当将其作为一类特殊的物来对待，在法律规则的适用上有别于普通物。

民事证据法的目的
李 浩

目的论对于制定和解释民事证据法具有重要的指导意义。民事证据法的目的可以分为根本目的与其他目的两个层次。发现真实是根本目的，其他目的包括诉讼效率、程序公正、解决纠纷、保护其他权益。不同目的之间既有兼容关系，也存在着紧张和冲突。当诸目的出现冲突时，一般应当本着既有利于促进实现根本目的又能兼顾其他目的的原则来制定证据规则。在处理当事人收集证据与法院调查取证、举证期限、非法证据排除、释明义务等问题时，应当充分考虑根本目的的要求。

区域贸易协定的最新趋势及其对多哈发展议程的负面影响
曾令良

当前各种区域贸易协定正在朝着跨地区、跨大陆、跨大洋的方向迅猛发展。导致这种异常现象的原因错综复杂，既有历史上的法律漏洞，又有现实的政治安全、外交策略和经贸利益等因素的考虑。过多的区域贸易协定直接威胁着多边贸易谈判的进程和前景，越来越严重地侵蚀着WTO的基石、精神和宗旨。区域贸易协定和最惠国待遇在多边贸易法律秩序中的"例外"和"基本原则"的法律定位，越来越变得只具有法律文字和理论上的意义。面对多边主义和区域主义的双重挑战，中国应主动适应、参与和利用这种双向并进趋势，力争在两条基本发展轨道上实现"双赢"的最佳目标。

陕甘宁边区高等法院司法制度改革研究
侯欣一

1943年前后，陕甘宁边区高等法院曾进行过一次以强调司法审判的规范化和人员的专业化为主要内容的司法改革。由于反对势力过于强大，整个社会缺乏法治精神与习惯，法律知识和法律人才积累不足以及时机选择等种种原因，改革以失败而告终。根据原始档案、日记等第一手资料对这次改革的背景、主要内容、过程及失败原因等进行的研究和分析，可以对我国当前正在进行的司法改革提供有益的经验教训。

《公民权利和政治权利国际公约》的保留和解释性声明
赵建文

《公民权利和政治权利国际公约》没有明文规定保留问题，这意味着允许缔约国提出符合该公约的目的和宗旨的保留或解释性声明。对该公约的强制性条款的保留、模糊的或一般性的保留，往往被认为是不可接受的。对该公约的强制性条款不宜提出保留，但可以作出解释性声明。对该公约的非强制性条款可以提出保留也可作出解释性声明。各国的保留和解释性声明是从自己的国情出发的，表明了国际人权保护的特殊性。其他国家的保留或解释性声明以及反对意见，对我国提出保留或解释性声明、解释和适用该公约、完善我国的相关法律，都有重要借鉴意义。

2004 年第 6 期

纪念五四宪法颁布暨全国人民代表大会成立五十周年理论研讨会纪要

宪法是关于主权的真实规则
翟小波

语言要有意义，就必须或直接或间接地指示物理客体。思想和言说之谬误的根源在于：混淆实名词（即主项之名，包括物理名词和抽象名词）和物理世界之关系，冒称前者是后者。本着此种语言观，宪法学者的首要职责就是解释主权的真相。此种身份定位决定了宪法的概念：它是关于主权之构成和运作的真规则，包括道德无涉的宪法法律和惯例。在成文宪法作用仍待提升的国家，要解释主权的真规则，培育符合宪政的宪法，尤其要倚重宪法惯例。

我国民法典：序编还是总则
陈小君

民法典首编的立法例分序编、总则模式。序编模式源于法学阶梯对逻辑工具在具体规范和制度上的不彻底运用，有松散混杂之弊。序编又可分为形式序编和实质序编。总则模式则是概念法学将概念抽象和逻辑演绎发挥到极致的产物。但二者在民法体系的建构上，都是运用数学原理和逻辑工具对民事实体规范进行"提取公因式"的必然产物或终极结果。我国在制定民法典时，有理由设立包含一般性条款和技术性规定的"小总则"编，传统总则中的法律行为、权利客体和诉讼时效等内容在财产法中单独设总则予以规定。

人格权的理论基础及其立法体例
马俊驹 张翔

权利是人与外在于人的事物的法律上的连接。罗马法及近代民法始终受到人的伦理价值内在化观念的支配。人格权概念乃是现代社会人的伦理价值范围扩张以及支配需要的结果。我国民法通则中的人格权规定及其人格权理论，并未将人格权当成一种权利看待。我国民法典制定中的人格权立法体例必须摆脱人的伦理价值内在化观念及其保护之诉权与实体权利分离的模式。

起诉条件与实体判决要件
张卫平

现行民事诉讼法关于起诉条件的设置标准过高，实质是将实体判决要件等同于起诉条件以及诉讼开始的条件。为此应当改革起诉制度，将起诉条件与实体判决要件相剥离，实行实体判决要件的审理和实体争议审理并行的"二元复式结构"。在改革起诉制度的同时，法院内部机构也应当调整，取消现行的"立审分立"原则，不再设立立案庭。

一个半公正的司法解释
——兼与苏力教授对话
邱兴隆

对幼女的年龄的明知是奸淫幼女成罪的必要要件,此乃刑法关于奸淫幼女的规定的本意。司法解释只有遵循这一本意才具有合法性。最高人民法院关于奸淫幼女的批复要求以对幼女的年龄的明知作为奸淫幼女的入罪条件,符合立法原意,因而具有公正的成分。将奸淫幼女解释为严格责任罪,既不符合立法精神,也有悖法理。但是,最高法院的批复在将对幼女的年龄的明知作为绝对的入罪条件的同时,没有将对幼女的年龄的不明知作为绝对的出罪条件,因而又不是完全公正的。

罪刑法定的明确性困境及其出路
劳东燕

罪刑法定之明确性要求与刑法系统的开放性之间存在冲突,从而导致罪刑法定之明确性要求陷入困境。这种困境根源于价值实践方式上的缺陷,与一种体系性的建构思路存在根本关联。概念性体系很难成为解决价值冲突的理想工具,而走出困境的唯一出路便是引入判例制度。有必要在我国构建两级法院的判例制度。

司法证明标准与乌托邦
——答刘金友兼与张卫平、
王敏远商榷
何家弘

真理是人们对客观事物的正确认识,但是并非所有正确认识都可以称为真理,只有那些反映事物之客观规律的正确认识才是真理。司法证明结果可以是对客观事物的正确认识,但是不属于真理的范畴。实践是检验真理的标准,但不是检验人的一切认识正确与否的标准。司法证明的标准是指司法证明必须达到的程度和水平,司法证明的标准可以分为三个层次。如何建构这三个层次的证明标准体系,是当前我国证据制度改革的重要任务之一。

"证据法的基础理论"笔谈

儿童免受性侵害的权利
——对我国儿童性法律的审视
赵合俊

在国际法上,性越来越与人权联系在一起,越来越被视为一种基本人权,性法律逐步从主要维护性秩序转向主要保护个人的性人权。《儿童权利公约》就突出体现了性人权的视角。我国已经批准《儿童权利公约》和《〈儿童权利公约〉关于买卖儿童、儿童卖淫和儿童色情制品问题的任择议定书》。在性人权的视角下,我国儿童性法律存在明显的缺陷与不足。儿童性法律的修改应朝着更加人权化的方向进行,以便从一个侧面推动我国的人权建设。

秦汉盗罪及其立法沿革
闫晓君

将张家山汉简《盗律》与相关文献记载相结合,通过汉《盗律》与唐律的比较,可以看到秦汉时期各种类型的盗罪的特点及相关立法,《盗律》的沿革轨迹也是清晰可见。

张家山汉简《具律》
121 简排序辨正
——兼析相关各条律文
张建国

张家山汉简出土时原顺序已经打乱，需要正确排定两简以上的条文编联。研究表明，整理小组对 121 简的编联是错的，正确的编联应将其与 107—109 简构成一条，而整理小组原以 121 简作为条文开头的编在一起的数枚简，应当以 122 简作为条文的开头。根据律文内部的逻辑结构以及律条文之间的逻辑联系，可以认为 107—109 简确属具律而非属于囚律或告律。借助学术界已经取得的研究成果，还可以进一步理解相关条文中大部分律文规定的真实含义。

2005 年第 1 期

类推适用的私法价值与司法运用
屈茂辉

凡制定法皆可能存在法律漏洞，类推适用是在法律对系争事件或说个案存在法律漏洞时的一种漏洞补充方法。类推适用的私法价值既是法律正义价值的体现，也是法律存在漏洞并且必须补充和法官不得拒绝审判原则的必然要求。基于中国的法律文化传统，我国民法典应该确认类推适用的地位并确定具体的规则。

债权物权区分说的构成要素
金可可

债权物权区分说是德国民法学最重要的体系特征之一。这一区分理论包含了支配权与请求权的区分、绝对权与相对权的区分、物权行为与债权行为的区分、客体的区分四方面的内容；由此可以得出科学的债权和物权概念。但债权与物权的区分并不能周延现实中的一切权利类型。为此有必要将这两者的区分还原为其构成要素，并从这些要素出发，以类型学方法重新构建权利类型体系。

商事通则：超越民商合一与民商分立
王保树

我国的商事立法一直采用颁布单行法的模式。但实践表明，仅有具有个别领域特征的单行商事法律不足以适应调整商事关系的需要，还需要具有一般性调整特征的商事法律，即商事通则，规定调整商事关系的共同性规则。商事通则与其他单行商事法律都是民法的特别法，但其在商事法领域具有一般法的性质。无论是内容还是形式，商事通则均不应追求商法典结构。

对话与沟通：民事诉讼构造之法理分析
唐 力

应当以对话、沟通为内容重构我国民事诉讼构造，对主体之间的权限作合理的分配，建立以当事人主导的并形成对法院具有约束力的构造关系。在分权而治的构造原理指导下，注重法官对诉讼引导和促进作用，同时强调当事人的合作，疏通和完善主体间的交叉对话，以建立有节有制、彼此容易沟通和理解的案件信息传递机制。

复仇与法律
——以《赵氏孤儿》为例
苏 力

复仇是一种高度分散执行的社会制裁制度或控制机制，其诸多核心要素至今仍然是实践中的传统法律必须具有的。复仇制度的衰落最主要应归功于社会经济、政治条件的结构性变迁。在一个存在集中化公权力的社会，如果公权力不能有效地以公道的方式解决其内部成员的纠纷和冲突，或者受到不公甚或冤屈的人们无法诉求这种公权力获得公道，那么复仇现象就仍然会出现。

"其他行政处罚"若干问题研究
胡建淼

我国目前由法律和行政法规规定的"其他行政处罚"数量多，分辨难度大，大量本不属于行政处罚范畴的行为被误认为"其他行政处罚"。对"其他行政处罚"的准确认定直接关系到法律的适用和行政诉讼管辖的确定。"其他行政处罚"制度存在的合理性尚值得质疑，这是因为对行政处罚采取纯形式标准的分类所致。将来的行政立法应当取消，至少需要限制"其他行政处罚"制度。

严格限制结果加重犯的范围与刑罚
张明楷

我国刑法中的结果加重犯数量繁多，是适用死刑最多的犯罪类型；但是，结果加重犯是结果责任的残余，缺乏加重刑罚的合理根据。因此，一方面要严格限制结果加重犯的成立范围：加重结果必须是成立条件之外的、具体罪刑规范阻止的加重结果；被害对象必须限于基本行为的对象；基本行为必须具有发生加重结果的特别危险性；因果关系必须符合"直接性要件"；行为人对加重结果至少有过失，而且对人身伤亡、公共危害之外的加重结果必须具有故意。另一方面也要从量刑上限制结果加重犯的刑罚。

关于刑事责任的若干追问
张旭

虽然刑事责任理论早就引起我国学者关注，并被引入到刑法学体系之中，但关于刑事责任一些基本问题的认识尚未明晰。特别是关于刑事责任的体系定位与价值认知的冲突、关于刑事责任根据的理解分歧严重影响着刑事责任理论的深入。应当用"改造模式"协调刑事责任的体系定位与价值认知的冲突，用梳理不同范畴关系的方法化解分歧。研讨刑事责任的意义在于吸引更多的人关注刑事责任及其丰富的价值蕴涵。

比较法视野中的刑事强制措施
孙长永

从比较法的角度看，我国刑事强制措施制度具有立法授权的分散性和实际权力的集中性、适用对象的特定性和适用目的的单一性等特点，但在体系上过度依赖羁押性手段，在制度设计上未能充分体现人权保障的精神，司法实践中"惩罚性"地适用强制措施以及追诉机关自我授权和执法违法的现象比较突出。为了保障公民的人身自由不受非法侵犯，应当对适用强制措施的权力进行重新分配，形成以强制到案的措施和强制候审的措施为基本类型的强制措施新体系，将取保候审设计为最常用的一种强制措施，并且完善相关的配套制度，健全适用强制措施过程中的权利救济机制。

中国古代耻辱刑考略
杨鸿雁

耻辱刑是以犯罪人的人格为毁损对象，使犯罪人感受精神痛苦的刑罚。中国古代长期存在多种类型的耻辱刑。文献典籍和考古研究成果记录下了丰富的内容。回顾历史对冷静观察当前世界各地耻辱刑回潮的现状，会有很好的启示意义。

空难概括性死亡赔偿金性质及相关问题
张新宝 明俊

空难事故中的概括性死亡赔偿金包括了被扶养人生活费、精神损害赔偿金与单纯的（狭义的）死亡赔偿金等内容，应主要和优先用于被扶养人生活费之满足。在有剩余时依次作为精神损害赔偿金与单纯死亡赔偿金，后者可作为遗产继承。

《中国的和平发展与国际法》学术研讨会综述

2005 年第 2 期

行政许可法：观念创新与实践挑战
周汉华

行政许可法体现了许多先进的观念或原则，如权利观念、有限政府观念、有效政府观念、责任政府观念、公开政府观念、服务型政府与程序公正观念、廉洁政府观念和发挥中央与地方两个积极性的观念等。行政许可法实施以来，在实践中遇到诸如法律规范与社会发展之间不同步、行政许可法立法模式本身的局限性、既得利益集团的抵制、行政许可法本身的缺憾与立法技术的限制等诸多方面的问题。

"公正补偿"与征收权的宪法限制
张千帆

对土地和财产征收的公正补偿具有重要的理论与现实意义。从公共选择理论的视角讨论了美国联邦宪法规定征收必须给予"公正补偿"的理由，解释了美国法院通过判例确定"公正补偿"的计算标准，探讨了中国宪法修正案的补偿条款之解释。宪法修正案所要求的征收"补偿"必须是体现被征收财产市场公平价值的"公正补偿"，且这项宪法要求必须在操作过程中获得立法与司法制度的适当保障。

刑法教义学方法论
陈兴良

罪刑法定原则下的刑法适用，在很大程度上依赖于对法律的正确解释以及在此基础上的逻辑推理。为此，在刑法理论上应当加强法教义学方法的研究。刑法教义学方法中涉及的重大问题包括刑法解释方法论、犯罪构成方法论、案件事实认定方法论以及刑法论证方法论等。有必要从理论与实践相结合的角度对类推解释、犯罪构成类型化特征、事实问题与法律问题的区分、法律论证的必要性等问题进行具体分析。

结果假定发生与过失犯
——履行注意义务损害仍可能发生时的归责
周光权

行为人违反注意义务的行为导致了损害的发生，但是，就当时的情况而言，即使其认真履行注意义务，结果也可能是难以避免的，能否追究行为人的过失责任，应当区别不同的情况予以处理。在结果假定会发生的场合，根据条件说，而不需要借助于客观归责理论，就能够确定因果关系的存在；过失构成要件中的结果避免可能性是否具备，根据不同的立场，结论会不同；在因果关系能够肯定，结果避免可能性难以确定的情况下，虽然行为违反注意义务，但如果没有明显增加法益危险，应当排除行为人的过失责任，以无罪处理。

论死刑存废的条件
田 禾

在死刑存废的十字路口，何去何从不仅是一个理论问题，而且是一个实践问题。死刑的存在正如其他事物的存在一样具有自身的历史、社会、政治和经济条件。死刑存在了数千年，具有一定的合理性，但也有不合理性。死刑具有不人道性，与文明社会的价值观相违背，但在某种程度上应否废除死刑仍然是一个"伪问题"。问题的关键不在于应否废除死刑，而在于能否和怎样废除死刑。在目前的形势下，中国尚不宜宣布立即废除死刑，而应该保留死刑，但应从立法和执法上对死刑加以限制，最终向废除死刑努力。

交易中的物权归属确定
孙宪忠

一般认为的确权案件仅指相邻疆界争议或者权属历史不清的案件，而非现实交易中的物权确定案件。但因交易产生的物权确定案件才对国计民生具有重要意义，而我国过去的立法以及法理在这方面却相当混乱。应当否定以合同确权的做法，因为合同只是债权变动的根据，其效力不足以发生物权变动的效果。仅仅依据不动产登记确定不动产物权具有有限性，应该按照物权的意思表示确定其权利归属。

一物二卖的救济与防范
马新彦

对于一物二卖，债权法只能提供事后救济，而且其他债权人的特定利益难以实现。在制定物权法时，有必要借鉴外国立法例并根据我国的实际加以修正，设立可以对一物二卖起到一定防范作用的预登记制度、转交付制度、优先权制度，进而构建我国对一物二卖救济与防范的完整法律体系。

统一的诉讼举证责任
李汉昌 刘田玉

举证责任的实质在三大诉讼法上都是将某些法律要件事实的举证义务分配给一方当事人，如果该当事人不能举证或不能证明该法律要件事实，裁判者则作出与该当事人利益相反的"事实拟定"，并以此为基础作出判决。从罗马法到现代，只有两条举证责任的分配原则：原告作为主张的肯定者，负有举证责任，被告作为主张的否定者，不负举证责任；原告作为主张的肯定者，不负举证责任，被告作为主张的否定者，负有举证责任。两条原则分别适用于不同的诉讼领域。

进城务工人员的社会保障问题
刘翠霄

随着农村经济体制改革的深入和我国现代化的推进，以往被禁锢在土地上的农民大量涌入城市，寻找工作和生活的机会，形成了所谓的"民工潮"。由于二元户籍制度和社会保障的缺失,进城务工人员沦为城市中比下岗职工境遇还要差的弱势群体,并由此产生一系列不利的社会后果。为了推进我国城市化和现代化进程,应逐步将城镇职工的社会保障制度惠及进城务工人员。

我国域外送达机制的困境与选择
何其生

对近年来我国域外送达的非常态事件以及调研数据的分析表明,先入为主的定性和效率的低下是我国目前域外送达中的诸种问题的症结所在。改变现状以提高送达效率的基本思路是观念的更新和完善有关制度。

先秦时期债流转的史实探析
张培田 陈金全

中国先秦时期从国家形成到秦始皇统一六国以前,债权债务关系随社会经济的发展而不断复杂化,解决债权债务的案例日益增多,实践中出现了不自觉的债的分类调整,对债的不同表现形式也有对比研究,这体现出中国独特的调整债的法文化特征。

隋朝监察制度述论
张先昌

隋朝监察制度与前代相比有很大变化。一是在组织上,整顿御史台机构建制,淡化御史的天子监察官身份,强调独立行使监察权;废除御史台官属由台主任命之制,改由中央吏部考核任命,或由三省长官推荐,皇帝敕授;制定地方监察法规"六察";二是强化了监察机关和监察官的各项职责与权力。从实施效果和作用上看,文帝时代好于炀帝时代,二帝统治的前期好于后期。在封建社会,监察的效果虽与制度的完善和监察官员的素质有密切的关系,但起决定作用的是皇帝的重视程度、个人的品格与素养。

寻访法学的问题立场
——兼谈"论题学法学"的思考方式
舒国滢

法律体系本身不可能如概念法学所想象的那样是一个公理体系,法学有自己的"范式",这些范式是法律共同体经过多年的法律实践积淀而成并通过职业教育传授的基本法律理论、法律信念、法律方法以及规范标准等。实践性构成了法学的学问性格,法学是论题取向的,而不是公理取向的。如果法学家放弃建立纯而又纯的法律公理体系之梦,而将法律体系看作是一个"开放的体系",那么将论题学的"片段性的省察"与公理学的演绎推理方法结合起来完成法律的体系建构和体系解释,也不是完全不可能的。

基本权利的双重性质
张 翔

在德国的宪法理论中,基本权利被认为具有"主观权利"与"客观法"的双重性质。除了作为个人权利的性质外,基本权利被认为是德国基本法所确立的"客观价值秩序",是对国家权力产生直接约束力的法律。这一理论构成了对基本权利的宪法解释的基本框架,在此基础上,德国建构了一套严密的基本权利保障体系。这一理论对中国宪法的基本权利问题具有借鉴意义。

中国行政执法困境的个案解读
王锡锌

在中国行政执法过程中,政府面临着普遍的"两难困境",在立法过程中政府立场与民间态度缺乏有诚意的、有效的和充分的沟通,导致政府立场与民间态度的紧张;在执法过程中政府奉行一种"问题化策略"和"运动式执法",过分迷信强制和制裁的力量而忽视了执法过程中所有参与者制度性的相互学习,故加剧了规则表达和规则实践之间的背反。走出执法困境要求在规则制定过程中,政府立场与民间态度通过制度化机制进行有效的、富有意义的交涉,在执法过程中应采取务实的态度,注重博弈过程中的学习、反思和策略调整。

罪刑法定与刑法机能之关系
周少华

社会保护机能与人权保障机能的统一是刑法的整体价值目标,而不是刑法某一个构成要素的价值目标。认为相对罪刑法定原则具有人权保障和社会保护双重机能的观点,实际上是混淆了刑法的机能与罪刑法定原则的机能,错把刑法的整体机能当成了其构成要素的机能。罪刑法定原则虽然应当服务于刑法的整体价值目标,但不应该、也不可能直接承载社会保护的价值内容。我国刑法第3条从正反两个方面规定罪刑法定原则，将社会保护的内容附加给罪刑法定原则，在一定程度上消解了这一原则的社会法律意义，不利于现代刑法观念的培植。

主观超过因素新论
董玉庭

主客观相统一的定罪原则并不否定主观超过因素的存在。无论大陆法系刑法抑或英美法系刑法基本都认可主观超过因素的定罪意义。所谓主观超过因素是指在构成犯罪的各要素中，超出故意内涵之外的主观要素，其中主要包括目的犯中的犯罪目的及倾向犯中的内心倾向。对于表现犯中的内心表现完全应该作为犯罪故意的内容，不宜按主观超过因素来对待。在司法实践中，由于主观超过因素存在与否的判断极为艰难，因此必须坚持弱化口供，强化推定及强化证伪的认定原则。

斡旋受贿的几个问题
朱孝清

斡旋受贿的职务要件具有职务的非制约性、职务行为的依赖性、第三人意志自由的不完全性和权力可交换性的特点，其"利用职权或者地位形成的便利条件"是指利用职权或者地位形成的能对其他国家工作人员施加职务影响的便利条件，其核心是职务影响力。"不正当利益"分实体违法利益和程序违法利益；"谋取不正当利益"应以行为人明知利益的不正当性为条件，以第三人承诺为具备要件的起点。对第三人中的国家机关工作人员应注意以渎职罪追究责任。

刑事再审理由探析
韩 阳

再审理由的设计是对再审程序进行控制和协调的关键因素。在我国，应当明确区分有利于被告人的再审理由和不利于被告人的再审理由；对于有利于被告人的再审理由，应从实体上和程序上两方面分别进行规定；对于不利于被告人的再审，只能以程序上的重大瑕疵为由而提起，以限制再审作不利于被告人的变更，体现再审程序的救济性。

对物权与对人权的区分及其实质
冉 昊

对物权和对人权产生于罗马法诉讼格式的影响，出现于一千年后的注释法学派理论中，并由于日耳曼法获得了广泛的实践应用，其含义日益多元，发展至今具备了至少三重含义，即对物、支配、对世。这三点内在贯通，又分别构成了物权性的决定要件。但由于罗马法诉讼格式已被抛弃，在现代权利话语语境下，三者的联系需要新的逻辑支撑，为此，可通过"当事人的知晓"作出一定的诠释，并以此为据，将意思自治的近代民法推进到意思推定的现代民法。

知识产权的观念：类型化及法律适用
易继明

以知识产权为主的无形财产日益重要

是社会历史发展的结果，知识产权也是传统财产权的延续，但我们今天不仅面临着知识产权类型化困难问题，而且在自然权利、他人利益和社会正义之间存在着利益平衡的法律难题。因此更加需要强调知识产权的私权性质和观念，在司法过程中通过传统民事法律制度实现知识产权立法的目的。

知识产权国际保护制度的变革与发展
吴汉东

知识产权国际保护制度是当代国际经济、文化、科技贸易领域中的一种法律秩序。国际保护标准在缔约方之间的一体化、国际保护规则从实体到程序的一体化、国际保护体系与国际贸易体制的一体化，反映了当代知识产权制度的基本特征。《知识产权协定》作为知识产权国际保护的主要法律制度，在其推行过程中显见不足，主要表现为知识产权与其他基本人权（包括精神权利、表现自由、隐私权、健康权、发展权等）的冲突。此外，在知识产权国际论坛上，诸如传统知识、遗传资源、地理标志保护问题的争议，导致了国际知识产权领域中新的利益格局的形成，从而引发了知识产权国际保护制度的变革与发展。

"灋"义探源
张永和

古文"灋"之义是古人日常实践中价值选择的客观反映。"灋"的义项"氵"是否意指"平"，须通过训诂并依据古人生活实践提供的其他资料考察而获得。"法"字书写的结构经历了一个演变过程。"灋"字中"氵"意指公平是直接因于水性。从"灋"的书写系统看，最早的声像应该是"廌"，后来"灋"的发音是由"金"声训而来。所谓"灋"不体现公平、正义的见解乃今人附会，与"灋"之本义无关。

中国古代"农忙止讼"制度
形成时间考述
郑显文

在农务繁忙季节中止民事诉讼是我国古代社会长期实施的一项法律制度。关于该制度产生的时间，文献没有明确的记载，传统的观点认为出现于唐朝。分析现存的中、日古代文献及出土的敦煌、吐鲁番文书，可以确定该项制度最早出现于唐开元二十五年的《杂令》之中。日本《养老令》中关于农忙止讼的规定借鉴了唐开元二十五年《杂令》的规定。依此推断，唐开元二十五年律疏、令应是日本《养老律》和《养老令》的重要蓝本。

善意取得制度的缺陷及其补正
——无权处分人与善意受让人间法律关系之协调
吴国喆

善意取得制度为权利的非逻辑性变动提供正当性依据，解决的核心问题是无权处分情形下的权利瑕疵，而对标的物的质量瑕疵及迟延交付等问题则无暇顾及，不足以提供充分的救济调节交易当事人之间的关系，这构成善意取得制度的明显缺陷。而无权处分人和善意受让人之间存在的有效债权契约为补救上述缺陷提供了基础，违约责任的承担就成为恰当的手段。如此，善意取得制度的缺陷即在该制度之外找到彻底解决的途径。而由于这一契约的特殊性，违约责任也表现出自己的特色。

抵押物转让中的利益衡量与制度设计
梁上上　贝金欣

抵押人在抵押期间不丧失对抵押物的处分权，可以自由转让抵押物。但抵押物的转让需要顾及到抵押权人利益的保障，传统立法通过赋予抵押权人追及效力来实现。但这可能会损害受让人的利益，导致利益和风险分配的不平衡。抵押物转让制度的设计应当充分权衡抵押人、抵押权人以及受让人三者之间的利益冲突，并结合物尽其用这一物权法基本价值目标，作出妥善安排。由于抵押权是价值权，以价金物上代位为主导、追及效力为补充的抵押物转让制度是一个很好的尝试。

错误的生命之诉的法律适用
张学军

错误的生命之诉是近年来出现的一种新型诉讼。目前，法国、美国5个州的最高法院准许了原告就此提起的财产损害赔偿请求，而英国、美国19个州的最高法院、加拿大的两个省、德国联邦宪法法院均驳回了原告的损害赔偿请求。但实际上，全部或部分驳回原告方诉讼请求所持的理由并不成立，原告的确受到了侵害，受侵害的客体是拥有充分知情的父母的利益。

辩论主义的根据
刘学在

对辩论主义的根据，理论上存在本质说、手段说、防止意外打击说、程序保障说、多元说、法探索主体说、信赖真实协同确定说等观点，它们从不同的角度论证了实行辩论主义的必要性。由于现代民事诉讼法的价值理念包括实体价值和程序价值两个方面，并且民事诉讼在客观上乃民事诉讼法和民事实体法共同作用的"场"，因而辩论主义的确立和贯彻，有其实体根据和程序根据，是以此为基础的多元根据的必然要求。

职权探知主义转向辩论主义的思考
翁晓斌

我国民事诉讼法长期奉行职权探知主义。随着审判方式改革的推进,通过司法解释初步确立了辩论主义。但是我国当前民事诉讼中的辩论主义存在诸多缺陷。克服这些缺陷并完善我国民事诉讼中的辩论主义,必须建立起辩论主义的理论体系,改变法官职业群体的传统思维,并对现有的有关辩论主义的制度进行修改、补充和重构。

自我救济的权利
贺海仁

权利救济是在权利被侵害后对权利的恢复、修复、补偿、赔偿或对侵权的矫正,它是一项实现权利的权利,争取权利的权利。权利救济是自我救济的权利,即权利人或权利主体对其权利的自我判断和自我实现的资格和能力。私力救济、公力救济和自力救济,是自我救济权利的三种外在表现形式。从自我救济权利出发,当代权利救济问题的实质是以自我救济权利为基点整合公力救济和自力救济。塑造合格的权利主体、倡导司法节制观和建构正义的社会结构有助于权利救济理论在中国的发展。

NGO 的民间治理与转型期的法治秩序
马长山

NGO 的民间治理对转型中国具有重大意义,它不仅与国家法秩序形成了耦合支撑、多元均衡、共谋与冲突等互动和张力状态,而且还富有反思性的对话协调机制、公民性社会资本的生成机制、公共领域的运行机制、自生自发秩序的衍生机制等秩序生发机制,从而为法治秩序提供了重要基础和支撑。因此,应克服 NGO 民间治理中的中国问题,推动其功能和作用的充分发挥,进而促进法治秩序的早日确立。

公共行政组织建构的合法化进路
沈 岿

对待现代国家公共行政组织建构的合法化问题,有一种形式法治主义的主张,即通过民主代议机关的合法化模式。这种模式在方法论上有单一原因论、理想的形式规范主义和绝对的建构理性主义之倾向,它在解决当下中国行政组织无序的诸多问题方面力有未逮。而在实践中,另外一种可以称为开放反思的合法化模式的进路,以其多向原因论、经验的实质规范主义和复合理性主义之方法论倾向,在相当程度上发挥着重要功能。它并非彻底否定民主代议模式,而是传统主张之外的一条比较贴近中国现实的合法化进路。

司法职业化与民主化
何 兵

我国从清末即开始构建现代意义上的法院,但至今仍不尽人意。一个重要原因是没有处理好法官职业化与司法民主化之间的关系。"文革"以后至今,司法建设所走的路线总体来说为司法职业化。由于未配合以司法民主化建设,司法职业化尚未成型，司法官僚化严重。克服此弊病的努力方向应当是司法民主化建设。司法建设在强调法官职业化的同时，必须高举司法民主化的旗帜。法官职业化与司法民主化的制度结合点在于陪审制。陪审制不仅仅是一项司法制度，更是一项政治制度。

刑法解释限度论
蒋熙辉

刑法解释是刑法适用的基本途径。刑法解释应当遵循罪刑法定主义，应被限定为在国民可预测范围内的"文义射程"。刑法解释禁止超越文义，不得入罪重刑，也不得违反总体法秩序。刑法解释之改进需要适时修订刑法，规范立法解释；改进解释体制，清理司法解释；整理典型判例，形成判例指导。

刑事诉讼的经济分析
左卫民

基于成本收益的理性行为模式，一国的刑事诉讼活动必须以尽可能少的诉讼成本产出尽可能多的诉讼收益。权力与权利是刑事诉讼过程中的两种基本因素，所谓诉讼经济也因之可分为权力的经济与权利的经济，而这两者的基本着力点、内涵与具体制度设置迥异。从古代到现代，刑事诉讼成本投入呈逐渐上升趋势，并从追求比较单纯的权力的经济演化为权力的经济和权利的经济并重。从建构权利充分保障与权力有效行使兼具的经济性诉讼制度的角度来看，中国的刑事诉讼制度亟须进一步改革。

隋《开皇律》十恶渊源新探
周东平

《开皇律》首创的"十恶之条"的罪名，不仅有从《北齐律》重罪十条发展而来的实质（即具体内容）的来源，而且还有素来为人们所忽视的形式（即其名称借用自佛教所谓的"十恶"）的来源。认识这一点有助于我们更全面地把握十恶的实质。

日据时期台湾法制的殖民属性
范忠信

日据时期台湾法制的突出特点是它的殖民属性。这一属性表现为暴力镇压或军事掠夺、民族（种族）差别或歧视、强行民族同化或文化灭种以及保障经济掠夺或榨取等四个方面。日本在台的殖民法制表现出比其他殖民国家更为严重的残酷性、奴役性和掠夺性，在世界殖民史上是十分突出的。

科学发展观与法制建设研讨会综述

也论交易中的物权归属确定
董学立

交易中的物权归属确定应当区分为以法定公示形式表彰和非以法定公示形式表彰的物权归属确定。不能区分此二者，是造成对交易中的物权归属确定之研究不够彻底的原因。我国物权立法应参酌不同立法例，建立以事实物权、法律物权的基本分类为基础的交易中的物权归属确定的法律制度，并在此基础上确立具象物权的归属确定规则和抽象物权的归属确定规则。

民法上的人及其理性基础
李永军

受康德、黑格尔哲学思想的影响，法律主体被定格为"意志—主体—理性"的抽象图式。但是，理性人是为了完成民法典体系的构筑而通过法技术的抽象方法塑造出来的一个客观化的人像。因而，个人从本质上不同于民事主体。法人只能从经济的合理性而不能从哲学上寻找到，法人纯粹是实证法上的规范结果，有必要对人与人之外的存在加以区别而给予符合人的处理。

连体人的法律人格及其权利冲突协调
杨立新　张莉

连体人属于民事主体中自然人的范畴。凡是具有独立人脑、具有独立的意志以及确定为一定的社会角色的连体人个体，都应当具有独立的法律人格。他们具有民事权利能力，但可能是无民事行为能力人、限制民事行为能力人或者欠缺民事行为能力人，因此需要以监护制度予以补正。他们的出生权、分离权在行使过程中会发生权利冲突，需要法律进行协调。

民事诉讼法律审的功能及构造
张卫平

为了满足法律适用的统一性要求，有必要在我国民事诉讼中实行有条件的法律审制度。引起法律审的事由应当是裁判违法，包括违反法院应当适用的法律规范，违反日常经验法则等，裁判违法应当与裁判结果具有因果关系。当事人提起法律审应经由原审法院。法律审仅审理法律适用问题且仅以上诉人主张的范围为限。法律审的裁决对重审法院应当具有约束力。

论诉讼上的抵销
陈桂明　李仕春

民事诉讼中被告可以减少或消灭对方以诉讼请求为目的提出债权抵消的主张。这种抵销的性质属于诉讼行为，应当据此设定其要件、法律效果和权利行使方式。不应当采用扩大反诉制度的适用范围或采取强制反诉的做法，而应按照独立之诉对待。作为诉讼行为，诉讼上的抵销应具备诉讼行为的成立要件和生效要件；作为独立之诉，诉讼上的抵销应当具备反诉成立和生效的要件。

董事会委员会与公司治理
谢增毅

董事会承担公司的重大决策和监督经理层的角色，但董事会作为会议体机关存在缺陷。董事会委员会的设立可以弥补董事会的缺陷，并有利于独立董事发挥作用。委员会的产生和权力的立法模式不同，美国的模式值得借鉴。典型的董事会委员会包括提名、薪酬和审计委员会，他们在实践中发挥重要作用。我国应当将委员会纳入公司法中，同时委员会制度以及公司治理的完善需要公司法和其他法律、证券交易所规则、公司治理准则、公司章程的协同努力。

刑法方法理论的若干基本问题
王世洲

刑法方法与具体问题相联系，属于刑法学研究的内容；刑法方法论与世界观相联系，一般地属于法理学研究的内容。每一种方法都有自己的功能，也有自己的局限性，仅仅使用一种方法是无法完整地研究刑法学的。在现代刑法理论的构建中，比较研究方法是值得我国学者特别重视的方法，体系性方法是最重要的方法之一，刑法理想对刑法方法的选择具有根本性的指引作用。从总体上说，综合的方法才是最好的刑法方法。

证据分类制度及其改革
龙宗智

我国证据分类制度有四个特点：一是具有某种形式主义倾向；二是构筑了封闭式的分类体系；三是倾向于细致具体的分类方式；四是类别设置有一定独特性。证据包含证据资料与证据方法，原生性与派生性的材料均可作为证据使用。改革证据分类制度，需要将"勘验、检查笔录"改为"侦查、审判笔录"，将"鉴定结论"改为"鉴定结论与鉴定人陈述"，同时将证人证言扩大解释为包括普通证人证言与专家证人证言两种类型。可以保留视听资料的分类，但仅指音像材料，而将计算机资料划出，分别归于有关的证据类型。

国家转型与治理的法律多元主义分析
——中、俄转轨秩序的比较 法律经济学
张建伟

国家治理结构包括法律、政策与关系规则之三元组合，三者之间存在互补、替代与转化关系。转型过程中，法律和政策都不完备，如何维持平稳转型，防止良性社会资本的耗散和恶性关系规则对社会秩序的侵蚀，使人治、法治和关系治理形成互补效应，是规则实施多元化理论关注的焦点问题。中、俄两国转轨秩序演进的实践表明，根据三元甚至多元规则实施过程中的替代、转化、互补、互动等机制实现相对平稳的法律变迁，是至关重要的。

中国宪法司法化路径探索
蔡定剑

宪法实施中的违宪审查机制与宪法诉讼方式是两种不同机制的区别。在分析西方国家宪法实施的路径,以及中国实行宪法监督走违宪审查之路面临的困难后,根据违宪审查与宪法诉讼相别的理论,作者提出了中国的宪法司法化方案,即违宪审查权仍由全国人大常委会行使,而由最高法院承担宪法诉讼的任务。

从国际法角度看受教育权的权利性质
杨成铭

国际人权法主要文书的内容和精神都表明受教育权是一项基本人权而不附带任何义务,战后各国国内法的修改也表现出接受这种精神的趋向。保障公民的受教育权要求国家承担起相应的义务。我国要顺应国际人权法发展的要求,在条件成熟时对宪法的相关条款进行修改,删除公民有受教育的义务的提法。

《公民权利和政治权利国际公约》第14条关于公正审判权的规定
赵建文

《公民权利和政治权利国际公约》第14条确立了国际社会公认的公正审判权的一般国际标准。公正审判权适用于刑事诉讼,同时也适用于民事诉讼、行政诉讼及其他可能的实际上的"诉讼案"。为实现公正审判权,人人都应享有在法庭前的平等权利、由独立和无偏倚的法庭进行审判的权利、被无罪推定的权利、在刑事审判过程中享有最低限度程序保证的权利、上诉或复审的权利、被终审误判时获得赔偿的权利和不因同一罪行受双重处罚的权利等。

法的发现与证立
焦宝乾

无论是法律现实主义还是决断论,均有明显的非理性主义倾向,因而表现出跟法律论证理论截然相反的研究旨趣。受到科学哲学上相关研究的启示,发现与证立之二分逐渐被法学家引入到法学领域,并成为克服各种非理性主义的重要根据。法的发现与证立之二分同时存在解释学上的依据。通过这种区分,法律论证的范围和目标等基本理论要素大体上确定下来。这一区分构成法律论证的重要理论基础。

2005 年第 6 期

法律职业主义
李学尧

律师制度起源于西方，法律职业主义是其主流指导理念。法律职业主义由三大基石构成。随着现代批判性思潮对其批判的展开，有必要重新审视国家主义、商业主义以及技术性职业主义和公共性职业主义的利弊。我国学术界和律师界所持的多是技术性职业主义的观点，政府的管制理念存在一定的模糊与混乱。以容纳多种伦理观为己任的"市民公共领域"理论可能是建构我国律师职业定位新模式的可行路径。

刑事证据相互印证的合理性与合理限度
李建明

证据相互印证是我国刑事证明活动的传统。这一规则虽然难免对于刑事诉讼的效率产生掣肘并仍然难以防止刑事司法错误发生而被人质疑，但是它毕竟反映了事物存在的规律和司法认识的规律，体现了刑事司法的理性主义精神。重要的是正确把握证据相互印证的合理限度，即依据这种相互印证关系能够确认被印证的证据之真实性，能够使案件事实裁判者形成内心确信。公正与效率的同时追求，要求正确合理把握证据相互印证的限度，正确适用证据相互印证的规则。

论命题与经验证据和科学证据符合
张继成

在逻辑学上，证实与证明不同，证实只能显现一个命题之然，而证明则可以显现一个命题之所以然。法官要想获得一个完整的内心确信，不仅要知其然，而且必须知其所以然，因此，诉讼证明活动中，一个命题的核证性标准由真的证实标准和证明标准有机构成——命题与经验证据符合就是真的证实标准，命题与科学证据符合就是真的证明标准。与保证性标准意义下的真不同，这里的真总是自以为真，是感觉为真，具有相对性，是可错的。

证据法学基本问题之反思
宋英辉 吴宏耀 雷小政

证据法学理论基础的根本问题在于形成体现现代证明活动自身特殊性的具体认知理论。裁判事实与事实真相之间的关系具有或然性，应寻求适当法律程序与规则，以保障关于案件事实的认识在最大程度上符合或者接近客观存在的事实。应当走出以点带面的偏狭思维，转向一种动态的证据概念，并在证据的真实性上强调当下社会认知条件所能达到的真实或属实。基于狭义证明理论，裁判并非都以查明事实真相为必要条件和最终目的，但并不能因此而否定法官的照顾义务和消极的实质真实义务。证据法学的研究方法应是一个多元化的、开放性的、与时偕行的体系。

法律制裁的历史回归
邓子滨

探寻法律制裁的起源并勾勒其演进脉络,不仅可以透视法律制裁的发生机理,而且可以把握法律制裁的发展规律。法律制裁在历史长河中,不仅有线性的流逝,而且有循环的转化;不仅有各种法律制裁方式产生与灭亡的烙印,而且有同种法律制裁方式由轻至重又由重转轻的轨迹。社会文明进步的标志之一就是法律制裁方式由严酷走向轻缓:从摧残生命的酷刑最终转向以补偿和定纷止争为内容的纠纷解决,从而使法律制裁回归历史的起点。

论他物权的设定
王利明

我国物权法理论主要是以所有权为中心展开对物权变动的讨论,而忽视了他物权设定的特殊性。他物权的设定与所有权的移转存在着诸多区别,原则上他物权应通过物权设定的合同加公示方法才能设定。不动产他物权设定的模式一般应采取登记要件主义。

医疗服务合同的不完全履行及其救济
韩世远

医疗服务合同具有委托合同的基本属性。医疗服务合同的给付义务属手段义务,对其不完全履行,无法从结果上判断,只能从过程上判断,此过程中债务人违反附随义务,同时构成对给付义务的不完全履行。无论财产损害还是非财产损害,在违约案件中均应予以赔偿。非财产损害赔偿包括死亡赔偿金、残疾赔偿金以及侵害人格权场合的抚慰金。对于财产损害赔偿的参照标准,在履行利益不易确定的场合,可以以信赖利益作为替代标准。

我国知识产权法律与国家发展政策的整合
王冠玺 李筱苹

我国就知识产权保护议题在与发达国家谈判的过程中屡遭挫败,甚至制定出"超国际标准"的知识产权保护规范。知识产权法的立法意旨在于奖励创造与发明,进而促进科学及文化的进步,但是与发达国家一致的知识产权保护标准并不能使发展中国家从中获益。然而并非所有的发达国家或国际组织在思考国际间知识产权保护政策的走向时均固守本位主义,他们的许多支持发展中国家利益的研究成果,对我国未来制定新的知识产权法规与政策均甚有助益。应就知识产权与人权之间发生的冲突,及其与宪法基本权利冲突时的优位选择理论作出探索,以此作为我国日后制定知识产权法律及与发达国家进行相关谈判的政策依据。

法学关于法律是什么的分歧
李琦

法律有诸种不同的面相。作为规则的特定形态、作为一种人类活动、作为生命意识的表达等,都是法学家们所观察到的法律的面相。对不同面相的侧重,形成了不同的法律理论,也产生了法学的分歧。

什么是良法
李步云 赵 迅

广义的良法是指对社会发展起积极或推进作用的法,从一定意义上说,也就是具有真、善、美之品格的法。"真"是指法的内容的合规律性;"善"是指法的价值的合目的性;"美"是指法的形式的合科学性。依法治国应是依良法治国。

《政府采购协议》的非歧视原则及其适用例外
任 际

《政府采购协议》(GPA)与WTO中其他的一揽子协定不同,给参加方安排了另行谈判的机会并规定了特殊的非歧视原则。该条约目前尚没有对专业性很强的政府采购技术性标准确定全面的规范,特殊适用例外也十分明显。这种特殊性为我国政府提供了谈判的空间,有必要从国际法角度务实地研究它们。

私法原则与中国民法近代化
朱 勇

中国民法近代化以西方近代民法所体现的人格平等、私权神圣、契约自由、过错责任等私法原则为模范,同时也根据西方近代民法适应技术进步、社会发展在私法原则方面的变化,调整自身内容。中国近代民法的演进,基于西方近代民法从个人本位到社会本位的变化,确定了一条从传统的家庭本位走捷径过渡到社会本位的路线,对于中国近代民法和中国近代社会,均产生重要影响。

2006 年第 1 期

检察一体与检察官独立
陈卫东　李训虎

现行刑事诉讼法凸显了人民检察院的地位，而作为实际操作者的检察官在刑事诉讼法中却隐而不显。在刑事诉讼中应当保障检察官独立行使检察权。当然，这种独立是与作为检察体制建构基础原理的检察一体原则相调和的产物。对于检察事务，应当贯彻法定主义，规定检察官独立行使职权的范围，严格防范上级对于下级权力的侵分与限制；对于检察行政事务，应当贯彻检察一体、上命下从的原则。为了防止检察官独立行使职权所带来的弊端，应当建构相应的诉讼监督机制。

刑事学科系统论
高维俭

随着刑事学科研究的深入展开，具有方法论价值的刑事一体化思想应运而生。刑事一体化理论渐显其系统论的内涵，但其中尚有诸多的未尽之义，因此，有必要自觉地运用系统论的哲学方法来整合刑事学科的研究，即构建刑事学科系统论。刑事学科系统论主要包括整体范围论、结构关系论、学科分组论和功能机制论四个基本方面。四个基本方面有着紧密的内在关联，共同构建出整个刑事学科研究的大体蓝图。

我国犯罪构成体系不必重构
黎　宏

引进德日犯罪构成理论、对我国犯罪构成体系进行重构已经成为一种倾向。但是，我国犯罪构成体系并非被抨击的那样一无是处，而为重构论者所推崇的德日犯罪判断体系同样存在着前后冲突、现状和初衷背离、唯体系论等弊端。我国犯罪构成体系所存在的犯罪构成要件之间的关系不明、根据犯罪构成所得出的犯罪概念单一等问题，可以通过贯彻客观优先的阶层递进观念以及树立不同意义的犯罪概念的方法加以解决。因此，我国犯罪构成体系没有必要重构。

论修复性司法
陈晓明

与传统刑事司法相比，修复性司法在满足各方当事人需要、吸引社会公众参与、预防和减少犯罪、降低成本、提高成效等方面具有优势，但也有过度依赖当事人、适合处理的案件有限、社会控制的不当扩大和对弱势群体及当事人权利保护不力等局限。修复性司法在国家刑事司法中的地位、刑事司法的功能、对正义的理解和犯罪解决机制多元化等方面对我们有重要启示。改革我国刑事司法，应跨越单纯改革刑事诉讼程序的狭隘思路，对刑事司法机制进行重塑，逐步建立统一协调、良性互动、功能互补、程序衔接、彼此支持的双轨制，以更好地解决犯罪问题。

土地征收征用中的程序失范与重构
程 洁

规范征地权的关键是进行程序性制约。程序具有组织功能与校准功能，征地程序的设置实质上是一个促成征地关系主体讨价还价的过程，而价格目标则是趋于某一客观估价。财产权所具有的排他性受到征地权超越性的影响，无法从一般市场中的产权交易角度来评价征地补偿的正当性与效用。而程序性失权是当前征地权滥用的关键。中国征地程序规则失范突出表现在规范模糊与程序性权利无保障。应提高征地程序的公开性、引入程序违法的归责原则、将司法审查的时间提前，以实现征地秩序的合法、效用与安全目标。

公民权与公民社会
郭道晖

根据马克思关于社会成员具有公民与私人的双重身份和公权利与私权利的双重权利的理论，可以将民间社会理解为具有私人社会与公民社会双重属性的存在。公民社会是同政治国家相对应的政治社会，是组织化的政治存在，区别于分散的自然人社会的经济存在或民事主体存在。非政府组织是公民社会的核心力量。公民社会的特性和作用是让各个社会阶层有其组织和表达民意的渠道来参与国家政治，影响国家的决策。

个人主义方法论与私法
易 军

在如何处理个人与社会的关系问题上存在着个人主义与整体主义两种不同的思想体系，而它们各自又呈现为价值论的与方法论的两种不同的形态。仅就法学而言，个人主义方法在私法中处于基础地位，是私法研究无可替代的方法，而整体主义方法在私法中只存在着非常有限的适用空间。个人主义方法论在私法中具体表现为私人主体、私人利益、私人自治、自己责任、权利本位、形式平等、交换正义、程序正义与主观价值论等范畴。虽然现在学界已自觉不自觉地在私法领域中运用个人主义方法论，但由于整体主义的影响无处不在，提倡、张扬个人主义方法论仍具有相当的必要性。

私法效果的弹性化机制
—— 以不合意、错误与
合同解释为例
叶金强

刚性的"要件－效果"模式易导致个案的非正义，私法效果的弹性化可透过要件的动态化而实现。合意与否、错误与否的判断，需在信赖合理性与归责性比较权衡的基础上透过合同解释来完成。合同解释为要件的动态化提供了场域。合同解释中，通过信赖合理性和归责性要件动态化的比较权衡，可分别得出不合意且无责任、不合意同时承担缔约过失责任、合意且有错误而可撤销、合意虽有错误但不可撤销等结论，从而实现法律效果的弹性化。

罗马法所有权理论的当代发展
马新彦

大陆法系所有权制度曾经历过日耳曼模式到罗马法模式的转变,在这一历史变迁中,罗马法极富个人主义精神的绝对所有权对社会的进步及经济的发展起到了积极的推动作用。当今,所有权的权利束正朝向分离、碎裂的趋势发展,形成一物之上的多重所有权。但这是罗马法所有权理论在大陆法系的新发展,而不是由罗马法向日耳曼法的回归。这一发展要求我们对一物一权原则作出新的诠释。

判例在中国传统法中的功能
汪世荣

中国传统法中的判例是指经过特殊程序认定,具有普遍拘束力的司法判决。春秋战国以前,中国的法律以判例为主要存在形式。春秋战国以后,形成了以法典为主,判例为辅,多种形式并存的法律体系并长期保持。法典化时代的判例立足于法典,发挥了对法典在立法范围扩展、立法技术补充、规则效力强化等方面的功能。在判例创制规则和复现规则的关系上,中国古代始终坚持以复现为主的原则,在维护法律形式内部稳定结构的同时,维护规则供应的相对稳定。

中国古代民间规约引论
刘笃才

通过对古代乡村民间规约演变过程的考察,可以看到中国古代民间规约的历史存在形态:唐代后期的社邑规约、宋明时期妁乡约、明末清初产生的民间慈善组织规约和清代晚期的乡规,并能看到四者之间的区别与联系。民间规约既不同于私人契约,又不同于国家法律,是民间社会组织的自治规范。民间规约是国家法律的补充,它的产生标志着公共领域不为国家所独占。由于中国是一个乡土社会,民间社团组织的发展和发挥作用的空间极为有限,但民间规约在组织协调人际关系、建立稳定和谐社会秩序方面仍然具有积极意义。

国际反恐与先发制人军事行动
黄 瑶

先发制人军事行动原则上应被禁止。但在极端情况下采取预先性自卫,已在国际上得到越来越多的响应,其可能的法律依据是联合国会员国或联合国机构对联合国宪章的解释实践。预防性军事行动由于明显缺乏国际法律依据,且这种对自卫权的扩大解释没有被国际社会绝大多数成员所接受,故仍应予以严禁。求助于联合国安理会应对国际恐怖威胁仍是一种最为可取的做法,为此各会员国有必要在武力使用的具体标准和程序问题上尽可能达成共识。

2006 年第 2 期

知识产权法定主义及其适用
——兼与梁慧星、易继明教授商榷
李 扬

财产权劳动理论会产生扩大知识产权保护范围的危险，导致知识产权界定的困难和社会公共利益与私人利益之间的矛盾。知识产权法定主义具有创权和限权的双重功效；知识产权制度的创设是一个以自由为起点、以社会整体效率为连接点、以社会正义为依归的完整链条；知识产权司法应当坚持整体性观念。虽然在知识产权特别法之外存在适用传统民法和反不正当竞争法的可能性，但在这种情况下法律所禁止的只是某种行为样态，保护的只是某种利益或优势，这种保护并不意味着原告享有某种特定的知识产权。

诉的变更之基本架构及
对现行法的改造
毕玉谦

在民事诉讼上，诉的变更决定着当事人诉讼行为的效力范围与诉讼整体发展方向。在有些情形下，诉的变更甚至会导致诉讼标的的变更，以至于从总体上动摇裁判的基础。可见，对于诉的变更的确定会对诉讼程序乃至当事人的实体权利带来重大影响，因此，在立法上对诉的变更所涉及的范畴应当予以适当规范。如果界定得过于宽泛，将不利于保障诉讼程序的安定性与效益性；如果界定得过于狭窄，也不利于保障当事人充分地行使诉权，有违设置民事诉讼这种公力救济途径的旨意。在对我国现行民事诉讼法进行修订时，应当将诉的变更界定为诉的声明的变更与请求原因事实的变更。

民商事登记改革与法定公证
杨遂全

我国现行民商事登记制度与民法原则多有不合。未来物权法或民法典应当贯彻权利外观自证优先原则，改造现行的权利证明公示机制，设立以民事赔偿为保障的法定公证，充分发挥公证机构的中介作用。对国家为一方当事人的合同实行公证生效登记备案制，合理确定登记错误和公证错误时的赔偿责任，并设立法定公证情况下的国家投保责任。

政体与法治：一个思想史的检讨
徐爱国

从思想史的角度，主要有三种法治与政体之间内在理论结构的范式：法治工具主义论、法治目的主义论和法治社会秩序论。法治工具主义是人类社会的普遍现象，法治目的论则是人类社会的特定历史条件下独特的现象。在非宪政的政体之下，法治工具主义与法治目的主义不能并存；而在宪政的政体下，法治工具主义与法治目的主义则可以并存。

我国区域经济一体化背景下的行政协议
叶必丰

我国区域经济一体化背景下出现的行政协议，是区域政府为克服行政区划障碍而进行合作的法律机制。区域政府间的行政协议应当以区域平等为法治基础，是对话和协商的结果。行政协议的缔结主要涉及主体资格、公众参与和主要条款等问题，关系到中央与地方、地方与地方、政府与公众、公权与私权的界限，而行政协议的履行则涉及行政协议的效力、实施机构和纠纷解决机制。行政协议不仅适用于区域政府间的合作，也可适用于所有行政机关之间纠纷的解决与合作，但是它的运用和发展需要以行政协议法为制度平台。

从归因到归责：客观归责理论研究
陈兴良

客观归责理论是德国刑法学在因果关系理论基础上发展起来的学说，旨在解决客观上的可归责性问题。归因与归责的区别在于：归因是一个事实问题，通过因果关系理论解决；归责是一个评价问题，通过客观归责理论解决。客观归责理论所确立的有关规则对犯罪构成的客观要素进行实质审查，从而使犯罪构成论更加合理化。我国有必要对客观归责理论加以借鉴。

当代中国犯罪观的转变
李卫红

犯罪观的发展经历了由一元化向多元化推进的过程。当代中国的犯罪观呈现多元化状况。这种多元化不仅指在宏观上多种犯罪观并存，而且指在微观上多种犯罪观也可能并存于同一个社会主体。多元化的犯罪观并存对犯罪这一复杂的社会现象形成了多角度的认识。当代中国犯罪观转变的基本脉络表现为：由绝对主义犯罪观向价值中立犯罪观转变、由科学主义犯罪观向人本主义犯罪观转变、由保守主义犯罪观向自由主义犯罪观转变、由结构主义犯罪观向过程主义犯罪观转变、由国家控制的犯罪观向社会控制的犯罪观转变。

论共犯关系之脱离
金泽刚

共犯关系脱离是指部分共犯退出共同犯罪后如何评价其罪责问题。尽管各国刑法对共犯关系的脱离都没有明文规定，但大陆法系国家尤其是日本刑法的相关理论和判例已经形成了较为完备的理论学说。分析评价共犯关系脱离的各种学说，研究共犯关系脱离的判断标准以及共犯关系脱离的类型等问题，对于在我国刑法中倡导共犯关系脱离的理论，解决司法实践中存在的此类问题有重大现实意义。

形式理性的误读、缺失与缺陷
——以刑事诉讼为视角
汪海燕

形式理性关注法的周延性和法的权威性，它是法治的必要条件，而非充分条件。我国刑事诉讼法缺失形式理性的基本要素，既没有体现法的周延性，也缺乏法的和谐性，更缺少法的独立性和权威性。在我国实现法治的过程中,要清醒认识到法的形式化缺陷,但当前没有必要刻意地强调这种缺陷。

论盘查
万 毅

作为一种介于行政警察和司法警察职能之间、介于刑事侦查程序与行政调查程序之间、也介于警察法与刑事诉讼法之间的、具有双重属性的警察行为,盘查是警察机关对于可疑人员和可疑场所临时进行拦阻、盘问、检视、检查的行为。在盘查过程中,一些强制性手段的运用将给公民基本权利造成不可避免的干预,因此,对盘查从启动到执行必须实行严格的程序控制,同时还应给权利受到违法盘查侵犯的当事人提供程序救济。

中国封建法再认识
任 强

封建法被人们看作是中国传统法律的典型特征。但是,这一概念在中西法律文化中的内涵是有极大差异的。英国封建法孕育的有限王权和身份关系为现代社会提供了法治资源,至今仍有影响;而以集权和家族为特征的中国封建法则与法治社会相去甚远。理清封建法在传统中国与英国社会中的不同内涵及其与法治社会的源流关系,有助于我们深入认识中国传统法律精神。

关于被告人权利的最低限度保证
赵建文

《公民权利和政治权利国际公约》第14条第3款确立了国际社会关于被告人权利最低限度保证的公认标准,人权事务委员会关于该款的一般性意见、结论性意见和处理有关个人来文案件的决议,以及缔约国有关该款的保留和解释性声明,进一步明确了这些标准的具体内容。被告人权利的最低限度保证至少应当包括被告知指控、有相当时间和便利准备辩护、受审时间无不合理迟延、出庭自我辩护和由其选择的辩护人进行辩护、传唤和询问证人、必要时免费获得译员帮助和不被强迫自我归罪的权利。防止和惩治恐怖主义及其他任何严重罪行的需要均不构成剥夺被告人权利最低限度保证的合法理由。

2006 年第 3 期

基于法律原则的裁判
陈林林

基于法律原则的裁判须依次解决以下三个问题：如何识别与个案相关的法律原则；如何处理原则与规则的适用关系，或者说在何种情况下，允许裁判者依据法律原则得出判决；如何解决原则之间的冲突问题，亦即能否藉由原则权衡获取法律上的"唯一正解"。现有的裁判理论对这三个问题作了不同回应，但欠缺可靠的操作程式。究其根源，是因为原则裁判的实质是裁判者在规则穷尽之际，选择并依据法律体系内的价值判断为个案判决提供合理化论证；然而一旦涉及价值判断，裁判就有主观、恣意和片面的可能。

案例指导制度的理论基础
刘作翔 徐景和

实行案例指导制度是要以制定法为主、案例指导为辅，在不影响制定法作为主要法律渊源的前提下，借鉴判例法的一些具体做法。案例指导制度蕴涵着以下法律价值：节约司法资源，提高司法效率；保障法制统一，实现司法公正；发挥司法功能，积极解决纠纷；提高司法能力，遏制司法腐败。实行案例指导制度是我国法制实践提出的迫切需要，是一种能够体现中国特色、并顺应世界两大法系逐渐融合发展大趋势的制度变革举措。

自始不能责任的学理建构
卢谌 杜景林

自始不能责任渊源于罗马法上的杰尔苏规则，对其正确理解应当是仅排除债权人的实际履行请求权，而不是整个合同一起归为无效，这就意味着应当向债权人赔偿积极利益。自始客观不能与自始主观不能在目的上并不存在根本不同，因此应当为二者规定相同的法律效果。自始不能与嗣后不能在准据时点上存在着偶然性，因此同样应当为二者建立相同的责任后果。为此，应当以债务人不履行给付允诺解决传统框架下体系违反与学理不规则的问题。立法与学理应当通过互动而实现统一，单纯地突出学理的服务功能并不妥当。

民事诉讼非法证据的排除
李浩

民事诉讼非法证据排除规则在适用中有三个程序问题需要解决——依当事人申请排除还是由法官依职权排除，合法性发生争议时证明责任由哪一方当事人负担，法院在诉讼中的哪个阶段作出排除与否的决定。民事诉讼的根本目的是在发现真实的基础上适用实体法规则解决纠纷，为实现此根本目的，同时也为了与诉讼效率、程序安定的目标相协调，宜设置当事人对合法性提出质疑后法院再来审查证据是否合法取得,合法性发生争议时由异议者对收集证据的非法性负证明责任,排除非法证据的决定在对各种相关权益和因素进行权衡后的判决阶段作出的程序规则。应当采用利益衡量的方法决定是否排除非法证据,并据此对非法证据排除规则进行重构。

我国无独立请求权第三人制度的改革与完善
章武生

我国无独立请求权第三人制度具体改革方案的设计以及相关配套措施的推进,应是引进大陆法系的从参加制度时,保障从参加人的诉讼权利,同时赋予从参加人一次性纠纷解决的选择权;而引进美国的第三方被告制度时,则需要为第三人提供更有力的保护措施。此外,还应增设交互诉讼制度,重新界定第三人的范围,将可以作为本诉共同被告的人从第三人中分离出去。

群体诉讼与司法局限性
——以证券欺诈民事集团诉讼为例
耿利航

群体纠纷人数众多,法院采取某种形式的合并审理,使一个司法判决对多数人具有约束力成为一个不可避免的选择。然而,随着判决约束人数的增加,不但诉讼代表者越来越有可能脱离法院和多数当事人的控制,而且伴随着司法裁决涉及利益的纬度、参与社会决策和资源分配的社会功能的不断扩大,司法所固有的局限性就越发凸显出来。诸如证券欺诈诉讼等群体诉讼是否能够采用集团诉讼模式,首先不是一个理论构建或者如何和本国民事诉讼法相衔接的技术问题,而更多的是一个司法政策问题。

中国民法典的品性
申卫星

现代民法不仅是调整市场经济的基本法,更主要的是通过对市场经济的调整来促进社会的进步、推动人的发展的法律,是一部维护人权、解放人性的法律,是建设民主政治与法治国家的法制基础。将民法定位于一部促进社会进步和人的发展的法律,是现代民法应有品性的回归。

我国环境侵权责任保险制度之构建
张梓太 张乾红

责任社会化的提出是现代法学对现代社会的积极回应。环境侵权责任保险是基于投保人与保险人之间的环境侵权责任保险合同,由保险人在特定的环境侵权赔偿责任发生时,向受害人赔付一定金额的一种责任保险制度。环境侵权责任保险是责任社会化理论在环境侵权赔偿问题上的具体应用。在当代中国,解决环境纠纷的制度设计矛盾重重,尤其是受害人补偿问题。建构中国的环境侵权责任保险制度将是解决这些问题的现实路径。

罪过形式的确定
——刑法第 15 条第 2 款
"法律有规定"的含义
张明楷

确定具体犯罪的罪过形式时,不能以

"事实上能否出于过失"的归纳取代"法律有无规定"的判断，而应当充分考虑并贯彻刑法第15条第2款"过失犯罪，法律有规定的才负刑事责任"的规定。将某种犯罪确定为过失犯罪的法定标准，是法律有文理规定。根据尊重人权主义的原理，对于法益侵害并非严重的行为，不宜确定为过失犯罪；按照责任主义原理，不能出现某种犯罪只能由过失构成而不能由故意构成的局面；依循刑法的谦抑性原理，罪过形式的确定不能以其他法领域规定的过错形式为标准。

违法性认识与刑法认同
冯亚东

刑法规范具有行为规范和裁判规范一体两面的双重功能——既是行为人指导行为的基本准则，又是司法者依法进行裁判的规则体系。生活中由于行为人总是受制于种种"前见"而选择自身行为，其对行为规范的理解往往同反映法共同体当下要求的裁判规范并不一致，于是便产生行为人在刑法上的违法性认识错误问题。由于刑法上的双重规范意义同属于对同一行为的社区价值评价范畴，两者在社会主流文化价值观念上应当尽可能求取一致。因此，解决违法性认识错误问题应以社会主流价值观念作为司法最终的裁判标准，同时注意发挥刑法裁判规范对应然价值及未然秩序的导向作用。

再论推定
裴苍龄

推定是指通过对基础事实与未知事实之间常态联系的肯定来认定事实的特殊方法。推定必须有真实的基础事实；推定的基础事实必须是一项具有盖然效力的证据，证据盖然效力蕴涵的两种可能性应构成常态联系和变态联系的关系；推定必须遵循择优规则，即在事实之间的常态联系和变态联系中，只能肯定常态联系，不能肯定变态联系。推定有两种效力：第一种效力是引发举证责任的转移，这是程序上的效力；第二种效力是让对方承担不利后果，这是实体上的效力；第一种效力具有必然性，第二种效力则具有可能性。

新一轮服务贸易谈判若干问题
石静霞

服务贸易的市场准入及进一步的规则完善是世界贸易组织多哈回合谈判中的重要议题。GATS规则谈判中的焦点问题包括国内监管纪律、紧急保障措施、服务的政府采购及补贴等。根据香港"部长会议宣言"及附件C，新一轮服务谈判的发展将表现在谈判目标、方法、时限及关注发展中国家利益等各个方面。我国应积极参与这些谈判，在具体承诺和规则制定方面维护自己的利益。

知识产权国际造法新趋势
刘笋

在TRIPs协议产生后十余年的时间里，知识产权国际造法活动明显加快。在WTO体制之外，不少国际组织、机构和论坛围绕着如何处理保护知识产权与维护生物多样性、合理开发植物基因资源、促进公共健康、维护人权之间的关系等问题，对

TRIPs协议所确立的一系列高标准的知识产权规则提出了批判,探讨和制定了一系列软法性质的、倡导人权和维护社会公共利益的知识产权新规则。这些活动打破了WTO和WIPO在国际法层面上对知识产权立法权的垄断,反映了国际社会对知识产权私权利之外的人权、公共健康等社会权益的日益重视,势必对未来知识产权国际立法和国内立法产生深远影响。

2006 年第 4 期

法律判断大小前提的建构及其方法
郑永流

法律方法效命于法律判断的形成，法律判断的形成是一个将大小前提进行等置的过程。在这个过程中，视事实与规范之间的不同关系，要运用各种方法去建构大小前提，即使事实一般化、使规范具体化。这些方法包括：客观目的探究，法律修正、正当违背法律，法律补充、反向推论等建构大前提的特有方法；观察、实验、技术鉴定、法医鉴定等建构小前提的特有方法；以及演绎、归纳、设证、类比、解释、论证、诠释等建构大小前提共同运用的方法。它们共同构成法律方法的体系。

社会转型时期的法治发展规律研究
袁曙宏　韩春晖

社会转型是一个价值更替、秩序重构和文明再生的过程，是一个国家和民族承继以往优秀传统、解决当前现实问题、规划未来发展方向的关键时期。西方国家在社会转型过程中法治的发展既呈现出鲜明的个性色彩，又包含着基本的共性特征；既植根于各国的传统和国情，又遵循了基本的法治规律。我国当前正处于急剧的社会转型过程中。西方国家社会转型时期法治建设的共性特征、基本经验和一般规律给我们以诸多启迪与借鉴，也有助于我们预测和把握我国法治的未来发展趋势。

三农问题的宪法学思考
张千帆

由于不能解决地方机构臃肿、地方政府腐败和滥权以及地方财政困境，取消农业税的税制改革难以应对"税费反弹"现象，仅仅是暂时缓解农民负担的权宜之计，并不是解决"三农"问题的长久之道。从宪法学角度看，"三农"问题的解决有赖于完善地方民主与法治，从以行政为主导的中央控制模式转向以司法为主导的权利保障模式。中央干预的目的不在于亲自解决十分具体的问题，而应指向提供解决问题的制度。

变更罪名实证研究
白建军

以最高法院示范性案例中的全部变更罪名案例为样本进行实证研究，可以发现其中存在几对实然关系。变更罪名未必都有失公正也不必然体现实体公正，择轻变更未必都有利于被告，合法的变更未必是合理的变更，变更罪名给法律适用带来的不确定性根植于现行法律和法理之中。对其进行法律解释学和犯罪定义学分析，将有助于对变更罪名现象的解读和限制。

案卷笔录中心主义
——对中国刑事审判方式的重新考察

陈瑞华

中国刑事审判中存在着一种"以案卷笔录为中心"的审判方式。在这一审判方式下,公诉方通过宣读案卷笔录来主导和控制法庭调查过程,法庭审判成为对案卷笔录的审查和确认程序,不仅各项控方证据的可采性是不受审查的,而且其证明力也被作出了优先选择。结果,现代刑事证据规则在这种审判方式下难以有存在的基础,法庭审理只能流于形式,通过当庭审判来形成裁判结论的机制和文化难以形成。不抛弃这种案卷笔录中心主义的审判方式,任何以加强庭审功能为宗旨的司法改革将没有存在的空间。

慎行缓起诉制度

刘 磊

基于对传统报应刑罚观的反思,现代刑事政策发生了某些转向。在"两极化刑事政策"、社区矫正、保护被害人、"除罪化"等刑事理念的影响下,现代国家对于轻罪案件中被指控人的处遇问题作了重新审视。缓起诉制度对被指控人虽有"去犯罪标签"之功能,但其适用不当可能侵蚀法官保留原则、滋生检察官权力滥用,进而有损刑事司法的谦抑性。我国未来如果引入缓起诉制度,应当严格限定其适用条件,并设置必要的救济程序。

盖尤斯无体物概念建构与分解

方新军

盖尤斯第一个在法学意义上提出了"无体物"的概念。这与他的《法学阶梯》的三分结构——"人、物、讼"是紧密相关的。由于在罗马法时代还不存在"权利"的概念,盖尤斯建构"无体物"的目的就是通过它把所有与所有权不同的其他权利一并纳入物法的讨论范围。而一旦"权利"的概念被抽象出来并逐步成熟,盖尤斯的"无体物"概念就将面临解体,这一过程正好反映了现代人和罗马人对法律的不同理解。

保险与抵押的机制衔接及其制度构架
——以按揭住房保险为视角

陶丽琴

物上代位制度的创设同时具有价值权说和特权说的法理逻辑内涵。抵押物保险金为代位物,实现了抵押与保险的机制衔接,内涵特有的价值目标和利益平衡性。抵押权人主动援用该机制设定抵押权风险的防范措施,具有法理正当性,但应使机制运行具有公平公正性;此机制中的保险强制应具体论证。保险和抵押机制有机衔接的关键是代位效力实现的规则设置,需解决代位物的特定化、担保价值的控制、担保效力的公示等实质性问题;法定扣押模式缺陷明显,抵押权人对代位物债权一定限度的控制规则更具合理性。物权立法必须对物上代位制度重新作出科学的制度构架。

利他合同的基本理论问题

薛 军

基于"不得为他人缔约"的规则,罗

马法上不承认利他合同。欧洲共同法时期受自然法学思想的影响，承认了利他合同，但以第三人的接受作为前提。因为其在实践上的缺陷，这一理论逐渐为新理论所取代，直接承认合同可以对第三人产生效力。建立中国法上的利他合同制度，不宜通过对合同法第64条的解释来实现，而应在完整借鉴大陆法系利他合同理论的基础上，在未来民法典中通过立法的方式来实现。

机动车损害赔偿责任主体研究

程　啸

机动车损害赔偿责任主体的确定具有重要的意义。交通安全法第76条所确立的危险责任只施加在那些其所从事的危险通常已由法律精确定义了的具体特定人身上，即机动车的保有人，对其他并非机动车保有人的驾驶人应当适用过错责任。机动车保有人的确定应当采取运行支配说与运行利益说二元标准，某人是否属于机动车的保有人，要从其是否对该机动车的运行于事实上处于支配管理的地位以及是否从该机动车的运行中获得了利益这两个方面加以判断。

管辖权异议：回归原点与制度修正

张卫平

人们关于管辖权异议的讨论存在着疏远制度目的和价值的问题，从而贬损了讨论的实际意义和价值，因此，应当回归此制度的原点重新认识它。依据"审判公正假定"，管辖错误的实质是法院内部分工的错误，因此，只要异议制度的设计能够平衡双方当事人的优势，异议制度的目的就算达到了，完全没有必要再将其扩展而致"程序过剩"。现有管辖权异议的两审终审制人为地强化了管辖对于当事人的重要性，误导了人们对其程序正义的认识，应当予以修正限制。

清代江南地区民间的健讼问题
——以地方志为中心的考察

侯欣一

以清代地方志为基本史料，用实证的方法对清代江南地区民间的健讼问题进行考察，可以看到导致健讼产生的根本原因一是人口的膨胀，二是中国传统的专制制度的弊端。健讼给地方财政造成压力，加速了传统社会的解体，客观上有利于清末司法改革的推行。

体系化视角中的物权法定
常鹏翱

物权法定是传统物权法的基本原则。但从体系化的视角分析，它的内涵具有高度的不确定性，不能跟上物权公示制度的变化，还背离了民法体系的开放性。这三重缺陷决定了它不能有机地融入民法体系。为了维护民法体系的稳定性和开放性，应在公示基础上采用物权自由的立场，在立法技术上则要兼顾有名物权和无名物权。

论身份权请求权
段厚省

身份权应当包括配偶权、亲权、亲属权和监护权四个方面的内容。法律对身份权的保护历史悠久，对身份权的民法保护包括赋予身份权人请求权、确认诉权和形成诉权三种方式。身份权并非典型的绝对权，其在对外的关系上具有绝对权的性质，在对内的关系上具有相对权的性质，故身份权人的请求权只能向身份义务人主张。身份权请求权应当分为两种：一种是针对身份义务人的请求权；一种是针对身份关系之外的第三人的请求权。

侵权构成的非限定性与限定性及其价值
姜战军

法国民法典不限制侵权法保护利益的范围，是非限定性的侵权构成。其价值在于体现理性主义下的自己责任和为个人自由划定必要的限度，具有赋予法官对侵权构成认定广泛自由裁量权和开放性的特点，能很好地适应社会发展的需要。德国民法典将侵权法保护的范围明确限定，是典型的限定性侵权构成。其价值在于划定范围更加确定的自己责任和实现法律的体系化、科学化，具有完善的逻辑自足性和严格划分立法与司法权力的特点。近代法以来，乐观的理性主义遭到了失败，随着实证主义哲学和社会法学思想的发展，对具体个人进行救济的侵权法损害救济的理念得到发展。通过一般注意义务的引入和发展，侵权构成发生了向非限定性回归的趋势。

公司法学研究的法律经济学含义
——以公司表决权规则为中心
罗培新

在当代公司法学研究中，效率是一个主导性的理论范式。尊重情感、伦理等在其他法律场域中可能要被考虑的多维目标，在公司法中无须顾及。因而，以效率为价值取向的法律经济学无可争议地成为公司法学研究中最具解说力的分析工具。就此而论,揭示公司法学研究的法律经济学含义,以公司法的演进路径和适应性品格为基础反思并检讨我国的公司法学研究和立法实践,对于当前的公司法律变革将起到思想和智识指引的作用。而作为公司法的基础制度安排,表决权规则的设计更应本着效率之理念进行。

经济犯罪的规范解释
肖中华

在经济犯罪的规范解释中,应当注重对经济犯罪规范进行刑法价值上的独立判断。当某种经济不法行为不具有经济犯罪规范所指向的特定的社会危害性而刑法条文在字面上又能够将该种行为包含在其中时,规范的实质内容应当优先,对该种行为要从实质上进行理解,而不应从形式上理解。当值得处罚的经济不法行为在实质上具有某个刑法规范所禁止的性质、但刑法用语在形式上对其无法予以包含的,亦应当从实质上解释经济犯罪规范。由于经济犯罪规范数量众多,法条大小系统庞杂,所以在经济犯罪规范解释中应当特别关注构成要件的体系解释。

网络犯罪与刑法的空间效力原则
郑泽善

对于网络犯罪的处罚,目前世界各国基本适用本国刑法的空间效力原则,其结果不仅导致了各国刑法空间效力的极度膨胀,也引发了各国间适用该原则的冲突。有鉴于此,中外学者提出了一些关于刑法空间效力原则的新兴理论,但均存在不少问题。处罚网络犯罪,通过纯解释学的"对症疗法"力不从心,因此有必要通过立法消除这种弊端。2004年7月1日开始生效的欧洲理事会《关于网络犯罪的公约》,为处罚网络犯罪而构建国际一致的法律体系开辟了一条新路。

"大证据学"的建构及其学理
龙宗智

证据学关注事实的证明,而事实是一个多义概念。证据有抽象形态与具体形态,只能对具体形态的证据提出资格要求。证明一词具有他向性,证明的必要性是"他者"对待证事实不明。由于受到证据来源、证明方法等限制,事实证明具有一定程度的不确定性。由于不确定性的消除与证明资源的耗费成正比,因此在证明中应当区分严格证明与自由证明。证实与证伪是证明的途径。推定与证明责任机制用以应对真伪不明。证明基本方法包括经验的方法、逻辑与非逻辑的方法以及与之相关的心证方法、解释学方法等。建立由基础证据学与部门证据学构成的"大证据学"体系,有利于深化法证据学等部门证据学的研究。

中国法律哲学当下基本使命的前提性分析
——作为历史性条件的世界结构
邓正来

在中国进入世界结构以后,中国法律哲学在重新定义中国和审视中国问题的时候必须建构起一种关系性视角。在关系性视角下,全球化时代的世界结构具有了双重性,与此紧密相关,世界结构也给中国的发展带来了双重强制。在这种双重强制下，中国的问题就成为了共时性的问题。这种双重强制的世界结构构成了中国法律哲学基本使命的历史性条件，它要求中国法律哲学经由关系性视角和共时性视角的建构去重新定义中国，同时建构起主体性的中国，并据此建构中国自己的法律理想图景。

公法权利的实践
——结社现象的法学意义
吴玉章

我国公法权利实践之所以可能，主要是与公法本身的发展分不开的，私法权利实践也起到了积极的推进作用，而思想观念的变化、普法教育的开展以及法律体系的完善和法治原则深入人心，都从不同角度、不同层次为我国公法权利实践提供着可能性。从公民结社权的实践来看，我国公法权利实践的最重要特点是，它是依附于行政权力的权利，是需要行政权力提供保护的权利。约束行政权力，改变依附于权力的现状，并使之成为真正具有法律意义的权利，是我国公法权利实践未来发展的大致方向。

原则、自由裁量与依法裁判
陈景辉

由于原则与强自由裁量的天然关联，基于原则的裁判具有非常强的任意性。如果不对这种自由裁量进行有效的限制，那么原则裁判很容易导向恣意裁判，尤其在同规则矛盾时适用原则的举动将会引发更大的问题。目前限制原则裁判的两个主要条件即穷尽规则和个案裁量，均存在严重的理论困难，这就要求寻找全新的限制条件。这些新的条件主要包括：普遍性条件、比例原则以及不得违反法律体系性要求。

制定法在中国古代司法判决中的适用
王志强

以司法判决为切入点，探讨中国古代司法中国家制定法的适用方式，描述其发展和转型的历史脉络，分析其特色和成因，具有一定现实意义。秦代和汉初严格守文的司法风格在西汉中期经历了重大转变；随着法律意识形态和制度的稳固，唐代形成了对制定法形式性尊重而工具性运用的风格，贯穿于刑事和民事的司法审判中，直至清末。这种尊重而实用的方式是唐代以后适用制定法的基本特色，直至当代依然有其影响力，足以引起诸多思考。

新民主主义宪政立法的有益尝试
——1946年《哈尔滨市施政纲领》考察
孙光妍

1946年《哈尔滨市施政纲领》是中国共产党在新民主主义革命阶段为建立国家政权积累经验，在中心大城市实行民主政治、建设管理政权的初次尝试，是对毛泽东提出的新民主主义理论的最早实践。该纲领中提出的"建立民主的、法治的社会秩序"及"建设和平、民主、独立、繁荣的新哈尔滨"的构想，对其后相继建立的各解放区的宪政立法及《中国人民政治协商会议共同纲领》产生了直接影响，是新中国宪政立法的重要渊源。

2006 年第 6 期

民法典总则与民法典立法体系模式
尹 田

德国民法典总则的形成,是一种逻辑思维方法及立法技术运用的必然结果,其本身并不包含任何价值判断。身份权的独立所导致的"人法"的分裂,物权与债权的区分所导致的"物法"的分裂,以及法律关系一般理论的创制对于法典体系结构的影响,是该法典设置总则的技术原因。理论界对潘德克吞体系"重物轻人"的批评,混淆了罗马法与近代民法中"人法"以及"身份"的不同概念。鉴于民法典总则的体制价值和制度整合功能,中国民法典应当设置总则编。

类型化与民法解释
刘士国

类型化思维是民法解释的基本思考方式,是民法漏洞补充的理论基础。在坚持马克思主义法学基本原理的同时,应对西方马克斯·韦伯的理想类型论、亚图·考夫曼的事物本质类型论及卡尔·拉伦茨的类型分类理论有所借鉴。类型化思维适用于民事立法和司法,其中司法不仅以立法的类型规范为依据,更须以规范对应于个案寻找出的详尽法规则为依据。

从法条的公司法到实践的公司法
王保树

人们对公司法规范结构的不同分类,其本质都是在讨论一个问题,即当事人的意思在适用公司法规范中有多大空间。并且,任何对公司法规范结构的讨论,都试图解决公司法适用中自由与强制的协调。违反公司法强制性规范并不当然使违反行为无效。是否使违反行为无效,应取决于强制性规范的具体性质与立法目的。讨论公司章程对公司法适用的影响时,应该注意公司章程到底有多大的自由空间。公司章程可以根据本公司的特点和特殊要求,规定不同于或不完全同于公司法的规则。而这些规则,可以优先于法律、行政法规,包括公司法的规定适用。

中国专利强制许可制度的完善
林秀芹

专利强制许可制度是保护社会公众利益和防止滥用专利垄断权的重要手段。TRIPs 协议允许 WTO 的成员在一定情况下使用专利强制许可制度。我国社会保障制度不健全,现行立法对专利强制许可制度的使用限制亦过严,没有充分利用 WTO 规则所赋予的灵活性,许多规定甚至超过 TRIPs 协议的要求。这种状况与我国的经济发展水平和社会公共利益需要不相适应,

我国专利权权利用尽原则的理论体系
任军民

权利用尽原则是立法者在平衡知识产权人特权或专有权和社会公众利益的基础上提出的。作为对权利人行使特权的限制，该原则首先由美国司法机关提出，随后得到许多大陆法系国家的援引。我国专利法对此也进行了立法确认。但由于我国对该问题缺乏足够的研讨，迄今为止，对该原则的基点仍认识不清，混淆了产品所有权和发明专利权的区别，以至于原则适用的对象发生了错位，权利用尽时间的认定和专利权人的心理动态等方面都存在严重的误解。为弥补我国专利法这方面的不足，对该原则进行重新研究成为必要，对专利法条文的修改也日益紧迫。

自然垄断行业的反垄断法适用
——以电力行业为例
张占江

对自然垄断行业豁免适用反垄断法会产生诸多弊端，经济学和反垄断法理论的发展为反垄断法在此类行业的适用提供了充分的依据。但其适用应以"一般适用、例外豁免"及成本效益为原则，在协调统一的前提下，对不同的业务环节采取不同的规制策略。通过科学配置反垄断法执法机构和行业监管机构的权限，明确协调反垄断法和行业立法冲突的规则，可实现反垄断法的有效规制。

民事上诉审程序中的利益变动
邱星美　唐玉富

许多国家和地区的民事诉讼中，上诉利益是上诉的诉讼要件或有效要件之一。在上诉程序中，是否允许变更上诉人利益，也有相应规则的约束和制衡。加之附带上诉制度的平衡作用，形成了上诉利益变与不变的复杂现象。这些法律规则体现了民事诉讼法上的当事人主义与诉讼公平理念。我国民事诉讼法上也应当设置上诉利益要件、不利益变更禁止原则、利益变更禁止原则及附带上诉制度。

法律推理中的法律理由和正当理由
张保生

法律推理具有逻辑方法和审判制度的双重属性，它的发展经历了一个从前者向后者的演进过程。法律推理是一个综合运用法律理由和正当理由的法庭决策过程。法律解释作为该过程的一个环节，是以正当理由阐释法律理由而获得法律推理大前提的手段。

行政处罚中罚款数额的设定方式
——以上海市地方性法规为例
徐向华　郭清梅

行政处罚中罚款规制的可行有效在很大程度上取决于罚款数额设定方式的恰当选择和科学组合。每种设定方式各具优劣，而单独或组合使用这些方式既可能出现优势互补，也可能导致缺陷放大。从对上海市地方性法规罚款数额设定方式的实证研究来看，我国今后相关立法需要在准确评估各种设定方式优劣的基础上，注重不同调整领域罚款数额设定方式的恰当选择，相对节制单一方式的使用，彻底杜绝概括式设定方法，追求"社会正义、罚以当过、足以制裁"的规制目的和"便捷可行、灵活运用、适度裁量"的执行需求之间的平衡。

刑法解释的常识化
王 钧

条文解释的常识化和学理研究的经验化，是我国刑法学发展过程中出现的一个显著特点。刑法学中的所谓"常识化"大致有两种不同的表述形式：一是刑法解释上的"公众认同"，二是所谓的"社会相当性"。刑法解释常识化是实现法律认识统一性的基础，是实现刑法公正与效率有机结合的重要条件，也是实现刑法目的的重要手段。但是，运用常识化方法解决法律适用问题，必须面对的问题是如何协调该方法中内在的矛盾关系，即常识与专业之间的关系、科学解释与效力解释之间的关系。在我国目前的刑法解释中，需要走出将生活常识等同于专业知识、以感性经验替代科学理论的误区。

我国刑事法官庭审指挥权之探讨
蔡 杰 冯亚景

近年来我国的刑事审判方式改革一直强调弱化法官在庭审中的职权，而主张学习英美当事人主义模式下法官的消极克制。但是，弱化法官职权并让法官消极克制并不意味着可以取消法官在庭审中的能动性。为实现审判之目的，保障庭审公正、高效和有序，必须赋予法官庭审指挥权。庭审指挥权包括诉讼许可和禁止权、程序异议裁决权、庭审引导权和告知权、证据调查指挥权、诉讼进程控制权和庭审秩序维持权。在我国，应当建立科学合理的庭审指挥权体系以及控辩双方权利救济机制，促进法官行使自由裁量权的客观化和检察官地位的当事人化，并通过转变司法观念和提高法官素质保障庭审指挥权的正当行使。

比较法在近代中国
何勤华

比较法是近代西方法律文化的产物，自19世纪中期以来开始在中国传播。汉字的比较法（比较法学）一词是20世纪初从日本传入中国的。一批著名的学者和论著对中国的比较法学科的形成和发展作出了重要的贡献。由于受到国内立法政策和研究环境等因素的影响，近代中国的比较法也具有自己的鲜明的特征。

先秦时期债流转的史实补析
张培田

考古发现和传世文献表明，商周至战国时期，债权债务关系随社会经济的发展而发达，解决债权债务纠纷的案例增多，实践中出现了不自觉的债的分类调整，对债的不同表现形式也有对比研究，体现出中国先秦时期调整债的法文化特征。

笔谈：公益诉讼与公益法的实践、制度和价值

2007 年第 1 期

民事诉讼发回重审制度之检讨
王福华　融天明

十多年来我国法院民事上诉案件发回重审率的变化表明，发回重审的适用除取决于法律制度本身外，还与司法政策、一审法官的素质等因素紧密相关。实践中我国二审法院存在着诸多发回重审的"潜理由"，如提高年度结案率、规避审判责任追究、维持上下级法院之间良好关系等。对二审法院滥用发回重审进行制约的措施应包括在立法上将发回重审的事由限定于法律问题，在审级功能正当化的基础上使上级法院更加尊重一审判决，并赋予发回重审裁定时二审法院的自缚效力。无害性原则、辩论原则、处分原则以及终局性原则应当成为构建以保护当事人程序利益为中心的发回重审制度的基础。

商标法基本范畴的符号学分析
彭学龙

符号学是专门研究符号及其意指活动之规律的科学，本质上属于跨学科的方法论。由于商标本身就是一种符号，商标法既是市场经济社会的重要法律，又是一种符号规范，因此，在商标法学领域，符号学不仅是一种研究方法，而且还具有本体上的意义。透过商标法基本范畴的符号学分析，我们可以对商标、商标权和商标侵权的本质作出直观而合理的解释，从而准确把握商标制度的运行机制。

私权一般理论与民法典总则的体系构造
——德国民法典总则的学理基础及其对我国的立法启示
杨代雄

近代德国民法学中的私权一般理论是德国民法典总则赖以形成的学理基础，民法典总则在本质上属于私权通则。民法典总则具有充分的方法论依据与实用价值。我国未来民法典应该设立总则，总则的体系构造应当以私权（民事权利）的一般原理体系作为逻辑基础。民法草案总则的体系存在缺陷，应当予以完善。

债权让与中的优先规则与债务人保护
李永锋　李昊

法国法系和德国法系在让与通知效力方面的主要差别，在于是否将通知作为债权让与对抗债务人之外的第三人的要件。确定被让与债权之归属的优先规则，包括合同成立主义、通知主义和登记注册主义，我国民法在解释上应当采纳通知主义。债务人可以向哪一方当事人进行有效的清偿与优先规则确定的债权归属并非完全一致。如果在让与通知之前债务人已经知悉债权的让与，债务人与出让人之间消灭债权的行为不能对抗受让人。表见让与适用于由出让人作出让与通知的情形,在受让人通知的情形,对表见让与的适用应当有特别的限制。债务人有权不主张表见让与而拒绝向表见受让人清偿或请求返还清偿。

司法衡平艺术与司法能动主义
侯淑雯

司法的最直接目的在于定纷止争。法官既不能迷信规则,也不应轻视规则。司法能动主义是一种开放性司法哲学,热衷于打破成规、法外能动和制衡。司法能动主义之所以盛行于美国,有其特定政治法律文化背景。我国情形则大为不同,司法能动主义须慎行。我们应该发展合乎国情的中式司法衡平艺术,倡导能动司法。

宪法变通与地方试验
张千帆

"良性违宪"的出现,是因为宪法和中央法律过多限制了地方自主权。宪法是一部保障而非限制权利的基本法。宪法的根本目的不是通过制度性规定剥夺地方尝试的自由,更不是限制人民的基本自由,而是为所有人保障一个权利底线。在这个底线之上,地方政府可以自由探索对满足当地需要而言最有效的途径。要从根本上解决"良性违宪"所带来的困惑,就必须转变有关中央与地方关系的思维,从制度上保障地方试验的顺利进行。

法益的体系性位置与功能
刘孝敏

法益的体系性位置可以从法益与实定法的关系、讨论法益问题的领域两个角度来分析。在不同领域内讨论的法益有不同的概念选择,发挥不同的功能。犯罪立法概念中的法益只能是宪法性法益,其功能在于为刑事立法者提供适当的刑事政策标准。犯罪司法概念中的法益,在入罪判断时只能是后刑法法益,可以指导解释刑法规定的行为构成;在出罪判断时只能是宪法性法益,通过法益价值的衡量,对符合行为构成的行为进行正当化处理。

被害人承诺问题研究
黎宏

被害人承诺是现代社会广泛认可、但我国刑法中没有明文规定的排除犯罪性事由。其法理基础是,刑法以保护个人利益为首要任务,被害人自愿放弃的利益不在刑法的保护范围之内。被害人承诺的适用范围应是除了侵害生命之外的一切侵害个人利益的犯罪;被害人承诺的成立条件必须从体现被害人的真实意思的角度来考虑;被害人只有在有关法益处分的决定上具有错误的场合,其承诺才无效;推定承诺兼具被害人的现实承诺和紧急避险的特征,其适用要受到严格限制。

科学技术在刑事诉讼中的价值
陈学权

科学技术本身具有积极和消极两个方面的价值属性。科学技术在刑事诉讼中的运用,对于实现司法公正和提高诉讼效率具有重要的积极价值,但是对于刑事诉讼程序的正当性和案件事实的准确查明也存在一些负面影响。为了在刑事诉讼中实现科学技术价值的最大化，有必要从研究方法的转型、观念的转变和制度的完善三个方面努力。

唐宋法律中儒家孝道思想对西夏法典的影响

邵 方

唐宋法律中的儒家孝道思想对西夏中后期颁行的法典《天盛改旧新定律令》影响深刻，主要表现为同居共财、亲属相隐及依服制定刑三个方面。西夏仿效中原政治制度、儒学盛行、社会以孝为美德以及家庭亲属关系完备是其接受这种影响的主要社会原因。

清末民事习惯调查与《大清民律草案》的编纂

张 生

有关资料表明，在清末制定民法典的过程中，虽然立法者极为重视本国民事习惯并进行了大量的调查工作，但在当时的条件下，难以将本国民事习惯采纳为成文法。从宣统三年完成的《大清民律草案》来看，本国民事习惯几乎没有对编纂民律草案产生直接影响。

现代国际法的多样化、碎片化与有序化

古祖雪

现代国际法的发展呈现出新的趋势：一方面，国际立法活动日益活跃，法律规范越来越多样化；另一方面，各种规范之间的冲突加剧，国际法的体系结构越来越碎片化。这种现象损害了国际法的权威性和可预见性，也给国际关系增加了不稳定的因素。有必要在《维也纳条约法公约》的框架内，通过国际组织间的合作和国家间的协调来寻求解决规范冲突的办法，提高国际法的有序化程度。

"国际法的新发展"学术研讨会综述

犯罪概念：刑法之内与刑法之外
王 牧

犯罪属价值事实，是具体主体评价的对象，因此不存在犯罪的一般概念。由犯罪概念的主体性决定，研究犯罪概念问题首先要明确犯罪概念的论域，不能把法律论域的犯罪概念与社会论域的犯罪概念相混淆。社会危害性是社会论域犯罪概念的本质，法律论域犯罪概念的本质则是法益危害性；观察和讨论法律论域的犯罪概念，应当在法律论域里，以本论域的理论原则和逻辑进行；如果不分法律论域还是社会论域，混在一起进行讨论，必然出现混乱。

认真对待刑事推定
劳东燕

对我国刑事立法和司法中44个推定的实证分析表明，刑事推定在放松控方证明要求的同时又将存疑风险转移到被告人身上，背离了排除合理怀疑的证明标准，直接危及无罪推定原则所保护的价值与利益。对排除合理怀疑的证明标准不应作纯程序的解读，有必要将其与实体意义上的惩罚权相联系。对刑事推定的规制，本质上属于对国家刑罚权的限制，只有在满足相应的实体与程序条件时，才允许适用有利于控方的刑事推定。

实质的刑法解释论之确立与展开
苏彩霞

在刑法的解释与适用上，存在着形式的刑法解释论与实质的刑法解释论之争。形式的刑法解释论主张对刑罚法规进行字面的、形式的、逻辑的解释，实质的刑法解释论主张对刑罚法规进行实质的、价值的、合目的的解释。实质的刑法解释论是对形式的刑法解释论的扬弃，它不仅与刑法规范的特点、结构、内容相一致，具有方法论意义上的合理性，而且满足了我国刑事法治目标与罪刑法定原则兼具形式侧面与实质侧面的要求，适应了我国犯罪概念与犯罪构成体系形式与实质统一的特点，具有优越的合理性。我国刑法应确立与贯彻实质的刑法解释论立场。

构建我国刑事被害人国家补偿制度之思考
孙 谦

恢复社会正义理论、权利的公力救济理论、利益权衡理论与效益价值理论等是构建刑事被害人国家补偿制度之基础。在我国，建立刑事被害人国家补偿制度具有必要性和可行性。刑事立法应当在遵循取得公理和公平待遇，以犯罪人赔偿为主、以国家补偿为辅，国家补偿的有条件性，国家补偿程序的公正性，补偿的力度与损害的程度相适应等原则的前提下，就接受补偿的主体范围、补偿的对象和限度、补偿的决定机关、补偿程序等问题作出规定。

民事、行政司法解释的溯及力
杨登峰

近几年，我国部分民事、行政司法解释仅适用于施行后新受理的案件，起诉的时间因此具有特别重要的意义。这种模式不但极易引发法律规避行为，而且背离了法不溯及既往原则所追求的价值目标。司法解释具有"立法性"并不能成为其不溯及既往的充分理由。基于司法解释的本质、司法机关的职责及溯及力所具有的维护法的安定性的积极功能，司法解释应当溯及既往，但其溯及力应受被解释法的时间效力范围、裁判的既判力和旧司法解释效力范围的限制。

矫正贫富分化的社会法理念及其表现
雷兴虎 刘水林

贫富分化问题已成为困扰我国社会经济持续稳定发展的重大问题。其根本成因在于西方的个人主义观念及以此为基础的市场经济体制和相应的社会法制度的缺失。矫正贫富分化的主要途径在于以整体主义观念为基础构建和完善社会法制度，这不仅符合现代社会的时代精神和各国社会立法的普遍做法，也与中国传统文化和法律观念相契合。但整体主义只是社会法的观念基础，而不是整个法学的观念基础。整体主义也并不意味着对个体主义的否定，二者是互补的，相辅相成的。

不动产登记申请的法理与规则
屈茂辉

登记申请是不动产登记的主要启动机制。申请行为本质上为有相对人的表意行为，但不属于法律行为，具有程序法行为的特质。登记申请应当实行到达生效主义，不能撤销但可以撤回，撤回登记申请须在登记完成前进行。登记申请的主要效力在于对登记机关的形成力、对登记程序的启动力、对物权变动的彰显力、对登记顺位的预定力。因虚假的登记申请资料引致的登记错误，登记机关应当对受害人承担赔偿责任，而后向登记申请人追偿。

民事诉讼程序之于破产案件适用
韩长印 郑金玉

破产程序中存在着大量的纠纷，这既是法院行使审判权参与破产程序的基础，也是正确理解我国破产法关于适用民事诉讼法审理破产案件的规定的前提。基于破产案件的特殊性，对于性质不同的纠纷应当适用不同的审理模式：实体权利纠纷，原则上应适用通行的民事诉讼审理模式，而破产程序性争议以及围绕破产方案发生的争议，则应采用职权主义模式进行审理。只有这样才能在保证破产程序运行正当性的同时满足其迅捷性和公益性的需求。

我国群体诉讼的立法与司法实践
章武生 杨严炎

我国大多数群体纠纷被法院分案受理，既有制度本身的问题，又与司法实践中存在着影响法院积极适用代表人诉讼的诸多因素和司法政策有关。由于群体纠纷本身就需要根据案件的具体情况采取多元化的方式处理，所以，法院通过其他一些诉讼形式解决群体纠纷无可非议。但是，在多元化群体纠纷解决机制中，代表人诉讼制度是必不可少的，其独特的价值和功能不可能被现在各地法院所尝试的其他替代性诉讼方式所完全取代。

行政裁量的治理
周佑勇

行政的生命在于裁量，行政法的核心在于通过法治实现对行政裁量问题的有效治理。在以英美为代表的西方法治发达国家，治理方案已从传统主流的规范主义控权模式拓展到功能主义的建构模式。在我国，着眼于全球化的视野和中国的现时状况，应当着力倡导一种以"原则"为取向的功能主义建构模式，即在法定、均衡和正当等行政法原则的统制之下，通过行政规则、利益衡量、意志沟通和司法审查等功能因素的有效发挥，达到行政裁量的最佳建构。

契约对依法行政的影响
杨小君

契约对依法行政原则的影响，主要涉及是非评价标准、权力行使条件、新增契约义务、职权范围界定和责任承担等方面。契约存在于行政自由裁量内，契约影响依法行政的正当性规则主要有：约定标准高于法定标准，约定条款不抵触不排斥法定条件，约定义务不违反禁止性规定，约定责任不违反羁束性规定或不抵触法定职责。

东汉"律三家"考析
俞荣根　龙大轩

公元1世纪的东汉有三大律家，但他们究竟为何人，文献不详。考诸史籍，参酌时论，可以认定，"律三家"指郭躬、陈宠、杜林及其各自所代表的律学流派，其研究方法与研究成果促进了东汉律学的繁荣。日本和我国台湾学者的有关观点值得商榷。

侵权行为法立法学术报告会议述评

2007 年第 3 期

电子政务法研究
周汉华

近年来，各国在推进电子政府的过程中普遍重视法律制度建设，已经出现了一个电子政府立法的浪潮。电子政府后发国家制定电子政府法的时机选择相对而言比较容易确定，不存在选择临界点的问题，立法时机越快越好，但其面临的挑战也更大。我国电子政务立法虽然已经初具规模，但存在诸多问题，亟须通过制定统一的电子政务法来进一步推动电子政务工作。在我国制定电子政务法的过程中，有一系列深层次的矛盾与问题需要引起高度关注。

民主政治下的为民之道
——对政治、行政及其关系的一个分析
胡水君

在现代化进程中，处理传统方式与现代方式之间的关系，更为合理的思路在于，在现代方式的主导下，容纳并发挥传统方式的长处，而不是相反。由此，就政治、行政及其关系而言，民主政治下的为民之道、价值主导下的治理逻辑、程序机制下的服务意识，应该成为中国政治和法律发展的一种可取方向。

民法上支配权与请求权的不同逻辑构成
——兼论人格权请求权之独立性
马俊驹

请求权是特定人之间的法律关系在逻辑上的必然安排。救济关系在特定人之间展开，所以救济权必然表现为一种请求权。救济权这一性质的确立，标志着民事责任制度由公法向私法的回归。救济权分为退出式请求与割让式请求，因而包括人格权在内的支配权保护之立法，存在着两种抽象方式：一种是以"救济权的性质"为抽象的方式，导致支配权请求权在法律制度上的独立；另一种是以"救济权的内容"为抽象方式，导致支配权请求权存在于侵权责任制度之中，从而丧失独立性。在后一种立法模式之下，支配权请求权的概念和理论上的独立性以及由此产生的逻辑关系和规则原理，在统一的侵权责任制度下仍应有所体现。

履行抗辩权探微
崔建远

我国合同法将同时履行抗辩权和先履行抗辩权分立并无不当，不宜称合同法第66条的规定存在着法律漏洞。履行抗辩权在若干场合可以存在于非对价关系之中。履行抗辩权因当事人的约定而扩张或者收缩。对于同时履行抗辩权的"存在的效力",应当区分情况而定。

知识产权的重叠保护问题
何炼红

知识产权重叠保护现象背离了知识产权的平衡政策目标,是知识产权全面扩张的副产品。它直接导致了正外部性内在化、知识产权激励机制的破坏、知识产权垄断成本的增加。解决知识产权重叠保护问题的思路是:完善我国现行法律规定,原则上禁止知识产权的重叠保护;制定工业版权法,预防知识产权重叠保护现象的出现;明晰法律解释规则,削减知识产权重叠保护可能造成的危害。

雇员离职后的竞业禁止
单海玲

在制定商业秘密保护法与劳动合同法时,我国对离职后竞业禁止协议的规制应当建立在正确的法益目标之上,即以保护商业秘密和维护正常竞争秩序为目的,通过合理适度的竞业限制,谋求雇主、雇员、社会三者之间的利益平衡。

个人信息的财产权保护
刘德良

个人信息是指那些据此能够直接或间接推断出特定自然人身份而又与公共利益没有直接关系的私有信息。个人信息财产权是主体对其个人信息的商业价值进行支配的一种新型财产权,它能且只能存在于对个人信息进行商业性使用的条件下。在信息时代,个人信息具有潜在的商业价值,都应该受到财产权的保护。对个人信息进行确权应该根据其体现的价值而定,当其维护主体人格利益时,应该给予其人格权的保护;当其维护主体财产利益时,应该给予其财产权保护。

刑事缺席审判制度研究
邓思清

在诉讼效率日益凸显的现代刑事诉讼制度中,迫切需要解决由于犯罪嫌疑人、被告人逃逸而给刑事诉讼顺利进行带来的难题,为此世界许多国家建立了缺席审判制度。我国随着经济的发展和对外交往的增多,犯罪嫌疑人、被告人逃避侦查、审判的现象日益突出,特别是贪官外逃事件愈演愈烈,引起了全社会的广泛关注。为了及时有效打击犯罪,解决涉案财产和有关赔偿问题,防止犯罪嫌疑人、被告人逃避诉讼,避免因中止诉讼而导致的诉讼拖延等问题,我国有必要借鉴国外的有益做法,建立符合国情的刑事缺席审判制度。

司法过程中的对抗与合作
——一种新的刑事诉讼模式理论
陈瑞华

以无罪推定、程序正义为标志的传统刑事诉讼理论,建立在国家与被告人具有相互对立的诉讼立场的基础之上。在被告人自愿认罪的情况下,这种对抗性司法不具有存在的基础,国家与被告人具有进行诉讼合作的可能。在此前提下,国家追诉机构与被告人经过协商、妥协而进行的诉讼合作,具有"协商性公力合作"的特征;

被害人与被告人经过协商达成和解协议，则属于一种"私力合作模式"。相对于对抗性司法模式而言，合作性司法已经初步形成了一种相对独立的理论框架，那就是实用主义的利益观、建立在诉讼合作基础上的司法正义观以及独立于实体正义和程序正义的第三种法律价值观。

取证主体合法性若干问题
龙宗智

取证主体合法性问题基于中国特殊的制度背景与国情产生，目前有关问题亟待研究解决。对于职能管辖中非管辖侦查单位取证，应当根据案件情况确定其故意性，由此区别"善意管辖"与"恶意管辖"，对后者应否定其侦查取证的有效性，以维护管辖法制。对于纪委取证，基于传闻规则的底线性要求，在诉讼中原则上不能使用其调查的人证，但可以根据证据的形式及用途等设置若干例外。对于立案前调查机关所获证据在审判中的效力，在明确立案意义的基础上，区别强制侦查与任意侦查，允许在审判中采用任意侦查所获证据，否定立案前强制侦查获取证据的效力，但基于"紧急措施"获得证据的除外。

秦简廷行事考辨
刘笃才　杨一凡

云梦秦简出土后，整理者将其中的廷行事解释为成例，即判例，这是不准确的。文献典籍中的有关记述表明，行事一词中找不到成例的义项，更没有当年判例的意义。整理者将廷行事释为成例的两个依据不能成立。根据对秦简相关原文的分析，廷行事其实就是官府行事，或称官府的实际做法。这种实际做法和法律规定不一致，则是自由裁量权存在的结果。

陕甘宁边区高等法院对民事习惯的调查、甄别与适用
汪世荣

从1942年5月开始，陕甘宁边区高等法院通过法院系统内部上下级部署工作和学习任务的形式，以县为单位，由各县审判人员对本县的风俗习惯进行了比较系统的调查和甄别。截至1944年9月，该院共收集到8个县69条具有权利义务内容的民事习惯，并由收集者对之进行了初步的甄别。在此基础上，该院在民事案件的审理中适用了某些习惯。民事习惯的调查、甄别和适用，促进了审判人员对社会的了解和对民事习惯的认知，丰富了民事案件审判工作。该院虽然对所收集到的习惯进行了简单的整理，但未能完成系统的分析，也未制定出相关的政策和规则，因此这次调查未能发挥出更大的作用。

和谐主义诉讼模式：
理论基础与制度构建
——我国民事诉讼模式转型的基本思路

黄松有

当事人主义和职权主义诉讼模式不能适应中国转型时期民事纠纷解决的特殊需要。实现民事诉讼模式转型是优化我国民事诉讼制度、完善民事诉讼立法的一项基本作业。我国民事诉讼模式转换的基本方向是构建和谐主义诉讼模式。和谐主义诉讼模式摆脱单纯从诉讼程序上解决纠纷的狭隘视野，将司法诉讼视为一项社会福利制度，着眼于当事人争议的彻底消解，是对传统民事纠纷解决机制和诉讼哲学的双重超越。目前我国构建和谐主义诉讼模式的主要任务是：从和谐主义诉讼理念出发，重新设置民事诉讼基本原则体系；以强化当事人诉讼主体地位为基础，形成科学合理的案件事实探明机制；建立法律观点开示制度，保障法院和当事人就法律问题展开充分的对话和交流。

地役权概念的体系性解读

朱广新

自罗马法到近现代一些重要的民法典，地役权概念始终保持了明确的内在规定性。地役权之所以具有如此顽强的超政治体制和跨时空转换生命力，根本原因在于其内在构造的客观性，即其不仅以需役地和供役地的并存为构造基础，而且直接以需役地而非需役地权人的利益为构造目的。如此独特的构造，使地役权拥有了纯技术性概念的外观，在很大程度上掩盖了其"役使他人"的法效果，进而增强了它的亲和力、便利了它的普适性。这诠释了自罗马法以来的大陆法为何始终强调地役权必须是为了需役地的利益，并决定了地役权不可能具备孵化他种用益物权的"母权"功能。

公司设立民事责任归责模式研究
——兼评最高法院的司法解释意见稿

吴越

设立中公司在其不同的发展阶段，分别具有形式主体资格和实质主体资格，不宜将其拟制为任何其他法律主体。设立中公司的性质更接近于公司，因此其民事责任规则的建立应尽可能依据公司法理。具体而言，应首先以设立中公司自身的财产承担债务，不足以清偿的部分，应由全体发起人基于其法定身份以各自的出资额为限承担连带清偿责任；同时，肩负特殊身份的发起人如法定代表人等行为人应承担无限连带责任。这种无限连带责任类似于公司人格否认制度下控制股东的过错行为责任。

税收之债的消灭时效
施正文

税收之债的消灭时效是税收债权消灭的重要原因，对于督促税收债权人及时行使债权、保护纳税人权利、建构稳定和谐的税收征纳关系具有重要意义。税收债权的消灭时效包括确定时效和征收时效两类，其内容涉及时效的性质、期间长度、期间起算、中断和中止、期间届满的法律效果等问题。我国税法对税收债权的消灭时效制度规定很不健全，应当借鉴他国立法例和国际经验，通过制定税收通则法等途径尽快予以完善。

权利概念的历史
方新军

权利的概念是人类社会发展到特定历史阶段的产物，它的出现与个人主义观念的兴起紧密相关。古希腊和古罗马社会中不存在一般意义上的权利概念。斯多亚哲学和基督教理论中所蕴涵的个人主义观念还不足以导致权利概念的出现。十二世纪出现了世俗个人主义和权利概念的萌芽。十四世纪出现了对拉丁文"ius"的主观意义和客观意义的双重理解。四个世纪之后，康德的哲学理论为上述理解提供了完美的说明。当世俗个人主义和自由意志主义成为权利概念的理论基础的时候，也就是现代权利概念诞生的时候。

审判对象的运行规律
谢进杰

审判对象设定了控审权力行使与防御权利保障的空间，不但规范着诉讼的结构，而且组织着诉讼的程序，成为刑事诉讼合理构造与有效运转的内在依托。审判对象动态运行的规律，体现于从起诉到判决以及从初审到再审两根程序链条，呈现了控诉方起诉时的提示到法庭审理过程的展示乃至变更再到法官判决时的固定的运动轨迹，显示了限制审判范围、规范指控界限、确立防御目标、防范突袭审判、禁止重复追诉等机能。在我国，应当改造现行的诉讼构造，确立一种蕴涵分权制衡机理以及被告人防御权益保障理路的诉审关系，在此基础上致力于完善审判对象赖以运行的各个程序环节。

陕甘宁边区司法制度的大众化特点
侯欣一

根据陕甘宁边区高等法院档案、当事人日记、文集、边区报纸、政府文件等原始材料，从政治和法律相结合的视角观察陕甘宁边区的司法制度，可以看到一个非常鲜明的特点——民众对司法审判活动的全面而深度的参与。陕甘宁边区大众化司法的尝试有着十分重要的意义，同时也提供了经验和教训，其形成原因亦极为复杂，值得深入研究。

中国古代先问亲邻制度考析
柴荣

田宅交易先问亲邻的制度在法律中出现始于后周时期，在宋元时期达到极盛。明清时期，国家律典对此不再作强制性规定，但在民间习惯中，先问亲邻的做法仍广泛存在。这一制度能最大限度地将土地保留在本宗族的内部,减小交易风险,并协调家族成员关系。它与现代民法中的优先购买权和相邻权等制度有密切的关系。

**纪念依法治国基本方略
实施十周年笔谈**

2007 年第 5 期

当代中国语境下的民主与法治
李 林

在我国语境下，可从国家权力、国家制度、公民权利三个角度理解民主，区分民主的本质与其实现形式，识别民主的功能及其局限。在民主与法治的位阶关系中，两者存在三种基本关系：上下位阶中的决定关系；并列位阶中的互动关系；下上位阶中的从属关系。社会主义法治通过对民主的确认、引导和规制三种主要形式，实现对社会主义民主的保障。社会主义民主法治通过自己特有途径和功能，保障并促进社会和谐目标的实现。

政府信息公开与行政诉讼
江必新　梁凤云

《政府信息公开条例》第一次明确规定了公民知情权的行政救济途径。政府信息公开的范围涉及行政诉讼的类型以及法院的受案范围。政府信息公开行政诉讼中的当事人、举证责任和诉讼程序都因不同的行政诉讼类型而有显著区别。政府信息公开行政诉讼最关键的问题是法院对于国家机密的审查，政府信息是否国家秘密必须经过有权机关的确认，不能仅仅以属于国家秘密的空洞理由而不予公开。对于因政府信息公开而遭受损失的当事人，应当给予国家赔偿。

违宪法律的效力
陈运生

违宪法律是否具有效力，并非完全取决于"违宪"的判断结论，而视乎无效决定之效力状态。各国对于违宪法律应否具有效力的处理方式有所不同，但仍存在一定的规则：违宪法律的对象效力范围与维护宪法秩序和保障个人权利这两种法律价值观密切相关，并有一般无效与个别无效两种不同的法律处理；违宪法律的时间效力范围取决于"构成说"与"宣示说"这两种无效学说下的不同规定性，而违宪法律的自始无效与将来无效则成为各国设计违宪法律的时间效力范围时必须面对的关键问题。

司法证明模糊论
栗 峥

"真实"本身具有多元解释，是一个不可能得到精确认定的模糊概念。"事实"必须为法官所确立，是一种个性思维过程后的结论，可称为"法官真实"。从模糊理论与心证演变模式的三个阶段的视角看，自由心证的实质是模糊心证。司法证明必须容忍甚至鼓励富有极大模糊性的日常生活语言以描绘案件事实。模糊理论为司法证明科学的发展带来了新的视角与方法，扩展了研究者理性选择的空间，作出了不同于既有法学语境的诠释，试图形成一个能够科学描述和处理司法证明模糊性的概念体系和方法论框架，以突破摇摆于确定性与不确定性之间的困惑。

非营利法人解释
税　兵

营利法人与非营利法人的区分在于不同的财产权构造，股权缺失引发出法人非营利性目的与法人控制者牟利冲动之间的紧张关系；社团法人和财团法人的区分在于不同的法人意思机关构造，使得非营利性社团法人为自律法人而财团法人为他律法人。非营利法人制度隐含着"经济人"和"道德人"之间的价值张力，使得现代民法既成为市场交易法，又成为市民生活法。因此，未来中国理想的非营利法人制度应该源于诱致性的法律变迁，而非始于强制性的国家管制。

职员发明财产权利归属正义
何　敏

我国以公权理念为基础，在职员职务发明成果财产权利分配方面存在绝对单一归属的问题，违背了智力财产私权性的法律原则和"投资决定产出"的经济公理，挫伤了发明人的创造积极性，影响了我国科技发展的进程。我国的"厚雇主"倾向、美国的"厚雇员"原则以及法国的"折中"主义均有失偏颇。应当建立职务发明的类型化，以投资作为归属的基本考量，建立以财产权利共享、开发风险共担为核心的职务发明归属制度。

信息技术发展与广播组织权利保护制度的重塑
胡开忠

当代信息技术的飞跃发展使盗播广播节目更加容易，广播组织的邻接权受到了日益严重的侵权威胁，以《罗马公约》为基础的广播组织权利保护制度越来越不能适应信息技术发展的要求。世界知识产权组织主持并拟订了保护广播组织权利的新方案，扩大了广播组织的权利，但该方案也遭到了来自广大发展中国家及一些发达国家政府、企事业单位的强烈批评。我国应当密切关注国际广播组织权利保护的最新动向，对我国著作权法作及时的修改，在保护广播组织权利的同时注意维护社会公众正当的利益。

主客观相统一原则：价值论与方法论的双重清理
陈兴良

主客观相统一原则是苏俄犯罪构成理论的特色之一，亦为我国刑法学所承继。该原则具有价值论与方法论的双重属性。从价值论上说，主客观相统一原则是在所谓犯罪构成的客观结构与主观结构的基础上形成的，主张犯罪的客观要素与主观要素的统一。从方法论上说，主客观相统一原则超越了刑法客观主义与主观主义，具有两者折中的意蕴。但目前大陆法系犯罪论体系的发展早已超越了存在论，进入到规范论与价值论的知识领域，主客观相统一原则仍然局囿于存在论的知识范围内，并且其本身具有抽象性与含糊性，应以法益原则和责任原则予以取代。

犯罪对象概念的反思与重构
许发民　康　诚

刑法学者之所以在不同场合赋予犯罪对象不同含义，是因为我国刑法理论中的传统犯罪对象概念存在一定的缺陷。有必要重构犯罪对象概念，将"犯罪行为直接作用的具体人和物"与"犯罪客体的直接物质承担者"两种含义适当分离，在理论上区分为直接犯罪对象与间接犯罪对象，二者作为犯罪实行行为指向的事物，有时可发生部分重合，但功能上并不相同，不可相互替代。

施行宽严相济刑事政策之隐忧
陈晓明

宽严相济刑事政策作为我国的基本刑事政策，对缓解社会冲突、防止社会对立、构建和谐社会具有重大意义，但是，在对宽严相济的理解和适用、宽严对象的确认、该政策对行刑效果的影响以及相关的社会控制机制等问题上均存在隐忧。现阶段应着力解决宽严相济刑事政策与现有的刑法原则、制度和实务的协调或配套问题。刑事政策效用的发挥和实现，有赖于完善的立法、司法、行刑和社会控制机制，没有各个方面的支持和配合，刑事政策将难以发挥预期的作用。

法家治国方略与秦朝速亡关系的再考察
屈永华

法家治国方略导致秦朝速亡的通说存在诸多疑问。法家法、势、术相结合的治国方略是以顺应时势、合乎人心的法为基础，以维护和强化君主专制的势为目标，势和术的运用必须建立在法的基础之上，而法和术相结合共同增强势即维护和强化君主专制。秦朝速亡的根本原因是最高统治者对法家治国方略的理解与运用发生严重偏差，从而导致重大政策失误，法、势、术尽失而致灭亡。

唐代格、式东传日本嬗变考
吴海航

日本学界较早就形成了关于日本格式与唐代格、式没有密切渊源关系的权威性认识，但此种说法有失偏颇。日本"三代格"与日本式主要是在唐代格、式之后逐渐制定出来的，它们在形式、功能与内容方面表现出受唐代格、式直接影响的痕迹。这表明了唐代格、式在日本格式的形成过程中曾起过不可忽视的作用，其意义不应低估。

2007 年第 6 期

文化多样性的主权、人权与私权分析
吴汉东

文化传统保护与文化发展选择是国家文化主权的基本内容；保护文化多样性的权利和自由属于基本人权的范畴；知识产权对文化创造参与者的支持和激励具有重要意义。《文化多样性公约》以主权和人权作为文化多样性保护的基本举措，并以对艺术家的知识产权保护作为补充措施，由此构建了一个保护文化多样性的多元权利形态。

善意认定的属性及反推技术
吴国喆

善意是对虚假信息传递途径的不知情，它必然与行为相关联，与恶意存在非此即彼的互异关系。善意的判断与过失的判断是两个不同的问题，但基于利益衡量，行为人的重大过失妨碍其善意的成立。善意认定方法的综合判断属性及对客观事实的适度超越性、认定结论的弹性化、非验证性以及很难直接以反证推翻的特征，决定了善意认定的法律判断属性。在具体认定过程中，反推技术是一种便捷且有效的方法。

合作社的法律属性
马跃进

农民专业合作社法没有解决合作社的法律属性问题。实践中农业合作社的规范发展以及其他合作社的建立，特别是合作社基本法的制定，都需要在理论上阐明合作社的法律属性。合作社是由利用合作社服务的人们拥有和控制，以满足共同的经济和社会需要为目的，入社自愿、退社自由，实行一人一票的民主管理，按照交易比例返还盈余的自治性企业。合作社与集体所有制企业、农村集体经济组织以及公司存在区别。股份合作企业是合作社的一种。

商标淡化理论及其应用
杜颖

商标广告功能的发展是商标淡化理论产生的基础。与传统混淆侵权不同，淡化行为不会使消费者就商品来源发生错误认识，但它消耗商标的独特性或污损其声誉，并破坏商标的广告宣传价值。因此，具有相当知名度的商标应该获得反淡化的扩大保护。由于商标权仅仅是一种准财产权，过度保护会使其权利性质发生改变，最终阻碍自由竞争，所以商标反淡化保护的范围要受到限定。

缺员仲裁的合法性
池漫郊

在仲裁程序进行中,有时会出现缺员仲裁的问题。国际国内的相关立法与实践对于缺员仲裁合法性的态度存在差异。缺员仲裁既有利于维护仲裁的效率及制度性,又可能导致对当事人意思自治、仲裁程序中当事人平等以及仲裁庭合议等仲裁基本原则的违反。国际仲裁界对于缺员仲裁的态度正日益宽容。

不争执条款的反垄断法分析
宁立志 李文谦

知识产权许可协议中的不争执条款既有阻碍竞争的消极影响,也有其积极的一面。美国、日本、欧盟在认定不争执条款的效力时采用了基本相同的方法,即一般指导原则下的个案分析。它们运用一套以反垄断法为基础的具体规则,将宏观经济背景、技术发展水平、市场结构状态、权利质疑成本等因素类型化、具体化,主要依合理原则进行考量,协调知识产权政策和竞争政策的变化。我国应当甄别性地借鉴国外的成熟经验,不断完善不争执条款的立法和执法。

规范的构成要件要素
张明楷

由价值关系的概念或评价概念所表述的构成要件要素,是规范的构成要件要素。规范的构成要件要素分为法律的评价要素、经验法则的评价要素与社会的评价要素。规范的构成要件要素并不等同于不明确的构成要件要素,相反具有存在的合理根据与积极意义。法官应当以特定的违法性为导向理解规范的构成要件要素,并根据规范的构成要件要素的不同类型,采用相应的评价标准判断案件事实是否符合规范的构成要件要素。

中国刑事案卷制度研究
——以证据案卷为重心
左卫民

中国刑事程序的流转及司法决策的作出皆以各种证据和文书材料构成的案卷为主要载体。英美法系国家与中国的刑事案卷制度,在案卷的完备性与简单性、案卷使用时空的伸展性与抑制性方面表现出重大差异。中国与大陆法系国家的刑事案卷制度相似性较多,其中最为重要之处在于法院应审查起诉机关移送的侦查卷宗,以此作为定案依据;二者主要在案卷制作的单一性与多元性、案卷作用的绝对性与相对性方面存在区别。中国刑事案卷制度的独特性可从司法权力组织的类型、司法目的与诉讼构造角度予以解释。中国刑事案卷制度的大部分特点在未来相当长时间内仍将保留,但在形成和使用上将发生变化。

国家刑事制定法对少数民族刑事习惯法的渗透与整合
——以藏族"赔命价"习惯法为视角
苏永生

在国家刑事制定法一统天下的局面下,少数民族刑事习惯法的地位显得非常尴尬,但其仍然保持着较强活力的事实却不可否认。由于少数民族刑事习惯法与国家刑事制定法遵循着不同的法理念、人们对罪刑法定原则之形式侧面的过分强调以及对法治形成机理和少数民族习惯法的简单理解，使得少数民族习惯法与国家制定法存在着不可调和之处。从国家刑事制定法的立场出发，少数民族刑事习惯法确实存在着诸多不尽如人意之处，但在补偿被害人、限制死刑和贯彻刑法的谦抑性等方面却发挥着国家刑事制定法难以发挥的作用。通过强制适用国家刑事制定法来革除或破除少数民族刑事习惯法的做法是不合适的，也是危险的；只有建立刑事和解制度，将少数民族犯罪纳入刑事和解的范围，才能为国家刑事制定法渗透与整合少数民族刑事习惯法提供有效途径。

从基本权利到宪法权利
夏正林

从"是否基本"的角度来认识宪法上的权利不能满足宪法理论与实践的要求，甚至容易造成误解。相较于"基本权利"，"宪法权利"是更为规范的表述。宪法权利是表示个人与国家关系的概念。宪法权利体系基本包含两个方面：每个人都享有的各种构建和控制政府的权利与个人基于人之目的性对国家提出诉求的权利。前者表示在一个共同体中的个人与其他所有人的关系，后者表示个人与包括他在内的整个共同体的关系。

新实用主义与晚近破产冲突法的发展
何其生

在涉外破产问题上，晚近以欧盟《关于破产程序条例》和联合国《跨国界破产示范法》为代表，在破产的域外效力上体现出一种新实用主义的理念，即主张在主要利益中心开始的主要破产程序具有普及性效力，而在营业所等地所开始的附属破产程序效力只能及于本国领域的资产，同时强调了主要程序与附属程序之间的协调与合作。新实用主义促进了破产冲突法的发展，对我国的相关立法与司法具有借鉴价值。

张家山汉简《告律》考论
闫晓君

张家山汉简中首次发现汉代的《告律》，可以改变人们对汉代法律的认识。唐代有关著述都认为汉律中有关告劾之事包括在《囚律》之中，但根据张家山汉简有关资料来看，汉初《告律》是单纯的有关告诉之事的法律，而《囚律》则是单纯的断狱之法。汉《囚律》演变为唐之《断狱律》，而《告律》则为唐《斗讼律》中"讼事"之源。秦汉律关于告诉的法律可分三个部分，一是设立各种罪名及相应的刑事责任来规范告诉，二是规定对某些告诉司法官员可以依法勿听，三是鼓励人们告讦及自告但又严格区别诬告与告不审。

2008 年第 1 期

论具有人格利益的财产
易继明　周　琼

传统的财产与侵权法理论一般不承认财产中的人格利益。近年来，国内外立法和司法实践逐渐关注财产中的人格利益，并给予保护。具有人格利益的财产可分为具有人格象征意义的财产、寄托特定人情感的财产、源于特定人身体的财产和源于特定人智慧的知识产权四大类；前两类为外在物的内化，后两类为内在自我的外化。依据事实和法律的标准被确定为具有人格利益的财产，相对于可替代财产而言，在立法和司法实践中应该得到更为充分的保护。

知识产权法中的公共领域
王太平　杨　峰

面对着 20 世纪 80 年代以来日益扩张的知识产权，学者提出了知识产权法中的公共领域理论。公共领域是知识产权的效力所不及的知识领域与知识的某些方面，它不仅是对抗知识产权不合理扩张的旗帜和理论武器，也可以解决反对知识产权不合理扩张的社会力量的集体行动问题，还是创造的前提和知识产权制度正常运转的工具。公共领域存在的客观基础是知识的公共性、共享性以及历史继承性。尽管公共领域有独特的价值、功能和存在的客观基础，它也有假设前提虚假、作用范围有限等局限性。公共领域的局限性可以被克服。

企业形态的法经济学分析
徐强胜

作为配置经济资源重要载体的企业，因构成要素的不同组合而具有不同的形态。合理的企业形态能够有效促进经济资源的整合。企业形态立法必须能够回应合理配置资源的要求。现代各国都试图打破传统定型化的企业立法模式，特别是改进中小型企业立法，给予它们更多的自治和发展空间，减少不必要的管制。

银行监管机构独立性的法律保障机制
周仲飞

银行监管机构独立对于有效银行监管和银行业稳定的重要性在经历了众多金融危机后逐渐被人们认识，恰当的法律制度安排是保障监管机构独立性的前提。一国立法可以从履职独立性、人事独立性、财务独立性和监管责任豁免构建银行监管机构独立性的法律保障机制。

基本权利的国家保护义务功能
陈　征

保护公民的基本权利不受私人侵犯对

于我国来说具有极大的社会现实意义。依照我国宪法精神，基本权利的国家保护义务功能应当与防御权功能并列处于最主导地位。履行国家保护义务需要立法机关的努力以及司法机关的积极配合。

现代行政过程中的行政法律关系
郑春燕

行政权是由羁束权（权力与义务）和裁量权（权力与特权）组合而成的复合型法律概念。由此展开的行政法律关系，比权力——权利的传统行政法律关系定位要更精确。其中，裁量权的运作，尤其是现代行政任务实现过程对合作行政的倚重，使行政相对一方通过实质性参与来获得规范意义上的权力。逻辑结构上的相依、互动，使行政法律关系真正处于动态的均衡之中，并预示了协商行政活动实施的可能。

《法学研究》三十年：刑法学
邓子滨

犯罪认知体系视野下之犯罪构成
冯亚东

我国刑法学界正在进行"犯罪构成体系完善抑或重构"的讨论，通过分析古今中外成文法体系下司法者将刑法规范与生活事案相对接的操作方式，可以发现，"犯罪认知体系"这一概念可用以统摄不同历史时期刑法之基本运作模式。对犯罪认知体系之思想史的梳理表明，"犯罪构成"概念乃系近代民主法治背景下理论介入司法之产物，由此可厘清当代中国之犯罪构成体系的来龙去脉及现实状况，并为进一步"完善抑或重构犯罪构成体系"的讨论搭建基础性平台。

量刑基准实证研究
白建军

作为法制实践离散程度的客观反映，量刑基准是某种犯罪各组权威示范性案例样本之间相互独立的平均刑量。尽管600多个示范性案例的实证研究未能成功找到符合这一概念的量刑基准，但发现宣告刑平均刑量与法定刑中线之间的关系耐人寻味：不论样本的分组较粗还是较细，各组刑量均值之间的轻重顺序基本符合法定刑的轻重顺序。因此，以示范性案例的平均刑量为量刑基准，与以法定刑各种程度等分线或中线为量刑基准两者之间互不排斥而应相互参照。

推定的界限及适用
龙宗智

对推定界定不清和运用不当是目前证据法研究中十分突出的问题。应当厘清推定与证明（推论）的关系，二者存在事实认定义务、认定方式、证明要求和证明责任承担上的差异，且性质不同。事实推定的概念混淆了推定机制与证明机制的区别，而且在我国可能破坏法治、冲击无罪推定原则。我国刑事立法和司法解释中，只有极少量的明示和暗示证明责任转移的规范才是推定规范。应当根据实践需要设立和完善推定规范，但必须考虑我国刑事司法模式和司法资源的对比关系谨慎为之。

证据学抑或证据法学
何家弘

证据学与证据法学是两个既有联系又有区别的概念。我国学者曾经习惯使用"证据学"作为书名,后来则偏爱"证据法学",甚至有人排斥"证据学"。外国学者在证据类著作的书名中使用的语词并不统一,而且没有人要求大家统一使用"证据学"抑或"证据法学"。把证据法学和证据学完全割裂开来甚至对立起来的观点是难以成立的,也是不利于本学科发展的。证据学是司法或法律领域的特殊产物。虽然证据在社会生活中的应用非常广泛,但是超越法律事务的范围去建立"大证据学",既是没有必要的,也是不可能的。

十六国法制抉微
陶广峰

十六国法制是北方少数民族入主中原后,在承袭原有民族习俗的基础上,汲取汉族先进的法制文明融合而成的产物。在立法、司法和职官制度方面,各政权所沿袭的多为汉族旧制。由于胡汉杂糅的环境,胡汉旧制的碰撞磨合和胡汉分治的政策,其法制不可避免地展示出新的内涵。十六国法制所带有的北方少数民族的新的活力因素,是其后北朝法制的最早渊源。

国际法的前沿理论与实践学术研讨会综述

香港基本法第 158 条与立法解释
朱国斌

有关香港基本法解释权的所有争议均源于基本法的混合特性。基本法第 158 条设计的制度安排不仅能够区分"一国"之下大陆法和普通法之特质，且可以保留两种法律及司法制度的基石。不过，由于基本法第 158 条"是两种法律制度妥协的产物"，它是导致基本法解释混乱和冲突的根源。总体上说，第 158 条蕴涵着一种有待巩固确立的宪法秩序。

民法中的物
常鹏翱

民法中的物属于客体的范畴，是人之外具有财产属性的对象，这决定了它的一般构成要素。物的意义具有层次性，在物权法和债权法中分别遵循不同的构成标准，并能影响权利构造。如此错落有致的搭配，不仅使物在民法中自成系统，还使物与人、权利等其他系统产生有机关联，具有促进民法体系化的功用。

商标法基本范畴的心理学分析
彭学龙

商标是建立在消费者心理认知基础上的财产。商标显著性、混淆和淡化等基本范畴都是对消费者特定认知状态的抽象概括，它们均表现为某种心理联想。显著性是指商标能使消费者产生有关商品出处的联想，混淆意味着侵权商标让消费者产生有关商品出处的错误联想，弱化和丑化则分别对应着削弱驰名商标显著性和损害其声誉的联想。

股东代表诉讼前置程序的适格主体
沈贵明

股东代表诉讼前置程序的请求人在实质性适格要求方面与代表诉讼的原告具有统一性。股东提起前置程序，实质上是对经营者监督制约的一种方式，法律在前置程序中对股东的各种限制都缺乏正当依据。被请求人的适格要求不仅应当与前置程序的基本功能相适应，而且应当与公司经营管理的运作机制相协调，并且应当充分注意到前置程序所具有的法人内部关系的私权属性。

法律监督与检察职能改革
陈正云

通过检省现代检察制度的生成可以发现，法律监督是现代检察制度共有的基本职能。由此，检察职能改革就是要通过强化法律监督来促进法律实现和人权保障。基于我国宪政体制下的法律监督制度设计，检察职能改革必须明确检察机关的法律监督权限和特点，在此前提下充分利用各方面资源，完善监督内容，提高监督实效，增强监督制约。

死刑的废止不需要终身刑替代
张明楷

终身刑与无期徒刑并非等同概念；终身刑是侵害人格尊严、比死刑更为残酷的惩罚方法，不应成为死刑的替代刑；死刑的削减与废止也不依赖于终身刑的设置；终身刑未具备刑罚的正当化根据，无助于刑罚体系的完善，没能顺应刑罚的发展趋势，不符合行刑的合理目标，因而不应成为一种刑罚措施；当前，我国应当在削减与废止死刑立即执行的同时，合理运用现行刑法规定的死缓与无期徒刑。

作为目的的一般预防
周少华

关于刑罚目的，认为"刑罚目的应当是特殊预防与报应的统一，一般预防不应作为刑罚目的"的观点逐渐显现其理论优势。但是，当一般预防被排除在刑罚目的之外以后，其理论地位必须重新加以确定。如果这个问题得不到合理的解决，上述刑罚目的观就很容易遭到人们的质疑，并且无力抵抗。产生一般预防效果的制度要素主要是刑法规范，而不是刑罚。把一般预防从刑罚目的中分离出来，将其上升为刑法目的，不失为一种合理的理论主张。

从"应当如实回答"到"不得强迫自证其罪"
樊崇义

我国现行刑事诉讼法规定了犯罪嫌疑人"应当如实回答"的义务，使其在刑事诉讼中陷入极为不利的境地。从承认和尊重犯罪嫌疑人、被告人诉讼主体地位和诉讼权利的角度出发，有必要在刑事诉讼法中确立"不得强迫自证其罪"原则。该原则的确立将促使现有的刑事诉讼结构转向以平等对抗为基础的当事人主义诉讼，并为"口供本位"转向"物证本位"、"由供到证"转向"由证到供"的侦查模式改革提供契机，此外，还有助于进一步完善和发展我国刑事证据制度。

证据规则的价值基础和理论体系
张保生

中国证据制度建构遇到两大理论障碍：一是大陆法系传统问题，二是三大诉讼的特殊性问题。大陆法系传统不能证明证据法不能单独立法，三大诉讼的特殊性也不能否定各种案件事实认定的共性和规律性。中国现行诉讼法和有关司法解释中证据规则大量重复的现象，反证了制定统一证据规则的必要性和可行性。证据法的理论体系应当反映证据规则背后起支撑作用的正当理由、基本理念、法律原则或价值基础。中国证据规则的理论体系可以概括为：以相关性为逻辑主线，以准确、公正、和谐与效率为主要价值基础的举证（取证）、质证和认证过程。

人民自决权的主体范围
赵建文

有关人民自决权的国际条约和其他国际文书均规定或表明所有人民都有自决权。在现代国际法上，自决权是国际社会所有人民的权利,即所有主权国家的人民和所有其他领土的人民的权利。具体来说,人民自决权的主体范围包括殖民地人民、外国占领或统治下的人民、主权国家的全体人民和少数者人民这四种类型。在国家主权和领土完整问题上,自决权的主体应当是全国人民。国际法上的自决权的主体是人民而不是民族。殖民地人民和外国占领下的人民作为人民自决权的主体应当是暂时的或例外的情形,主权国家的全体人民和少数者人民作为自决权的主体才是长期的和正常的情形。

法律社会学视野下的清代官代书研究
吴佩林

清代为防范讼师在司法诉讼中包揽词讼、播弄乡愚,在查拿违禁讼师的同时,创设了官代书制度。官代书的设立是州县司法制度的一项改革,它把写状人的身份由民间转移到官方,对清代地方司法秩序的稳定与发展起到了重要的作用。但在几百年的实践过程中,设立官代书的原初意义逐渐发生了变化,最终与讼师无别而被取缔。

法律主体概念及其特性
胡玉鸿

法律主体是将现实中的人进行抽象而形成的，主要源自法律作为普遍性法则、考虑外在行为以及造就"面对国家的个人"的需要。法律主体概念的确立，彰显了人的尊严与道德品性，体现了人的共性与类似性，也为主观权利的存在奠定了基础。从性质上说，法律主体是法律的创造物、规范的人格化、能动的行为者，也是连接法律与现实生活的桥梁。

《法学研究》三十年：民法学

我国物权法中物权变动规则的法理评述
孙宪忠

将物权变动的规则纳入物权法总则并设立系统的制度，是我国物权法立法体系的一项创造。我国物权法关于物权变动规则的创制，反映了市场经济的需要，贯彻了民法社会意思自治的原则，体现了法律行为理论的要求，纠正了先前我国民法立法和学界关于债权合同与物权变动同时生效或者不生效的规则和法理。物权变动主要的规则是公示原则、区分原则等，而支持这些原则的，是物权行为理论，而不是行政授权、行政确权或者事实行为。

不动产支撑利益及其法律规则
杨立新 王竹

物权法规定了以独立空间为客体的分层建设用地使用权，土地立体利用凸显了不动产支撑利益的重要性。大陆法系与支撑利益相关的理论和规则无法全面解决不动产支撑问题。应借鉴美国法上的不动产支撑权制度，建立我国民法上不动产支撑利益的理论和相关法律规则。

证据制度中法官自由裁量权的类型化分析
陈桂明 纪格非

法官的自由裁量权是现代证据制度的必要组成部分。这种裁量权可以分为开放型与封闭型两种基本类别。开放型裁量将价值判断引入司法证明的过程中，使诉讼证明区别于纯粹的科学证明。封闭型裁量则以维护立法在逻辑上的一致性为目标，追求司法证明的确定性和可预见性。对两种自由裁量之间关系的不同处理，导致了司法证明在灵活性、判决结果的合法化等方面的差异。我国应当将"以开放的体系追求证据制度在逻辑上的统一"作为证据制度的发展目标，以此确保诉讼证明的和谐性与确定性之间的统一。

现代宪政的法权配置与运作规律
钱福臣

现代宪政是社会对民事权利、政治权利和政治权力这三种基本法权的诉求以及三种基本法权之间互动的结果。民事权利是价值起点和终点,政治权利是人民参与和控制政治权力以保障民事权利的途径。由于民事权利功能和政治权利分配原则与运作机制上的局限性,二者之间存在着潜在的冲突,可能破坏民事权利平等保护这一价值目标的实现,因此政治权力的配置方式要以调控这种冲突和平等保护民事权利为宗旨。

直接适用条约问题研究
左海聪

比较国内外的直接适用条约制度的理论与实践,可以看到,我国现行的国际条约在国内直接适用的制度是具有中国特色并符合我国国情的,但也存在表达过于简略,层次不够分明的问题。制定内容更为完备、层次更为清晰的直接适用条款是完善现有体制的有效方法。

强行规则对国际商事仲裁的规范
张圣翠

为了实现公正、效率及当事人合理期望等目标,国际商事仲裁的少部分重要方面必须采用强行规则予以规范,对于其他事项则应出于尊重当事人意愿而选择非强行规则调整。从现状和趋势来看,境外各国家或地区强行规则规范的对象大多限于国际商事仲裁协议效力要件、根本性程序及司法审查等事项。我国仲裁法中关于这些事项方面的强行规则都或多或少地存在着缺陷,非常有必要予以修订。

中英先例制度的历史比较
王志强

根据清代成案汇编和英格兰法庭记录及法律报告等基本史料,全面比较研究18世纪中叶至19世纪中叶中国和英格兰刑事先例的编集、援引、性质、推理技术及其历史背景,可以看到在这一时期,中英传统的刑事先例在产生影响力和传播的方式、影响力的程度上等方面具有相似之处,但在推理技术上存在深刻差异。英格兰强调先例中蕴涵的原则,而清代司法更多关注事实的相似性。这是各自的刑事司法程序、制定法背景、法律学术传统及政治结构等诸种因素共同作用的结果。对先例等概念需要在历史和功能的意义上加深理解。对英格兰先例制度及其背景的认识,对当代中国实践具有参考意义。

论普遍管辖原则
高秀东

普遍管辖原则近年来的发展引人注目。普遍管辖原则一直备受争议。普遍管辖原则的实践表明,绝对的普遍管辖有被否定或弱化的趋势,而有限的普遍管辖仍然有继续存在的生命力。普遍管辖原则在个别国家的民事诉讼领域得到扩大适用。我国应确立有限的普遍管辖原则，但对该原则应持谨慎态度，并应通过完善实体法和程序法来保证该原则的贯彻执行和限制其适用。

"犯罪定义与刑事法治"笔谈

2008 年第 4 期

法治的平衡取向与渐进主义法治道路
马长山

法治是非模式化、流动和地方性的，在当代呈现一种互动平衡取向，即权力与权利的平衡、权利与权利的平衡、权利与义务的平衡、法律与多元规则的平衡。这些平衡遵循着正义原则、法益衡量和价值差序原则、公益福利原则、合理容忍原则和现实主义原则。中国法治进程不能靠西方化、模式化的制度设计和理想主义、激进主义的权利自由诉求来推进，只能确立互动平衡精神和务实策略，采取渐进主义的法治道路，建立起扎根本土的法治秩序。

选择性执法
戴治勇

选择性执法现象是作为执法主体的国家或政府面临情势变化，运用剩余执法权以保证实现其政治、经济及社会目标的结果。选择性执法尽管在转轨时期有其合理性，但其弊端已经随着改革的深入而日益凸显，包括对人们预期的扰乱，执法代理人的渎职、腐败，对执法体制进一步改革的阻碍等。在我国市场经济日渐成熟之际，消除其自我强化带来的不确定性已经迫在眉睫。

侵权死亡赔偿研究
张新宝

侵权责任法无法也没有必要对死者或者死亡本身进行救济。作为民事责任方式的赔偿，只能是对死者近亲属财产损失和精神损害的救济，在制度上则体现为对死者近亲属相关财产损失的赔偿、精神损害的赔偿以及对被扶养人合理生活费的赔偿和死亡赔偿金。应以"维持被扶养人或者近亲属一定的物质生活水平（物质生活水平维持说）"修正"扶养丧失说"和"继承丧失说"作为被扶养人生活费和死亡赔偿金的理论基础。

私法立宪主义论
薛 军

私法立宪主义的提出，是对传统的以公法为本位的立宪主义理论的发展和完善。私法立宪主义批评传统的立宪主义理论将权力现象局限于公共领域的认识，强调在私人领域同样会出现权力现象。基于立宪主义所主张的任何权力都必须受到约束的观念，必须对私人领域中的权力进行控制，以保护私人的基本自由。民法理论在 20 世纪以来的发展，就是完善私人领域中的权力控制机制的过程。在全球化的时代中，在私人领域中建构权力控制机制，必须突破民族国家的法律体制，建立相应的全球性的法律治理机制。

《中华人民共和国反垄断法》析评
王晓晔

我国反垄断法规定了禁止垄断协议、禁止滥用市场支配地位、控制经营者集中、反对行政垄断等制度。我国经济体制转型尚未彻底完成，反垄断法也存在很多不足，反垄断执法初期在立法目的、执法机关、反对行政垄断、处理反垄断执法与行业监管的关系方面会遇到严峻挑战。颁布反垄断法只是反垄断立法的第一步。

管辖错误与再审事由
李浩

是否应当把管辖错误作为再审事由，民诉理论界存在争议。学者们对这一再审事由的批评存在合理性，但把管辖错误作为再审事由是与中国当下的国情相契合的选择，有助于抑制因违法管辖引起的地方保护。应当特别关注违反专属管辖、违反专门管辖、违法下放管辖权、规避级别管辖、受理明显无管辖权的诉讼、曲解案件性质受理诉讼这六类管辖错误的行为。管辖错误发生在诉讼的起始阶段，针对这一具有特殊性的再审事由有必要设置特殊的程序规则。

犯罪故意中的认识理论新探
于志刚

刑法第14条关于故意犯罪的规定，成为了我国关于犯罪故意的最好注脚。无论在司法解释中还是在刑法理论中，均存在着一种将故意中的"明知"认定为"明确知道"的固化倾向。此种传统的、难以撼动的固化认识，不但混淆了行为人的认识状况同我们证明行为人认识状况的方式之间的本质差异，而且无视"可能知道"这一认识状态的存在。无论在刑法理论上还是在司法实践中，都必须明确提出"可能知道"的认识理论。

从自然推定到人造推定
——关于推定范畴的反思
何家弘

在英美法系国家的证据法学中，法律推定和事实推定、可以反驳的推定和不可反驳的推定等范畴的使用相当混乱。推定是人造的，但又不完全是人造的；人造推定是从自然推定发展而来的，人造推定中包含着自然推定的内容。立法推定和司法推定是设立推定规则的两种基本模式；而根据事项主题可以把推定规则分为八类范式，即事态推定、权利推定、行为推定、原因推定、过错推定、意思推定、明知推定和目的推定。目前，我们的任务是实现推定规则设立的规范化。

中止犯减免处罚根据及其意义
李立众

对中止犯减免处罚根据理解不同，对中止犯成立要件的看法也会有所不同。减免处罚根据的分歧，与分析路径、比较对象、违法与责任的评价对象、着眼于中止行为还是偏重于自动性等问题密切相关。仅以客观危害轻（违法减少）、主观恶性小（责任减少），无法全面解释我国刑法对中止犯减免处罚的根据。对中止犯减免处罚主要是诱导行为人及时消灭既遂危险，从而救助、保护法益这一刑事政策的产物。依据刑事政策说，对中止犯的要件将会产生新的理解。

清代的开复
徐 彪 董 蕊

开复是官员处分制度的重要组成部分。清代法律对开复的条件、提起开复的官员和程序及开复的后果都有较详细的规定。开复制度的正确运用可以适当缓解清代官员处分制度过于严苛的弊端，有助于官僚队伍的稳定。

依法治国与深化司法体制改革理论研讨会综述

可能生活的证成与接受
——司法判决可接受性的规范研究
张继成

判决结论宣告了一种对双方当事人的未来将会产生重大影响的可能生活。其中，应得可能生活体现了公平、正义等法律价值，因而是具有可接受性的可能生活。合理法律论证的四个构成要件是法官为当事人建构应得可能生活的法律依据、事实依据、逻辑依据和制度保障。能否满足当事人需要以及当事人需要是否具有正当性，分别是当事人和法律职业共同体、社会公众判断司法判决是否具有可接受性的标准。批判性检验可以帮助人们发现和排除司法判决中存在的各种形式谬误或实质谬误，降低当事人获得正义对运气的依赖，从而最大限度地保证被强制执行的司法判决同样具有可接受性。

中国法律工作者的职业化分析
朱景文

随着法律工作者职业化进程的推进，特别是随着职业准入考试制度的推行，我国西部地区出现了明显的法律职业短缺现象。中国法律工作者包括正规化、半正规化和非正规化三部分，他们职业化程度不同，服务于不同人口的法律需要。正规化的法律工作者的发展决定着法制建设所达到的水平，但是它不应该以弱化、边缘化半正规化、非正规化的法律工作者的发展为前提，不应该把满足城市和发达地区人口法律需求建立在牺牲农村和不发达地区人口的法律需求的基础上。应该从我国纠纷解决的整体布局出发，全面考虑法律职业和法学教育的建设。

自由裁量权基准：技术的创新还是误用
王锡锌

行政裁量基准制度的推行，在其目标期待方面具有不可否认的意义，对于现实中过于宽泛的自由裁量权行使，也具有一定的限制作用。但是，该制度所提供的手段和技术，对于所期待目标的实现却远非充分。而且，实践中试图大规模地制定裁量基准并通过基准的普遍适用来控制自由裁量的做法，除了可能带来裁量的格式化甚至僵化，也存在着合法性方面的问题。行政法治原则下的裁量权控制，应以程序控制模式为核心，综合运用事前的规则控制和事后的监督控制等多种技术，引入将自由裁量权理性化的结构和机制。

基本权利与民事权利的区分及宪法对民法的影响
于 飞

宪法上的基本权利与民事权利在义务人、权利广度、权利保护强度和对义务人的道德要求方面有本质区别。基于这种区分，关于宪法私法效力的直接效力说固然在理论上有导致权利冲突和损伤私法自治的弊端，间接效力说一样有过度确认民事权利的缺陷，而且后者在理论上也有很多弱点，两说均不足采。在未立法化的民事利益的保护问题上，宪法不应当对民法有影响，宪法对民法的影响应当限于制约强者的方面，并可借助"国家行为"的理论结构来发展我国的法解释。

物权与债权的二元划分对民法内在与外在体系的影响
李永军

由于物权与债权的二元划分，法律行为根据意思表示中的效果意思必然区分为物权行为与债权行为。物权具有绝对性，债权具有相对性，具有绝对效力的物权需要公示。要使物权与债权的划分及其效力彻底化，就必然涉及债权行为与物权行为的关系，即无因性问题；要赋予物权行为以无因性，就必然有公信力与不当得利两个制度加以平衡和辅助。因此，物权与债权的二元划分不仅与德国民法典五编制的外在形式相互一致，而且与一系列制度具有内在逻辑的一致性。这对我国民事立法与理论研究具有重要启示。

私法中身份的再发现
马俊驹 童列春

私法中的身份是个人在市民社会关系中具有私法意义的定位与相应的利益份额。身份调整结构性的社会关系，体现了综合形态的私益，是社会意思的私法效果。平等人格形成于近代家庭功能裂变，个人从家庭中析出，成为私法调整的基本单位；但是，从家庭中析出的个人，又通过身份契约进入企业等社团之中，获得新的身份。近代社会契约与身份同时勃兴，而私法只关注于契约。身份顺应社会变化演变出新的功能形式，现代私法中的身份与平等人格相兼容，与自由契约相补充。身份提供包括权利、义务、权力、责任的制度框架进行综合调整，依"身"定"份"，发挥调整功能。

证据协力义务之比较法分析
占善刚

证据协力义务是指不负举证责任之当事人及第三人为协助法院进行证据调查应尽的公法上的义务，其目的在于担保法院能基于证据调查之结果作出正确的裁判。证据协力义务包括证人义务、鉴定义务、当事人受讯问义务、文书提出义务以及勘验协力义务等形态。具有正当事由时，当事人或第三人可以拒绝履行证据协力义务。当事人违反证据协力义务，法院将拟制举证人关于证据的主张或证据所证明之事实的主张为真实。

第三人违反证据协力义务,将被法院处以罚款、拘留等间接强制措施。我国现行法关于证据协力义务的设定基本上停留在行为规范层面,缺乏效果规范,不仅影响到法院对证据方法的广为利用,也影响到当事人武器平等原则的贯彻,亟待完善。

我国劳动争议处理的理念、制度与挑战

谢增毅

劳动案件的特点决定了有必要在普通的民事争议处理程序之外建立特殊的劳动争议处理机制。英国及其他国家和地区都通过设立专门的劳动裁判机构或调解机构等劳动争议处理机制尽量使劳动争议在法院之外得到快速、公正的解决。借鉴域外经验,我国应继续维持"先裁后审"这一处理劳动争议的基本模式。劳动争议调解仲裁法基本维持这一体制,并且加强了劳动调解和仲裁,整体上值得肯定。但该法确立的有条件"一裁终局"制度存在不足。我国劳动调解和仲裁机构在组织和人员上也面临诸多挑战,需要逐步完善。

结果无价值论之展开

黎 宏

国外近年来的刑事立法中所体现出的行为无价值的倾向,并不意味着主张法益侵害说的结果无价值论丧失了其存在的基础和价值。在限定刑法的适用范围、探讨犯罪本质的意义上,法益论仍有其不可替代的重要意义。在我国,由于采用了和国外不同的定性+定量的刑法规定模式,结果等情节成为决定刑法处罚范围的关键,因此,在有关社会危害性的认定上,更有必要采用结果无价值论的判断方法。结果无价值论不应仅停留在口头上,更要落实在各个具体问题的研究之中。

论刑事程序倒流

汪海燕

我国刑事诉讼中存在种类繁多的程序倒流。从功能上考察,我国立法与司法实践中的程序倒流可以分为程序性补救程序倒流、实体性补救程序倒流和规避错误的程序倒流。其中一些程序倒流缺乏正当性,甚至不具备合法性,法律有必要对其进行重新调整或规范。

刑事诉讼中的程序性证明

闵春雷

以往的证明理论多是围绕被告人罪行的有无及轻重等实体性问题展开,而涉及到被告人重大权利的程序性问题没有被纳入证明范畴。究其原因是没有将这类问题作为一个与传统证明理论相对应的全新证明范畴来对待,缺乏对程序性证明理论体系的构建。程序性证明是在刑事诉讼中控辩双方或一方就案件的程序性争议或程序性请求运用证据向法官(或中立的第三方)进行的论证说服活动。程序性证明对于限制公权力滥用、保障被追诉人的诉权意义重大。通过对程序性证明之主体构成、证明对象、证明责任、证明标准、证明程序及时空维

度等构成要素的考察，有助于拓宽刑事诉讼证明的研究范畴，为司法证明提供规则指引。

中国古代的义绝制度
崔兰琴

义绝制度是中国古代的强制离婚制度。义绝指夫妻之间出现了法定的伤害行为而导致的恩断义绝、必须离婚，否则处以刑罚。义绝的观念自汉时即已形成，在唐时正式进入法典，历经千余年的发展变化，至清末修律时正式废除。义绝制度是中国古代家族社会中礼与法融合的产物。随着社会的变迁，义绝制度经历了从重视家族事务逐渐向重视个人事务演变的过程，这反映了古代婚姻法制内在的发展规律。

后　　记

本书由《法学研究》编辑部编写整理。

自 2000 年起,《法学研究》上刊发的文章已附有"内容提要",此前所刊发文章的内容提要系今次编写,其内容一如现时的样式:只摘文章的核心观点(法律史文章些许例外)。

本书仅对《法学研究》刊发的学术理论文章编写提要,故复刊初期刊发的领导人讲话、纪念性文章等只列标题及作者名,尽管这类文章在当时对于我国的法治建设和法学研究具有很重要的意义。

学术研讨会纪要、综述等,因其中反映的学术观点未能充分展开,也仅列标题。

国外法制考察报告、国外法制介绍、书评等亦依上例。

另外,还有若干精彩的短文甚至连标题也未列上。

本书编写整理者,除《法学研究》编辑部张广兴、张少瑜、熊秋红、谢海定、冯珏外,尚有:崔皓旭、崔英楠、高长见、郭殊、林俊辉、孙世彦、杨柳、郁琳、张群、赵建文、支振锋等诸位。

2008 年 8 月